Samuel Greef
Staat und Staatlichkeit im digitalen Zeitalter

Politik in der digitalen Gesellschaft | Band 7

Die freie Verfügbarkeit der E-Book-Ausgabe dieser Publikation wurde ermöglicht durch **POLLUX – Informationsdienst Politikwissenschaft**

und die Open Library Community Politik 2023 – einem Netzwerk wissenschaftlicher Bibliotheken zur Förderung von Open Access in den Sozial- und Geisteswissenschaften:

Hauptsponsor: Fachinformationsdienst Politikwissenschaft – POLLUX

Vollsponsoren: Technische Universität Braunschweig | Carl von Ossietzky-Universität Oldenburg | Universiätsbibliothek der FernUniversität Hagen | Freie Universität Berlin – Universitätsbibliothek | Niedersächsische Staats- und Universitätsbibliothek Göttingen | Goethe-Universität Frankfurt am Main | Gottfried Wilhelm Leibniz Bibliothek – Niedersächsische Landesbibliothek | TIB – Leibniz-Informationszentrum Technik und Naturwissenschaften und Universitätsbibliothek | Humboldt-Universität zu Berlin | Justus-Liebig-Universität Gießen | Universitätsbibliothek Eichstätt-Ingolstadt | Ludwig-Maximilians-Universität München | Max Planck Digital Library (MPDL) | Rheinische Friedrich-Wilhelms-Universität Bonn | Ruhr-Universität Bochum | Staats- und Universitätsbibliothek Carl von Ossietzky, Hamburg | SLUB Dresden | Staatsbibliothek zu Berlin | Universitätsbibliothek Chemnitz | Universitäts- und Landesbibliothek Darmstadt | Universitätsbibliothek „Georgius Agricola“ der TU Bergakademie Freiberg | Universitätsbibliothek Kiel (CAU) | Universitätsbibliothek Leipzig | Universität Wien | Universitäts- und Landesbibliothek Düsseldorf | Universitäts- und Landesbibliothek Münster | Universitäts- und Stadtbibliothek Köln | Universitätsbibliothek Bielefeld | Universitätsbibliothek der Bauhaus-Universität Weimar | Universitätsbibliothek Kassel | Universitätsbibliothek Osnabrück | Universitätsbibliothek St. Gallen | Universitätsbibliothek Vechta | Vorarlberger Landesbibliothek | Zentral- und Hochschulbibliothek Luzern | Zentralbibliothek Zürich | ZHAW Zürcher Hochschule für Angewandte Wissenschaften, Hochschulbibliothek

Sponsoring Light: Bundesministerium der Verteidigung | Bibliothek der Hochschule für Technik und Wirtschaft Dresden | Bibliothek der Hochschule für Technik, Wirtschaft und Kultur Leipzig | Bibliothek der Westsächsischen Hochschule Zwickau | Bibliothek der Hochschule Zittau/Görlitz | Hochschulbibliothek der Hochschule Mittweida | Institut für Auslandsbeziehungen (IfA) | Landesbibliothek Oldenburg | Österreichische Parlamentsbibliothek

Mikrosponsoring: Bibliothek der Berufsakademie Sachsen | Bibliothek der Evangelische Hochschule Dresden | Bibliothek der Hochschule für Musik und Theater „Felix Mendelssohn Bartholdy“ Leipzig | Bibliothek der Hochschule für Bildende Künste Dresden | Bibliothek der Hochschule für Musik „Carl Maria von Weber“ Dresden | Bibliothek der Hochschule für Grafik und Buchkunst Leipzig | Bibliothek der Palucca-Hochschule für Tanz Dresden | Leibniz-Institut für Europäische Geschichte | Stiftung Wissenschaft und Politik (SWP) – Deutsches Institut für Internationale Politik und Sicherheit

Samuel Greef

Staat und Staatlichkeit im digitalen Zeitalter

Politische Steuerung im Wandel

[transcript]

Diese Abhandlung wurde 2023 vom Fachbereich Gesellschaftswissenschaften der Universität Kassel als Habilitation angenommen.
Gutachter:innen: Prof. Dr. Wolfgang Schroeder (Universität Kassel), Prof. Dr. Tanja Klenk (Helmut-Schmidt-Universität Hamburg), Prof. Dr. Sylvia Veit (Universität Kassel)

Bibliografische Information der Deutschen Nationalbibliothek
Die Deutsche Nationalbibliothek verzeichnet diese Publikation in der Deutschen Nationalbibliografie; detaillierte bibliografische Daten sind im Internet über http://dnb.d-nb.de abrufbar.

Erschienen 2023 im transcript Verlag, Bielefeld

Umschlaggestaltung: Maria Arndt, Bielefeld
Druck: Majuskel Medienproduktion GmbH, Wetzlar
https://doi.org/10.14361/9783839470657
Print-ISBN: 978-3-8376-7065-3
PDF-ISBN: 978-3-8394-7065-7
EPUB-ISBN: 978-3-7328-7065-3
Buchreihen-ISSN: 2699-6626
Buchreihen-eISSN: 2703-111X

Gedruckt auf alterungsbeständigem Papier mit chlorfrei gebleichtem Zellstoff.

Inhalt

VI. Staatlichkeit im digitalen Zeitalter: Ein neues Steuerungsparadigma?

VII. Resümee: Der Weg zum digital souveränen kontingenten Patchworkstaat

Danksagung

Diese vom Fachbereich Gesellschaftswissenschaften der Universität Kassel als Habilitation angenommene Abhandlung über den »digitalen Staat« ist das Ergebnis eines jahrelangen Forschungsprozesses, der ohne die Unterstützung vieler Menschen so kaum möglich, im Alltag der wissenschaftlichen universitären Arbeit zumindest aber deutlich schwerer gewesen wäre. Ihnen allen gilt mein aufrichtiger Dank.

Allen voran bin ich meiner Lebensgefährtin Nicole dankbar für ihre Gelassenheit und ihr Verständnis, wenn sie bei unseren »gemeinsamen« Urlauben immer wieder allein die Welt erkunden musste und mich an idyllischen Orten in der Ruhe der Unterkunft schreiben ließ. Mit Wolfgang Schroeder konnte ich auf dem gesamten Weg nicht nur Zwischenergebnisse diskutieren und meine Argumente schärfen – er hat darüber hinaus maßgeblichen Anteil daran, dass der von mir identifizierte »kontingente Patchworkstaat« diesen und keinen anderen Namen trägt. Ebenso herzlich bedanke ich mich für seine und die weitere Begutachtung durch Tanja Klenk und Sylvia Veit, genauso wie bei allen anderen Mitgliedern der Habilitationskommission für ihr Engagement. Für den reibungslosen Verlauf des Verfahrens bin ich Martin John und Renate Pletl dankbar.

Intensive Debatten über meinen Text und wichtige Hinweise zu seiner Verbesserung verdanke ich des weiteren Ernst Lukas und Hans Joachim Sperling sowie meinen (ehemaligen) Kolleg:innen – insbesondere Lukas Heller, Lukas Kiepe und Moritz Butt. Für das Endergebnis trage ich selbstverständlich allein die Verantwortung.

Den Herausgeber:innen der Reihe »Politik in der digitalen Gesellschaft« – Jeanette Hofmann, Norbert Kersting, Claudia Ritzi und Wolf J. Schünemann – vielen Dank für die Aufnahme in den Kreis der Autor:innen. Nicht unerwähnt lassen möchte ich auch die »transcript Open Library Politikwissenschaft« und ihre Sponsoren sowie die Universitätsbibliothek Kassel, die diese Open-Access-Veröffentlichung finanziell unterstützt haben.

Samuel Greef
Kassel im Juli 2023

I. Einleitung: Ende oder Wandel des Staates?

»At the dawn of the information age, crisis of legitimacy is voiding of meaning and function the institutions of the industrial era. Bypassed by global networks of wealth, power, and information, the modern nation-state has lost much of its sovereignty.«
Manuel Castells (2010: 419)

Die Frage nach der Sicherung oder Wiederherstellung von Souveränität im digitalen Zeitalter wird in der letzten Zeit vermehrt in unterschiedlichen Kontexten gestellt und diskutiert. Dabei geht es etwa um Datensouveränität, technologische Souveränität oder Bürger:innensouveränität – nicht zuletzt aber ganz grundsätzlich um *staatliche Souveränität*. Alle diese Debatten haben gemeinsam, dass der technologische Fortschritt und die digitale Transformation als Ausgangspunkte für die Herausforderung einer souveränen Gestaltung der Zukunft gesehen werden. Damit verbunden stehen nicht nur die Fragen im Raum, wie diese Zukunft gestaltet werden kann und welche Vision dabei verfolgt wird, sondern auch, wer diese Zukunft gestaltet. Während die großen, häufig US-amerikanischen Digitalkonzerne hierbei vielfach ohne Rücksicht auf gesellschaftliche und politische Auswirkungen Fakten schaffen – »Move fast and break things«[1] –, werden Nationalstaaten von einzelnen Akteuren[2] als behäbige, vom Aussterben bedrohte Dinosaurier des Digitalzeitalters gesehen. In der technokratisch-libertären Weltsicht stellen Nationalstaaten obsolete Gebilde dar.

Libertäre Apologeten – in dieser Tech-Bubble tatsächlich fast ausschließlich Männer wie Raymond »Ray« Kurzweil von Google oder der Investor Peter Thiel – ergehen sich in einem technologischen Solutionismus und Techno-Eskapismus (vgl. Morozov 2013b). Jedwedes gesellschaftliche Problem könne als technologische Herausforderung umgelabelt werden und sei damit letztlich technisch lösbar. Technologie würde damit Politik überflüssig machen. Dieser technikeuphorischen, den Staat als Teil des Problems und nicht der Lösung verstehenden Weltsicht stehen die technikpessimistischen Fatalist:innen gegenüber, die nicht nur vor dem Überwachungskapitalismus, sondern auch vor einem Kontroll- und Überwachungsstaat warnen. Dieser nutze die neuen technischen Möglichkeiten, um seinen Bürger:innen – im Austausch gegen Freiheitsrechte – eine größere Sicherheit zu versprechen, und nehme dabei immer stärker autoritäre Züge an. Diesem machtvollen, totalitären Staat steht wiederum das Bild des starken, souveränen Bürger:innenstaates gegenüber. Dieser nutzt seine Handlungsfähigkeit unter anderem, um dem Datenfetischismus der Digitalkonzerne – und damit dem Überwachungskapitalismus – Einhalt zu gebieten, und setzt alles daran, dass seine Bürger:innen zu digital souveränen, mündigen Subjekten werden.

Egal wie man es dreht und wendet, alle diese Debatten um die Gestaltung des digitalen Zeitalters weisen – wenngleich aus stark divergierenden Perspektiven und mit konfligierenden Folgerungen – starke Bezugnahmen auf den Staat auf. Während das digitale Zeitalter und die digitale Gesellschaft in der Soziologie sowie der digitale Staat in der Verwaltungs- und Rechtswissenschaft bereits vielfältig Beachtung gefunden haben, fehlt es an einer umfassenden, genuin politikwissenschaftlichen Betrachtung.

---

1 Bis 2014 war dies das interne Motto von Facebook (Blodget 2009; Baer 2014).

2 Begriffe wie Akteur, Adressat, Sender und Empfänger werden in dieser Abhandlung nicht gegendert, wenn sie sich insbesondere auf kollektive Zusammenschlüsse beziehen oder technisch abstrakt verstanden und nicht auf Individuen bezogen werden. Gleiches gilt für eingängige Amtsbezeichnungen und Institutionen – Bundeskanzler:innen bekleiden das Amt des Bundeskanzlers und Betriebsrät:innen sind im Betriebsrat aktiv.

> »Dass das Fach [der Politikwissenschaft] seinen Beitrag schon geleistet hat, das digitale Zeitalter besser zu verstehen, um die Entwicklung besser erklären und sie politisch besser gestalten zu können, lässt sich [...] nicht sagen, selbst wenn man die Forschungen in anderen Ländern einbezieht« (Wewer 2022: VI).

Dabei kann die spezifische disziplinäre Herangehensweise der Politikwissenschaft an Macht und Herrschaft im Wandel von Ideen, Interessen und Institutionen zum Verständnis der digitalen Transformation einen wertvollen Beitrag leisten. Auch deshalb erscheint es nicht nur angebracht, sondern notwendig, sich aus einer dezidiert politikwissenschaftlichen Warte, system- und steuerungstheoretische sowie politikfeldanalytisch, mit der Frage nach dem Wandel von Staat und Staatlichkeit im digitalen Zeitalter auseinanderzusetzen und dabei die Gestaltungs- und damit die Steuerungsfähigkeit ins Zentrum zu rücken. Denn auch jenseits der skizzierten Extrempositionen von utopischer Technikeuphorie und dystopischem Technikfatalismus steht der Staat des digitalen Zeitalters unter Beschuss.

»Die Digitalisierung fordert den Staat nicht einfach nur heraus. Sie überfordert ihn« (Schallbruch 2018: 2). Viele Stimmen lassen verlauten, er sei nicht mehr auf der Höhe der Zeit, nicht dazu in der Lage, angemessen auf die Herausforderungen der digitalen Ära zu reagieren. Es mangele ihm an Fähigkeiten und Kompetenz, die Digitalisierung angemessen zu steuern und gemeinwohlorientiert zu gestalten. In der Studie »Zukunftspfade Digitales Deutschland 2020« des IT-Planungsrats (2013: 38f.) sprachen nur sieben Prozent der befragten Expert:innen aus dem Bereich der Informations- und Kommunikationstechnik (IKT) dem Staat die Kompetenzen zu, »Digitalisierungspolitik auf der Höhe der Zeit« zu betreiben. Es sind aber nicht nur Expert:innen, die offenbar den Glauben an die Gestaltungsfähigkeit des Staates in digitalen Belangen verloren haben. Im Digitalisierungsmonitor 2021 verneinten 88 Prozent (ein Zuwachs um vier beziehungsweise fünf Prozentpunkten, verglichen mit 2020 und 2019) der erwachsenen deutschen Bevölkerung die Aussagen: »Die Politik in Deutschland bereitet die Bevölkerung ausreichend auf das digitale Zeitalter und die damit verbundenen Folgen vor«. Diese pessimistische Sicht verlief dabei weitgehend unabhängig von soziodemografischen Faktoren. Die Einschätzungen unterschieden sich maximal um vier Prozentpunkte. Dabei waren Männern (90 %) etwas pessimistischer als Frauen (86 %) und die Altersgruppe der 30- bis 44-Jährigen mit 90 Prozent drei bis vier Prozentpunkte pessimistischer als Personen aus den anderen Altersgruppen. Ebenfalls mit 90 Prozent am pessimistischsten äußerten sich Menschen mit Abitur oder Studium – im Vergleich zu 88 Prozent bei Personen mit mittlerem Abschluss und 86 Prozent bei solchen mit Hauptschulabschluss (vgl. forsa 2021: 7).

Diese verheerende Einschätzung deckt sich mit den diversen international vergleichenden Digitalisierungsindizes, bei denen sich Deutschland allenfalls im Mittelfeld wiederfindet, viel häufiger aber noch das Schlusslicht bildet. So kam Deutschland im *Digital Economy and Society Index (DESI)* 2022 in der Gesamtübersicht immerhin noch auf Platz 13 der 27 EU-Mitgliedstaaten. In dem am direktesten mit dem Staat verbundenen Bereich der »digitalen öffentlichen Dienste« reichte es aber nur für Platz 18 (vgl. Europäische Kommission 2022a: 19, 66). Im *Global Competitiveness Report* 2018 des World Economic Forum kam Deutschland im Baustein IKT (*»ICT adoption«*) auf Platz 31 zwischen Malaysia (32) und Bulgarien (30) (Schwab/World Economic Forum 2018: 241). Im IMD (2022: 82f.) *World Digital Competitiveness Ranking* 2022 landete Deutschland zwar insgesamt auf Platz 19 von 64 untersuchten Ländern (und verschlechtert sich damit um einen Platz im Vergleich zum Vorjahr), kam im Bereich Technology[3] aber nur auf Platz 27 (verbesserte sich damit aber, verglichen mit 2021, um vier Plätze). Und das in einer Zeit, in der es nur wenige Begriffe gibt, die in den letzten Jahren eine ähnliche Omnipräsenz in medialen und wissenschaftlichen Debatten erfahren haben wie diejenigen der Digitalisierung, der Daten und der Disruption. Letzteres verweist auf das vermeintliche Paradigma, das früher oder später kleine, agile und innovative Neulinge mit disruptiven Technologien die etablierten, hierarchischen und auf den Status quo orientierten Platzhirsche aus dem Feld schlagen.

Was bedeutet das für den durch Globalisierung und Europäisierung bereits angeschlagenen souveränen Staat des vordigitalen Zeitalters? »Government has all the burdens of established corporations: institutionalized structures and norms that lead to lethargy, waste, inefficiency, and a lack of innovation« (Owen 2015: 8). Ist damit auch der Staat von Disruption bedroht? Owen (ebd.: 192ff.) spricht von einer *Krise des Staates im digitalen Zeitalter*, die sich um vier zentrale Aspekte herum entfaltet: Erstens fordern neuen Formen von Aktivismus, sozialen Bewegungen und partizipativen Organisationen seine demokratische Legitimität heraus. Diese neuen Formen sind zum einen insbesondere auf die technologische Entwicklung, das Internet sowie Social Media zurückzuführen und erscheinen zum anderen gerade für diejenigen attraktiv, die traditionellen Institutionen kritisch gegenüberstehen. Zweitens besteht die Gefahr eines Überwachungsstaates, die sich aus den neuen technischen Möglichkeiten der Datenbeschaffung und Informationsverarbeitung ergibt. Eine besondere Rolle kommt hierbei den großen Technologiekonzernen zu. Sie entwickeln sich nicht nur selbst zu Datenmonopolisten, sondern werden für den Staat sowohl als mögliche Partner und Datenlieferanten als auch als Gegenstand staatlicher Politik und Regulierung immer relevanter. Drittens stellt die Allgegenwart von Algorithmen, gerade wenn diese von staatlicher Seite für politische Steuerung genutzt werden, die Frage nach Verantwortlichkeiten und Transparenz. Vielfältige weitere Herausforderungen ergeben sich für den Staat viertens aus der grenzüberschreitenden Vernetzung durch das Internet. Die Gefahr eines Überwachungsstaates wird dabei konterkariert durch Entstaatlichung und Kontrollverlust bei gleichzeitig zunehmender Macht global agierender Akteure. Die Bedeutung des Internets, nicht nur für die Wirtschaft, sondern für gesellschaftliche Teilhabe, stellt die Frage nach Infrastruktur und Netzzugang als Teil der staatlichen Daseinsvorsorge. Darüber hinaus rufen Urheberrechtsverletzungen und Phänomene wie *Hate Speech* oder *Fake News* den regulierenden Staat auf den Plan.

Diese Schlaglichter auf den Staat im Kontext der Digitalisierung verdeutlichen zwei Dinge. Erstens erscheint nicht wenigen Beobachter:innen als klar: Die Digitalisierung geht dem Staat an die Substanz. Es geht nicht einfach um einen digitaleren Staat, sondern um seine grundlegende Gestalt und Bedeutung. Zweitens drehen sich dabei die zentralen Fragen – wenn auch nicht immer im Kern, so doch zumindest im erweiterten

3 In den beiden anderen Teilbereichen, Knowledge und Future Readiness lag Deutschland auf Platz 11 beziehungsweise 19.

Verständnis – um die *Bedingung der Möglichkeit für (erfolgreiche) politische Steuerung*[4] *im digitalen Zeitalter*. Daher scheint es mehr als angebracht, sich auch aus politikwissenschaftlicher Perspektive mit dem Staat und seinem Wandel im digitalen Zeitalter zu befassen, zumal eine solche Beschäftigung bisher überraschenderweise nur eingeschränkt stattgefunden hat.[5]

Nimmt man das 2008 in zweiter, überarbeiteter und erweiterter Auflage erschienene Lehrbuch »Der moderne Staat. Grundlagen der politologischen Analyse« von Arthur Benz (2008: 266) zur Hand, wird man weder im Stichwortverzeichnis noch in der Übersichtstabelle zu den »Herausforderungen an den modernen Staat im 21. Jahrhundert« die Begriffe Daten oder Digitalisierung finden.[6] Im 2018 von Voigt (2018) herausgegebenen »Handbuch Staat« existieren zwar Kapitel zu den Themen Datenschutz, Digitale Vernetzung oder E-Government, aber keine übergreifende Abhandlung zur Digitalisierung, zur Digitalpolitik oder zur Handlungsfähigkeit des Staates in digitalen Kontexten. In Thieles (2019) Monografie zum »gefräßige[n] Leviathan« kommt die Digitalisierung im Abschlusskapitel »Zur Zukunft des modernen Staates« genauso wenig wie im Stichwortverzeichnis vor.

Diese kursorischen Eindrücke von politikwissenschaftlichen und staatstheoretischen Abhandlungen über den (modernen) Staat sind verwunderlich, wo doch die Digitalisierung[7] als Megatrend, wichtigster Faktor und treibende Kraft hinter einem permanenten und von hoher Dynamik geprägten Wandel der modernen Gesellschaft, der Politik, Wirtschaft und Arbeitswelt beschrieben wird. Es wird von der »digitalen Revolution« und »Transformation« (Helbig 2017: 51) oder gar dem »digitalen Epochenwandel« (Schirrmacher 2014) gesprochen. Die Rede vom digitalen Zeitalter lenkt den Fokus insbesondere auf die Allgegenwart (Ubiquität) der mit der Digitalisierung

---

4 Im Folgenden werden der vor allem aus der Politikwissenschaft stammende Begriff der *politischen Steuerung* sowie der insbesondere in den Rechts- und Verwaltungswissenschaft genutzte Begriff der *staatlichen Steuerung* synonym verwandt. Dabei erfolgt die inhaltliche Orientierung dieser Abhandlung am Begriff der politischen Steuerung und folgt dabei dem Argument von Voigt (1995: 57), dass dieser Begriff »es ermöglicht, auch solche Akteure und Aktivitäten in die Untersuchung mit einzubeziehen, die nicht zum Staat im engeren Sinne, wohl aber zum ›politisch-administrativen System‹ gehören.« Während der politikwissenschaftliche Begriff eher auf das PAS abzielt, besitzt die Rechts- und Verwaltungswissenschaft den Staat als Bezugspunkt. Beiden gemeinsam ist hingegen, dass sie sich im Gegensatz zum soziologischen Begriff der »sozietalen Steuerung« – der den Fokus auf das Steuerungsobjekt der Gesellschaft legt – auf die Ebene des Steuerungssubjekts und damit das Steuerungshandeln fokussieren (Voigt 1993: 291).

5 Allenfalls aus geschichtswissenschaftlicher Perspektive ist es wenig verwunderlich, dass in Mergels (2022) Geschichte von »Staat und Staatlichkeit in der europäischen Moderne« zwar aktuelle Bezugnahmen auf die Coronapandemie und monopolartige Digitalkonzerne vorkommen, die Ausführungen zu einer nationalstaatlichen Steuerungsperspektive jedoch dem Interventionsstaat und der Governance-Debatte des 20. Jahrhunderts verhaftet bleiben.

6 Allein »technologische Risiken« werden als eine von fünf Herausforderungen für den Leistungs- und Rechtsstaat genannt. Unter den anderen fünf Kategorien des Territorialstaats, Nationalstaats, Verfassungsstaats, der Demokratie und Bürokratie findet sich gar kein Hinweis auf technologische Entwicklungen – die Inter- und Transnationalisierung wird dagegen fast überall genannt (Benz 2008: 266).

7 Der Begriff der Digitalisierung wird häufig undifferenziert und ubiquitär genutzt. Eine definitorische Annäherung an die unterschiedlichen Ebenen der Digitalisierung erfolgt in Kapitel II.1.2.

einhergehenden Veränderungen und Herausforderungen sowie auf die umfassende Betroffenheit aller gesellschaftlichen, politischen und wirtschaftlichen (Sub-)Systeme. Die verschachtelten, ineinandergreifenden und einander nicht nur bedingenden, sondern wechselseitig beschleunigenden Veränderungs- und Innovationsprozesse führen zu einer neuen Komplexität: »a high level of complexity is involved as development affects political, economic, social and technical aspects« (Janssen/Voort 2016: 1). In der medialen und öffentlichen Darstellung erscheint Digitalisierung daher vielfach als unbändige Kraft, die keinen Stein auf dem anderen lässt. Sie kommt in den Diskursen quasi als Naturgewalt daher, die – so wird zwar vielfach betont – gestaltbar ist, in letzter Konsequenz dann aber doch als unaufhaltbar charakterisiert wird. Oder, wie Angela Merkel (zitiert nach dpa 2018) zum Digitalgipfel der Bundesregierung 2018 kompromisslos verkündete: »Wir leben im Zeitalter der Digitalisierung und das bedeutet, alles was digitalisierbar ist, wird auch digitalisiert werden.«

Was aber bedeutet das für politische Steuerung, die Steuerungsfähigkeit des Staates, das Zustandekommen verbindlicher Entscheidungen und deren Um- beziehungsweise Durchsetzung – nicht nur in der Digitalpolitik, sondern in allen von der Digitalisierung betroffenen Politikfeldern? Hierzu hat die Politikwissenschaft bisher nur wenig zu sagen – mit Ausnahmen wie dem Handbuch Digitalisierung in Staat und Verwaltung, in dem einige Facetten einzeln aufgegriffen werden (Klenk et al. 2020b). Klenk et al. (2020a: 12) stellen in ihrem Einführungsartikel zum Handbuch selbst die offene Frage, ob »die Digitalisierung zu einem Digitalen Staat als einer neuen Stufe in der historischen Entwicklung des modernen Staates« führe und liefern mit den Fragen nach der möglichen Erosion der Staatsgewalt im Internet oder Verdrängung der öffentlichen Daseinsvorsorge durch private Initiativen wichtige Hinweise auf zentrale Aspekte (ebd.: 12f.).

> »Ein Digitaler Staat wäre ein Staat, dessen Struktur durch Digitalisierung deutlich anders wäre, sowohl in den Organisationsstrukturen als auch bei den Prozessabläufen, in der Zuschneidung der öffentlichen Aufgaben und Politikfelder, im Verhältnis von öffentlicher und privater Aufgabenwahrnehmung sowie in den Beziehungen zu den Bürger*innen« (ebd.: 8).

Auch in Wewers (2022: VII) »Alterswerk« zu 20 »Mythen und Realitäten des digitalen Zeitalters« spielt die staatliche Perspektive zwar durchgehend eine Rolle, ein dezidiertes eigenes Kapitel, das den digitalen Staat ins Zentrum stellt, gibt es jedoch nicht.

Somit fehlt nach wie vor eine umfassende, systematische politikwissenschaftliche Betrachtung des Staates im digitalen Zeitalter. Vielmehr hat sich die Bearbeitung staatlichen Wandels offenbar insbesondere in die Verwaltungswissenschaft verschoben (siehe etwa Veit et al. 2019; Mai 2016; Jann/König 2009). Entsprechend vielfältig sind die Studien zur Verwaltungsdigitalisierung. Aus soziologischer Perspektive hat sich insbesondere Castells (2009, 2013: 303ff.) mit dem Verhältnis von Digitalisierung und Gesellschaft auseinandergesetzt und dabei auch den Staat (»A Powerless State or a Network State?«) mit in den Blick genommen. Eine umfassende politikwissenschaftliche Bearbeitung der Frage nach den Auswirkungen der Digitalisierung auf Staat, Staatstätigkeit und staatliche Steuerung bleibt dagegen eine Leerstelle. Dabei bieten sich durchaus Anknüpfungspunkte, die bislang jedoch vornehmlich in populärwissenschaftlichen Einlassungen zu finden sind. Sei es bei Yuval Noah Harari (2017: 506f., 511), der postuliert:

> »Da sowohl Menge als auch Geschwindigkeit der Daten zunehmen, könnten altehrwürdige Institutionen wie Wahlen, Parteien und Parlamente obsolet werden [...], dann werden sich neue und effizientere Strukturen bilden und an deren Stelle treten. Diese neuen Strukturen können völlig anders aussehen als frühere politische Institutionen [...].«

Ähnlich konstatiert auch Kucklick (2015: 14, 145ff.), dass die bestehenden Institutionen nicht als geeignet erscheinen, mit den Anforderungen der digitalisierten Welt mitzuhalten. Schallbruch (2018) spitzt bereits in seinem Buchtitel entsprechend zu, wenn er vom schwachen Staat spricht, den die Digitalisierung infrage stelle.

Stehen wir damit auch aus politikwissenschaftlicher Perspektive vor einem neuen Zyklus in den Debatten um das Ende des Staates – nachdem zuvor die »Entmächtigung des Nationalstaates« durch die Globalisierung (Habermas 1999: 427) und der »Ausverkauf des Staates« durch Privatisierung und Deregulierung (Engartner 2016: 10) postuliert wurde? Anter (2013: 17) konstatiert für den »Staat als Beobachtungsobjekt der Sozialwissenschaft«, dass sich seit einigen Jahren in großen Teilen der Veröffentlichungen die Ansicht wiederfinde, dass der Staat »am Ende« sei oder sich zumindest in einem Status befinde, in dem es höchste Zeit sei, sich »gedanklich von ihm zu verabschieden«. Die Perspektiven auf die Gründe, Schubkräfte und Faktoren für den Wandel des Staates sind genauso vielfältig wie die Abhandlungen über die vergangenen, stattfindenden oder perspektivischen Entwicklungen sowie die tatsächlichen oder möglichen Auswirkungen auf *Staatlichkeit*. Staat und Staatlichkeit sind eng miteinander verflochten, aber nicht deckungsgleich – gleichwohl wird dieser Unterschied in den Debatten um den Wandel von Staat und Staatlichkeit nicht immer deutlich. An dieser Stelle[8] sei zur Differenzierung kurz Mergel (2022: 12) angeführt: »Mit ›Staatlichkeit‹ ist das Bündel an Funktionen gemeint, das, treten sie zusammen auf, einen Staat ausmachen kann, die aber auch für sich oder schwächer ausgeprägt auftreten können.« Staatlichkeit macht also noch keinen Staat, und Staaten können verschiedene Ausprägungen von Staatlichkeit (zu unterschiedlichen Zeitpunkten) aufweisen.

Noch einmal zurück zu den Debatten um das Ende des Staates: Diese sind kein alleiniges Phänomen des ausgehenden 20. Jahrhunderts. Dies unterlegen neben Anter (2013: 18) oder Vesting (1992: 32) auch viele andere Autor:innen mit dem Verweis auf die deutlichen Worte von Carl Schmitts (1963: 10) aus den 1960er-Jahren: »Die Epoche der Staatlichkeit geht jetzt zu Ende. Darüber ist kein Wort mehr zu verlieren.« Unter anderem wurde auf einen von den Verbänden gemolkenen Staat rekurriert (vgl. etwa Gehlen 2016: 107). Im neuen Jahrtausend konstatiert etwa Reinhard (2007: 122) aus geschichtswissenschaftlicher Perspektive: »Der moderne Staat, der sich in vielen hundert Jahren europäischer Geschichte entwickelt und durch die europäische Expansion über die Welt verbreitet hat, hat bereits aufgehört zu existieren.« Zur Begründung führt er aus, dass

---

8 Eine ausführlichere Auseinandersetzung mit Staat, Staatlichkeit und Staatsfunktionen findet in Kapitel IV statt.

die Jellinek'schen Kriterien des Staates (vgl. Jellinek 1914: 394ff.) – Staatsgebiet, Staatsvolk, Staatsgewalt und Staatssouveränität (legitimes Gewaltmonopol nach innen und außen) – nur noch bedingt gegeben seien. »Das staatliche Machtmonopol hat sich zugunsten intermediärer Instanzen [nach innen] und substaatlicher Verbände [nach außen] aufgelöst« (Reinhard 2007: 123). Entgegen solcher Prognose[9] ist allerdings bis heute weder der Staat noch die Staatlichkeit an ihr Ende gelangt. Gleichwohl lässt sich kein Ende der Debatte darüber absehen, ob sich denn nicht jetzt doch ein Verschwinden des Staates abzeichnet. Dieses Trugbild über ein Ende des Staates führt Anter (2013: 20) unter anderem auf ein möglicherweise »irreales Bild vom Staat« beziehungsweise einen »irrealen Staatsbegriff« zurück. Sein »vermeintlicher Machtverlust« sei »eher eine perspektivische Täuschung« (Anter 2010: 7). Denn die Entgrenzung des Staates nach außen – durch Europäisierung und Globalisierung – und der Rückzug des Staates im Inneren – durch den Abbau von Staatstätigkeit durch Deregulierung und die Privatisierung der Leistungserbringung – sind nur eine Seite der Medaille. Zeitgleich werden staatliche Zuständigkeiten und Tätigkeitsfelder ausgebaut, etwa im Verbraucher- und Datenschutz. »Das vielfach verkündete Ende des Staates lässt also noch auf sich warten, und die vollmundigen Untergangsdeklarationen haben sich als ziemlich voreilig erwiesen« (ebd.).

Boehme-Neßler (2018: 19) nennt zwar auch eine »perspektivische Verzerrung« als möglichen Grund für die These vom Ende des Staates, bezieht sich dabei aber auf eine gewisse Geschichtsblindheit: Aus historischer Perspektive verlaufe die Entwicklung des Staates nicht linear, sondern in »Wellenbewegungen«. Phasen des Bedeutungszuwachses haben sich immer wieder mit Phasen abgewechselt, »in denen der Staat sich zurückzog oder zurückgedrängt wurde« (Boehme-Neßler 2008: 174). Genschel und Zangl (2008: 431) sprechen ebenfalls von Trends und Gegentrends der Verstaatlichung und Entstaatlichung. Der Abschiedsliteratur, die den »Untergang oder Verfall des Staates« proklamiert, steht daher unter anderem die »Vorstellung eines zyklischen Verlaufs« von »Aufstieg und Niedergang« des Staates entgegen, wie Schuppert (2013: 29) es formuliert.

> »Die bisweilen treffend beobachteten Auflösungserscheinungen dürften (auch zeitbedingt) in ihrer Bedeutung schlicht überzeichnet und mit einem tatsächlich nicht eingetretenen Souveränitätsverlust verwechselt worden sein« (Thiele 2019: 269).

Bei aller Wandlungssemantik besteht die Quintessenz darin, dass zwar »bestimmte Staatstypen untergehen, erodieren oder ausfransen, der Staat als Ordnungsmodell politischer Herrschaft« davon aber offenbar unberührt bleibt (Schuppert 2010: 10). Es geht mithin um die *Transformation* des Staates, bei der dieser nicht verschwindet, sondern seine Gestalt verändert. Dabei spielen auch Krisensymptome, die sich in den Begriffen von Staats- und Steuerungsversagen manifestieren, eine Rolle. Diese lassen aber nicht den Schluss auf ein Ende von Staatlichkeit zu (vgl. Anter 2010: 6). Nicht ohne Grund

---

9 Thiele (2019: 270) weist dabei einschränkend darauf hin, dass es vielen bei der Auflösungsthese »nie um eine formelle, sondern um eine materielle Auf- beziehungsweise Ablösung des modernen Staates durch schleichende Aufgaben- und Steuerungsverluste und zunehmende globalisierungsbedingte Komplexität« gegangen sei.

wird also etwa Governance als »Beleg für die Anpassungsfähigkeit von Staaten« an Veränderungen, als Zeichen für Wandel gesehen und nicht als Indiz für deren Untergang (Blumenthal 2005: 1153). »Wenn mithin auch (noch) kein Ende des Staates abzusehen ist, so ist doch ein tiefgreifender Strukturwandel von Staatlichkeit zu konstatieren«, gekennzeichnet durch »vielfältige Metamorphosen und strukturelle Transformationen« (Bach 2013a: 9).

In diesem Sinne »scheint [auch] die Informationsgesellschaft [...] auf eine grundsätzliche Neubestimmung von Politik, Staat und Staatlichkeit hinauszulaufen« (Steinbicker 2013: 200). Ausgehend von der Annahme eines zyklischen Verlaufs staatlicher Wandlungsprozesse, lässt sich auch für den Staat im digitalen Zeitalter – selbst wenn mit der Digitalisierung etwa physische Grenzen (wie die des Staatsgebietes) weiter durchlässig werden – schlussfolgern, dass dieser nicht ausgedient hat. Offen bleibt damit aber die Frage nach der Dynamik und Richtung des Wandels von Staat und Staatlichkeit. Denn die vielfältigen Herausforderungen der Digitalisierung haben zur Folge, dass politische Systeme »need to adapt their policies, legislations, systems and even internal structures« (Janssen/Voort 2016: 1). Insofern zielt diese Abhandlung darauf ab, zu analysieren, welche Ausformung die moderne Staatlichkeit im digitalen Zeitalter annimmt. Denn moderne Gesellschaften sind als gesteuerte Gesellschaften zu verstehen, die auf politische Steuerung[10] setzen (vgl. Schimank 2000: 11ff.). Damit stellt sich zentral die Frage, inwieweit sich durch die Digitalisierung die staatlichen Regulierungs- und Steuerungspotenziale verändern. Es geht somit um die Handlungsfähigkeit des Staates in der digitalen Welt: »Is strategic steering of an information society even possible?« (Rončević/Tomšic 2017: 11). Mit der sich rasch zum Meme[11] entwickelnden Aussagen An-

10 Eine differenzierte Betrachtung des für diese Abhandlung zentralen Begriffs der (politischen) Steuerung erfolgt in Kapitel I.2 und III.

11 Der Begriff Meme stellt das kulturelle Äquivalent zum biologischen Gen dar (vgl. Grünewald-Schukalla/Fischer 2018: 1). Dawkins (2014: 316–334) entwickelte den Begriff zur Beschreibung, wie kulturelle Phänomene, wissenschaftliche Ideen, Überzeugungen wie der Glaube an Gott oder Verhaltensmuster weitergegeben werden. Memes sind komplexe Ideen, die als codierte Informationen über unterschiedliche Vehikel kommuniziert werden und sich so reproduzieren (vgl. hierzu ausführlich etwa Shifman 2014: 40–45). »Ab den 1990er Jahren entkoppelte sich dieses Konzept von seinen theoretischen Bezügen und wurde als populärkultureller Phänomenbegriff für digitale, das heißt technisch reproduzierte und manipulierte Objekte in der Internetkultur angeeignet« (Grünewald-Schukalla/Fischer 2018: 1). Beim Meme-Konzept Dawkins' (2014: 324) spielt jedoch, analog zum Gen, »Langlebigkeit, Fruchtbarkeit und Wiedergabetreue« eine wichtige Rolle. Im Unterschied dazu können Internet-Meme viral gehen, sie sind aber ebenso »alltägliche kommunikative Praxis [...], in der die kreative Veränderung, Verbreitung und Aneignung kultureller Formen auch jenseits messbarer Wellen großer und bekannter Memes« stattfindet (Grünewald-Schukalla/Fischer 2018: 5).
Im Fall von Internet-Memes erfolgt die Verbreitung oftmals durch eine Kombination aus Text und Bild oder Video. Dabei verstetigen sich diese aber nur bedingt, viel häufiger unterliegen sie Veränderungen in Form und Inhalt. Während der Reproduktion erfolgt also eine Aneignung, in der Memes variantenreich transformiert und variiert werden. Zudem werden sie vielfach remixed (kombiniert) und beziehen sich wechselseitig aufeinander (referenzieren). Dabei können Memes sich auch verselbstständigen und über ihren Ursprungskontext hinaus in andere Bereiche eindringen (vgl. ebd.: 7). Sie knüpfen damit stark an den von Stalder (2017: 95ff.) herausgearbeiteten drei kulturellen Formen der Digitalität an: Referenzialität, Gemeinschaftlichkeit und Algorithmizität.

gela Merkels aus dem Jahr 2013 im Hinterkopf, dass das Internet für uns alle ja #Neuland sei, mag diese Frage reflexartig häufig zunächst abschlägig beschieden werden.[12] Willke (1997: 8) sah in den 1990er-Jahren durchaus »noch vorhandenes Steuerungspotential«, aber auch die Gefahr, dass dieses nicht genutzt werden könnte, weil nicht gesehen wird, dass »der Kontext für Gesellschaftssteuerung sich unter dem Druck von Globalisierung, Digitalisierung und latenter Vernetzung grundlegend ändert«. Zugespitzt formuliert Schallbruch (2018: 218) über den Schwachen Staat im Netz:

> »Die Digitalisierung zwingt den Staat in einen brutalen Wettbewerb: Der Gegner ist dabei nicht eine Art ›Online-Staat‹ […]. Gegenspiel des Staates ist vielmehr ›kein Staat‹, das Zurückdrängen des Staates aus mehr und mehr Lebensbereichen.«

Oder verläuft die Entwicklung im digitalen Zeitalter in die genau entgegengesetzte Richtung? Mayntz (2001: 16) postulierte zur Jahrtausendwende:

> »Indem große technische Systeme wegen ihrer hohen positiven Bedeutung ebenso wie ihres hohen Störpotentials eine staatliche Regelung provozieren, fördern sie wiederum den starken, den Interventionsstaat.«

Für Willke (1997: 204) scheint bereits Mitte der 1990er-Jahre klar zu sein, dass sich »infolge einer stürmischen technologischen Entwicklung Herausforderungen an die Politik [stellen], die sich den einfachen Alternativen von Regulierung oder Deregulierung, Verstaatlichung oder Privatisierung, Monopol oder Wettbewerb nicht mehr fügen.«

Diese Zitate stehen nicht nur für die Frage nach dem, elementar mit seiner Steuerungs(un)fähigkeit verbunden, Leitbild und Modell des Staates im digitalen Zeitalter. Sie stehen genauso dafür, dass bislang in der wissenschaftlichen Forschung der Fokus in der Frage nach politischer Steuerung maßgeblich auf dem Steuerungssubjekt lag: dem Staat. Dagegen nimmt die vorliegende Analyse eine breitere Perspektive ein, die nicht allein die Entwicklung der *Steuerungsfähigkeit* des Staates im Blick hat, sondern auf die *Steuerungspotenziale* – die *mögliche*, und nicht nur die tatsächlich erfolgende Steuerung – abzielt. Diese lässt sich nur aus einer wechselseitigen Perspektive heraus betrachten. Folglich müssen die Steuerungsobjekte – die auch selbst zu Steuerungssubjekten werden können – und deren *Steuerbarkeit* mit berücksichtigt werden.[13] Die Steuerungsobjekte – gesellschaftliche Gruppen, einzelne Akteure oder Individuen in der Gesellschaft

---

12 Gleichwohl bezog sich Merkel mit ihrer Aussage auf der Pressekonferenz anlässlich des Besuchs Barak Obamas direkt auf die sich zeitgleich in immer weiteren Details entfaltenden Enthüllungen Edward Snowdens über den NSA-Überwachungsskandal. Krieger und Machnyk (2019) weisen daher zu Recht darauf hin, dass die heute memetische Aussage »Das Internet ist für uns alle Neuland« aus ihrem Kontext herausgehoben und rekontextualisiert wurde. »Dadurch, dass der *Prism*-Kontext [Herv. i. O.], auf den sich die Aussage ursprünglich bezog, komplett ausgeblendet wurde, stand der Satz schließlich völlig isoliert im Raum und legte semantisch eine völlig andere Lesart nahe, nämlich, dass das Internet an sich ein Gebiet darstelle, auf dem keine oder nur unzureichende Erfahrungen bestünden« (ebd.: 123).

13 Zur vertiefenden Darstellung von Steuerung, Steuerungsfähigkeit, Steuerbarkeit und Steuerungspotenzial siehe Kapitel I.2.

an sich oder in gesellschaftlichen Subsystemen – werden jedoch in den politikwissenschaftlichen Steuerungstheorien eher stiefmütterlich behandelt (vgl. Schimank 2000: 12f.). Dagegen nimmt die Governance-Perspektive diese Akteure zwar in den Fokus, verliert dabei aber tendenziell den Staat aus dem Blick, der nur noch ein Akteur unter vielen ist. Vor dem Hintergrund der Digitalisierung ist eine beidseitige Perspektive besonders relevant, da die hier vorzufindenden Entwicklungen und Wandlungsprozesse eben nicht nur den Staat – und damit dessen Steuerungsfähigkeit – betreffen, sondern auch die in den gesellschaftlichen und wirtschaftlichen Subsystemen anzutreffenden Akteure – und damit deren Steuerbarkeit. Diese Abhandlung fragt damit grundlegend nach den *Bedingungen der Möglichkeit von staatlicher Steuerung im digitalen Zeitalter*.

Die weitergehende Betrachtung im Rahmen dieser Fragestellung fokussiert sich explizit auf Deutschland. Sie bezieht sich sowohl für die zentralen Debatten als auch bei der Empirie der analysierten Felder auf den Kontext des deutschen Nationalstaats.[14] Die Debatten um die Veränderung von Staat und Staatlichkeit im Rahmen der Europäisierung, Globalisierung und Transnationalisierung bleiben daher, soweit möglich, ausgespart, wenngleich sie als Phänomen immer mitgedacht werden. Auch wenn gerade der Themenbereich der Digitalisierung – aufgrund seiner globalen Dimension – entscheidende inter- und transnationale sowie europäische Referenzen besitzt, muss die Frage nach *staatlichen* Steuerungspotenzialen an der nationalstaatlichen Rahmung ansetzen. Auch wenn etwa Bach (2013b: 123f.) konstatiert, dass sich der »Kernbestand der politischen Gewalt des europäischen Nationalstaates, sein Raumbezug wie seine gesellschaftliche Steuerungsfähigkeit [...], unwiederbringlich aufzulösen« scheint, bleibt der Staat auch beim freiwilligen Transfer von Kompetenzen etwa auf die europäische Ebene weiterhin Nationalstaat.[15] Zum einen, weil »kaum zu übersehen [ist], dass verschiedene Nationen immer schon unterschiedliche Vorstellungen davon gehabt haben, was von einem Staat zu erwarten sei« (Töller 2007: 67). Daher spielt für normative Vorstellungen von staatlichen Aufgaben sowie die daraus folgenden Formen von Staatstätigkeit der Nationalstaat eine zentrale Rolle. Dieser bleibt damit weiterhin »der Gewährleister von einem Minimum an öffentlichen Aufgaben, ohne die die liberalen Demokratien nicht bestehen können« (Walkenhaus 2006: 20). Zum anderen haben sich nicht nur in Nationalstaaten, sondern auch innerhalb von Staaten in den einzelnen Politikfeldern pfadabhängige Regulationsregime etabliert, die weiterhin Wirksamkeit entfalten und dementsprechend berücksichtigt werden müssen.[16]

---

14 Der Nationalstaat ist hier ein Untertyp des modernen Staates, der durch die politische Gemeinschaft als besonderes Verhältnis der zwischen Staat und Staatsvolk, dessen Zusammengehörigkeitsgefühl auf historischen Ereignissen beruht, und politische Selbstbestimmung auf einem begrenzten Territorium gekennzeichnet ist. Auch wenn Deutschland zugleich dem Untertyp des demokratischen Verfassungsstaates zuzuordnen ist, folgt daraus in keiner der beiden Richtungen eine bedingte Abhängigkeit zwischen den Typen (vgl. Thiele 2019: 212ff., 235).

15 Wenngleich natürlich weitergehende Überlegungen und Modelle, bei denen die Nationalstaaten durch »kosmopolitischen Föderalismus« oder einen »Weltbundesstaat« ersetzt werden, existieren (siehe etwa Zürn 2011: 87ff.).

16 Dementsprechend führt Willke (1997: 9f.) mit Blick auf die Gesellschaft aus: »Nur territorial und normativ ausgegrenzte Einheiten sind in der Lage, die Tiefenstrukturen ihrer (Selbst-)Steuerung autonom zu setzen. [...] Solange es keine Instanz, kein Verfahren und keine Regeln gibt, welche

Damit wird nicht negiert, dass sich die Bedingungen staatlichen Handelns durch die zwischenstaatlichen Verflechtungen verändern. Und es soll daher keinesfalls impliziert werden, dass sie folgenlos für die Frage nach Staatlichkeit und Steuerungspotenzialen wären. Vielmehr knüpft die Untersuchung an die Unterscheidung zwischen *externem* Wandel – etwa durch Europäisierung, Internationalisierung, Transnationalisierung und Globalisierung – und *internem* Wandel von Staatlichkeit – der auf den Wandel von Aufgaben, Handlungs- und Organisationsformen sowie Instrumenten abzielt – an (vgl. Schuppert 2008: 335–339).[17] Aus dieser Perspektive legt die Abhandlung den Fokus deutlich auf den Wandel von Staatlichkeit im Innern. Das Ziel ist, einerseits generelle Herausforderungen für staatliche Steuerung im digitalen Zeitalter herauszuarbeiten, andererseits in der Frage der tatsächlichen Auswirkungen und des Umgangs auf den deutschen Fall zu rekurrieren. Deutschland lässt sich zwar zweifelsfrei als moderner Staat[18] westlicher, liberaler demokratischer Prägung[19] kategorisieren, eine einfache idealtypische Herausarbeitung von Steuerungspotenzialen des Staates diesen Typus im digitalen Zeitalter ausschließlich anhand dieses einen Falls aber nicht plausibel begründen. Vielmehr sprechen gerade spezifische institutionelle Merkmale wie etwa korporatistische Traditionen (siehe Kapitel III.1.4) in bestimmten Politikfeldern, die nicht nur Auswirkungen auf die Steuerungsfähigkeit und Instrumentenwahl des Staates haben, sondern auch Selbststeuerungskapazität auf Akteursebene voraussetzen, dafür, dass eine dezidiert einzelstaatliche Analyse dem Erkenntnisinteresse angemessen ist.

Dies umso mehr, als diese Abhandlung die Frage danach stellt, mit welchem Typ von Staat und Staatlichkeit wir es mit Blick auf Deutschland im digitalen Zeitalter zu tun haben. Anter und Bleek (2013) befassen sich mit den (theoretischen) Staatskonzepten in der deutschen Politikwissenschaft im Zeitverlauf. Ausgehend von dem ambivalenten Verhältnis zum staatsrechtlich geprägten Staatsverständnis nach dem Ende des Zweiten Weltkriegs, stehen dabei die neomarxistische und systemtheoretische Perspektive, das Aufkommen der Policy-Analyse und Verwaltungsforschung sowie letztlich die Renaissance der institutionalistischen Staatstheorie im Fokus. Dabei kommen sie zu dem Ergebnis, dass es »weder sinnvoll noch möglich [erscheint], einen spezifischen politikwissenschaftlichen Staatsbegriff zu entwickeln« (ebd.: 119). In der praktischen Auseinander-

---

für die Welt insgesamt verbindliche Normen der Selbststeuerung setzen, macht die Rede von der Weltgesellschaft keinen Sinn.«

17 Dementsprechend beantwortet etwa Boehme-Neßler (2009: 194) seine Frage danach, wie Staaten mit »ihrer Relativierung durch die Globalisierung und die Digitalisierung« umgehen, mit »zwei gegensätzliche[n] Entwicklungen – oder Modelle[n] – [...]: Supranationalisierung und Governance.« Supranationalisierung verändert dabei die Rolle des Nationalstaates durch sein gewandeltes Verhältnis zu anderen Akteuren (Staaten oder supranationalen Organisationen) nach *außen*. Durch Governance wandelt sich die Rolle des Staates durch veränderte Beziehungen zu anderen Akteuren (Unternehmen oder Organisationen) nach *innen*.

18 Eine Spezifizierung des modernen Staates (etwa als westlich, liberal, demokratisch) ist notwendig, denn eine »absolutistische Monarchie, ein totalitäres Regime oder eine Militärdiktatur kann ebenso moderner Staat sein wie eine konstitutionelle Monarchie oder Demokratie« (Thiele 2019: 211).

19 Da es in dieser Abhandlung um die Frage nach Steuerungspotenzialen und einem veränderten Steuerungsparadigma geht, wird an dieser Stelle bewusst nicht vom demokratischen Rechts- und Interventionsstaat westlicher Prägung (DRIS) gesprochen.

setzung können die »erforderlichen Differenzierungen zwischen verschiedenen Typen oder historischen Formationen des Staates« vielmehr durch das einfache Hinzufügen von Attributen (wie etwa *Wohlfahrts*staat) vorgenommen werden (ebd.). Wenn die vorliegende Abhandlung also analysiert, ob im digitalen Zeitalter veränderte Steuerungsinstrumente mit einem neuen Steuerungs*paradigma* einhergehen, dann verbindet sich damit die Frage, ob Staatsbilder wie der *kooperative Gewährleistungs*staat noch eine angemessene Beschreibung des vorliegenden Modells von Staat und Staatlichkeit darstellen oder ob ein neues Attribut angemessener ist.

I.1 Forschungslinien

Die äußerst vielfältige Literatur über den modernen Staat aus den unterschiedlichen wissenschaftlichen Disziplinen[1] kann an dieser Stelle nicht gewürdigt werden, sondern fließt an den relevanten Stellen direkt ein. Im Zentrum dieser Abhandlung steht die Frage nach dem Wandel von Steuerung und Staatlichkeit. Die Untersuchung knüpft damit insbesondere an zwei politikwissenschaftliche Forschungs- und Debattenstränge

1 Der moderne Staat ist expliziter Gegenstand geschichtswissenschaftlicher und zeithistorischer Betrachtungen (siehe etwa Reinhard 2007; oder jüngst Mergel 2022) oder soziologischer Analysen (siehe etwa Schulze-Fielitz 2013). Rechtswissenschaft, Staatsrecht und Staatstheorie beschäftigten sich mit dem Wandel von Staatsverständnissen und Staatssouveränität (siehe etwa Lepsius 2013; Vesting 1992; Grimm 2009; oder jüngst Thiele 2019) oder seiner Legitimität (Herbst/Zucca-Soest 2020; Schliesky 2020b). Einen umfassenden Blick auf die Staatswissenschat liefert Schuppert (2003).
In Bezug auf die rechtswissenschaftliche Debatte um Staatlichkeit im Wandel spricht Schulte (2017: 44) von einer »Renaissance der Verfassungstheorie, die an die Stelle des ›Denkens vom Staat her‹ getreten sei«. Diese Debatte bringe »die Chiffre ›Verfassung statt Staat‹ versus ›Verfassungsstaat‹ […] plakativ auf den Punkt« (ebd.: 51). Dieses Wechselspiel findet sich etwa auch bei Pernice (2020) und seiner Beschäftigung mit »Staat und Verfassung in der Digitalen Konstellation«. Zwar steht das letzte (und jüngste) Kapitel seiner kumulativen Habilitation unter dem Titel »Der Staat in der Digitalen Konstellation« und stellt unter anderem die Frage, ob der Staat sich neu erfinden müsse, denn: »Letztlich kann es nur um den Wandel von Staatsbild und Staatsfunktionen unter den Bedingungen der Digitalisierung gehen« (ebd.: 227). Letztlich kratzt die Darstellung aber nur an der Oberfläche. Der Staat muss sich in der der digitalen Konstellation neu erfinden und rekonstruieren – wobei die »Digitalisierung […] zugleich Gegenstand und Instrument bei diesem Bemühen« darstellt (ebd.: 228). Dabei kommt Pernice (ebd.: 236) zwar zu dem Ergebnis, dass der Staat »keineswegs seine zentrale Funktion für den Menschen verloren« hat, ihn jedoch die »neuen Bedingungen zur Abkehr von traditionellen Leitbildern wie der staatlichen – potentiellen – Allzuständigkeit, Souveränität oder Unentrinnbarkeit« zwingen. Zugleich bleibt er aber die Antwort schuldig, was die (möglichen) neuen Leitbilder aus- und kennzeichne.
Die Verwaltungswissenschaft hat den Staat ohnehin, auch als steuernden Akteur der Verwaltung, im Blick (siehe etwa Döhler 2007a; Döhler et al. 2015). Die umfassende Bedeutung, die dabei der Digitalisierung zukommt, zeigt jüngst beispielhaft das »Handbuch Digitalisierung in Staat und Verwaltung« (2020b). Für einen Überblick über disziplinäre und interdisziplinäre Zugänge zum Staat siehe weiterhin etwa Voßkuhle et al. (2013).

an. Diese sollen im Folgenden kurz rekapituliert und in Bezug auf die konstatierte Forschungslücke hin abgeklopft werden, der sich diese Abhandlung widmet. Zunächst wird die *Governance-Debatte* aufgegriffen, die unter der Maxime von Government zu Governance konzediert, dass sich die Formen von Steuerung gewandelt haben. Dieser Formwandel wiederum ist einer der Aspekte, die für die Forschungslinie der *Transformation von Staatlichkeit* beziehungsweise des *Wandels des Staates* eine Rolle spielen. Mit ihm gehen veränderte Paradigmen von Steuerung und Leistungserbringung und damit letztlich ein neues Leitbild von Staatlichkeit und Staat einher.

I.1.1 Governance-Debatte

Die Forschungslandschaft, die sich auf eine Governance-Perspektive bezieht, ist sehr weit ausgefächert, was dem Governance-Begriff nicht nur eine steile Karriere, sondern auch den Vorwurf der Bedeutungslosigkeit beschieden hat (vgl. Jann 2013: 94f.; Mayntz 2009: 9).[2] Seinen anfänglichen Fokus auf die transnationale Ebene *(Global Governance)* und normative Aspekte *(Good Governance)* hat er auf jeden Fall schon lange hinter sich gelassen (vgl. Benz et al. 2007; Schuppert 2006).[3] Diese Abhandlung knüpft daher zunächst an ein Verständnis von Governance an, das die »Gesamtheit der in einer politischen Ordnung mit- und nebeneinander bestehenden Formen der kollektiven Regelung gesellschaftlicher Sachverhalte« umfasst (Mayntz 2010: 37). Damit soll Governance explizit nicht als Gegensatz zu politischer Steuerung verstanden werden.[4] Damit wird zugleich auch der von Seibel (2017: 164) als Schwäche der Governance-Forschung erkannte »unverkennbare Anti-Etatismus« eingeschränkt. Vielmehr erweitert sich damit die Steuerungsperspektive und Bandbreite an Steuerungsformen und -instrumenten.

> »None of this means that states are no longer important governors. Many states retain decision-making powers in many spheres. Moreover, states are deliberately sharing power as a means of exercising it. Much of this falls under the umbrella of partnership approaches to governance, wherein the state attempts to maintain a hand on the tiller, steering governance processes in the public interest« (Burris et al. 2008: 4).

---

2 Mit Blick auf die Steuerung der Verwaltung konstatiert so etwa Seibel (2017: 161): »So verdienstvoll die *Governance*-Forschung [Herv. i. O.] in deskriptiver Hinsicht war und ist, so unzureichend ist und bleibt sie in normativer und analytischer Hinsicht. Wie bedeutsam und einflussreich nicht-hierarchische und informelle Steuerungsformen im öffentlichen Sektor letzten Ende sind, wurde niemals untersucht«.

3 Dementsprechend hat sich der Begriff weiter ausdifferenziert. So beinhaltet er, beispielsweise als *Internet Governance*, »formelles oder informelles Handeln zur Erreichung bestimmter Ziele« im Rahmen einzelner Policies oder Politikfelder (Betz/Kübler 2013: 97). Als *Multi-Level-Governance* nimmt er Regelungsverfahren jenseits des Nationalstaats oder Koordinationsstrukturen in innerstaatlichen Mehrebenensystemen in den Blick (vgl. etwa Schuppert 2011: 30f.), während *Public Governance* als Reformstrategie zur Verwaltungsmodernisierung diskutiert wird (vgl. etwa Klenk/Nullmeier 2004: 9f.).

4 In einem engen Verständnis von Governance wird dieser als Gegenbegriff zu staatlicher Steuerung (Hierarchie) verstanden und nimmt damit eine nicht-staatliche Perspektive ein (vgl. Schuppert 2011: 32f.).

Von dieser Warte, mit »Governance als ein[em] Synonym für institutionelle Steuerung« in einer bestimmten Form, bei der der Staat weiterhin eine wichtige Rolle spielt, ist die Governance-Debatte daher vielfach anschlussfähig für die Fragestellung dieser Abhandlung (Schuppert 2011: 12).[5] Jedoch muss eine etwa von Offe (2008) formulierte Kritik am Governance-Begriff geklärt werden. Er verweist unter anderem auf die unklaren Bezüge zwischen Governance und Government. So werde Governance sowohl als Gegenbegriff zu Government als auch als Oberbegriff benutzt (ebd.: 63).[6] In der vorliegenden Abhandlung stehen Governance und Government explizit als unterschiedliche Steuerungs*formen* nebeneinander (zur Begründung siehe Kapitel III.1.3). Unterhalb des Oberbegriffs Governance lassen sich dann jedoch vielfältige Steuerungs*instrumente* fassen.[7]

So werden etwa sowohl alte Steuerungsinstrumente von Verhandlung, Dialog und Wettbewerb als auch vielfältige neue Formen kooperativer, dialogischer und partizipationsorientierter reflexiver Handlungskoordination unter dem Dach des Governance-Begriffes verortet. Prätorius (2008: 32) etwa versteht Governance als Ko-Produktion öffentlicher Leistungen in einem aktivierenden Staat, der in der aktiven Bürger:innengesellschaft die Rollentrennung zwischen Produzent:in und Konsument:in auflöst.[8]

Governance statt Government macht dabei deutlich, dass eine Kontrolle (Steuerung) in althergebrachter Form nicht mehr als möglich erscheint und in der Folge den beteiligten Akteuren eine höhere Autonomie zugestanden wird. Damit geht auch eine »Ergänzung, Erweiterung und Ersetzung staatlicher Handlungsmacht durch nicht-staatliche Akteure« einher (Botzem et al. 2009b: 16). Governance schließt also unterschiedlichste Regelungsverfahren ein, umfasst die veränderte Aufgabenverteilung zwischen staatlicher, privater und zivilgesellschaftlicher Seite ebenso wie die räumliche Entgrenzung der Regelungen von der nationalstaatlichen auf die internationale oder supranationale Ebene. Gleichzeitig ermöglicht sie, unterschiedliche »Koordinierungsmodi wie Wettbewerb, Hierarchie, Verhandlung oder Markt [...] nebeneinander oder im Wechsel zueinander« zu betrachten (Knie/Lengwiler 2007: 8). Die Debatte um Governance weist somit eindrücklich darauf hin, dass politische Steuerung immer als ein Mix an Steuerungsformen und -instrumenten zu verstehen ist. Diese unterschiedlichen Bündel an Steuerungsformen (oder Governance-Modi) werden auch als Governance-Regime und damit als Formen von »aufgabenbezogenen institutionellen Arrangements« bezeichnet (Schuppert 2011: 28). Hieran knüpft diese Abhandlung an, wenn sie nach einem veränderten *Steuerungsparadigma* – also einer trotz der Varianz der Steuerungsformen und

---

5 Der Fokus des in dieser Abhandlung genutzten Governance-Begriffes liegt auf Governance als einem Regelsystem und nicht auf Governance als einem Modernisierungsleitbild (vgl. Schuppert 2011: 13). Schulte (2017: 34) weist darauf hin, dass gerade das Verständnis von Governance als »interaktionistische Steuerungstheorie« auch erklärt, weshalb der Anschluss an dieses aus der Politikwissenschaft stammende Konzept »Teilen der Staats- und Verwaltungsrechtslehre« so leicht fällt.

6 Mayntz (2009: 9) weist so etwa darauf hin, dass Governance in der »weitesten Begriffsvariante« sowohl Markt, Hierarchie wie auch Netzwerke umfasst und damit alle Formen vertikal hierarchischer und horizontaler Steuerung. Nur in einer von mehreren weiteren Begriffsvarianten werden »speziell *nicht*-hierarchische [Herv. i. O.] Formen der Regelung als Governance bezeichnet« (ebd.).

7 Zur Systematisierung von Steuerungsformen und -instrumenten siehe Kapitel III.1 und III.2.

8 Zur Indienstnahme der Zivilgesellschaft siehe Kapitel V.3.3.2.

-instrumente insbesondere zwischen unterschiedlichen Politikfeldern und gesellschaftlichen Subsystemen feststellbaren dominanten Form – fragt. In Anlehnung an Schuppert (2010: 160, 162) ist der Governance-Ansatz aus dieser Perspektive »für die Analyse des Wandels von Staatlichkeit wie geschaffen«, sofern er »die Veränderung von Governancestrukturen zu analysieren sucht und nach Erklärungen für beobachtbare Wandlungsprozesse fragt.«

Des Weiteren muss beachtet werden, dass es aus analytischer Perspektive bei Governance zu einer tendenziellen Auflösung von Steuerungssubjekt und -objekt kommt. Es geht weniger um steuerndes Handeln des Staates als vielmehr um gesellschaftliche Selbststeuerung unter staatlicher »sozialer Handlungskoordination« (Mayntz 2010: 38): um das Regieren durch Netzwerke, die jenseits staatlicher Hierarchie, aber vielfach dann doch in deren Schatten, wirken. Governanceformen sind daher vor allem Formen der Koordination. Governance konzentriert sich, etwa auf der sektoralen Ebene mit Politiknetzwerken oder mit Public Private Partnerships (PPP),[9] jedoch vielfach stark auf die Strukturebene und verliert damit die Akteure aus den Augen. Es findet mithin ein Perspektivenwechsel statt: von der »akteurszentrierten Akteursperspektive hin zu einer mehr institutionalistischen Perspektive, die die das Akteurshandeln rahmenden Regelungsstrukturen in das Zentrum der Aufmerksamkeit rückt« (Schuppert 2011: 18). Dieser Wechsel der Perspektive bleibt mitunter nicht folgenlos.

> »Bei *Governance* wie bei der Globalisierung handelt es sich dem Sprachgebrauch nach offenbar um eigentümlich subjektlose Prozesse, die sich bestimmten Akteuren nicht zuordnen lassen [...]: Es geschieht etwas, aber niemand hat es getan und wäre mithin für das Getane verantwortlich zu machen« (Offe 2008: 61).

Der für diese Abhandlung wichtige Blick auf Steuerungsobjekt und -subjekt muss jedoch erhalten bleiben. Mit der Frage nach Steuerungspotenzialen rücken sowohl die steuernden als auch die zu steuernden Akteure deutlicher ins Zentrum. Dabei muss explizit die gesamte Bandbreite von staatlichen, nicht-staatlichen, zivilgesellschaftlichen und privatwirtschaftlichen Akteuren berücksichtigt werden. Es geht darum, die institutionelle mit der Akteursperspektive zu verbinden.

Die Governance-Debatte ist aber auch mit Blick auf den zweiten relevanten Forschungsstrang, an den diese Abhandlung anknüpft, relevant. Wenn etwa Schuppert (2011: 20) vom »Wandel der Staatlichkeit als *changes in governance* [Herv. i. O.]« spricht, wird die direkte Verbindung zwischen beidem deutlich: Das Governance-Konzept übersetzt den »Wandel von Staatlichkeit konkretisierend in **Wandel von Governancemodi und Governancestrukturen** [Herv. i. O.]« (ebd.: 21).

---

9 Sowohl Politiknetzwerke als auch PPP werden der *Collaborative Governance* zugerechnet (siehe etwa Straßheim 2013).

I.1.2 Transformation von Staatlichkeit und Staat im Wandel

Die erste Anlaufstelle für diese Forschungslinie kann nur der Sonderforschungsbereich 597 an der Universität Bremen sein, der über ein Jahrzehnt lang die Staatlichkeit im Wandel *[Transformation of the State]* in drei Forschungsphasen zwischen 2003 und 2014 in den Blick nahm. Frick (2018: 1919) konzediert, dass der Sfb »die These der Transformation des Staates besonders wirkmächtig vertreten« habe. Ausgehend von einem zugrunde gelegten vierdimensionalen Staatlichkeitskonzept[10] im demokratischen Rechts- und Interventionsstaat (DRIS)[11], wurde in der ersten Phase des SfB ein Wandel von Staatlichkeit diagnostiziert und mit dem (bildlichen) Begriff der Zerfaserung beschrieben (vgl. Zürn et al. 2004: 6f.; Leibfried/Zürn 2006a: 13f.). Dass die moderne Staatlichkeit zerfasere, zeige sich darin, dass die »vier ehemals national gebündelten Dimensionen« auseinanderdrifteten und sich »in einer Vielzahl andersartiger Muster« neu konfigurierten (Leibfried/Zürn 2006b: 41). Konkreter meint dies, dass sich »neue nicht-staatliche Träger von Staatlichkeit oberhalb und neben dem Staat etablieren: Staatlichkeit zerfasert« (Genschel/Zangl 2007: 12). Als Ursachen und Erklärung des Wandels wurden in der zweiten Phase des SfB insbesondere die Globalisierung der Wirtschaft, der technische Fortschritt, die demografische Entwicklung und der Wertewandel identifiziert, ergänzt um knapper werdende natürliche Ressourcen (vgl. Sfb 597 2015). Die Zerfaserung der Staatlichkeit lasse sich jedoch nicht allein auf eine Selbstwirksamkeit der genannten Ursachen zurückführen. Diese seien allein nicht prägend genug, als »dass die Entwicklung von Staatlichkeit generell in eine bestimmte Richtung gedrängt wird« (Sfb 597 2010: 25). »Der Wandel des Staates ist mithin eine Kombination aus Selbsttransformation und freigesetzten Eigendynamiken« (Sfb 597 2015). Die Weichstellung für den Wandel erfolge somit durch den Staat selbst, also durch politische Entscheidungen.

> »Nur wenn man eine breite Palette materieller, ideeller und institutioneller *Weichensteller* beachtet, die die Wirkung von Antriebskräften je nach Dimension, Politikfeld und Land beschleunigen, bremsen oder kanalisieren, kann man erklären, warum Staatlichkeit zerfasert [Herv. i. O.]« (Sfb 597 2010: 26).

Frick (2018: 1916) bescheinigt der Transformationsperspektive, dass diese das »Auf und Ab aus Verabschiedung und Wiederentdeckung des Staates hinter sich« lässt, weil sie sich klar von dem »mitunter lautstark prophezeiten Ende des Staates« abgrenzt. Der Staat bleibt die »zentrale Herrschaftsinstitution« und damit unverzichtbar (Genschel/Zangl 2007: 14) – entwickelt sich aber »tendenziell vom Herrschaftsmonopolisten zum Herrschaftsmanager« (ebd.: 16). Er garantiert letztverantwortlich dafür, dass zentrale

---

10 Die vier Dimensionen des Staatlichkeitskonzeptes des SfB sind die Rechts-, Legitimations-, Wohlfahrts- und Ressourcendimension.

11 Dieser Ausgangspunkt des Goldenen Zeitalter des Staates liegt in den 1960er- und 1970er-Jahren (vgl. Zürn et al. 2004: 6). Zur Kritik an diesem Bezugspunkt, von dem ausgehend »alles nur noch als Verfallsgeschichte gesehen und geschrieben werden kann«, siehe Schuppert (2008: 332f.).

normative Güter[12] erbracht werden, und behält daher die *Verantwortung* für Organisation und Entscheidung.[13] Gleichzeitig teilt er jedoch die *Kompetenzen* für Organisation und Entscheidung mit anderen Akteuren (vgl. auch Ziekow 2011: 45). Genschel und Zangl (2007: 13f.) charakterisieren die Zerfaserung der Staatlichkeit letztlich in zwei Dimensionen: Mit der Internationalisierung verlagert sich Entscheidungskompetenz auf internationale Organisationen, während die Organisationskompetenz bei den Nationalstaaten verbleibt. Mit der Privatisierung dagegen gibt der Staat Organisationskompetenzen an private Instanzen ab, behält aber die Entscheidungskompetenz.[14] Schuppert (2008: 329) kritisiert die »Zerfaserungssemantik« als ein »*schiefes Bild*, das gerade für den Wandel von Staatlichkeit, wie er von den Autoren selbst beschrieben wird, überhaupt nicht passt [Herv. i. O.]«. Statt des Verfalls des Staates, auf den die Begrifflichkeit der Zerfaserung des Staates des Goldenen Zeitalters hindeute, gehe es um eine veränderte *Rolle des Staates* in einer veränderten Akteurskonstellation – und damit »nicht um ›Rise and Decline‹, sondern um die Konzeptualisierung von etwas Neuem, Anderem als bisher« (ebd.: 333; vgl. auch Schuppert 1996). Die Theorie des Wandels von Staatlichkeit richtet sich darauf, den Geschichten vom Verfall der Staatlichkeit oder vom Ende und Niedergang des Staates eine nüchternere, langfristig orientierte Perspektive entgegenzusetzen. Wenn Benz (2013: 79) für die Staatstheorie feststellt, dass sie »diesen Wandel als dauerhaft, zum modernen Staat gehörend begreifen« soll, dann gilt dies für die Politikwissenschaft gleichermaßen. Denn in einer »prozesshaften Perspektive« sind »Veränderungen von Staatlichkeit der Normalfall« (Schuppert 2013: 34).

Die Bremer Perspektive berücksichtigt dabei den Wandel von Staatlichkeit in zwei Dimensionen:[15] Der *externe Wandel* – die Entgrenzung des Staates nach außen – erfolgt durch Europäisierung und Globalisierung. Der *interne Wandel* – der Rückzug des Staates im Inneren – folgt aus Deregulierung und Privatisierung der Leistungserbringung. So wird auch im Oxford Handbook of Transformations of the State die Bedeutung von »international factors« und »domestic factors« wiederholt hervorgehoben (Huber et al. 2015b: 2ff.), wobei auch hier die herangezogenen Ursachen für die Transformation von Staatlichkeit auf die Internationalisierung und Privatisierung beschränkt bleiben. Dementsprechend werden auch die zukünftigen Herausforderungen für den Staat in der globalisierten Welt verortet, wobei die »greatest challenge to state authority and capacity seems to come, not from supra- or international organizations with delegated decision-making power, but rather from private economic actors«, die global tätig sind und sich damit nationalstaatlicher Kontrolle entziehen (Huber et al. 2015a: 837). Digitalisierung

12 Die vier, auf die vier Dimensionen des Staatlichkeitskonzeptes des SfB bezogenen, normativen Güter sind Rechtsstaatlichkeit, demokratische Legitimität, Wohlfahrt und Sicherheit.

13 Im SfB 597 wurden Letztverantwortung (garantiert, dass ein Gut erbracht wird), Entscheidungsverantwortung (entscheidet darüber, wie ein Gut erbracht wird) und Organisationsverantwortung (führt die Aufgaben zur Erbringung des Gutes durch) unterschieden (vgl. Hurrelmann et al. 2008: 305).

14 Die dritte Phase des SfB, die an dieser Stelle nicht weiter aufgegriffen wird, untersuchte dann empirisch die Auswirkungen dieser Zerfaserung auf die Versorgung mit normativen Gütern (Outcome) und veränderte (politische) Ansprüche an die privaten Träger von Staatlichkeit (Reaktionen) (vgl. Sfb 597 2015).

15 Zur Differenzierung siehe Schuppert (2008: 325–341).

spielt dagegen keine Rolle, allenfalls wird die technologische Entwicklung als Teil der *domestic factors* erwähnt. Eine Ausnahme bildet der Bereich der Internetentwicklung, der unter dem Aspekt der transnationalen Regulierung und Multi-Level-Governance durchaus aufgegriffen wird. Allerdings wird diese Entwicklung nur als Unterpunkt der Globalisierung betrachtet, wie Bendrath et al. (2008: 209) es deutlich zum Ausdruck bringen: »Nichts symbolisiert die Globalisierung besser als das Internet.« Der SfB bietet daher keine grundlegende Perspektive auf den Strukturwandel des Staates im digitalen Zeitalter. Zugleich bleibt auch die Dimension der staatlichen Steuerung(sfähigkeit) unterbelichtet.

Die Steuerungsperspektive wird in den Debatten um den *Wandel von Staat und Staatsbildern* stärker berücksichtigt. Mit Blick auf einen sich verändernden Typus von Staatlichkeit im digitalen Zeitalter liegen die theoretischen Anknüpfungspunkte in den Analysen zum Übergang vom Leistungs- oder Interventionsstaat zum Gewährleistungsstaat (vgl. u.a. Schuppert 2005a) sowie in den Debatten um den schlanken beziehungsweise aktivierenden Staat (vgl. u.a. Damkowski/Rösener 2003). Auch die Perspektive auf einen verhandelnden Staat (vgl. u.a. Heinelt 2005) und kooperativen Staat ist nicht neu. So spricht in den 1990er-Jahren etwa Scharpf (1993) vom »verhandelnden Staat«, der »ganz wesentlich auf der Autonomie der beteiligten gesellschaftlichen Akteure, auf deren Kooperation er in hohem Maße angewiesen ist«, beruhe (Zimmer 1999: 221), Voigt (1995) vom »kooperativen Staat«, und Mayntz (1993) erforscht Verhandlungssysteme und Policy-Netzwerke. Alle diese beschreibenden Begrifflichkeiten beinhalten eine steuerungstheoretische Komponente, indem sie eine bestimmte Steuerungsform oder ein Steuerungsinstrument hervorheben. Mit Blick auf diese Verbindung von Leit- und Staatsbildern mit der Steuerungsperspektive wird in der vorliegenden Arbeit vom *Steuerungsparadigma* gesprochen. Damit ist gemeint, dass sich trotz der Varianz an Steuerungsinstrumenten, insbesondere zwischen unterschiedlichen Politikfeldern und gesellschaftlichen Subsystemen, für bestimmte Phasen die Dominanz eines Instrumentes konzedieren lässt.[16]

Weitere Anknüpfungspunkte liegen in den Debatten um die Transformation des Regierens (vgl. u.a. Haus 2010) und dem Konzept der Ko-Produktion von Staatlichkeit (vgl. Schuppert 2010: 158), beispielsweise durch *Public Private Partnerships* (vgl. u.a. Hodge/Greve 2005; Sack 2009). Damit ist explizit die Perspektive auf Steuerung verbunden: sowohl über die Diskussion um mögliche Steuerungsverluste (vgl. Wohlfahrt/Zühlke 1999), als auch über die Potenziale von (gesellschaftlicher) Selbststeuerung (vgl. Mayntz/Scharpf 1995a; Wiesenthal 2006).

Hier zeigt sich, dass darüber hinaus für Deutschland der Modell-Deutschland-Ansatz ergänzend genannt werden sollte. Der Begriff steht für ein »bestimmtes politikökonomisches Regime« um den verhandelnden Staat mit »konsensualer Politikgestaltung« als spezifische Form der Entscheidungsfindung (Zimmer 1999: 212). Er bildet damit eine »Metapher für die gewachsenen Governance-Strukturen« und ein »spezifisches Zusammenspiel von Wirtschaft, Gesellschaft, Politik und Verwaltung«, das zu Formulierung und Implementierung von Politik »unter maßgeblicher Beteiligung der gesell-

16 Siehe vertiefend Kapitel I.2 und III zu Steuerung und Kapitel IV für die mit den unterschiedlichen Staatsbildern verbundenen Steuerungsparadigmen.

schaftlichen Akteure, politikfeldspezifisch eingebettet, in neo-korporatistischen Arrangements« führt (ebd.: 211). Aus Steuerungsperspektive tritt hier also neben die Steuerung von Akteuren und Individuen die Nutzung von Akteuren zur Steuerung.

Der Modell-Deutschland-Ansatz lässt sich – auch weil er mitunter nicht explizit genannt wird – insbesondere über zwei Zugänge berücksichtigen: Zuvorderst über die Diskussionen über Korporatismus beziehungsweise Neokorporatismus, der aus Steuerungsperspektive unter anderem als ein Ausnutzen der Steuerungsressourcen kollektiver Akteuren zu sehen ist. Elemente des Modell-Deutschland-Ansatzes finden sich aber auch in den Debatten um die Verhandlungsdemokratie,[17] denn bei der Entscheidungsfindung in korporatistisch organisierten Subsystemen wird der Modus der Verhandlung häufig angewandt. »Die Verhandlungs- oder Konsensdemokratie basiert also auf der Einbindung möglichst vieler Interessen sowie einer Entscheidungsfindung auf der Grundlage breiter gesellschaftlicher Zustimmung« (Neunecker 2016: 92). Lehmbruch (1996: 1) führt an, dass staatliche Steuerung in Konkordanzdemokratien insbesondere auf der Nutzung von »›verhandlungsdemokratischen‹ Strategierepertoires« beruht, und sich diese in »eigentümlichen Entwicklungspfaden moderner Staatlichkeit« widerspiegeln.

Bezogen auf die Ebenen des Wandels von Staatlichkeit nach Botzem et al. (2009: 12), finden sich für diese Analyse Bezüge in allen vier Kontexten:

1. im Wandel von Akteurskonstellationen und einer Akteursperspektive, die Steuerungsobjekte und -subjekte berücksichtigt,
2. in neuen institutionellen Arrangements, Regelungsstrukturen und Regelungsebenen,
3. in sich wandelnden Konzepten von Verantwortlichkeiten und Legitimitätsbezügen, sowie
4. in formale und informalen Formen der Entgrenzung oder Grenzverschiebung (von politischen Räumen) bei gleichzeitig stattfindender neuer Netzwerkbildung und Vernetzung.

Diese Staatlichkeitsdiskurse, die sich um den Wandel des staatlichen Modells vom intervenierenden Leistungsstaat hin zum kooperativen Gewährleistungsstaat spinnen, werden aufgrund ihrer besonderen Bedeutung für die Frage dieser Abhandlung nach einem neuen Modell von Staat und Staatlichkeit im digitalen Zeitalter in Kapitel IV ausführlich bearbeitet.

Während sich weder in der Forschung zur Transformation der Staatlichkeit noch zum Wandel des Staates und staatlicher Modelle und Leitbilder direkte Bezugnahmen auf die Digitalisierung finden lassen, sieht für das Thema der staatlichen Steuerung im digitalen Zeitalter anders aus. Allerdings verbleiben die Betrachtungen vielfach auf einzelne Ebenen, Felder oder Elemente beschränkt. Hervorzuheben ist etwa die Forschungsliteratur, die sich mit der Digitalisierung von Verwaltung und Verwaltungshandeln (vgl. etwa Veit et al. 2019; Mai 2016; Jann/König 2009), der Rolle des Staates in

17 Die Verhandlungsdemokratie wird alternativ auch als Konsensdemokratie oder Konkordanzdemokratie bezeichnet.

der Bereitstellung von (digitaler) Infrastruktur (häufig staatlicherseits mit einer ökonomischen Perspektive auf Wirtschaft, Standort und Wettbewerb), Innovationspolitik (vgl. Bauer et al. 2012) oder Regulierungsfragen in einzelnen Feldern der Digital- und Netzpolitik auseinandersetzt.[18] Gerade der letztgenannte Forschungszweig ist bislang durch eine »staatszentrierte Regulierungsforschung« gekennzeichnet, die insbesondere aus der Perspektive der »staatlichen Normsetzung« heraus erfolgt (Hofmann 2012: 13).

Unterbelichtet bleibt eine übergreifende Perspektive, die Veränderungen in der Regulierung und Steuerung in unterschiedlichen Politikfeldern und einzelner Policy Issues im Zuge der Digitalisierung mit einem inklusiven Blick auf Steuerungssubjekte und -objekte analysiert. In diese Forschungslücke soll die vorliegende Abhandlung durch den Fokus auf die Frage nach veränderten Steuerungspotenzialen im digitalen Zeitalter, einem neuen Steuerungsparadigma und dem sich daraus ableitenden Modell von Staatlichkeit vorstoßen.

18 Vergleiche etwa Scheffel (2016) oder Betz und Kübler (2013) zu Internetregulierung beziehungsweise Internet Governance oder Imhof et al. (1999) sowie Hachmeister und Anschlag (2013) zum umfassend bearbeiteten Feld der Medienregulierung.

I.2 Steuerung, Steuerungsfähigkeit und Steuerungspotenzial

Politische Steuerung wird häufig mit Begriffen wie staatlichem Handeln, regieren, regulieren oder regeln in Verbindung gebracht oder sogar mit diesen gleichgesetzt (vgl. Müller 1991: 8ff.). Dagegen soll im Folgenden ein spezifischer Steuerungsbegriff – und verknüpft mit diesem die für die Analyse in der vorliegenden Abhandlung zentralen Begriffe der Steuerungs*fähigkeit* und des Steuerungs*potenzials*[1] – herausgearbeitet werden (die vertiefende Darstellung unterschiedlicher Steuerungs*formen* und *-instrumente* findet sich in Kapitel III). Zunächst folgt jedoch eine kurze Ausführung zur (Sozio-)Kybernetik, wobei die Kontroversen um kybernetische und systemtheoretische Ansätze an dieser Stelle nicht vertieft werden können. Gleichwohl ist ein Exkurs aus zwei Gründen angebracht: zum einen aus begrifflicher Perspektive, weil Regelung und Steuerung als »Lehnwörter aus der Kybernetik« in die Sozialwissenschaftlichen übernommen wurden (ebd.: 8). Zum anderen finden kybernetische Vorstellungen von Steuerung und Planung immer wieder Eingang sowohl in das Nachdenken über die Gestalt des Staates als auch über konkrete Steuerungsformen, angefangen bei der staatlichen Planungseuphorie in den 1960er- und 1970er-Jahren bis hin zum technokratischen Regieren im daten- und algorithmengetriebenen 21. Jahrhundert.

I.2.1 Kybernetik

Der Begriff der Steuerung ist eng verbunden mit der Entwicklung der Kybernetik *[cybernetics]*[2] der 1940er-Jahre, zunächst in den Natur- und Ingenieurswissenschaften,

1 Die zusammenfassende Diskussion der Analyseergebnisse zu veränderten Steuerungspotenzialen im digitalen Zeitalter erfolgt in Kapitel VI.

2 Bereits der englische Begriff cybernetics verdeutlicht die Aktualität der dahinterstehenden, im »kollektiven Gedächtnis verankerten« »[k]ybernetische[n] Mythen« und »kybernetischen Erzählungen« (Rid 2016: 13). Dessen im Laufe der Jahrzehnte auf *cyber* verkürzte Form ist als technologiebezogene Vorsilbe heute auch in Deutschland omnipräsent: Cyberspace, Cyberwar, Cybersicherheit, Cyberangriffe oder Cyberaußenpolitik, um nur einige Beispiele zu nennen – wobei hieran ein Schwerpunkt auf der Sicherheitsdimension sichtbar wird. In der 6. aktualisierten Auflage der

die Rid (2016: 10) als die »faszinierende Geschichte einer der folgenschwersten und zentralsten Ideen des 20. Jahrhunderts« beschreibt, »einer Idee, deren Vermächtnis mit dem Voranschreiten des 21. Jahrhunderts sogar noch gewichtiger werden dürfte«. Bei dieser auch als Regelungs- und Steuerungstechnik bezeichneten wissenschaftlichen Forschungsrichtung, die der US-amerikanische Mathematiker und Philosoph Nobert Wiener begründete,[3] geht es um Analogien zwischen Steuerungsprozessen in komplexen biologischen, ökologischen, sozialen und technologischen Systemen, sodass der Ansatz schnell interdisziplinär Anklang fand (vgl. Scott 2004: 1367; Müggenburg 2019: 280). Dies kann sicherlich erklären, warum das Konzept im digitalen Zeitalter – aus sehr unterschiedlichen Richtungen – weiterhin aufgegriffen wird. Die Bezugnahmen reichen dabei von der Diskussion »neokybernetischer Governance-Ansätze« (Nosthoff/Maschewski 2019: 39) bis hin zum Glauben an eine heraufdämmernde *cybernetic singularity*, in der sich der Mensch von einer biologischen zu einer technologiebasierten *Trans*human-Entität transformiert.[4]

Für das Konzept der Kybernetik sind drei Aspekte ausschlaggebend. Am Ausgangspunkt steht der Begriff der *Regelung* – das Regeln ermöglicht Kontrolle und Steuerung. Hierunter wurde, aus einem mechanistischen Verständnis heraus, zunächst ein linearer Steuerungszusammenhang verstanden. Innerhalb eines geschlossenen Systems folgen auf gezielte Steuerungsimpuls (Input) erwartete Reaktionen (Output), die den Systemzustand verändern. Kern der Regelung ist ein darauf aufbauendes Steuern – das selbst wiederum als Steuerungssystem verstanden werden kann – auf Basis von *Feedback* [Rückkopplung], das den zweiten zentralen Aspekt darstellt. In diesen Feedback-Prozessen findet eine dynamische Regelung statt. Dabei fließen über Sensoren permanent Umweltdaten als Input in das Steuerungssystem und werden dort verarbeitet (kontrolliert). Als Output wird die Steuerungsleistung von Aktoren gezielt so angepasst, dass das Umweltsystem in einem bestimmten Zustand gehalten oder in diesen überführt wird. Die permanente Kontrolle und Anpassung des Outputs durch Feedback – und somit Steuerung – sind dabei aufgrund von sich im Zeitverlauf automatisch zur größtmöglichen Unordnung hin entwickelnden komplexen Systemen (Entropie) notwendig. Wiener (1985: 96) bezeichnet »the chain of the transmission and return of information«, wo der Output einer Aktion (Ist-Wert) mit dem Soll-Wert verglichen wird und bei Abweichung entsprechend nachgesteuert wird (das Feedback liefert also Input für die Folgeaktion), als »*chain of feedback*« [Feedback-Schleife].

Umsetzungsstrategie der Bundesregierung (2021) »Digitalisierung gestalten« vom Juni 2021 fand sich die Vorsilbe 77-mal – auch hier maßgeblich im Bereich der Sicherheits-, Außen- und Verteidigungspolitik. In diesen Feldern hat der Begriff auch Eingang in die Benennung von Behörden und Agenturen gefunden, etwa bei der Agentur für Innovation in der Cybersicherheit (Cyberagentur), dem Nationalen Cyber-Abwehrzentrum (Cyber-AZ) oder dem Cyber Innovation Hub der Bundeswehr (CIHBw).

3 Im Jahr 1948 erschien Wieners Buch »Cybernetics. Or Control and Communication in the Animal and the Machine«.

4 Es handelt sich damit um eine Abwandlung des Glaubens an die *technological singularity*, wie ihn Ray Kurzweil (2005) vertritt, bei der mit einer sich selbstverbessernden und -reproduzierenden künstlichen Superintelligenz, eine *Post*human-Entität an die Stelle der Menschheit tritt (siehe Kapitel IV.4.2).

Der dritte zentrale Aspekt der Kybernetik ist dessen Übertragung als grundsätzlich gültiges Prinzip auf alle (komplexen) Systeme, seien sie technischer, biologischer oder sozialer Art. Sie alle setzen auf Feedback – auf Basis von Informationen und Nachrichtenaustausch – als Teil des Steuerungs- und Regelungsmechanismus und stellen damit *informationsverarbeitende System* dar (vgl. Lange 2007: 179f.; Hampe/Strassberg 2019: 115). Feedback kann damit unterschiedliche Formen annehmen, etwa »purely mechanical feedback« in rein technischen Systemen oder antizipatorisches »informative feedback« in sozialen Systemen (vgl. Wiener 1985: 97, 113f.). Zugleich kommt es mit dieser Analogiebildung zu einer Annäherung von Mensch und Maschine – durch die Mechanisierung des Menschen und Vermenschlichung von Maschinen mit der Vision von Verschmelzungspotenzialen (vgl. Rid 2016: 72). Jenseits des Glaubens an die nahende Singularität oder der Idee von Cyborgs steht heute auch die Mensch-Maschine-Interaktion (etwa im Rahmen der Industrie-4.0-Diskussion)[5] in dieser Denktradition der Kybernetik.

Das Aufgreifen kybernetischer Ansätze für sozialwissenschaftliche Zusammenhänge – als Soziokybernetik, fokussiert auf die Komplexitätsprobleme in (modernen) Gesellschaften – hängt dabei eng mit der Weiterentwicklung der Kybernetik ab Mitte der 1960er-Jahre zusammen. Diese wird auch als *second order cybernetics* bezeichnet. Mit ihr verändert sich der lineare Regelungszusammenhang zu einem deutlich komplexeren Steuerungsansatz. Dies erfolgt insbesondere durch die Einführung von Selbstreferenzialität. An die Stelle eines außerhalb des Systems stehenden beobachtenden Akteurs treten selbstbeobachtungsfähige Akteure innerhalb des Systems.

> »The distinction between the first- and second-order cybernetics depends, as has already been developed, on a change in attitude to the observer who, in second-order cybernetics, is understood to be both within the system being described and affected by it« (Glanville 2004: 1384).

Damit wird aus der Analyse überwachter Systeme (»study of observed systems«) die Analyse überwachender Systeme (»study of observing systems«) (Scott 2004: 1373). Daraus folgt die Existenz unterschiedlicher Steuerungsformen, um Systemänderungen herbeizuführen. Abhängig davon, ob die (beobachtende und) steuernde Instanz als Teil des Systems betrachtet wird (wenn nicht: externe Regulation) und Feedbackprozesse stattfinden (Selbstregulation) oder nicht (interne Regulation) werden dabei verschiedene Regulationsformen unterschieden (Hampe/Strassberg 2019: 116). Die hierbei aufscheinende Anwendbarkeit auf neue Formen[6] politischer Steuerung[7] lässt bereits

---

5 Diese knüpft wiederum teilweise auch begrifflich an die Kybernetik an, wie am Beispiel der *cyber-physischen System* (CPS) deutlich wird (siehe Kapitel V.2.1).

6 Seibel (2014: 70) weist darauf hin, dass die »technischen Modelle der Kybernetik […] eine politische Relevanz [gewannen], weil sie gänzlich neue Formen sozialer Organisation und Steuerung denkbar werden ließen.«

7 Für eine erste systematische Übertagung der Kybernetik in die Politikwissenschaft siehe Deutsch (1969). Dessen 1963 unter dem Titel »The Nerves of Government. Models of Political Communication and Control« veröffentlichte Buch erschien 1969 auf Deutsch unter dem Titel »Politische Kybernetik. Modell und Perspektiven«. Seine Annahme bestand darin, dass »Regierungsapparate […] nichts anderes als Netzwerke zur Entscheidung und Steuerung sind, daß sie auf Kommuni-

erahnen, weshalb sich vielfältige Bezüge zur Kybernetik – von der Planungseuphorie der 1960er- und 1970er-Jahre (siehe Kapitel IV.2.2.1) bis heute – finden lassen. Seibel (2014: 71) spricht sogar davon, dass »die Kybernetik rückblickend als Signatur einer technisch-diskursiven Epochenschwelle betrachtet werden« muss.

I.2.2 Steuerungsbegriff

Steuerung lässt sich, anknüpfend an die Kybernetik, grundlegend als absichtsvoller Versuch der Beeinflussung – mit dem Ziel, den Zustand eines Objektes zu verändern – beschreiben (vgl. Mayntz 1997a: 190; Voigt 1993: 297). Luhmann (1989: 5) spricht von »Differenzminimierung« zwischen dem gegenwärtigen oder zukünftigen Ist-Zustand und einem angestrebten Soll-Zustand. Oder anders ausgedrückt: Es geht um zielgerichtete Handlungsbeeinflussung.

Abbildung 1: Steuerung und Steuerungspotenzial

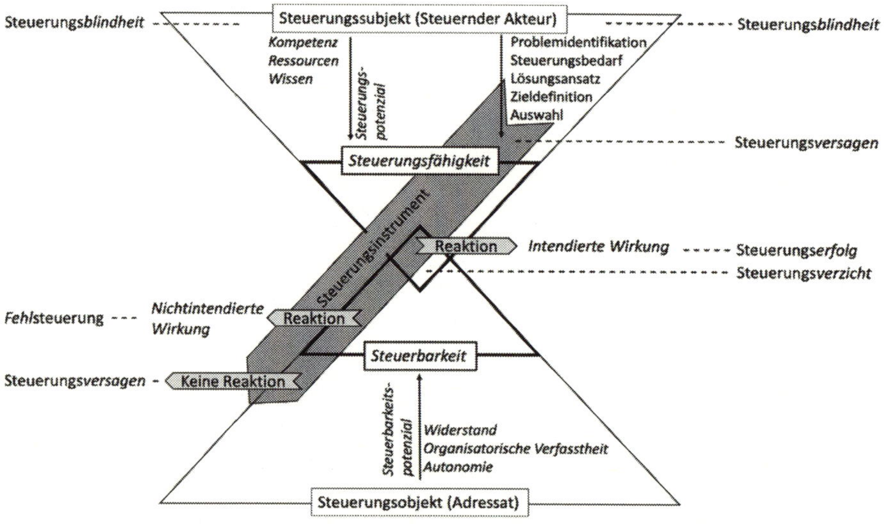

Quelle: Eigene Darstellung.

Die Frage nach Steuerung ist daher zunächst nur sinnvoll, wenn handlungsfähige Akteure auf beiden Seiten existieren. Es bedarf eines Steuerungs*subjekts*, das Differenzminimierung betreibt, und eines Steuerungs*objekts*, dessen Zustandsdifferenz minimiert werden soll. Bei staatlicher oder politischer Steuerung handelt es sich aus akteurstheoretischer Perspektive beim Steuerungssubjekt um den steuernden Akteur, beim Steuerungsobjekt dementsprechend um den gesteuerten Akteur (Adressat).

kationsprozessen beruhen und daß in gewisser Hinsicht ihre Ähnlichkeit mit der Technologie der Nachrichtenübertragung groß genug ist, um unser Interesse zu erregen« (ebd.: 211).

Bei beiden kann es sich jeweils sowohl um einen oder mehrere individuelle als auch kollektive oder korporative Akteure handeln (siehe Abbildung 1).[8]

Steuerung ist nicht beliebig, sondern absichtsvoll – sie verfolgt ein Ziel. Auf staatliche Steuerung bezogen, lässt sich »Steuerung als Ausdruck generalisierter Erwartungen an den gesellschaftlichen Sinn des Staatshandelns« beschreiben (Wiesenthal 2006: 19). Eine solche Erwartung oder Zielvorstellung könnte etwa in einer Verhaltensänderung beim Steuerungsobjekt bestehen. Um dieses Ziel zu erreichen, können unterschiedliche Wege beschritten werden – mithin können unterschiedliche Steuerungs*instrumente* zum Einsatz kommen. Hierunter werden »Techniken, Wege und Verfahrensweisen [verstanden], mit denen der Staat absichtsvoll gesellschaftliche Prozesse beeinflusst« (Braun/Giraud 2014: 179). Diese Steuerungsinstrumente (siehe Kapitel III.2) lassen sich verschiedenen Steuerungs*formen* (siehe Kapitel III.1) zuordnen. Steuerung ist somit zielgerichtetes und damit zweckrationales Handeln. »Der Steuerungsbegriff unterstellt ein hohes Maß an Rationalität aufseiten des Steuerungssubjekts, d.h. einen rationalen Akteur« (Wiesenthal 2006: 15). Das Steuerungssubjekt wählt aus den zur Verfügung stehenden Instrumenten und unter Berücksichtigung unterschiedlicher Kriterien (wie etwa Kosten, Akzeptanz, Effektivität, Effizienz, Durchsetzbarkeit etc.)[9] dasjenige aus, von dem erwartet wird, dass das Steuerungsobjekt in der gewünschten Weise darauf reagieren werde[10] – dass das Instrument also geeignet ist, um das Ziel zu erreichen. Hieran wird bereits deutlich, dass Instrumentenwahl und Zielerreichung sowohl vom Steuerungsobjekt als auch vom -subjekt abhängen. Der steuernde Akteur muss die Steuerungs*notwendigkeit* beziehungsweise einen Steuerungs*bedarf*[11] erkennen,[12] ein davon abgeleitetes Steuerungs*ziel* definieren, ein Steuerungsinstrument auswählen und dann anwenden. Er bedarf der *Steuerungsfähigkeit* (Steuerungskompetenz, Steuerungsressourcen und Steuerungswissen). Bei politischer Steuerung geht es um die »ganz allgemeine Fähigkeit des politisch-administrativen Systems zu einer konzeptionell orientierten Gestaltung der gesellschaftlichen Umwelt« (Voigt 1993: 302). Gleichzeitig muss sich das Steuerungsobjekt steuern lassen. Die *Steuerbarkeit*[13] des Adressaten hängt

---

8 Ausschlaggebend ist hierbei die Steuerungsintention, sodass nicht automatisch von einem hierarchischen Verhältnis zwischen Steuerungsobjekt und -subjekt ausgegangen wird. Anknüpfend an Göhler et al. (2010: 693), werden auch horizontale Formen der Koordination, bei der Steuerungsobjekt und -subjekt verschwimmen, als Steuerung verstanden.

9 Dose (2008: 81) nennt institutionelle Bedingungen, Erfolgsfaktoren, antizipierte Einigungskosten und Bewertungskriterien.

10 Das Steuerungsobjekt ist nicht als passives Objekt zu verstehen. Es ist ebenfalls ein handelnder Akteur. Das Steuerungskonzept basiert ja gerade darauf, dass das Objekt auf den Steuerungsimpuls (aus Sicht des Steuerungssubjekts möglichst in der antizipierten Weise) reagiert. Diese Reaktion kann, muss aber keinesfalls der Erwartung entsprechen.

11 Voigt (1993: 289) spricht auch von der Steuerungs*bedürftigkeit*.

12 Ein Steuerungsbedarf kann sowohl aus dem politisch-administrativen System (PAS) als auch in Form von Handlungsdruck auf das PAS aus den anderen gesellschaftlichen Subsystemen heraus formuliert werden.

13 So differenziert etwa auch Scharpf (1989: 16) »zwischen den Bedingungen der Steuerungsfähigkeit aufseiten des politischen Systems und den Bedingungen der Steuerbarkeit aufseiten der anderen Funktionssysteme«. Im gleichen Sinn unterscheidet Lange (2000: 25) zwischen der »Steuerungs-

sowohl von seiner Umwelt – und damit der Gestalt des Politikfeldes, dessen Autonomie, der selbstreferenziellen[14] Funktionsweise und den Akteurskonstellationen – als auch der autonomen Handlungsfähigkeit des Adressaten selbst und seinem Potenzial, Widerstand zu leisten, sowie seiner organisatorischen Gestalt[15] ab (vgl. Mayntz 2008: 44; Willke 2014b: 24; Mayntz/Scharpf 2005: 237).[16] So muss etwa bei den Steuerungsobjekten grundlegend zwischen Individuen und Organisationen sowie öffentlichen und privaten Steuerungsadressaten (mit tendenziell abweichender Bereitschaft zu konformem Handeln) unterschieden werden (vgl. Derlien 1993: 506ff.). Für die Antwort auf die Frage, inwieweit eine (heterogene) Gruppe oder Organisation steuerbar ist, spielt dann wiederum etwa die Verpflichtungsfähigkeit der Organisation – als Agent – gegenüber ihren Mitgliedern – den Prinzipalen – eine Rolle.

Wird die Steuerungstheorie auf moderne Gesellschaftssteuerung[17] bezogen, verbinden sich einerseits die akteurs- und handlungstheoretische sowie systemtheoretische Perspektive auf Steuerung.[18] Andererseits ist klar herauszustellen, dass für die Analyse

fähigkeit des politischen Systems« und der »Steuerungs*möglichkeit* der anderen gesellschaftlichen Funktionssysteme durch Politik [Herv. i. O.]«.

14 Selbstreferenzialität bezieht sich hierbei auf die Charakteristika von Politikfeldern, die unter anderem durch komplexe Interaktionsstrukturen in etablierten Akteurskonstellationen gekennzeichnet sind und eigenlogisch einen abgegrenzten Problembereich relativ autonom bearbeiten. Dabei wird jedoch berücksichtigt, dass sowohl der institutionelle Kontext strukturierend wirkt als auch Wechselwirkungen zwischen Politikfeldern existieren (vgl. Greef 2017: 14ff.). Insofern unterscheidet sich das Verständnis von der konstatierten Geschlossenheit selbstreferenzieller gesellschaftlicher Teilsysteme, die Gesellschaftssteuerung nach Luhmann (1989) (nach seiner Lesart aufgrund funktional differenter Kommunikationssystem und damit entsprechender Kommunikationsbarrieren) verunmöglicht. Unter anderem Scharpf (1989: 15) kritisiert diese Konzeption gegeneinander abgeschotteter, geschlossener Subsysteme als »systematische Überschätzung der wechselseitigen Intransparenz der Teilsysteme«. Selbst wenn die Akteure innerhalb eines Subsystems selbstreferenziell kommunizieren, so gehören sie nicht nur häufig gleichzeitig verschiedenen Teilsystemen an, sondern auch »alle anderen Funktionssysteme [gehören] zu den potentiell entscheidungsrelevanten Randbedingungen.«

15 Wiesenthal (2006: 26) unterscheidet daher bei seiner Betrachtung von Steuerung zwischen einem komplexen und einem simplen Akteurstypus.

16 Insofern knüpft das Konzept von Steuerungsfähigkeit und Steuerbarkeit auch an die Systematisierung des Verhältnisses zwischen staatlichen und nicht-staatlichen Akteuren von Mayntz und Scharpf (1995b: 24f.) an, die von gesellschaftlicher und staatlicher Handlungsfähigkeit sprechen.

17 Gesellschaftssteuerung wird hier verstanden als notwendige Steuerung »komplexer Sozialsysteme«, die »weder ihrer Eigendynamik überlassen [...], noch von außen kontrolliert werden können« (Willke 2014b: 11). Steuerung lässt sich damit explizit nicht einfach mit Kontrolle gleichsetzen.

18 Vergleiche hierzu insbesondere das Streitgespräch zwischen Luhmann (1989), der aus systemtheoretischer Perspektive eine absichtsvolle (Gesellschafts-)Steuerung sozialer Systeme von außen in Abrede stellt, und Scharpf (1989), der aus handlungstheoretischer Perspektive eine empirisch belegbare Wirkung politischer Steuerung konstatiert. Auf der einen Seite steht das Verständnis von »autopoietischen« Systemen. Jedes dieser Systeme »interpretiert, reagiert, verhält sich immer nur im Rahmen seiner eigenen Struktur; Steuerung kann also stets nur Selbststeuerung sein« (Voigt 1993: 298). Auf der anderen Seite steht das Verständnis von selbstreferenziellen, teilautonomen Systemen, sodass »eine im Sinne ihrer Ziele erfolgreiche Einwirkung der Politik auf gesellschaftliche Strukturen und Prozesse zwar schwierig, aber nicht grundsätzlich ausgeschlossen und unter bestimmten Bedingungen durchaus möglich« sei (Mayntz/Scharpf 2005: 236). Während Dose (2003: 20) die Kontroverse als zugunsten Scharpfs entschieden sieht, gibt es auch Versuche, bei-

politischer Steuerung in dieser Abhandlung davon ausgegangen wird, dass die Adressaten der Steuerung »nicht die Funktionssysteme selbst, sondern die darin handelnden Akteure« sind (Scharpf 1989: 16). Der im Plural genutzte Akteursbegriff weist auf eine doppelte Ausdifferenzierung hin: Denn nicht nur das Steuerungsobjekt muss weniger als homogener Monolith denn als differenziertes (mehr oder weniger strukturiertes und organisiertes) Akteursfeld betrachtet werden – was unmittelbar die Frage nach dessen Steuerbarkeit aufruft. Bei genauer Betrachtung differenziert sich auch der unitarische Staat zugunsten einer Vielzahl relevanter Akteure, Institutionen, Behörden und Agenturen aufseiten des Steuerungssubjekts aus (was sich nicht zuletzt auch im Begriff des politisch-administrativen Systems widerspiegelt) – deren Zusammenspiel steht wiederum in direktem Bezug zur Frage der Steuerungsfähigkeit (vgl. Mayntz/Scharpf 1995b: 9).

Bezogen auf politische Steuerung und Gesellschaftssteuerung werden aber nicht nur die Begriffe von Steuerungsobjekt und -subjekt in sich unschärfer, sondern auch das Verhältnis zwischen den beiden. Die klare Trennung zwischen steuerndem Akteur und gesteuertem Akteur löst sich vielfach auf. Denn Steuerungsobjekte können ihrerseits zu steuernden Subjekten werden. Genauso kann das Steuerungssubjekt auch selbst Teil des gesteuerten Systems sein (vgl. Mayntz 1997a: 192). Ein solches *reflexives* Steuerungsverständnis liegt etwa der Frage Wiesenthals (2006: 11) nach dem »Selbststeuerungspotenzial ihrer [der Gesellschaft] Teile bzw. Subsysteme« zugrunde. Politische Steuerung »ist demnach eine durch das politische System intendierte und geführte Handlungskoordination zur gemeinwohlorientierten Gestaltung der gesellschaftlichen Umwelt« (Lange 2000: 24). Gesellschaftssteuerung bezieht sich auf die Steuerung sozialer Gruppen, Organisationen und Individuen in Subsystemen. Gleichwohl ist eine solche Gestaltung in funktional ausdifferenzierten Gesellschaften mit selbstreferenziellen, strukturell verselbstständigten Subsystemen nicht ohne Weiteres möglich. Vielmehr ist die Wirkungsrichtung von Steuerung zirkulär. Sie findet nicht nur transitiv, in linearer Wirkrichtung vom Staat aus gesehen, statt.

> »Wenn politische Steuerung heute überhaupt möglich ist, dann wird sie jedenfalls nicht von einem singulären Akteur ausgeübt, sondern allenfalls von Konstellationen von kollektiven oder korporativen Akteuren« (Scharpf 1989: 14).

Daher müssen Selbststeuerungspotenziale gesellschaftlicher Subsysteme und die Reflexivität von Steuerungsobjekten, die damit selbst zu steuernden Subjekten werden, berücksichtigt werden (vgl. Wiesenthal 2006: 25).

---

de Perspektiven stärker zu verbinden, wie etwa bei Braun (2000), Lange (2000) und Wiesenthal (2006). Willke (1997: 82) dagegen erweitert die Luhmann'sche systemtheoretische Steuerungsperspektive der »Unmöglichkeit gesellschaftlicher Steuerung« und stellt sich gegen dessen Einschätzung, dass es ohnehin »gar keinen Bedarf für eine solche Steuerung« gebe. Ganz im Gegenteil hätten eigenlogische, selbstreferenzielle und autonome gesellschaftliche Funktionssysteme einen »gemeinsamen Blinden Fleck dort […], wo ihre wechselseitigen Abhängigkeiten und strukturelle Kopplung ins Spiel komm[en]« (ebd.: 284). Daher werde Koordination zur Staatsaufgabe, wobei staatliche Steuerung in indirekter Form durch Kontextsteuerung und Strukturierung möglich sei (ebd.: 141f.) (siehe hierzu vertiefend Kapitel III.2.4 und III.2.5).

Gleichwohl findet eine solche Selbststeuerung nicht im leeren Raum statt. Sie benötigt zum einen ausreichend relevante Ressourcen aufseiten der sich selbst steuernden Akteure. Des Weiteren unterliegt Selbststeuerung nicht nur der staatlichen Rahmensetzung, sondern wird überhaupt erst durch die Übertragung der notwendigen Kompetenzen durch den Staat ermöglicht. »Selbststeuerung hat regulative Eingriffe als Voraussetzung« (Traxler/Vobruba 1987: 13). Aus dieser Perspektive ist Selbststeuerung kein Gegensatz zu staatlicher Steuerung,[19] sondern ein Steuerungsinstrument, das zu den indirekten Steuerungsformen[20] gehört. Traxler und Vobruba (zitiert nach Mayntz 1997a: 202) heben daher mit Verweis auf den wechselseitigen Nutzen (etwa Entlastung) und Ressourcentransfer sowie die Angewiesenheit auf den Staat im Sinne des Setzens regulierender Rahmenbedingungen hervor, dass die in »*ordnungspolitischen Diskussionen häufig anzutreffende Dichotomisierung zwischen Selbststeuerung und Staatsintervention* [...] *damit obsolet* [ist] [Herv. i. O.].«[21] Eine solche kooperative statt hierarchischer Steuerung verändert jedoch die Rolle des Staates, womit sich Fragen nach Steuerung nicht mehr mit dem Fokus allein auf Steuerungssubjekt und -objekt beantworten lassen. Steuerung muss »aus der Gesamtsicht des Verhandlungssystems unter Einbezug aller Partizipanten beschrieben werden« (Braun 2000: 169). Außerdem erfolgt sie weniger durch punktuelle Eingriffe als vielmehr in komplexen Steuerungsprozessen (vgl. Mayntz 1997a: 191f.).

I.2.3 Kontingenz von Steuerung

Die Steuerbarkeit des Objekts und die Steuerungsfähigkeit des Subjekts werden im Folgenden daher nicht losgelöst voneinander betrachtet. Stattdessen sollen unter dem Begriff des Steuerungspotenzials erstens beide Perspektiven und ihre Wechselwirkung sowie die verschwimmenden Grenzen zwischen Steuerungsobjekt und -subjekt berücksichtigt werden. Zweitens stellt der Begriff heraus, dass vorhandene Steuerungsfähigkeit und Steuerbarkeit im Umkehrschluss nicht automatisch auch (funktionierende) Steuerung bedeuten.[22] Potenzial ist zum einen nur ermöglichend. Selbst wenn es vorhanden ist, muss es nicht zwingend abgerufen werden. Zum anderen ist vorhandenes Potenzial nicht gleichbedeutend mit einer trivialen Nutzbarmachung. Damit erweitert das Steuerungspotenzial den analytischen Blick auf die Differenz zwischen einer möglichen Steuerung und der tatsächlich stattfindenden Steuerung. Wie könnte sich eine solche Differenz erklären lassen? Steuerungspotenzial könnte vorhanden sein, aber

---

19 Mayntz (1997a: 192) dagegen spricht bei »freiwilliger Handlungskoordination« nicht von Selbststeuerung, sondern von Selbstorganisation, weil »konsequente Dezentralisierung [aus einer Perspektive auf den Staat als Steuerungssubjekt] nicht Steuerung, sondern ganz im Gegenteil einen Steuerungsverzicht« bedeuten würde.

20 Zur Ausdifferenzierung von Steuerungsformen und -instrumenten siehe Kapitel III.1 und III.2.

21 »Angesichts einer solchen Abhängigkeit von [funktional spezifizierten] staatlichen Hilfen können die betrachteten Steuerungssysteme nicht als Äquivalente staatlicher Regulierung gelten« (Traxler/Vobruba 1987: 12).

22 In dieser Dimension schließt der Begriff an den von Scharpf (1989: 18) genutzten Begriff der Steuerungs*chance* an, nach dem keinesfalls gesichert ist, dass politische Systeme die Möglichkeit zur (erfolgreichen) Steuerung auch tatsächlich nutzen.

- vom Steuerungssubjekt bewusst nicht genutzt werden, weil kein Steuerungsbedarf gesehen wird oder aufgrund begrenzter Ressourcen andere Prioritäten gesetzt werden (Steuerungs*verzicht*);
- vom Steuerungssubjekt nicht erkannt werden, weil ihm Steuerungswissen fehlt oder die eigene Steuerungsfähigkeit oder die Steuerbarkeit des Steuerungsobjekts unterschätzt wird (Steuerungs*blindheit*);
- durch das ausgewählte Steuerungsinstrument nicht abgerufen werden. In diesem Fall würde ein grundsätzlich steuerbares Objekt auf die Instrumente entweder gar nicht reagieren beziehungsweise Widerstand leisten (Steuerungs*versagen*) oder nicht in der erwarteten Weise (mit mitunter nicht intendierten Nebeneffekten) reagieren (*Fehl*steuerung).

Der Begriff des Steuerungspotenzials weist damit drittens auf die Kontingenz von Steuerung hin. Steuerung basiert auf unsicheren Kausalannahmen (Hypothesen) des Steuerungssubjekts auf mindestens vier Ebenen:

- Erstens besteht die Annahme, dass das zu lösende Problem und dessen Ursachen korrekt identifiziert worden seien,[23] woraus sich die Zielperspektive des Steuerungsversuches ergibt.[24]
- Die zweite Annahme betrifft die Wirkungsweise des gewählten Steuerungsinstrumentes, dass dieses also zur Zielerreichung geeignet ist. Mayntz (ebd.: 192) spricht von »einer Vorstellung der Wirkungsbeziehung zwischen Steuerungsaktivität und -ergebnissen.«[25]
- Drittens liegt eine Annahme über die Um- und Durchsetzbarkeit (Vollzug) durch die relevanten Implementationsinstanzen zugrunde.
- Die vierte Annahme betrifft schließlich die antizipierte Reaktion des Steuerungsobjektes – und damit dessen Steuerbarkeit.[26]

Eine weitere Ebene, aufgrund deren die Auswirkungen von Steuerungsbemühungen schwer in ihrer Gänze absehbar sind, zeigt sich an der Unterteilung in *unmittelbare* und

23 Dose (2003: 39) gibt zu bedenken, dass ohnehin »die normativen und weniger die analytischen Ansätze die Debatte um Richtung und Ansatzpunkt politischer Steuerung [dominieren]«, es insofern »der politischen Steuerungstheorie bis heute an einer systematischen Problemdiagnose [mangelt]« und mithin »Problemdefinitionen und – soweit vorhanden – Problemlösungsansätze [...] oft ideologisch gefärbt [sind]«. Diese Perspektive ist für die Frage nach Steuerungspotenzialen und Steuerungsfähigkeit insofern nicht relevant, als weder eine tatsächlich belegbare Wirkung noch das Vorliegen einer objektiven Problemdiagnose maßgeblich für das Vorhandensein von politischer Steuerung sind.

24 Diese These ähnelt der *Kausalhypothese* in der Steuerungskonzeption Doses (2008: 81) über den kausalen Zusammenhang zwischen Phänomen und Verhalten.

25 Im Konzept von Dose (2008: 82) verbindet die *Aktionshypothese* »die Wirkungskette vom Steuerungsimpuls über die Beeinflussung des Phänomens bis zur Veränderung des sozialen oder wirtschaftlichen Zustandes bzw. Verhaltens auf einem direkten Weg: Steuerungsimpuls bewirkt anvisierten Zweck.«

26 Diese These ähnelt der *Interventionshypothese* über den Zusammenhang von Steuerungsimpuls und Kausalhypothese (vgl. Dose 2008: 82).

mittelbare Steuerungsobjekte, die Dose (1993: 399f.) vornimmt. Mit dieser ist gemeint, dass jenseits der direkten Adressaten von Steuerungsversuchen externe Effekte und nicht intendierte Nebenfolgen der Steuerung auch Dritte betreffen und zu Verhaltensänderungen bewegen können. Da diese Dritten nicht Adressat der Steuerung sind, führt der Begriff Steuerungsobjekt hier jedoch in die Irre, sodass die Auswirkungen im Folgenden mit unter die nicht intendierten Nebeneffekte gefasst werden.

Steuerung ist auf allen diesen Ebenen mit Komplexität und Unsicherheit konfrontiert. »Komplex bedingte Sachverhalte sind prinzipiell kontingent; sie können, aber müssen nicht eintreten; und falls sie eintreten, können sie ›so‹ oder ›anders‹ ausfallen« (Wiesenthal 2006: 16). Voigt (1993: 311) spricht vom »Doppelproblem von Komplexität und Kontingenz«, das »von großer Bedeutung für die Steuerungsproblematik ist.« Folglich ist weder der Erfolg von Steuerungsversuchen, im Sinne der erwünschten Wirkung, sicher vorhersagbar, noch sind nicht intendierte Nebenwirkungen absehbar – Regieren mithin komplex und die Voraussetzungen erfolgreicher politischer Steuerung prekär (vgl. Mayntz 2008: 43f.; Schimank 2000: 13; Lange 2000; Mai 2016: 42). Oder wie Willke (2014b: 7) es ausdrückt: »[J]ede Steuerungstheorie [sieht sich] heute mit einem Trümmerhaufen gescheiterter praktischer Steuerungsvorhaben und Steuerungshoffnungen konfrontiert.« Insofern berücksichtigt diese Abhandlung die systemtheoretischen Zweifel an der Möglichkeit von Gesellschaftsteuerung[27] durch das Konzept der Unsicherheit und Kontingenz von Steuerung (vgl. Wiesenthal 2006: 27).[28]

Aus Steuerungsskepsis und -problemen sollte jedoch nicht geschlossen werden, dass staatliche Steuerung nicht weiter untersuchenswert wäre. Insofern gibt die vorliegende Studie die akteurstheoretische Steuerungsidee nicht auf. Aus dieser Perspektive ist die Frage nach den veränderten Steuerungspotenzialen im digitalen Zeitalter vielmehr eine Reminiszenz an Voigt (1996: 57), nach dem eben nicht »der Steuerungserfolg, sondern die Steuerungsabsicht [...] konstitutiv für den Tatbestand ›politischer Steuerung‹« ist. Steuerung stellt damit den zielgerichteten *Versuch* des steuernden Akteurs dar, mit ausgewählten Instrumenten eine Zustandsänderung beim Adressaten der Steuerung

27 Vergleiche hierzu insbesondere Luhmann (1989: 7), der systemtheoretisch argumentiert, dass jeder Versuch von Gesellschaftssteuerung in funktional ausdifferenzierten Teilsystemen zwei Problemen gegenübersteht: 1. »Während man steuert, [...] passiert gleichzeitig milliardenfach schon etwas anderes, das man, weil gleichzeitig, weder kennen noch kausal beeinflussen kann«, und 2. ist das System als Ziel der Steuerung »als zukünftig different zu denken«, mithin als »›offene‹ Zukunft«. Damit ist aber Gesellschaftssteuerung als Differenzminimierung zwischen Ist- und Soll-Zustand nicht möglich, weil der Soll-Zustand nicht zu definieren ist.
Mayntz (1997a: 201) argumentiert dagegen, dass »hochgradig institutionalisierte und organisierte soziale Teilsysteme« zwar über erhöhte Selbstorganisations- und Selbststeuerungsfähigkeit verfügen, diese aber »nicht zwangsläufig die politische Steuerbarkeit mindern, sondern [...] sie ganz im Gegenteil ebenfalls erhöhen [können].« Dies zeige sich am Neokorporatismus, der als politische Steuerungsform gerade auf der Selbstorganisationsfähigkeit von Großorganisationen basiert. Durch die von ihnen betriebene Interessenaggregation und -selektion handeln sie »tendenziell rationaler und damit auch berechenbarer«, was die Steuerungsmöglichkeiten erhöht (ebd.).

28 Damit unterscheidet sich der hier genutzte Steuerungsbegriff grundlegend von dem frühen, engen Begriffsverständnis der Politikwissenschaft von Steuerung als »der (Fähigkeit zur) konzeptionell orientierten Gestaltung der gesellschaftlichen Umwelt durch politische Instanzen« (Mayntz 1997a: 189).

zu erreichen.[29] Konstitutiv für politische Steuerung ist, dass sich die Steuerungs*absicht* in Steuerungs*handeln* niederschlägt, aber nicht die Steuerungs*wirkung* oder der Steuerungs*erfolg* (vgl. Mayntz 1997a: 191f.; König/Dose 1993b: 520). Dies trägt nicht nur der Kontingenz von Steuerung Rechnung, sondern erlaubt es überhaupt erst, auch Konzepte wie symbolische Steuerung zu berücksichtigen. Symbolische Steuerung meint dabei im Kern, dass Steuerungshandeln losgelöst von der eigentlich erwarteten Problemlösungsorientierung erfolgt.[30] Sie ist ein Teilbereich der symbolischen Politik[31] und kann sowohl im Kontext von unlösbaren Problemen[32] als auch im Bereich eines vom Problem divergierenden (Steuerungs-)Ziels vorliegen.[33] Letzteres wäre etwa der Fall, wenn ein Gesetz verabschiedet werden würde, das vordergründig Straftaten im Internet bekämpfen sollte und mit der Erhöhung der objektiven Sicherheit begründet werden würde, dessen Unwirksamkeit jedoch bekannt wäre. Als divergierendes Ziel dieser Steuerung wäre dann etwa eine Verbesserung des subjektiven Sicherheitsempfindens von Menschen oder eine Vereinfachung der Strafverfolgung denkbar.[34]

---

29 Diese Definition geht damit etwa über die von Scharpf (1989: 18) gewählte hinaus, der Steuerung als »die Möglichkeit einer absichtsvollen und im Sinne der eigenen Ziele *erfolgreichen* Intervention [Herv. d. A.]« beschreibt.

30 Unter einem engen Begriffsverständnis liegt »[s]ymbolische Gesetzgebung bzw. Politik [...] danach vor, wenn die Ineffektivität eines Gesetzes (die formulierten Policy-Ziele im Verhältnis zu den erwartbaren Wirkungen) zum Zeitpunkt der Gesetzesverabschiedung bereits absehbar war« (Holtkamp 2016: 15).

31 Dies trifft insbesondere dann zu, wenn ein weites Begriffsverständnis von symbolischer Politik zugrunde gelegt wird. Dieses umfasst auch lösungsorientierte Policies, wenn diese gleichzeitig mit starker Symbolisierung und Inszenierung insbesondere in der kommunikativen Dimension einhergehen.

32 Unlösbare Probleme meint hier sowohl Probleme, für die (technische oder andere) Lösungsmöglichkeiten fehlen, nicht bekannt oder nicht umsetzbar sind, als auch solche, bei denen eine Lösung (politisch, gesellschaftlich etc.) nicht durchsetzbar ist.

33 Daher sind auch gänzlich jenseits von politischer Steuerung liegende Ziele möglich. »[N]icht selten scheinen politische Maßnahmen sogar mit der Vermutung (oder von interessierter Seite sogar in der Hoffnung) auf ihre Unwirksamkeit beschlossen zu werden, um zumindest den Anschein politischer Problembekämpfung zu erwecken« (Kaufmann 1991: 18).

34 Dies weist insbesondere darauf hin, dass symbolische Politik und Steuerung keinesfalls wirkungslos ist. »Ganz im Gegenteil kann sie deutlich stärkere Eskalationseffekte aufweisen als die i.d.R. inkrementalistische Entscheidungspolitik und so bei minimalem Aufwand größtmöglichen Schaden anrichten« (Holtkamp 2016: 15).

I.3 Forschungsfrage, Methode und Aufbau

Diese Abhandlung beschäftigt sich aus einer doppelten Perspektive heraus mit dem Wandel des Staates im digitalen Zeitalter. Im Fokus steht dabei das *Modell der Staatlichkeit* und damit die staatliche Steuerungsdimension. Darüber hinaus rückt jedoch auch das *Modell des Staates* in der Leistungsdimension in den Blick. Dies spiegelt sich in der Fragestellung, der Fallauswahl und dem Aufbau dieser Abhandlung wider.

I.3.1 Fragestellung und forschungsleitende Hypothesen

Das duale Erkenntnisinteresse in Bezug auf den Wandel von Staat und Staatlichkeit im digitalen Zeitalter zeigt sich bei der Fragestellung daran, dass diese zwei Ebenen adressiert. Sie zielt zum einen auf die Mesoebene, denn Fragen von Steuerung, Regulierung und Leistungserbringung werden in der Regel auf sektoraler Ebene beziehungsweise der Ebene von Politikfeldern behandelt. Auf dieser Ebene steht der direkte Wirkungszusammenhang von Digitalisierung, Steuerungsformen, -instrumenten und -potenzialen im Fokus. Zum anderen wird, daran anschließend, auf der Makroebene die übergreifende Frage nach dem Wandel von Staat und Staatlichkeit im digitalen Zeitalter gestellt.

1. Mesoebene: Wie entwickeln sich die staatlichen Steuerungsformen, -instrumente und -potenziale im digitalen Zeitalter, und wie verändern sich staatliche Leistungs- und Steuerungsfähigkeit?
2. Makroebene: Entwickelt sich im digitalen Zeitalter ein neues Steuerungsparadigma und was heißt das für den Wandel von Staatlichkeit? Schält sich ein neues Modell von Staat und Staatlichkeit heraus?

Diese Fragen sollen zum einen anhand einer systematischen, theoretischen Analyse funktionaler Wirkungsweisen und deren Auswirkungen sowie perspektivischer Entwicklungen der Digitalisierung auf staatliche Steuerung beantwortet werden. Zum anderen sollen das Steuerungssetting in der Digitalpolitik herausgearbeitet sowie in einzelne Fallstudien in drei ausgewählten zentralen Feldern plastische Beispiele für den Wandel von Staatlichkeit analysiert werden (vertiefend siehe Kapitel I.3.2 zum methodischen Vorgehen).

Bei der Bearbeitung geht die Arbeit von den folgenden forschungsleitenden Hypothesen aus:

1. Die Steuerungsfähigkeit politischen Handelns nimmt im Zuge der Digitalisierung aufgrund zunehmender Komplexität, Ambiguität und Kontingenz ab. Daher folgt staatliches Handeln heute weniger einer einheitlichen, konsistenten Logik. In der Folge findet Steuerung heute mehr denn je in unterschiedlichen Rahmungen, staatsnah wie staatsfern, statt.
2. Der Staat als Steuerungssubjekt ist von einer zunehmenden Fragmentierung und Heterogenität geprägt. Die damit einhergehenden *internen* Koordinierungsprobleme erschweren die *externe* Steuerung.
3. Die Beschreibung einer Entwicklung vom intervenierenden Leistungs- zum kooperativen Gewährleistungsstaat trifft zwar weiterhin zu, sie überdeckt jedoch die im digitalen Zeitalter zunehmende Heterogenität staatlichen Handelns angesichts zurückgehender Steuerungspotenziale. Damit einher geht in Teilbereichen eine deutliche Verschiebung: von staatsnaher, gesetzlicher Regulierung und behördlicher Überwachung über Governance-orientierte Koordinierung und Moderation bis hin zu staatsfernen, privatwirtschaftlichen und privatrechtlichen Regularien.

Diese drei forschungsleitenden Hypothesen kumulieren in der These, dass im digitalen Zeitalter auf den kooperativen Gewährleistungsstaat ein neues Modell von Staat und Staatlichkeit folgt, das durch Hybridität gekennzeichnet ist. Denn nicht nur die Steuerungsformen und -instrumenten differenzieren sich – im Sinne eines neuen Steuerungsparadigmas – aus. Auch die Leistungserbringung erfolgt in vielfältigeren Settings.

I.3.2 Methodik und Fallauswahl

Das Forschungsdesign dieser Abhandlung mit ihrem Staats- und Politikfeldbezug setzt auf einen qualitativ-empirischen Ansatz. Der *theoretisch-konzeptionelle* Teil baut auf einem qualitativen, inhaltsanalytischen Zugang auf. Dieser erfolgt durch Sekundäranalyse des breiten Literaturrepertoires unter anderem zu den Forschungsfeldern zum Staat in der Moderne und im digitalen Zeitalter, zum Wandel von Staatlichkeit, Governance und Steuerungstheorien. Darauf aufbauend, sollen unterschiedliche (neue) Formen koordinierender und moderierender Steuerung auf ihr Verhältnis zu Steuerungspotenzialen im digitalen Zeitalter hin untersucht werden. Dafür werden exemplarisch ausgewählte und anschauliche Beispiele für neue Formen der Steuerung im digitalen Zeitalter in die Analyse miteinbezogen.

In der Primärerhebung wird insbesondere auf die Auswertung von Dokumenten (wie Plenarprotokollen, Anhörungseinladungen etc.), Strategiepapieren, Stellungnahmen von Interessenorganisationen und ministerieller Berichterstattung zurückgegriffen. Im Fokus stehen dabei (neue) Formen und Instrumente der Steuerung (die, so die

These, eher koordinierenden und moderierenden Charakter haben). Der Zugang erfolgt themen- und politikfeldbezogen.[1] Dieser *empirisch-praktische* Teil der Abhandlung betrachtet daher zunächst die *Digitalpolitik* als politikfeldübergreifendes Feld der politischen Gestaltung des digitalen Wandels (Kapitel II.3). Die Bearbeitung der inhaltlichen Dimension der Digitalpolitik wird um die institutionellen Zuständigkeiten für die darunter verhandelten Policies auf Bundesebene ergänzt. Fokussiert werden mithin zwei Ebenen: zum einen diejenige der priorisierten Steuerungsinhalte. Der digitalpolitische Kernbereich wird also herangezogen, um die gesamte Bandbreite an Policies aufzuzeigen, die in direktem Zusammenhang mit der Digitalisierung stehen. Zum anderen geht es um die Ebene des Steuerungssubjekts. Aus dem Blickwinkel auf den Staat als Steuerungssubjekt lenkt die Digitalpolitik das Augenmerk auf die Ausgestaltung von Verantwortlichkeiten und Zuständigkeiten von Regierung, Ministerien und staatlichen Behörden. Diese Perspektive zielt dabei insbesondere auf die Frage nach dem Vorhandensein eines Steuerungszentrums beziehungsweise nach der staatlichen Steuerungsfähigkeit durch klare Entscheidungskompetenzen ab.

Für die Analyse der konkreten Ausgestaltung staatlicher Steuerung im digitalen Zeitalter werden in dieser Abhandlung die drei Fallbeispiele der *Gesundheitspolitik*, der *Industriepolitik* sowie der *Netz-, Dienst- und Inhaltspolitik* herangezogen. Da die Digitalisierung alle Bereiche betrifft, erschließt sich die Auswahl der weiteren drei untersuchten Felder nicht von selbst und ist mithin begründungsbedürftig. Die Auswahl der Gesundheitspolitik erfolgt aus mehreren Erwägungen heraus. Zum einen handelt es sich um ein für die Daseinsvorsorge zentrales, staatsnahes Politikfeld, das über die Jahrzehnte von unterschiedlichen Veränderungen in der politischen Steuerung (von Bemühungen der Kostendämpfung über Privatisierungen bis hin zu Anpassungen der Selbstverwaltung) betroffen war. Zum anderen erscheint das Gesundheitswesen aus der Digitalisierungsperspektive als besonders spannend. Einerseits verläuft der Aufbau einer digitalen Gesundheitsinfrastruktur seit Jahrzehnten sehr schleppend. Andererseits wurde in der Coronapandemie mit der Corona-Warn-App innerhalb sehr kurzer Zeit ein neues Steuerungsinstrument eingeführt, das zugleich zentrale Herausforderungen staatlicher Steuerung im Umgang mit transnationalen Digitalkonzernen exemplarisch herausstellt.

Mit der Industriepolitik – und dem mit dieser unweigerlich verbundenen Label Industrie 4.0 – steht ein Feld im Fokus der Untersuchung, dem nicht nur aufgrund der weiterhin großen Bedeutung der Industrie für die exportorientierte deutsche Wirtschaft, für Wachstum und Wohlstand eine wichtige Rolle zukommt. Vielmehr stellen die damit verbundenen Debatten um Industrie 4.0 einen spezifisch deutschen Kernbereich der Digitalisierungsdiskurse dar. Zugleich ist mit diesem Feld auch die Regulierung von Arbeit im Sinne einer Gestaltungs- und Steuerungsperspektive, die technische und soziale

1 Die Falldarstellungen haben einen vertiefenden, illustrierenden Charakter. Sie sollen die analytische Betrachtung des Wandels von Staatlichkeit und staatlicher Steuerungspotenziale im digitalen Zeitalter sowohl durch verständliche Bilder bereichern als auch konkrete Konzepte von Steuerung veranschaulichen. Die Auswahl der berücksichtigten Fälle basiert also nicht auf einem repräsentativen Sample, sondern greift explizit einzelne herausstechende Beispiele für neue Steuerungskonzepte in von der Digitalisierung besonders betroffenen beziehungsweise bedeutenden Themen- und Politikfeldern heraus.

Innovation zusammen denkt, eng verbunden (was auch am Begriff Arbeit 4.0 deutlich wird). In kaum einem anderen von der Digitalisierung betroffenen Bereich wird so stark ein Chancen-Risiken-Diskurs geführt, der letztlich auf die politische Gestaltungsnotwendigkeit und -perspektive hinweist – und damit auf die Frage der Steuerung hinausläuft. Zugleich ist das Feld aus steuerungstheoretischer Perspektive aufgrund der traditionell sozialpartnerschaftlichen und korporatistischen Strukturierung besonders interessant.

Zuletzt werden mit der Netz-, Dienste- und Inhaltspolitik die genuin im digitalen Raum verorteten beziehungsweise auf diesen bezogene Felder ebenfalls berücksichtigt. Dieser Bereich ist aus der Steuerungsperspektive zum einen besonders deswegen interessant, weil es hier zum Teil um die Steuerung von Sachverhalten geht, die bereits im analogen Zeitalter Gegenstand von Regulierung waren, und sich jetzt die Fragen nach Angemessenheit und Wirkung aus veränderter Perspektive neu stellen. Zum anderen finden sich in den Debatten, insbesondere rekurrierend auf diese Felder, vermeintlich neue Steuerungsinstrumente wie Nudging oder algorithmische Regulierung. Konkret wird es bei der Analyse in diesem Feld um den Umgang mit Hassbotschaften und Falschbehauptungen in sozialen Medien durch das Netzwerkdurchsetzungsgesetz gehen.

Das duale Untersuchungsdesign aus theoretisch-konzeptionellem und empirisch-praktischem Vorgehen vereint zwei Blickwinkel: Die institutionentheoretische Perspektive zielt auf den Wandel in der staatlichen institutionellen Ordnung. Ergänzend dazu kommt eine akteurs- und policyorientierte Analyseperspektive hinzu, die die Dynamiken im Wechselspiel zwischen Institutionen und Akteuren berücksichtigt.

I.3.3 Weiteres Vorgehen

Die weiteren Ausführungen in dieser Untersuchung sind wie folgt in sechs Kapitel gegliedert. Zunächst steht das digitale Zeitalter (Kapitel II) im Mittelpunkt der Betrachtung. Ausgehend von der Einordnung des Digitalzeitalters in den Kontext der Wissens- und Informationsgesellschaft, konzeptualisiert das Kapitel im Anschluss das unspezifische Phänomen der Digitalisierung. Anschließend werden die von der Digitalisierung angestoßenen und befeuerten zentralen Transformationsprozesse und die mit diesen einhergehenden grundlegenden Herausforderungen, die sich aus der Digitalisierung für Staat, Gesellschaft und Individuum ergeben, herausgearbeitet und auf ihre Wirkung auf staatliche Steuerung hin analysiert. Abschließend steht diese Steuerung – in Form der Digitalpolitik als politischem Gestaltungsanspruch des digitalen Zeitalters – im Fokus.

Kapitel II.3 schließt mit einem konzeptionellen Blick auf politische Steuerung an das zweite Kapitel an. Im ersten Teil erfolgt eine vertiefende Darstellung der unterschiedlichen Steuerungsformen von Hierarchie bis Netzwerk. Die mit diesen verbundenen Steuerungsinstrumente werden im zweiten Teil systematisiert. Dabei berücksichtigt die Ausarbeitung die verändernde Wirkung der Digitalisierung.

Im Anschluss zeichnet Kapitel IV die zentralen Diskurse um Staat und Staatlichkeit im Wandel aus politikwissenschaftlicher Perspektive nach. Der Fokus liegt dabei auf den sich verändernden Staatsbildern, vom intervenierenden Leistungs- zum kooperativen

Gewährleistungsstaat, sowie den dahinterstehenden gewandelten Staatsaufgaben, veränderten Konzepten zur Leistungserbringung und neuen Steuerungsparadigmen. Das Kapitel schließt mit einem Blick auf die Ideen und Überlegungen zur möglichen Gestalt des Staates im Digitalzeitalter.

Wie sich die gewandelten Steuerungspotenziale in der Wirklichkeit niederschlagen, illustriert Kapitel V anhand von drei Fallanalysen. Am Beispiel der Gesundheitspolitik, der Industriepolitik und der Regulierung von Arbeit sowie der Netz-, Dienste- und Inhaltspolitik werden deren jeweils spezifische Konstellationen der Steuerung untersucht. So sollen diejenigen Formen, Instrumente und Potenziale der Steuerung identifiziert werden, die kennzeichnend für das jeweilige Feld im digitalen Zeitalter sind.

Anschließend werden in Kapitel VI anhand der Erkenntnisse aus den Fallanalysen systematisch veränderte Steuerungsinstrumente und -potenziale für politische Steuerung im digitalen Zeitalter herausgearbeitet. Auf dieser Grundlage geht es insbesondere um die Frage, ob sich für staatliches Handeln ein neues Steuerungsparadigma konstatieren lässt. Darauf aufbauend, wird abschließend argumentiert, ob sich damit Staatlichkeit so weit gewandelt hat, dass sich abweichend vom Gewährleistungsstaat des ausgehenden Industriezeitalters ein neues Staatsbild herauskristallisiert und sich in der Folge von einem spezifischen Modell von Staat und Staatlichkeit im digitalen Zeitalter sprechen lässt.

Das Resümee (Kapitel VII) fasst die wesentlichen Argumentationslinien und Ergebnisse zum Wandel von Staat und Staatlichkeit im digitalen Zeitalter noch einmal knapp zusammen. Dabei werden die zentralen Dimensionen, die charakteristisch für die veränderten Steuerungsformen und -instrumente sowie das Steuerungspotenzial des Staates sind, herausgestellt und aufgezeigt, ob von einem neuen Modell von Staat und Staatlichkeit gesprochen werden kann. Die Studie schließt mit der Notwendigkeit einer konkreten Vision zur Gestaltung der digitalen Zukunft, um angesichts der vielfältigen Herausforderungen durch die Digitalisierung erfolgreich steuern zu können.

II. Das digitale Zeitalter: Transformationen und Herausforderungen

»Das ›digitale Zeitalter‹ steht an seinem Anfang. Es ist bereits so präsent, dass es als ›Zeitalter‹ auf den Begriff gebracht wird, aber die Epochenbezeichnung ist nicht beherrschend. Sie regiert noch nicht das selbstverortende Bewusstsein historischer Zeit.«
Wolfgang Schmale (2022)

Wenn die vorliegende Abhandlung nach der politischen Steuerung im *digitalen Zeitalter* fragt, impliziert dies, dass es nicht nur um eine spezifische Phase in der Geschichte des (modernen) Staates geht, sondern der gesamte Kontext als distinkte zeithistorische Epoche eine Rolle spielt. Daher soll in diesem Kapitel zunächst geklärt werden, weshalb von einem digitalen Zeitalter gesprochen werden kann und was dieses auszeichnet. Daran anschließend, werden die drei Dimensionen der Digitalisierung skizziert, die darauf aufbauenden zentralen Transformationsprozesse identifiziert sowie damit einhergehender Herausforderungen und ihre Relevanz im Kontext von staatlicher Steuerung thematisiert. Abschließend steht die Frage nach Steuerungsobjekten, -subjekten und Steuerungsinhalten zur politischen Gestaltung des digitalen Zeitalters – und damit die Digitalpolitik – im Fokus.

II.1 Von Zeitaltern und Dimensionen der Digitalisierung

Beim Zeitalter handelt es sich um eine historische Kategorie, anhand derer sich die »kurze Geschichte der Menschheit«, die Harari (2015: 11) als die »Geschichte der menschlichen Kulturen« bezeichnet, in systematische Abschnitte unterteilen lässt.[1] Der Verlauf der Menschheitsgeschichte wird somit rückblickend in Zeitalter eingeteilt, die sich dementsprechend durch eine spezifische Konstellation von Faktoren voneinander unterscheiden.[2] Diese Abschnitte oder Zeitalter zeichnen sich durch Ähnlichkeiten in Lebensweise, Kultur und Wirtschaftsweise aus und sind darüber hinaus durch die Bedeutung spezifischer neuer technischer Hilfsmittel gekennzeichnet. Die Unterschiede in den genannten Bereichen fallen dabei so groß aus, dass der Übergang zwischen den Zeitaltern einen revolutionären Charakter aufweist (siehe Tabelle 1). Dieser wird nicht nur in der hohen Geschwindigkeit der Übergangsphase deutlich, sondern vor allem in der Tiefe der mit dem Übergang einhergehenden Veränderungen (vgl. Stengel 2017: 17). Nicht ohne Grund wird von historischen Brüchen gesprochen.

---

1 Lovelock (2020: 57, 109) dagegen spricht von Zeitaltern als deutlich längeren geologischen Epochen (die aber immer kürzer werden), die durch radikale Umbrüche gekennzeichnet sind, wobei er bei der Umwandlung von Sonnenlicht als Merkmal ansetzt. Das Antropozän (ab dem 18. Jahrhundert), in dem die Dampfmaschine die industrielle Revolution einläutet, kennzeichnet die Umwandlung von Sonnenenergie (in Kohle gespeichert) in Arbeit. Zuvor waren es vor 3,4 Mrd. Jahren das Entstehen von Fotosynthese betreibenden Bakterien gewesen, die Sonnenlicht in Energie umwandelten. Das Ende des 20., Anfang des 21. Jahrhunderts beginnende Novozän wird aus seiner Sicht durch sich selbst reproduzierende künstliche Lebensformen und die Umwandlung von Sonnenenergie in Information gekennzeichnet sein. Grundsätzlich ist er mit dieser Annahme nicht weit von der Singularitätsthese Kurzweils entfernt (siehe Kapitel IV.4.2).

2 Die Abfolge von Zeitaltern bedeutet jedoch nicht, dass global gesehen zu jedem Zeitpunkt überall nur die charakteristischen Ausprägungen des aktuellen Zeitalters vorzufinden wären. Vielmehr erfolgt der Übergang zwischen Zeitaltern häufig ungleichzeitig und in Phasen. Länder, Regionen oder Gesellschaften können längere Zeit im vergangenen Zeitalter verweilen oder auch in nachholender Entwicklung ein ganzes Zeitalter überspringen (vgl. Gellner 1993: 13f.; Stengel 2017: 18). Stengel (ebd.: 37) konstatiert jedoch, dass diese Ungleichzeitigkeit im Verlauf der Zeitalter und Revolutionen zurückgeht, bis hin zur »*Revolution der Gleichzeitigkeit* [Herv. i. O.]« im digitalen Zeitalter. Dazu tragen insbesondere die über die Zeitalter kontinuierlich zunehmende Vernetzung sowie Geschwindigkeit von Informationsvermittlung und Mobilität bei.

Tabelle 1: Zeitalter und Revolutionen

	Altsteinzeit	Agrarzeitalter	Industriezeitalter	Digitalzeitalter
Lebens- und Arbeitsweise	Nomadentum	Sesshaftigkeit Siedlungen	Verstädterung Urbanität Individualisierung	*Differenz-Revolution* Onlinewelt Singularisierung
	Jäger und Sammler	Landwirtschaft Bauern Hof	Massenproduktion Arbeiter Fabrik	Losgröße 0 Angestellte/Selbstständige Schreibtisch
Technische Hilfsmittel		*Ernährungsrevolution* Ackerbau Domestizierung Handel	*Energierevolution* Dampfmaschine Erdöl/Atom Erstes Maschinenzeitalter	*Computerrevolution* Zweites Maschinenzeitalter Datengesellschaft
		Pflüge Schwerter Geld	*Technische und industrielle Revolution* Elektrizität Verbrennungsmotor Fließband	*Digitale Revolution/Intelligenz-Revolution* Computer Autonome intelligente (smarte) Maschinen
Werkstoff	Holz	Eisen	Stahl	Silizium
Mobilität		Pferd	*Geschwindigkeitsrevolution* Automobil Flugzeug	Mobilitätsrevolution Autonomes Fahren Sharing
Kommunikation	Sprache	Schrift Buchdruck	*Kommunikationsrevolution* Telefon/Telegraf Telekommunikation	*Informationsrevolution* Internet/Social Media Digitale Informationsvermittlung

Staat und Verwaltung		Absolutismus Verwaltung Bürokratie	*Politische Revolution* Demokratie	
			Soziale Revolution Sozialstaat Arbeiterbewegung Gleichstellung	
Gesellschaft	Stammesgesellschaft	Bauern- und Standesgesellschaft Arbeit	Arbeits- und Konsumgesellschaft Wohlstand/Wachstum Arbeits- vs. Freizeit	Dienstleistungsgesellschaft Postmaterialismus Vereinbarkeit
			Wissens- und Bildungsrevolution Aufklärung Wissenschaft/Innovation	
Ökonomie	Tauschwirtschaft	Subsistenzwirtschaft Güterakkumulation	Marktwirtschaft Kapitalismus	Null-Grenzkosten Akkumulation von Wissen
Negative Effekte		Körperliche Arbeit Armut Infektionskrankheiten Soziale Hierarchien	Umweltverschmutzung Ressourcenverbrauch Soziale Frage Kapitalistische Zwänge Zivilisationsprobleme	Kontrollrevolution Überwachung

Quellen: Stengel (2017); Harari (2015); Gellner (1993); eigene Zusammenstellung und Darstellung.

Jedes nachfolgende Zeitalter unterscheidet sich somit von seinem Vorgänger durch auftretende Brüche und Diskontinuitäten. Ein neues Zeitalter ist damit durch »kategorial neuartige Phänomene« gekennzeichnet, die zuvor nicht existierten (ebd.). Diese gehen weit über technologische Entwicklungen hinaus und kulminieren vielmehr in veränderten sozialen Praktiken und einem neuen Gesellschaftsgefüge.

Auf das Zeitalter der Jäger und Sammler der Altsteinzeit folgte das bäuerliche Agrarzeitalter und darauf das Industriezeitalter. Für die Übergänge sind jeweils – wie Tabelle 1 zeigt – umfassende Veränderungen in den gesellschaftlichen und wirtschaftlichen Bedingungen, Umbrüche in der Lebenswelt, neue soziale und gesellschaftliche Konflikte sowie technologische Errungenschaften (die sich nicht zuletzt in Kommunikation und Mobilität widerspiegeln) kennzeichnend (vgl. auch Thiele 2019: 29ff.). Für die Schwelle zum 21. Jahrhundert spricht Doering-Manteuffel (2007: 562) von einem »Paradigmenwechsel in der Entwicklung der Industriemoderne«, der das Produktionsregime und den »technologischen Stil« betraf und »neue Handlungsmuster in Staat und Gesellschaft« sowie veränderte Wertorientierungen mit sich brachte.

II.1.1 Phasen des Digitalzeitalters: Von der Informations- und Wissens- zur Daten- und Netzwerkgesellschaft

Die heutige Zeit wird als Digitalzeitalter bezeichnet.[3] Im Unterschied zum Agrar- oder Industriezeitalter handelt es sich beim Digitalzeitalter um eine zeithistorische Angelegenheit. Bestenfalls befinden wir uns mitten in diesem Zeitalter – vielleicht aber sogar eher noch in der Anfangsphase:[4]

> »In der Frühphase des noch jungen Digitalzeitalters sind bereits eine Reihe von grundlegenden Veränderungen in Erscheinung getreten und es zeichnet sich ab, dass verschiedene Brüche in den kommenden Jahrzehnten hinzukommen« (Stengel et al. 2017b: 239f.).

Die Rede vom Digitalzeitalter greift also einerseits vorweg: Sie ist die formulierte Erwartung an die alles verändernde Wirkung der Digitalisierung. »In ihrer Hochphase wird die sich formierende Digitalgesellschaft mit der Industriegesellschaft kaum noch zu vergleichen sein« (Stengel 2017: 19). Andererseits deutet sie an, dass wir von den Auswirkungen und Brüchen der digitalen Revolution, auch wenn es vielen Menschen bereits

3 Eine andere Form der Unterteilung findet sich bei Rifkin (1985: 213) der Anfang der 1980er-Jahre vom Ende des mechanistischen Weltbildes sprach, das durch ein von Entropie geprägte Weltbild ersetzt werden würde, wobei das »Ende des Zeitalters der nichterneuerbaren Energie […] auch das Ende des Industriezeitalters« ankündige. Das mechanistische Weltbild, das »sich ausschließlich mit bewegter Materie, denn sie allein war exakten mathematischen Messungen zugänglich«, befasst, und »in Anspruch nimmt, uns die Erfahrungen mit unserer Umwelt systematisch zu erklären, büßt langsam seine Überzeugungskraft ein« (ebd.: 32, 41).

4 Dagegen verortet Nassehis (2021: 11) die digitale Gesellschaft bereits im 18. Jahrhundert, weil »die moderne Gesellschaft bereits ohne die digitale Technik in einer bestimmten Weise *digital* ist bzw. […] die gesellschaftliche Moderne immer schon digital war [Herv. i. O.]«.

anders scheint, erst wenig spüren; vielmehr noch, die tatsächlichen historischen Umwälzungen vielleicht noch gar nicht (vollständig) antizipieren können. »Die Digitalisierung geschieht, doch niemand weiß, wie die Gesellschaften in der Hochphase des Digitalzeitalters sein werden« (ebd.: 47). Gleichwohl stellt sich damit die Frage, auf welcher Grundlage heute bereits von einem neuen Zeitalter gesprochen werden kann. Computertechnologie und Internet prägen zwar unleugbar den Alltag. Zugleich »bleibt ungeklärt, warum gerade Speicherchips, Transistoren und Hartplatinen der gesamten Gesellschaft ihren Stempel aufdrücken sollten« (Feustel 2018: 119). Daher sollen im Folgenden nicht nur die Übergänge vom Industrie- zum Digitalzeitalter skizziert werden. Vielmehr stehen die durch die Digitalisierung verursachten Transformationsprozesse im Zentrum der Betrachtung.

Wenn es darum geht, den Weg in das digitale Zeitalter zu skizzieren, kommt man kaum darum herum, den Startpunkt und zentrale Wegmarken zu kennzeichnen. Der Ausgangspunkt liegt in der Industriegesellschaft, deren wirtschaftliches, soziales und politisches Gefügte geprägt wurde durch die Dampfmaschine, Fabrik(-arbeit), Massenproduktion und Urbanisierung sowie die politische Suche nach Antworten auf die damit verbundenen sozialen Fragen und Umweltverschmutzung (vgl. ebd.: 35f.).[5] Was auf die Industriegesellschaft folgte, beschrieb Daniel Bell (1973) in den 1970er-Jahren – aus prozessbegleitender, soziologischer Perspektive – als »The Coming of Post-Industrial Society«. Er qualifizierte das Präfix post- insbesondere mit der herausragenden Rolle, die Wissen in der postindustriellen Gesellschaft spielt. »The post-industrial society, it is clear, is a knowledge society in a double sense« (ebd.: 212). Zum einen, weil Innovationen verstärkt auf Forschung und theoretischem Wissen basierten, und zum anderen, weil Wissensarbeit für einen immer größeren Anteil an Wertschöpfung und Beschäftigung verantwortlich sei. Wenige Jahre später folgte dann begrifflich der Wechsel[6] von der Abgrenzung gegenüber dem alten Gesellschaftstyp hin zur beschreibenden Benennung des Neuen: Aus der postindustriellen Gesellschaft wird die Informationsgesellschaft. Seit der Veröffentlichung seines Artikels »The social Framework of the Information Society« wird Bell (1979) zugeschrieben, den Begriff der Informationsgesellschaft und des Information Age[7] nicht nur geprägt zu haben, sondern auch »the foremost writer on the information society« gewesen zu sein (Duff 1998: 373).[8] Einer Gesellschaft, in der »collection, cre-

---

5 Lovelock (2020: 55) bezeichnet die Entwicklung der Dampfmaschine daher als »Wendepunkt« und »Beginn einer neuen Ära«, als »Industrielle Revolution« mit »erdbebenartige[n] soziale[n] Umwälzungen« und langfristig nachhaltigen globalen Auswirkungen auf den ganzen Planeten. Sie steht für die Fähigkeit, die »physikalische Welt im großen Stil zu wandeln« (ebd.: 53).

6 Wobei Bell zuvor bereits verschiedentlich die Begriffe Post-Industrial Society oder Knowledge Society gemeinsam oder einzeln verwendete (vgl. Holvast et al. 2005: 139; Stehr 2008: 65). Zeithistorisch ist der von Peter F. Drucker Ende der 1960er-Jahre geprägte Begriff der Wissensgesellschaft jedoch wenige Jahre älter (siehe hierzu etwa die soziologisch-theoretisch vergleichende Betrachtung zu Druckers Wissensgesellschaft, Bells postindustrieller Gesellschaft und Castells Informationsgesellschaft durch Steinbicker 2011: 20ff.).

7 Vertiefend siehe insbesondere die »The Information Age«-Trilogie von Castells (2009, 2010a, 2010b) und die vierbändige Reihe »The Information Society« von Mansell (2009). Für eine kritische Betrachtung der dominanten Visionen einer Informationsgesellschaft siehe Mansell (2010).

8 Auch wenn Bells eigener Umgang und die Zufriedenheit mit dem Begriff der Informationsgesellschaft ambivalent gewesen ist (vgl. Duff 1998: 375).

ation, assembling, reproducing and massive commodification of information becomes a key activity, a part of all aspects of social organisation, and thus plays a crucial role in steering societal development« (Rončević/Tomšic 2017: 10).

Verknüpft mit der zunehmenden Fülle an Informationen ist die parallele Verbreitung von Daten verarbeitenden Systemen, um diese Massen an Daten bearbeiten zu können. »This information explosion can only be handled through the expansion of computerised and subsequently automated information systems« (Holvast et al. 2005: 139). Die Informationsgesellschaft und das Computerzeitalter sind damit zwei Seiten einer Medaille. Die zunehmende Menge an Daten und die Geschwindigkeit der Informationsverarbeitung, die mit der Computertechnologie ermöglicht wurden, sind dabei »die eigentliche Revolution«, die das Digitalzeitalter einläutete (Stengel 2017: 49).[9] Noch einen Schritt weiter führen die von Steinbicker (2013: 200) genannten vier Dimensionen, die für die Informationsgesellschaft kennzeichnend sind: Abgrenzend zur Industriegesellschaft sind dies, unter anderem zurückgreifend auf Bell, die zentrale Bedeutung, die erstens »(theoretischem) Wissen, technischer Entwicklung und Innovation« sowie zweitens informations- und wissensbasierten statt manuellen Tätigkeiten zukommt. Der rasante Aufstieg wissensbasierter Tätigkeiten und die Zunahme ihrer Bedeutung für den Wandel in Wirtschaft und Gesellschaft wurden begleitet durch sich ablösende oder parallel genutzte begriffliche Labels.

> »In den siebziger Jahren geschah dies vor allem unter dem Begriff der ›nachindustriellen Gesellschaft‹, in den achtziger Jahren unter dem der ›Informationsgesellschaft‹ und in den neunziger Jahren zunehmend unter der ›Netzwerkgesellschaft‹« (Stalder 2017: 30f.).

Erweiternd kommt dann drittens der besondere Stellenwert neuer Informations- und Kommunikationstechnologie hinzu. Auf der Organisationsebene ist die Informationsgesellschaft viertens durch den Übergang von »hierarchischen Bürokratien zu flexibleren, netzwerkartigen Koordinationsformen« gekennzeichnet (Steinbicker 2013: 200). Der kooperierende und verhandelnde Staat war aus dieser Perspektive die Ergänzung oder das passende Gegenstück zur computerisierten Informationsgesellschaft in der politischen Sphäre. Zugleich stellt sich damit die Frage, ob dies im »ausgereiften« digitalen Zeitalter weiterhin gilt.

Neben der Netzwerkgesellschaft gibt es weitere, auf bestimmte Teilaspekte des Wandels fokussierenden Begrifflichkeiten. Weyer (2019) spricht von der mobilen Echtzeitgesellschaft als Folge beschleunigten technologischen und sozialen Wandels. Sie unterscheidet sich von der vorangegangenen Wissensgesellschaft durch die allumfassende Digitalisierung »realweltliche[r] Vorgänge«, deren Prozesse durch die beständig generierten und erhobenen Daten in Echtzeit stattfinden und damit potenziell auch »in Echtzeit zu steuern« sind (ebd.: 13). Auch hierbei findet sich der Hinweis, dass an

9 Zugleich verweist unter anderem Stengel (2017: 48) darauf, dass auch in allen vergangenen Zeitaltern Informationen und Fortschritte in der Informationsvermittlung immer einen zentralen Stellenwert eingenommen haben – und somit Castells Begriff des Informationszeitalters weniger passend erscheint, als der Begriff des Digitalzeitalters.

die Stelle der zentralen Begriffe von Information und Wissen (in der Informations- und Wissensgesellschaft) heute derjenige der Daten getreten ist. Mohabbat-Kar und Parycek (2018: 9) sprechen daher vom Datenzeitalter; Houben und Prietl (2018b: 338) von der Datengesellschaft, die sich unter anderem dadurch auszeichnet, dass »Daten und der Umgang mit ihnen zu einem genuinen Gegenstand politischer Regulierungsbemühungen und Debatten werden.« Dass von der Datengesellschaft gesprochen wird, weist nicht nur auf die »hohe Relevanz von Daten in unterschiedlichen gesellschaftlichen Teilbereichen oder Funktionssystemen« hin, sondern darauf, dass »datenbasierte Prozesse zunehmend *sämtliche* [Herv. i. O.] gesellschaftlichen Sphären durchdringen« (Eggert/Kerpen 2018: 162). Spannenderweise liegt mit dem begrifflichen Übergang von Information und Wissen zu Daten eine »Herabstufung« in der Begriffshierarchie vor, die in der Literatur so nicht benannt wird, aber eine der zentralen Problematiken von *wicked problems* [verzwickte Probleme], Komplexität und Kontingenz noch einmal potenziert (siehe Kapitel II.2.8): Wenn mehr Wissen (Hierarchiestufe 1) nicht zu einer einfacheren, eindeutigeren Problemlösung beiträgt, warum sollte es dann mit mehr Daten so sein, wenn diese in der Hierarchie auf dem dritten Platz hinter Information angesiedelt sind? Gleichwohl ist die besondere Hervorhebung von Daten als zentraler Dreh- und Angelpunkt des digitalen Zeitalters angemessen.

Seit mehr als einem Jahrzehnt werden Daten als das neue Öl bezeichnet, das neue, datengetriebene Geschäftsmodelle ermöglicht und am Laufen hält. Bereits 2009 sagte die EU-Verbraucherschutzkommissarin Meglena Kuneva (2009) in ihrer Keynote-Ansprache anlässlich des Runden Tisches zu Online Data Collection, Targeting and Profiling: »Personal data is the new oil of the internet and the new currency of the digital world.« Bis heute hat sich dieser Vergleich verselbstständigt und wird allerorts wiederholt, wenngleich er durchaus auf begründeten Widerstand stößt.[10]

Daten[11] repräsentieren so zwar die reale Welt beziehungsweise zumindest deren empirisch messbaren Teil, sie beschreiben diese aber nur bedingt. Denn erst, wenn Daten in einen sinnvollen Kontext eingebettet, beschrieben und interpretierbar sind, können aus ihnen Schlüsse gezogen werden[12] – sie werden zu Informationen. Willke (1997: 151) beschreibt Informationen als »prozessierte und organisierte Daten, die ihrerseits

10 So weist etwa Maicher (2016) darauf hinweist, dass der Vergleich hinke, weil Daten zwar wie Öl als Rohstoffe betrachtet werden könnten, sie aber viel mehr mit Immobilien gemeinsam hätten. Daten sind beispielsweise keine Verbrauchsgüter. Sie sind weder durch Knappheit gekennzeichnet – ganz im Gegenteil können sie vielmehr mit der technologischen Entwicklung immer schneller und vielfältiger produziert werden –, noch sind es rivalisierende Güter. Da sie bei Nutzung nicht verbraucht werden, lassen sie sich prinzipiell beliebig häufig verkaufen oder lizenzieren. Die Wikimedia nutzt daher das Bild der Daten als »neues Grundwasser der Informationsgesellschaft« – auch, um darauf hinzuweisen, dass Daten aus ihrer Sicht »nur unter bestimmten Bedingungen zur Ware werden [dürfen]« (zitiert nach Denkena 2018).

11 Daten wiederum bestehen aus Symbolen. Auf der Computerebene werden Daten durch eine Kombination beziehungsweise Kette zweier möglicher Zustände repräsentiert, für die sich die beiden Symbole 0 und 1 etabliert haben (die gleichzeitig auch Symbole für die Zahlen Null und Eins sind).

12 Das Datum könnte etwa eine Hausnummer, eine Schuhgröße oder die Antwort auf die »Große Frage nach dem Leben, dem Universum und dem ganzen Rest« sein (Adams 1983). Erst durch den mitvermittelten Kontext entsteht die Möglichkeit, eine nutzbare Information abzuleiten (im Übrigen wird bereits bei den drei genannten Interpretationsmöglichkeiten vorausgesetzt, dass es sich

aus der Symbolisierung von beobachteten Fakten entstehen.« Eine solche Symbolisierung erfolgt durch den Sender und dessen Kontext, gleichzeitig bildet sie selbst den Kontext für die Information. Allerdings spielen nicht nur der mitvermittelte Kontext der Daten und die vom Sender getroffene Entscheidung über die Zusammenstellung der Daten eine Rolle. Entscheidend für den übermittelten Informationsgehalt ist vielmehr der Empfänger.[13] Welche Informationen aus Daten gezogen werden hängt also auch von der Interpretation durch den Empfänger ab – und damit vom Kontext der Daten sowie der Erwartung(shaltung) und dem Wissen des Empfängers (vgl. etwa Weizenbaum 2001: 9f., 17). Auch Prietl und Houben (2018: 17) beschreiben »Informationen als schon prozessiertes, vorsortiertes und aufbereitet dargebotenes Datenmaterial«. Informationen leisten einen Beitrag zur Verringerung von Entropie, indem sie in zur Unordnung neigenden komplexen Systemen die Grundlage für eine auf ihnen aufbauende Strukturierung – und damit die Herstellung einer nützlichen Ordnung – liefern (vgl. Pinker 2018: 34). Nach Feustel (2018: 65), der kritisch auf die Übertragung der thermodynamischen Entropie als Entropie-Konzept auf Gesellschaft blickt, erwächst die Informationsgesellschaft dagegen »aus einem euphorischen Denken, das von sich behauptet, ein Mittel gegen das entropische Übel der Welt gefunden zu haben.« Während Entropie im Industriezeitalter ein Begründungsmuster für staatliches Steuerungsversagen lieferte, werden im digitalen Zeitalter Informationen zur Ressource eines vermeintlich unbegrenzten Steuerungspotenzials.

> »Allen digitalen Gesellschaften liegt auf Basis der Wissenschaftlichen und Industriellen Revolution die Entdeckung zugrunde, dass Informationen auf neue Weise übermittelt, gespeichert und analysiert werden können. Die Digitale Revolution ist im Grunde eine Informationsrevolution« (Stengel 2017: 39).

»Von Wissen lässt sich sprechen, wenn Informationen in einen instruktiven Konnex zu den Erfahrungen eines strategiefähigen Akteurs gebracht werden« (Willke 1997: 151). Wissen setzt also einen strategisch handelnden Akteur voraus. »Wissen entsteht, wenn Informationen in sprachliches, organisatorisches, planendes soziales Handeln überführt wird« (Prietl/Houben 2018: 17). Informationen werden also genutzt, um auf ihrer Basis zu handeln und Entscheidungen zu treffen. Im Wechselspiel zwischen der vermuteten Wirkung der gewählten Handlung und den wahrgenommenen tatsächlichen Auswirkungen des Handelns transformiert sich Information zu Wissen, das sich

---

bei den Symbolen 4 und 2 um die Zahlen Vier und Zwei handelt und nicht um Piktogramme, die eine beliebige andere Bedeutung transportieren).

13 »Morgen beträgt die Temperatur 35 Grad« ist für sich genommen noch keine Information. Es handelt sich nur um kontextualisierte Daten, einen relativen Zeitpunktbezug und eine Temperaturangabe. Zur Information werden diese erst im Kontext der Interpretation der Daten durch den Empfänger. Für ein Kind, das die deutschen Sommerferien genießt, könnte die Nachricht so die Information enthalten, die Badehose herauszusuchen und sich mit Freunden für das Freibad zu verabreden. Für die Gärtnerin in Frankreich könnte die Nachricht die Information transportieren, das Gewächshaus ausreichend zu belüften. Für den Farmer in den USA dagegen könnte die Information die Gefahr von Bodenfrost bedeuten, weil er in Grad Fahrenheit denkt.

im weiteren Verlauf verfestigen oder auch wieder verworfen werden kann – es ist mithin durch Kontingenz geprägt. Zugleich weist Wissen damit einen deutlich größeren Zeithorizont auf als Informationen. Während sich die Informationsweitergabe und -verarbeitung prinzipiell immer weiter steigern lässt (bis zur Echtzeit), benötigt Wissen eine »doppelte Latenzfähigkeit« (Feustel 2018: 150) – bestehend aus dem Zeitfenster der Wirkungswahrnehmung und der nötigen Zeit zur Verfestigung des Wissens.

Die Verschiebungen von der Informations- und Wissens- zur Daten- und Netzwerkgesellschaft beschreiben einen Teil der Phase des Übergangs vom Industriezeitalter zum Digitalzeitalter. Das Aufkommen der Informations-, Wissens- und Dienstleistungsgesellschaft stellt das korrespondierende Element zum konstatierten Ende der Industriegesellschaft dar. Dieses Ende markiert keinen abrupten Bruch, sondern wird vielmehr an deutlichen Verschiebungen (wie etwa auf dem Arbeitsmarkt oder in der Wertschöpfung) sichtbar. Informations-, Wissens- und Dienstleistungsgesellschaft stehen damit für die ausklingende Phase des Industriezeitalters. Dementsprechend könnten die Daten- und Netzwerkgesellschaft als Kennzeichen des Übergangs in die Frühphase des Digitalzeitalters bezeichnet werden.

Die Allgegenwart immer kleinerer Microchips und die Vernetzung aller Dinge, das exponentielle Wachstum von Prozessorleistung und Speicherplatz, die zunehmenden Erhebungs- und Auswertungsmöglichkeiten immer größerer Datenmengen sowie die damit verbundenen Fortschritte in der algorithmenbasierten Automation sind die zentralen technologischen Hilfsmittel, die die digitale Revolution – und damit den Übergang vom Industriezeitalter zum digitalen Zeitalter – kennzeichnen (siehe Kapitel II.2). Diese Basistechnologien legen die Grundlage für die tragende Struktur des Digitalzeitalters. Für die Zuschreibung eines neuen Zeitalters wären technologische Entwicklungen allein jedoch nicht ausreichend. Erst die mit ihnen verbundenen umfassenden Wandlungsprozesse in Wirtschaft, Politik und Gesellschaft – die sich in verändertem sozialen Handeln und neuen kulturellen Phänomenen äußern – rechtfertigen den Befund eines neuen, digitalen Zeitalters. Es ist daher nicht verwunderlich, wenn Stalder (2017) von einer »Kultur der Digitalität« spricht, die als ein Kennzeichen eines neuen Zeitalters gedeutet werden kann. Technologische Entwicklung hat aber immer auch das Potenzial, Machtstrukturen zu verändern: »digital technologies in and of themselves are not neutral tools. They empower those who build and understand how to use them« (Owen 2015: 207).

Im Digitalzeitalter werden darüber hinaus neue Kollektivgüter, wie Netzinfrastruktur und Zugang zum Internet, relevant. Die rasante technologische Entwicklung stellt zusätzlich immer neue Zukunftsgüter, etwa blockchainbasierte Finanzsysteme, in Aussicht. Diese können zwar »formell als öffentlich oder privat definiert werden […], faktisch aber bringt sie weder die Politik noch der Markt allein hervor« (Willke 1997: 180).[14] Das di-

14 Diese neuen Kollektivgüter sind für den Markt »zu langfristig, zu risikoreich, zu forschungsintensiv und zu weit von kalkulierbaren Produkten entfernt. Für die Politik besteht das Hauptproblem darin, daß sie mangels eigener Expertise bei der Hervorbringung von Zukunftstechnologien auf private Akteure angewiesen ist, mithin nicht mehr tun kann als fördern, koordinieren und moderieren« (Willke 1997: 180).

gitale Zeitalter stellt damit auch aus Infrastrukturperspektive die Frage nach der daraus folgenden Form von Staat und Staatlichkeit.

Dass wir uns tatsächlich auf dem Weg in ein neues Zeitalter befinden, lässt sich vor allem auch damit begründen, dass dahinter nicht nur eine technologische Entwicklung steht, sondern diese mit veränderten sozialen Praktiken und einem neuen Gesellschaftsgefüge einhergehen. Die Entwicklung ist damit geprägt durch die »convergence of social evolution and information technologies« (Castells 2009: 502). Auch wenn heute nicht durchgehend vom digitalen Zeitalter oder dem Digitalzeitalter,[15] sondern immer wieder auch von der Daten- oder Netzwerkgesellschaft die Rede ist, wird darin auf den ersten Blick eine begriffliche Abgrenzung von der Informationsgesellschaft und dem Computerzeitalter sichtbar.[16] Aufgrund der dahinterstehenden, umfassenden *neuen Qualität des Wandels*[17] erscheint es sinnvoll, nach der Übergangsphase den Einstieg in ein neues – das digitale – Zeitalter zu konstatieren.[18] Die neue Qualität des Wandels wird im Folgenden anhand des differenzierten dreidimensionalen Konzepts von Digitalisierung und der damit verbundenen zentralen Transformationsprozesse herausgearbeitet.

II.1.2 Drei Dimensionen der Digitalisierung

Die Digitalisierung ist in aller Munde und wird (nicht nur) in Deutschland ubiquitär für alle Phänomene genutzt, die entfernt mit neuen technologischen Möglichkeiten durch das Internet, Big Data, steigende Rechenleistung, einfachere Datenerfassung oder immer kleinere Sensoren und schnellere Prozessoren zu tun hat – von technischen Prozes-

---

15 Explizit nutzen diesen Begriff etwa Houben und Prietl (2018a) oder Stengel et al. (2017a).

16 Und sei es auch nur, dass etwa Stengel (2017) zwar keine andere zeitliche Abgrenzung oder Periodisierung vornimmt, ihm aber die »Bezeichnung ›Digitalzeitalter‹ angemessener als ›Informationszeitalter‹« erscheint, weil Informationen von jeher auch in anderen Zeitaltern eine wichtige Rolle gespielt haben und zentrale Güter darstellten. Auch Stalder (2017: 32) stellt heraus, dass die Entwicklung seit den 1970er- bis hin zu den 1990er-Jahren zwar mit unterschiedlichen Begriffen belegt werde, diese im Kern jedoch alle die »gestiegene Bedeutung von Information, Wissen und Kommunikation« hervorhöben.

17 Auch für Pernice (2020: 181) rechtfertigt es gerade die nicht nur quantitative, sondern »qualitative[] Natur« der Entwicklung, »vom ›digitalen Zeitalter‹ oder dem Übergang zur ›digitalen Konstellation‹ zu sprechen.« Letzteres ist die von ihm mit Verweis auf den nächsten stattfindenden Entwicklungsschritt nach Habermas' »postnationaler Konstellation« genutzte Begrifflichkeit.

18 Zuboff (2018: 51ff.) spricht stattdessen, bezogen auf das Zeitalter des von ihr identifizierten Überwachungskapitalismus, von einer »Dritten Moderne«. Auch bei ihr wird der Übergangscharakter zwischen Informations- und Digitalzeitalter deutlich. Während die »Erste Moderne« unter anderem durch Massenproduktion und -konsum geprägt war (und damit dem Industriezeitalter entspricht), steht die »Zweite Moderne« im Zeichen von Individualismus, Bildungsrevolution sowie neuen Informations- und Kommunikationsmitteln. Jetzt stünden wir an einem Scheideweg bei dem die überwachungskapitalistische Vision der »instrumentären Dritten Moderne« dadurch gekennzeichnet sei, dass die (Digital-)Unternehmen ihre Verfügungsgewalt über die digitalen Infrastrukturen nutzen, darüber Verhaltensdaten akkumulieren und Verhalten modifizieren, um – auf Basis des damit erzeugten »Verhaltensüberschusses« – »Vorhersageprodukte« anzubieten und diese auf einem »Verhaltensterminkontraktmarkt« zu handeln, so die Begriffsneuschöpfungen Zuboffs (ebd.: 22f., 458f.).

sen bis hin zu gesellschaftlichen Transformationen. Eine konkretere, einheitliche Definition von Digitalisierung hat sich nicht durchgesetzt und es gibt vermutlich nur wenige Begrifflichkeiten, die aktuell in den Medien, sei es in Print, Hörfunk, Fernsehen oder online, ähnlich häufig in so unterschiedlichen Kontexten und Zusammenhängen auftauchen. Daraus ergeben sich mindestens zwei Probleme: Zum einen verliert der Begriff, je unspezifischer er für jede Art von technologischem Fortschritt und je allgemeiner er für gesellschaftliche und wirtschaftliche Entwicklungen genutzt wird, an Erklärungskraft und eine ihm eigene Sinnhaftigkeit. Digitalisierung steht immer mehr für alles und damit immer mehr für nichts. Zum anderen verengt die Nutzung des Begriffes die Perspektive auf das Internetzeitalter und damit auf das ausgehende 20. sowie das 21. Jahrhundert. Diese Fokussierung framet die Erzählung von der Digitalisierung als revolutionärem Moment, von Disruption und radikalen Umbrüchen. Ausgeblendet wird so der evolutionäre und inkrementelle Charakter der grundlegenden technologischen Entwicklungen, auf denen die heutigen Phänomene der Digitalisierung basieren. So war etwa die Durchsetzung alltagstauglicher Personal Computer (PC) »ein wichtiger Streckenabschnitt der Digitalisierung, der in den späten Siebzigerjahren begann« (Lotter 2019: 41). Die sich hier abzeichnenden unterschiedlichen Aspekte der Digitalisierung – der technische Kern einerseits und die Wirkung auf den Menschen und die Gesellschaft andererseits – gehen bei der Nutzung des Begriffs der Digitalisierung im deutschen Kontext in der Regel vollständig verloren. Im US-amerikanischen Sprachkontext ist dagegen mit *digitization*, *digitalization* und *digital transformation* eine bessere begriffliche Unterscheidung möglich, wenngleich diese nur sehr beschränkt auch tatsächlich genutzt wird.

II.1.2.1 Digitization

Die ausschließlich auf die technische Ebene bezogene Form der Digitalisierung ist die *digitization*. Sie könnte auch als *Digitalisierung von Informationen* umschrieben werden. Der technische Vorgang wird mitunter als *Verdatung* bezeichnet. Ganz konkret ist damit die Umwandlung analoger Werte in digitale Daten (Einsen und Nullen, die sogenannten Bits) gemeint. So speichert etwa eine Kompaktkassette das analoge Signal von Toninformationen magnetisch auf ihrem ferromagnetisch beschichteten Kunststoffband. Beim Digitalisieren einer solchen Kassette wird dieses analoge Signal in einen Strom aus Nullen und Einsen, also in ein binär codiertes digitales Signal, umgewandelt und gespeichert. Bei der Digitalisierung eines Bildes wird dieses mit einem Raster beziehungsweise einer Matrix in einzelne Felder oder Pixel eingeteilt, für die dann jeweils binär die Informationen wie Helligkeit oder die Werte der Grundfarben gespeichert werden können.

Digitization kann auf alle möglichen Dinge angewandt werden. Deshalb wird auch davon gesprochen, dass mit der Datafizierung (von Dingen) ein digitales Abbild der analogen Welt erschaffen wird. Der zentrale mit der digitization einhergehende Vorteil besteht in der Trennung des Inhalts beziehungsweise der Information von ihrer dinglichen Existenz beziehungsweise einem physischen Medium. Digitale Abbilder lassen sich verlustfrei kopieren und damit beliebig vervielfältigen. Sie können einfach (weiter-)verarbeitet und bearbeitet werden. Der Wegfall physischer Beschränkungen erleichtert (und vergünstigt) nicht nur die Verteilung und Distribution, sondern auch die Aufbewahrung, Speicherung und Archivierung.[19]

Durch digitization entsteht jedoch nichts (grundlegend) neues. »Digitization is the process of changing from analog to digital form [...] without any different-in-kind changes« (Gartner o.J.).

II.1.2.2 Digitalization

Auch auf der Ebene der *digitalization* verbleibt Digitalisierung häufig noch in altbekannten Mustern. Hierbei geht es aber nicht mehr um die Digitalisierung von Informationen, sondern um die *Digitalisierung von Prozessen*. Diese Ebene bezieht sich damit auf veränderte – aber nicht grundlegend neue – Abläufe und Prozesse infolge der Nutzung von Daten und digitalen Technologien.[20] Mit der Einführung der De-Mail[21] sollte etwa für bestimmte Fälle das analoge, per Einschreiben verschickte, eigenhändig unterschriebene Papierdokumente durch eine digitale, signierte E-Mail ersetzt werden. Der grundlegend dahinterstehende Kommunikationsprozess hat sich damit nicht geändert – die Art der Informationsspeicherung, der Übertragungsweg und die Übertragungsgeschwindigkeit dagegen schon. Eine einfache Überführung von analogen in digitale Prozesse wird teilweise auch an den genutzten Begriffen und Konzepten deutlich. Der analoge

---

19 Als eindrückliches Beispiel kann die Library of Congress in Washington, D.C. dienen. Sie verfügt, neben vielen anderen Beständen, über etwa 39 Mio. Bücher. Dies entspricht in etwa 1.050 Regalkilometern. Digitalisiert würde dieser Bücherbestand einen Speicherplatz von ca. 20 Terabyte (TB) belegen. Eine 1 TB große Festplatte kostet weniger als 50 Euro, wiegt unter 100 Gramm und hat ein Volumen, das kleiner ist als 50 cm^3. Die 1.050 Regalkilometer Bücher der Library of Congress würden damit in einen Würfel mit einer Kantenlänge von 10 cm passen.

20 Im deutschen Kontext fällt seit einigen Jahren vereinzelt der Begriff der »Digitalität«, der ähnliche Bezüge wie digitalization aufweist, wenn er »einen umfassenderen Charakter als ›Digitalisierung‹ aus[weist], soweit diese lediglich die informationstechnische Überführung von analogen in digitale Daten ausdrückt« (Schaal et al. 2018: 106). Dieser referiert »konzeptionell auf die Verbindung/ Interaktion von digitalen und analogen Sphären und Daten und die (grundlegende) Transformation dieser Relationen«, wobei ihm »eine potenziell prozesshafte Perspektive konzeptionell inhärent« ist (ebd.). In dieser Abhandlung wird der Begriff Digitalität nicht genutzt. Zum einen liegt bislang keine konsistente Definition des Begriffs vor, und er wird in der Literatur nicht umfassend verwandt. Vor allem wird aber – und das gilt für alle Kontexte – der Begriff der Digitalisierung nicht im eingangs erwähnten Verständnis – nämlich ausschließlich im Sinne von digitization – genutzt.

21 Mit dem »Gesetz zur Regelung von De-Mail-Diensten und zur Änderung weiterer Vorschriften« (De-Mail-Gesetz) vom 28.04.2011 wurde eine »elektronische Kommunikationsplattform« geschaffen, »die einen sicheren, vertraulichen und nachweisbaren Geschäftsverkehr für jedermann im Internet sicherstellen« soll (Artikel 1 §1 Abs. 1.) (Deutscher Bundestag 2011: 666). Zugleich steht die De-Mail für einige technikaffine Akteure für ein »Scheitern mit Ankündigung« staatlicher Technologie-Initiativen. Linus Neumann (2013), Sprecher des CCC, betitelte seinen Vortrag auf dem 30c3 zu den Schwierigkeiten mit Datenschutz und Sicherheit bei De-Mail mit »Bullshit made in Germany«. Die bei der Umsetzung von Anfang an beteiligte Telekom kündigte nach zehn Jahren am 31.08.2021 an, ihren De-Mail-Dienst bis Ende August 2022 »aufgrund fehlender Wirtschaftlichkeit« mit einem »dreistelligen Millionenverlust« einzustellen (Rosenbach 2021). Auch der Bundesrechnungshof (2021) rügte Ende 2021 das gescheiterte Projekt, das zwischen 2016 und 2019 bis zu 3,5 Millionen Euro zum Briefpostversand hätte einsparen sollen. Allerdings versandten die Bundesbehörden statt der erwarteten sechs Millionen De-Mails in diesem Zeitraum nur 6.000.

Prozess der Aktenablage wird mit dem Computer in einen digitalen Prozess transformiert, der weiterhin auf Konzepte wie »Ordner« oder Begriffe wie »Schreibtisch« setzt. Dies mag auch dazu beitragen, dass »Informationstechnik [...] ein so selbstverständlicher Teil unseres Alltags geworden [ist], dass ihr nichts Sensationelles mehr anhaftet« (Lotter 2019: 42).

Die digitalization, als Übertragung analoger Abläufe in die digitale Sphäre, ist nützlich, weil Prozesse etwa effizienter und effektiver, schnell und kostengünstiger abgewickelt werden können. Zugleich ist sie wenig innovativ, was aber nicht gleichbedeutend damit ist, dass die mit ihr einhergehenden Auswirkungen nicht auch (teilweise) revolutionären Charakter annehmen könnten.[22] Dies kann etwa der Fall sein, wenn sich in der Folge Nutzungsverhalten radikal verändert oder neue Automatisierungsmöglichkeiten entstehen, die zu einem Wegfall von Tätigkeitsprofilen oder Arbeitsplätzen führen. Das macht es mitunter schwer, »die Grenzen der alten Digitalisierung, die nur simuliert, was da war, und der neuen, die an und für sich Innovation schafft, zu erkennen« (ebd.). Zumindest begrifflich wird versucht, diese Grenze eindeutiger zu ziehen, wenn digitization und digitalization von der dritten Stufe, der *digital transformation* [digitale Transformation], unterschieden werden.

II.1.2.3 Digital Transformation

Erst der Begriff der *digitalen Transformation* bezieht sich eindeutig auf umfassende Wandlungsprozesse, die auf Basis von digitization und digitalization stattfinden – wie etwa das Entstehen neuer Geschäftsfelder oder -modelle (vgl. Schallmo et al. 2017: 3ff.; Friesike/Sprondel 2022: 11ff.). Das Geschäftsmodell eines Taxiunternehmens basiert auf der Erbringung einer Transportdienstleistung für (End-)Kunden, für die es Fahrer:innen und einen Fuhrpark bereithält. Hier können sowohl Momente von digitization (analoge Faltkarten werden durch digitale Karten in Navigationsgeräten ersetzt) als auch von digitalization beschrieben werden (indem Kommunikations- oder Bezahlprozesse zwischen Kund:innen und Taxifahrer:innen oder Taxiunternehmen digital stattfinden). Als Beispiel für digital transformation wird dagegen immer wieder Uber angeführt. Uber betreibt eine Plattform, über die Transportdienstleistungen vermittelt werden. Im Gegensatz zum Taxiunternehmen braucht Uber für sein Geschäftsmodell weder angestellte Fahrer:innen noch einen Fuhrpark. Es basiert nicht auf dem Erbringen der Transportdienstleistung, sondern ausschließlich auf deren datengetriebener Vermittlung. Sowohl Fahrer:innen (als Auftragnehmer:innen) als auch die Beförderungswilligen (als Auftraggeber:innen) sind aus Ubers Perspektive Kund:innen seiner Plattform (vgl. beispielsweise Schroeder et al. 2022: 22ff.).

Das Interessante an diesem Beispiel ist, dass sich die eigentliche Transportdienstleistung gar nicht verändert hat. Mit der Digitalisierung wurde vielmehr die Vermittlung

22 Insofern passt es, wenn von der digitalen Revolution als fünfter Informationsrevolution (nach Sprache, Schrift, Buchdruck und Telekommunikation) gesprochen wird (Stengel 2017: 39f.). Immer geht es zentral um Kommunikation und Informationsübermittlung, nur die Wege und Möglichkeiten dazu verändern sich. Insbesondere werden diese vielfältiger, günstiger und schneller (siehe hierzu auch Kapitel II.2).

dieser Dienstleistung als neues Geschäftsmodell ermöglicht, was nicht nur Veränderungen und Verschiebungen in der Wertschöpfung mit sich bringt. Es entstehen auch neue Arbeitsformen und Arbeitsverhältnisse, etwa soloselbstständige Fahrer:innen. Hiermit verschieben sich mitunter auch Risiken. Bei selbstständigen Fahrer:innen mit eigenem Kraftfahrzeug geht etwa nicht nur das Risiko der sozialen Absicherung, sondern auch das der Regulierung im Schadensfall auf diese über (vgl. beispielsweise Greef et al. 2020; Greef/Schroeder 2017). Digitale Transformation führt also zu erheblichem Wandel und großen Umwälzungen – und das, wie das Beispiel Uber illustriert, nicht immer nur in dem Sektor, in dem die Transformation stattfindet, sondern auch darüber hinaus in anderen Sektoren. »Unglücklicherweise wird Digitalisierung oft mit Transformation verwechselt« (Friesike/Sprondel 2022: 13). Dem ist insoweit zuzustimmen, als dass digitization und digitalization nicht automatisch mit Transformationsprozessen einhergehen. Gleichwohl basieren digitale Transformationen auf Digitalisierung. Insofern liegt bei dem Gebraucht des Begriffs Digitalisierung nicht zwingend eine Verwechselung zugrunde, sondern es sind digitale Transformationen gemeint und die Begriffe werden synonym verwandt. Auch in der wissenschaftlichen Literatur findet in der Regel keine systematische Abgrenzung bei der Nutzung der Begriffe Digitalisierung und digitale Transformation statt, beziehungsweise wird nicht konsequent durchgehalten. Daher umfasst der Begriff Digitalisierung als Oberbegriff und Phänomen auch in dieser Abhandlung sowohl Prozesse der digitization und digitalization als auch der digitalen Transformation.

II.2 Transformationsprozesse und Herausforderungen

Bereits an der differenzierten Betrachtung des Digitalisierungsbegriffes im vorangehenden Kapitel wurde deutlich, dass im digitalen Zeitalter eine Vielzahl unterschiedlicher Transformationen nebeneinander verlaufen – zum Teil durchaus unabhängig, vielfach aber wechselwirksam. Im Folgenden sollen die zentralen Transformationsprozesse sowie die sich aus ihnen speisenden Herausforderungen (für politische Steuerung) aufgegriffen und nach ihrer Relevanz im Kontext des Wandels von Staatlichkeit eingeordnet werden. Mit dem Begriff des Prozesses wird zugleich impliziert, dass die Entwicklungen und Transformationen nicht als *Technikdeterminismus* missverstanden werden dürfen. Die Digitalisierung bringt technologische Optionen und Wahlmöglichkeiten mit sich, deren Implementierung aber nicht automatisch erfolgt, sondern von Akteuren betrieben wird und in einem Setting vonstattengeht, das aus institutioneller Rahmung, Eigeninteressen und Präferenzen sowie (konflikthaften) Akteurskonstellationen und Aushandlungsprozessen besteht. Transformationsprozesse sind mithin gestaltbar.

Zugleich bestimmen das Bild von der digitalen Transformation jedoch häufig Umbruchsmetaphern, die im Begriff der Disruption (siehe nachfolgendes Kapitel) ihre Zuspitzung erfahren. Aber genauso wenig, wie alle mit der Digitalisierung verknüpften Entwicklungen einen disruptiven Charakter haben, sind vielfach die mit ihnen verbundenen (Zukunfts-)Ängste begründet. Sie sind vorhanden und müssen dementsprechend ernst genommen werden. Gleichzeitig sind ihre irrationalen und emotionalen Aspekte ins Kalkül zu nehmen. Gleichwohl sollte man nicht in die Litanei der technikfeindlichen Deutschen einstimmen, wie sie etwa Bellberg (2019: 2) in der Welt zum Ausdruck bringt, wenn er den Vorsprung der USA und Chinas in der Digitalisierung auf »zwei teutonische Eigenschaften« zurückführt: »die Angst vor der Technik und eine übertriebene Staatsgläubigkeit« in der Gesellschaft, wobei die »Angst und Technikfeindlichkeit [...] in der Zwischenzeit längst im Staatsbetrieb selbst angekommen« seien. Während in der medialen Berichterstattung häufig entweder die euphorischen Stimmen zu den neuen Möglichkeiten der Digitalisierung oder die vor einer dystopischen Zukunft warnenden Stimmen überwiegen, blickt ein großer Teil der deutschen Bevölkerung dagegen differenziert auf den digitalen Wandel.

Eine solche *German Angst*[1] lässt sich in Umfragen zum grundsätzlichen Thema der Digitalisierung jedenfalls nicht nachzeichnen. Im repräsentativen Digitalisierungsmonitor 2021 sagten 51 Prozent (ein Zuwachs um sechs Prozentpunkte seit 2018) der erwachsenen Bevölkerung in Deutschland sogar, dass der digitale Wandel den Menschen alles in allem *mehr Vorteile* bringe.[2] Nur vier Prozent gehen dagegen davon aus, dass die Digitalisierung insgesamt *mehr Nachteile* mit sich bringe – 2018 lag das Verhältnis bei 45 zu acht Prozent. Damit gingen aber zugleich 44 Prozent davon aus, dass mit der Digitalisierung sowohl Vorteile als auch Nachteilte einhergingen (vgl. forsa 2021: 4).[3] Von einer grundsätzlichen Technikfeindlichkeit kann mithin nicht gesprochen werden.

Gleichwohl zeigen diese Daten, dass ein breites Bewusstsein darüber besteht, dass die Transformationsprozesse im Zuge der Digitalisierung sowohl mit Chancen als auch Risiken einhergehen. Im Folgenden werden daher ausgewählte transformative Entwicklungen aufgegriffen, die im Kern gleichzeitig Fragen nach dem Wandel von Staatlichkeit, Staatstätigkeit und der Notwendigkeiten (veränderter) staatlicher Steuerung berühren.

II.2.1 Inkrementelle Evolution oder disruptive Revolution?

Transformation ist nicht gleich Transformation. Zunächst sollen daher einige generelle Überlegungen zu Form, Umfang, Verlauf und Geschwindigkeit der mit der Digitalisierung verbundenen Transformationsprozesse angestellt werden. Das hier wohl am häufigsten zu hörende Schlagwort ist das der Disruption.[4] »Ein ähnliches Modewort wie Digitalisierung ist das Wort Disruption« (Rödiger 2017: 151). Die FAZ bezeichnete den Begriff etwa als »Wort des Jahres 2015 unter deutschen Geschäftsleuten«, gleichzeitig aber auch als Wort mit »›Buzzword‹-Qualitäten [...], jeder klaren Bedeutung beraubt« (Meck/Weiguny 2015).[5] Die Verbindung zwischen Disruption und Digitalisierung be-

1 Mitunter wird unter dem Begriff der German Angst eine grundsätzliche, irrationale, pathologische Furcht der Deutschen kolportiert (zum Begriff siehe etwa Biess 2020). Diese zeige sich in technischen und digitalen Kontexten etwa in Innovationsfeindlichkeit, der Ablehnung von Risikotechnologien (wie der Atomkraft), generellen Vorbehalten gegen Großinfrastrukturprojekten sowie Skepsis gegenüber neuen Technologien (wie der KI).

2 Dabei zeigt sich eine erhebliche Varianz zwischen den Altersgruppen. Unter den 18- bis 29-Jährigen sehen 68 % mehr Vorteile, unter den über 60-Jährigen dagegen nur 46 %. Ähnlich gelagerte Unterschiede gibt es zwischen Männern (59 %) und Frauen (43 %) – dieser Unterschied hat, verglichen mit 2018, wo das Verhältnis bei 49 zu 41 % lag, zugenommen – sowie zwischen Menschen mit Hauptschulabschluss (40 %) und Abitur (63 %) (vgl. forsa 2021: 4, 2019: 7).

3 Insbesondere werden die Bereiche »Bildung und Wissen« (83 %) sowie »Wissenschaft und Innovation« (76 %) genannt, in denen die Digitalisierung die Lebensverhältnisse der Menschen am meisten verbessern kann. Die »Arbeitswelt« sowie »Staat und Verwaltung« folgen mit 69 beziehungsweise 67 %. Das Schlusslicht bilden »Wirtschaftswachstum, neue Wirtschaftszweige« (57 %), »Gesundheit und Pflege« (54 %) sowie »Verkehr« (51 %) (vgl. forsa 2021: 6).

4 »Disruption has become one of Silicon Valley's most popular, if cloying, buzzwords« (Owen 2015: 6). Das Gleiche gilt mit zeitlicher Verspätung auch für Deutschland.

5 Der Begriff Disruption fand allerdings bereits in den 1990er-Jahren als Konzept bahnbrechender Innovation und kreativer Zerstörung Eingang in die (Werbe-)Wirtschaft und die Wirtschaftswissenschaften. So veröffentlichte etwa der Werbeagenturinhaber Jean-Marie Dru (1996) unter dem Titel »Disruption. Overturning Conventions and Shaking Up the Marketplace« 1996 ein Buch über

stehe dabei darin, dass Letztere keinen Stein auf dem anderen lasse, Gewohntes auf den Kopf stelle und ganze Branchen umkremple – ganz entsprechend dem eingangs erwähnten ehemaligen, inoffiziellen Motto von Facebook: »Move fast and break things.« Damit ist zugleich auch eine häufig vorzufindende Beschränkung in der Zuschreibung disruptiver Entwicklungen erkennbar: Sie stehen primär für digitale Umbrüche in der Wirtschaft. Das Manager Magazin bezeichnet daher Disruption auch als »[d]ieses Buzz-Word, das stets im selben Atemzug mit der digitalen Transformation genannt wird« (Scherler 2018). In seiner eigentlichen Bedeutung geht Disruption jedoch weit über einen normalen Transformationsprozess hinaus, denn sie wird als radikale Revolution verstanden. Sie schreckt nicht davor zurück, Althergebrachtes in einem Akt der *schöpferischen Zerstörung* hinwegzufegen und durch etwas vorher noch nicht Dagewesenes zu ersetzen. Mit dem »Prozess der schöpferischen Zerstörung« *[creative destruction]* verwies Schumpeter (2018: 113ff.) bereits 1947 auf einen für den Kapitalismus wesentlichen Effekt, der heute für die Digitalisierung unter dem Begriff der Disruption firmiert. Gemeint ist der Prozess »einer industriellen Mutation […], der unaufhörlich die Wirtschaftsstruktur *von innen heraus* [Herv. i. O.] revolutioniert, unaufhörlich die alten Strukturen zerstört und unaufhörlich eine neue schafft« (ebd.: 116). Aus dieser neueren Perspektive erscheint Disruption häufig als kurzer und schneller Umbruch, in dem etwas bahnbrechend Neues die etablierten Marktteilnehmer plötzlich und unerwartet trifft. »Eine neue Idee ändert auf einen Schlag alles« (Meck/Weiguny 2015).

Mit Christensen (1997) argumentiert,[6] geht es aber weniger um die Geschwindigkeit. Das Kernelement, das Disruption von (inkrementeller, erhaltender) Innovation unterscheidet, ist die ersetzende und verdrängende Charakteristik disruptiver Innovationen, die gänzlich neue Geschäftsmodelle schafft und Branchen grundlegend verändert.[7] Solche Veränderungen können jedoch auch graduell, in einem allmählich verlaufenden Prozess, erfolgen. Markteilnehmer:innen können von solchen »kaum bemerkbaren Verschiebungen« genauso überrascht werden, wie von plötzlich auftretenden, kleinen, agilen und smarten Wettbewerber:innen[8] mit neuen Ideen (Rödiger 2017: 151). Wenn man

sein Konzept des disruptiven Marketings. Ein Jahr später erschien dann »The Innovator's Dilemma. When new Technologies cause great Firms to fail«, in dem Clayton Christensen (1997: xii), Professor an der Harvard Business School, aufzeigt, wieso »leading companies […] failed when confronted with disruptive changes in technology and market structure«.

6 Christensen (1997: 9) unterscheidet erhaltende Innovationen der ersten Art, die »*sustained* [Herv. i. O.] the industry's rate of improvement in product performance […] and ranged in difficulty from incremental to radical«, von zerstörenden Innovationen »of the second sort *disrupted* [Herv. i. O.] or redefined performance trajectories«.

7 Hauschildt und Gemünden (2011: 27f.) sprechen an dieser Stelle von unterschiedlichen Typen von Innovation, die sich an dem Ausmaß an Innovation in vier Dimensionen (Markt, Technologie, Organisation, Umfeld) festmachen lassen und von inkrementeller Innovation bis zu radikaler Innovation reichen.

8 Daub (2020: 131) macht darauf aufmerksam, dass der Begriff »einen Monolithen aus den unberechenbaren Einzelheiten des Alltagslebens und einen Leviathan aus Strukturen und Organisationen [macht], die alt, organisch gewachsen und daher einigermaßen verstreut und dezentralisiert sind«. Auf der einen Seite stehen die David-gegen-Goliath-Erzählungen, in denen kleine Start-ups mit genialen Ideen das Geschäftsmodell der behäbigen Monopolisten zerstören und eine bessere Zukunft gestalten. Auf der anderen Seite entstehen börsennotierte Internetkonzerne die immer

Disruption also vom Ergebnis und Ende her denkt, kann sie auch in einem schleichenden Prozess stattfinden.

Die geläufigen Beispiele für (mögliche) disruptive Effekte der Digitalisierung sind das Auftreten von Uber für die Taxibranche, AirBnB für das Hotelgewerbe oder Bitcoin beziehungsweise der Blockchain für die Finanzbranche. Während Uber und AirBnB für plötzliche und abrupte Disruptionen stehen, wird die Blockchain-Technologie erst als möglicher zukünftiger *game changer* gehypt, der die Spielregeln ganzer Branchen massiv verändern könnte.[9] Gleichzeitig weisen diese Beispiele, ohne weitere Ausführungen an dieser Stelle, auf drei zentrale Aspekte hin:

1. Disruption stellt eine mögliche Folge rasanten technologischen Fortschritts dar. Aus diesem Blickwinkel können, ausgehend von einem vier Dimensionen umfassenden Innovationsbegriff,[10] in der Regel inkrementelle *technische* Innovationen zu disruptiven *geschäftsbezogenen* Innovationen führen (die sich teilweise in *organisationalen* Innovationen widerspiegeln) und langfristig möglicherweise in *gesellschaftliche* Innovationen münden.
2. Aus dieser Fortschrittlichkeitsperspektive[11] heraus werden disruptive Prozesse zunächst häufig ausschließlich positiv konnotiert und insbesondere aus ökonomischer Sicht als wünschenswert und notwendig dargestellt. Dagegen zeigen gerade die genannten Beispiele, dass die hier stattfindenden Innovationen aufgrund ihrer Zwiespältigkeit differenziert betrachtet und bewertet werden müssen. Es lassen sich gleichermaßen sowohl aus gesellschaftlicher, aus wirtschaftlicher als auch aus politischer Perspektive nicht nur Chancen, sondern auch Risiken identifizieren,[12] die sich insbesondere durch nicht intendierte Effekte und Wechselwirkungen über Subsystemgrenzen hinaus ergeben.

---

neue Marktwertrekorde brechen und für den Verkauf von Werbung etablierte Unternehmen vom Markt verdrängen. Von den alten Monopolisten unterscheiden sie sich dann vor allem darin, dass sie mit wesentlich weniger Personal(kosten) höhere Aktionärsrenditen erwirtschaften (vgl. ebd.).

9 Matuschek (2019: 96) geht davon aus, dass »wegen Blockchain und Co. in ein paar Jahren kein Stein auf dem anderen und kaum eine Industrie davon verschont bleiben [wird], Arbeit und Leben werden sich völlig verändern.« Sie sei mehr als eine technologische Neuerung, sondern beinhalte das Potenzial »für eine tiefgreifende Veränderung sozialer Institutionen« (ebd.). Hinter dieser Einschätzung steht, dass die Blockchain-Technologie weit grundsätzlichere Möglichkeiten eröffnet, als nur für digitale Kryptowährungen wie Bitcoin eingesetzt zu werden. Ein zentraler Kern ist, dass die Blockchain das ansonsten notwendige Vertrauen in eine Einzelperson oder Institution durch das Vertrauen in ein dezentrales (mathematisch abgesichertes) System ersetzt.

10 Hauschildt und Gemünden (2011: 25) unterteilen 1. technische Innovationen (Produkt, Prozess), 2. organisationale Innovationen (Struktur), 3. geschäftsbezogene Innovationen (Geschäftsmodell) und 4. gesellschaftliche Innovationen (Soziales, Politik, Lebensstil).

11 Kontinuität erscheint aus einer solchen Fortschrittlichkeitsperspektive mitunter als Gefahr. Daub (2020: 120) beschreibt diesen »Eindruck, es sei gefährlich, dass die Dinge zu lange unverändert bleiben, weil das die Gefahr heraufbeschwört, zurückzufallen«, als »zu einem gewissen Grad [...] charakteristisch für die Moderne«.

12 Aufgrund einer möglicherweise subjektiv sehr unterschiedlichen Betroffenheit von positiven Aus-, wie negativen Nebenwirkungen von Innovationen, kann die Perspektive auf die mit ihnen verbundenen Chancen und Risiken, stark variieren.

3. Die Frage nach dem Auftreten und den Auswirkungen solcher Disruptionen stellt daher immer zugleich auch die Frage nach dem Umgang mit deren Nebenwirkungen. Dabei kommt dem Staat, beziehungsweise der staatlichen Steuerung, eine zentrale Rolle zu – und das nicht nur aus der reaktiven Perspektive, sondern auch mit Blick auf zuvor bestehende Regulierungsregime. Dies macht etwa der Vergleich zwischen den USA und Deutschland deutlich. Hier zeigt sich erstens ein möglicherweise disruptive Entwicklungen abschwächender Effekt. Dieser Effekt tritt dann auf, wenn Disruption in einer bereits stark regulierten Branche (wie etwa der Taxibranche oder im Gesundheitssektor) auftritt. Zweitens ist es vom politischen Kontext abhängig, ob und in welchem Umfang aufgrund der bereits vollzogenen oder erwarteten Entwicklungen neue Regulierungsnotwendigkeiten (etwa bezogen auf Kryptowährungen) formuliert und diskutiert werden. Drittens spielt staatliche Steuerung auch im Sinne der Finanzierung und Förderung eine Rolle. So weisen Hauschildt und Gemünden (2011: 28) darauf hin, dass neben Regulierungsfragen das Verhältnis zwischen öffentlicher und staatlicher Innovationsförderung und -finanzierung »Innovationen beflügeln oder hemmen« kann.

Aufgrund der genannten Beispiele einfach Digitalisierung mit Disruption und Revolution gleichzusetzen, greift jedoch deutlich zu kurz. Eine Betrachtung, die entlang der drei zuvor genannten Kategorien von digitization, digitalization und digital transformation erfolgt, zeichnet ein differenzierteres Bild, das nicht nur inkrementelle und disruptive Elemente, Evolution und Revolution beinhaltet, sondern auch den Zeithorizont der Digitalisierung erweitert.

Vielleicht muss man dabei nicht unbedingt bis zu den ersten Großrechnern Anfang der 1940er-Jahre zurückgehen, die Ramge (2019a: 48) vor Augen hat, wenn er davon spricht, dass die »digitale Revolution« vor »knapp 80 Jahren begann«. Aber von einer umfassenden Digitalisierung – zumindest in den Dimensionen der digitization und digitalization, also der Speicherung und Verarbeitung digitaler Daten sowie der digitalen Abbildung zuvor analoger Prozesse – kann spätestens mit der Einführung von in Serie produzierten Mikroprozessoren in den 1970er-Jahren die Rede sein, die Ende der 1970er- und Anfang der 1980er-Jahre nicht nur die Durchdringung der Büros und Unternehmen mit neuer Informations- und Kommunikationstechnologien (IKT), sondern auch die Ära der Heimcomputer *[Personal Computer]* und damit die PC-Revolution einleiteten. Der nächste große Schritt war dann das mit dem nächsten Jahrzehnt startende Internet. »Die Vernetzung der Welt« beginnt mit den 1990er-Jahren (ebd.: 49).

In der Gesamtschau trifft daher auch für das digitale Zeitalter und die Datengesellschaft das zu, was Mansell (2010: 180) für die Informationsgesellschaft postuliert hat:

> »More productive is a view that acknowledges that we are involved in neither a revolutionary digital era nor in an era of straightforward incremental change and continuity with the past.«

Die Digitalisierung ist ein Prozess, zu dem sowohl inkrementelle Entwicklungen als auch disruptive Elemente gehören. Gerade Letztere sind ohne Erstere kaum denkbar sind, da Disruption häufig die kompromisslose Anwendung eines zuvor evolutionär verlaufenden (technologischen) Fortschritts darstellt. Hieraus folgt ein zentraler Aspekt für staatliche Steuerungsfähigkeit: Während disruptive Revolutionen per definitionem nur ein Nachsteuern erlauben, also die Frage nach dem notwendigen und angemessenen *reaktiven* Umgang im Mittelpunkt steht, ermöglichen inkrementelle, evolutionäre Entwicklungen die *präventive* Gestaltung der Transformation im laufenden Prozess. Politische Akteure können hier also nicht nur potenziell einfacher steuernd eingreifen, sondern prinzipiell auch die Richtung der Transformation mitbestimmen. Gesamtgesellschaftlicher Fortschritt, als langfristig positive Entwicklung, wird sich nicht allein und automatisch durch technische Fortschritte ergeben, sondern immer nur in wechselseitiger Abhängigkeit von gesetzlicher Rahmung und politischer, planerischer Steuerung. Was aber sind nun die zentralen transformativen Prozesse, die von der Digitalisierung befeuert werden?

II.2.2 Vernetzung, Netzwerke und Plattformisierung

Eine zentrale Dimension, die das digitale Zeitalter charakterisiert, ist die umfassende Vernetzung. Mit dem »Internet als der Infrastruktur der neuen Informations- und Kommunikationstechnologien lässt sich ein originäres Medium der flexiblen globalen Vernetzung ausmachen« (Steinbicker 2013: 200). Castells (2009: 500) nannte den ersten Band seiner Trilogie über das Informationszeitalter nicht ohne Grund »The Rise of the Network Society«: »as an historical trend, dominant functions and processes in the Information Age are increasingly organized around networks.« Ein Netzwerk ist gekennzeichnet durch Knotenpunkte und Verbindungen (Kanten) zwischen diesen Knoten. Das Besondere an Netzwerken ist, dass erstens theoretisch jeder Knoten mit beliebig vielen anderen Knoten verbunden sein kann. Zweitens stellen Netzwerke offene, dynamische Strukturen dar, die sich prinzipiell einfach (an jeder Stelle) um beliebig viele Knoten und Kanten erweitern lassen, ohne dabei die Netzwerkstabilität zu gefährden. Sie unterscheiden sich damit grundlegend etwa von hierarchischen Strukturen.

Mit den neuesten technischen Entwicklungen gesellt sich zu dieser Perspektive des global vernetzenden Internets immer stärker auch eine bis auf den kleinsten lokalen Raum heruntergebrochene, allumfassende Vernetzung. Diese betrifft, neben der Vernetzung zwischen Mensch und Maschine, im Internet der Dinge *[Internet of Things; IoT]* insbesondere auch die Vernetzung von Maschinen untereinander – wobei unter Maschinen hier auch einfache Sensoren oder passive Informationssender *[Beacon]* verstanden werden. Vernetzung meint insgesamt also eine engmaschigere digitale Informationsvermittlung zwischen sehr verschiedenen Typen von Sendern und Empfängern, die zugleich auf unterschiedlichen räumlichen Ebenen erfolgt. Diese smarten Dinge stehen im IoT fortwährend miteinander in Verbindung, um über ihren Zustand und »die Zustände der sie umgebenden Umwelt zu berichten und sich steuern zu lassen« (Bader 2016: 10).

In den technischen Bezeichnungen von (Tele-)Kommunikationsnetzwerken werden diese verschiedenen Ebenen der Vernetzung deutlich erkennbar: *Global Area Networks (GAN)* wie etwa das Internet umspannen den ganzen Globus. *Wide Area Networks (WAN)* wie etwa das Netz eines Mobilfunkanbieters umfassen Länder oder Kontinente. *Metropolitan Area Networks (MAN)* erstrecken sich über Regionen, während *City Area Networks*

(CAN) wie zum Beispiel das Netz eines städtischen Internetanbieters Städte umfassen. *Local Area Networks (LAN)* beschränken sich dagegen auf einen Unternehmensstandort oder einen Privathaushalt. Mit der zunehmenden Miniaturisierung und Energieeffizienz drahtloser Übertragungstechniken nimmt in den letzten Jahrzehnten schließlich die Bedeutung von *Personal Area Networks (PAN)* oder *Body Area Networks (BAN)* zu, unter denen die Vernetzung der am Körper getragenen oder implantierten Smart Devices verstanden wird.

Im Kernbereich der Frage nach veränderter staatlicher Steuerungsfähigkeit aufgrund von Vernetzung im digitalen Zeitalter steht jedoch das globale Internet. Was aufseiten der technischen Infrastruktur mit wenigen im *Advanced Research Projects Agency Network (Arpanet)* vernetzten Computern von Universitäten und militärischen Einrichtungen in den USA der 1970er-Jahre begann,[13] ist heute ein weltumspannendes *Netzwerk der Netzwerke* (Internet) geworden, bestehend aus Millionen von Servern und kabelgebundenen wie kabellosen Geräten und Objekten, die ständig mit dem Netz verbunden sind. Der grenzüberschreitende und dezentrale Charakter des Internets steht insbesondere in einem Spannungsverhältnis zur nationalstaatlichen Souveränität. Ein *territorialer* Teilaspekt dieses Spannungsverhältnisses wird unter dem Punkt der Entgrenzung weiter unten (siehe Kapitel II.2.7) vertieft aufgenommen. Hier soll nur kurz erwähnt werden, dass sich für die technischen Aspekte des Internets (Protokolle und Standards wie TCP/IP und DNS) internationale Gremien der Selbstverwaltung herausgebildet haben. Hierzu gehören etwa das *Internet Governance Forum (IGF)*, das *World Wide Web Consortium (W3C)*, die *Internet Engineering Task Force (IETF)* oder die *Internet Corporation for Assigned Names and Numbers (ICANN)*. Diese sind zwar immer wieder nationalstaatlichen Machtansprüchen ausgesetzt.[14] Im Kern erfolgt die Ausgestaltung der grundlegenden Bausteine des Internets jedoch in Bottom-up-Prozessen durch kontroverse, offene Debatten zwischen technischen Expert:innen, Vertreter:innen von Internetkonzernen und anderen internetbetroffenen Interessengruppen (siehe hierzu auch Kapitel V.2.4). Diese Governance des »technischen« Teils des Internets erfolgt damit selbstverwaltet in Form des Multistakeholder-Modells, das »versucht, alle Akteure, die von einer Sachlage oder einem politischen Handlungsfeld betroffen sind, als gleichberechtigte Beteiligte in die Entscheidungsfindung einzubeziehen« (Lahmann/Engelmann 2019: 18). Trotz solcher Problemen wie des demokratietheoretischen Defizits oder des Übergewichts von Akteuren aus Ländern des globalen Nordens charakterisieren Pohle und Thiel (2019:

---

13 Für die hierbei sichtbar werdende besondere Rolle des Staates in Form der *Defense Advanced Research Projects Agency* (DARPA), der 1958 noch als ARPA beim Pentagon gegründeten Behörde, für Investition und Innovation siehe beispielsweise Mazzucato (2014: 98ff.).

14 Häufig genannt wird etwa die Kritik, dass die ICANN mit Sitz Los Angeles, Kalifornien lange formal dem US-Handelsministerium unterstand. Grundlegender ist jedoch »China's proposal for multilateral cyber governance [...] based on the Westphalian system and consistent with its attachment to national sovereignty« (Wu 2021: 656). China tritt für nationale Souveränität ein, was die Ablehnung von nicht-staatlichen Akteuren einschließt. »This opposes the multi-stakeholder model for cyber governance [...]. Instead, China advocates that international cyber diplomacy and governance processes should be brought into the fold of the United Nations« (Creemers 2020: 9f.).

73) dieses Steuerungsinstrument als »ein innovatives Instrument[15] zur Formierung von Präferenzen, zur Vorbereitung niedrigschwelliger Einigungen und zur Aushandlung normativer Überzeugungen«, sodass man anerkennen müsse, dass das »recht außergewöhnliche Internet Governance-Format Stärken hat, die nicht in Frage gestellt werden können«, und es »als ein performatives Instrumente« ernst genommen werden sollte. Jenseits dieses grundsätzlich funktionsfähigen Arrangements kann jedoch Steinbicker (2013: 201) zugestimmt werden: »[G]anz prinzipiell wird davon ausgegangen, dass das Internet die Grundfesten von Staatlichkeit erschüttert«. So werden insbesondere die Herausforderungen der Regulierung transnationaler Digitalkonzerne später im Rahmen des Netzwerkdurchsetzungsgesetzes (NetzDG) – das den Vernetzungsaspekt bereits im Titel trägt – behandelt (siehe Kapitel V.3).[16]

Im digitalen Zeitalter bilden sich aber nicht nur technische Netzwerke heraus. Vielmehr ist die Informationsgesellschaft an sich durch Netzwerkstrukturen gekennzeichnet, die alle gesellschaftlichen Subsysteme durchziehen beziehungsweise innerhalb der Subsysteme die Grundlage für die handelnden Akteure legen.

> »Networks constitute the new social morphology of our societies, and the diffusion of networking logic substantially modifies the operation and outcomes in processes of production, experience, power, and culture« (Castells 2009: 500).

Dass dies so ist, liegt an der bereits herausgearbeiteten besonderen Bedeutung von Information und Wissen als zentralen, ebenfalls in allen Subsystemen relevanten Ressourcen des digitalen Zeitalters. Insofern liefert »the new information technology paradigm [...] the material basis for its [the networking form of social organization] pervasive expansion throughout the entire social structure« (ebd.).

Vernetzung findet aber nicht nur als Beiwerk und Ergebnis von Digitalisierungsprozessen statt und verändert damit die Umweltbedingungen für politisches Handeln. Vielmehr stellen Vernetzung und Netzwerke gleichzeitig auch eine Antwort auf die Herausforderungen in der digitalen Welt dar. Roncevic und Tomsic (2017: 12) beschreiben sie als »part of the solution to the problems of social coordination«, als strategische Konsequenz daraus, dass die Erfolgswahrscheinlichkeit für erfolgreiche hierarchische Steuerung gesunken sei. Und Castells (2009: 502) beschreibt Netzwerke als geeignetes Instrumente »for a polity geared toward the instant processing of new values and public moods«.

15 Innovativ ist Multistakeholder-Governance zumindest für die internationale Politik, in der sonst *intergouvernmentale* Formate (Gipfel, Konferenzen, supranationale Organisationen), also Verhandlungen zwischen den Regierungen von Nationalstaaten, die Regel darstellen (vgl. Lahmann/Engelmann 2019: 17). »Multi-stakeholderism departs from the traditional Westphalian system engaging actors other than governments in the global decision and policy-making processes« (Wu 2021: 655).

16 Politikwissenschaftliche Abhandlungen dieser Governance des Internets finden sich etwa von Hofmann et al. (2017), die sich mit dem *Domain Name System* (DNS), den Kriterien zur Vergabe von *top-level domains* (TLD) und der Verwaltung von Domainnamen durch die *Internet Corporation for Assigned Names and Numbers* (ICANN) auseinandersetzen (vgl. auch Steinbicker 2013: 207ff.; Knieper et al. 2013: 222ff.).

Aus dieser Perspektive stellt die Netzwerk-Steuerung (Governance) quasi die natürliche Steuerungsform der vernetzten Gesellschaft dar (siehe Kapitel III.1.3).

Die dem Internet inhärente Vernetzung berührt auch das Thema der Demokratie auf vielfältige Weise.

> »Im Augenblick wird die Demokratie neu erfunden. Das ist ein notwendiger Prozess, der eng und untrennbar mit der fortschreitenden Digitalisierung der Welt verbunden ist. Er wird sich wohl nicht aufhalten lassen. Dennoch ist er keine Naturgewalt. Es gibt Gestaltungsspielräume, die politisch genutzt werden können und müssen« (Boehme-Neßler 2018: 115).

Insbesondere in den Anfangstagen des Internets war dieses aufgrund seines *distributiven* Aufbaus, offener Standards, des freien Zugangs mit der Hoffnung einer neuen demokratischen Qualität verbunden – eine »Vitalisierungsimpuls für die Demokratie« (Schemmel 2018: 503). Bei Weizenbaum (2001: 20f.) führte dies im Jahr 2000 noch zu der Aussage, dass »wir es heute mit einem ganz neuen demokratischen Medium zu tun haben«, möglicherweise »ein neuer Ansatzpunkt für eine bessere Verständigung hin zu einer weltweiten Demokratie«.[17] Eine ersten Einbruch erlitt dieser Traum mit der Kommerzialisierung des Netzes – E-Commerce statt E-Democracy. Kurzzeitig lebte das demokratische Potenzial des Netzes mit dem Arabischen Frühling wieder auf, der in der ersten Euphorie unter anderem als Twitter-Revolution bezeichnet wurde (vgl. Baringhorst 2014: 91). Weizenbaum (2001: 32) bemerkte bereits 2000:

> »[W]enn Telefon und Internet für politische Demonstrationen eingesetzt und benutzt werden, bedeutet das nicht, daß sie das Wesentliche waren, das die Menschen zur politischen Aktion zusammengebracht hat. In diesem Sinne wird die Technik heute oft überschätzt.«

Der darauffolgende Absturz infolge der Enthüllungen im Rahmen des NSA-Überwachungsskandals durch Snowden war umso größer. Das Internet erschien nicht länger als Instrument der Freiheit und Demokratie, sondern als Mittel der Überwachung und Unterdrückung. Der Traum war endgültig geplatzt, und die negativen Aspekte finden heute auch Eingang in die Bewertung der immer noch vorhandenen Freiheiten im Netz, die nicht nur positive Potenziale besitzen, sondern auch negativ ausgenutzt werden: Die Debatten um die Macht monopolartiger Plattformen im heute *dezentralen* Internet, der Umgang mit Hassrede im Netz (siehe Kapitel V.3) oder die Manipulation von Wahlen sind dabei nur die in letzter Zeit besonders ausgiebig medial verhandelten Beispiele.

Eine zweite Verbindung zwischen internetbasierter Vernetzung und Demokratie besteht mit den Debatten um die Digitalisierung bestehender demokratischer Verfahren. Diese wird unter dem Begriff der E-Democracy verhandelt und reicht von E-Participation bis E-Voting. Der Partizipationsbegriff lenkt den Blick auf eine weitere Herausforde-

---

17 Gleichzeitig zog er jedoch auch Analogien zu anderen Massenmedien, in denen größtenteils Schrott produziert werde: »Das Internet kann also als Müllhaufen mit Perlen drin bezeichnet werden«, womit Internetnutzer:innen »eine gewisse Kompetenz« benötigen, um diese Perlen finden zu können, so Weizenbaum (2001: 29f.).

rung im vernetzten digitalen Zeitalter: die ungleichen Zugangsmöglichkeiten und damit die Frage nach In- und Exklusionsprozessen durch Digitalisierung. Diese werden unter anderem unter dem Begriff des *digital divide* [digitale Spaltung] diskutiert. Die digitale Spaltung der Gesellschaft manifestiert sich auf mindestens zwei Ebenen:

1. Infrastrukturebene: Im digitalen Zeitalter ist der Zugang zum Internet und seinen Diensten essenziell für gesellschaftliche Teilhabe.[18] Nicht umsonst wird auch von der *digitalen Daseinsvorsorge* gesprochen (vgl. Klenk 2021). Damit kommt dem Staat die Aufgabe zu, die Bereitstellung der dazu nötigen Infrastruktur zu gewährleisten. Breitbandzugang gehört in dem Sinne wie der Strom-, Telefon- oder Wasseranschluss mit zur Daseinsvorsorge. Damit ist noch nicht die Frage geklärt, ob der Staat diese Infrastruktur selbst bauen und betreiben soll oder ob er dies Dritten überträgt.
2. Kompetenz- und Wissensebene: Informierter Umgang mit Medien und informationstechnischen Systemen. Das heißt auch, ausreichend über Risiken und ihre Vermeidung zu wissen sowie den Umgang mit Gefahren im Internet und digitale Selbstkontrolle erlernt zu haben. Das zentrale Schlagwort ist hier das Ziel der sogenannte *digital literacy* als notwendige neue Kulturtechnik.

Für beide Aspekte spielt somit staatliche Steuerung(sfähigkeit) eine zentrale Rolle. Das Thema digital literacy besitzt dabei auch für die im nachfolgenden Kapitel II.2.3 dargestellte Herausforderung durch Falschinformationen in sozialen Netzwerken große Relevanz. Diese sozialen Netzwerke stellen jedoch weit darüber hinaus eine zentrale Entwicklung des Internets dar. Die Dominanz globaler Internetkonzerne – allen voran Meta (Facebook, Instagram, WhatsApp), Alphabet (YouTube, Google) und Amazon – verändert die Strukturen und Machtverhältnisse im Netz gravierend (siehe Kapitel IV.4.1 zum Überwachungskapitalismus und Kapitel V.3 zur Herausforderung der Inhaltsregulierung). »[T] he current trajectory of digital transformation is dominated by big tech companies because these companies both provide and control the digital infrastructure« (Hassel/Sieker 2021: 29).

An die Stelle eines *distibutiven* Internets mit Polypolen tritt immer mehr ein *dezentrales* Internet mit wenigen Oligopolen (siehe Abbildung 2). Einige wenige zentrale Internetdienst und Websites vereinen dabei (oftmals für jeweils ein spezifisches Angebot) den Großteil der Nutzer:innen-Interaktionen, der im Netz verbrachten Zeit und des im Internet verursachten Traffics auf sich. Zum Aufkommen dieser monopolartigen Dienste haben Netzwerk-, Skalen- und Lock-in-Effekte beigetragen.[19]

18 In Deutschland nutzten 95 % der Bevölkerung ab 14 Jahren (67 Millionen Menschen) im Jahr 2022 das Internet »mindestens selten« (80 % täglich) – im Jahr 2000 waren es erst 29 % und in 2012 bereits 76 % gewesen. Bei unter 50-jährigen lag die Onlinenutzung 2022 bei 100 % (und die Tagesreichweite des Internets bei ansteigendem Alter zwischen 100 und 88 %) (vgl. Beisch/Koch 2022: 461).

19 Diese erklären auch, weshalb Unternehmen wie Amazon oder Uber (und Risikoinvestor:innen, die in diese investieren) über Jahre hinweg sehr hohe Verluste in Kauf nehmen und stattdessen auf Investitionen und (aggressive) Expansion setzen (nach dem Motto: The winner takes it all).

Abbildung 2: Netzwerktypen

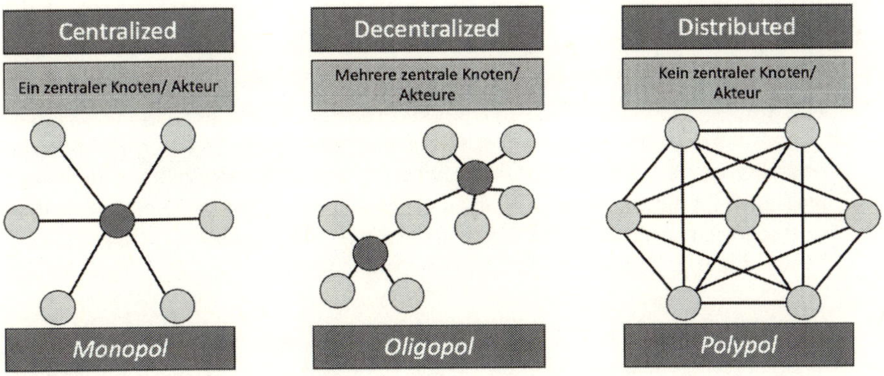

Quelle: Eigene Darstellung.

Als *Netzwerkeffekt* wird der steigende individuelle Nutzen für jede:n Nutzer:in eines Dienstes durch jede:n weitere:n Nutzer:in bezeichnet. Daher ist nicht nur für jede:n potenzielle:n Teilnehmende:n der größte Nutzen durch den Beitritt zum größten Netzwerk zu erwarten, sondern mit jedem Betritt erhöht sich auch der Nutzen für alle bereits vorhandenen Teilnehmer:innen. Infolgedessen wächst die Mitgliedschaft des führenden Dienstes exponentiell und tendiert damit langfristig zur Monopolbildung.[20]

Zusätzlich stärkt der *Lock-in-Effekt* einmal etablierte und genutzt Dienste, indem dieser den Wechsel (etwa von Daten) zwischen unterschiedlichen Anbieter:innen behindert oder unmöglich macht. Damit erhöht jede (weitere) Investition (von Zeit und Geld) der Teilnehmenden in einen Dienst die Kosten für einen potenziellen zukünftigen Wechsel zu einem konkurrierenden Angebot, der damit umso unwahrscheinlicher wird.[21]

Beides bringt monopolartigen Internetdiensten langfristig enorme Umsatz- und Gewinnsteigerungsmöglichkeiten, weil zugleich *Skaleneffekte* wirken, unter denen die besonderen Größenvorteile im digitalen Raum zu verstehen sind. Während auf der einen Seite anfangs hohe Kosten für den Aufbau eines Dienstes (Programmierung, Infrastruktur, Implementierung) und die Markterschließung anfallen, liegen die zusätzlichen Kosten pro Nutzer:in im Betrieb häufig auf sehr niedrigem Niveau.

---

20 Bezogen auf die Gesamtheit der Internetdienste beziehungsweise den Netzwerktyp des Internets, bleibt es gleichwohl sinnvoll, von Oligopolen zu sprechen. Zum einen, weil sich mehrere Monopolist:innen mit jeweils spezifischem Dienstangebot etablieren. Zum anderen entstehen Dienste mit denselben oder ähnlichen Angeboten, aber spezifischer kultureller, nationalstaalicher oder sprachlicher Nutzer:innenbasis.

21 Hieraus ergibt sich auch der sogenannte *first-mover advantage*, da einmal etablierte Anbieter:innen hierdurch einen Vorteil gegenüber neu ins Feld startenden Wettbewerber:innen besitzen. Entsprechend setzen hieran unterschiedliche Versuche der Regulierung an. So sollen etwa in der Datenökonomie monopolartige Dienste ihre Daten mit kleinen Konkurrent:innen teilen (um diesen überhaupt erst einen Markteintritt zu ermöglichen). Bereits eingeführt wurde mit dem Digital Markets Act (DMA) auf der europäischen Ebene die Verpflichtung zur Interoperabilität von Messenger-Diensten (vgl. Europäische Kommission 2020d).

Diese drei Effekte haben dazu beigetragen, dass das Internet heute als dezentrales Netzwerk beschrieben werden kann, in dem monopolartige Diensteanbieter:innen die Hauptrolle spielen. Da diese häufig als *Plattformen* bezeichnet werden (die als Intermediäre den Nutzer:innen einen Dienst beziehungsweise Infrastruktur anbieten), hat damit eine *Plattformisierung* des Internets stattgefunden.

> »Global agierende Internet-Plattformen beherrschen die digitale Welt. Das kann nicht ohne Folgen für die politische Ordnung unseres Gemeinwesens bleiben, für den Staat also in seiner Funktion, Rolle und Stellung uns Einzelnen gegenüber, aber auch gegenüber den anderen Staaten und politischen Systemen in der Welt« (Pernice 2020: 180).

Nicht zuletzt wird deswegen auch von einer *Plattformökonomie* und einem *Plattformkapitalismus* gesprochen, die für das digitale Zeitalter prägend sind – und von *Plattformregulierung* in Bezug auf (notwendige) staatliche Steuerung, die Kapitel V.3 am Beispiel des Umgangs mit rechtswidrigen Inhalten auf Plattformen vertiefend behandelt. Aber auch die im Folgenden dargestellte zunehmende Herausforderung durch *Fake News*[22] hängt eng mit der Plattformisierung zusammen.

II.2.3 Fake News und Desinformation

Debatten um Falschnachrichten und Desinformation sind nicht Neues – dass diese unter dem aus dem US-amerikanischen Kontext stammenden Begriff der Fake News verhandelt werden, dagegen schon. Die Daten von Google Trend zeigen zwar vereinzelte Suchen nach dem Begriff seit Beginn der Aufzeichnung im Januar 2014, einen Durchbruch des Begriffs in der öffentlichen Wahrnehmung jedoch dann erst im November 2016 sowohl für Deutschland als auch die USA (siehe Abbildung 3).

Hintergrund waren die US-Präsidentschaftswahl im gleichen Jahr und der unerwartete Sieg Donald J. Trumps. »It flourished during the 2016 US Presidential Election. There were numerous examples of misinformation distributed online with the intention of misleading voters or simply earning a profit« (Neudert et al. 2017: 1). Die These lautete dabei, dass nachweisbar falsche, bewusst verbreitete Nachrichten die Wahl zugunsten Trumps beeinflusst haben könnten. »In the aftermath of the 2016 US presidential election, it was alleged that fake news might have been pivotal in the election of President Trump« (Allcott/Gentzkow 2017: 232), insbesondere, weil diese in der Mehrzahl gegen Hillary Clinton gerichtet oder pro Trump waren und häufiger in den sozialen Medien geteilt wurden.[23]

---

22 Gleiches gilt für die in Kapitel V.3 beleuchtete Herausforderung durch Hassbotschaften *[Hate Speech]*.

23 Allcott und Gentzkow (2017: 223) identifizierten in den drei Monaten vor der Wahl insgesamt 41 Fake News zugunsten Clintons oder gegen Trump, die 7,6 Millionen Mal geteilt wurden. Dem standen 115 Fake News gegen Clinton oder für Trump, die 30,3 Millionen Mal geteilt wurden, entgegen.

Abbildung 3: Google Trend zum Suchbegriff »Fake News«

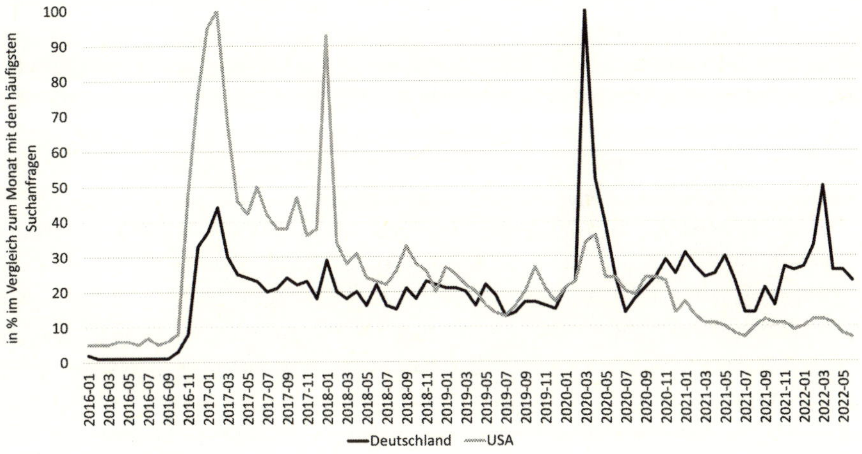

Quelle: Google Trends vom 29.06.2022 (https://trends.google.de/trends/?geo=DE); eigene Darstellung.

Was Fake News sind, scheint dabei aber nur auf den ersten Blick einfach bestimmbar. Eine nähere Betrachtung zeigt dagegen, dass der Begriff nicht nur inhaltlich sehr breit verwandt wird – von Fehlinformationen über Falschdarstellung bis hin zu Lügen und alternativen Fakten. Gleichzeitig wird er von verschiedenen Akteuren unterschiedlich genutzt und interpretiert. So hielt der damalige US-Präsident Trump bei einem Pressebriefing am 04.09.2019 im Weißen Haus eine händisch veränderte Karte über den vorhergesagten Kurs des Hurricane Dorian in die Kamera, um seinen vorausgegangenen Tweet, dass dieser Alabama treffen könnte, zu stützen, obwohl bereits zum Zeitpunkt seines Tweets keine der offiziellen Prognosen mehr darauf hindeutete. »By then, it was fake news defined«, brachte selbst Fox News Nachrichtensprecher Shepard Smith es auf den Punkt, und fragte weiter: »Why would the president of the United States do this? He decries fake news that isn't and disseminates fake news that is«. Es war aber nicht nur Trump, der einer Verbreitung von Fake News bezichtigt wurde. Genauso warf er selbst wiederholt, etwa auf Twitter, Medienakteuren die Verbreitung von Fake News vor oder bezeichnet die etablierten Medien an sich als Fake News.[24]

Die Zuschreibung Fake News wird also sowohl genutzt, um jemanden einer Lüge oder einer unwahren Aussage zu bezichtigen, als auch als diskreditierend gemeinter Kampfbegriff. In Deutschland unterscheidet sich der Umgang dahin gehend, dass Fake News insbesondere von Akteuren aus dem nicht demokratischen Spektrum verwandt wird, während sich im rechtspopulistischen Umfeld bereits früher der Begriff der Lügenpresse, wenngleich fokussiert auf die Medien, durchgesetzt hatte.[25] In Deutschland

24 Im Fall der Hurricane-Vorhersage twitterte @realDonaldTrump etwa weiteres Kartenmaterial mit dem Kommentar: »Just as I said, Alabama was originally projected to be hit. The Fake News denies it!« (Trump 2019).

25 Google Trend zeigt den Durchbruch des Begriffs »Lügenpresse« im Januar 2015, also zeitlich direkt im Umfeld der großen PEGIDA-Proteste und der Wahl des Begriffs zum Unwort des Jahres 2014.

erfuhr der Begriff daher besondere Beachtung in der Coronapandemie, als sich etwa das Gesundheitsministerium im März 2020 genötigt sah, unter dem Titel »Achtung Fake-News« darauf hinzuweisen, dass keine weiteren massiven Einschränkungen des öffentlichen Lebens geplant seien (vgl. dpa/Ärzteblatt 2020). Der zweite Ausschlag in der Nutzung des Suchbegriffs fiel in Deutschland auf April 2022, als im russischen Angriffskrieg gegen die Ukraine die russischen Kriegsverbrechen von Butscha öffentlich wurden und die Medien verstärkt über russische Desinformationskampagnen berichteten (vgl. beispielsweise Gensing/Reveland 2022).

Gleichzeitig mit der inflationären und politisierten (öffentlichen) Nutzung setzt sich der Begriff der Fake News auch als Kategorie in wissenschaftlichen und politischen Debatten immer mehr durch, was es notwendig macht, ihn eindeutig zu definieren. Was sind also die definitorischen Merkmale von Fake News? Zum einen zeichnen sie ein »unwahres Bild der Wirklichkeit«, wobei sie nicht immer »zwangsläufig falsch«, zumindest aber »irreführend« gestaltet sind (Jaster/Lanius 2019: 27). Zum anderen können mit Blick auf die Einstellungen der Verfasser:innen von Fake News zwei Ziele oder Motivationen unterschieden werden, die sich auf die Verortung von Fake News in der inhaltlichen Dimension auswirken. Ideologisch motivierte Verfasser:innen verfolgen eine klare inhaltliche Positionierung oder politische Zielsetzung. Sie wollen, dass die Nachricht auf die Adressaten in einer bestimmten Weise wirkt (sie etwa vom Wählen ihrer eigentlich favorisierten Kandidatin abhält oder für Protest mobilisiert) oder sich bestimmte Ideen, Ansichten oder Desinformationen verbreiten. Verfasser:innen mit finanzieller Motivation sind dagegen die Inhalte häufig völlig egal. Sie zielen nur auf Überschriften und Darstellungen ab, die besonders viele Klicks[26] erzeugen (Clickbait) oder die Nutzer:innen für längere Zeit auf der Website halten (vgl. Tandoc et al. 2018: 138). Besonders erfolgreich scheinen auffällige (reißerische) und emotionalisierende Überschriften zu sein, die zum einen Ängste ansprechen, aufregen oder wütend machen, zum anderen Neugier wecken, indem sie anteasern, dass die Leser:innen etwas Grundlegendes noch nicht wissen, ohne dies jedoch inhaltlich zu spezifizieren (und häufig auch ohne der Erwartung nach dem Klick im Text gerecht zu werden).[27]

Zusammengefasst lassen sich nach Jaster und Lanius (2019: 27ff., 46) Fake News somit an zwei Dimensionen erkennen: Sie zeichnen sich erstens durch einen »Mangel an Wahrheit« aus, weil sie ein irreführendes oder falsches Bild der Wirklichkeit zeichnen, und zweitens durch einen »Mangel an Wahrhaftigkeit«, weil die Verfasser:innen entweder aus einer bewussten Täuschungsabsicht heraus oder aus Gleichgültigkeit gegenüber der Wahrheit agieren. Ausgehend von dieser Definition lassen sich andere (un-)problematische Formen von Nachrichten gegenüber Fake News abgrenzen (siehe Abbildung 4). Auf Propaganda, Verschwörungsmythen, journalistische Falschmeldungen oder Satire

---

26 Die häufigste Form der Monetarisierung im Internet ist explizit der Verkauf von Werbung, was implizit einen Handel mit der Aufmerksamkeit von Nutzer:innen darstellt. Letztere wird etwa mit der Anzahl der Klicks (auf einen Link) oder der Zahl der *Views* [Aufrufe] eines Videos gemessen.

27 Ein Beispiel wäre die Überschrift »Diese Mutter wollte nur ihr Kind von der Schule abholen. Sie werden NICHT GLAUBEN was dann passierte!« die dann zu einem Text führt, der erzählt, dass aufgrund des Winterwetters das Auto der Mutter nicht ansprang, ein Mann sie freundlicherweise mitnahm und die beiden einen Monat später heirateten.

trifft zwar mitunter die Charakterisierung von Fake News in einer der beiden Dimensionen zu, aber nicht in beiden Dimensionen (vgl. ebd.: 35–46).

Abbildung 4: Fake News in Abgrenzung zu anderen Formen (un)problematischer Berichterstattung

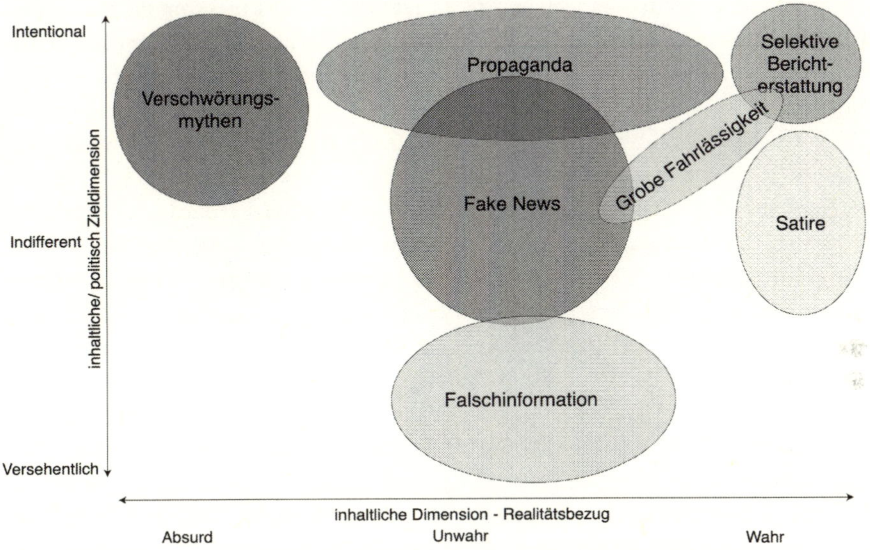

Quelle: Angelehnt an die Beschreibung von Jaster und Lanius (2019: 35–46); eigene Darstellung.

Zugleich zeigt die Definition von Fake News, dass der digitale Kontext zunächst keine Rolle spielt. Fake News sind kein neues Phänomen des Digitalzeitalters.[28] Aber erst »durch die Digitalisierung und die sozialen Medien konnte es zu dem beispiellosen Exzess von Fake News kommen, dem wir heute gegenüberstehen. [...] das Neue ist nicht das Phänomen als solches, sondern die Dimension des Problems« (ebd.: 47). Die Zunahme der Problemdimension korrespondiert mit dem Aufstieg sozialer Netzwerke, die einen zentralen Kommunikationsraum im Internet bilden. Er hat die Bedeutung von Fake News massiv ansteigen lassen.

> »Social media platforms such as Facebook have a dramatically different structure than previous media technologies. Content can be relayed among users with no significant third party filtering, fact-checking, or editorial judgment. An individual user with no track record or reputation can in some cases reach as many readers as Fox News, CNN, or the *New York Times* [Herv. i. O.]« (Allcott/Gentzkow 2017: 211).

28 Jaster und Lanius (2019: 23, 46) nennen als Beispiel etwa die Meldung im Völkischen Beobachter 1939 über den Überfall einer »polnischen Meute« auf den Sender Gleiwitz, die sowohl falsch war, als auch mit einem politischen Ziel erfolgte. Allcott und Gentzkow (2017: 214) verweisen auf den »Great Moon Hoax« von 1835 in der New York Sun über die Entdeckung von Leben auf dem Mond.

Erstens besitzen Plattformen wie Facebook und Twitter eine wesentlich größere Reichweite als Zeitung, Rundfunk oder Fernsehen, sodass sich Informationen (über das schnelle und unkomplizierte *Liken* oder *Sharen*)[29] sehr viel schneller verbreiten können. Zweitens haben sie die Möglichkeit, als Sender in Erscheinung zu treten, demokratisiert, zumindest aber kostengünstiger gemacht (vgl. Jaster/Lanius 2019: 48). Sie versetzen damit heute jeden Menschen (mit Internetanschluss) in die Lage, theoretisch weltweit Millionen andere Menschen gleichzeitig zu erreichen.[30] Drittens kommt hinzu, dass klassische Informationskanäle und Medien unter einem erhöhten Konkurrenzdruck stehen. Viele (gerade junge) Menschen informieren sich fast nur noch über Onlinequellen. »Now that online platforms, particularly social media, are becoming the main sources of news for a growing number of individuals, misinformation seems to have found a new channel« (Tandoc et al. 2018: 138).

Viertens lassen sich über das Internet Fake News fast beliebig automatisiert weiterverbreiten. Untersuchungen über das Informationsverbreitungsnetzwerk der AfD auf Twitter kommen zu dem Schluss, dass etwa im Bundestagswahlkampf 2017 die Verbreitung von Pro-AfD Nachrichten bei Weitem überwog, wobei Algorithmen zum Einsatz kamen (vgl. Hegelich 2018: 44f.; Neudert et al. 2017: 3ff.). Und auch bei Facebook scheint es, auch jenseits von Wahlen, »eine Mischung von lebendigen Anhängern und digitalen Automaten [zu] sein, die der AfD die Lufthoheit [...] sichern« (Diehl et al. 2019: 19). Hieraus speist sich auch die Debatte um die negative Wirkung (im Sinne von Meinungsmache, Manipulation oder möglicher Wahlbeeinflussung) sogenannter Social Bots,[31] die auf sozialen Netzwerken aktiv Inhalte teilen und verbreiten (da diese auch im Rahmen des Netzwerkdurchsetzungsgesetzes, siehe Kapitel V.3, eine Rolle gespielt haben, wird die Debatte an dieser Stelle nicht weiter aufgegriffen). Anhand dieser vier Punkte lässt sich feststellen: »Fake News finden [...] im Internet ihr perfektes Habitat« (Jaster/Lanius

---

29 Etwas zu *liken* [gefällt mir], meint im Kontext sozialer Netze, Zustimmung zu einem Text, Bild, Video oder Link zu signalisieren (und erfolgt häufig optisch durch das Setzen eines Häkchens). Einen Text, ein Bild, Video oder einen Link zu *sharen* [teilen], steht dagegen für die aktiv Weiterverbreitung an einzelne Personen oder das gesamte eigene (Freundes-)Netzwerk.

30 Facebook (2019a) wies für das zweite Quartal 2019 weltweit 2,41 Milliarden aktive Nutzer:innen im Monat und 1,59 Milliarden tägliche aktive Nutzer:innen aus. Twitter (2019b) nannte für das gleiche Quartal 139 Millionen aktive Nutzer:innen täglich.

31 Social Bots sind Computerprogramme, die automatisch – also algorithmenbasiert – Nachrichten über einen Account in sozialen Netzwerken veröffentlichen. Hier unterscheiden sie sich nicht von normalen Bots, etwa von Unternehmen, die automatisiert Pressenachrichten von ihrer Webseite bei Twitter und Facebook posten. Was Social Bots unterscheidet, und weswegen sie kritisch gesehen werden, ist, dass bei ihnen der Eindruck erweckt wird, es handele sich um einen echten Menschen, der Nachrichten über seinen privaten Accounts verbreiten. Accounts von Social Bots sind daher häufig mit einem gefälschten Social-Media-Profil ausgestattet (vgl. etwa Hegelich 2018: 22). »Bots are software intended to perform simple, repetitive, robotic tasks. They can be used to perform legitimate tasks like delivering news and information – whether real or junk – or undertake malicious activities like spamming, harassment and hate speech« (Neudert et al. 2017: 1). Die tatsächliche Relevanz von Social Bots ist, trotz unterschiedlicher vorliegender Studien, wissenschaftliche umstritten. Das liegt zum Teil an deren schwieriger Identifikation. So identifiziert eines der in Studien genutzten Standardtools (das Botometer der Indiana University Bloomington), angewandt auf die Twitter-Accounts von Abgeordneten, etwa 40 % der Accounts saarländischer Abgeordneter als Social Bots (vgl. Reuter 2019).

2019: 9). »Durch die Digitalisierung sind […] neue Verbreitungswege und Anreizstrukturen entstanden, die einen fruchtbaren Boden dafür bereiten, Fake News zu veröffentlichen, zu teilen und zu konsumieren« (ebd.: 50).

Hintergrund ist dabei nicht zuletzt die Tatsache, dass die mit der Digitalisierung einhergehenden neuen Kommunikationskanäle über soziale Medien die »Zugänge politischer Meinungsbildung barrierefrei« gemacht haben (Schemmel 2018: 503). Auf der einen Seite fallen damit die klassischen Gatekeeper etablierter Medienangebote (wie Redaktionen oder Journalist:innen) weg. Auf der anderen Seite übernehmen heute jedoch Algorithmen in Form von News-Feed-Generatoren[32] eine gatekeeperähnliche Rolle. Diese Rolle liegt damit nicht mehr ein professionelles, journalistisches Ethos zugrunde, sondern das Ziel der Maximierung der Nutzer:innen-Aufmerksamkeit und Verweildauer auf der Website, damit die Betreiber:innen der sozialen Netzwerke – als neue Intermediäre – mehr Werbung verkaufen können. Häufig funktionieren Algorithmen dabei nach dem Prinzip »more of the same«. Zum einen, weil sie aus der Vergangenheit auf die Zukunft schließen. Was die Nutzerin oder der Nutzer gelesen, geliked, kommentiert oder geshared hat, wird herangezogen, um zu bestimmen, was ihr oder ihm auch noch darüber hinaus gefallen könnte. Die Algorithmen arbeiten zum anderen mit Mustern und Ähnlichkeiten.[33]

32 Der News Feed, die Neuigkeiten und Beiträge aus dem eigenen Freundeskreis und weiterer Informationsanbieter aus dem sozialen Netzwerk, werden in der Regel als endloser Strom von Nachrichten dargestellt, bei dem man nach unten immer weiter in die Vergangenheit scrollen kann (technisch im UX- *[User Experience]* und UI-Design *[User Interface]* als *infinite scrolling* im Gegensatz zur *pagination*, der seitenweise zu blätternden Darstellungsform, bezeichnet).
Dieses Design lässt sich Bezug auf News Feeds insbesondere aufgrund dreier negativer Aspekte mitunter auch als *bottomless pit* bezeichnen. Erstens kann das endlose Anzeigeformat psychischen Stress verursachen. Man kann den News Feed nicht abarbeiten, weil es kein (erreichbares) Ende mehr gibt. Dies kann als Kontrollverlust empfunden werden. Zweitens schürt das endlose Scrollen die Erwartung darauf, was als Nächstes kommen mag. Das Design erschwert es also, aufzuhören. Diese Abhängigkeit ist von Plattformbetreibern gewollt, da die Nutzer:innen so länger auf der Plattform verweilen und damit mehr Werbung sehen. »Few other methods for displaying information produce the curiosity to see what's next like the infinite scroll. […] The visual tension is mesmerizing and addictive« (Eyal 2012). Aus diesem Grund werden dementsprechende verhaltensbeeinflussende Designentscheidungen mit negativen Auswirkungen für Nutzer:innen auch als »sogenannte ›Dark Patterns‹, ›Deceptive Design‹ oder ›Unethical Design‹ bezeichnet« (Rieger/Sinders 2020: 13). Zum Dritten kommen gleichzeitig beständig neue Nachrichten hinzu. Auf dem aktuellen Stand zu bleiben, erfordert also die ständige Beachtung des News Feeds. Im englischsprachigen Raum hat sich für die daraus möglicherweise ergebende soziale Angst die Abkürzung FOMO etabliert – *fear of missing out* – die Angst davor, etwas zu verpassen, wenn man nicht immer *up to date* bleibt. FOMO ist dabei »negatively associated with both general mood and overall life satisfaction« und »played a key and robust role in explaining social media engagement« (Przybylski et al. 2013: 1847).

33 Die Berechnungen von Algorithmen basieren sowohl auf Inhalten als auch auf personalisierten Nutzerdaten (etwa welches Gerät gerade genutzt wird und wo sich die Nutzerin oder der Nutzer befindet).

> »Digitale Plattformen avancieren so zu Gatekeepern, die aus der unüberschaubaren Masse an Informationen jedem Nutzenden eine individuelle Zusammenstellung bestimmter Meldungen generieren« (ebd.: 507).

Anstelle eines breiten Spektrums an kontroversen Meinungen, unterschiedlichen Argumenten und differenzierten Quellen oder Informationen, zeichnen News-Feed-Algorithmen also möglicherweise ein homogenes Bild, das dem Weltbild der Nutzer:innen entspricht beziehungsweise dieses widerspiegelt – zumindest vereinfachen sie den Nutzer:innen jedoch die Selektion meinungskonformer Nachrichten und Gesprächspartner:innen. Dieser Aspekt ist ein grundlegender Teil der (kontrovers geführten) Debatte um Existenz und mögliche Gefahren von Filterblasen [*Filter Bubble*].[34] Anstelle des primär technisch basierten Konzepts der Filterblase bietet sich ein sozial, psychologisch und gruppenbezogen erweiterter Zugang an, der in der deutschsprachigen Literatur unter dem Begriff der Echokammern, als selbstreferenziellen und selbstverstärkend wirkenden digitalen Räumen, diskutiert wird: Räume, in denen sich Menschen in homogenen Gruppen auf der Basis eines geteilten Weltbildes und gleicher Überzeugungen zusammenfinden (vgl. Jaster/Lanius 2019: 69–74).[35] Die weltweite Vernetzung durch das Internet ermöglicht es, für jedes noch so abseitige Thema, Interesse und jede noch so verquere Weltsicht schnell Gleichgesinnte zu finden. Foren, soziale Netzwerke und Messenger bieten (geschlossenen) Gruppen, wo diese sich ungestört von anderen Meinungen und Informationen gegenseitig in ihrer Meinung bestärken können – wobei auch der sogenannte *confirmation bias* [Bestätigungsfehler][36] eine Rolle spielt. So fehlen korrigierende Einflüsse von außen, und es wird eine soziale Dynamik verstärkt, in der zum einen Informationen für wahr gehalten werden, weil andere in der Gruppe diese für wahr halten. Solche *Informationskaskaden* können zum *Anpassen von Überzeugungen* führen. Zum anderen können diejenigen, die eine Information nicht für wahr halten,

---

34 Auch eine einfache Suche im Internet führt zu einer durch die Plattform (beziehungsweise deren Algorithmen) kuratierten Ergebnisliste, die nur einen Ausschnitt darstellt und eine bestimmte (auch anders möglichen) Ordnung etabliert. Diese Ordnung kann etwa auch personalisiert erfolgen. »Die Welt wird nicht mehr repräsentiert; sie wird für jeden User eigens generiert und anschließend präsentiert. [...] Von Algorithmen erstellte Ordnungen werden immer stärker darauf ausgerichtet, dem individuellen Nutzer seine eigene, singuläre Welt zu schaffen« (Stalder 2017: 189).

35 Dies könnte aber auch umgekehrt genutzt werden, wie Jaster und Lanius (2019: 108) vorschlagen: sie setzen bei einem ihrer Vorschläge zur Reaktion auf Fake News bei den Algorithmen zur Generierung der News-Feeds an: Im Sinne des Nudging (siehe Kapitel VI.1.1.1) könnten diese so verändert werden, dass »unerwartete und mit unserem Weltbild nicht in Einklang stehende Meldungen attraktiver werden«. Soziale Netzwerke könnten so aktiv der individuellen Filterblase aktiv etwas entgegensetzen.

36 Informationen oder Aussagen, die die eigenen Ansichten und Meinungen bestätigen, werden eher für wahr und glaubwürdig gehalten als solche, die diesen widersprechen (vgl. Schemmel 2018: 507).

durch sozialen Druck dazu gedrängt werden, sich gruppenkonform zu verhalten. Es entstehen *Konformitätskaskaden*, die zum *Anpassen des Verhaltens* führen (ebd.: 61–68).[37]

Warum sind Fake News für staatliche Steuerung ein Problem?[38] Sie unterbreiten ein alternatives Angebot in Form einer verqueren, manipulierten Sicht auf die Wirklichkeit. Diese steht in Konkurrenz zu (notwendigerweise interpretativen) Deutungen einer komplexen Realität. Fake News können dahin gehend politische Steuerung erschweren, weil ihr Narrativ möglicherweise dazu beiträgt, die Akzeptanz politischer Entscheidungen und staatlichen Vorgehens zu unterminieren. Darüber hinaus stellt die Nutzung von Informationen selbst ein Instrument von Steuerung dar. Wenn nun der Staat versucht, über gezielte Informationsbereitstellung zu steuern, dann stehen Fake News, die etwa alternative Fakten zum gleichen Thema propagieren, diesem Versuch diametral entgegen. Zu guter Letzt werden Fake News als Gefahr für die Demokratie betrachtet, was sich insbesondere an der Debatte um die mögliche Beeinflussung von Wahlen zeigt. Aus dieser Perspektive werden Fake News, die Ersteller:innen und Rezipient:innen von Fake News und die Plattformen, über die diese kommuniziert werden (und die gleichzeitig auch wichtige politische Kommunikationsinfrastrukturen für alle anderen Akteure darstellen), zu Gegenständen und Adressaten für unterschiedliche Versuche der politischen Steuerung.

Diese unterschiedlichen Problemdimensionen von Fake News für politische Steuerung werden im später folgenden Fallbeispiel von Hate Speech und dem Netzwerkdurchsetzungsgesetz (NetzDG) mitberücksichtigt (siehe Kapitel V.3), wenngleich dabei nicht jede Form von Fake News (oder Hate Speech) relevant ist, sondern primär deren justiziabler Teilbereich.

Jenseits von Fake News spielt der Bereich der Desinformation oder Informationsauslassung für staatliche Steuerung – die selbst auch auf Information und Überzeugung setzen kann (siehe Kapitel III.2.7) – eine Rolle. Denn der Staat ist mitnichten der einzige Akteur, der Informationen bereitstellt und damit den Kontext beeinflusst, in dem Individuen und Gruppen handeln und entscheiden. Digitalisierung und Internet lassen die Kosten für Informationsverbreitung immer weiter sinken und haben die Verbreitungskanäle demokratisiert. Insofern steht jeder Informationsanbieter heute unter erheblich zunehmender Konkurrenz durch alternative Informationsangebote. Damit entstehen im digitalen Zeitalter zugleich neue Herausforderungen und Bedarfe an politischer Steuerung.

So entwickelte sich im Netz beispielsweise ein spezifisches Informationsangebot in Form von Vergleichsportalen, die vorgeben, anhand bestimmter Kriterien eine informierte Entscheidung von Konsument:innen zu unterstützen. Diese Plattformen sind seit 2018 verstärkt selbst Gegenstand von Forderungen nach politischer Steuerung

---

37 Für eine kritische Perspektive auf die bisherigen wissenschaftlichen Erkenntnisse (und die zugrundeliegenden Konzepte und Methoden) – etwa zum Zusammenhang von Desinformation und Verhaltensänderung – siehe Altay et al. (2023).

38 Nicht weiter berücksichtigt wird an dieser Stelle die Nutzung von Fake News durch (zumeist nicht demokratische) Staaten selbst (wie bei der zu Anfang des Kapitels erwähnten russischen Desinformationskampagne im Rahmen des Angriffs auf die Ukraine), wie sie etwa unter dem Begriff des Informationskriegs *[information warfare; infowar]* betrachtet wird.

durch Verbraucherschutzorganisationen. Der Stein des Anstoßes liegt dabei darin, dass diese Portale den Eindruck vermitteln, objektiv alle Angebote zu vergleichen. Tatsächlich funktioniert ihr Geschäftsmodell jedoch über Provisionen, die sie für die erfolgreiche Vermittlung eines Angebots erhalten. In der Folge vergleichen sie in der Regel ausschließlich die Angebotsauswahl derjenigen Anbieter, mit denen eine Kooperation im Sinne einer Provisionsvereinbarung besteht.[39] Eine Studie von Ulbricht et al. (2017: 4) im Auftrag des Verbraucherzentrale Bundesverbandes (vzbv) zu Vergleichsportalen für Finanzdienstleistungsprodukte kommt zu dem Ergebnis, dass alle untersuchten »Portale versuchen den Eindruck zu vermitteln, Verbraucherinteressen zu vertreten. Die meisten versprechen explizit Transparenz, Aktualität und Vollständigkeit der Daten, Unabhängigkeit und Objektivität.« In der Realität aber seien häufig Rankingkriterien nicht nachvollziehbar, keine verständlichen Aussagen zur Vollständigkeit des Marktüberblicks gegeben und beworbene Angebote nicht auf den ersten Blick von gerankten Vergleichsangeboten zu unterscheiden (vgl. ebd.: 5ff.). Die Leistungen von Vergleichsportalen sind damit sowohl aus Sicht der Verbraucherrechte als auch wettbewerbsrechtlich problematisch. Unter anderem aus diesen Gründen gab das Bundeskartellamt im Oktober 2017 eine Sektoruntersuchung zu Vergleichsportalen in Auftrag, aus dem im Dezember 2018 ein Konsultationspapier hervorging. Unter Hinzuziehung der dazu eingegangenen 30 Stellungnahmen von Vergleichsportalen, Produktanbietern, Verbänden, Behörden und Verbrauchern legte das Bundeskartellamt dann im April 2019 einen Bericht vor, in dem auch der rechtspolitische Handlungsbedarf formuliert wird (vgl. Bundeskartellamt 2018, 2019b). So verfüge das Bundeskartellamt (2019a: 135ff.) »derzeit nicht über die Befugnisse, die aufgedeckten Verstöße gegen das Lauterkeitsrecht gegenüber den Unternehmen zu verfolgen und zu sanktionieren«, »[a]ktuelle Legislativprojekte [seien] nicht durchgreifend«, aber eine »[w]eitergehende Regulierung [ebenfalls] nicht erfolgversprechend«. Im Ergebnis fordert das Bundeskartellamt (ebd.: 139) keine weiteren regulatorischen Vorgaben, sondern eigene behördliche Durchsetzungsbefugnisse.

II.2.4 Singularisierung, Granularisierung und Vereinheitlichung

Individuen befinden sich in einem ständigen Wettbewerb um Sichtbarkeit und Aufmerksamkeit. Sie folgen dabei nach Reckwitz (2017) der »Logik der Singularität«, indem sie beständig versuchen, ihre Einzigartigkeit herauszustellen, auszubilden und zu befördern. Die Herausarbeitung des »virtuellen Ich«, des »digitalen Selbst« findet einen Höhepunkt in der alltäglichen, möglichst lückenlosen Selbstvermessung der »*Quantified Self*-Bewegung [Herv. i. O.]« (Houben/Prietl 2018b: 362). Deren umfassendes Erheben aller möglichen Daten über das eigene Ich ist häufig kein anlassloses Sammeln um des Wis-

39 »Zwar suggeriert der Begriff Vergleichsportal, dass mit der Nutzung ein umfassender und neutraler Vergleich aller Versicherungsangebote und Tarife stattfindet, dem ist jedoch nicht so«, so eine Sprecherin des Bundes der Versicherten (zitiert nach Gröger 2018).

sens und der Selbsterkenntnis willen.[40] Vielmehr verbindet sich die Selbst*vermessung* unmittelbar mit dem Wunsch nach Selbst*optimierung* – sei es im Bereich der physischen und psychischen Gesundheit, der sportlichen und beruflichen Leistungsfähigkeit oder des Erlernens erwünschter und Ablegen unerwünschter Verhaltensweisen (vgl. Bader 2016: 12f.).[41] Auch hierbei wirkt der kybernetische Mechanismus von Impuls, Feedback (Daten) und Anpassung (Reaktion).

Kucklick (2015) spricht darüber hinaus von der granularen Gesellschaft als Nachfolge der Moderne. Während sich die Moderne auf der einen Seite zwar durch große Wissenssprünge und technische Entwicklungen auszeichnet, ist sie auf der anderen Seite jedoch durch grobe Vereinfachungen – vielfach als Durchschnitt bezeichnet – gekennzeichnet. Aus wenigen Daten *[Small Data]* (Stichproben) werden Schlussfolgerungen gezogen, die dann auf größere Gruppen hochgerechnet werden. In der granularen Gesellschaft dagegen liegen nicht nur erheblich umfangreichere Daten *[Big Data]* vor beziehungsweise werden laufend erhoben, sondern es stehen auch neue Auswertungs- und Analyseverfahren zur Verfügung. So wird zum einen das Schließen auf die Grundgesamtheit unnötig, da diese theoretisch vollständig erfasst werden kann (vgl. auch Stengel 2017: 44f.). Zum anderen muss nicht der Durchschnitt als Maßstab für das einzelne Individuum herangezogen werden, sondern individuelle beziehungsweise einzelobjektbezogene detaillierte Vermessung, Analyse und Bewertung sind möglich.[42]

Diese Singularisierung stellt keinesfalls den ins Extrem geführten Endpunkt der Individualisierung dar. Ganz im Gegenteil, es zeigt sich eher eine Vereinheitlichung. Die Versuche nicht nur von Influencer:innen, sondern auch von nicht prominenten Nutzer:innen, sich auf Social-Media-Plattformen als authentische Identitäten darzustellen, führen aufgrund der Funktionsweise der Aufmerksamkeitsökonomie und Anerkennungskultur zu einer immer stärkeren Annäherung. Die Darstellung der eigenen Authentizität orientiert sich an dem, was gerade am besten ankommt, am Mainstream, oder versucht, diesen vorauszuahnen und selbst zum Ausgangspunkt für den nächsten Hype zu werden. Die gerade dominierenden Darstellungsformen unterliegen natürlich (immer kürzeren) Wellen von Hypes und wiederkehrender Zyklen von angesagten Trends – verändern sich also – innerhalb der jeweiligen Zeitfenster werden die Darstellungsformen aller Darsteller:innen einander jedoch immer ähnlicher bis hin zur Ununterscheidbarkeit. Hier passt die These einer sinkenden Toleranz gegenüber Mehrdeutigkeit und Widersprüchlichkeit in der modernen Gesellschaft. Bauer (2018: 40) spricht von einer »schwindenden Ambiguitätstoleranz in durchbürokratisierten, hochtechnisierten und vor allem kapitalistischen Gesellschaften.« »Vielfalt, Komplexität und Pluralität [wird] häufig nicht mehr als Bereicherung empfunden«, stattdessen kommt

40 Mämecke (2021: 11) merkt ohnehin kritisch an: »Während das Versprechen der Quantified-Self-Community allerdings darin besteht, durch mehr Wissen über sich selbst auch mehr Macht zu erlangen, lässt sich […] zeigen, auf welche Weise Macht vielmehr das Wissen formt, das durch Self-Tracking generiert wird.«

41 Vertiefend siehe etwa den Sammelband »Körperphantasien« von Beinsteiner und Kohn (2016).

42 Stengel (2017: 45) verweist in diesem Zusammenhang als Beispiel unter anderem auf eine mögliche praxisrelevante Anwendung im Gesundheitsbereich in Form individuell zugeschnittener Therapieangeboten.

es zu Versuchen einer »*Vereindeutigung der Welt* [Herv. i. O.]« (ebd.: 30). Selbstreferenzielle Filterblasen und Echokammern im Internet sind solche Selbstbestätigungsräume, die immer stärker als Zumutung empfundene andere Meinungen und Weltsichten ausblenden (siehe Kapitel II.2.3). Dies wirkt sich auch auf den Umgang mit epistemischen Wissensbeständen aus, die nicht nur zwischen, sondern auch innerhalb von Fachrichtungen widersprüchlich interpretiert werden. So stellt Bogner (2021: 116) fest, dass in »hyperindividualisierten Gesellschaften [...] auch wissenschaftlich-rationale Festlegungen zunehmend als Zumutung empfunden« werden, wenn diese nicht mit der gefühlten individuellen Wahrnehmung der Realität übereinstimmen. Damit lassen sich Konflikte zwischen Deutungen oder (bewussten) (Fehl-)Interpretationen immer schwieriger konsensuell auflösen, weil basale, geteilte Grundannahmen über die Welt – im Sinne eines gesellschaftlich geteilten Referenzrahmens – nicht (mehr) existiert, was sich nicht zuletzt auch an den Verschwörungsmythen in der Coronapandemie zeigt (zu Wissens- und Wertekonflikten siehe auch Kapitel VI.2.2.1).

Die Digitalisierung ermöglicht eine neue Art und Weise der Vermessung von Individuen sowie Gesellschaft und damit die Erstellung eines hochauflösenden Bildes derselben (vgl. Kucklick 2015: 10). Sie folgt nicht zuletzt der kapitalistischen Verwertungslogik. Wenn alles in Daten überführt werden kann und Daten verkauf- und handelbar sind, dann lässt sich alles in marktlogische Transaktionen überführen. Aus dieser Perspektive folgen Singularisierung und Datafizierung der neoliberalen Logik – oder entwickeln sich weiter zum Überwachungskapitalismus, wie Zuboff (2018) es formuliert. »There is no such thing as society. There are individual men and women and there are families« (Thatcher 1987) – was aber auch heißt: In dieser Welt(sicht) spielt der Staat keine (oder nur eine marginale) Rolle. Für die technologische Entwicklung, kulminiert diese Sicht in den Initiativen zum Umbau des World Wide Web zum web3.[43] Nur vordergründig geht es dabei um den Wunsch nach Dezentralisierung und mehr Transparenz des von Monopolplattformen und intransparenten Algorithmen geprägten Web 2.0, bei dem eine verteilte und für alle zugängliche Datenbank (Blockchain) an die Stelle der Datensilos bei den großen Digitalkonzernen treten soll. Vielmehr verheißt der Einsatz der Blockchain-Technologie im Kern, jedes Datum mit eindeutigen Eigentumsverhältnissen (Token) versehen und damit handelbar machen zu können. Die dezentral in der Blockchain transparent und unveränderlich gespeicherten Transaktionen, Interaktionsbeziehungen und automatisierten Verträge (Smart Contracts) funktionieren unabhängig von zentralen Institutionen und ohne, dass sich die Akteure untereinander vertrauen müssen. Die Blockchain basiert auf algorithmischer Selbstregulierung ohne Intermediäre. Staaten können damit zwar den Einsatz der Technologie an sich regulieren, eine interne Steuerung des selbstregulierten Systems ist jedoch nicht möglich. Damit wird das web3 zum Hoffnungsträger für libertäre Verfechter:innen des (staats-)freien Marktes.

---

43 Alternativ auch Web3 oder Web 3.0. In dieser Abhandlung wird explizit web3 benutzt. Zum einen, um nicht den Eindruck zu erwecken, dass es sich bei der Idee des blockchainbasierten Netzes um eine folgelogische Weiterentwicklung des Web 2.0 handele. Zum anderen wurde Web 3.0 bereits früher für die Idee der Anreicherung des Web 2.0 um semantische (Meta-)Informationen – und damit die Entwicklung hin zum *Semantic Web* – genutzt.

II.2.5 Datafizierung, Algorithmizität und Künstliche Intelligenz

Von Menschen und Maschinen werden aufgrund immer kleinerer Sensoren immer ungeheurere Mengen an Daten produziert. Jede Bewegung und Tätigkeit kann in Daten überführt werden und wird damit für Computer lesbar (maschinenlesbar), bearbeitbar und auswertbar. Dabei nimmt nicht nur die Menge an erhobenen Daten zu, sondern auch die Bandbreite an unterschiedlichen Daten. Zugleich führt die technische Entwicklung zum einen zu immer größeren und günstigeren Speichermedien, die ein prinzipiell unbegrenztes Vorhalten aller Daten ermöglichen (wenn dem nicht Datenschutzgesetze entgegenstehen). Zum anderen ermöglicht die steigende Prozessorleistung eine massenhafte oder immer ausgeklügeltere Verarbeitung und Auswertung der vorhandenen Daten. Zusammengefasst findet damit eine »Datafizierung der Welt« statt (Ramge 2019a: 49).[44]

Bezogen auf soziales Handeln und gesellschaftliche Praktiken, sprechen unter anderem Prietl und Houben (2018: 7) davon, dass »soziotechnische Prozesse der *Datafizierung* [Herv. i. O.] des Sozialen im Zentrum gegenwärtiger gesellschaftlicher Transformationen stehen.« So »vollzieht sich das Soziale zunehmend in numerisierten Umwelten« (ebd.: 10). Im Kontext des sozialen und gesellschaftlichen Lebens, ebenso wie des wirtschaftlichen und politischen Handelns fallen nicht nur immer mehr Daten an, sondern werden auch gesammelt und ausgewertet (vgl. Dencik et al. 2019: 3). Harari (2017: 497) spricht von dem »Dataismus« – einer »Datenreligion«, der zufolge des »Universum aus Datenströmen« bestehe und der Wert von allem und jedem an seinem »Beitrag zur Datenverarbeitung« gemessen werde.

Datenerfassung erfolgt nicht mehr auf bestimmte Zeitpunkte und Ziele beschränkt, sondern Daten werden automatisch sowohl als Haupt- als auch Nebenprodukt bei der Nutzung (informations-)technischer Systeme generiert. Daten werden so nicht mehr nur aktiv von Dritten erfragt, sondern auch selbst erhoben (wofür insbesondere die *Quantified Self-Bewegung* [Selbstvermessung] steht) und bereitgestellt (soziale Netzwerke).[45]

Wenn Daten im digitalen Zeitalter eine entscheidende Rolle zukommt, dann bringen die Verfügbarkeit und der Besitz von Daten Machtpotenziale mit sich. Damit geht

---

44 Wobei Gugerli (2018: 193) darauf hinweist, dass es bereits am Beginn der Computerära mehr Zeit brauchte, um die »Welt maschinenlesbar zu machen [...], als Daten zu verarbeiten.«

45 Die verschiedenen Quellen aus denen Daten stammen, beziehungsweise die unterschiedlichen Stellen an denen Daten erzeugt oder erhoben werden, führen unter anderem zu der Debatte um Dateneigentum. Verdeutlicht wird die dahinterstehende Problematik etwa an einer Autofahrt, bei der Sensoren im Auto beispielsweise Daten über die gefahrene Strecke, das Bremsverhalten oder die Geschwindigkeit erfassen. Wem gehören diese Daten? Der Eigentümerin des Autos? Dem Fahrer des Autos? Dem Hersteller des Autos? Oder der Versicherung, die von der Autobesitzerin gegen Vergünstigung der Versicherungspolice eine zusätzliche Schnittstelle zur Datenweitergabe oder einen Sensor zur Datenerfassung hat installieren lassen?
Die hierüber geführten Debatten werden auch nicht dadurch einfacher, dass Daten verlustfrei dupliziert werden können und damit ihr Besitz nicht wie bei einem physischen Gut exklusiv sein muss. Erschwerend kommen Datenschutzfragen hinzu (etwa inwieweit ein Autobesitzer die Autofahrerin über die Datenerhebung informieren muss) – insbesondere, wenn es um noch sensiblere Daten wie etwa Gesundheitsdaten geht.

eine zentrale Frage einher: Wer soll Zugriff auf diese Daten haben, und welcher Umgang mit ihnen ist erwünscht? Die Antwort auf diese Frage hängt unter anderem stark damit zusammen, von wem die Daten erhoben, gespeichert und ausgewertet werden – und betrifft damit die Themenfelder Datenschutz und Privatsphäre.[46] Aus der ungleichen Verteilung von Daten gehen daher asymmetrische Machtrelationen und Machtbeziehungen hervor (vgl. Houben/Prietl 2018b: 348ff.). Besonders deutlich werden diese in der (westlichen) Datenkonzentration bei wenigen großen (US-amerikanischen) Internetkonzernen. Die bisherige Entwicklung digitaler Plattformen und Internetkonzernen zeigt bislang in eine eindeutige Richtung: »[O]hne neue kartellrechtliche Gegenmaßnahmen führen sie langfristig fast unweigerlich zu Datenmonopolen« (Ramge 2019b: 52). Bei deren aufgrund des Skalen- und Netzwerkeffekts zur Monopolbildung[47] tendierenden digitalen Plattformen fallen erhebliche Datenmengen an. Dienstleistungen werden formal gratis angeboten, in Wirklichkeit aber über expansive Datenausnutzung bezahlt. Darüber hinaus macht »Partizipation« in der Plattformökonomie Nutzer:innen zu Prosumer:innen (Producer:innen und Consumer:innen zugleich), wodurch diese ohne Entlohnung zur Weiterentwicklung von Produkten (kreieren eigener Designs) oder zur Bewertung und Empfehlung von Waren und Dienstleistungen (Reviews, Ratings, Tests) beitragen (vgl. Stalder 2017: 66f.). Diese Monopolisierung von Daten stellt eine zentrale Gefahr dar, für die Zuboff (2018) den Begriff des Überwachungskapitalismus *[surveillance capitalism]* geprägt hat (siehe hierzu auch Kapitel IV.4.1). Die Machtasymmetrie zwischen den Nutzer:innen und den Anbietern von Internetdiensten ist eine der wahrgenommenen Problemdimensionen, die einen Ausgangspunkt für die Suche nach einer angemessenen staatlichen Regulierung darstellt, was an späterer Stelle noch ausführlich behandelt wird (siehe Kapitel V.3).

Aber auch für staatliche Steuerung direkt spielen die (Nicht-)Verfügbarkeit von und der Zugang zu Daten (als zentrale Ressource für Steuerungswissen) eine zentrale Rolle. Wo etwa früher staatliche Stellen aufgrund ihrer (bevölkerungs-)statistischen Erhebungen, etwa durch die Statistikämter auf Landes- und Bundesebene, die »Souveränität über Datenregime« innehatten, findet heute die Datensammlung in erheblichem Umfang im privatwirtschaftlichen Sektor statt (Prietl/Houben 2018: 8, siehe auch 10).

> »Woher der Staat sein Wissen bezieht – nenne man dies Herrschaftswissen, Regierungswissen oder Regelungswissen – ist im Staat der Wissensgesellschaft nicht beliebig, sondern ein zentrales Governanceproblem« (Schuppert 2013: 45).

Noch weiter geht Pistor (2021: 4), wenn sie die Diskussion um die Staatlichkeit im digitalen Zeitalter und den digitalen Staat gleich ganz auf die Datenfrage verkürzt:

---

46 Von vielen Unternehmen, die Smart Devices zur Datenerhebung vertreiben, wird diese Frage auf der technischen Ebene relativ eindeutig beantwortet: Unabhängig davon, ob das Gerät selber zur Speicherung oder sogar Auswertung der Daten in der Lage wäre, findet häufig beides in der Cloud – und damit unter direkter Zugriffsmöglichkeit – des Herstellers statt.

47 Aus einer nicht auf den Westen zentrierten Perspektive bilden sich im Internet separierte Oligopole mit insbesondere jeweils englisch-, russisch- und chinesischsprachigem Einzugsbereich.

»Die neuen digitalen ›Staaten‹ könnten in erster Linie auf Daten und nicht auf einem Staatsgebiet basieren [...]. Wenn diese Hypothese Staatlichkeit im digitalen Zeitalter zumindest annähernd richtig erfasst, dann wird darunter eine andere Art von Staat und ein neuer Typus des Souveräns zu verstehen sein: der Datencontroller als neuer Datensouverän.«

Auch wenn man dieser eingeschränkten Perspektive nicht folgt, ist es nicht verwunderlich, dass im digitalen Zeitalter die Gestaltung des Zugangs zu Steuerungswissen für den Staat zentral – gleichzeitig aber häufig nicht unumstritten – ist. Erkennen lässt sich dies zum einen an Debatten um die Gefahr einer Expertokratie aufgrund der Bedeutung von externer Expertise, Sachverständigen, Gutachten, Anhörungen und Kommissionen (siehe Kapitel VI.2.2.1). Zum anderen werden die Versuche, vorhandene Daten zusammenzuführen und für Staat, Wissenschaft und Wirtschaft nutzbar zu machen (siehe etwa Kapitel V.1.3.4 zum Umgang mit Gesundheitsdaten), kritisch begleitet, unter anderem, weil Datenmonopole und damit Überwachungskapazitäten durchaus auch bei staatlichen Stellen entstehen könnten (siehe Kapitel IV.4.1).

Aus der Datafizierung ergibt sich die Algorithmizität der modernen, digitalen Welt. Das Vorhandensein mannigfaltiger Daten (Big Data) ermöglicht erst deren automatische Auswertung und benötigt gleichzeitig die algorithmische Analyse.

»Auf dem Weg in das ›Datenzeitalter‹ erkennen wir digitale Algorithmen als notwendiges Instrumentarium, um das exponentielle Wachstum an Daten bewältigen zu können, also überhaupt handhabbar, navigierbar, verwaltbar zu machen« (Mohabbat-Kar/Parycek 2018: 9).

Das heißt, die Welt des digitalen Zeitalters »ist geprägt durch automatisierte Entscheidungsverfahren, die den Informationsüberfluss reduzieren und formen, sodass sich aus den von Maschinen produzierten Datenmengen Informationen gewinnen lassen, die der menschlichen Wahrnehmung zugänglich sind und zur Grundlage des singulären und gemeinschaftlichen Handelns werden können« (Stalder 2017: 13). Dahinter verbirgt sich zum einen die Sehnsucht nach der Berechenbarkeit der Welt – und damit auch ihrer weiteren Entwicklung. Die Zukunft ist dann »nicht mehr der offene Horizont, sondern die nichtkontingente, verrechnete Wahrscheinlichkeit« (Feustel 2018: 152).[48] Die Datafizierung soll Sicherheit schaffen, indem der Raum des Ungewissen verkleinert wird. Exakte Daten, umfassendes Wissen und die Quantifizierung kleinster Details suggerieren Eindeutigkeit und Wahrheit (vgl. Lotter 2019: 44; Bauer 2018: 38). Dass mit zunehmendem Informationsumfang vielfach eher das Gegenteil eintritt, wird in Kapitel II.2.8 vertieft. An dieser Stelle soll grundlegend auf die Wirkungsweise von Algorithmen eingegangen werden, wozu es zunächst genügt festzuhalten, dass es auch im Angesicht von Datafizierung und Quantifizierung nicht um Sicherheiten (im Sinne einer eindeutigen Zukunftsvorhersage), sondern um Möglichkeiten (und damit Wahrscheinlichkeiten) geht – den

48 Weitergedacht verbirgt sich dahinter »das auf die Spitze getriebene Newton'sche Weltbild: Wer alle natürlichen Gesetze und Kräfte kennt und über vollständiges Wissen sämtlicher Zustände aller Materieteilchen zu einem bestimmten Zeitpunkt verfügt, kann die Zukunft – den Zustand der Materieteilchen zu einem späteren Zeitpunkt – akkurat vorausberechnen« (Mamczak 2014: 13).

»Zukunftswissen ist […] immer probabilistisches Wissen« (Mamczak 2014: 14). Genau um so eine Berechnung der Zukunft geht es auch häufig beim Einsatz von Algorithmen.

In einer Vorstufe dienen Algorithmen aber auch dazu, neue Daten zu generieren. Durch die algorithmische Verknüpfung von Daten entstehen neue Daten. Unter dem Begriff des *Data Mining* [Datengewinnung] wird sogar explizit das automatische (durch Algorithmen) Finden von Mustern und Zusammenhängen in Big Data verstanden.[49] Diese sollten nicht mit neuem Wissen verwechselt oder gleichgesetzt werden. »Wissen setzt Bewusstsein voraus; Bewusstsein haben nur Lebewesen. Computer können nicht denken und nicht fühlen; allenfalls können sie Wissen, Denkprozesse und Gefühle simulieren« (Bull 2019: 68). Neben der Datengenerierung dienen Algorithmen der Entscheidungsfindung. Aus der Perspektive der Berechenbarkeit unterstützen Algorithmen mit ihrem Ergebnis entweder die Entscheidungsfindung von Menschen[50] oder entscheiden selbst – in dem Sinn, dass sie auf Basis ihres Ergebnisses eine Folgeaktion auslösen.[51] Auch die zugrunde liegenden Berechnungen erzeugen dabei kein Wissen. Wenn ein Algorithmus bei der Kreditanfrage eines Kunden diesen ablehnt, dann hat das nichts damit zu tun, dass der Algorithmus aus den vorliegenden Daten neues Wissen über diesen Kunden generiert hätte.[52] Seine Entscheidung basiert nicht auf Wissen, sondern auf Wahrscheinlichkeiten. Und die Wahrscheinlichkeit, dass der Kunde seinen Kredit (nicht) zurückzahlen können wird, basiert auf der Ähnlichkeit der vorliegenden Daten des Kunden zu den Ausprägungen bekannter Fälle, in denen ein Kredit (nicht) zurückgezahlt werden konnte. Ein zentrales Problem bei einer solchen algorithmischen Berechnung von Entscheidungen: sie stellen nur vermeintliche Eindeutigkeit angesichts eines mehrdeutigen Phänomens her, weil sie, »egal wie wahrscheinlich, immer nur eine unter verschiedenen Möglichkeiten in den Rang kommender Wirklichkeit erhebt« (Feustel 2018: 153). Man könnte auch sagen: Es handelt sich um eine Wette auf die Zukunft.

Hinter dieser Wette stehen Algorithmen, bei denen es sich um wenig mehr als mathematisch-statistische Verfahren handelt. Daran ändert auch der aktuelle Peak in der Forschung zu Künstlicher Intelligenz (KI) *[Artificial Intelligence; AI]* nicht grundlegend etwas. Der Begriff der Intelligenz führt hier aufgrund seiner umgangssprachlichen Bedeutung in die Irre, weshalb der Begriff KI auch bei KI-Forschern nicht unumstritten ist. Zumindest sollte zwischen starker KI [*strong AI* oder *general AI*] und schwacher KI [*weak AI* oder *narrow AI*] unterschieden werden. Eine starke KI wäre durch intelligentes Verhalten sowie die Fähigkeit zu logischem Denken und zu Kommunikation in natürlicher Sprache gekennzeichnet, sodass sie unterschiedlichste kognitive Anforderungen

---

49 Hierbei geht es also gerade nicht darum, Antworten auf gestellte Fragen zu bekommen, also Wissen zu generieren. Der Algorithmus findet hier vielmehr explorativ Antworten, ohne dass man die Frage kennen würde – insofern handelt es sich um Daten, die erst analysiert, interpretiert und mit Kontext versehen werden müssen, bevor sie neues Wissen darstellen. Der um die letzteren Bearbeitungsschritte erweiterte Prozess wird daher auch als *Knowledge Discovery* bezeichnet.

50 Die Algorithmen der Navigationssoftware unterstützen so etwa bei der Auswahl der kürzesten, schnellsten oder landschaftlich schönsten Wegstrecke.

51 Dies ist etwa der Fall, wenn in der Finanzindustrie ein Algorithmus automatisch je nach Kursentwicklung und berechneter Prognose eigenständig Aktien kauft oder verkauft.

52 Algorithmen liefern kein Abbild der Realität, sondern konstruieren diese mit (Stalder 2017: 194).

erfüllt (vgl. Spath 2018: 506).[53] Eine solche »Starke KI ist bis auf Weiteres Science-Fiction« (Ramge 2019b: 19). Stand der Technik ist also (auch auf absehbare Zeit) die schwache KI mit Anwendungen etwa in der Text-, Bild- und Spracherkennung oder bei Experten-, Assistenz- und Navigationssystemen. Es handelt sich um jeweils hochspezielle Systeme, in denen die KI eine ganz spezifische Funktion oder Aufgabe übernimmt. Die KI-Forschung setzt auf maschinelles Lernen *[machine learning]*, selbstlernende Algorithmen und *deep learning* [mehrschichtiges Lernen] in neuronalen Netzen.[54] Auch wenn es sich aufgrund der Komplexität neuronaler Netze bei einer Außenbetrachtung als schwierig darstellt, genau zu erklären, wie und warum ein darauf aufbauender Algorithmus zu einer bestimmten Entscheidung kommt, hat diese nichts mit kreativer Intelligenz zu tun. Seine Entscheidung basiert auf dem Erkennen bestimmter Merkmale, die zusammengenommen als Muster (daher wird unter anderem auch von Mustererkennung *[pattern recognition]* gesprochen) mit einer berechneten Wahrscheinlichkeit einer zuvor erlernten Konstellation entsprechen beziehungsweise ähneln. Der selbstlernende Algorithmus unterscheidet sich von dem nicht selbstlernenden dadurch, dass ihm die zu erkennenden Merkmale nicht vorgegeben wurden. Während also bei einem einfachen Algorithmus der Programmierer oder die Programmiererin definiert, welche Merkmale etwa ein menschliches Gesicht ausmachen (also theoriegeleitet *Regeln* definiert werden), werden selbstlernende Algorithmen trainiert. Man speist sie mit einer Menge von Bildern, bei denen das erwartete Ergebnis bekannt ist – also jeweils definiert ist, ob sie ein Gesicht zeigen oder nicht (es werden also *Ziele* definiert) – daher wird auch von überwachtem Lernen gesprochen.[55] Der Algorithmus versucht dann, Muster zu identifizieren, die es erlauben, das Bild eines Gesichts von einem Bild ohne Gesicht zu unterschei-

53 Ein Verfahren zum Testen der Stärke von KI ist der sogenannten Turing-Test. Er ist benannt nach dem britischen Mathematiker Alan Turing, für den ein Computer dann als intelligent gelten sollte, wenn dieser schriftlich mit einem Menschen kommunizieren könnte und dieser ihn nicht als Computer, sondern als menschlichen Gesprächspartner identifizieren würde. Diese Anforderung stellt etwa bei dem seit 1991 ausgeschriebenen Loebner Preis und dessen regelmäßigen Wettbewerben die Silbermedaille dar (für Gold kommt die Anforderung gesprochener Sprache hinzu) (vgl. AISB 2019). Bislang ist auch mittelfristig noch kein Gewinn der Silbermedaille absehbar.

54 Neuronale Netze bestehen aus künstlichen Neuronen – den Knoten des Netzwerks. Dabei handelt es sich um mathematische Funktionen beziehungsweise Algorithmen. Funktionen verbinden, wie die Synapsen im Gehirn die Neuronen, die Knoten miteinander. Die Netzwerkknoten sind über mehreren Schichten verteilt angeordnet. Jeder Schicht kommt die Aufgabe zu, bestimmte Merkmale oder Muster zu erkennen. Knoten auf der einen Ebene sind mit einem Subset von Konten auf der nächsten Ebene verbunden. Die Ausgangswerte der unteren Schicht bilden dann die Eingangswerte der nächsthöheren Schicht. Dementsprechend werden die erkannten Muster von Schicht zu Schicht immer komplexer beziehungsweise abstrakter. In der Bilderkennung verlaufen die Abstraktionsgrade so etwa von Helligkeitswerten über Kanten hin zu Linien und Formen, die dann als Objekte interpretiert werden. Mit dem Komplexitätsgrad der Aufgabe steigt dementsprechend die Anzahl an nötigen Schichten, weshalb auch von *deep learning* gesprochen wird (vgl. Spath 2018: 509; Trinkwalder 2016: 131; Ramge 2019b).

55 Nicht überwachtes Lernen in Form von *reinforcement learning* [bestärkendem Lernen] wurde 2017 bei AlphaZero beziehungsweise Alpha Go Zero genutzt. Hierbei spielte der Computer einfach ohne menschlichen Input gegen sich selbst, um besser zu werden (vgl. Lovelock 2020: 100; Knight 2019). Eingesetzt wird reinforcement learning aber auch in der Robotik, etwa, um von Grund auf selbstständig das Laufen zu erlernen.

den. Dabei geht er nicht intelligent, sondern systematisch vor, indem er die Wahrscheinlichkeit dafür, dass ein Knoten im neuronalen Netz aktiv wird, dessen Parameter oder die Verschaltung zwischen den Knoten so lange anpasst, bis seine Berechnungen dem vordefinierten, erwarteten Ergebnis möglichst nahe kommen.[56] Es erfolgt somit ein Lernen durch Rückkopplung in Feedback-Schleifen, in denen der Algorithmus systematisch die (initial zufälligen) Parameter des Netzwerks anpasst und neu kalibriert, um die Erkennungsleistung des nächsten Durchgangs zu verbessern.[57] Es handelt sich um ein iteratives Vorgehen (vgl. u.a. ebd.: 47; Stalder 2017: 177f.).

Wenn die Umsetzung der Entscheidung den digitalen Raum verlässt und, wie die Entscheidungsfindung, ebenfalls technikvermittelt erfolgt, spricht man von autonomen oder automatisierten *cyber-physikalischen* Systemen. Wenn ein autonom fahrendes Auto einem Hindernis ausweicht, folgt es genau dem Prinzip eines Dreischritts aus Sensorik, KI und Aktorik (vgl. auch Spath 2018: 508): »Muster erkennen in Daten [Sensorik]. Erkenntnis durch Statistik und Algorithmen ableiten [KI]. Umsetzung der Erkenntnis in eine Entscheidung durch eine technische Routine [Aktorik]« (Ramge 2019b: 16).

Basis für die Entscheidungen des Algorithmus sind somit das Training mit bekannten oder alten Daten. Eine Gefahr beim Einsatz solcher (selbstlernenden) Algorithmen besteht daher darin, dass sie frühere Fehler fortschreiben beziehungsweise in den Daten vorhandene Diskriminierung replizieren oder sogar verstärken.[58] Unter anderem aus diesem Grund hat Amazon die algorithmische Unterstützung bei Bewerbungsverfahren wieder eingestellt. Der Algorithmus diskriminierte bei der Bewertung von Bewerbungen diejenigen von Frauen, weil er aus den Daten gelernt hat, dass technikaffine Männer ein größeres Interesse an Amazon als Arbeitgeber hätten. Männer passten besser ins algorithmische Bild des idealen Bewerbers, weil sich in der Vergangenheit häufiger Männer für technische Aufgaben beworben hatten und zugleich auch häufiger eingestellt worden waren (vgl. Holland 2018; Wilke 2018).

Zusammenfassend lässt sich sagen: »Algorithms are not neutral. They are designed by people, with ideologies, biases, and institutional mandates. Algorithms discriminate and make mistakes« (Owen 2015: 200). Daher ist es nicht verwunderlich, dass ethischen Fragen, insbesondere angesichts der Entwicklung Künstlicher Intelligenz, ein zentraler Stellenwert beikommt. Hierzu hat nicht nur die Europäische Kommission im Jahr 2019

---

56 Daher ist es so schwierig nachzuvollziehen, woran genau ein selbstlernender Algorithmus etwa auf einem Bild ein Gesicht erkennt. »Im Zentrum der Suche steht eine funktionsfähige Lösung, die sich experimentell und in der Praxis bewährt, von der man aber hinterher möglicherweise nicht mehr weiß, warum sie funktioniert, oder ob sie wirklich die bestmögliche Lösung ist« (Stalder 2017: 178). Seyfert (2021: 230) bezeichnet selbstlernende Algorithmen aus diesem Grund als »hochgradig opake Gegenstände« (was aber auch auf andere Algorithmen zutreffe wenn diese etwa proprietär und intransparent seien oder stark von Kontext und Interaktion abhingen).

57 Für eine vertiefende Darstellung der mathematischen Grundlagen neuronaler Netzwerke siehe etwa Trinkwalder (2016).

58 Zu den unterschiedlichen Diskriminierungsrisiken in Verbindung mit der Nutzung von Algorithmen siehe umfassend die Studie von Orwat (2019: xiii), die ebenfalls zu dem Ergebnis kommt: »Viele Diskriminierungsrisiken bei der Entwicklung und Verwendung von Algorithmen resultieren aus der Verwendung von Daten, die frühere Ungleichbehandlungen abbilden.«

ethische Leitlinien einer von ihr einberufenen Expertenkommission vorgestellt (vgl. Europäische Kommission 2019a).[59] Auch die damalige Bundesregierung hatte mit der Datenethikkommission (vgl. BMI 2018) und der Enquete-Kommission Künstliche Intelligenz – Gesellschaftliche Verantwortung und wirtschaftliche, soziale und ökologische Potenziale (vgl. Deutscher Bundestag 2018a) im selben Zeitraum zwei Gremien beauftragt, sich mit den Herausforderungen durch KI und algorithmische Entscheidungsprozesse kritisch auseinanderzusetzen. Darüber hinaus finden sich erste weiche Formen von Selbstregulierung. So gründete sich im Dezember 2018, ausgehend von einer gemeinsamen Initiative des Bundesverbandes der Personalmanager (BPM) und der Unternehmensberatung hkp///group, der Ethikbeirat HR-Tech. Bis zum Mai 2019 erarbeitete dieser Richtlinien für den verantwortungsvollen Einsatz von KI in der Personalarbeit (vgl. Ethikbeirat HR-Tech 2019).

Bezogen auf die Algorithmisierung werden daher aus gesellschaftspolitischer Perspektive unter den sich neu stellenden ethischen, rechtlichen und sozialen Fragen insbesondere zwei Aspekte intensiv und kontrovers diskutiert: 1. Wie lässt sich Fairness in Algorithmen und algorithmischen Entscheidungsprozessen implementieren und sicherstellen? 2. Inwieweit können, müssen oder sollten ethische Aspekte bei automatisierten Entscheidungen berücksichtigt werden? Hinter diesen Fragen steht unter anderem eine zentrale Gefahr, wie sie etwa Ramge (2019b: 87) hervorhebt: die »Manipulation des Einzelnen« durch Internetkonzerne und Plattformen im »Datenmonopolkapitalismus« auf der einen und den »Missbrauch durch Regierungen« in der »digitalen Diktatur« auf der anderen Seite. Zugleich knüpft sich an Datafizierung und Algorithmizität aber auch die Vorstellung oder zumindest Hoffnung auf positive Potenziale für besseres Regieren.

> »Data analytics, in this context, is increasingly viewed and sold as providing a means to more efficiently target and deliver public services and to better understand social problems« (Dencik et al. 2019: 2).

Bezogen auf politische Steuerung werden hierbei zentrale Stellschrauben des Steuerungspotenzials angesprochen. Mehr und bessere Daten sollen nicht nur bei der Problemidentifikation und, davon abgeleitet, der Zieldefinition von Steuerung helfen, sondern das Steuerungswissen per se verbessern. Datenbasiert passgenau auf den Adressatenkreis zugeschnittene Steuerungsinstrumente verheißen eine erhöhte Steuerungsfähigkeit aufseiten des Staates und eine vergrößerte Steuerungswirkung aufseiten der Steuerungssubjekte.[60] Demgegenüber besteht die Gefahr einer »Herrschaft der Algorithmen«. Weyer (2019: 22) spricht von der Gefahr einer »Algokratie«, Kersting (2018: 87) von der »Algorithmokratie«. Algorithmen können zwar in komplexen, digitalisierten Systemen in der operativen Echtzeitsteuerung notwendig oder hilfreich sein. Dabei geht es jedoch ausschließlich um den norm*um*setzenden und nicht den

---

59 Für eine kritische Perspektive auf die Ergebnisse der Kommission, bei denen sich die Interessen der Industrie gegen stärkere zivilgesellschaftliche Vorbehalte durchgesetzt hätten, siehe etwa Köver (2019).

60 Wie daten- und algorithmengetriebene Steuerungsinstrumente eingesetzt werden, wird in Kapitel VI.1.1 näher erläutert.

normsetzenden Teil politischer Steuerung. Schliesky (2020b: 66) weist darüber hinaus darauf hin, dass der Einsatz von Algorithmen zur automatisierten Entscheidung die, in der Demokratie durch Menschen sichergestellte, Legitimationskette unterbricht.

Mit Blick auf politische Steuerung[61] ergibt sich daraus die Dimension der *Governance **of** Algorithms* (siehe Kapitel V.3.7), also die Frage danach, inwiefern eine Regulierung *von* Algorithmen notwendig ist (vgl. D'Agostino/Durante 2018). Zum anderen geht es um die Dimension der *Governance **by** Algorithms* (siehe Kapitel VI.1.1.2), also um die Steuerung *durch* Algorithmen (vgl. Musiani 2013; Just/Latzer 2017).

II.2.6 Beschleunigung: Die Steigerung der Geschwindigkeit

In Beschreibungen der modernen digitalen Welt mangelt es nicht an Geschwindigkeitsmetaphern: Wir leben in einer *High-Speed Society* (Rosa/Scheuerman 2009a), surfen über den *Information Superhighway*[62] [Datenautobahn], und Computer handeln Wertpapiere automatisiert im *high-frequency trading* – »Digitalisierung ist Evolution auf Speed«, wie der damalige Vorstandsvorsitzende von Bertelsmann Ostrowski auf seiner Eröffnungs-Keynote zur Kölner DEMXCO feststellte (zitiert nach Winterbauer 2011).

Für die Betrachtung der digitalen Transformationsprozessen ist jedoch die Geschwindigkeit nur eine Seite der Medaille. Deren andere Seite – die Beschleunigung – ist für die Wucht der Veränderung sogar noch bedeutsamer. »Die Beschleunigung von Prozessen und Ereignissen ist ein Grundprinzip der modernen Gesellschaft« (Rosa 2005: 15). Daher können wir »the nature and character of modernity and the logic of its structural and cultural development« nicht verstehen, ohne »the temporal perspective« in unsere Betrachtung miteinzubeziehen (Rosa 2009: 79). Dass die Kategorie der Zeit eine wichtige Rolle spielt, ist auch der Politikwissenschaft nicht fremd. Gerade in der

---

61 Dafür, dass schon Jahrhunderte vor dem digitalen Zeitalter für Herrscher:innen Daten und Mathematik eine bedeutende Rolle für Machtausübung und -erhalt gespielt haben, siehe etwa Lehner (2018).

62 Der Al Gore zugeschriebene Begriff des Information Superhighway (Gromov 2012), des Information Highway oder schlicht der Infobahn entstand bereits in den 1990er-Jahren in den USA vor dem Hintergrund der steigenden Verbreitung und Nutzung des Internets und der sich ausweitenden digitalen Kommunikation. Interessanterweise fand in Deutschland mit der Datenautobahn ein entsprechend übersetzter Begriff rasch Verbreitung (so stieg etwa die Zahl der Artikel im Spiegel, in denen der Begriff Datenautobahn vorkommt, von 21 seit der Ersterwähnung im Jahr 1993 bis 1994 auf 74 im Zeitraum von 1995 bis 1999 und 63 im Zeitraum von 2000 bis 2004) (vgl. auch Marcuccio 2010). In den anschließenden zehn Jahren sank die Zahl der Artikel dann auf 36 zwischen 2005 und 2009 sowie 43 zwischen 2010 und 2014. Mit der zunehmenden Debatte um den Breitbandausbau ging die Nutzung des Begriffs der Datenautobahn stark zurück. Er fand sich nur noch in 13 Artikeln zwischen 2015 und 2019 und 3 Artikeln in der Zeit von 2020 bis Mai 2022 (Quelle: Spiegel-Archiv; eigene Auszählung unter dem Suchbegriff »Datenautobahn«).
Etwas anders verlief die Verwendung des Begriffs Datenautobahn in Bundestagsreden. Insgesamt fiel der Begriff seit der ersten Erwähnung 1993 in 92 Redebeiträgen. Davon entfielen 49 auf den Zeitraum von 1993 bis 2000. Anschließend sank die Zahl der Beiträge auf 11 im Zeitraum zwischen 2001 und 2010, um dann mit dem Einsetzen der Breitbanddiskussion wieder auf 31 in den Jahre 2011 bis 2020 anzusteigen (Quelle: OpenDiscourse.de; eigene Auszählung unter dem Suchbegriff »Datenautobahn«).

Politikfeldanalyse beziehungsweise Policy-Forschung[63] wird in verschiedenen Ansätzen, neben der Phasen-Heuristik des *Policy-Cycle* etwa im *Multiple-Streams*-Ansatz[64] (MSA), die Bedeutung des Zeitfaktors nicht nur für die Wahrnehmung von Problemlagen, sondern insbesondere für den Prozess des politischen Entscheidens hervorgehoben. Akteure handeln politisch immer im Kontext zeitlicher Restriktionen, die sich auch nicht durch die Möglichkeit des parallelen Prozessierens in Institutionen gänzlich aushebeln lassen. Während die Bezugnahme auf Zeit(restriktionen) also an sich kein neues Phänomen darstellt, wurde dagegen aus Sicht von Rosa und Scheuerman (2009b: 3) die »key temporal dimension, acceleration, […] largely ignored by social and political analysis.«

Die »Logik der Beschleunigung [Herv. i. O.]« ist die von Rosa (2005: 11) herangezogen Erklärung für das »Paradoxon der modernen Welt«: Singulär betrachtet, bringen viele Wandlungsprozesse und Entwicklungen (etwa die Etablierung des Acht-Stunden-Arbeitstages oder die Erfindung schnellerer Transportmittel) objektiv mehr verfügbare Zeit für Individuen mit sich. Dieser Zeitgewinn wird aber subjektiv nicht wahrgenommen. Ganz im Gegenteil nimmt in der Moderne das Gefühl zu, keine Zeit zu haben, gehetzt und gestresst zu sein (was gleichzeitig als ein Faktor für die Zunahme an psychischen Erkrankungen herangezogen wird). Insofern ist die »Erfahrung von Modernisierung […] eine Erfahrung der Beschleunigung« (ebd.: 51).[65] Weyer (2019: 18f.) kritisiert Rosas »dystopische Gegenwartsdiagnose«, in der Rebound-Effekte die Gewinne des technologischen Fortschritts aufzehren, weil sich diese ausschließlich auf die individuelle, psychologische Ebene beziehe, während eine »gesellschaftspolitische Perspektive […] nicht erkennbar« sei. Zugleich könne kein Automatismus unterstellt werden. Vielmehr hänge es von individuellen Einzelentscheidungen ab, ob Einsparungen auf der einen Seite immer durch Steigerungen auf der anderen Seite aufgefressen würden. Rosa berücksichtigte folglich mögliche Entlastungen durch technologische Entwicklung nicht ausreichend. Gleichwohl findet sich beispielsweise auch in den Nachhaltigkeitsdiskussionen im Kontext von Digitalisierung und Transformation häufig der Hinweis darauf, dass Effizienz (-steigerung) als Wachstumstreiber wirkt. Auch aus dieser Perspektive führt

63 Für eine Übersicht zum Faktor Zeit in den theoretischen Ansätzen der Policy-Forschung siehe etwa Blank et al. (2011).

64 Im MSA beschreibt das *window of opportunity* oder *policy window* das Zeitfenster, in dem ein Problem auf die politische Agenda gesetzt werden kann oder bestimmtes politisches Handeln möglich wird (vgl. Kingdon 2011: 20; Rüb 2014). In der Bewegungsforschung findet sich das *window of opportunity* als Teil des Ansatzes der *Political Opportunity Structure*, der Handlungsmöglichkeiten von Akteuren in Beziehung zu den zum jeweiligen Zeitpunkt gegebenen Akteurskonstellationen, institutionellen Strukturen und gesellschaftlichen Kontexten setzt (vgl. Kriesi 2004: 76).

65 Zeit ist auf individueller Ebenen aus drei Perspektiven zu verstehen: den »Zeitstrukturen des Alltagslebens«, der Lebenszeit und der Zeit der Epoche, die miteinander verwoben sind (Rosa 2005: 30). Allerdings werden die jeweils spezifischen zeitlichen Muster (Rhythmus, Sequenz, Geschwindigkeit und Synchronität) vielfach nicht durch die Individuen selbst bestimmt, sondern sind »in den kollektiven Zeitmustern und Synchronisationserfordernissen der Gesellschaft vorgezeichnet« (ebd.: 33). Die Epoche des digitalen Zeitalters hat dabei ihre ganz eigenen Merkmale, die sich in ihrer Unterschiedlichkeit zur vorangehenden Epoche in der Quintessenz durchaus unter dem Phänomen der Beschleunigung zusammenfassen lassen.

der Rebound-Effekte dazu, dass technologischer Fortschritt den Energie- und Ressourcenverbrauch nicht reduziert – neben der Effizienz müsse daher zugleich die *Suffizienz*[66] im Fokus stehen. Lange et al. (2019: 113) weisen in diesem Zusammenhang gerade darauf hin, dass sich nur individuelles Verhalten ändern muss, sondern auch die gesellschaftlichen Rahmenbedingungen.

Zwar gibt es nicht nur »kein einheitliches und universelles Muster der Beschleunigung«, sondern sogar parallele Prozesse der Entschleunigung (Rosa 2013: 18). Dennoch ist für moderne Gesellschaften in der Gesamtschau »eine beschleunigte Transformation der materiellen, sozialen und geistigen Welt« kennzeichnend (ebd.: 16). Diese Schnelligkeit hat für das Individuum eben nicht nur Vorteile, sondern erhöht zum einen die Anforderungen, um mit dieser Beschleunigung Schritt zu halten. Zum anderen steht der tendenziell in größerem Umfang verfügbaren, frei gestaltbaren Zeit ein ebenso schnell wachsendes Angebot an unterschiedlichen Nutzungsmöglichkeiten gegenüber. Diese exponentielle Vergrößerung des Möglichkeitsraums erschwert die Entscheidungsfindung und kann zu Überforderung führen, wie sie sich etwa für die unbearbeitbare Fülle an jederzeit verfügbaren Informationen im Begriff des *information overload* widerspiegelt. Sich einfach abzukoppeln, ist für den Menschen nicht ohne Weiteres möglich, da »die hohe Dynamik seiner technischen, sozialen und kulturellen Umwelt, die in wachsendem Maße komplex und kontingent geworden ist«, ihn selbst zu einer »Steigerung [seiner Geschwindigkeit] zwingt«, wenn er nicht zurückfallen will (Rosa 2005: 14).

> »One popular argument tries to connect the acceleration of the pace of life and social and cultural change to advances in technology, where we find especially spectacular and easily measurable forms of acceleration« (Rosa/Scheuerman 2009b: 8).

Entgegen einem solchen einfach konstruierten Zusammenhang geht Rosa (2005: 161ff., 2013: 22ff.) davon aus, dass Individuen drei relevanten Beschleunigungskategorien unterliegen: der technischen Beschleunigung, der Beschleunigung des Lebenstempos und der Beschleunigung des sozialen Wandels.

Wenig verwunderlich, dass für die Digitalisierung die direktesten Bezugspunkte zur technischen Beschleunigungskategorie bestehen. Kennzeichen Letzterer ist ihre Zielgerichtetheit. Diese ergibt sich aus der »intentionale[n] Steigerung der Geschwindigkeit«, wie sie gerade für Fortschritte im Technikbereich grundlegend ist (ebd.: 20). Die technologische Entwicklung im IT-Bereich zielt im Kern primär auf eine immer schnellere Verarbeitung von Daten, indem die Leistungsfähigkeit von Prozessoren verbessert, effizientere Algorithmen entwickelt oder Latenzen von Kommunikationsprozessen verringert werden.[67] Nicht von ungefähr wird für gesellschaftliche oder wirtschaftliche Veränderungen – wenn diese aufgrund ihrer Geschwindigkeit als nicht mehr linear steigend wahrgenommen werden – immer wieder die Metapher des sogenannten mooreschen Gesetzes hervorgeholt. Diese nach Gordon E. Moore, Mitbegründer des Prozes-

---

66 Der Suffizienz-Gedanke lässt sich mit »Weniger ist mehr« oder »So viel wie nötig, so wenig wie möglich« beschreiben.

67 Hinzu kommen weitere, vielfach aber eher sekundäre Ziele wie die Steigerung der (Energie-)Effizienz oder eine stärkere Miniaturisierung.

sorherstellers Intel, benannte Gesetzmäßigkeit verweist auf eine exponentielle statt lineare Entwicklung auf Basis einer rapiden Steigerung der Komplexität.[68] Moore's Law wird daher sowohl in der medialen Berichterstattung als auch in wissenschaftlichen Abhandlungen immer wieder als Grundlage oder Formel der digitalen Revolution herangezogen.[69] »Die Prognose von Moore wurde [so] zum Leitbild der aufkommenden Digitalisierung« (Jaekel 2016: 1).

Diese Beschleunigung auf der (elektro-)technischen Ebene führt auch zu höheren Geschwindigkeiten auf den darüberliegenden technischen Prozessebenen, sei es in der Kommunikation, der Produktion, dem Transport oder der Analyse und Bearbeitung von Daten. Vermittelt über diese Ebenen, diffundiert die technische Beschleunigung in die zweite Kategorie von Rosa (2013: 22), derjenigen der »Beschleunigung des sozialen Wandels«, die er als »Beschleunigung *der* [Herv. i. O.] Gesellschaft selbst« beschreibt. Dadurch verändern sich »soziale Strukturen und Handlungsmuster, -orientierungen und -bewertungen« (ebd.: 43). Heute ist von Konkurrenzprinzip und Wettbewerbsgesellschaft die Rede. Die moderne Gesellschaft tendiert »zu einer Totalisierung des Wettbewerbs im Sinne der wettbewerbsförmigen Primärorganisation aller Sozialsphären« (Rosa 2006: 102) mit dem Fokus auf Innovations- und Leistungsfähigkeit, was nicht ohne Auswirkungen auf die Individuen bleiben kann.[70] Daher folgt die dritte Kategorie der Beschleunigung, die Beschleunigung des Lebenstempos, woraus sich dann ein wesentlicher Faktor der paradoxen Zeitwahrnehmung der Moderne ergibt. Schnellere Technologien führen per se zu einer Entschleunigung, denn für das Gleiche (Tätigkeit, Produktion etc.) wird weniger Zeit benötigt (vgl. Rosa 2013: 30f.). Beim Übergang in die Sphäre des Sozialen verkehren sich die technologischen Entwicklungen dann jedoch vielfach zu einem Treiber (aber nicht Verursacher) der Beschleunigung des Lebens. Denn die technische Beschleunigung setzt zwar Zeit frei, wenn etwa für eine Tätigkeit weniger Zeitaufwand benötigt wird, ermöglicht damit gleichzeitig aber auch eine Zeitverdichtung – mehr in der gleichen Zeit statt Gleiches in kürzerer Zeit. Die gesellschaftlichen Veränderungen in der zweiten Dimension forcieren eine Nutzung der zeitverdichtenden Möglichkeiten auf der individuellen Ebene. Unabhängig davon erhöht sich in beiden Fällen das Leistungsniveau, weil Takt und Tempo ansteigen. Das Lebenstempo

---

68 Moore (1965: 115) postulierte Mitte der 1960er-Jahre, dass sich in der Entwicklung integrierter Schaltkreise die »complexity for minimum component costs has increased at a rate of roughly a factor of two per year.« Die zunehmende Komplexität durch die steigende Integrationsdichte (mehr Transistoren auf gleicher oder kleinerer Fläche) führt zu entsprechend »schnelleren«, weil leistungsfähigeren Prozessoren (Anzahl der Berechnungen pro Zeiteinheit). Aus seinen Erkenntnissen schlussfolgerte er, dass diese Entwicklung auch in den nächsten zehn Jahren anhalten wird. Tatsächlich wird erst etwa 50 Jahre später über das Ende des mooreschen Gesetzes aufgrund der sichtbar werdenden physikalischen (thermischen) Grenzen einer immer weiteren Verkleinerung von Transistoren gesprochen (vgl. etwa Loeffler 2018; Jaeger 2016). Hieran wird erkennbar, dass Beschleunigung und Geschwindigkeit nicht grenzenlos sind. Dies gilt sowohl für harte Grenzen auf der physischen, naturwissenschaftlichen Ebene als auch für weiche Grenzen, bei denen nicht intendierte (Neben-)Wirkungen (etwa psychischer Art), den erwünschten Effekt der Beschleunigung aufheben oder konterkarieren.

69 Jaeger (2016) spricht gar vom »Grundgesetz und Wahrzeichen der digitalen Revolution«.

70 Rosa (2013: 54) spricht von einem strukturellen Dreieck aus den »ineinander verschränkten Prinzipien des Wettbewerbs, des Wachstums und der Beschleunigung«.

ist nach Norbert Elias (2010: 337) »in der Tat nichts anderes, als ein Ausdruck für die Menge der Verflechtungsketten, die sich in jeder einzelnen gesellschaftlichen Funktion verknoten, und für den Konkurrenzdruck, der aus diesem weiten und dicht bevölkerten Netz heraus jede einzelne Handlung antreibt«.

Diese Verflechtungsketten nehmen zu, werden länger, komplexer und verweben sich immer stärker miteinander. Wettbewerbs- und Leistungsdruck, ein Gefühl ständiger Zeitknappheit oder der Versuch, mittels Multitasking den neuen Anforderungen gerecht zu werden, gehören zu den individuellen Auswirkungen. Um dieser Beschleunigung des Lebenstempos, der Zeitknappheit, zu begegnen, wird wiederum »technische Beschleunigung als soziale Antwort begriffen«, weshalb die drei Beschleunigungskategorien nach Rosa (2013: 42, 45) als Feedback- oder Beschleunigungszirkel, »als geschlossenes, sich selbst antreibendes System« zu verstehen sind.[71]

Die Wirkung der Beschleunigung verbleibt somit nicht auf der technischen oder individuellen Ebene, sondern diffundiert auf die gesellschaftliche und systemische Ebene. Ein Ausdruck dieser Entwicklung, und direkt mit der technischen Beschleunigung verbunden, ist das in unterschiedlichen gesellschaftlichen Subsystemen und Sphären anzutreffende Phänomen des exponentiellen Wachstums, das sich eben gerade nicht auf die Entwicklung von Prozessorleistung beschränkt. Exponentielles Wachstum findet sich mit Blick auf die Gewinnentwicklung großer Technologieunternehmen, bei der Zahl der im Internet verfügbaren Websites, bei dem Umfang des abrufbaren Wissens oder gefühlt bei den Wahlmöglichkeiten der Freizeitgestaltung (vgl. Eriksen 2001: 98ff.).[72] Mit dieser Entwicklung erfolgen eine »*Steigerung der Verfallsrate der Verläßlichkeit von Erfahrungen und Erwartungen*« und »die *Verkürzung der als Gegenwart zu bestimmenden Zeiträume* [Herv. i. O.]« (Rosa 2013: 23f.). Somit schrumpft der Zeitraum zusammen, in dem stabile Handlungs- und Orientierungsmuster existieren können, weil – durch die mit der Beschleunigung einhergehende Zunahme von Komplexität und Kontingenz – mittel- und langfristig keine Erwartungssicherheit mehr besteht.

> »Die Gegenwart schrumpft in den Dimensionen der Politik und des Beruflichen, der Technik und des Ästhetischen, des Normativen und der Wissenschaft oder des Kognitiven, also sowohl in kulturellen als auch strukturellen Hinsichten« (ebd.: 24).

Betroffen von der Beschleunigung ist in der dritten Dimension damit das gesamte gesellschaftliche, wirtschaftliche und politische System. Gleichzeitig fallen so sehr unterschiedliche Entwicklungen in den ausdifferenzierten gesellschaftlichen Subsystemen unter den Begriff der Beschleunigung. Wenngleich sich diese unter einen Oberbegriff subsumieren lassen, lässt sich daraus noch lange nicht ableiten, dass diese Entwicklungen (automatisch) gleichförmig, gleichgerichtet und synchron abliefen. »[E]ven if most spheres of social life are now speeding up, it seems unlikely that they are all doing

71 Da alle gesellschaftlichen, wirtschaftlichen und politischen Sphären von dem Beschleunigungszirkel betroffen sind, charakterisiert Rosa (2013: 89) die »Beschleunigung als neue Form des Totalitarismus«.

72 Die Wachstumsrate übersteigt nach Rosa (2013: 32f.) die Rate der Beschleunigung, was eine weitere Erklärung für das Paradox zunehmender Zeitknappheit trotz zeitsparenderer technologischer Entwicklungen sei.

so at the same pace« (Rosa/Scheuerman 2009b: 13; vgl. auch Rosa 2013: 99f.). Damit ist fraglich, wie beziehungsweise ob sich mittel- und langfristig eine unschädliche Synchronität, nicht nur zwischen den unterschiedlichen Sphären wie Wirtschaft und Politik, sondern insbesondere auch zwischen technischer und sozialer Beschleunigung herausbilden könne. So wird längerfristiges Planen unter der Bedingung von Beschleunigung schwieriger und Stabilität damit unwahrscheinlicher. Diese grundlegenden Schwierigkeiten stellen sich »nicht nur den individuellen Akteuren, sondern auch als gesamtgesellschaftliches und subsystemisches Steuerungs- bzw. Kontingenzbewältigungsproblem«, worin ein erster direkter Bezugspunkt zur Frage nach veränderten staatlichen Steuerungspotenzialen im digitalen Zeitalter besteht (Rosa 2005: 43).

Politisches Handeln findet in einem »von zeitlichen Parametern beeinflussten Kontext statt« (Blank et al. 2011: 79f.). Oder wie Pias (2004) es fasst: »Regierung ist eine zeitkritische Operation.« Mit den Beschleunigungsprozessen wird Zeit komprimiert, womit gleichzeitig Problemlagen und Risiken kurzfristiger und schlaglichtartiger in Erscheinung treten. Damit schrumpft das Zeitfenster zur politischen Problemlösung und das Entscheidungstempo erhöht sich (vgl. Rosa 2013: 80) – auch, weil zugleich die Erwartungshaltung an eine unmittelbare, kurzfristige und schnelle Bearbeitung zunimmt.[73] »Instantaneous time appears to transform the powers of nation-states« (Urry 2009: 193). Durch ihre Synchronisierung, zeitliche Verdichtung und räumliche Entgrenzung werden also Entscheidungskontexte flexibilisiert und auf Echtzeit verkürzt. »Vorausschauende Planung wird verdrängt von dynamisch-adaptiver Reaktion auf die jeweils aktuelle Situation« (Weyer 2019: 17). Mit Zeitdruck steigt potenziell die Gefahr von Fehlentscheidungen; insbesondere, weil sich vor allem die Informationsvermittlung und -verarbeitung beschleunigt, wohingegen nicht gleichzeitig genauso schnell neues Wissen generiert werden kann.

Angesichts dieser Ungleichzeitigkeit bietet die Langsamkeit von demokratischen Prozessen (und auch des Verwaltungshandelns) entscheidende Vorteile. Informationen sind flüchtig, werden beständig aktualisiert, ersetzt oder die zugrunde liegenden Daten neu interpretiert. Feustel (2018: 150) spricht vom »permanenten Taumel der Aktualität«. Dass politische Prozesse Zeit in Anspruch nehmen, ist also notwendig. Es wirkt kurzfristigen, unüberlegten oder unbedachten (Kurzschluss-)Reaktionen entgegen. Anspruchsvolle Herausforderungen und komplexe Problemlagen lassen sich mitunter nur mit Bedacht angemessen bearbeiten. Langwierige politische Prozesse sind damit nicht per se ein Makel. Politik unterliegt einem anderen Anspruch als der Floskel »Zeit ist Geld«, wie sie viel zu häufig (und nicht angemessen) im ökonomischen Kontext bemüht wird. Langsamkeit hat auch über die reine Problemlösungsperspektive hinaus positive Aspekte. Sie bietet unter anderem zeitlichen Raum, um unterschiedlichen Interes-

73 Dazu tragen möglicherweise auch die veränderten Feedbackschleifen und schnelleren Kommunikationsmöglichkeiten durch soziale Medien bei, wie Lobe (2019) in einem Artikel in der Süddeutschen prägnant herausstellt: »Man kann auf Facebook alles liken, aber nur alle paar Jahre sein Kreuz auf dem Wahlzettel machen. Diese Desynchronisation von Stimmungen und Stimme verfestigt ein Gefühl, dass sich die Welt immer schneller dreht, politisch jedoch alles stillzustehen scheint.«

sen Gehör zu verschaffen und verschiedene Handlungsmöglichkeiten gegeneinander abzuwägen.

Gleichwohl sind repräsentative Demokratien nicht vor *unnötig* langwierigen Prozeduren gefeit. Scheuerman (2004: 209) kommt daher zu dem Schluss, dass diesen mit »careful experimentation and according to the well-worn principal of ›trial and error‹« begegnet werden sollte. Aus dieser Perspektive bietet die Digitalisierung natürlich auch neue Potenziale und Möglichkeiten, um schneller und effektiver auf alte und neue Herausforderungen reagieren zu können (vgl. Stengel 2017: 47).

Auf einen zweiten Wirkungsmechanismus auf staatliche Steuerungsfähigkeit weist Rosa (2005: 46) unter Bezugnahme auf die mögliche Desynchronität zwischen gesellschaftlichen Funktionssystemen hin:

> »[D]ie Wirtschaft, die Wissenschaft, die Technik und die durch sie ausgelösten Entwicklungen seien zu schnell geworden für eine politische Steuerung und rechtliche Regulierung der gesellschaftlichen Veränderung [Herv. i. O.].«

In dieser Lesart verläuft die Beschleunigung im Subsystem der Politik nicht synchron zu den Beschleunigungsprozessen in den anderen gesellschaftlichen Subsystemen.[74] Davon ausgehend stellt sich die Frage, ob Politik mit ihren Steuerungsversuchen grundsätzlich der (digitalen) Entwicklung hinterherhinke. Rosa (2013: 103) sieht durchaus eine »tiefgreifende Desynchronisation zwischen der Sphäre der Politik und der technologisch-ökonomischen Welt«. Diese wird auch in den Medien ein ums andere Mal postuliert. So fragt etwa die Huffington Post: »Leben Politik und Internetwirtschaft überhaupt in derselben Zeitzone?« (Florian 2015). Von verschiedenen Seiten wird diese Frage mit einem Nein beantwortet, woraus dann jedoch unterschiedliche, als notwendig erachtete Konsequenzen gezogen werden. Stimmen aus der Wirtschaft fordern den weitgehenden Verzicht auf Regelungen und Regulierung, um Innovationen (insbesondere die Entwicklung neuer Geschäftsmodelle) nicht zu gefährden und Nachteile im internationalen Wettbewerb zu verhindern. So vermeldet Fabian Westerheide (2017) vom Bundesverband Deutscher Startups etwa zum Thema KI: »Wir brauchen keine Regulierung für Künstliche Intelligenz sondern mehr Förderung.« Dagegen sieht Christoph Meinel, Informatiker und Direktor des Hasso-Plattner-Instituts, dass die Digitalisierung durchaus neue Lösungen und Regeln notwendig macht. Regulierung dürfe allerdings »auf keinen Fall zu starr sein«, wofür »in alle[n] Gesetze[n] eine Experimentierklausel« enthalten sein solle (zitiert nach Bauchmüller/Braun 2018). Solche Formen der flexiblen Ausgestaltung von Gesetzen findet sich durchaus auch auf der politischen Ebene, etwa mit den Experimentierräumen zur Erprobung neuer Konzepte zur Arbeitszeitgestaltung (vgl. BMAS o.J.),

74 Demokratien sind davon gleich in doppelter Hinsicht betroffen. Zum einen erfordern Partizipations- und Aushandlungsprozesse generell Zeit, um alle relevanten Interessen beziehungsweise Akteure einzubeziehen, Positionen und Argumente auszuloten und eine Entscheidung zu treffen. Zum anderen erhöht sich die dafür benötigte Zeit in modernen Gesellschaften im digitalen Zeitalter – nicht nur aufgrund von Pluralisierung und Individualisierung, sondern insbesondere aufgrund zunehmender Komplexität von Themen und Problemen (vgl. Rosa 2013: 103).

die das Bundesministerium für Arbeit und Soziales (BMAS) nach dem Grün- und Weißbuchprozess Arbeiten 4.0 zur Zukunft der Arbeit umgesetzt hat.[75] Auch mit unbestimmten Rechtsbegriffen wie dem »Stand der Technik« wird versucht, Gesetzen eine gewisse Update-Flexibilität mit Blick auf mögliche zukünftige Entwicklungen einzuimpfen (vgl. Willke 1997: 287).

Über diese zwei Bezugspunkte zu staatlicher Steuerung hinaus gibt es einen weiteren Aspekt, der mit Blick auf den Staat eine Rolle spielt: den des Raums. Beschleunigung und zunehmende Geschwindigkeit verändern nicht nur die Dimension der Zeit, sondern auch die Dimension des Raums, wobei der Wandel in der letzteren Dimension die von den Veränderungen in der ersten Dimension abhängige Variable darstellt (vgl. Rosa 2005: 21, 62). Der Begriff des Raums wiederum besitzt vielfältige Bezugspunkte zum Staat, die weit über die offensichtliche und zentrale Verbindung schlechthin – das Staatsgebiet oder Staatsterritorium, die in der »gängigen Vorstellung [...] einzige Raumform des Staates« – hinausgehen (Belina 2018: 29). Zentrale Bezüge lassen sich unter den Diskursen zur Entgrenzung von Räumen einerseits und der Schrumpfung des Raums andererseits verorten.

II.2.7 Entgrenzung und Schrumpfung

Der Staat als Territorialstaat ist unweigerlich mit Konzepten von Räumen verbunden. Zuallererst gehört das Staatsgebiet, als konstituierender Faktor neben der Staatsgewalt und dem Staatsvolk, zur Trias des Staates in der Drei-Elementen-Lehre. Der Staat bedarf »zu seiner Existenz der räumlichen Ausdehnung«, also eines Staatsgebiets (Jellinek 1914: 396). Ein solches Staatsgebiet ist durch geografische Grenzen definiert (vgl. Boehme-Neßler 2018: 17). Die Grenzen des staatlichen Territoriums bestimmen demnach unter anderem »den Raum, auf dem die Staatsgewalt ihre spezifische Tätigkeit, die des Herrschens, entfalten kann« (Jellinek 1914: 394). Für den Staat als Nationalstaat spielt diese territoriale Dimension weiterhin eine wichtige Rolle, auch wenn sie ihn nicht mehr primär definiert, weil im »Übergang zum demokratischen Nationalstaat [...] das Territorialprinzip im ganzen durch das des Personenverbandes ersetzt wird« (Maus 2001: 314). Ohnehin befindet sich die territoriale Dimension aus unterschiedlichen Gründen in der Auflösung, zumindest aber in einer Formveränderung. Diese lässt sich als Entgrenzung und Schrumpfung beschreiben.

> »Wenn in der Vergangenheit die Kontrolle des Territoriums und der Bevölkerung von konstitutiver Bedeutung für die Existenz des Staates als politischer Herrschaftsverband [...] war, dann erhebt sich die Frage, welche Folgen die Prozesse der territorialen Entgrenzung auf die Funktionsweise des Staates haben« (Bach 2013a: 10).

Wirtschaftliche, politische und technische Entwicklungen tragen dabei gleichermaßen zur territorialen Entgrenzung bei. In der globalisierten Welt überschreiten Geld- und

75 Siehe auch Kapitel VI.2.3 und V.2.3.

Warenströme Ländergrenzen und Kontinente. Die Europäisierung öffnet in einem gemeinsamen Binnenmarkt nicht nur zwischenstaatliche Schranken für Personen und Güter. Als supranationales Gebilde erlässt die Europäische Union Richtlinien und Verordnungen, deren Einhaltung der Europäische Gerichtshof überwacht.[76] Die europäischen Staaten müssen dafür nationale – auf ihr Staatsgebiet und Staatsvolk bezogene – Souveränität abgeben. Auf der technischen Ebene lassen schnellere Transportmöglichkeiten den Raum schrumpfen, den Waren und Personen ohne große Hürden überwinden können – eine Grundlage der Globalisierung. Die digitalen Verbindungen über das Internet verdichten ebenfalls die Raumstruktur. Sprachlich wird dies am bereits in den 1960er-Jahren von McLuhan (1962: 31) geprägten Begriff des *Global Village* deutlich:

> »But certainly the electro-magnetic discoveries have recreated the simultaneous field in all human affairs so that the human family now exists under conditions of a global village. We live in a single constricted space resonant with tribal drums.«

McLuhan zielte zwar mit seiner Analogie weniger auf den Raum als primär auf die Rückkehr einer auf Radio, Fernsehen und Telefon basierten dörflichen, alle Sinne simultan nutzenden Face-to-Face-Kommunikation auf globaler Ebene ab – und damit den Umgang der Menschen miteinander und die soziale Interaktion (vgl. etwa Georgiadou 2002: 92). Dennoch wurde der Begriff in den 1990er-Jahren schnell zum positiv konnotierten, wenngleich auch früh kritisch hinterfragten Sinnbild für das Potenzial des Internets, das »breaks down barriers between people and countries, creating a true global village« (Bailey 2002: 25). Mit dem Internet entstanden zwar auch globale Marktplätze, beschleunigte Finanz- und Börsenmärkte, aber im Kern ermöglicht es Kommunikation und Datenaustausch in Echtzeit an denen alle Menschen (mit Zugang) teilnehmen können.

Tatsächlich schrumpf im globalen Dorf des digitalen Zeitalters die Distanz zwischen Menschen digital vermittelt zusammen. Milgram (1967: 67) ermittelte in der zweiten Hälfte der 1960er-Jahre in seinem small-world experiment eine durchschnittliche Länge des Pfades zwischen fünf und sechs Knotenpunkte, der zwei Menschen in den USA über Zweier-Bekanntschaften miteinander verband (vgl. auch Travers/Milgram 1969: 436ff.). Aus diesem unter dem Namen *Six Degrees of Separation* [jeder kennt jeden über sechs Ecken] bekannten Phänomen[77] sind mit dem Siegeszug monopolartiger sozialer Netzwerke »Three and a half degrees of separation« geworden, wie eine von *facebook research* veröffentliche Studie zeigt (Bhagat et al. 2016).[78] Während sich Raum und Zeit komprimieren, dehnen sich soziale Beziehungen und Kommunikation also gleichzeitig aus

---

76 Veränderte Rechtsregime zwischen und jenseits von Staaten führen zu einer »Pluralisierung, Fragmentierung und Entterritorialisierung des Rechts« und der Frage, was dies »für die Handlungs- und Steuerungsfähigkeit der Staaten« bedeute (Bach 2013a: 11).

77 Trotz aller methodischer und konzeptioneller Schwächen des ursprünglichen experimentellen Settings (vgl. etwa Schnettler 2008).

78 Die tatsächliche Verkürzung der Pfadlänge wird vermutlich geringer als 2,5 ausfallen. Zwar nutzen Bhagat et al. (2016) statistische Algorithmen zur Abschätzung der Pfadlänge und rechnen nicht tatsächlich die kürzesten Wege zwischen allen Netzwerkteilnehmer:innen aus. Allerdings dürften sie diesen damit deutlich näher kommen als Milgram (1967) in seinem experimentellen Setting, das einfach die erste gefundene Verbindung nutzte (vgl. auch Travers/Milgram 1969).

(vgl. Huber 1997). Die neuen internetbasierten Echtzeit-Kommunikationsmöglichkeiten verbinden aber nicht nur Menschen oder im *Internet of Things (IoT)* [Internet der Dinge] Maschinen, ohne dass Raum und Entfernung dabei eine große Rolle spielen würden. Vielmehr konstituieren sie gleichzeitig auch gänzlich neue Formen von Räumen, von denen zwei für diese Abhandlung noch von Bedeutung sein werden.

So findet sich der Raumbezug, auch sprachlich deutlich, im ebenfalls bereits Mitte der 1960er-Jahren aufkommenden Konzept des *Cyberspace*[79] (auch wenn der Begriff als solcher erst Mitte der 1980er-Jahre das erste Mal auftaucht).[80] Die Kategorie des Raums hat in diesem Sinne einen direkten Bezug zu Staat und Staatlichkeit in Form des Staatsgebiets. Auch wenn die geografischen Grenzen von Staatsgebieten unhinterfragt bleiben, löst sich im digitalen Raum des Internets die staatliche Macht der Grenzziehung und die Sicherung der Außengrenzen tendenziell immer weiter auf. Auch wenn Regierungen versuchen, dieser Perforation der Staatsgrenzen etwas entgegenzusetzen, sind selbst repressive Autokratien[81] wie China dazu nicht immer vollumfänglich und dauerhaft in der Lage.[82] Wenn Staaten erfolgreich sind, dann mehr oder minder unter Verzicht auf jegliche Art der Ein- beziehungsweise Verbindung und unter einer strikten physischen Abgrenzung, wie sie in totalitären Staaten wie Nordkorea stattfindet.

Wie auch die Globalisierung und Europäisierung erschwert die Digitalisierung politische Steuerung, weil sie deren Kongruenzbedingung verletzt: »[D]er Raum der Pro-

---

79 Stanislaw Lem (1964: 283f.) konstruiert im Kapitel »The Creation of Worlds« in seinem Werk »Summa technologiae« eine »Next World:« »This will be a total world, with its own laws, and it will be indistinguishable from the ›real‹ one owing to the skill of its Designers [...] humanity in its future generations will conquer the Next World, Transcendence, and everything it has dreamed of for centuries«.

80 Der Begriff Cyberspace taucht zum ersten Mal in dem Science-Fiction-Roman »Neuromancer« von William Gibson (1984: 10) auf: »He [...] jacked into a custom cyberspace deck that projected his disembodied consciousness into the con sensual hallucination that was the matrix.«

81 Das moderne China wird unter anderem als Neo-Autoritarismus beschriebene (vgl. Brown 2018: 85), der sich »den Prinzipien des Autoritarismus konfuzianischer Provenienz verpflichtet fühlt« (Kümmel 1997: 127).

82 Der Versuch Chinas, seine Staatsgrenzen nach außen und seine Staatsmacht nach innen auch im digitalen Raum zu sichern, wird dann auch bildlich mit dem Bau der Great Firewall of China, »a digital equivalent to China's Great Wall«, beschrieben (Barme/Ye 1997). Der chinesischen Firewall kommt eine doppelte Funktion zu. Erstens soll sie den Zugriff auf der Kommunistischen Partei (KP) unliebsame politische Inhalte unterbinden. Dazu zählen etwa Berichte über den chinesischen Umgang mit Tibet oder das Massaker auf dem Tian'anmen-Platz (Platz des Himmlischen Friedens) 1989. Viele westliche soziale Netzwerke werden gleich komplett gesperrt, unter anderem weil diese keine Schnittstelle zur staatlichen Zensur-Infrastruktur anbieten. Hier wird eine zweite Funktion der Firewall deutlich: Sie soll Potenziale zur Mobilisierung von Protest verhindern. Sie verbindet demnach den Wunsch der KP nach sozialer Stabilität und politischer Kontrolle. »The leading proponent of Internet sovereignty is undoubtedly China, motivated by its need to maintain regime stability. China's capacity to control and regulate information flows is a key instrument of its censorship and surveillance of its citizens, and a means of ensuring that the Chinese Community Party is not challenged« (Wu 2021: 660). Die Versuche einer technischen Filterung, inhaltlichen Zensur und sozialen Kontrolle durch die chinesische Regierung werden begleitet von Bestrebungen, an der Spitze der Entwicklung von Schlüsseltechnologien zu stehen, sei es in der Robotik oder der KI (vgl. auch Steinbicker 2013: 211).

blemwirkung« und der »Problemlösungsraum« sind nicht deckungsgleich (Dose 2003: 33). Im digitalen Zeitalter lösen sich also Grenzen von und zwischen Staaten, bezogen auf den Raum des Internets, auf. Diese Auflösung führte frühzeitig bei den Gründungsvätern und -müttern des Internets sowie *Early Adopter* und Internetaktivisten wie dem Gründungsmitglied der *Electronic Frontier Foundation (EFF)*, John Perry Barlow, zu einem Verständnis des Internets als freiem Raum. Dieser liegt abseits der physischen Welt, außerhalb des Einflusses von Regierungen und damit jenseits politischer Steuerung und Regulierung. Diese Einschätzung kristallisierte sich besonders deutlich in der *Declaration of the Independence of Cyberspace*, die Barlow (1996) Mitte der 1990er-Jahre verfasste: »Cyberspace does not lie within your borders«. Der wohl am häufigsten zitierte Teil der Deklaration ist sein erster Absatz:

> »Governments of the Industrial World, you weary giants of flesh and steel, I come from Cyberspace, the new home of Mind. On behalf of the future, I ask you of the past to leave us alone. You are not welcome among us. You have no sovereignty where we gather« (ebd.).

Diese Passage wird bis heute von Einzelnen als Manifest für ein Internet des rechtsfreien Raums herangezogen. Allerdings hatte bereits Barlow kein gänzlich ungeregeltes Internet vor Augen. Vielmehr stellte er heraus, dass eigene soziale Normen in Form der Goldenen Regel[83] das einzige allgemein anerkannte Gesetz seien. Dagegen verwehrte er sich der Rechtmäßigkeit jeglichen staatlichen Zugriffs auf den selbstgeschaffenen und -verwalteten Raum des Cyberspace:

> »You have no moral right to rule us nor do you possess any methods of enforcement we have true reason to fear. [...] Your legal concepts of property, expression, identity, movement, and context do not apply to us. They are all based on matter, and there is no matter here« (ebd.).

Dagegen bezeichnet etwa Boehme-Neßler (2018: 20) es nicht nur als weiterhin offene Frage, inwieweit soziale Integration überhaupt jenseits des Nationalstaates möglich sei. Vielmehr stelle sich im Cyberspace die »Frage nach der Bedeutung des Staates« in »aller Schärfe«, denn eine Selbstverwaltung sei »utopisch und problematisch.«

Eine deutlich andere Perspektive nahm zur Jahrtausendwende Laurence Lessig ein, die sich bis heute in vielen informationstechnischen Debatten unter der von ihm geprägten griffigen Phrase *Code is law* wiederfindet. Der Gesetzescharakter von Code hat eine doppelte Bedeutung: Hard- und Software (beides versteht Lessig unter Code) »that make cyberspace what it is also regulate cyberspace as it is« (Lessig 2006: 5). Zum einen war das Internet also nie frei und ungeregelt, sondern was im Internet wie möglich ist, wird von jeher durch die Gestaltung der Hardware und die Implementation von Funktionalitäten in der Software bestimmt. Zum anderen mag zwar das Verhalten von Menschen im

83 Die Goldene Regel bezieht sich auf die konfuzianische, praktische (und auch christliche) Ethik reziproken menschlichen Handelns: Behandle jeden so, wie du auch selbst behandelt werden willst – oder mit Kants (1955: 421) kategorischem Imperativ gesprochen: »Handle nur nach derjenigen Maxime, durch die du zugleich wollen kannst, dass sie ein allgemeines Gesetz werde.«

Internet – und damit auch von Inhalten – für den Staat nur schwierig direkt zu steuern sein (vgl. auch Knieper et al. 2013: 231). »But that doesn't mean it is difficult for the government to regulate the architecture of the Internet as it is« (Lessig 2006: 62). Eine Regulierung des Codes kann somit eine Hard- und Softwarearchitektur schaffen, »that makes behavior more regulable« (ebd.).[84] Nichts anderes findet heute statt, wenn etwa die EU eine Urheberrechtsrichtlinie verabschiedet, die Plattformen auferlegt, den von Nutzer:innen hochgeladenen Inhalt *[Content]* mittels Algorithmen (Uploadfiltern) vor der Veröffentlichung automatisch auf mögliche Urheberrechtsverstöße zu überprüfen und gegebenenfalls zu blockieren. Gleiches gilt für das an späterer Stelle noch ausführlich zu betrachtende *Netzwerkdurchsetzungsgesetz (NetzDG)* in Deutschland (siehe Kapitel V.3).

»Territorialität als Minimaldefinition staatlicher Herrschaft scheint ohne Bedeutung in den virtuellen Welten der Computernetzwerke« (Steinbicker 2013: 202). Die entgrenzende Wirkung des Internets hat aber auch selbst Grenzen. So basiert der globale Datenaustausch im Netz auf dem Vorhandensein physikalischer Infrastruktur, die wiederum staatlichem Zugriff und einer möglichen Regulierung unterliegt. Auch der Cyberspace ist damit eingebettet in die reale Welt (vgl. Boehme-Neßler 2018: 11, 16).[85]

Verständlicherweise konnte sich der Schluss, aus der Extraterritorialität des Internets den extralegalen Status des dort stattfindenden Handelns abzuleiten, nicht durchsetzen. Nicht nur, weil staatliche Akteure daran kein Interesse hatten, sondern auch, da Veränderungen »in Net demographics […] to an increased demand for law and order from within Cyberspace as well« beitragen (Mefford 1997: 212).[86] Das Verhältnis zwischen Cyberspace und realer Welt ist daher nicht durch ein isoliertes Nebeneinander gekennzeichnet und war es auch nie. Vielmehr bestehen nicht nur Wechselwirkungen zwischen der Online- und Offlinesphäre, sondern zahllose gegenseitige Abhängigkeiten (vgl. Boehme-Neßler 2018: 10).

Allerdings bleibt die Frage nach der Angemessenheit, Wirksamkeit und einfacher Übertragbarkeit etablierter rechtlicher Konzepte und staatlicher Regulierungsinstrumente des analogen Zeitalters in der beziehungsweise in die digitale Welt weiterhin relevant und die richtige Antwort umstritten. Reaktionen bestehen unter anderem in der nationalstaatsübergreifenden Ausdehnung von Rechten. Diese findet sich zum einen in der extraterritorialen Ausdehnung des Strafrechts und der Strafverfolgung (vgl. etwa Dombrowski 2014) zum Beispiel von *Cybercrime* beziehungsweise grenzüberschreitender

---

84 Der Blick auf die Gesamtheit der Hard- und Softwarearchitektur vervielfältigt die möglichen staatlichen regulatorischen Eingriffe über dessen physisch bedingten direkten Zugriff auf die nationale technische Infrastruktur und deren Anbieter wie etwa die *Internet Service Provider* (ISP) hinaus.

85 Das gilt auch für die in den letzten Jahren rasant vorangeschrittene Technologie, die ein Eintauchen in komplett künstliche, also simulierte, Welten der virtuellen Realität (*Virtual Reality*; VR) erlaubt oder die reale Welt optisch durch Einblendung virtueller Objekte zu einer erweiterten Realität (*Augmented Reality*; AR) anreichert.

86 Diese Forderungen aus dem Netz nahmen in dem Maße zu, in dem das Internet nicht mehr nur von technisch versierten Expert:innen genutzt wurde, sondern gesamtgesellschaftliche Ausbreitung fand. Zeitgleich wurde aus dem freien Spielplatz unter Gleichgesinnten in vielerlei Hinsicht mehr und mehr ein Marktplatz, von dem die Marktteilnehmer:innen die gleichen rechtlichen Sicherheiten erwarten, die in der physischen Welt gelten.

Kriminalität oder in der »extraterritoriale[n] Wirkung des neuen europäischen Datenschutzrechts« (Klar 2017). In diesem Sinne findet zwar die Entterritorialisierung durch die digitale Vernetzung ihre Entsprechung in der Entterritorialisierung des Rechts.[87] Gleichzeitig verschieben sich jedoch Grenzen, womit auch eine Neubestimmung des in diesen Grenzen liegenden Raums stattfindet. Die Entterritorialisierung ist also mit einer Reterritorialisierung auf unterschiedlichen Ebenen verbunden. So erweitern etwa die Kompetenzverschiebungen auf die europäische Ebene den Raum über nationalstaatliche Territorien hinaus, während das politische Konzept des Europas der Regionen zugleich einen Fokus auf die Regionen legt und damit den Raum des Nationalstaats auf ebendiese Räume einengt.

Zum anderen erfolgen Anpassung vorhandener Maßnahmen, oder neu aufkommende Steuerungsinstrumente (wie algorithmische Regulierung) werden in Betracht gezogen. Inwieweit dabei das Internet einen eigenen Rechtsraum darstellt oder benötigt, ist Teil einer breiten Debatte. Wenn Mefford (1997: 213) von der Notwendigkeit eines »Lex Informatica« spricht, von der »inadequacy of state law [...] based on borders and jurisdiction«, bezieht er sich in der Begründung unter anderem wiederum auf die zeitliche Dimension und Beschleunigungskategorie: »Specifically, the mere extension of physical world laws and government jurisdiction to Cyberspace will ultimately prove ineffective because of the fast-paced and unique nature of this global medium.« Mefford (ebd.: 222) kommt daher zu dem Schluss: »Rather, Cyberspace can and ought to be treated as a separate and discrete jurisdiction with its own rules and its own laws that reflect its unique character.« Dieser Verweis auf die besonderen Bedingungen des Internets, die mit Blick auf staatliche Regulierung und Steuerung berücksichtigt werden müssten, findet sich bis heute.

Der Raumbezug drückt sich zweitens in der Diskussion um Echokammern und Filterblasen insbesondere mit Bezug auf soziale Netzwerke aus (siehe Kapitel II.2.3). Letztere stellen selbst wiederum Communitys dar, quasiöffentliche Räume mit Grenzen in Form von Mitgliedschaft und Gesetzen in Form von Regeln und Community-Richtlinien. Im Cyberspace findet damit einerseits eine Entgrenzung statt, auf der anderen Seite werden beständig neue Grenzen eingezogen (vgl. Boehme-Neßler 2018: 14f.).

Der Territorialstaat und damit der Raum für politisches Handelns und staatliche Steuerung ist unterschiedlichen, zum Teil gegenläufigen Entwicklungen von Entgrenzung und Schrumpfung ausgesetzt. Dies ist nicht erst mit der Digitalisierung der Fall, vielmehr beschleunigt diese Tendenzen aus Globalisierungsprozessen, Europäisierung sowie verkehrs- und telekommunikationstechnischem Fortschritt. Vielfach bedeutet Entgrenzung jedoch eine Grenzverschiebung. Diese mag die Rolle des Staates und seine Steuerungspotenziale durchaus relativieren. Sie darf aber nicht mit »der Auflösung staatlicher Territorialität überhaupt« verwechselt werden (Brenner 1997: 15).

87 Vergleiche etwa Kahl (2017) zum Wirtschaftsrecht oder Cornils (2017) zum Kommunikationsrecht.

II.2.8 Komplexität, Wicked Problems, Ambiguität und Kontingenz

Mit der Digitalisierung nimmt die (mess- und belegbare) Komplexität unsere Welt exponentiell zu. Komplexen Systemen fehlt strukturelle Stabilität. »Complexity theory emphasizes how complex feedback loops exacerbate initial stresses in systems and render them unable to absorb shocks in a simple way that reestablishes the original equilibrium« (Urry 2009: 183). In der Folge zeitigen komplexe Systeme durchaus Ergebnisse, die nicht nur nicht vorhersagbar sein können, sondern auch intuitiv logischen Erwartungen widersprechen. Ebenso können kleine Impulse große, unberechenbare Auswirkungen haben. Globale Entwicklungen und transnationale Abhängigkeiten verkomplizieren die Lage zusätzlich. Statt von einfachen Herausforderungen wird daher heute von *wicked problems* [verzwickten Problemen] gesprochen. Problemlagen werden komplexer, Problemzusammenhänge dynamischer, und Problementwicklungen verlaufen zunehmend nicht linear. Diese Erkenntnis gilt aber nicht nur für Problemlagen und Herausforderungen. Auch die möglichen Lösungsansätze und -perspektiven folgen weniger zugänglichen und einfachen Formeln. Mit zunehmender Komplexität steigt aufgrund der Vielschichtigkeit, Unübersichtlichkeit und damit Interpretationsmöglich- und -notwendigkeit die Widersprüchlichkeit sowohl dessen, was als Problem wahrgenommen oder definiert wird, als auch der für das Problem gesehenen, erarbeiteten oder favorisierten Lösungsansätze.

Komplexe Probleme und Phänomene sind mithin mehrdeutig oder ambig. Ambiguität eröffnet damit Interpretationsräume, Uneindeutigkeit geht mit Unsicherheit einher und erschwert damit Entscheidungsfindung oder führt gar zu Unentscheidbarkeit. »Jede Interpretation führt in einen unerschöpflichen Verweisungszusammenhang hinein, der es unentscheidbar erscheinen lässt, was wirklich der Fall ist« (Bogner 2021: 13). Ambiguität nimmt bei steigender Komplexität und Informationsdichte zu und nicht ab. Ein Mehr an Informationen vergrößert damit also sogar die Unsicherheit.[88] Informationen sind nicht nur vielfältig interpretierbar, sondern eröffnen auch immer neue Perspektiven auf den Gegenstand, den sie beschreiben. Problemlagen werden damit vielschichtiger, ausdifferenzierter und entziehen sich so immer stärker einem einfachen Lösungsansatz. Damit nimmt zugleich die Vermittelbarkeit von Lösungen ab, und die Kontingenz politischer Entscheidungen steigt. Politik als Herstellung kollektiver Verbindlichkeit wird damit schwieriger. Verbindliche Entscheidungen können immer weniger durch Zweck-Mittel-Relationen herbeigeführt, begründet und durchgesetzt werden. Eindeutigkeit – nicht im Sinne einer tatsächlichen Eindeutigkeit,[89] sondern im Sinne einer akzeptieren, dominanten Lesart – muss erst im Diskurs argumentativ hergestellt werden, lässt sich aber auch immer einfacher durch andere Interpretationen oder Bewertungen von

88 Dies ist einer der Gründe, weshalb in der Literatur Risiko- und Informationsgesellschaft zusammen gedacht werden. »Einerseits wird in der Gesellschaft immer mehr Wissen erzeugt oder zusammengetragen. Andererseits werde gerade dadurch immer neue Gefahren, Ungewissheiten und nachhaltige Erkenntnislücken deutlich« (Albers 2012: 103).

89 Bauer (2018: 15) verweist darauf, dass sich Ambiguität nie gänzlich auflösen lässt. Vielmehr führt die Herstellung vermeintlicher Eindeutigkeit an der einen Stelle in der Regel zu einer Zunahme von Ambiguität an anderer Stelle. Ziel kann daher allenfalls sein, das Ambiguitätsniveau auf ein akzeptables, handhabbares Level zu reduzieren.

Daten und neuen Informationen infrage stellen. Damit steigt potenziell auch das Konfliktniveau, da eine einheitliche Sicht auf die Dinge unwahrscheinlicher und damit die Herstellung eines Konsenses schwieriger wird. »Mehr Forschung führt zu einer Differenzierung des Problems, erzeugt also mehr Nachfrage und damit am Ende mehr Unsicherheit – und damit auch mehr Konflikte« (ebd.: 26). Darüber hinaus besteht die Gefahr von Flipflop[90]-Situationen, wenn die Mehrheitsverhältnisse zwischen zwei dominierenden Interpretationen hin- und herschwanken. Gleichzeitig kommt es in der Wissensgesellschaft zu einer »Vermehrung von Handlungs- und Partizipationsmöglichkeiten« und damit zu heterogeneren Wissensbeständen und unterschiedlichen Einschätzungen (Botzem et al. 2009: 21). Insofern geht mit der »fortschreitenden Entzauberung der Welt durch die Wissenschaft« zugleich immer auch eine »Wiederverrätselung der Welt durch Komplexitätssteigerung« einher, mit der »Dinge und Zusammenhänge abstrakt, opak und kontraintuitiv« werden (Bogner 2021: 100). Für einen auf Beratung angewiesenen Staat wird bei zunehmender Kontingenz und Ambiguität damit die »Gestaltung der sachverständigen Beratung« immer wichtiger (Botzem et al. 2009: 21). Dies zeigt sich etwa konkret an den durchgeführten Dialogprozessen (wie den Grün- und Weißbüchern des BMAS zu »Arbeiten 4.0« im Jahr 2015/2016 oder des BMWi zu »Digitalen Plattformen« 2016/2017) und einberufenen Enquete-Kommissionen (etwa 2010 bis 2013 zum Thema »Internet und digitale Gesellschaft« oder 2018 bis 2020 zum Thema »Künstlicher Intelligenz«).

Im Zuge der Digitalisierung fallen immer schneller, immer mehr Daten an beziehungsweise lassen sich vielfältigere und kleinteiligere Daten erheben. Damit lassen sich Probleme (aber auch alle anderen verdateten Dinge) immer genauer beschreiben, sie werden höher aufgelöst, was Kucklick (2015) mit dem Begriff der Granularität versieht (siehe auch Kapitel II.2.4). Im Sinne eines *information overload* führen diese jedoch nicht zwingend zu einer besseren (also effizienteren oder effektiveren) Problemlösungsfähigkeit – vielmehr können Unmengen an Daten auch überfordern. Dies ist beispielsweise dann der Fall, wenn diese gar nicht alle ausgewertet werden können oder viele neue Interpretationsmöglichen eröffnen. Zusätzlich werden mit der höhere (Daten-)Auflösung in der Regel weitere Verknüpfungen und Zusammenhänge deutlich, wodurch sich singuläre Probleme immer öfter zu komplexen Problemlagen auswachsen.

Damit steht auch staatliche Steuerung im digitalen Zeitalter vor veränderten Herausforderungen. Unter anderem auch auf den Staat bezogen, könnte nach Kucklick (ebd.: 14) mit der Granularität der digitalen Gesellschaft »die Auflösung jener Institutionen, die sich in einer grobkörnigen Welt entwickelt haben und die nun nicht mehr mithalten können und hinderlich werden«, einhergehen.[91] Sie seien »geronnene Lösungsversuche für soziale und andere Probleme«, weshalb sich für sie entsprechende

---

90 Flipflops sind elektrische Schaltungen, die über zwei stabile Zustände verfügen (Bistabilität). *Flipflopping* bezeichnet im US-amerikanischen Kontext einen plötzlichen Meinungswechsel von Politiker:innen.

91 Kucklick (2015: 145) spricht von »überforderten Institutionen«. Diese sind auf die digitalisierte Welt unzureichend vorbereitet. »Sie taugen dazu, eine grobkörnigere Gesellschaft zu regulieren und zu steuern, eine behäbigere und langsamere« (ebd.: 147).

Anpassungsnotwendigkeiten ergäben (ebd.: 15). Der Verweis auf die bereits in Kapitel II.2.6 ausführlicher behandelte Beschleunigung und Geschwindigkeit, für die die bisherigen staatlichen Institutionen nicht ausgelegt seien, findet sich nicht nur bei Kucklick:

> »Die digitalen Entwicklungen werden sich weiter beschleunigen, während unsere Fähigkeiten, Organisationen und Institutionen in ihrem Können zurückbleiben. [...] Deswegen müssen wir unsere Organisationsformen, unsere Institutionen und die Art und Weise, wie wir unsere Fähigkeiten schulen und uns bilden, dringend neu erfinden« (Brynjolfsson 2017: 45).

Bezogen auf eine der zentralen Funktionen des Staats, die Aufrechterhaltung der Ordnung, stellt sich daher die Frage, inwieweit es dem Staat gelingt, geordnete (gesellschaftliche) Verhältnisse im digitalen Zeitalter aufrechtzuerhalten. Capurro (2018: 67) erkennt in der heutigen digitalen Informationsgesellschaft ein Leben in »unterschiedlichen Formen lokaler und globaler digitaler Unordnung«. Die Herausforderung bestehe für den Staat – und die Gesellschaft – insbesondere darin, selbst eine neue Ordnung herauszubilden und diese nicht durch die großen privatwirtschaftlichen Internetunternehmen bestimmen zu lassen. Dafür sei nicht nur die Herstellung »rechtlicher Ordnung« notwendig, die Privatunternehmen einhegt und reguliert, sondern auch die Etablierung »öffentlicher Alternativen« (ebd.).

Politische Akteure tendieren zunächst dazu, althergebrachte und damit etablierte Instrumente für den Umgang mit bekannten Problemen auf neue Problemlagen zu übertragen.

> »Governments and large organizations try to manage the new developments using established mechanisms of governance, with stability and accountability as the main values« (Janssen/Voort 2016: 1).

Angesichts der zunehmend komplexeren Herausforderungen und wechselseitig bedingten Entwicklungen stellt sich jedoch die Frage, ob bestehende Steuerungsinstrument flexible genug sind, um auch zukünftigen Herausforderungen gewachsen zu sein. Spindler und Thorun (2016) etwa plädieren für eine Ko-Regulierung, da klassische Regulierungsansätze »an ihre Grenze kommen, wenn es darum geht, Leitplanken für die digitale Welt zu setzen.«

Auf die digitale Gesellschaft angepasste Regulierungen, etwa für autonome Fahrzeuge, müssen sehr viel detaillierter und genauer jede mögliche Eventualität berücksichtigen, insbesondere bei ethischen Fragen und Problemen. Während zuvor ein grober Rahmen ausreichte und dann Regelverletzungen anhand der konkreten Situation, also etwa des intuitiven Handelns eines Menschen in Gefahrensituationen, bewertet werden konnten, müsste nun jede konkrete (Verhaltens-)Möglichkeit vorher definiert und entschieden sowie dann auch in Software umgesetzt werden. Es existieren also besondere Schwierigkeiten bei der Regelfestlegung in digitalen Zusammenhängen, wenn diese später autonom von Algorithmen ausgeführt werden sollen. »Auf Institutionen wie Parlamente und Gerichte rollt also eine Welle von unentscheidbaren Entscheidungen zu« (Kucklick 2015: 158).

Der Ungewissheit, die aus komplexen Problemlagen und der Ambiguität von Phänomenen folgt, steht die Kontingenz von auf diese bezogenen politischen Handlungen gegenüber. Wenn alles auch anders gedacht und sein kann, weil Wissen relativ ist, dann spielen für (funktionierende) politische Entscheidungsprozesse Ambiguitätstoleranz und Kontingenzbewältigung eine wichtige Rolle. Bauer (2018: 26) bezeichnet etwa die Politik des dritten Wegs als eine der »geradezu klassischen ambiguitätstoleranten Lösungen«. Der dritte Weg steht für die Suche nach einer pragmatischen Lösung, die zwischen zwei dominierenden Interpretationen eines mehrdeutigen Phänomens vermittelt. Dieser Mittelweg versucht also weniger, Eindeutigkeit herzustellen, wo keine Eindeutigkeit (mehr) existiert, als vielmehr die vorhandene Mehrdeutigkeit anzuerkennen.

II.2.9 Von den transformativen Herausforderungen zur Steuerung

Technologische Entwicklungen, die umfassende Vernetzung aller Dinge, die Datafizierung der Welt, das Schrumpfen von Räumen bei gleichzeitiger Entgrenzung sowie neuer Grenzziehung – und das alles zunehmend beschleunigt – kennzeichnen das digitale Zeitalter. Die einschneidenden Veränderungen und Herausforderungen infolge der durch die Digitalisierung hervorgerufenen oder mit ihr einhergehenden Transformationsprozesse betreffen alle gesellschaftlichen, wirtschaftlichen und politischen Subsysteme gleichermaßen in einer neuen Qualität, sodass es nicht übertrieben ist, von einem neuen Zeitalter zu sprechen.

Dieses Zeitalter besitzt viele Facetten, zahlreiche inkrementelle Entwicklungen und disruptive Elemente, die kennzeichnend für die transformativen Prozesse sind. Zwar handelt es sich bei der digitalen Transformation, wie auch zuvor der industriellen, um eine »*absichtsvoll vorangetriebene, aber ungeplante* Transformation [Herv. i. O.]« (Stengel 2017: 47). Der transformative Wandel ist also weder zwangsläufig und automatisch noch vorherbestimmt. Mansell (2010: 180) stellte für die Informationsgesellschaft fest:

> »Norms, values, conventions and aspirations for the societies within which we live are changing, but they are not changing autonomously in response to the technologies of the Information Society. They are changing in response to human actions and decisions that are ongoing, contested and uneven in their outcomes.«

Dieselbe Gestaltungsperspektive gilt im digitalen Zeitalter weiterhin, womit automatisch ein Bedarf an Steuerung einhergeht. Allerdings erschweren die zunehmend komplexeren Problemlagen und interdependenten, sich wechselseitig verstärkenden Wirkungszusammenhänge diese Steuerung. Die aus der Komplexitätssteigerung resultierenden Unsicherheiten, Kontingenzen und Ambiguitäten verringern sich auch durch neue technologische Möglichkeiten und mehr Daten infolge der Digitalisierung kaum. Vielmehr erhöht die von ihr verursachte Beschleunigung bei zeitgleicher Vernetzung unweigerlich das Level der Komplexität und verstärkt die Wechselwirkung von

Steuerungsversuchen in einem Bereich auf andere vernetzte Bereiche. Die Digitalisierung vergrößert damit tendenziell sogar Unsicherheit und Ambiguität, womit sich die Kontingenz politischer Steuerung erhöht.

Die beschriebene Kontingenz von Steuerung (siehe Kapitel I.2.3) bezieht sich maßgeblich auf die Unsicherheit von Entscheidungs- und Steuerungskontexten. Diese nimmt mit der Komplexität von Problemlagen und Steuerungszusammenhängen sowie den daraus folgenden Unwägbarkeiten von Aus- und Nebenwirkungen in der Praxis zu. Zwar erhöhen sich mit der Digitalisierung die verfügbare Datenmenge und das daraus ableitbare Wissen zu vielen Gegenständen exponentiell. Gleichzeitig nimmt die Unsicherheit durch mehr Wissen aber nicht automatisch ab. Viel eher wird die Dimension des immer vorhandenen Nichtwissens deutlich. Insofern erfolgen Steuern und Entscheiden stets unter der Bedingung des Nichtwissens.

Zugleich stellt sich aber auch die Frage, wer die digitale Zukunft gestaltet. Gerade in der medialen und populärwissenschaftlichen Darstellung finden sich zahlreiche pessimistische Stimmen über die Rolle des Staates im digitalen Zeitalter – aber nicht nur dort.

> »Digital technology has empowered individuals and groups to do things that previously only states and large institutions could accomplish. Precisely those trends that have weakened the power of the state« (Owen 2015: 18).

Vielmehr seien es die großen transnationalen US-amerikanischen Digitalkonzerne – allen voran Google, Amazon, Facebook und Apple[92] – die mit ihren libertären Visionen (unter Ausnutzung gegebener Gesetzeslücken und gesetzlicher Spielräume) die digitale Zukunft nach ihren Vorstellungen gestalten. Den Technikoptimist:innen insbesondere aus den Technologiebranchen, die in der technologischen Entwicklung ein Heilsversprechen für alle gesellschaftlichen Probleme sehen, stehen Technikpessimist:innen gegenüber, die eindringlich vor einer dystopischen Zukunft der vollständigen Kontrolle und Überwachung – entweder durch den Staat oder durch Konzerne – warnen (siehe Kapitel IV.4). Notwendig ist jedoch eine realistische Perspektive auf die Chancen und Risiken der digitalen Transformation und damit auf die Möglichkeiten der Gestaltung des digitalen Zeitalters.

Erschwert wird die Gestaltung dadurch, dass sich die Zukunft nicht vorhersagen lässt. Daran ändern auch immer mehr zur Verfügung stehende Daten nichts. Sie erlauben allenfalls ein Fortschreiben der Vergangenheit unter der Prämisse, dass sich nichts Grundlegendes ändern werde. Ramge (2019b: 21) erkennt hier ein Paradox: Datafizierung und Algorithmisierung »erhöhen [zwar] die Prognosefähigkeit«, gleichzeitig schafft jedoch »der radikal verändernde Charakter der digitalen Technologie [...] unberechenbare Veränderung.«

92 Die großen US-amerikanischen Technologiekonzerne werden wegen ihrer Bedeutung (und ihres Börsenwerts) auch als Big Four oder GAFA (für die Anfangsbuchstaben von Google, Amazon, Facebook und Apple) beziehungsweise Big Five (GAFAM) (zusätzlich Microsoft) bezeichnet. Auf chinesischer Seite stehen diesen die BAT gegenüber – Baidu, Alibaba und Tencent.

Unberechenbarkeit heißt jedoch nicht Ungestaltbarkeit. Für die Gestaltung dieses Wandels bedarf es allerdings einer Vision, im Sinne eines Leitbildes, um die Zielrichtung zu bestimmen. Zwar tritt der Fortschritt für viele Menschen – nicht immer nur aufgrund beschränkten Wissens, sondern vielfach auch von den eigenen Interessen geleitet – unter dem Deckmantel einer vermeintlichen Alternativlosigkeit auf. Generell herrscht jedoch in der »funktional differenzierten Gesellschaft der Hochmoderne [...] ein lineares Zeitbewusstsein mit offener Zukunft [Herv. i. O.]« vor (Rosa 2005: 27). Diese Offenheit der Zukunft[93] sollte aber nicht als kontextlos und von der Gegenwart abgelöst verstanden werden, denn »so abwegig eine Zukunftsversion auch sein mag, wenn sie sich aus dem, was ist, ableitet, liegt ihr zwingend die Möglichkeit zugrunde, dass es tatsächlich so kommen könnte« (Mamczak 2014: 17). Auf die digitale Transformation und technologische Entwicklung bezogen ergibt sich so eine Perspektive, die entgegen Technikgläubigkeit und Technikdeterminismus auf die Gestaltungsmöglichkeiten hindeutet. Damit stellt sich zugleich die Frage nach den (nicht) vorhandenen Visionen und Zielvorstellungen – und damit nach der Erreichbarkeit einer erwünschten Zukunft(svision) (siehe Kapitel IV.4.3). Für die Erreichung des Ziels müssen aus einem vielfältigen Repertoire an Steuerungsformen und -instrumenten (siehe Kapitel II.3) diejenigen ausgewählt werden, die das vorhandenes Steuerungspotenzial am besten nutzen und als dazu geeignet erscheinen, das erwartete Steuerungsziel – als einem Schritt auf dem Weg in die erwünschte Zukunft – zu erreichen. Allerdings ist nicht nur die Instrumentenwahl von Relevanz, um (staatliche) Steuerungspotenziale nutzen zu können. Vielmehr spielt die Verteilung von Zuständigkeiten, Ressourcen, Kompetenzen und Verantwortlichkeiten für die Steuerung aufseiten des Staates (als Steuerungssubjekt) eine entscheidende Rolle und wird etwa an der Frage nach der (Nicht-)Existenz eines strategischen Zentrums deutlich. Bezogen auf das Feld der Politik im digitalen Zeitalter wird diesem Aspekt insbesondere anhand der Frage nach den (nicht) vorhandenen Politikfeldcharakteristiken der Digitalpolitik nachgegangen.

---

93 Entgegen der Zukunft, die prophetisch vorwegnehmen möchte, was sein *wird*, spielt die offene Zukunft darauf an, was sein *kann*. In diesem Sinne ist eine offene, mit einer Zielvision verbundene Zukunft, »die Idee von einer Gegenwart, die sich selbst erzeugen will« (Mamczak 2014: 30).

II.3 Digitalpolitik: Steuerungsinhalte, Steuerungsobjekte und -subjekte

Die Digitalpolitik trägt ihre Relevanz für das digitale Zeitalter zwar bereits im Namen. Gleichwohl hat sich bislang keine einheitliche Benutzung und anerkannte Definition des Begriffes durchgesetzt. Während insbesondere Akteure auf der politischen Ebene den Begriff verwenden, hat sich vielfach bei den im digitalpolitischen Bereich aktiven zivilgesellschaftlichen Akteuren der Begriff Netzpolitik etabliert und wird von diesen synonym verstanden. Bei einer eingehenderen Betrachtung bezieht sich Netzpolitik im Kern aber häufig ausschließlich auf zwei der im Folgenden dargestellten vier inhaltlichen Handlungsfelder, nämlich zum einen auf die Dienst- und Inhaltspolitik sowie zum anderen auf die (Netz-)Infrastrukturpolitik. Daher wird in dieser Abhandlung ein enges Verständnis von Netzpolitik zugrunde gelegt, das nur einen Teil der Digitalpolitik abdeckt (vgl. Greef 2017: 24f.). Grundsätzlich werden jedoch beide als spezifische Themen- und Handlungsfelder aufgefasst und nicht, wie vereinzelt vorzufinden (vgl. etwa Esch 2018: 35; Eumann/Stadelmaier 2013; Hachmeister/Vesting 2013), der Rundfunk- oder Medienpolitik zugeschlagen.

Im Folgenden wird Digitalpolitik als das politische Handlungsfeld verstanden, das auf die Bearbeitung, Steuerung und Gestaltung der mit der voranschreitenden Digitalisierung von Wirtschaft, Gesellschaft und Politik erwachsenden vielfältigen Herausforderungen abzielt.[1] Mit der begrifflichen Nähe zu etablierten Politikfeldern[2] geht einher, dass Digitalpolitik die inhaltliche, institutionelle und prozessuale Ebene des Treffens

1 So definieren das BMWi et al. (2017: 3) unter dem Titel »Digitalpolitik. Für Wirtschaft, Arbeit und Verbraucher« etwa zehn Handlungsfelder und Initiativen.

2 Auf die politikwissenschaftliche Debatte, inwieweit es sich bei Digitalpolitik beziehungsweise Netzpolitik bereits um ein etabliertes, eigenständiges Politikfeld oder bislang noch um ein »Politikfeld im Entstehen« (Greef 2017; Hösl/Reiberg 2016) oder eine »politikfeldverdächtige Konstellation« (Loer 2016) handelt, wird an dieser Stelle nicht weiter eingegangen. Vielfach weist das Feld der Digitalpolitik jedoch noch den Charakter eines politikfeldübergreifenden Querschnittsbereichs auf (vgl. Scheffel 2016: 23), was sich unter anderem an der breiten Verteilung der Zuständigkeiten auf ministerieller Ebene zeigt (siehe Kapitel II.3.2). Reiberg (2018: 229f.) konstatiert hingegen, dass die Netzpolitik »einen Grad der Insititutionalisierung [sic!] [erreicht habe], der es erlaubt, von einem etablierten Feld zu sprechen«, sodass sich rückblickend »die Entwicklung der

verbindlicher Entscheidungen umfasst. Damit stehen politische Gestaltungsnotwendigkeiten und -perspektiven im Mittelpunkt, die direkt die Frage nach den hier anzutreffenden Formen von Steuerung, der Art der regulativen Eingriffe, nach Governance, Koordinierung und Selbstregulierung stellen.[3]

II.3.1 Policy: Die vier Dimensionen der Digitalpolitik

Konstituierend für das digitalpolitische Feld ist die digitale Dimension der dort verhandelten Inhalte (Policy-Dimension). Digitalpolitik kennzeichnet also zunächst ein politisches Handlungsfeld. Dessen Sachverhalte und Regelungsbedarfe beziehen sich auf einen *abgegrenzten Gegenstands- und Problembereich*, der sich um den Kulminationspunkt Digitalisierung formiert. Damit ist allerdings noch nicht klar, welche konkreten Themen, Inhalte und Problembereiche hier verhandelt werden. Auf der inhaltlichen Ebene umfasst die Digitalpolitik einen digitalen Kernbereich, der sich systematisch in die vier Handlungsfelder *(Netz-)Infrastrukturpolitik*, *Dienste- und Inhaltspolitik*, *Digitalen Teilhabe* und *Digitalen Verwaltung* untergliedern lässt. Diese werden im Folgenden vorgestellt (wobei der Fokus auf der Netzinfrastruktur und der digitalen Verwaltung liegt, da die Dienst- und Inhaltspolitik als eigenes Fallbeispiel in Kapitel V.3 behandelt wird).

Die erste zentrale inhaltliche Ebene von Digitalpolitik ist die *(Netz-)Infrastrukturpolitik* (vgl. Betz/Kübler 2013: 40f.). Ihr Bezugspunkt ist das Internet als elementare Infrastruktur, auf dem dann die digitalen Dienste und Inhalte aufbauen.[4] Die Infrastrukturverantwortung des Staates ergibt sich aus der Notwendigkeit einer »infrastrukturellen Grundausstattung« als »existenzielle Funktion […] für die soziale, wirtschaftliche und politische Integration« und damit »Existenzbedingung moderner Staatlichkeit« (Hermes 2005: 113). Der Staat sollte im Sinne der Daseinsvorsorge nicht nur die grundlegende Straßenverkehrs-, Strom-, Telekommunikations- oder Wasserinfrastruktur bereitstellen. Im digitalen Zeitalter sind die digitale Infrastruktur, der (schnelle) Zugang zum Internet und digital literacy Grundvoraussetzungen, um als mündige Bürger:innen aktiv am gesellschaftlichen, politischen und wirtschaftlichen Leben teilhaben und sich frei entfalten zu können. In diesem Sinne ist der Staat gefordert, auch im digitalen Raum für gleichwertige Lebensbedingungen zu sorgen. Neben die klassische Infrastruktur von Straßen, Eisenbahn-, Energie- und Telekommunikationsnetzen tritt im digitalen Zeitalter eine Infrastruktur neuer Prägung. Willke (1997: 13) spricht auch von »Infrastrukturen

---

deutschen Netzpolitik als eine kontinuierliche Institutionalisierung eines neuen Politikfeldes« zeige.

3 Generell beschäftigen digitalpolitische Themen aufgrund der globalen Dimension von Digitalisierung und Internet sowohl nationalstaatliche, europäische sowie internationale Instanzen. Im Zentrum dieser Abhandlung steht jedoch die nationalstaatliche Regelungsebene.

4 Auf dem Feld der (Netz-)Infrastrukturpolitik besteht ein starker Bezug zur internationalen Ebene. Sie findet sich insbesondere bei der gemeinsamen Festlegung von Standards. Bereits am dafür gebräuchlichen Begriff der Internet Governance (vgl. Hofmann et al. 2017: 1408f.), im Deutschen mitunter als Internetpolitik bezeichnet, wird deutlich, dass es sich hier um weiche Formen der Steuerung handelt.

zweiter Ordnung«. Diese sind dadurch gekennzeichnet, dass sie physische sowie informations- und wissensbasierte Aspekte unlösbar miteinander verbinden. Insofern lasse sie sich als *intelligente* Infrastruktur bezeichnen. Dazu zählen nicht nur das Internet, sondern auch Mobilitätssysteme oder intelligente Energiesysteme. Auch diese Infrastrukturen müssten *öffentliche* Infrastrukturen in dem Sinne sein, dass sie als »Komplementär- und Supporteinrichtungen zur Ermöglichung und Ergänzung privater Transaktionen« im Digitalzeitalter wirken können (ebd.: 167).

Zentrale Fragen betreffen technische Aspekte und infrastrukturelle Grundlagen wie die Netzarchitektur und -infrastruktur sowie die Etablierung von Standards, Schnittstellen, Protokollen und Sicherheitskonzepten. Aus den Themenbereichen Elektromobilität, Autonomes Fahren und Industrie 4.0 können die Aspekte der Automatisierung und Robotik in der Smart Factory, Internet der Dinge und 3D-Druck, darüber hinaus aber auch Blockchain- und Cloud-Infrastruktur, unter diesem Teilbereich verortet werden. Weitere hier anzusiedelnde Themen sind die Debatte um Netzneutralität[5] sowie Regulierungsfragen in Bezug auf Wettbewerb und Netzzugang. Für den Zugang ist der Breitbandausbau durch Glasfaser, Vektoring und 5G zentral. Bei der Versorgung mit dieser breitbandigen Basisinfrastruktur hinkt Deutschland nach wie vor weit hinterher. Die Gründe dafür sind vielfältig – aber es hätte auch anders aussehen können. Bereits 1978 verlegte die Deutsche Bundespost in Pilotversuchen die ersten Glasfaserkabel. Anfang der 1980er-Jahre wurde dann in der sozialliberalen Koalition unter Helmut Schmidt (SPD) ein massiver Aufbau geplant. Ab 1985 sollten jährlich drei Milliarden DM über einen Zeitraum von 30 Jahren in den Glasfaserausbau investiert werden, so der damalige Bundespostminister Kurt Gscheidle (SPD). In der schwarz-gelben Koalition unter Helmut Kohl (CDU) wurde der Glasfaserausbau dann aber zugunsten eines weiteren Ausbaus von Kupferkabeln, der ISDN-Technik und der TV-Verkabelung fallengelassen (vgl. Berke 2018). Mit der Privatisierung der staatseigenen Deutschen Bundespost entstand 1995 unter anderem die Deutsche Telekom AG. Die Privatisierung[6] etablierte zwar Wettbewerb zwischen ISPs, das Netz verblieb jedoch bei der Telekom. In der Folge wurde weiterhin Kupfer statt Glasfaser ausgebaut und auf der alten Netztechnologie mit neuen Techniken wie Vectoring die Geschwindigkeit erhöht. Die Bundesregierung versucht zwar wiederholt, Anreize für den Glasfaserausbau zu setzen, allerdings mit nur mäßigem Erfolg. In der Folge lag die Breitbandverfügbarkeit (mit mindestens 50 Mbit/s) Mitte 2018 zwar im städtischen Raum bei 93,5 Prozent, im halbstädtischen bei 76 Prozent und im ländlichen Raum sogar nur bei 50,5 Prozent (vgl. BMVI 2018a). In den letzten vier Jahren konnte die Versorgung deutlich verbessert werden. Mitte 2021 lag die Breitbandverfügbarkeit mit mindestens 50 Mbit/s, bezogen auf alle Haushalte, bei 98,3 Prozent für den städtischen, 93,5 Prozent für den halbstädtischen und 82,8 Prozent für den ländlichen Raum. Allerdings wird heute bereits vielfach von der

5 Vgl. hierzu etwa Knieper et al. (2013: 225ff.).

6 Die Liberalisierung und Privatisierung der 1980er- und 1990er-Jahre war aus Steuerungsperspektive kein Rückzug des Staates im Sinne einer einfachen Deregulierung. Vielmehr wurde sogar eine Re-Regulierung, insbesondere zur Aufrechterhaltung von Wettbewerb, notwendig, die sich in der Etablierung von Regulierungsagenturen (wie der Bundesnetzagentur) widerspiegelte (siehe Kapitel IV.3).

Gigabitgesellschaft gesprochen, die Abdeckung mit mehr als 1.000 Mbit/s lag jedoch bei bescheidenen 78,4 Prozent im städtischen, 47,1 Prozent im halbstädtischen und 22,9 Prozent im ländlichen Raum (vgl. BMVI 2021: 7). Hierin werden die räumlichen Spaltungslinien in der digitalen Daseinsvorsorge deutlich (vgl. Klenk 2021: 156).

In der Breitbandversorgung über Mobilfunk verlief die Entwicklung vergleichbar. In der 2018er-Vergleichsstudie von OpenSignal (2018) zur Verfügbarkeit von LTE/4G landete Deutschland mit 65,7 Prozent auf Platz 70 der 88 berücksichtigten Länder, vor Kolumbien und hinter Albanien. Die Versteigerung der Funkfrequenzen, insbesondere LTE/4G und zuletzt auch 5G, spülten zwar Milliardenbeträge in die Bundeskasse, legten den Anbietern aber zugleich hohe Einstiegskosten auf, die dann sowohl als Argument für im internationalen Vergleich hohe Vertragskosten für Nutzer:innen herhalten mussten als auch – in Verbindung mit dem parallelen Bau von Funkmasten insbesondere in Ballungsgebieten, da kein nationales Roaming (Mitbenutzung der Infrastruktur von Wettbewerbern) stattfindet – zu einer schlechten Flächenabdeckung (weiße Flecken) führte.

Erst in den letzten vier Jahren zeigten sich unterschiedliche Versuche staatlichen Umsteuerns. So hatten im Juni 2019 CDU/CSU und SPD eine »Zukunftsoffensive für eine starke Mobilfunkinfrastruktur in allen Regionen« beschlossen. Im Bereich LTE/4G werden laut Breitbandatlas der Bundesnetzagentur (2021) mittlerweile 99,8 Prozent der Teilnehmenden und 96,2 Prozent der Fläche erreicht. Allerdings konnte sich die Bundesnetzagentur nicht dazu durchringen, eine Pflicht zum nationalen Roaming in die Kriterien der 5G-Frequenzauktion mit aufzunehmen. Auch wurde weiterhin auf eine Verpflichtung zur Versorgung von 99 Prozent der Haushalte gesetzt, statt einen Flächenbezug festzuhalten. Bisher werden mit 5G daher zwar bereits 89,4 Prozent der Teilnehmenden, aber nur 60,3 Prozent der Fläche erreicht (vgl. ebd.).

Als eine Folge wurde 2021 im Geschäftsbereich des BMVI, heute BMDV, die Mobilfunkinfrastrukturgesellschaft (MIG) des Bundes geschaffen. Diese soll die weißen Flecken in der Mobilfunklandschaft, deren Erschließung für die Mobilfunkunternehmen wirtschaftlich nicht attraktiv ist, durch den Bau öffentlicher Masten, primär auf öffentlichem Grund, zu deren Anschluss und Nutzung die Anbieter dann verpflichtet werden sollen, beseitigen (vgl. CDU/CSU/SPD 2019). Auch der Koalitionsvertrag der Ampel nennt weiterhin das Ziel »schnelle[r] Mobilfunk- und Breitbandverbindungen« als Voraussetzung für »[g]ute Lebensverhältnisse in Stadt und Land«, ohne dies allerdings genau auszuführen (SPD et al. 2022: 101f.).

Die Infrastruktur des digitalen Zeitalters besteht aber aus mehr als nur der Breitbandanbindung ans Internet. Mit der exponentiell wachsenden Datenmenge nimmt auch der Bedarf an Speicherkapazitäten und Rechenleistung zur Analyse zu. Wie dargestellt, steigert die technologische Entwicklung zwar gleichzeitig die Verfügbarkeit von beidem, wer und wie diese jedoch zur Verfügung gestellt werden, ist offen. Eggert und Kerpen (2018: 171) weisen darauf hin, dass die Cloud beziehungsweise das Cloud-Computing die zentrale Infrastruktur der Datengesellschaft darstellt. Die benötigte Speicher- und Rechenleistung wird hier nicht mehr zwingend physikalisch vom Nutzer vorgehalten, sondern nach Bedarf gemietet. Aus einer staatsbezogenen Perspektive unterscheidet sich diese Infrastruktur deutlich von der Telekommunikationsinfrastruktur. Bei Letzterer lässt sich über Phasen von (De-)Regulierung und

Privatisierung sprechen oder einen (wieder) notwendigen staatlichen Betrieb oder Aufbau von Infrastruktur debattieren. Beim Cloud-Computing gibt es dagegen »keine Phase der expliziten staatlichen oder monopolistischen Konsolidierung«, weshalb sich »keine geeigneten Kontroll- oder Regulationsinstanzen identifizieren lassen«, woraus eine »faktische Nicht-Steuerbarkeit dieser zentralen Infrastruktur der datafizierten Gesellschaft« resultiere (ebd.: 171, 173).

Darüber hinaus greift der Staat selbst auf diese privatwirtschaftlichen Infrastrukturangebote zurück. So stellte sich etwa heraus, dass die Bundespolizei die Videoaufnahmen der Bodycams von Polizisten nicht auf eigenen Servern speichert, sondern dafür den Cloud-Speicher der *Amazon Web Services (AWS)* nutzt. Laut Bundespolizeipräsidium und BMI gebe es noch keine eigene Infrastruktur, AWS sei das einzige BSI-zertifizierte Angebot, wobei die »deutsche[n] Datenschutzstandards« eingehalten und alle »Daten verschlüsselt auf Servern in Frankfurt a.M. gespeichert« werden würden (Wittenhorst 2019). Unter anderem aufgrund dieser Problematik wurde das Projekt Gaia-X gestartet, um eine sichere und vertrauenswürdige, genauso aber auch leistungs- und wettbewerbsfähige Dateninfrastruktur für Deutschland und Europa aufzubauen (siehe Kapitel IV.4.3).

Die zweite zentrale inhaltliche Ebene der Digitalpolitik stellt die *Dienste- und Inhaltspolitik* dar (vgl. Greef 2017: 25). Sie bezieht sich auf Policies, die im Zusammenhang mit Internetdiensten (Websites, E-Mail-Servern, sozialen Netzwerken und anderen Plattformen) und den über diese vermittelten Inhalten stehen.[7] Zu den konkreten Themen zählen das Urheberrecht, Datenschutz und informationelle Selbstbestimmung oder Jugendmedienschutz und Sicherheitsfragen. Gerade für die genannten Themen gilt, dass sie in ihrem Kern nicht erst mit der Digitalisierung, sondern bereits in der analogen Welt zum Gegenstand politischer Steuerungs- und Regulierungsprozesse geworden sind (vgl. Betz/Kübler 2013: 2). Aber auch die aktuellen Debatten um den Umgang mit Fake News und Hate Speech in sozialen Netzwerken sind hier zu verorten, die später als eigenes Fallbeispiel aufgegriffen werden (siehe Kapitel V.3). Genauso gehören neue Themen wie Big Data, Algorithmen, Künstliche Intelligenz, Maschinelles Lernen und damit verbundene ethische Fragen[8] sowie die Diskussionen um die Regulierung automatisierter Entscheidungsprozessen oder plattformvermittelter digitaler Arbeit[9] in diesen Teilbereich.

In den dritten Teilbereich fallen die Themen der *digitalen Teilhabe* und politischen Partizipation (vgl. Kneuer 2013). Der Bereich umfasst einerseits die möglichen Partizipationsangebote über das Internet (E-Democracy und E-Participation), vom Einreichen von elektronischen Petitionen beim Deutschen Bundestag bis hin zu Fragen der Anwendbarkeit elektronischer Wahlverfahren (E-Voting). Andererseits stellt die Digitalisierung aber auch jede einzelne Bürgerin und jeden Bürger vor höhere Anforderungen. Die Gestaltung der damit notwendigen (Weiter-)Bildungsbedarfe wird ebenfalls im Aufgaben-

7 Die Ebene der Dienste- und Inhaltspolitik weist mitunter starke europäische Bezüge auf, zum Beispiel in Form der neuen Datenschutzgrundverordnung (DSGVO).

8 Siehe etwa die APuZ-Ausgabe zu Künstlicher Intelligenz (bpb 2018).

9 Ein Aspekt betrifft dabei die mit dem Entstehen neuer Arbeitsformen, wie Crowd- beziehungsweise dessen Unterformen Cloud- und Gigworking, einhergehenden Herausforderungen für soziale Absicherung, Entlohnung und Mitbestimmung (vgl. Greef/Schroeder 2017).

bereich der Digitalpolitik verortet. Zu den zu bearbeitenden Problemen gehört etwa der *digital divide* in der Bevölkerung. Dabei geht es nicht nur um den physischen Zugang zu einem leistungsfähigen Internet und damit den Breitbandausbau sowie um die Frage, ob man sich diesen leisten kann, sondern auch um die Fähigkeiten zum reflektierten und selbstbestimmten Umgang mit Technik, Internetmedien und digitalen Angeboten (vgl. Kuhn 2006: 92).[10] Die konkreten Themen gehen über die Nutzung digitaler Lehr- und Lernmittel genauso weit hinaus wie über die reine Vermittlung von Medienkompetenz. Vielmehr wird unter dem Schlagwort der *Digital Literacy*[11] neben dem kritischen Umgang mit Informations(über)angeboten und dem sicheren Bewegen im Netz auch ein grundlegendes Verständnis zentraler digitaler Mechanismen – wie etwa der prinzipiellen Funktionsweise von Algorithmen – verstanden.

Die Digitalpolitik beschäftigt sich auf der vierten Ebene mit der Herausbildung und Ausgestaltung einer *digitalen Verwaltung* und eines innovativen Staats, der die neuen technischen Möglichkeiten des digitalen Zeitalters effizient nutzt. In Deutschland wird die Digitalisierung der Verwaltung allgemein unter dem Begriff E-Government *(Electronic Government)* verhandelt (vgl. Hill et al. 2014).[12] Es geht um »die Abwicklung geschäftlicher Prozesse im Zusammenhang mit Regieren und Verwalten (Government) mit Hilfe von Informations- und Kommunikationstechniken über elektronische Medien«, so in der frühen »Speyerer Definition zu Electronic Government« (Lucke/Reinermann 2000: 1). E-Government bezieht sich somit auf alle Dimensionen des Verwaltungshandelns; von der elektronischen Aktenführung (E-Akte) sowie der Digitalisierung von Verfahren und Abläufen innerhalb von Abteilungen sowie zwischen Verwaltungen über die Außenkommunikation sowie Informations- und Datenbereitstellung (Open Government) bis zum Austausch zwischen Verwaltung und Bürger:innen.[13] Ziel von E-Government ist die Optimierung – im Sinne der Steigerung der Effizienz und Effektivität, aber auch eines erleichterten Zugangs – der Verwaltung durch Digitalisierung.[14] Zentrale Themenfelder sind somit zum einen die Öffnung der Verwaltung im Sinne ei-

10 The »unequal access to computers and the Internet has shifted from unequal motivation and physical access to inequalities of skills and usage [...] the so-called *Second Level Divide* [Herv. i. O.]« (van Dijk 2012: 71).

11 Für die unterschiedlichen Konzeptionen und Zugänge zum Begriff der Digital Literacy vgl. etwa Pietraß (2010).

12 Dieser Teil der Verwaltungsmodernisierung knüpft an die kontinuierliche Anpassung der Verwaltung an neue informationstechnologische Möglichkeiten an – vom Einsatz von Lochkarten und Stapelverarbeitung auf Großrechnern in den 1950er-Jahren (Zentrale Datenverarbeitung) über dezentral zugängliche Datenbanksysteme in den 1970er-Jahren hin zur dezentralen Datenverarbeitung mit Personalcomputern seit den 1980er-Jahren. Für eine umfassenden Überblick siehe etwa Brinckmann und Kuhlmann (1990).

13 Daneben finden sich noch einmal deutlich erweiterte Definitionen, die etwa Formen der digital unterstützten politischen Partizipation, Willensbildungs- und Entscheidungsprozesse miteinschließen, die andernfalls gesondert unter dem Begriff der *E-Democracy* verhandelt werden.

14 Im repräsentativen Digitalisierungsmonitor 2021 benannten allerdings nur 67 % aller erwachsenen Bürger:innen den Bereich »Staat und Verwaltung« als einen Bereich, in dem die Digitalisierung »die Lebensverhältnisse der Menschen am meisten verbessern« kann. Im Vergleich dazu wurden »Bildung und Wissen« von 83 % und »Verkehr« von 51 % genannt (vgl. forsa 2021: 6).

ner transparenten Datenzugangs- und Informationspolitik.[15] Zum anderen geht es um die Digitalisierung der Schnittstellen und die intelligente Vernetzung sowohl zwischen den Verwaltungsinstanzen als auch zwischen Verwaltung und Bürger:innen. Konkrete Themen sind hier etwa der elektronische Personalausweis, die digitale Brieftasche beziehungsweise digitale Identität (eID), die elektronische Gesundheitskarte (eGK) und Patientenakte (ePA) (E-Health), die elektronische Steuererklärung und die Schaffung internetbasierter Bürger:innenportale zur Digitalisierung von Behördengängen. Insgesamt geht es dabei um mehr als nur die Bereitstellung von Onlineverwaltungsangeboten, es geht um Governance und die Digitalisierung von »Verwalten und Regieren an sich« (Schwärzer 2012: 89), weshalb auf E-Government an dieser Stelle noch etwas ausführlicher eingegangen werden soll.

Jakobi (2019: 193) geht dabei davon aus, dass E-Government das Potenzial hat, »die Handlungsfähigkeit der Nationalstaaten zu transformieren«. Brüggemeier und Röber (2011: 360) sehen »völlig neue Perspektiven für die Weiterentwicklung des Gewährleistungsstaatsmodells«, unter anderem, weil eine umgesetzte Verwaltungsdigitalisierung »gänzlich neue[] Formen der Arbeitsteilung bei der Produktion und Distribution öffentlicher Leistungen« ermöglicht. Zugleich weisen sie darauf hin, dass mit der potenziellen Umsetzung von differenzierten Leistungsnetzwerken zwischen Behörden, öffentlichen Akteuren, privaten Unternehmen und gemeinnützigen Organisationen ein »beträchtlicher Bedarf an spezifischen Steuerungsleistungen« jenseits hierarchischer Steuerung und traditioneller bürokratischer Verfahrensregeln einhergeht (ebd.: 362).

Eine Steuerung der Verwaltungsdigitalisierung konnte lang Zeit nur über Koordinierungsbemühungen erfolgen. Der Föderalismus – mit seiner strikten Trennung von Verwaltungskompetenzen (keine Mischverwaltung) und dem Kooperationsverbot zwischen Bund und Ländern – stand einer hierarchischen Steuerung entgegen. Hiervon zeugt eine Vielzahl an Strategien, die in den vergangenen Jahren in Initiativen und Programme auf Bundes- wie Landesebene umgemünzt wurden.[16] Eine Konsolidierung der unterschiedlichen Herangehensweisen fand erst im Jahr 2010 mit dem IT-Staatsvertrag statt. Für diesen war zunächst eine Grundgesetzänderung nötig, die eine Kooperation in informationstechnischen Belangen zwischen Bund und Ländern ermöglichte.[17] Der Staatsvertrag regelte dann die Etablierung des IT-Planungsrates, der bereits kurz nach seiner Einsetzung die Nationale E-Government-Strategie (NEGS) verabschiedete (vgl. Jakobi 2019: 197, 199, 210f.).[18] Dementsprechend fand sich auch in der Digitalen Agen-

15 Zentrale Stichpunkte sind hier Informationsfreiheit, Open Data oder Open Government (vgl. Wewer 2014). Pernice (2020: 190) spricht im Zusammenhang mit Transparenz und Informationsfreiheit von einer »doppelt offenen Staatlichkeit« in der »digitalen Konstellation«. Diese ergänzt dabei die erste Ebene der Offenheit, die für das »Selbstverständnis des Staates« »identitätsprägend« ist: die »postnationale Konstellation« des grundgesetzlich verankerten Souveränitätsverständnisses im Kontext des »europäischen Verfassungsbund[s]« (ebd.: 181).

16 Für ein kursorische Abhandlung siehe etwa Jakobi (2019: 197ff.).

17 Art. 91c GG ermöglichte unter anderem das Zusammenwirken bei Planung, Errichtung und Betrieb von IT-Systemen, Mischverwaltung sowie Kooperation auf Länderebene und übergab Kompetenzen an den Bund (vgl. Schliesky/Hoffmann 2018: 193).

18 In dem Prozess der Strategieerstellung konnten über das dafür anberaumte Konsultationsverfahren nicht nur Expert:innen aus Verwaltung, Wissenschaft, Wirtschaft und Zivilgesellschaft Vor-

da 2014–2017 ein eigenes Kapitel zur Digitalisierung der Verwaltung unter dem Titel »Innovativer Staat«. In diesem wurden unter anderem ein koordiniertes und effektives Vorgehen, sowie die ressortübergreifende Bündelung aller Maßnahmen im Rahmen des Regierungsprogramms »Digitale Verwaltung 2020« angekündigt (BMWi et al. 2014: 19). Mit dem Programm sollte die Umsetzung des 2013 beschlossenen »Gesetzes zur Förderung der elektronischen Verwaltung« (E-Government-Gesetz; EGovG), das unter anderem elektronische Amts- und Verkündungsblätter, die elektronische Aktenführung und einen Abbau von Schriftformerfordernissen beinhaltete, koordiniert werden. Der Evaluierungsbericht 2016 hob neben den in weiten Teilen erreichten Umsetzungsverpflichtungen hervor, dass eine »viel stärker koordinierte Steuerung der einzelnen Programme des Bundes« erforderlich sei, wofür entgegenstehende rechtliche Vorgaben anzupassen seien (Bundesregierung 2017a: 26).

Eine solche Anpassung erfolgte mit dem »Gesetz zur Verbesserung des Onlinezugangs zu Verwaltungsleistung« (Onlinezugangsgesetz; OZG), das 2017 im Zuge der Verfassungs- und Gesetzesänderungen[19] zum Finanzausgleich zwischen Bund und Ländern verabschiedet wurde. Das Gesetz ermöglicht den Aufbau eines Portalverbundes. Dieser soll nicht nur den Zugang zu elektronischen Verwaltungsdienstleistungen über die Ebenen und Länder hinweg vereinheitlichen. Das OZG verpflichtet vielmehr gleichzeitig den Bund und die Länder ihre bislang noch nicht online verfügbaren Leistungen ebenfalls elektronisch zugänglich zu machen (vgl. Siegel 2018: 185f.; Schliesky/Hoffmann 2018). Daher sei »die Hoffnung berechtigt, dass durch den Portalverbund ein Quantensprung im deutschen E-Government erreicht werden kann« (ebd.: 198). Eigentlich sind Bund und Länder dazu verpflichtet, bis Ende 2020 alle ihre Verwaltungsdienstleistungen online anzubieten. Im April 2022 warf der Bundesrechnungshof (2022: 1) allerdings dem BMI vor, die Darstellung des bisherigen Fortschritts bei der Umsetzung des OZG zu beschönigen:

> »Der Bundesrechnungshof stellte fest, dass von insgesamt 1 532 zu digitalisierenden einzelnen Verwaltungsleistungen des Bundes lediglich 58 gemäß OZG digitalisiert waren. Durch die Art seiner Darstellung hat das BMI den Eindruck erweckt, dass der Bund mit der Digitalisierung von Verwaltungsleistungen deutlich weiter vorangekommen sei.«

Die sich hier abzeichnenden Herausforderungen bei der Steuerung und Gestaltung zeigen sich auch in anderen Feldern der Digitalisierung. Diese lassen sich unter anderem auf unklare Zuständigkeiten aufseiten der Steuerungssubjekte zurückführen.

---

schläge unterbreiten, sondern jeder in der anschließenden öffentlichen Diskussion über eine dafür eingerichtete Website (www.strategie.einfach-online-beteiligen.de) eigene Anmerkungen und Ideen einbringen.

19 Der neu eingefügte Art. 91c Abs. 5 GG überführt die Regelung des einheitlichen Zugangs zu Verwaltungsdienstleistungen in die ausschließliche Gesetzgebungskompetenz des Bundes (vgl. Schliesky/Hoffmann 2018: 194).

II.3.2 Polity I: Steuerungssubjekt – Institutionen, Behörden und Zuständigkeiten

Auf der Bundesebene ist eine Vielzahl von Institutionen mit digitalpolitischen Themen betraut. Dass sich hier noch kein etablierter Zuständigkeitszuschnitt und kein stabiles Steuerungszentrum herausgebildet haben, zeigt sich insbesondere, wenn der Regierungswechsel, und damit die laufende (20.) und zurückliegende Legislaturperiode (19.), mit in den Blick genommen wird.

Während der Großen Koalition wurden nicht nur die Gestaltungsperspektive und die digitalpolitischen Leitlinien (die gleichzeitig auf einen ausgemacht starken wirtschaftlichen Schwerpunkt hinweisen) auf der Bundesebene unter anderem in den folgenden Dokumenten deutlich, denn sie zeugen zugleich auch von der Kompetenzverteilung: die »Digitale Agenda 2014–2017«[20] (BMWi et al. 2014) und die ihr nachfolgende »Digitalstrategie«[21] der (Bundesregierung 2018c), die »Digitale Strategie 2025« des Bundesministeriums für Wirtschaft und Energie (BMWi 2016) sowie die »Hightech-Strategie«[22] beziehungsweise »Hightech-Strategie 2025« zur Forschungs- und Innovationspolitik des Bundesministeriums für Bildung und Forschung (BMBF 2018). Für die Zeit der großen Koalition wurden in der Digitalen Agenda[23] als »federführend zuständige« Bundesministerien das BMWi, das Bundesinnenministerium (BMI) sowie das Bundesministerium für Verkehr und digitale Infrastruktur (BMVI) besonders hervorgehoben (vgl. BMWi et al. 2014: 6). Auch dem Steuerungskreis Digitale Agenda, dem koordinierenden Gremium, gehörten nur die Staatssekretäre der drei federführenden Ministerien an. Die tatsächliche ministerielle Beteiligung bei digitalpolitischen Themen ging jedoch weit über die zuvor genannte Mitwirkung hinaus.[24] Die Antwort des BMVI im Februar 2018 auf eine Kleine Anfrage der Grünen-Bundestagsabgeordneten Anna Christmann verwies auf insgesamt 482 Mitarbeitenden, die sich mit digitalen Fragen

---

20 Die Digitale Agenda nannte neben der europäischen und internationalen Dimension der Digitalen Agenda sechs Schwerpunktthemen: 1. Digitale Infrastruktur, 2. Digitale Wirtschaft und digitales Arbeiten, 3. Innovativer Staat, 4. Digitale Lebenswelten in der Gesellschaft gestalten, 5. Bildung, Forschung, Wissenschaft, Kultur und Medien, 6. Sicherheit, Schutz und Vertrauen für Gesellschaft und Wirtschaft (vgl. BMWi et al. 2014: 1). Im abschließenden Legislaturbericht wurden als die drei »strategischen Kernziele« herausgestellt: 1. Wachstum und Beschäftigung, 2. Zugang und Teilhabe, 3. Vertrauen und Sicherheit (BMI et al. 2017: 15ff.).

21 In der Digitalstrategie werden fünf zentrale Handlungsfelder definiert: 1. Digitale Kompetenz, 2. Infrastruktur und Ausstattung, 3. Innovation und digitale Transformation, 4. Gesellschaft im digitalen Wandel, 5. Moderner Staat (vgl. Bundesregierung 2018c).

22 Die Hightech-Strategie sah überlappend beziehungsweise ergänzend zur Digitalen Agenda sechs »prioritäre Zukunftsaufgaben für Wertschöpfung und Lebensqualität« vor: 1. Digitale Wirtschaft/Gesellschaft, 2. Nachhaltiges Wirtschaften/Energie, 3. Innovative Arbeitswelt, 4. Gesundes Leben, 5. Intelligente Mobilität und 6. Zivile Sicherheit (BMBF 2014: 14).

23 Zur Entstehung der Digitalen Agenda vgl. etwa Rieger (2014: 3f.).

24 Auch im Legislaturbericht Digitale Agenda 2014–2017 wird abschließend darauf hingewiesen, dass der Steuerungskreis »die Grundlage für eine enge Zusammenarbeit zwischen den Ressorts der Bundesregierung gelegt« habe und »in allen Ressorts koordinierende Einheiten entstanden oder gestärkt worden [seien], die die Digitalpolitik der Bundesregierung vorantreiben und über die Ressortgrenzen hinweg abstimmen« (BMI et al. 2017: 5).

beschäftigten – verteilt auf 244 Teams in 76 Abteilungen in 14 Bundesministerien (vgl. Álvarez 2018). Der Querschnittscharakter von Digitalpolitik spiegelte sich also in einem breiten Zuschnitt der ministeriellen Zuständigkeiten für die aufgezeigten Inhalte und damit weit gestreuter Kompetenzen wider.

Zusätzliche externe Expertise erhoffte sich die Bundesregierung in der Großen Koalition durch zahlreiche beratende Gremien. So wurde 2018 eine Datenethikkommission (vgl. BMI 2018) sowie eine Enquete-Kommission Künstliche Intelligenz – Gesellschaftliche Verantwortung und wirtschaftliche, soziale und ökologische Potenziale eingerichtet (vgl. Deutscher Bundestag 2018a). Darüber hinaus wurde eine Digitalrat etabliert, der »unbequeme« Frage stellen und damit die Digitalpolitik der Bundesregierung vorantreiben soll. Allerdings besteht er ausschließlich aus Expert:innen aus Wirtschaft, Wissenschaft und Forschung, während Vertreter:innen aus der Zivilgesellschaft nicht vertreten sind. Im Gegensatz dazu soll der jährliche Digital-Gipfel (vor 2017 Nationaler IT-Gipfel) eigentlich explizit Politik, Wirtschaft, Wissenschaft und Zivilgesellschaft in einem »systematischen Dialog« zusammenbringen (BMI et al. 2017: 5).[25] Gleichwohl monieren zivilgesellschaftliche Akteure regelmäßig, dass sie nicht (ausreichend) am Digital-Gipfel, zuletzt auch 2022,[26] beteiligt würden (vgl. Reuter 2022).

Aus Steuerungsperspektive gab es unterschiedliche Versuche, die breite Streuung von Kompetenzen, Zuständigkeiten und Verantwortlichkeiten zwischen den Ministerien einzuhegen.[27] Die neu aufgelegte Große Koalition führte in der 19. Legislaturperiode (2018–2021) das neue Amt der Digitalministerin ohne eigenes Ministerium ein.[28] Dies beruhte auf der Erkenntnis auf Regierungsebene, dass eine stärkere zentrale Koordinierung der Digitalen Agenda notwendig sei. Diese war vielfach von zivilgesellschaftlicher und wirtschaftlicher Seite sowie teilweise auch von Abgeordneten und einzelnen Minister:innen gefordert worden. Letztlich konnte dieser Anspruch jedoch nicht erfüllt werden. Dorothee Bär (CSU) wurde die erste (und bislang einzige) »Staatsministerin für Digitalisierung«. Sie war als symbolisch aufgewertete Staatssekretärin im Kanzleramt

---

25 Er sei die »zentrale Plattform zur Gemeinsamen Gestaltung eines zukunftsfähigen Rahmens für den digitalen Wandel« (BMWi 2018a).

26 So twitterte Christian Humborg (2022), Geschäftsführender Vorstand von Wikimedia Deutschland, zum Digital-Gipfel 2022: »Kurzanalyse der Referierenden des Programmes des Digitalgipfels der BReg im Dez: 32 Vertreter*innen Wirtschaft, 22 Politik und Staat, 13 Wissenschaft, 5 Wirtschaftsverbände, 2 Stiftungen, 1 selbständig, 1 Krankenkasse, 0 organisierte Zivilgesellschaft«. Allerdings ordnete Humborg dabei augenscheinlich zwei im Programm aufgeführte Referierende – Carolin Henze, Referentin im Bereich Gesellschaft und Internationales bei der Gesellschaft für Informatik, Jörg Hofmann, erster Vorsitzender der IG Metall, und Michaela Schröder, Mitglied der Geschäftsleitung und Geschäftsbereichleiterin Verbraucherpolitik der Verbraucherzentrale Bundesverband – nicht der organisierten Zivilgesellschaft zu, obwohl eine solche Zuordnung durchaus verargumentiert werden könnte (vgl. BMDV/BMWK 2022: 8, 16).

27 So betonen etwa BMWi et al. (2017: 79): »Wir setzen uns für eine an strategischen Zielen ausgerichtete und gut koordinierte Digitalpolitik der Bundesregierung ein.«

28 Diese Ausgestaltung entsprach etwa der bereits 2014 von Rieger (2014: 14) geforderten Richtung: »Das Bundeskanzleramt (BKAmt) würde mit einem zuständigen Staatsminister und einer eigenen Geschäftsstelle eine zentrale Rolle bei der Koordinierung der Digitalen Agenda einnehmen und in Ausnahmefällen steuernd eingreifen.«

in kommunikativer Funktion – und damit weitgehend ohne Entscheidungskompetenzen – tätig (vgl. Beuth 2018).[29] Denn zusätzlich war ein Kabinettsausschuss für Digitalisierung ins Leben gerufen worden (vgl. Dachwitz 2018). Er sollte eine ressortübergreifende Abstimmung ermöglichen und brachte alle Bundesminister:innen unter Vorsitz der Bundeskanzlerin beziehungsweise unter Federführung des Kanzleramtsministers Helge Braun in einem Gremium zusammen. Von einem eindeutigen Steuerungszentrum für die Digitalisierung konnte aufgrund dieser Mehrfachkonstruktion keine Rede sein. Dies mag dazu beigetragen haben, dass sich das Amt der Digitalministerin ohne eigenes Ministerium nicht etablieren konnte und nur eine Legislaturperiode existierte.

Die 2021 gebildeten Ampelkoalition unter Olaf Scholz strich 2021 das Staatsminister:innenamt für Digitalisierung ersatzlos. Zwar hatten insbesondere die FDP, die im Wahlkampf das Thema der Digitalisierung stark gespielt hatte, zum Teil aber auch die Grünen stattdessen stark für die Etablierung eines Digitalministeriums geworben, konnten sich damit in der Koalition aber ebenfalls nicht durchsetzen. Bereits im Sondierungspapier fanden sich keine Hinweise mehr auf ein solches eigenständiges Ministerium, was unter anderem von bitkom (2021) moniert wurde: »[E]in starkes und kompetent geführtes Digitalressort [sei] erforderlich, um digitalpolitische Aktivitäten des Bundes zu koordinieren und zu beschleunigen«. Allerdings bedeutet der Wegfall des Staatsminster:innenamts und die Absage an ein Digitalministerium nicht, dass in der Ampelkoalition eine stärkere Koordinierung der Digitalpolitik aufgegeben worden wäre. Vielmehr schien sich gerade zu Beginn des Regierungswechsels ein neues Steuerungszentrum herauszuschälen.

Das von Volker Wissing (FDP) verantwortete Verkehrsministerium wurde vom Ministerium für Verkehr und digitale Infrastruktur (BMVI) in Ministerium für Digitales und Verkehr (BMDV) umbenannt. Wissing erklärte sich daraufhin bereits zum Digitalminister: »Ich bin der Minister für Digitales. Ich bin zuständig für die Umsetzung der Digitalstrategie der gesamten Bundesregierung« (Delhaes 2022a). Gedeckt wurde dieser Anspruch durch den Organisationserlass des Bundeskanzlers vom 08.12.2021, der nicht nur die Umbenennung des Ministeriums enthält, sondern auch zwei Kompetenzverschiebungen. Zum einen bekommt damit das BMDV »die Zuständigkeiten für operative Vorhaben der Digitalpolitik« aus dem Geschäftsbereich des Bundeskanzleramtes (BKAmt) (und damit insbesondere Aufgaben, für die zuvor die Staatsministerin für Digitales zuständig zeichnete) (Bundeskanzler 2021: 3). Zum anderen wurden auch aus dem Geschäftsbereich des Wirtschaftsministeriums Zuständigkeiten ans BMDV verschoben. Hierzu gehören die Zuständigkeit für den Bereich Telekommunikation (inklusive der Fach- und Rechtsaufsicht über die Bundesnetzagentur) sowie für die nationale, europäische und internationale Digitalpolitik (vgl. ebd.). Die vormals herausgehobenere Stellung des BMWi, umbenannt in Ministerium für Wirtschaft und Klimaschutz (BMWK), wurde damit zunächst deutlich zugunsten des BMDV verschoben (zur

29 Unter anderem schlug Rieger (2014: 14) die Schaffung eines Staatsministers im Kanzleramt zur Digitalen Agenda vor, der allerdings nicht nur eine »zentrale Rolle bei der Koordinierung« spielen müsste, sondern »in Ausnahmefällen steuernd eingreifen« sollte und daher »über ein Instrument verfügen [müsste], um bei Streitfällen zwischen den Reessorts [sic!] einzugreifen oder Richtungsentscheidungen zu beeinflussen.«

Verteilung unterschiedlicher digitalpolitischer Zuständigkeiten und Kompetenzen siehe Tabelle 2). In einem fünfseitigen Strategiepapier des Kanzleramts (im Folgenden zitiert nach Delhaes 2022c: 10) wurde die herausgehobene Stellung des BMDV am 13.06.2022 jedoch durch eine klare ressortübergreifende Zusammenarbeit wieder eingehegt. Eine »Koordinierungsgruppe der federführenden Ressorts auf Staatssekretärsebene« soll künftig die »digitalpolitische[] Zusammenarbeit in wesentlichen Schwerpunktvorhaben« abstimmen (sie tritt damit an die Stelle des Digitalkabinetts/Kabinettsausschusses für Digitalisierung der Großen Koalition. An dieser Koordinierungsgruppe sind neben dem Kanzleramt, dessen Chef über den IT-Rat auch die »strategische Steuerung der Digitalisierung der Bundesverwaltung« übernimmt, und dem BMDV das Wirtschafts-, Innen- und Finanzministerium beteiligt). In der Folge verantwortet das BMDV nicht nur die Gigabitstrategie (vgl. BMDV 2022c), sondern erarbeitete auch die übergreifende Digitalstrategie unter Zuarbeit der anderen Ressorts (vgl. BMDV 2022a). Für die Konzeption des Digitalbudgets, mit dem die zentralen Vorhaben der Strategie umgesetzt werden sollen, zeichnen jedoch neben dem BMDV auch das BMWK sowie das Finanzministerium (BMF) verantwortlich. Darüber hinaus wird das BMI, neben der Verantwortung für die Cybersicherheitsagenda (vgl. BMI 2022b), dafür zuständig, alle Gesetzesvorlagen auf ihre Digitaltauglichkeit (»Digitalcheck«) hin zu überprüfen. Unter den in seiner Strategie »Digitales Deutschland – Souverän. Sicher. Bürgerzentriert.« (BMI 2022a) genannten fünf zentralen Themenfelder für seine digitalpolitischen Zielen und Maßnahmen bis 2025 steht daher der Digitalcheck als erster Punkt im Feld »Staat modernisieren«. Daneben liegt der Fokus auf der Digitalisierung der Verwaltungsleistungen (OZG 2.0), auf digitaler Souveränität durch eine entsprechende Cybersicherheitsarchitektur sowie interoperable Infrastrukturen, unter die auch Open-Source-Lösungen subsumiert werden. Als letzter Schwerpunkt soll die rechtssichere Nutzung von Daten für Unternehmen, Verwaltung und Bürger:innen, unter anderem durch ein Dateninstitut, ermöglicht werden. Während laut Kanzleramtsstrategie BMDV und BMI gemeinsam die Entwicklung der Datenstrategie verantworten sollen, obliegt der Aufbau des Dateninstitutes BMI und BMWK. Die »Zukunftsstrategie Forschung und Innovation« des Bundesministeriums für Bildung und Forschung (BMBF) lag im September 2022 noch nicht vor, sah aber zu diesem Zeitpunkt unter anderem einen Schwerpunkt auf technologischer Souveränität vor.

Auf Parlamentsebene findet der Ministerienzuschnitt seine Entsprechung in den ständigen Bundestagsausschüssen. Allerdings wurde, ausgehend von der Empfehlung des Abschlussberichts der Enquete-Kommission »Internet und digitale Gesellschaft« (2010–2013),[30] in der 18. Legislaturperiode (2014–2017) ein eigener ständiger Bundestagsausschuss unter dem Titel »Digitale Agenda« zur Befassung mit netzpolitischen Themen ins Leben gerufen. Im Unterschied zu anderen Ausschüssen wurde diesem jedoch nur eine beratende Funktion zugestanden. Daran änderte sich auch mit seiner Neueinsetzung in der 19. Legislaturperiode nichts (vgl. Beckedahl 2018). Gleichwohl

30 Im Vorwort des Schlussberichts nennt der Kommissionsvorsitzende »die Empfehlung der Kommission, einen ständigen Ausschuss für Internet und digitale Gesellschaft im Parlament fest zu verankern, [...] eines der wichtigsten Ergebnisse unserer Arbeit« (Deutscher Bundestag 2013b: 5).

forderte Jimmy Schulz (FDP) als Vorsitzender direkt im Anschluss an die Neukonstituierung des Ausschusses Digitale Agenda einen Zuwachs an Kompetenzen und eine mögliche (geteilte) Federführung bei einzelnen Gesetzesentwürfen ein (vgl. Krempl 2018; Beckedahl 2018). Dennoch blieb es bei der beratenden Funktion des Ausschusses, sodass Digitalpolitik auf der parlamentarischen Ebene weiterhin der Konkurrenz um Zuständigkeit und Deutung zwischen den Fachausschüssen unterlag (vgl. Schwanholz 2019: 120). Mit der neuen Ampelregierung wurde der Ausschluss 2021 nicht nur in »Ausschuss für Digitales« umbenannt, sondern berät seitdem – kongruent zum Verkehrsausschuss – auch federführend Gesetzesvorhaben mit Digitalisierungsbezug im Bereich des BMDV. Die (eingehegte) Aufwertung des BMDV in der Zuständigkeit für Digitalthemen auf Ministeriumsseite wird also durch eine Gleichstellung von Digital- und Verkehrsausschuss auf Parlamentsseite begleitet. Die Vorsitzende des Digitalausschusses, Tabea Rößner (Grüne), sieht darüber hinaus ihren Ausschuss auch als möglicherweise federführend oder zumindest in der Co-Federführung für Digitalthemen aus dem Wirtschafts-, Justiz- und Innenministerium (vgl. Delhaes 2022b: 9).

Weitere wichtige Institutionen der Digitalpolitik finden sich im staatlichen Umfeld in Form von Behörden und Anstalten beziehungsweise Agenturen. So ist für Fragen der wettbewerblichen Regulierung die Bundesnetzagentur (BNetzA) und für solche des Datenschutzes die Bundesbeauftragte für den Datenschutz und die Informationsfreiheit (BfDI) zuständig. In der IT-Sicherheit spielt das Bundesamt für Sicherheit in der Informationstechnik (BSI) eine wichtige Rolle, etwa durch Empfehlungen zum sicheren Einsatz technischer Systeme und die Meldepflicht von Sicherheitsvorfällen durch Betreiber kritischer Infrastruktur an das BSI. Zusätzlich wurde zum einen die Zentrale Stelle für Informationstechnik im Sicherheitsbereich (ZITiS) ins Leben gerufen. Zum anderen wurde eine Agentur für Disruptive Innovation in der Cybersicherheit und Schlüsseltechnologien (ADIC) als bundeseigene GmbH unter Aufsicht von BMI und BMVg aufgebaut (vgl. BMVG 2018). Des Weiteren können für den Bereich Forschungsförderung, Innovation und Transfer die ab 2018 (parallel zur ADIC) aufgebaute Bundesagentur für Sprunginnovationen (SPRIND) sowie die im April 2022 angekündigte Deutsche Agentur für Innovation und Transfer (DATI) genannt werden (vgl. Bundesregierung 2018a; BMBF 2022a).

Für die Einbeziehung externer Expertise über Expert:innen aus unterschiedlichen Feldern führt die Ampelkoalition nicht nur den Digitalrat (von dem im ersten Jahr der neuen Regierung allerdings nichts zu hören war) und den vom BMWK verantworteten jährlichen Digital-Gipfel weiter fort. Passend zur Neuausrichtung des BKAmt auf die Strategische Vorausschau, mit zwei zentralen Abteilungen und den Überlegungen zur Etablierung eines Zukunftslabors[31] wird die Foresight-Prozess-Orientierung durch den neu etablierten Zukunftsrat flankiert – dessen erster Themenschwerpunkt auf Innovation und technologischer Souveränität liegt (vgl. Bundesregierung 2022b).[32] Der Kritik an

---

31 Damit erfolgt, in der Logik der von Warnke et al. (2022: 109ff.) aufgestellten drei Optionen, zunächst die Etablierung einer *zentralisierten*, stark vom BKAmt gesteuerten Variante der Strategischen Vorausschau mit einer perspektivischen Erweiterung um eine *integrierte* Variante durch ein Zukunftslabor.

32 Auch hieran wird die enge Verknüpfung der Implementierung von Strategischer Vorausschau und der (auch auf EU-Ebene propagierten) Missionsorientierung im Sinne Mazzucatos (2021) deutlich.

der fehlenden zivilgesellschaftlichen Einbindung in den Digitalrat wurde dabei insofern Rechnung getragen, als neben den 15 wissenschaftlichen Expert:innen und Wirtschaftsakteuren ein Platz an die Vorsitzende des DGB, Yasmin Fahimi, vergeben wurde (vgl. acatech 2022).

Tabelle 2: Staatliche und staatsnahe Akteure der Digitalpolitik in der 20. Legislaturperiode (2021–2025) auf Bundesebene

Institution	**Rolle/Kompetenzen/Zuständigkeiten**
Bundeskanzleramt	(Fach- und Dienstaufsicht über: BND)
Chef des Kanzleramts	Strategische Steuerung Digitalisierung Bundesverwaltung über IT-Rat
Koordinierungsgruppe der federführenden Ressorts auf Ebene der Staatssekretär:innen	Koordinierung/Abstimmung von Schwerpunktvorhaben
Beauftragte der Bundesregierung für Kultur und Medien (BKM)	Bündelung der kultur- und medienpolitischen Aktivitäten
Bundesministerien	**Rolle/Kompetenzen/Zuständigkeiten**
Bundesministerium für Digitales und Verkehr (BMDV)	Digitalstrategie; Operative Vorhaben der Digitalpolitik; Netzinfrastruktur (Aufsicht über: MIG) Breitbandausbau (Netzallianz Digitales Deutschland); Telekommunikation, Netzneutralität; Mitzuständigkeit Digitalgipfel; Mitkoordinierung Digitalbudget; (Rechts-/Fachaufsicht über: BNetzA)
Bundesministerium des Innern und für Heimat (BMI)	»Digitalcheck« aller Gesetzesvorhaben; IT- und Cybersicherheit, Vorratsdatenspeicherung, E-Government; Strategische Steuerung der IT des Bundes und des IT-Rates (Aufsicht über: BSI, ADIC, Rechts-/Fachaufsicht über: ZITiS)
Bundesministerium für Wirtschaft und Klimaschutz (BMWK)	Industrie 4.0, Digitalisierung der Wirtschaft, Start-ups, KI, Games, (Beirat Junge Digitale Wirtschaft, Digitalbotschafterin), Branchenförderung, Leistungsschutzrecht, Digitaler Mittelstand; Mitzuständigkeit Digitalgipfel; Mitkoordinierung Digitalbudget; (SPRIND)
Auswärtiges Amt (AA)	Cyber-Außenpolitik
Bundesministerium der Justiz (BMJ)	Informationelle Selbstbestimmung, Urheberrecht
Bundesministerium für Arbeit und Soziales (BMAS)	Digitale Arbeitswelt, Beschäftigtendatenschutz
Bundesministerium für Bildung und Forschung (BMBF)	Forschungs-, Innovationspolitik (Hightech-Strategie, Internet-Institut), Digitale Bildung, Medienkompetenz; (DATI, SPRIND)

Bundesministerium für Gesundheit (BMG)	Digitale Gesundheitsinfrastruktur (Telematikinfrastruktur, elektronische Gesundheitskarte, elektronische Patientenakte), E-Health; (gematik; FDZ Gesundheit)
Bundesministerium für Familie, Senioren, Frauen und Jugend (BMFSFJ)	Jugend(medien)schutz, Digitale Gesellschaftspolitik; (Aufsicht über: BzKJ)
Bundesministerium der Verteidigung (BMVg)	Cybersicherheit, Cyberabwehr; (Aufsicht über: ADIC)
Bundesministerium der Finanzen (BMF)	Digitaler Finanzmarkt, FinTech (Rechts-/Fachaufsicht: BaFin)
Bundesministerium für Umwelt, Naturschutz, nukleare Sicherheit und Verbraucherschutz (BMUV)	Verbraucher(daten)schutz
Bundesministerium für Wohnen, Stadtentwicklung und Bauwesen (BMWSB)	Smart Cities; Stadtentwicklung und Digitalisierung
Bundesbehörden und -anstalten	**Rolle/Kompetenzen/Zuständigkeiten**
Agentur für Disruptive Innovation in der Cybersicherheit und Schlüsseltechnologien (ADIC)	Forschungs- und Entwicklungsförderung für Cybersicherheit
Bundesagentur für Sprunginnovation (SPRIND)	Förderung visionärer Ideen mit Potenzial für disruptive Innovationen
Bundesnetzagentur (BNetzA)	Wettbewerbsregulierung Telekommunikation, Verbraucherschutz
Bundeszentrale für Kinder- und Jugendmedienschutz (BzKJ)	Jugendmedienschutz
Bundesamt für Sicherheit in der Informationstechnik (BSI)	IT-Sicherheit, Nationales Cyber-Abwehrzentrum
Bundesbeauftragte für den Datenschutz und die Informationsfreiheit (BfDI)	Datenschutz, informationelle Selbstbestimmung
Bundesanstalt für Finanzdienstleistungsaufsicht (BaFin)	FinTech
Deutsche Agentur für Transfer und Innovation (DATI)	Regionale Innovationsökosysteme; Transfer technologischer und sozialer Innovationen
gematik	Telematikinfrastruktur; eGK; ePA
Zentrale Stelle für Informationstechnik im Sicherheitsbereich (ZITiS)	Forschung und Entwicklung zur Cybersicherheit
Bundestag	**Rolle/Kompetenzen/Zuständigkeiten**
Ständige Ausschüsse	Spiegelbildlich zum jeweiligen Ministerium/Ressort
Ausschuss für Digitales	Alle Themen (federführend beratend gegenüber BMDV)
Bund/Länder	Rolle/Kompetenzen/Zuständigkeiten
IT-Planungsrat	Koordination IT-Lösungen; E-Government zwischen Ländern und Bund (IT-Staatsvertrag)

Quellen: Greef (2017: 34); Rieger (2014: 5–11); BMDV (2022a); Bundeskanzler (2021); Delhaes (2022c); eigene Zusammenstellung und Darstellung.

In der Konsequenz stellt sich die digital- und netzpolitische Zuständigkeitsverteilung der staatlichen und staatsnahen Institutionen auf Bundesebene in der 20. Legislaturperiode weiterhin unübersichtlich dar (siehe Tabelle 2). Folglich kann der institutionelle Kontext der Digitalpolitik als bislang nur bedingt strukturiert gelten. Die politikfeldspezifischen Institutionen sind noch im Wandel beziehungsweise Entstehen begriffen und (Entscheidungs-)Verfahren sowie Ressourcen- und Kompetenzzuteilungen verbleiben im veränderbaren Raum. Diese hat sich nicht nur direkt bei dem Wechsel von der Großen zur Ampelkoalition 2021, sondern auch in den ersten sechs Monaten der neuen Regierung erneut gezeigt. Der seit der Etablierung des Ausschusses für Digitales geforderte Zuwachs an Kompetenzen und eine (geteilte) Federführung bei Gesetzesentwürfen mit Digitalbezug wurden zwar auf den Weg gebracht. Allerdings bleiben insbesondere die Ausschüsse für Wirtschaft, Justiz sowie Inneres ebenfalls für zentrale Digitalthemen zuständig. Ob hierbei dem Digitalausschuss eine Co-Federführung zukommt, wird sich erst zukünftig klären. Auf der Ebene des Parlaments unterliegt Digitalpolitik damit weiterhin der Konkurrenz zwischen den Fachausschüssen.

Auf der Ebene der Bundesregierung erfolgte bei den Versuchen einer zentrierten Koordinierung der digitalpolitischen Themen in der 20. Legislaturperiode ein erneuter Wechsel im Institutionalisierungsansatz. Infolge des Wegfalls der Staatsministerin für Digitalisierung, der Etablierung einer Koordinierungsgruppe der federführenden Ressorts auf Staatssekretärsebene und der – kongruent zur Aufwertung des Ausschusses für Digitales – Kompetenzübertragungen auf das Ministerium für Digitales und Verkehr spielt insbesondere das Kanzleramt formal eine deutlich schwächere Rolle. In der Digitalstrategie wird das BKAmt explizit nur noch bei der notwendigen Abstimmung des Digitalbudgets genannt. An die Stelle der operativen Steuerung tritt im Kanzleramt die Beschäftigung mit grundlegenden Zukunftstrends und -visionen in den Referaten »Grundsatzfragen der Transformation« sowie »Politische Planung und Strategische Vorausschau«. Laut Tagesspiegel denkt das Kanzleramt auch darüber nach, »ein eigenes ›Zukunftslabor‹ einzurichten, in dem etwa weitreichende Entscheidungen der Regierung vorher auf ihre ›Zukunftsverträglichkeit‹ geprüft werden können« (Rusch/Ronzheimer 2022). Ob auf der operativen Ebene die insbesondere zwischen BMDV, BMWK und BMI neu verteilten Kompetenzen und Zuständigkeiten im Sinne einer kohärenten Steuerung, unter anderem über die Koordinierungsgruppe auf Staatssekretärsebene unter Vorsitz des BMDV, eingehegt werden können, muss sich erst noch zeigen. Die Ergebnisse werden sich dabei auch an den von der Ampelkoalition in der Digitalstrategie ausgegebenen ambitionierten Zielmarken[33] und 18 Leuchtturmprojekten messen lassen müssen (vgl. BMDV 2022a).

Aus dieser Perspektive bleibt die Digitalpolitik ein spannendes Feld für die Frage nach sich verändernder staatlicher Steuerung. Denn Auswirkungen der schwach ausgestalteten Verantwortlichkeiten und Zuständigkeiten von Ministerien und staatlichen Behörden auf die staatliche Steuerungsfähigkeit sind denkbar. Insbesondere können

33 So sollen etwa bis 2025 mindestens 80 % der gesetzlich Krankenversicherten die elektronische Patientenakte nutzen. Ebenfalls bis zum Ende der Legislaturperiode soll sich Deutschland nicht nur im DESI-Gesamtindex von Platz 13 um mindestens drei Plätze verbessern, sondern auch bei der Verwaltungsdigitalisierung von Platz 18 in die Top Ten aufschließen (vgl. BMDV 2022a: 2f., 44).

größere strategische Handlungsspielräume für die Steuerungsobjekte bestehen, wenn deren Gestaltungsoptionen und Interaktionsmöglichkeiten durch den institutionellen Kontext nur schwach vorstrukturiert werden.

II.3.3 Polity II: Steuerungsobjekte und Intermediäre - Akteure und Akteurskonstellationen

Aufseiten der Intermediäre lässt sich neben den Parteien[34] ein breites Spektrum an zivilgesellschaftlichen Organisationen mit digitalpolitischen Schwerpunkten vorfinden (siehe Tabelle 3). Dazu gehören etwa parteinahe Organisationen wie beispielsweise der SPD-nahe Verein D64 – Zentrum für Digitalen Fortschritt oder der cnetz – Verein für Netzpolitik im Umfeld der CDU. Daneben fand die Organisierung in drei Wellen statt (vgl. Dobusch 2014: 5f.): Das Organisationsspektrum beginnt bei strukturierten Verbänden und Vereinen der ersten Generation (1980/90er-Jahre) mit Querschnittscharakter, etwa dem Chaos Computer Club (CCC) oder dem Verein zur Förderung des öffentlichen bewegten und unbewegten Datenverkehrs (FoeBuD); heute Digitalcourage. In der zweiten Generation (2000er-Jahre) entstanden zum einen Organisationen mit spezifischen Schwerpunkten (wie die Wikimedia[35] zur Förderung offenen Wissens). Zum anderen kamen fluide organisierte Arbeitskreise hinzu, die sich gegen konkrete Gesetzesvorhaben richten. Hierzu gehören etwa der Arbeitskreis Vorratsdatenspeicherung (AK Vorrat), der Arbeitskreis gegen Internet-Sperren und Zensur (AK Zensur) und der AK Zensus. In der dritten Generation (seit den 2010er-Jahren) gründeten sich dann einerseits losere Protestbewegungen und Initiativen.[36] Diese bildeten sich etwa angesichts des von Edward Snowden enthüllten Überwachungs- und Spionageskandals, des Zugangserschwerungsgesetzes, des Handelsabkommens gegen Produktpiraterie ACTA (Anti-Counterfeiting Trade Agreement) oder angesichts der staatlichen Gesetzesinitiativen im Bereich Sicherheit (wie etwa durch die Polizeigesetze der Länder oder die Ausweitung der Überwachungsaktivitäten in Bezug auf den Einsatz von Staatstrojanern). Beispielhaft sei hier die 2017 in Berlin gegründete Initiative Digitale Freiheit genannt, die sich für Datenschutz und informationelle Selbstbestimmung sowie gegen Überwachung einsetzt. Sie versuchen, insbesondere mit kreativen Aktionen, öffentliche Aufmerksamkeit für Themen wie den

34 Zwar konnten die Piraten als netzpolitische Single-Issue-Partei aufgrund von Personalquerelen, internen Streitigkeiten und Flügelkämpfen keine langfristigen Erfolge im Sinne einer dauerhaften Etablierung im Parteiensystem erringen. Ihr kurzzeitiger Höhenflug trug jedoch maßgeblich dazu bei, dass Verfechter digitalpolitischer Themen auch in den etablierten Parteien an Relevanz gewinnen konnten (vgl. Hensel/Klecha 2013: 66ff.; Niedermayer 2013: 240ff.). Davon zeugt etwa, dass die Parteien netzpolitische Sprecher:innen aufgestellt und parteiinterne Arbeitsgruppen (etwa CSUnet, GRÜNDigital) etabliert haben (vgl. Greef 2017: 43).

35 Die Wikimedia Deutschland entstand, wie später auch die Open Knowledge Foundation Deutschland (OKF DE), als nationaler Ableger der jeweiligen international tätigen zivilgesellschaftlichen Bewegung.

36 Diese propagieren mitunter auch alternative Organisationsformen wie etwa die Bürgerrechtsinitiative freiheitsfoo, die sich als »offene und transparente Plattform« und »offene Gruppe von Menschen« versteht und sich über Mailingliste, Blog und Wiki organisiert (freiheitsfoo o.J.).

Test der Gesichts- und Verhaltenserkennung am Berliner Südkreuz oder die EU-Uploadfilter-Debatte zu generieren (vgl. Digitale Freiheit o.J.).

Tabelle 3: Zivilgesellschaftliche und parteinahe Akteure der Digitalpolitik

Zivilgesellschaftliche Organisation	Gründung	Themenschwerpunkt
Chaos Computer Club (CCC)	1981	Querschnitt
Digitalcourage (ehem. FoeBuD)	1987	Querschnitt
Netzpolitik.org	2004	Querschnitt
Wikimedia Deutschland	2004	Offenes Wissen
AK Vorrat	2005	Vorratsdatenspeicherung
AK Zensur	2009	Netzsperren
Digitale Gesellschaft (digiges)	2010	Querschnitt
AK Zensus	2011	Volkszählung, Datensparsamkeit
Open Knowledge Foundation Deutschland (OKF DE)	2011	Offenes Wissen
freiheitsfoo	2013	Privatsphäre, Informationelle Selbstbestimmung
Gesellschaft für Freiheitsrechte (GFF)	2015	Informationelle Selbstbestimmung, Informations-, Meinungs- und Pressefreiheit
AlgorithmWatch	2016	Ethik und Gestaltung algorithmischer Entscheidungsfindung
Digitale Freiheit	2017	Privatsphäre, Informationelle Selbstbestimmung
Parteinahe Organisationen	**Gründung**	**Themenschwerpunkt**
C-Netz (CDU-nahe)	2012	Querschnitt
D64 (SPD-nahe)	2012	Querschnitt
LOAD (FDP-nahe)	2014	Querschnitt
netzbegruenung (Grünen-nahe)	2014	Querschnitt

Quelle: Dobusch (2014); eigene Zusammenstellung und Darstellung.

Andererseits entstanden aber auch neue strukturierte und professionalisierte Vereine, die unterschiedlich stark fokussiert im Bereich Digitalpolitik aktiv sind. Zu den Akteuren, die dezidiert eine große Bandbreite digitalpolitischer Themen bearbeiten, gehört etwa die Digitale Gesellschaft (digiges), aber auch hybride Typen wie die zwischen Journalismus und advokatorischer Interessenvertretung einzuordnende Plattform netzpolitik.org. Mit der Gesellschaft für Freiheitsrechte (GFF) ist dagegen 2015 eine insbesondere auf die Durchsetzung des Rechts auf informationelle Selbstbestimmung fokussierte Organisation entstanden, die primär auf das Instrument der Verfassungsbeschwerde setzt.

Ebenfalls mit spezifischem Fokus entstand 2016 AlgorithmWatch, um sich mit den (gesellschaftlichen) Auswirkungen algorithmischer Entscheidungsfindung auseinanderzusetzen und auf deren transparente Nutzung unter ethischen Gesichtspunkten hinzuwirken (vgl. AlgorithmWatch 2022). 2021 schlossen sich Wikimedia Deutschland, OKF DE, GFF, AlgorithmWatch und Reporter ohne Grenzen zum Bündnis F5 zusammen, um gemeinsam eine neue, gemeinwohlorientierte Digitalisierung voranzutreiben (vgl. F5 o.J.).

Neben netzaktivistischen, bürgerrechtlichen oder verbraucherschutzorientierten Akteuren stehen die wirtschaftsbezogenen Interessen. Im Feld der Digitalpolitik sind dies im Bereich der organisierten Interessen – und damit mögliche Akteure der Ko-Regulierung – vor allem die IT-Branchenverbände, der Bundesverband Informationswirtschaft, Telekommunikation und neue Medien (BITKOM), eco – Verband der Internetwirtschaft oder der Bundesverband Deutsche Startups, der Bundesverband Digitale Wirtschaft (BVDW), der Bundesverband IT-Mittelstand (BITMi), die *Internet Economy Foundation (IEF)*, die Initiative D21 sowie Organisationen aus der Medienbranche. Als direkte Adressaten politischer Steuerung spielen aber vor allem die technologiefokussierten Unternehmen und Konzerne die Hauptrolle. Sie treten dabei sowohl als Steuerungsobjekte, als Akteure der Selbstregulierung als auch als Advokaten ihrer Eigeninteressen auf.

Zu den handelnden Akteuren im Feld der Digitalpolitik zählen aber nicht nur ohnehin primär technologiebezogene Akteure. In der 2019 gegründeten Initiative *Digital für alle* haben sich 21 zivilgesellschaftliche Organisationen und wirtschaftliche Verbände zusammengeschlossen. Zu diesen gehören auch die Wohlfahrtsverbände und die kommunalen Spitzenverbände ebenso wie der Deutsche Kulturrat, der Deutsche LandFrauenverband oder der Hartmannbund. Ihnen geht es darum, Dialogforen für Bürger:innen zu schaffen. Über Teilhabe und Mitgestaltung sollen die unterschiedlichen Facetten von Digitalisierung nicht nur verständlicher gemacht, sondern jede:r »in die Lage versetzt werden, sich souverän und sicher, selbstbewusst und selbstbestimmt in der digitalen Welt zu bewegen« (vgl. Digital für alle Initiative 2019). Dazu soll auch ein jährlicher Aktionstag (Digitaltag 2020) beitragen.

Für das Feld der Digitalpolitik lassen sich vielzählige relevante Akteure identifizieren, die als mehr oder weniger etabliert gelten können. Das Herausstellen *spezifischer Akteurskonstellationen* gestaltet sich jedoch schwierig. Zwar scheint sich bereits ein stabiler Kern an zentralen Akteuren in diesem Problemfeld herausgebildet zu haben. Allerdings sind die Interaktionsstrukturen aufgrund neu entstehender Akteure, der geschilderten institutionellen Findungsprozesse auf staatlicher Ebene oder sich deutlich wandelnder Akteursrollen[37] noch im Fluss.

37 Dies zeigt sich etwa am CCC, der sich seit seiner Gründung von einem, zum Teil in die kriminelle Ecke gestellten, Hacker-Kollektiv zu einer anerkannten Interessengruppe entwickelt hat. Seine Expertise ist bei Anhörungen in Bundestagsausschüssen gefragt, und Sachverständige des CCC werden in Verfahren des Bundesverfassungsgerichts gehört (vgl. Die Welt 2013; Neuber 2014).

II.3.4 Politics: Moderation und Verhandlung mit unklaren Kompetenzen

Die Digitalpolitik zeichnet sich aber nicht nur durch eine ausgeprägt fluide Akteurslandschaft und -konstellation aus. Vielmehr ist sie in der Politics-Dimension auch durch eigene Arenen und eine eigenlogische Ausgestaltung der Aushandlungsprozesse geprägt. Für die Gestaltungs- und Regulierungsperspektive von Digitalpolitik spielen unterschiedliche Verhandlungsarenen und Steuerungsformen sowie -instrumente eine Rolle. Dazu trägt bei, dass sich Digitalpolitik auch mit Sachverhalten beschäftigt, die bereits im analogen Zeitalter Gegenstand von Regulierung waren, und sich jetzt die Fragen nach Angemessenheit und Wirkung aus veränderter Perspektive neu stellen. Neben der direkten hierarchischen Steuerung durch den Staat sind in netzpolitischen Problembereichen vielfach deutlich stärker governanceorientierte Formen der Aushandlung vorzufinden. Damit sind Konzepte von Steuerung gemeint, in denen nicht der Staat von oben durchregiert, sondern gemeinsam mit betroffenen Akteuren gestaltet oder diesen eine Selbstregulierung ermöglicht. Dies trifft nicht nur auf die internationale Ebene zu, auch wenn hier, aufgrund nationalstaatlicher Souveränität, Aushandlungen in der Regel in koordinierenden und standardisierenden Gremien stattfinden. Dabei wird teilweise in Multi-Stakeholder-Prozessen versucht, neben den Nationalstaaten, technischen Experten, wirtschaftlichen Interessengruppen und Konzernen eine breitere Zahl an relevanten Akteuren aus der Zivilgesellschaft miteinzubinden (vgl. Jaume-Palasí et al. 2017: 3f.).

Auch in Deutschland finden sich vielfach auf den Koordinationsmodus der Verhandlung setzende Gremien und Dialogprozesse, in denen der Staat eher als Moderator denn als Steuerungssubjekt auftritt. Die Bandbreite reicht dabei von einer Öffnung der politischen Problembearbeitung durch Formen einer offenen Konsultation bis hin zu Gremien der Selbst- und Ko-Regulierung. Beispiele hierfür sind die *Dialogprozesse* zur Plattformökonomie (Grün-/Weißbuch Digitale Plattformen des BMWi) oder zu digitaler Arbeit (Grün-/Weißbuch Arbeiten 4.0 des BMAS) mit Versuchen, regulatorische *Experimentierräume* zu schaffen, eine *Plattformisierung* durch Expert:innengremien zur Künstlichen Intelligenz (Plattform Lernende System von BMBF und arcatech) sowie themenspezifische Arbeitsgruppen zur Künstlichen Intelligenz (Plattform Lernende Systeme des BMBF) oder zur *Etablierung technischer Standards* in der digitalisierten Industrie (Plattform Industrie 4.0 von BMWK und BMBF). Alle dies sind exemplarische Beispiele für den steuernden Staat im digitalen Zeitalter, in denen jeweils unterschiedliche Steuerungsformen eine Rolle spielen, weshalb sie in den folgenden Kapiteln noch einmal explizit aufgegriffen werden (siehe Kapitel VI.2.2, VI.2.3, V.2.4 und VI.1.2.4.).

Schon an dieser Stelle sei aber angemerkt, dass sich in dem hier zu sehenden Primat des Verhandlungsmodus sowie Versuchen regulierter Selbstregulierung in der Digitalpolitik die Komplexität der mit der Digitalisierung einhergehenden Herausforderungen widerspiegelt. Aus dieser Perspektive stehen noch nicht etablierte Politikfelder, wie das Problemfeld der Digitalpolitik, vor einem doppelten politischen Steuerungsproblem. Weder ist eine operative Steuerung von außen durch den Staat einfach möglich, noch existiert bereits ein ausgeprägtes selbstorganisiertes Verhandlungssystem, dass eine Kontextsteuerung oder Ko-Regulierung erleichtern würde.

Was sich genau hinter diesen Begriffen unterschiedlicher Steuerungsformen und -instrumente verbirgt, wird im nachfolgenden Kapitel einer systematischen Betrachtung unterzogen.

III. Steuerungsformen und -instrumente: Eine Systematisierung

»Wird Steuerung als intentionale Größe verstanden, so hat man sich Klarheit über die Möglichkeiten des Steuerns gesellschaftlicher und wirtschaftlicher Prozesse zu verschaffen. [...] [S]trukturierte Zusammenstellungen können eine Übersicht über Steuerungstechniken und [...] grundsätzlich zur Verfügung stehende[] Instrumente und Formen geben. Überlegungen zu den Funktionen des Steuerns vermögen zusätzlich [...] Hinweise auf die sehr unterschiedlichen Leistungen staatlichen Steuerns [zu] geben.«
Klaus König und Nicolai Dose (1993b: 562)

Die folgenden Ausführungen systematisieren die unterschiedlichen Formen und Instrumente *politischer* Steuerung. Es geht damit um eine spezifische Ausprägung der zuvor als Regelung und Steuerung (siehe Kapitel I.2.1 und I.2) grundsätzlich skizzierten, zielgerichteten Versuche einer Zustandsänderung. Die Spezifik betrifft zunächst Steuerungssubjekt und -objekt. »*Für den Fall gegenwärtiger Nationalstaaten wird Regieren damit definiert als politische Steuerung komplexer Gesellschaften* [Herv. i. O.]« (Willke 2014a: 2). Es geht mithin um Staat und Gesellschaft. Staatliche Steuerung wird häufig auch als Regieren bezeichnet.

> »Steuern und Regieren sind nicht nur etymologisch verwandt. [...] Unter dem historischen Blickwinkel ist politische Steuerung also fast gleichbedeutend mit Regieren. Und Regieren ist immer beides zugleich: Herrschaft und Steuerung« (Wiesenthal 2006: 17).

Regieren »zielt immer auf Systemsteuerung« und bedeutet, kollektive Ziele zu formulieren, zu verfolgen und möglichst auch zu erreichen (Willke 2014a: 2). Eine weitere Spezifik politischer Steuerung ist damit der Kontext, in dem sie stattfindet. Politische Steuerung erfolgt in unterschiedlichen, funktional differenzierten Feldern, die aus politischer Perspektive als Politikfelder, aus gesellschaftlicher Perspektive als gesellschaftliche Subsysteme verstanden werden. Sie unterliegen Eigendynamiken und Eigenlogiken, da sich Politikfelder auf einen jeweils spezifischen, abgegrenzten Problem- und Gegenstandsbereich beziehen, der durch komplexe Interaktionskonstellationen feldrelevanter Akteure gekennzeichnet ist, deren Handeln zwar durch den institutionellen Kontext strukturiert wird, die jedoch über einen gewissen Grad an Autonomie durch eigene Ressourcen und (Entscheidungs-)Kompetenzen verfügen (vgl. Greef 2017: 14ff.). Ein einfaches Hineinregieren in selbstreferenzielle, teilautonome Subsysteme ist daher nicht ohne Weiteres – oder nur mit entsprechendem (Ressourcen-)Aufwand und Konfliktpotenzial – und häufig mit unklarem Ausgang möglich (vgl. Willke 2014a: 4f.). Daher stellt sich immer die Frage »nach den Bedingungen der Möglichkeit der Steuerung bzw. Selbststeuerung komplexer Systeme« (ebd.: 7). Dabei ist zu berücksichtigen, dass sich – was im Folgenden in der Systematisierung deutlich ersichtlich wird – das Steuerungsverständnis mit wandelnden Rahmenbedingungen verändert. Damit umfasst auch der Steuerungsbegriff heute ein sehr viel breiteres Repertoire an Formen und Instrumenten, was jedoch keinesfalls zu einer Abkehr vom Begriff der Steuerung verleiten sollte (vgl. Göhler 2009: 39).

III.1 Steuerungsformen

Es lassen sich verschiedene Steuerungsformen oder -regime voneinander unterscheiden. Im Folgenden werden diese unterschiedlichen Formen politischer Steuerung systematisiert. Letztlich zielen diese alle darauf ab, kollektiv verbindliche Entscheidungen herzustellen und durchzusetzen. Im Wesentlichen werden in der Literatur drei mögliche Formen von Handlungskoordination unterschieden: Hierarchie, Markt und Netzwerk (vgl. etwa Powell 1990).[1] Willke (2014a: 9) beschreibt diese drei Formen als »idealtypische Mechanismen der Ordnungsbildung« in der Steuerung von Systemen, die durch unterschiedliche hybride Steuerungsformen ergänzt werden. Sie besitzen jeweils eigene Regel- und Entscheidungssysteme, Modi der Steuerung und des kollektiven Handelns.

In der Nutzung der Begrifflichkeiten lässt sich eine starke Kongruenz zwischen *Hierarchie und Government* auf der einen sowie *Netzwerk und Governance* auf der anderen Seite attestieren. Beide Formen besitzen damit einen ersichtlichen Bezugspunkt zum Staat, während der Modus des Marktes (im Sektorenmodell) gerade den (idealtypischen) Gegenpol zum Staat darstellt. Aus einer zeithistorischen Beschreibung wird mitunter von Government als klassischem Regieren und Governance als moderner politischen Steuerung gesprochen (vgl. ebd.: 14).

Wenn man dagegen ausgehend vom Planungsmodell und Marktmodell von Steuerung differenziert, gibt es zunächst zwei klassische Steuerungsformen: Die staatliche hierarchische Planung und die marktliche Koordination. Hiervon ausgehend, versucht die Governance-Perspektive, diese Dichotomie, die sich auch auf der Ebene des Steuerungssubjekts widerspiegelt – des Staates bei der hierarchischen Steuerung und des Marktes bei der marktlichen Steuerung – aufzubrechen und miteinander zu verbinden.

Die im nachfolgenden Kapitel stattfindende Differenzierung der mit den unterschiedlichen Steuerungsformen verbundenen Steuerungsinstrumente vorwegnehmend, soll diese Trias um eine vierte Form erweitert werden. Dabei wird aus der Steuerungsform des Netzwerks, im Folgenden primär als *Governance* bezeichnet, die Sonderform der korporatistischen Arrangements als vierte Steuerungsform herausgelöst (siehe Abbildung 5).

1 Braun und Giraud (2014) sprechen von Staat, Markt und Governance.

Abbildung 5: Steuerungsformen

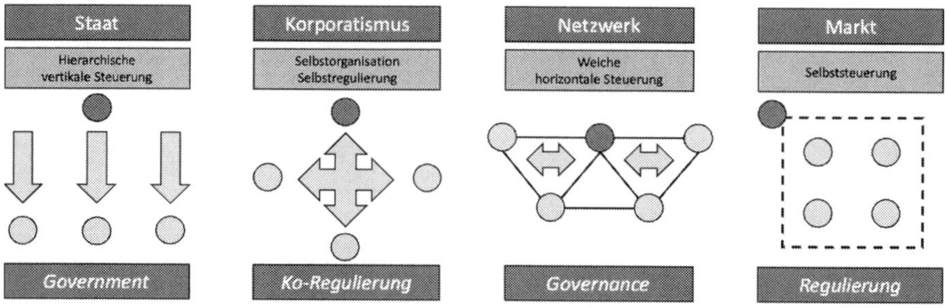

Anmerkung: Die Kreise stehen für Akteure (Steuerungsobjekte und Steuerungssubjekte), wobei der Staat als dunkler Kreis dargestellt ist.
Quelle: Eigene Darstellung.

Diese Einteilung ist anschlussfähig an Streeck und Schmitter (1985: 119ff.), die Mitte der 1980er-Jahre für die vierte Kategorie der *Associations* neben *Community*, *Market* und *State* argumentierten, die jeweils wiederum mit Neo-Korporatismus, Solidarität, Wettbewerb und Hierarchie verbunden wurden.

Tabelle 4: Semantische Varianzen der Steuerungsformen-Typologien

Steuerungsform	Staat	Markt	Netzwerk	Korporatismus
Streeck und Schmitter	State/hierarchical control	Market/dispersed competition	Community/spontaneous solidarity	Associations/neo-corporatism
Braun und Giraud	Staat	Markt	Kooperation	Selbstorganisation
Winter	Hierarchie	Wettbewerb	Gemeinschaft	Korporatistische Arrangements
Voigt	Etatistische Steuerung	Selbststeuerung/keine politische Steuerung	Inkrementalistische Steuerung/Koordination	Korporatistische Steuerung
Fuchs und Rucht	Bürokratie	Markt	Verhandlung	Selbstregulierung

Quellen: Streeck/Schmitter (1985: 119ff.); Braun/Giraud (2014: 181); Winter (2014: 181); Voigt (1993: 304f.); Fuchs/Rucht (1988: 173); eigene Zusammenstellung und Darstellung.

Mit der Governance-Debatte findet dann der Begriff des Netzwerks sowie der Kooperation, Koordination und Verhandlung Eingang in die Systematisierungen und verdrängt den Begriff der Community – oder stellt diesen als Selbststeuerung außerhalb der Systematik.[2] Korporatistische Settings als eigene Steuerungsform jenseits von Staat, Markt und Netzwerk auszuweisen, findet sich – mit unterschiedlichen Bezeichnungen – in den letzten Jahrzehnte bei verschiedenen Autor:innen wie Voigt (1993: 304f.) oder Fuchs und Rucht (1988: 173). Braun und Giraud (2014: 181) sprechen von den »vier klare[n] und unterschiedliche[n] Paradigmen [...] – Staat, Markt, Kooperation und Selbstorganisation –«, und Winter (2014: 181) setzt »korporatistischen Arrangements« als vierten Typus neben die »Regulationsformen Hierarchie, Wettbewerb oder Gemeinschaft« (siehe Tabelle 4).

Wenngleich sich die genutzten Begrifflichkeiten zwischen den Autoren unterscheiden, folgt die inhaltliche Differenzierung dem gleichen Muster. Diese idealtypischen Formen der in dieser Abhandlung mit den Begriffen Staat, Markt, Netzwerk und Korporatismus versehenen Quadriga der Steuerungsformen werden im Folgenden kurz skizziert.

III.1.1 Staat: Hierarchische vertikale Steuerung (Government)

Staat als hierarchische Steuerungsform ist kennzeichnend für den Interventionsstaat (siehe Kapitel IV.2.2). Sie umfasst im Wesentlichen Steuerungsinstrumente, die eine *direkte* Form der Einflussnahme und Lenkung – einseitig durch den Staat – darstellen. Aus Steuerungsperspektive besteht demnach eine klare hierarchische Trennung zwischen Steuerungssubjekt (Staat) und Steuerungsobjekten (Gesellschaft, Wirtschaft, Bürger:innen etc.): die »hierarchische Überordnung der Staatsgewalt über alle anderen innergesellschaftlichen Kräfte« (Scharpf 1991: 5). Diese »Vorstellung von der hierarchischen Über- und Unterordnung zwischen Staat und Gesellschaft hat in der kontinentaleuropäischen Tradition lange eine wichtige Rolle gespielt« (Döhler 2007b: 51). Daher wird eine direkte, hierarchische Steuerung – im Sinn von Befehl und Gehorsam – als *klassisches Konzept politischer Steuerung* (Government) verstanden.

Hierarchische Steuerung ist somit Herrschaft im eigentlichen, ursprünglichen Sinne. Als legitime Herrschaftsform sieht Max Weber (1922: 124ff.) Hierarchie als das Ordnungsprinzip, das verbindliches, regelgeleitetes und damit berechenbares Handeln anstelle von Willkür produziert. Hierarchie ist damit ein »notwendiges und zentrales Bauelement staatlicher Exekutive, organisierter Staatlichkeit überhaupt« (Loschelder 1996: 523). Ausdruck dessen ist die Verwaltungsbürokratie als Form der rationalen Herrschaft – und legitimer Steuerung. Sie steht für festgelegte Verantwortlich- und Zuständigkeiten sowie geregelte Kontroll- und Aufsichtskompetenzen. Die zentral durch die Regierung von oben über die Verwaltung (abgeleitete Legitimität) ausgeübte Herrschaft und Macht legitimiert sich dabei über eine ununterbrochene Legitimationskette.[3] Die politische Steuerung hierarchischer Art fußt daher auf einer direkten Input-

2 Klenk und Nullmeier (2004: 27–40) unterscheiden aus Governance-Perspektive fünf Formen: Hierarchie, Markt und Wettbewerb, Netzwerk, Assoziation (im Sinne von Selbststeuerung) sowie Gemeinschaft (im Sinne von Selbstorganisation und Commons).

3 Der Übergang von Legitimation und Verantwortung erfolgt von den Wähler:innen ans Parlament und von dort an die Regierung und von dieser wiederum an die Verwaltung.

Legitimation. Für eventuell zur Durchsetzung hierarchischer Vorgaben notwendige Sanktionen bei Nichteinhaltung kann der Staat sich auch auf sein Gewaltmonopol berufen.

Zu den immer wieder genannten möglichen Nachteilen der Steuerungsform Staat zählen fehlende Kompetenzen. Gerade in Bezug auf die Gestaltung der Digitalisierung werden von unterschiedlichen Seiten immer wieder fehlendes Wissen und Expertise beklagt. Auch die Langwierigkeit politischer Prozesse und die Trägheit von Bürokratie gehören zu den genannten klassischen Schwächen. Bezogen auf die Verwaltung kommen als Argumente häufig ein vermeintlich unverhältnismäßig hoher Aufwand (Ineffizienz) auf der einen Seite, gepaart mit Defiziten bei Umsetzung und Vollzug (Ineffektivität) auf der anderen Seite hinzu (vgl. Fuchs/Rucht 1988: 173).

III.1.2 Markt: Selbststeuerung (Regulierung)

Die Steuerungsform des Marktes ist kennzeichnend für den Minimal- und Nachtwächterstaat. Dem Staat kommt dabei aus neoliberaler Perspektive ausschließlich die Rolle der Absicherung der Marktfunktionalität und der Verhinderung von Marktversagen zu: dem anonymen Tausch von Gütern und Waren zwischen beliebigen Tauschpartner:innen zu frei ausgehandelten Konditionen im freien Wettbewerb unter gleichen, freien Markt(zugangs)bedingungen. Die Steuerung erfolgt hier *durch den Markt* über Angebot und Nachfrage (Preisbildung) – und damit über Nutzen(maximierungs)kalküle der rationalen Marktteilnehmer:innen. Im Kern handelt es sich damit um eine (spezifische) Form der Selbststeuerung, die an die Stelle politischer Steuerung tritt (vgl. Czada 2007: 68, 73).

Die idealtypische Funktionsfähigkeit von Märkten und Selbststeuerung – die Vorteile wie flexible und zügige Anpassung an veränderte Gegebenheiten oder die Entlastung des Staates mit sich bringen kann – ist allerdings voraussetzungsvoll. Sie benötigt Transparenz und vollständige Information, rational handelnde Akteure, voneinander unabhängige Tauschprozesse und gleiche Zugangsbedingungen für einen funktionierenden Wettbewerb. Dem können begrenzte Rationalität, Informationsasymmetrie, negative Externalitäten, die ungleiche Ausstattung mit Ressourcen und (natürliche) Monopole entgegenstehen. Diese marktstörenden Effekte zu verhindern, ist eine der verbliebenen Steuerungsaufgaben des Staates und der Kern dessen, was bei einer engen Definition das Steuerungsinstrument der *Regulierung* ausmacht (weshalb häufig auch direkt von Marktregulierung gesprochen wird). Daher wurde mit der Privatisierung und Vermarktlichung bestimmter Politikfelder im kooperativen Gewährleistungsstaat zugleich die Regulierungsfähigkeit – insbesondere durch die Schaffung von Agenturen wie etwa der Bundesnetzagentur – ausgebaut (siehe Kapitel IV.3).

Aber auch bei zwei weiteren Nachteilen des Marktes kommt der Staat als Korrektiv ins Spiel (vgl. Fuchs/Rucht 1988: 173). Die Marktlogik führt zum einen zur Externalisierung von Kosten und damit etwa zu Umweltbelastungen oder gesellschaftlichen Folgewirkungen. Gewinne werden privatisiert, Risiken und Verluste, wenn möglich, vergesellschaftet. Zum anderen produziert der Markt nur marktförmige und -fähige Güter (Waren und Dienstleistungen), die mit Gewinn verkauft werden können. Unrentable öffentliche Güter – und damit erhebliche Teile des Gemeinwohls beziehungsweise der Daseinsvorsorge – die sich durch Nichtrivalität und Nichtausschließbarkeit[4] auszeichnen, werden durch den Markt nicht ohne Weiteres bereitgestellt. Daher kommt der Staat als eigenständiger Leistungserbringer (Staat) oder als Garant für eine marktähnliche Leistungserbringung (Netzwerk) ins Spiel. Hieran wird zugleich deutlich, dass die Ausprägung von Staat und Staatlichkeit zu einem bestimmten Zeitpunkt zwar durch die Dominanz einer Steuerungsform gekennzeichnet sein kann, aber dass – bezogen auf die ganze (mögliche) Bandbreite an Staatstätigkeit in differenten Politikfeldern – je nach Bereich auch andere Steuerungsformen anzutreffen sind.

III.1.3 Netzwerk: Horizontale Steuerung (Governance)

Netzwerke als Form der horizontalen Steuerung sind kennzeichnend für den kooperativen Staat (siehe Kapitel IV.3.2). Im Sinne von Verhandlung und Kooperation vermischt Netzwerk-Steuerung dabei Aspekte von Hierarchie und Markt (vgl. Willke 2014a: 14).

> »Die Stärke von Verhandlungssystemen liegt demnach darin, die streng egoistische Logik des Marktes und die streng paternalistische Logik der Hierarchie verknüpfbar und teilweise kompatibel zu machen« (Willke 1997: 140).

Die Logik der horizontalen Steuerung ist eng mit dem Begriff der Governance verbunden. Laut Schulte (2017: 34) soll »die verantwortungsvolle Kooperation im Netzwerk« die »Regierungsform« von Governance sein. Diese hat einen erheblichen Hype hinter sich. Der Begriff wird dabei in unterschiedlichen Kontexten auf vielfältige Art und Weise genutzt, entsprechend unklar ist er in seiner generellen Bedeutung (siehe auch Kapitel I.1.1 zur Governance-Debatte). Blumenthal (2005: 1150) spricht von einem »anerkannt uneindeutigen Begriff[]«. Gemeinsam ist den verschiedenen Konzepten, dass es sich um eine Form der politischen Steuerung handelt, die sich von klassischer hierarchischer Steuerung – dem Government – abgrenzen. Ein grundsätzlicher Unterschied besteht dagegen in der Perspektive darauf, ob Governance als *normatives* Konzept einer erwünschten Steuerungsform verstanden wird (wie es etwa im Begriff der *good governance* deutlich wird) – oder, ob es als *kategoriales* Konzept der Beschreibung und Einordnung spezifischer, empirisch vorfindbarer Steuerungsformen dient. Im Kern der Governance-Debatte, bei der es um die Frage »nach den Bedingungen der Möglichkeit einer gemeinwohlorientierten Gesellschaftsgestaltung, welche den strukturellen Gegebenheiten einer polykontexturalen, nicht zentral steuerbaren Gesellschaft Rechnung trägt«, geht, verbinden sich beide Perspektiven (Bora 2012: 350).

---

4 Von dem Konsum solcher Güter können Einzelne nicht ohne Weiteres ausgeschlossen werden. Zugleich ist der Konsum für viele gleichzeitig möglich, ohne dass sie um ihren Anteil rivalisieren müssen. Beides würde prinzipiell auf alle digitalen Güter zutreffen, weil diese verlustlos und quasi ohne Kosten kopier- und reproduzierbar sind (wenn dies nicht extra technisch beschränkt wird). Siehe hierfür zusätzlich die Anmerkungen in Kapitel V.1.1.1 zu Kollektiv-, Club- und öffentlichen Gütern.

Die Governance-Diskussion grenzt sich einerseits von der Government-Perspektive ab und umfasst verschiedenste Formen von Regelungsverfahren und -strukturen. Andererseits wird mit hierarchischen Steuerungsformen unterschiedlich umgegangen. In einem engeren Verständnis[5] ist Governance »als ein Gegenbegriff zu hierarchischer Steuerung zu verstehen«, wobei Schuppert (2013: 40) gleich darauf hinweist, dass »damit der Staat als Akteur allerdings nicht abgeschafft« ist. Vielmehr wird er zu einem Akteur unter anderen. »Der Steuerungserfolg wird erkauft durch die Enthierarchisierung der Beziehung zwischen Staat und Gesellschaft« (Scharpf 1991: 7). Daher steht bei Governance die Koordinationsperspektive zwischen vielen, miteinander interagierenden relevanten Akteuren im Zentrum, woraus der Fokus auf Netzwerke folgt.

> »Netzwerke von handlungsfähigen Organisationen, Kollektiven oder Korporationen können als der Normalfall der Verflechtung wechselseitig abhängiger und wechselseitig interessierter Akteure angesehen werden« (Willke 1997: 136).

Im Gegensatz zu dem in dieser Abhandlung genutzten engen Verständnis von Governance steht das sich in einigen Strängen der Governance-Forschung durchgesetzte breite Verständnis von Governance als Oberbegriff, der auch Government und hierarchische Steuerung umfasst. Die Fragen von Grande (2012: 586f.) nach dem Umgang mit der »Governance-Falle« – »Wo liegen Grenzen von Governance? Und welche Alternativen zu Governance gibt es?« – angesichts nach wie vor auffindbarer »hierarchisch-autoritäre Staatsgewalt trotz der Ausbreitung nicht-hierarchischer Formen des Regierens« wurden vielfach mit einer Ausweitung des Begriffsverständnisses beantwortet. So wiederholt etwa Sack (2013: 94f.) die von Grande aufgeworfene Frage, ob »Governance vornehmlich als Kooperation und Koordination neben und anstatt von Staat und Markt gesehen oder als Überbegriff für unterschiedliche, dabei auch hierarchische und wettbewerbliche Koordinationsformen genommen [wird]?« und entscheidet sich für den Forschungsstrang, in dem die »Beschränkung auf die kollaborierenden und deliberativen Formen des Regierens in funktional differenzierten Gesellschaften [...] aufgehoben und die Vielfalt von Steuerung und Handlungskoordination in den Blick genommen [wird].« Governance wird in diesem breiten Verständnis zu einem Synonym für Regieren und Handlungskoordination per se und verliert damit seine distinkte Bedeutung, bei der der Begriff spezifisch für kollaborative Formen der Steuerung jenseits von Government steht. Diese Abhandlung verwendet Governance aufgrund des Fokus auf den Wandel (der Rolle) des Staates in der (Gesellschafts-)Steuerung weiterhin in einem engen Begriffsverständnis. Sie schließt dabei etwa an neueren Ausführungen von Dose (2022: 89f.) an, nach denen »Governance – verstanden als Regieren in nicht hoheitlich geprägten Kontexten« – zwar »als eine Antwort auf neue Herausforderungen verstanden werden« kann, »sich andere Herausforderungen wie die Covid-19-Pandemie [aber] nicht mehr bewältigen« lassen,

---

5 Zürn (2007: 29) unterscheidet mit »*Governance by, with and without Government(s)* [Herv. i. O.]« drei Formen. Dabei lässt sich Governance *by* Government der Steuerungsform der Hierarchie beziehungsweise dem Korporatismus, Governance *with* Government der Form des Netzwerks sowie Governance *without* Government der Steuerungsform des Marktes zuordnen.

wenn »die Entwicklung von Government zu Governance« »zu einem substanziellen Abbau von Government« – im Sinne staatlicher Steuerungskapazitäten – führt.

Nach Brüggemeier und Röber (2011: 367) »meint Governance das Steuern und Koordinieren mit dem Ziel des Managements von Interdependenzen zwischen (kollektiven) öffentlichen, gemeinnützigen und privaten Akteuren, basierend auf institutionalisierten Regelsystemen, die das Handeln der Akteure lenken sollen.« Koordinierung wird hier nicht als eigenständiges Instrument verstanden, sondern als ein Mix aus unterschiedlichen Steuerungsinstrumenten. Dabei zeigt sich deutlich, dass die Governance-Perspektive stark auf strukturelle Merkmale und Handlungskontexte sowie Selbstregulierung setzt. Für die stark strukturorientierte Governance-Forschung stellen Netzwerke den zentralen Kern eines neuen Steuerungsarrangements dar. Während sich die Hierarchie auf den staatlichen Sektor und der Markt auf den privaten und freigemeinnützigen Sektor fokussiert und damit separiert, steht der Netzwerkansatz für die Verknüpfung zwischen Staat, privaten und zivilgesellschaftlichen Akteuren (vgl. Schuppert 2011: 26).

Netzwerke sind aber nicht einfach nur eine Auslagerung der Entscheidungsfindung. Der Aufbau von Netzwerken kann auch als Steuerungsleistung verstanden werden. Politische Akteure übernehmen in solchen Netzwerken zwar keine hoheitliche Rolle mehr, leiten und organisieren aber gleichwohl die Selbstorganisation gesellschaftlicher Akteure, womit sie diese Organisation unterstützten (oder überhaupt erst anregen beziehungsweise ermöglichen) (vgl. Braun/Giraud 2014: 181). Es entsteht ein infrastrukturelles Angebot, das von unterschiedlichen Akteuren genutzt werden kann, Kooperationen anregt und kollektives Handeln ermöglicht. Dafür sind nicht nur anerkannte Interaktions- und Entscheidungsregeln notwendig. Netzwerke sind vielmehr auf längerfristige Zeiträume ausgelegt, die es ermöglichen, stabile Akteurskonstellationen herauszubilden. Erst so können die Akteure Sozialkapital aufbauen, mit dem Vertrauen und Erwartungssicherheiten verbunden sind, womit erst der Aufbau von Selbststeuerungskapazitäten des Netzwerks möglich wird. Neben der Übernahme von Steuerungsleistung bieten Netzwerke aus staatlicher Sicht unabhängig davon aber auch weitere Leistungen: Informationsgewinnung und Einbringen unterschiedlicher Akteursperspektiven und damit Optionen.

> »Vernetzende Koordination bezeichnet den Abstimmungsmodus zwischen operativ autonomen, selbststeuernden Einheiten im Kontext einer Interdependenz zwischen ihnen, die strukturelle Kopplung erzeugt. Vernetzende Koordination hebt sich damit von hierarchischer oder marktförmiger Koordination ab« (Willke 1997: 119).

Netzwerke sind daher nicht mit einer Schwächung des Staates zu verwechseln. Sie können genauso stärkend wirken, etwa »wenn es gelingt, wichtige Partialinteressen für das gesellschaftliche Gesamtinteresse einzuspannen« (Dose 2003: 23).

Die Steuerungsform der Governance ist somit durch die Akteursstruktur des Netzwerks sowie informelle und formelle Verhandlungssysteme gekennzeichnet. Das Ergebnis der Verhandlungsprozesse hängt dabei »selbstverständlich von der relativen Verhandlungsmacht der Beteiligten ab« (Scharpf 1991: 8). Umso wichtiger ist es, noch einmal auf die Rolle des Staates zu sprechen zu kommen, der man bei genauerer Betrachtung nicht gerecht wird, wenn man ihn einfach nur als einen weiteren Beteiligten behandelt.

Am Beispiel der empirischen Untersuchung von Wissensnetzwerken zeigt Straßheim (2011) unter anderem zwei wichtige Punkte auf. Zum einen dienen Netzwerke für die beteiligten Akteure nicht nur als Rahmen für Verhandlungs- und Entscheidungsprozesse. Sie werden vielmehr genutzt, um Wissen und Informationen auszutauschen, für »Politiktransfer und Leistungsvergleiche« (ebd.: 244). Hieraus ergibt sich, dass Konkurrenz, Konflikt und Machtunterschiede für das Verständnis der Funktion von Netzwerken wichtig sind, weil diese eben keine einfachen Kooperations- und Konsensmaschinen darstellen. Aus Steuerungsperspektive verweist dieser Aspekt noch einmal auf die Eigendynamik sowie Selbststeuerungsaspekte von Netzwerken jenseits von Versuchen einer staatlichen Kontextsteuerung durch Netzwerkbildung. Der zweite Punkt betrifft das Verhältnis von Netzwerken und Kontingenz. »Das Spezifische der Netzwerke gegenüber anderen Governanceformen liegt vor allem darin, dass sie ein Handeln im Horizont des immer auch anders möglichen [sic!] etablieren« (ebd.: 268). Sie strukturieren somit einen Handlungsraum, in dem unterschiedliche Interessenlagen und Zielvisionen sowie kontingente Wahrnehmung über (gesellschaftliche) Herausforderungen und (politisch) Lösungsansätze systematisch aufeinandertreffen. Sie sind damit einerseits per se konfliktgeprägt. Andererseits werden durch die gegenseitige Bezugnahme und den geteilten Handlungsrahmen auch Prozesse der Vertrauensbildung, der Erwartungsanpassung, des Tausches und der Kollektivierung angeregt. Im Ergebnis bildet sich (in der Regel) kein Konsens zwischen allen beteiligten Akteuren heraus, sondern (mitunter fragile) Kompromisse. Dies erfolgt jedoch nicht automatisch, sondern bedarf kollektiver Koordination. Hierin besteht eine Möglichkeit für staatliche Steuerung in Netzwerken, wenn der Staat diese Koordination gewährleistet und ausgestaltet.

Steuerung erfolgt primär auf indirekte Art anstatt über eine direkte Beeinflussung des Handelns. Deutlich wird dies etwa an der Strategie der sogenannten *adaptive governance*, die seit einigen Jahren diskutiert und als »the key to successfully tackling ›wicked problems‹« gesehen wird (Lynch 2009: 7).

> »Adaptive governance is suited to dealing with problems and projects that are complex, uncertain and in which many actors are involved [...] [with] different interests that might even be conflicting [...]. Adaptive governance is an approach that is often used for dealing with complex societal issues in which there are many stakeholders with diverging interests, and uncertainty about the actions to be taken« (Janssen/Voort 2016: 3).

Diese Form von Governance stützt sich auf dezentrale Formate der Entscheidungsfindung unter Einbeziehung einer möglichst großen Zahl an Stakeholdern und deren Wissensressourcen, wie die zehn Beispiel für Strategieelemente von Janssen und Voort (ebd.: 4) verdeutlichen:

1. Stakeholder und deren Möglichkeiten identifizieren
2. Stakeholder mobilisieren und kooperieren
3. Strategien die öffentliche und private Stakeholder einschließen
4. Auf Selbstorganisation setzen

5. Komplexität reduzieren durch Aufteilen in kleinere, lösbare Probleme
6. Optionen offenhalten, um flexibel reagieren zu können
7. Anpassbare Infrastruktur schaffen
8. Verkürzte, dezentralisierte Entscheidungsfindung
9. Konfrontative Strategie gegenüber blockierenden Akteuren
10. Anpassung und Verbesserung durch mehr Bildung/Wissen der relevanten Akteure

Adaptive Governance wird explizit als Steuerungsantwort auf »increasing need to establish forms of collaboration that can respond to swift changes in the environment related to technology and citizen demands« gesehen (Wang et al. 2018: 306). Adaptivität verbindet hier Responsivität und Flexibilität.

Viele aktuelle Debatten um Governance beinhalten normative Bezüge, wie an der bereits genannten good governance oder auch am Begriff *better regulation* deutlich wird. Diese normative Aufladung des Governance-Begriffes ist nicht unproblematisch. Denn aus steuerungstheoretischer Perspektive stellt Governance auch dann eine andere Form von Steuerung dar, wenn sie nicht zu einer stärkeren Demokratisierung, Partizipation und Gemeinwohlorientierung führt, sondern ausschließlich einen neuen Modus der Regelung von Konflikten und der kooperativen Entscheidungsfindung ohne normativen Anspruch darstellt. Governance muss also nicht zwingend mit der Aufwertung zivilgesellschaftlicher Stimmen einhergehen, die sich bisher nicht einbringen konnten. Sie kann im Gegenteil sogar zu einer weiteren Stärkung der Beteiligung von (privilegierten) organisierten Interessen und expertokratischen Strukturen führen (vgl. Bora 2012: 350). Aber auch wenn die Partizipation von Bürger:innen und Zivilgesellschaft gestärkt wird, hält Mergel (2022: 253) als Problem fest, dass es unter dem Aspekt der Governance wenig darum geht, »welche Akteure tatsächlich bei der weichen Steuerung partizipieren, denn häufig werden diese nicht durch Wahl oder Bestellung legitimiert, sondern platzieren sich selbst.«

Der Governance-Ansatz zeichnet sich nicht nur durch eine Verschiebung der Perspektive bei den Steuerungsformen (hin zu Netzwerken) und -instrumenten (weiche Steuerung) aus. Neben Staat und Markt wird darüber hinaus die Rolle des dritten Sektors – der Zivilgesellschaft und der dort angesiedelten Organisationen – besonders betont. Mit dem Governance-Konzept kommt es somit zu einer Pluralisierung der als relevant identifizierten Akteure. Im Gegensatz zur Perspektive der Hierarchie – mit einer dem Staat untergeordneten Gesellschaft – befinden sich Gesellschaft und Staat auf einer Ebene, sind als gleichwertige Subsysteme konzipiert. Damit treten die Akteure des dritten Sektors nicht mehr nur als Steuerungsobjekte, sondern auch selbst als Steuerungssubjekte auf. Gleichwohl ergibt es auch aus der Governance-Perspektive Sinn, die politische Steuerung nicht aus den Augen zu verlieren. Zum einen, weil Governance nicht einfach Government ersetzt, sondern in vielfältigen Formen nebeneinander oder miteinander verknüpft existiert. Zum anderen, weil der Staat aus dieser Sichtweise zwar zu einem Akteur unter anderen wird, damit aber noch lange nicht alle Akteure gleich sind.[6] Auch die »stärker kooperativen Form staatlicher Entscheidungsfindung«

---

6 Nach Willke (1997: 27) verliert die Politik zwar ihren Status als »besondere Sphäre des Allgemeinen in der Gesellschaft«, jedoch verbleibt ihr »die Rolle eines ›primus inter pares‹ aller Funktionssyste-

bedeuten nicht, dass »Hierarchie aus dem Verhältnis zwischen Staat und Gesellschaft getilgt worden ist« (Döhler 2007b: 51f.).

Bei aller Hervorhebung von gesellschaftlicher Selbstorganisation, Verhandlung und dem Zurücktreten des kooperativen Staates auf die Rolle eines Akteurs unter vielen bleibt der Staat aber nicht auf die Koordination beschränkt. Er verfügt weiterhin über die »Trumpfkarte der hoheitlichen Letztentscheidung« (Braun/Giraud 2014: 181). Dabei wird davon ausgegangen, dass bereits allein ihr Vorhandensein – und damit die im Raum stehende Drohung staatlicher Alleinentscheidung – Wirkung entfalten und die Trumpfkarte dementsprechend überhaupt nicht gezogen werden muss. Dieses Phänomen – der *Schatten der Hierarchie* – verdeutlicht noch einmal, dass Governance nicht die Abwesenheit staatlicher Steuerung bedeutet, womit sich hierarchische und horizontale Steuerung verbinden. Börzel (2008: 127) spricht von der »Verschachtelung von institutionalisierten Regelungsstrukturen«. Daraus ergibt sich ein gewisses Paradoxon, wenn einerseits Governance als Steuerung jenseits von Hierarchie konstituiert wird und andererseits für gelingende Verhandlung und Kooperation das vorhandene Potenzial für hierarchische Steuerung eine Rolle spielt.[7]

Diese kritische Perspektive auf Governance wird in dieser Abhandlung insoweit aufgelöst, als Governance gerade nicht als Konstrukt jenseits staatlicher Steuerung verstanden wird. Sie stellt vielmehr eine Form der staatlichen Steuerung dar. Insofern ist der Schatten der Hierarchie daher kein Argument gegen die Funktionsweise von Governance, sondern ein Faktor für ihr Funktionieren. Damit bleibt »Hierarchie [...] also eine zentrale Kontextvariable effektiver Governance« (Zürn 2009: 63). Das staatliche Steuerungspotenzial kooperativer Steuerung hängt aus diesem Verständnis unter anderem gerade davon ab, ob der Staat glaubhaft mit alternativer einseitiger hierarchischer Steuerung drohen kann oder das Steuerungsobjekt glaubt, dass eine solche droht. Die »Drohung bzw. das Bewusstsein der Möglichkeit einer hierarchischen Intervention auf Verhandlungen [kann] sowohl zwischen gesellschaftlichen Akteuren als auch mit staatlichen Akteuren eine einigungfördernde Wirkung besitzen« (Döhler 2007b: 52). Hier lässt sich an Luhmann (1989: 8) anschließen, der darauf hinweist, bei Steuerungskonzepten nicht ausschließlich auf die Steuerungswirkung im Sinne der durch Steuerung veränderten Bedingungen für zukünftiges Handeln zu blicken. Vielmehr ist bereits der Steuerungsversuch oder auch nur die Ankündigung oder Überlegungen zu möglicher Steuerung bereits ein »Steuerungsereignis, das schon als Ereignis wirkt und wirken soll. Und da die Ereigniseffekte rascher wirken als die intendierte Änderung der Bedingungen künftigen Handelns, macht die Steuerung die Steuerung selbst oft obsolet« (ebd.).

---

me einer funktional differenzierten Gesellschaft.« Die Ausdifferenzierung der modernen Gesellschaft in Funktionssysteme geht also nicht mit einer absoluten Gleichwertig- und Gleichrangigkeit aller Subsysteme einher. Brock (2014: 93) nennt sowohl die Sonderrolle des Wirtschaftssystems aufgrund seiner »besonderen strategischen Bedeutung für die Organisation gesellschaftlicher Leistungen« als auch die Sonderrolle des politischen Systems wegen seines »Machtmediums« und der damit einhergehenden Möglichkeit zur eigenständigen Finanzierung mittels Steuern und Abgaben. Hinzu komme als Besonderheit eine wechselseitige Abhängigkeit zwischen politischem und wirtschaftlichem System, während die anderen Funktionssysteme in einer einseitigen Abhängigkeit vom Wirtschaftssystem stünden.

7 Für eine kritische Diskussion des Konzepts des Schattens der Hierarchie siehe etwa Töller (2008).

Der Schatten der Hierarchie erweitert damit das Verständnis der Steuerungsform der Hierarchie, was »das ehedem monolithische Konzept nicht nur für eine Mischung öffnet, sondern darüber hinaus auch gern bemühte Dualismen wie etwa Hierarchie versus Markt oder Hierarchie versus Selbstorganisation in die Schranken verweist« (Döhler 2007b: 52). Auch aus diesem Grund ist es sinnvoll, nicht auf der Ebene der gerade skizzierten drei idealtypischen Steuerungsformen stehen zu bleiben, sondern die unterschiedlichen Steuerungsinstrumente genauer in den Blick zu nehmen.

III.1.4 Korporatismus: Selbstorganisation (Ko-Regulierung)

In der Steuerungsform des Korporatismus verbinden sich Elemente von Staat (hierarchischer) und Markt (horizontaler Steuerung). Korporatistische Arrangements sind für bestimmte Politikfelder kennzeichnend und sowohl im Interventions- wie auch im kooperativen Staat anzutreffen (siehe Kapitel IV). Korporatismus beschreibt dabei einen (Ideal-)Typus der Beziehung zwischen Staat und Interessenverbänden.[8] Diese Beziehung ist im Kern dadurch gekennzeichnet, dass Organisationen in die staatliche Aufgabenerfüllung und Leistungserbringung inkorporiert (eingebunden) werden, kooperieren und dafür im Gegenzug – durch ihre staatliche Anerkennung – Zugänge, Ressourcen und Organisationsunterstützung erhalten.[9] Kooperation ist alles andere als selbstverständlich. Willke (1997: 106) charakterisiert die »mühsame Konstruktion« sowohl von Netzwerken als auch korporatistischen Arrangements als Antwortversuche auf die »zentrifugale Dynamik« in ausdifferenzierten Gesellschaften mit (teilautonomen) Subsystemen. Akteure verfolgen Eigeninteressen, handeln also zunächst eher aus egoistischen, rational-ökonomischen denn altruistischen Beweggründen. Um sich auf ein gemeinsames Vorgehen zu verständigen, müssen daher einige Voraussetzungen erfüllt sein. Dazu gehört etwa die Erkenntnis, dass zumindest ein Minimalkonsens über gemeinsame Ziele existieren muss, weil etwa beiderseitige Vorteile aus der Kooperation entstehen (Positivsummen-Spiel) oder äußerer Druck besteht (sei es von Markt, Gesellschaft oder dem Staat, etwa durch gesetzlichen Zwang oder den politischen Druck beziehungsweise den Schatten der Hierarchie). Insbesondere langfristige Kooperation kann, im Sinne der Einhegung von Eigeninteressen, einen Beitrag zum Gemeinwohl

---

8 Schmitter (1979: 94f.), der den Begriff zusammen mit Lehmbruch in den 1970er-Jahren auf diese Weise prägte, unterschied für Westeuropa die drei Idealtypen Pluralismus, Korporatismus und Syndikalismus. Den Korporatismus wiederum unterteilte er in den *Gesellschaftlichen Korporatismus* und den (totalitären) *Staatskorporatismus* (ebd.: 97f.). Diese Abgrenzung entspricht der Unterscheidung zwischen »liberalem« und »autoritären Korporatismus« (Lehmbruch 1979: 53) oder derjenigen zwischen Korporatismus und Neokorporatismus. Im Folgenden wird für den deutschen Fall vereinfacht von Korporatismus und korporatistischen Arrangements gesprochen, womit der gesellschaftliche oder liberale Korporatismus beziehungsweise der Neokorporatismus gemeint ist.

9 Auf der einer Seite steht eine »tendenziellen Instrumentalisierung der Großorganisationen für staatliche Steuerungsleistungen« in bestimmten Bereichen (Lehmbruch 1979: 51). Auf der anderen Seite wird ihnen in diesen Bereichen »ausdrücklich ein Repräsentationsmonopol zugestanden« (Schmitter 1979: 95).

leisten. Daher kann es im staatlichen Interesse sein, eine solche Kooperation zu forcieren, indem die dafür nötigen Rahmenbedingungen geschaffen werden und der Staat sich auf eine eher moderierende Rolle zurückzieht. Korporatistische Arrangements, von der Tarifautonomie bis zu Konzertierten Aktionen,[10] sind solche Formen staatlich gestützter Kooperation (vgl. Willke 2014a: 19). Dabei lässt sich das Beispiel der Tarifautonomie stärker dem kooperativen Staat (Selbststeuerung) und das Beispiel der Konzertierten Aktion dem Interventionsstaat (Globalsteuerung) zuordnen.

Aus Sicht des Staates übernehmen inkorporierte Verbände erstens eine Steuerungsleistung: Die »Kernfunktion des Korporatismus [liegt] in der Übernahme öffentlicher Steuerungsaufgaben« (Traxler 2001: 591). Hinzu kommt zweitens eine Ordnungsleistung: »Prozesse gesellschaftlicher Interessenregulierung werden von der staatlichen in die vorstaatliche Sphäre ausgelagert« (Traxler/Vobruba 1987: 5). So können etwa Steuerungsdefizite kompensiert werden. Durch die Implementierungskompetenz und Selbststeuerung von Organisationen entfalten sie aber auch auf anderen Ebenen eine staatsentlastende Wirkung. Sie agieren dabei mit ihren »vom Staat übertragenen hoheitsähnlichen Steuerungsfunktionen« (Winter 2007: 225) und »entlasten den Staat von zentralen Steuerungsaufgaben« (Offe 1984: 250). Dabei werden neben administrativen Kosten auch mögliche regulative Kosten (etwa zur Aufrechterhaltung eines fairen Wettbewerbs) auf diese Akteure ausgelagert. Genauso wirken sie entlastend, indem sie durch die Übernahme staatlicher Funktionen direkt in die Produktion öffentlicher Güter integriert werden. Insofern leisten sie einen Beitrag zum Gemeinwohl.

> »[Durch] eine ›konzertierte‹ Verbindung von Staat und Individual- bzw. Gruppeninteressen [scheint] die Hervorbringung des Gemeinwohls in besonderem Maße gewährleistet werden zu können. Insofern vermag die Integration privat organisierter Interessen in die Ausübung von Staatsfunktionen im Sinne korporativer Staatsgewalt durchaus einen Ansatz zur Hervorbringung des Gemeinwohls zu bilden« (Dederer 2004: 111).

Der Staat wird aber nicht nur bei der Kostenseite (der Gemeinwohlproduktion) entlastet. Es findet gleichzeitig auch eine Verantwortungsübertragung für die Erbringung der Steuerungsfunktion oder Leistung statt, die auch eine Rechtfertigungskomponente umfasst. Unpopuläre Entscheidungen müssen nicht mehr (ausschließlich) durch den Staat vermittelt und gerechtfertigt werden.[11] Zweitens bringen Verbände als organisierte Interessen wichtige Expertise und Wissen aus erster Hand in den politischen Prozess

---

10 Aus Steuerungsperspektive fällt die erste Konzertierte Aktion 1967 in das Zeitalter des Interventionsstaates und der Planungseuphorie (siehe Kapitel IV.2.2.1). Sie kann daher als Bestandteil einer keynesianischen Globalsteuerung der Wirtschaft gesehen werden – als Form einer zentralen, planerischen Steuerung. Aus dieser Perspektive stellt die Konzertierte Aktion ein Steuerungsinstrument dar, um die relevanten Akteure auf das planerische Globalziel einzuschwören und für die Zielerreichung mit ins Boot zu holen. Seifert (2010: 38–40) bezeichnet die Konzertierte Aktion sogar als zentrales Element des Prinzips der Globalsteuerung.

11 Eine solche »Entkopplung« der Politik von den mit ihr verbundenen politischen Kosten findet nicht nur bei der Übertragung ihrer Implementation auf Kollektivakteure, sondern auch bei einer Privatisierung ihrer Umsetzung statt. Nicht-staatliche Akteure können die Effektivität gerade kontroverser, unpopulärer Politiken steigern. Zum einen, wenn sie weniger sensibel gegenüber der öffentlichen Meinung sind. Zum anderen kann der Staat sie dazu veranlassen, die vollen politi-

ein.[12] Insbesondere in gesellschaftlichen Subsystemen beziehungsweise Politikfeldern, die durch eine hohe Komplexität gekennzeichnet sind, verfügen gerade die beteiligten Akteure häufig über ein detailliertes (Fach-)Wissen oder den privilegierten Zugang zu Informationen. Drittens erhöhen sie mit Blick auf Entscheidungsprozesse häufig deren Effektivität. Damit verringern sich Transaktionskosten. Der inkorporierte Verband auf der anderen Seite erhält einen exklusive(re)n Zugang zum politischen System und damit Einfluss- oder Mitentscheidungspotenziale. Diese können sich auch als Vetomachtpositionen manifestieren, worunter die Effizienz von Entscheidungsprozessen leiden kann.

Folglich entsteht hier ein gewisses Paradoxon: Handlungs- und durchsetzungsfähige Akteure erhöhen auf der einen Seite die Selbststeuerungsfähigkeit, die dann staatsentlastend wirken kann. Auf der anderen Seite verringert dies die Steuerbarkeit der Akteure, insbesondere wenn das Ziel der Steuerung deren Eigeninteressen zuwiderläuft (vgl. Mayntz 1997a: 203; Scharpf 1989: 17).

Ein beiderseitiger Vorteil entsteht dabei nur, wenn dem Staat eine begrenzte Anzahl an nach außen repräsentativen – und damit legitimierten – sowie nach innen verpflichtungsfähigen[13] Großorganisationen gegenüberstehen.[14] Auf die innere Funktionslogik von Organisationen bezogen spricht Lehmbruch (Lehmbruch 1988: 29) davon, dass sich auch innerorganisational stabile Austauschprozesse herausgebildet haben, »in denen die ›Logik der Mitgliedschaft‹ und die ›Logik des Einflusses‹ konvergieren«, das Spannungsverhältnis zwischen den beiden Logiken also erfolgreich austariert wurde. Indem sie die Interessen ihrer Mitglieder selektieren und aggregieren, organisieren sie nicht nur ihre eigene Verhandlungsfähigkeit. Auch ihr Handeln wird rationaler und in der Folge für andere Akteure im Subsystem sowie den Staat berechenbarer. In der Verhandlungs- und Verpflichtungsfähigkeit verbinden sich damit die *inter*organisationale und die *intra*organisationale Dimension. Beide sind Voraussetzung für funktionsfähige

---

schen Kosten zu tragen, indem er die Akteure kompensiert oder regulatorisch unter Druck setzt (vgl. Teodoro et al. 2020: 421).

12 Gleichwohl besteht zum einen die Gefahr, dass hinter vermeintlich am Gemeinwohl interessierten Eingaben tatsächlich Partikularinteressen stecken. Zum anderen stellt die Bevorzugung bestimmter Interessengruppen zugleich immer auch eine Benachteiligung anderer Interessen dar. Das dabei eine systematische Nichtberücksichtigung bestimmter Interessen möglich ist, zeigt etwa die Diskussion um starke und schwache Interessen (vgl. insb. Winter 2007).

13 Verpflichtungsfähigkeit bezieht sich auf die Fähigkeit einer Organisation, die erzielten Verhandlungsergebnisse (eingegangene Verpflichtungen, Zugeständnisse) auch gegenüber ihren Mitgliedern durchzusetzen – also die Vereinbarungen auch umsetzen zu können. Sie muss dafür sicherstellen, dass die Organisationsmitglieder die Verabredungen nicht unterlaufen. Dies kann auf Loyalität und Solidarität basieren. Eine Organisation kann aber auch auf Tauschangebote (wie Dienstleistungen) oder Zwangsmittel und Sanktionen zurückgreifen (vgl. Traxler/Vobruba 1987: 10f.; Offe 1984: 244f.).

14 In der klassischen Definition des Korporatismus nach Schmitter (1979: 94–97) sind für diesen eine begrenzte Zahl an staatlich anerkannten, hierarchisch organisierten und funktional differenzierten »singuläre[n] Zwangsverbände[n]« kennzeichnend, die mit einem Repräsentationsmonopol ausgestattet sind. Im Rahmen des selbst errungenen oder »ihnen vom Staat eingeräumten Vertretungsmonopols [...] [übernehmen sie] gleichzeitig auch regierungs- und verwaltungsähnliche Funktionen gegenüber den Mitgliedern« (Offe 1984: 235).

korporatistische Arrangements. Diese erhöhen dann aus staatlicher Perspektive auch die Steuerbarkeit (vgl. Mayntz 1997a: 201). Daher wird ihnen eine »Zugewinn an politischer Steuerungsfähigkeit« zugesprochen (Winter 2007: 218). Zugleich differenzieren sich damit die Steuerungssubjekte aus. Der Staat steuert im Rahmen des korporatistischen Arrangements, überträgt aber zugleich öffentliche Steuerungsaufgaben auf die inkorporierten Akteure, die damit wiederum nicht mehr nur Steuerungsobjekte sind, sondern selbst zu steuernden Akteuren (Steuerungsobjekten) werden (vgl. Traxler 2001: 591).

Korporatistischen Arrangements sind institutionalisierte und somit stabile Beziehungen, in denen die Austausch- und Aushandlungsprozesse langfristig und routiniert erfolgen. Sie sind damit nicht nur belastbar, sondern auch in gewissem Maße berechenbar und damit verlässlich (vgl. Lehmbruch 1988: 28).[15] Andernfalls hätte der Staat vermutlich auch kein Interesse an einer Inkorporierung, und es würde auch keine erfolgen. Denn auch wenn der Staat in korporatistischen Arrangements seine innere Souveränität zugunsten einer Übertragung auf beziehungsweise Ausführung von Staatsfunktionen durch privat organisierte Akteure zurückstellt, so bleibt seine souveräne Staatsgewalt doch immer übergeordnet.

> »Daher muß dem Staat insbesondere die Befugnis vorbehalten bleiben, Formen korporativer Staatsgewalt ohne Zustimmung der bis dahin in die Ausübung von Staatsfunktionen integrierten privaten Interessenorganisationen wieder aufzulösen« (Dederer 2004: 122).

Unabhängig von Aspekten wie Effizienz und Effektivität oder anderen Vorteilen stellt sich jedoch die Frage nach der demokratischen Legitimität der einbezogenen Akteure und damit der von diesen mit dem Instrument der Selbstregulierung getroffenen Entscheidungen. Entgegengehalten wird aus demokratietheoretischer Sicht die Gefahr einer »Überlagerung demokratischer Entscheidungsstrukturen durch informelle Verhandlungsprozesse« (Winter 2007: 218). Sowohl Korporatisierung als auch Privatisierung »makes the public policy process more technocratic and less democratic« (Teodoro et al. 2020: 420). Wobei Mayntz (1997a: 202) hebt hervor, dass es sich »hier *nicht* [Herv. i. O.] einfach um die Substitution politischer Steuerung durch ›private Regierungen‹« handelt. Gleichwohl ist in der Literatur immer wieder von einer möglichen »*Kolonisierung* des Staates durch partiale Interessen [Herv. i. O.]« die Rede, wobei Scharpf (1992: 21) durchaus eine solche Gefahr bei bilateralen Konstellationen und trilateralen neokorporatistischen Arrangements gegeben sieht.[16]

---

15 Jenseits dieser idealtypischen Beschreibung verändern sich korporatistische Austauschbeziehungen in der Realität zum Teil deutlich. Bezogen auf die Entwicklung der Arbeitsbeziehungen spricht etwa Hassel (2014: 147) von »The German Model in Transition«, wonach Kontinuität und Wandel in Form kombinierter koordinierender und neuer liberaler Elemente zusammenfallen: »institutions are hollowed out while their formal structures remain intact.«

16 Scharpf (1992: 20–25) grenzt diese beiden Konstellationen gegenüber Selbstregulierung, im Sinne der Lösung eines durch freiwilliges Handeln nicht zu regelnden gruppeninternen Problems, einerseits und Politiknetzwerken andererseits ab. Politiknetzwerke sind verglichen mit korporatistischen Arrangements zum einen pluraler und offener für eine Vielzahl von Akteuren. Zum an-

Die erhöhte Steuerungsfähigkeit wird also mit einer »spezifischen Selektivität der Interessenberücksichtigung« erkauft, die eine »neue Dimension der Asymmetrie« mit sich bringt und damit einer pluralistisch und demokratietheoretisch gewünschten Einbeziehung möglichst vieler, unterschiedlicher und heterogener Interessen(gruppen) entgegensteht (Winter 2007: 218). Stattdessen werden durch die selektiv exklusive oder privilegierte Einbeziehung häufig ohnehin bestehende Asymmetrien in der Ausstattung mit Ressourcen, Machtpotenzialen, Information und Fachwissen verschärft, indem systematische Unterschiede in Beteiligung (gleichwohl auch Formen einer ausschließlich symbolischen Beteiligung möglich sind), Zugang zu Entscheidungsträgern und Mitsprachemöglichkeiten in politischen Entscheidungsgremien hinzukommen (vgl. ebd.: 225).

Korporatismus und korporatistische Arrangements lassen sich somit zusammenfassend als institutionalisierte Beteiligung und Indienstnahme von (Groß-)Organisationen durch den Staat beschreiben, die Ersteren Einflusspotenziale auf politische Entscheidungsprozesse und Selbstregulationskompetenzen bringt und Letzteren – insbesondere durch Ressourcen und Expertise sowie die Vermittlung der Entscheidungen, die Einbindung in die Politikimplementierung und den Vollzug von Staatsaufgaben – entlastet.[17] Funktionierende korporatistische Arrangements entsprechen somit einem Tauschhandel. Auch wenn häufig von der Beteiligung weniger Monopolorganisationen ausgegangen wird, kann die Zahl der beteiligten Akteure größer und strukturell heterogener ausfallen.[18]

Tabelle 5: Idealtypen korporatistischer Arrangements

<table>
<tr><th>Typ</th><th>Makro-Korporatismus</th><th colspan="2">Meso-Korporatismus</th></tr>
<tr><td>Ebene</td><td>Gesamtgesellschaft/ Makroökonomie</td><td colspan="2">Politikfeld/Sektor</td></tr>
<tr><td>Rolle des Staates</td><td colspan="2">Beteiligter Akteur</td><td>Rahmensetzung, Moderation</td></tr>
<tr><td>Steuerung</td><td colspan="2">Tripartismus/Konzertierung</td><td>Selbstregulierung</td></tr>
<tr><td>Beispiel</td><td>Bündnis für Arbeit</td><td>Konzertierte Aktion Pflege</td><td>Tarifautonomie, Selbstverwaltung</td></tr>
</table>

Quellen: Czada (1994: 52f.); Winter (2014: 185); eigene Zusammenstellung und Darstellung.

---

deren behält der (demokratisch legitimierte) Staat stärker die formale Zuständigkeit und damit die Verantwortung für Entscheidungen.

17 Aus diesem wechselseitigen Interesse ergibt sich, dass weder die These einer Kolonisierung des Staates durch Interessenverbände noch die These der Instrumentalisierung von Verbänden durch den Staat das Verhältnis zwischen beiden adäquat abbildet (vgl. Lehmbruch 1987: 14f.).

18 Darüber hinaus führt Winter (2014: 184) an, dass Politikfelder durchaus auch durch ein differentes Setting relevanter Akteure, bezogen auf die Politik*produktion* auf der einen (pluralistische Akteurslandschaft) und die Politik*implementation* auf der anderen Seite (korporatistische Akteurskonstellation) gekennzeichnet sein können.

Drei idealtypische Konstellationen korporatistischer Arrangements lassen sich bezüglich der Ausprägung des Staat-Verbände-Verhältnisses auf Makro- beziehungsweise Mesoebene unterscheiden (siehe Tabelle 5). In tripartistischen Arrangements sitzt der Staat als ein Akteur mit am Verhandlungstisch und versucht, die »Steuerungsressourcen [...] zentralisierter autonomer Verbände« zu nutzen (Lehmbruch 1988: 22). Beispiele für diese Konstellation sind auf der gesamtsystemischen Makroebene das Bündnis für Arbeit, Ausbildung und Wettbewerbsfähigkeit (1998) oder die Konzertierte Aktion zur Inflationsbekämpfung im Rahmen des russischen Angriffskrieges auf die Ukraine und die Coronapandemie (2022). Auf der politikfeld- oder sektorspezifischen Ebene lassen sich beispielshaft die Konzertierte Aktion im Gesundheitswesen (1977) oder die Konzertiere Aktion Pflege (2018) anführen. Bei meso-korporatistischen Arrangements jenseits des Tripartismus gehört der Staat nicht mehr (zwingend) zu den an der Verhandlung beteiligten Akteuren. Er agiert stattdessen stärker ziel- und rahmensetzend in moderierender Rolle. Damit möchte er die Steuerungsressourcen eines »durch staatliche Privilegierung eingegrenzten, stark institutionalisierten interorganisatorischen Verhandlungssystems« nutzen (ebd.). Klassische Beispiele für diese Form des Korporatismus sind die Tarifautonomie und der Selbstverwaltungskorporatismus. Hier überlässt der Staat das Feld weitgehend den Akteuren in Eigenregie. Diese Selbstregulierung bedeutet aber nicht, dass er in keiner Weise steuernd eingreifen könnte und dies nicht bisweilen auch mit spezifischen Steuerungsinstrumenten täte.

III.2 Steuerungsinstrumente

Politische Steuerung kann sehr unterschiedliche Ausprägungen annehmen, was die Vielzahl an Steuerungsformen und -instrumenten deutlich zeigt. Die dargestellten vier idealtypischen Steuerungsformen verwenden dabei unterschiedliche Steuerungsinstrumente.[1] Diese können sich in ihrer Wirkungsweise, ihrem Ressourcenbedarf, ihrer Eingriffstiefe oder ihrer Spezifität unterscheiden, um nur einige Kriterien für eine mögliche Systematisierung oder Kategorisierung zu nennen.[2] Vom steuernden Akteur aus gedacht, bietet sich als erstes Einordnungskriterium die Art der Verbindung zum Steuerungsobjekt an – oder anders gesagt: die Direktheit des Steuerungsimpulses. Das Kriterium knüpft an das ursprüngliche Konzept einer direkten hierarchischen Steuerung durch den Staat und den Übergang zu indirekten Formen der weichen Steuerung in der Governance-Debatte an. Im Folgenden werden daher auf der ersten Ebene Instrumente *direkter* (hierarchischer) Steuerung – wie Ge- und Verbote oder Umverteilung – und Instrumente der *indirekten* (horizontalen) Steuerung – wie etwa Anreiz- oder Kontextsteuerung, diskursive Praktiken, Information oder Symbole – unterschieden (vgl. Göhler 2009: 37ff.; Braun/Giraud 2014: 182). Auf der zweiten Ebene werden dann sieben Typen von Steuerungsinstrumenten unterschieden. Hierbei werden Ge- und Verbote sowie (Um-)Verteilung als *direkte politische Steuerung* und damit klassisches Steuerungskonzept eines als souverän verstandenen Staates eingeordnet. Demgegenüber stehen als *indirekte Steuerungsinstrumente* finanzielle Anreize, Strukturierung, Kontextsteuerung, Selbst- und Ko-Regulierung sowie Information und Überzeugung (indirekte Steuerung).[3]

1 Dose (2003: 38) weist kritisch darauf hin, dass »man sich zunächst vergewissern [sollte], was sich rein regulierungstechnisch hinter den verschiedenen Instrumenten verbirgt. Möglicherweise relativieren sich dann auch vorschnelle Urteile über ausgemachte Tendenzen der Steuerungspraxis wie beispielsweise die Entwicklung zum kooperativen Staat.«

2 Für eine umfassende Darstellung der verschiedenen Klassifikationsansätze von staatlichem Handeln in den Rechts-, Wirtschafts-, Politik-, Staats- und Verwaltungswissenschaften sowie der Soziologie siehe König und Dose (1993a).

3 Grundsätzlich orientiert sich die Darstellung der Steuerungsinstrumente damit an den Einteilungen wie sie etwa Voigt (1993: 307ff.), Braun und Giraud (2014: 182ff.) oder König und Dose (1993a: 88–93) (auf Basis einer Klassifizierung von 13 Veröffentlichungen von Mayntz, Offe, Lange und an-

Werden die idealtypischen vier Steuerungsformen Staat, Markt, Netzwerk und Korporatismus in Verbindung mit den sieben direkten und indirekten Steuerungsinstrumenten betrachtet, ergibt sich eine Matrix, die für jede Steuerungsform die besonders kennzeichnenden, typischen Steuerungsinstrumente hervorhebt (siehe Tabelle 6).

Tabelle 6: Steuerungsformen und typische Steuerungsinstrumente

Steuerungsformen	**Steuerungsinstrumente**						
Staat	X	X	X				
Markt				X	X		
Netzwerk				X	X		X
Korporatismus					X	X	
	Gebote und Verbote	(Um-)Verteilung	Finanzielle Anreize	Strukturierung	Kontextsteuerung	Selbst- und Ko-Regulierung	Information und Überzeugung
	Direkt			*Indirekt*			

Quelle: Eigene Zusammenstellung und Darstellung.

Wenn hier von typischen Steuerungsinstrumenten die Rede ist, wird damit impliziert, dass durchaus auch bestimmte (angepasste) andere Instrumente für eine Steuerungsform eine Rolle spielen können. Dies umso mehr, als Instrumente häufig aufeinander bezogen – als Steuerungsmix – eingesetzt werden. Dennoch ermöglicht es diese

---

deren) vorgenommen haben. Sie unterteilen die Instrumente in Regulierung, Finanzierung, Überzeugung, Strukturierung und Leistung. Voigt ergänzt noch Erziehung, Braun und Giraud stattdessen die Hoheitsrechte des Staates. Letztere weisen darüber hinaus regulative Politik explizit als direkte und Finanzierung, Strukturierung und Überzeugung als indirekte Politikinstrumente aus. Gegenüber diesen Einteilungen wurden für die Systematisierung in dieser Abhandlung insbesondere vier Abwandlungen vorgenommen: Erstens wird bei der Finanzierung zwischen der direkten Steuerung über (Um-)Verteilung und der indirekten Steuerung über finanzielle Anreize unterschieden. Dagegen wird die Trennung zwischen Überzeugung und Erziehung bei Voigt unter Information, Beratung und Überzeugung zusammengeführt. Zweitens wird aus dem Typ der Strukturierung das Instrument der Kontextsteuerung ausgegliedert, womit sich deutlicher zwischen der Infrastrukturbereitstellung sowie Entscheidungsprozessen und Verfahrensregelsetzung unterscheiden lässt. Drittens wird Selbst- und Ko-Regulierung als eigenständige Instrumentenkategorie gesetzt, was mit der Aufnahme von Korporatismus als vierter Steuerungsform korrespondiert. Viertens wird die Leistungsdimension – und hierbei sind die von Braun und Giraud gesondert aufgeführten Hoheitsrechte des Staates (Verteidigung, Sicherheit) inkludiert – nicht aufgenommen. Denn diese werden nicht der Dimension der Staatlichkeit (und damit der Steuerung), sondern der Dimension des Staates zugeschlagen (siehe Kapitel IV.1). Unabhängig davon, ob der Leistungsstaat diese Leistungen selbstständig erbringt oder der Gewährleistungsstaat die Leistungserbringung auf Dritte überträgt, lässt sich eine eventuell damit verbundene Steuerung den anderen Instrumenten zuordnen (im ersten Fall etwa die Schulpflicht den Geboten, im zweiten Fall insbesondere dem Bereich der regulativen Politik).

protypische Systematisierung, eine Antwort auf die zu *einem bestimmten Zeitpunkt* dominante(n) Steuerungsform(en) – im Sinne eines Steuerungs*paradigmas* – zu geben und daran anschließend die Frage nach dem Wandel von Staatlichkeit *zwischen diesen Zeitpunkten* zu stellen. Doch zunächst werden nachfolgend die sieben Steuerungsinstrumente näher vorgestellt.

III.2.1 Gebote und Verbote

Gebote und Verbote werden mitunter als regulative Instrumente bezeichnet, sodass bei der klassischen Form der hierarchischen Steuerung auch von regulativer Politik die Rede ist. Diese Begrifflichkeiten werden im weiteren Verlauf der Abhandlung, soweit möglich, vermieden, da der gebräuchlichere Begriff der Regulierung mit diesen nicht deckungsgleich ist. »Gesteuert wird durch die Fixierung unpersönlich formulierter verbindlicher Verhaltensnormen«, wobei entweder unerwünschtes, normabweichendes Verhalten verboten oder erwünschtes, normkonformes Verhalten vorgeschrieben wird (Voigt 1993: 308). Unmittelbar verbunden mit dieser Form der Steuerung sind Sanktionen, die bei der Nichtbefolgung von Ge- oder Verboten drohen. Denn nicht immer kann eine freiwillige Regeleinhaltung vorausgesetzt werden. Bei dieser Form der Steuerung fällt daher ein großer Teil der Kosten nicht in der Formulierungs- und Entscheidungsphase an (außer den Einigungskosten), sondern in der Implementations-, Umsetzungs- und Durchsetzungsphase. Staatlich beauftragte Akteure müssen kontrollieren, ob die Regeln befolgt werden, und gegebenenfalls sanktionieren (vgl. Braun/Giraud 2014: 185).

Bezieht sich die Steuerung auf Wirtschaftsobjekte, wird häufig von Regulierung gesprochen. Diese »regulierende gesetzgeberische Aktivität im Bereich der Wirtschaft [ist] regelmäßig motiviert durch die Korrektur von Marktversagen. Die klassischen Formen von Marktversagen sind Marktmacht, öffentliche Güter, externe Effekte und Informationsasymmetrien« (Weber/Schäfer 2017: 563). Daher unterscheidet[4] Windhoff-Héritier (1987: 39f.) drei Regulierungsformen: Hierunter fallen erstens die »kompetitiv-regulativen« Instrumente wie das Verbot von Preisabsprachen. Staatliche Agenturen übernehmen die Regelung und Kontrollaufsicht, um gegen Marktungleichgewichte und Monopolbildung vorzugehen. Der Ausbau von Agenturen (als Steuerungssubjekte) und kompetitiv-regulativer Steuerung sind eine direkte Folge von Privatisierungen und dem Übergang zu staatlicher Gewährleistungsverantwortung und damit ein Kennzeichen des koordinierenden Gewährleistungsstaates (siehe Kapitel IV.3). Ebenfalls wirtschaftsbezogen sind zweitens »protektiv-regulative« Instrumente, die negative Folgen und Externalitäten der Marktwirtschaft verhindern sollen, etwa das Verbot von Kinderarbeit. Instrumente der direkten Gesellschaftssteuerung, die auf individuelle und kollektive Verhaltensweisen abzielt, fasst Windhoff-Héritier drittens unter dem Begriff der »sozial-regulativen« Instrumente, wie etwa das Gleichstellungsgesetz ein solches darstellt, zusammen.

---

4 Windhoff-Héritier (1987: 35ff.) teilt Steuerungsinstrumente (beziehungsweise Policy-Typen) in drei Gruppen ein: materielle Leistungen, immaterielle Leistungen und Verhaltensnormierung ohne Leistungscharakter (regulative Policy).

Für das Scheitern von oder Probleme mit regulativer Politik können unterschiedliche Gründe verantwortlich sein. Mayntz (1997a: 194) nennt Implementationsprobleme (Umsetzung durch Vollzugsinstanzen scheitert), Motivationsprobleme (Adressat der Steuerung verweigert sich), Wissensprobleme (des Steuerungssubjekts über steuerungsrelevante Wirkungszusammenhänge) sowie Steuerbarkeitsprobleme (Unmöglichkeit der Steuerung etwa aufgrund vorhandener Steuerungsinstrumente).

III.2.2 (Um-)Verteilung

Bei der (Um-)Verteilung – auch als distributive und redistributive Politik bezeichnet – handelt es sich ebenfalls um ein hierarchisches Steuerungsinstrument. Steuerung erfolgt hierbei über die Verteilung (beispielsweise durch Subventionen) oder Umverteilung von Geld (etwa Transferleistungen der Sozialhilfe). Damit stellen sie eine direkte Form der finanziellen, materiellen Steuerung dar. König und Dose (1993a: 100, auch b: 532) sprechen folglich von durch »unmittelbare staatliche Leistungserbringung von Gütern und Dienstleistungen gekennzeichneten *Leistungsprogramme[n]* [Herv. i. O.]« (Einkommens- und Transferprogrammen).[5] Zu anderen Formen indirekter finanzieller Anreize (siehe unten) unterscheiden sie sich vor allem durch ihren Anspruchscharakter (wenngleich häufig dennoch ein Antragserfordernis besteht).

Während bei der distributiven Politik finanzielle Mittel an Steuerungsadressaten verteilt werden, ohne dass sich daraus unmittelbar Nachteile für Nichtadressaten ergäben, ist dies bei der Umverteilung anderes. Hier erfolgt gezielt eine Besserstellung der Adressaten durch den Staat zulasten Dritter, wobei diese Besserstellung nicht nur durch ein Mehr an Leistung, sondern auch in Form eine geringere Belastung erfolgen kann. Beispielhaft hierfür ist die progressive Ausgestaltung der Einkommensteuer.

Neben direkten Steuern gehören auch Abgaben in Form von Beiträgen zum Steuerungsinstrument der (Um-)Verteilung. Diese werden für die mögliche Inanspruchnahme öffentlicher Güter erhoben und nicht erst bei deren tatsächlicher Nutzung. Regelmäßig für Diskussionen sorgt etwa der Rundfunkbeitrag zur Finanzierung des öffentlichrechtlichen Rundfunks (Hörfunk, Fernsehen, Internet).

Während bei Ge- und Verboten mögliche Kosten, wenn überhaupt, erst später in der Implementierungsphase in Form von Kontrolle und Durchsetzung anfallen, sieht dies bei der (Um-)Verteilung anders aus. Bei der Verteilung werden direkt alle Kosten mit der Implementierung fällig (beziehungsweise nach Antragstellung). Bei Umverteilung dagegen können bereits erhebliche Einigungskosten in der Formulierungs- und Entscheidungsphase anfallen, wenn diese Umverteilung zunächst gegen den Widerstand der belasteten Akteure durchgesetzt werden muss.

---

5 Der Begriff Leistungsprogramm oder Leistungssteuerung wird im Folgenden nicht verwendet, weil unter diesem häufig zusätzlich Infrastrukturprogramme und immaterielle Dienstleistungsangebote (wie etwas Arbeitsvermittlung) subsumiert werden, die in der vorliegend genutzten Einteilung unter der indirekten Steuerung durch Strukturierung gefasst werden.

III.2.3 Finanzielle Anreize

Eine materielle Steuerung kann nicht nur über die oben beschriebene direkte Verteilung oder Umverteilung erfolgen. Auch eine indirekte Steuerung ist möglich, die unter dem Begriff des finanziellen Anreizes gefasst ist und auf die materiellen Bedürfnisse der Steuerungsadressaten abzielt. Hierunter lassen sich wiederum positive und negative Anreize unterscheiden (vgl. Braun/Giraud 2014: 186).

Die bekanntesten negativen Anreize, um gesellschaftspolitische Ziele zu erreichen, stellen Abgaben in Form von Gebühren und indirekten Steuern – insbesondere Verbrauchs- und Aufwandssteuern (wie die Mehrwertsteuer) – dar. Um indirekte Steuern handelt es sich, weil sie – wie auch Gebühren – bei der Inanspruchnahme von Dienstleistungen oder dem Verbrauch von Waren anfallen (während etwa Einkommen direkt besteuert wird). Als indirekte Steuerung können sie darüber hinaus charakterisiert werden, weil etwa die Ökosteuer nicht direkt den Verkauf oder Gebrauch von Fahrzeugen verbietet, die mit entsprechenden Kraftstoffen betrieben werden, sondern deren Nutzung verteuert. Von der Steuer geht somit ein Anreiz aus, auf eine andere Mobilitätsform umzusteigen. Zugleich wirkt sie dennoch direkter als etwa eine E-Auto-Prämie. Der Unterschied besteht darin, dass Letztere eine zukünftige freiwillige Verhaltensänderung belohnt, während Steuern und Abgaben das aktuelle Verhalten bestrafen.

Zu den positiven finanziellen Anreizen zählen Steuervergünstigungen (etwa auf Investitionen), Subventionen und Förderung, also die direkte finanzielle Unterstützung oder Kostenübernahme, die dennoch ein indirektes Steuerungsinstrument darstellen.[6] Denn es handelt sich um ein reglementiertes Angebot, dessen Nutzung aktiv von den Adressaten ausgehen muss. Klassischerweise handelt es sich um Prämien und Zulagen, wie etwa bei der staatlichen Förderung für vermögenswirksame Leistungen, der Riester-Renten-Förderung, der E-Auto-Prämie zur Stärkung der Elektromobilität, der Förderung von Fotovoltaik-Anlagen im Rahmen der Energiewende oder bei der Forschungsförderung.[7] Die Inanspruchnahme erfolgt also zum einen auf Antrag und nicht automatisch. Zum anderen wird nicht eine erzwungene Handlung oder Handlungsänderung kompensiert, sondern freiwilliges Handeln honoriert.

Dabei liegt das eigentliche Ziel der Steuerung nicht immer in der unmittelbaren Wirkung des Steuerungsimpulses auf das Steuerungsobjekt. Deutlich wird dies etwa am Beispiel der Umweltprämie (umgangssprachlich auch als Abwrackprämie bezeichnet), die 2009 im Rahmen des Konjunkturpakets II eingeführt wurde und am Ende ein Volumen von fünf Milliarden Euro erreicht. Die Prämie in Höhe von 2.500 Euro wurde auf Anfrage an Privatpersonen ausgezahlt, die ihr altes Kraftfahrzeug im Zuge eines Neukaufs verschrotten ließen (vgl. Illing 2016: 34–63). Unmittelbare bewirkte die Prämie al-

6 Allerdings weist Derlien (1993: 511) darauf hin, dass finanzielle Anreize und Subventionen beziehungsweise Transferleistungen nicht immer trennscharf zu unterscheiden sind, wenn die Motivlage der anreizfolgenden Steuerungsadressaten miteinbezogen wird: »Wenn man von einem Mitnahmeeffekt ausgeht, handelt es sich faktisch um eine Transferzahlung, liegt der Mitnahmeeffekt nicht vor, sprechen wir von einem Anreizinstrument.«

7 Am Beispiel der Forschungsförderung unterscheiden König und Dose (1993b: 531f.) zusätzlich zwischen Niveausteuerung (beispielsweise inhaltsunabhängige Personalkostenzuschüsse) und Richtungssteuerung (über themen- und inhaltsbezogene Fördervorgaben).

so den (vorgezogenen) Neukauf eines Kraftfahrzeugs. Die eigentlich intendierten, mittelbaren Ziele waren aber: 1. die Unterstützung der Automobilindustrie im Zuge der Finanz- und Wirtschaftskrise 2007 bis 2009 durch absatzeinbruchmindernde Konsumanreize sowie 2. eine Senkung der Umweltbelastung durch schadstoffärmere Neuwagen.[8]

III.2.4 Strukturierung

Indirekte Steuerung über Strukturierung beinhaltet in der Literatur teilweise sehr unterschiedliche Instrumente (vgl. etwa Braun/Giraud 2014: 187f.). Grundlegend lassen sich infrastrukturelle sowie entscheidungsprozess- und verfahrensbezogene Steuerungsinstrumente (die auch als *prozedurale Steuerung* beschrieben werden) unterscheiden. Um diese deutlicher voneinander abzugrenzen, werden im Folgenden unter Strukturierung nur infrastrukturelle Instrumente gefasst. Verfahrensvorschriften oder Rahmensetzung von Entscheidungsprozessen werden stattdessen im nachfolgenden Kapitel III.2.5 unter dem Begriff der Kontextsteuerung behandelt.[9]

Das Angebot an Infrastrukturen wie Straßen- und Schienennetzen, Internetzugängen oder Beratungsstellen ermöglicht deren Inanspruchnahme. Diese erfolgt freiwillig, sodass es sich um eine indirekte Steuerung handelt. Eine Lenkungswirkung kann hier etwa durch die Steigerung der Zugänglichkeit (beispielsweise Anreiz zur Bahnnutzung durch den Ausbau von Park-&-Ride-Stellflächen) oder der Abdeckung (wie beim Aufbau einer Ladesäulen-Infrastruktur zum Umstieg auf Elektroautos) erfolgen. Schuppert (2011: 13) spricht daher bei der »Struktursteuerung« von der »Eröffnung von Handlungskorridoren« anstelle einer »punktgenauen Steuerung«.

Im Kern erfolgt bei der Strukturierung die Steuerung über Selektionsanreizen (vgl. Braun/Giraud 2014: 187). Entweder wird eine alternative Infrastruktur als neue Selektionsmöglichkeit geschaffen oder die Attraktivität einer gegebenen Wahlmöglichkeit verändert, um damit den Anreiz für eine von der ansonsten zu erwartenden Selektion abweichende Entscheidung zu erhöhen. Entsprechend unterschiedlich können die Kosten für Struktursteuerung ausfallen. Bereitstellung und Erhalt von Infrastruktur kann nicht nur erhebliche finanzielle Mittel beanspruchen. Gerade bei Großinfrastrukturprojekten fallen häufig zusätzliche Kosten in Form von zu überwindenden Widerständen an. Darüber hinaus handelt es sich bei diesen Größendimensionen um eine sehr langfristige Steuerungsperspektive.

---

8 Das verantwortliche Bundesamt für Wirtschaft und Ausfuhrkontrolle (BAFA) formulierte in seinem Abschlussbericht: »Ziel der Umweltprämie war es, alte Personenkraftwagen mit hohen Schadstoffemissionen durch neue, effizientere Fahrzeuge zu ersetzen und damit gleichzeitig die Nachfrage zu stärken« (BAFA 2010: 2).

9 Göhler (2009: 35) wiederum versteht unter dem Begriff der Kontextsteuerung sowohl Struktursteuerung als auch Selbstregelung. Letztere wird unter dem Punkt Selbst- und Ko-Regulierung in dieser Abhandlung ebenfalls separat behandelt (siehe Kapitel III.2.6).

III.2.5 Kontextsteuerung

Die Kontextsteuerung gehört ebenfalls zu den indirekten Steuerungsformen. Willke (1997: 88) sieht Kontextsteuerung als »komplexere Rekombinationen von autonomer Selbstorganisation und gesellschaftlich verbindlichen Kontextvorgaben.« Dose (2003: 22) geht sogar so weit zu sagen, »dass der Staat die konkrete Steuerung sozialer Ergebnisse aufgibt, mithin keine bindenden Entscheidungen mehr liefert, sondern sich auf eine abstrakte Steuerung des Zustandekommens von Entscheidungen verlegt«. Ausgangspunkt hierfür ist, dass in ausdifferenzierten autonomen gesellschaftlichen Subsystemen die *operative Steuerung* nur durch die Akteure innerhalb dieses Systems selbst erfolgen kann. Von außen können nur Formen der Kontextsteuerung erfolgen, deren Erfolg sich »*nur noch aus dem Zusammenspiel autonomer und reflektierter Akteure in selbstorganisierten Verhandlungssystemen ergeben* [Herv. i. O.]« können, dieses also voraussetzen (Willke 1997: 142). Der Einfluss des Staates auf die operative Steuerung erfolgt daher dadurch, dass er durch die (institutionelle) Rahmensetzung das Setting innerhalb des Subsystems (mit)bestimmt. Er kann Akteurskonstellationen verändern, etwa indem er selbst neue Akteure begründet, deren Handlungsfähigkeit durch Ressourcen(um)verteilung beeinflusst sowie den Handlungsspielraum festlegt und damit auf die Handlungsorientierung der Akteure einwirkt.

Im Kern zielt Kontextsteuerung auf die Gestaltung des politischen Entscheidungsprozesses. Hierbei können drei Regelungsebenen unterschieden werden: Beteiligungsregeln, Verfahrensregeln und Entscheidungsregeln. Döhler und Manow (1997: 160) bezeichnen »Entscheidungsstrukturen als *temporäre Institutionalisierung von Problemlösungen* [Herv. i. O.]«, weshalb ihre Gestaltung umstritten ist. Sie wirken damit einerseits auf die Akteurskonstellation und die Entscheidungsfindung ein und unterliegen andererseits genau darum beständig Versuchen einer interessengeleiteten Veränderung durch die politikfeldrelevanten Akteure.

Beteiligungsregeln können nicht nur den Zugang unterschiedlicher Akteure zu Beteiligungs- und Entscheidungsprozessen positiv oder negativ beeinflussen. Sie können auch indirekt einen Organisationsanreiz darstellen, etwa die Einbindung von Vertreter:innen von Patient:inneninteressen in den G-BA (siehe Kapitel V.1), oder »gezielt dafür eingesetzt werden, die Selbstorganisation von gesellschaftlichen Akteuren zu fördern« (Braun/Giraud 2014: 187).

Entscheidungsregeln spielen sowohl mit Blick auf den Grad der notwendigen Kompromissbereitschaft als auch auf die Kosten von Steuerung eine Rolle. Konsensentscheidungen erhöhen die Kosten sowohl durch den regelmäßig länger dauernden Prozess der Entscheidungsfindung als auch durch die in dieser Zeit weiterhin verursachten Kosten, weil noch nicht entschieden wurde. Zusätzlich besteht die Gefahr, dass überhaupt keine Entscheidung zustande kommt, wenn keine Einigung erzielt werden kann. Mehrheitsentscheidungen und hierarchisches Entscheiden führen demgegenüber auf jeden Fall zu einer Entscheidung und die Dauer der Entscheidungsfindung kann durch das Setzen des Abstimmungszeitpunkts festgelegt werden. Zugleich können damit jedoch höhere Kosten im Nachgang einhergehen, wenn mitunter die getroffene Entscheidung gegen Widerstände der überstimmten Minderheit durchgesetzt werden muss.

Kontextsteuerung erkennt die systemtheoretisch begründete Autonomie und Selbstreferenzialität von Subsystemen an, versucht aber auf die Interaktion, insbesondere zwischen Teilsystemen durch deren »strukturelle Kopplung« steuernd Einfluss zu nehmen (Dose 2003: 22). Insofern findet ein fließender Übergang zwischen der Kontextsteuerung und den für Tripartismus beziehungsweise Konzertierung sowie korporatistische Arrangements typischen Steuerungsinstrumenten der Selbst- und Ko-Regulierung statt. Denn eine politische Steuerung die (institutionelle) Rahmenbedingungen (wie etwa Verhandlungsstrukturen) für die Interaktion von Akteuren in und zwischen gesellschaftlichen Subsystemen setzt, stellt den Rahmen »für eine autonome Selbstregulation des Subsystems« bereit (Bandelow 2004b: 94).

III.2.6 Selbst- und Ko-Regulierung

Selbst- und Ko-Regulierung als spezifisches, eigenes Steuerungsinstrument auszuweisen, folgt logisch der Aufnahme von Korporatismus als eigenständige vierte Steuerungsform. Trotz der hierbei kolportieren Verbindung von hierarchischer und horizontaler Steuerung wird dieses Instrument unter indirekter Steuerung verortet, weil es der grundsätzlichen Logik des Schattens der Hierarchie bei weichen Steuerungsinstrumenten in der Governance-Debatte folgt. Selbstregulierung bedeutet also keinesfalls einen staatlichen Steuerungs- und Regulierungsverzicht oder den Rückzug des Staates.

Vielmehr lässt sich das indirekte staatliche Eingreifen im Sinne der politischen Steuerung in ein sich ansonsten selbstorganisierendes und selbststeuerndes Politikfeld (Mesoebene) durchaus unter dem Begriff der Intervention fassen. Der Staat interveniert in eigenlogische Prozesse und versucht, diese zu steuern. König und Dose (1993a: 107) sprechen daher mit Blick auf Selbst- und Ko-Regulierung auch von *prozeduraler Steuerung*, die »nicht mehr über [...] bindende Entscheidungen steuernd Einfluß nehmen [will], sondern [...] auf Selbststeuerung gleichsam durch eine unsichtbare Hand« setzt.

Von *Selbst*regulierung wird gesprochen, wenn private Akteure selbstständig verbindliche Regelungen für ihren Bereich (beispielsweise ihre Branche) (Mesoebene) einführen und deren Einhaltung selbst durchsetzen. Hierzu zählen beispielsweise (unterschiedlich detailliert und konkret ausfallende) Codes of Conduct (CoC)[10] oder Regelungen zur Berufsethik, wobei häufig eigene Organisationen (wie unabhängige Schlichtungsstellen) darüber wachen, dass diese eingehalten werden. Abgrenzend davon spielt bei der *Ko-*Regulierung der Staat als Auftraggeber der Regelsetzung, als beteiligter Akteur durch

10 Beispiele im Kontext der Digitalisierung sind der Code of Conduct mit zehn Grundsätzen für bezahltes Crowdsourcing und Crowdworking (vgl. Testbirds 2017) oder der CDR-Kodex der *Corporate Digital Responsibility Initiative* (CDR-Initiative) mit neun Prinzipien zur digitalen Unternehmensverantwortung etwa im Umgang mit Daten und Algorithmen oder im Klima- und Ressourcenschutz (vgl. CDR-Initiative 2021). Der CDR-Kodex ist ein Beispiel dafür, dass bei der Selbstregulierung auch der Staat eine Rolle spielen kann (im Gegensatz zur Selbstorganisation): Die Initiative wurde vom Bundesministerium für Justiz und Verbraucherschutz (BMJV) zusammen mit fünf Unternehmen im Mai 2018 als »gemeinsame Plattform« für den Dialog ins Leben gerufen (BMJV o.J.: 1). Heute ist das Bundesministerium für Umwelt und Verbraucherschutz (BMUV) an der Initiative beteiligt (siehe beispielsweise BMUV 2022).

Vorgaben, bei der Ausformulierung oder Durchsetzung der Regelungen eine Rolle (vgl. Puppis et al. 2004: 10) (siehe Tabelle 7). Synonym zur Ko-Regulierung findet sich daher häufig auch der Begriff der *regulierten* Selbstregulierung (vgl. Küllmer/Breindl 2019: 342, 345; Puppis et al. 2004: 9; Schulz/Held 2002: 4; Wegrich 2009). Ko-Regulierung soll »die Vorteile von Selbstregulierung mit einer funktionierenden staatlichen Aufsicht [...] kombinieren« und ist daher häufig durch die »Präsenz einer unabhängigen Regulierungsbehörde« gekennzeichnet (Puppis 2002: 31f.). Daneben kommt es aber durchaus auch zu einem »Wechselspiel zwischen Regulierung und Selbstregulierung« (Bastian/Fengler 2016: 214).

Tabelle 7: Typen der Selbst- und Ko-Regulierung sowie -steuerung

Typ	Ko-Regulierung	Selbstregulierung	Selbststeuerung	Selbstorganisation
Primäre Ebene	Makro + Meso	Meso	Meso + Mikro	Mikro
Rolle des Staates	Beteiligter Akteur, Aufsicht	Rahmensetzend, Kontextsteuerung		
Überwachende Institutionen	Behörde, Agentur	Private Organisation	Private Gremien	(Indirekt: etwa durch Watchdog-Organisationen)
Beispiel	Vorgaben	Code of Conduct	Standardisierung	CSR

Quellen: Küllmer/Breindl (2019: 342, 345); Puppis et al. (2004: 9f., 54ff.); Schulz/Held (2002: 4f.); Wegrich (2009); eigene Zusammenstellung und Darstellung.

Im Hintergrund (regulierter) Selbstregulierung steht ein zweiseitiges Geschäft, beziehungsweise eine Win-win-Situation. Auf der einen Seite können die mit dem Staat durch Selbstregulierung kooperierenden Unternehmen oder Verbände auf diesem Weg eine härtere staatliche Regulierung umgehen (Schatten der Hierarchie). Der »Aufbau einer freiwilligen Selbstkontrolle durch den eigenen Interessenverband [zielt darauf ab,] einer (strengeren) Reglementierung durch Rechtsetzung vorzubeugen« (Traxler/Vobruba 1987: 10). Unternehmen verfolgen daher mit Selbstregulierung auch ökonomische Eigeninteressen. Der Staat auf der anderen Seite erspart sich die Kosten, die nicht nur für die Durchsetzung strikterer Regulierung gegenüber den Unternehmen anfallen würden, sondern wälzt auch die Kosten für Kontrolle und Sanktionierung der etablierten Regulierung auf die Akteure selbst ab (Effizienz). Ebenso können Regelungen in Bereichen etabliert werden, in die der Staat sonst (etwa aufgrund verfassungsrechtlicher Beschränkungen) nicht oder nur mit großem Aufwand steuernd eingreifen könnte. Zugleich sollte der Anreiz zu regeltreuem Verhalten, angesichts selbstauferlegter Regeln, größer sein (Effektivität).

Zugleich bleibt der Staat selbst aber nicht nur bei der Ko-Regulierung, sondern auch bei der Selbstregulierung ein relevanter Steuerungsakteur (vgl. Puppis et al. 2004: 57). So konstatiert Dose (2003: 28), »dass hinter den allermeisten Selbstverpflichtungsabkommen dann doch der starke Staat steht. Denn kommt die Selbstverpflichtung nicht zustande oder scheitert sie, regelt der Staat den jeweiligen Sachverhalt häufig per Rechtsnorm.« Aber nicht nur das – der Einsatz von Selbst- und Ko-Regulierung als Steuerungsinstrument wird darüber hinaus häufig begleitet von Kontextsteuerung oder gesetzlicher Rahmensetzung.

Abzugrenzen von der Selbst- und Ko-Regulierung ist die *Selbststeuerung* (siehe Tabelle 7). Hierzu zählt beispielsweise die Etablierung von Gremien, die Standards setzen und überwachen, im Bereich des Internets beispielsweise die *Internet Engineering Task Force* (IETF). Im Sinne der politischen Steuerung ist die Selbststeuerung keine Steuerung, sondern gerade die Abwesenheit staatlicher Steuerung.[11] Selbststeuerung rekurriert somit darauf, dass in gesellschaftlichen Subsystemen durchaus Steuerungsleistungen von unterschiedlichen Akteuren erbracht werden, ohne dass der Staat hierbei formal irgendeine Rolle spielen würden. Dies kann etwa der Fall sein, wenn von staatlicher Seite kein Steuerungsbedarf erkannt wird. Zugleich wird Selbststeuerung damit erklärungsbedürftig: Freiwillige Verhaltenskoordination erfolgt, unter der Annahme rational handelnder und Eigeninteressen verfolgender Akteure, nur dann, wenn der erwartete Nutzen die Kosten der Koordination übersteigt (vgl. Lehmbruch 1988: 24). Eine Gefahr bei Selbststeuerung besteht in einer *negativen Koordination*. In dieser können sich Akteure, die ausschließlich egoistisch ihre Eigeninteressen verfolgen,[12] in Form eines Interessenausgleichs nur auf den kleinsten gemeinsamen Nenner verständigen – ohne negative Auswirkungen auf irgendeinen der beteiligten Akteure und ungeachtet der Wirkung auf unbeteiligte Dritte (vgl. Willke 1997: 107). Es besteht mithin die Gefahr einer Externalisierung von Kosten. Gleichwohl folgt daraus nicht zwangsläufig eine negative Koordination. Auch eine *positive Koordination*, die nicht nur auf Interessenausgleich, sondern auf Problemlösung setzt, ist möglich – dafür aber deutlich voraussetzungsvoller. »Kooperation ist der Mechanismus positiver Koordination« und setzt Strategie- und Reflexionsfähigkeit bei den beteiligten Akteuren voraus (ebd.: 111). Nur so lassen sich etwa langfristig positive Ergebnisse gegenüber kurzfristigen negativen Effekten bevorzugen.

III.2.7 Information und Überzeugung

Information oder Beratung stellen auf den ersten Blick genauso wie persuasive Instrumente zur Überzeugung eine der schwächsten Formen der indirekten Steuerung in Bezug auf die Eingriffstiefe und -intensität dar. Die Eingriffsintensität erhöht sich jedoch,

11 Dies gilt auch für die Selbst*organisation*, bei der sich Regelungen im Gegensatz zur Selbststeuerung ausschließlich auf eine Organisation oder Institution beziehen (Mikroebene) (vgl. Puppis et al. 2004: 10) (siehe Tabelle 7). Hierunter lassen sich etwa Maßnahmen von Einzelunternehmen unter dem Frame der Corporate Social Responsibility (CSR), wie Selbstverpflichtungen für klimafreundliches und nachhaltiges Wirtschaften oder Compliance-Richtlinien, zählen.

12 Liegt die einseitige Dominanz eines Akteurs vor, kann dieser egoistisch seine Eigeninteressen durchsetzen und es kommt zu gar keine Form der Koordination (vgl. Willke 1997: 114).

wenn etwa verpflichtende Elemente hinzukommen (ein Beispiel dafür ist die gesetzlich vorgeschriebene Pflichtberatung vor einem Schwangerschaftsabbruch nach §219 StGB). Information und Beratung können aktiv vom Steuerungssubjekt angeboten und beworben oder nur passiv bereitgestellt werden. Der Unterschied liegt darin, ob die Information angebots- und nachfrageinduziert erfolgt.

Im Kern bleibt es aber auch in diesem Fall den Adressaten überlassen, wie sie mit den angebotenen Informationen umgehen und inwieweit sie diese berücksichtigen oder nicht. Instrumente, die auf Überzeugung setzen, stehen also immer unter dem Vorbehalt, ob sich die Adressaten auch überzeugen lassen. Hier in der Zieldimension kann noch einmal zwischen normen- und wertebezogenem Überzeugen sowie entscheidungsbezogenem Informieren und Beraten unterschieden werden kann (vgl. König/Dose 1993a: 102ff.). Dose (2006: 106ff.) unterscheidet in einer zweiten Dimension ob Individuen, Gruppen oder die Allgemeinheit adressiert werden.

Grundsätzlich dient das Steuerungsinstrument der bewussten Aufklärung der Steuerungsobjekte, damit die Adressaten der Steuerung selbst informierte Entscheidungen treffen können.[13] Bezogen auf das entscheidungsbezogene Informieren, stellt das »Ziel der Bemühungen staatlicher Steuerung [...] jedoch nicht die Veränderung von Maßstäben, sondern das Schaffen einer wichtigen Voraussetzung für das Entscheiden und Handeln entsprechend der eigenen Maßstäbe« dar (ebd.: 101). Sich falsch oder gar nicht zu entscheiden, lässt sich unter anderem auf einen Mangel an Informationen, falsche oder einseitige Informationen zurückführen. Durch den »instrumentellen Einsatz« der »Bereitstellung von Informationen« soll es also den Steuerungsadressaten erleichtert werden, »entsprechend ihrer eigenen Präferenzen zu agieren« (ebd.: 102). Daraus ergeben sich zwei generelle Probleme dieses Steuerungsinstruments: Zum einen ist sein Erfolg auf der individuellen Ebene nicht überprüfbar. Zum anderen handelt es sich um ein so weiches Instrument, dass eher von einer geringen Wirkung oder allenfalls langfristigen Wirksamkeit ausgegangen werden kann. Daraus folgert Dose (ebd.: 110f.), dass Information häufig kombiniert mit anderen Steuerungsinstrumenten eingesetzt wird oder den Einstieg in eine Abfolge von Instrumenten mit steigender Eingriffsintensität darstellt.[14]

---

13 Zugleich weist Dose (2006: 103) darauf hin, dass Informationssteuerung zwei Typen von Steuerungssubjekten betreffen kann, indem er unmittelbare und mittelbare Adressaten unterscheidet. So werden mit Produkttests und Empfehlung unmittelbar Verbraucher:innen und ihre Auswahlentscheidung adressiert. Wenn diese Steuerung wirkt, kann sie aber mittelbar (etwa durch folgende Erhöhung oder Einbußen von Unternehmensumsätzen) auch Handlungsänderungen bei Produktherstellern bewirken (die dann beispielsweise ökologischer oder gesundheitsfreundlicher produzieren).

14 Ein Beispiel für beides ist der Umgang mit der Benutzung von Mobiltelefonen durch Fahrzeugführer:innen. Von einem Verbot von Mobiltelefonen am Steuer wollte das Bundesverkehrsministerium im Jahr 1996 noch nichts wissen (vgl. Der Spiegel 1996: 17). 1999 folgte dann die Ankündigung eines Verbots durch den damaligen SPD-Bundesverkehrsministers Franz Müntefering, kurz darauf kündigte sein Nachfolger Reinhard Klimmt eine Verordnung mit Übergangsfrist für das folgende Jahr an (vgl. Spiegel Online 1999a; b). Am 11.12.2000 wurde dann mit §23 Absatz 1a StVO ein sanktionsbewährtes (Geldbußen, Punkte im Fahreignungsregister und Fahrverbote) Telefonbenutzungsverbot mit einer Übergangsfrist bis 01.04.2001 eingeführt (gefolgt von einer Ausweitung über Mobiltelefone hinaus auf andere »elektronische Geräte« wie Notebooks, Tablets oder Unter-

Die Anwendung dieses Steuerungsinstruments erfolgt beispielsweise, indem Informationsmaterial bereitgestellt wird, Prüfzertifikate oder Siegel vergeben, Werbe- und Aufklärungskampagnen oder Produkttests durchgeführt und Empfehlungen ausgesprochen oder Warnungen herausgegeben werden. An dieser Aufzählung, in der neben Information und Symbolen auch diskursive Elemente und Argumente auftauchen, werden die fließenden Grenzen zum deutlicher beeinflussenden Instrument der Überzeugung deutlich (vgl. ebd.: 103). Dieses kann nicht nur stärker auf eine Veränderung von Normen und Werte abzielen, sondern beispielsweise auch in der Ansprache eher emotional als rational ausgeprägt sein.

Obwohl es sich um weiche Steuerungsinstrumente handelt, geht damit nicht einher, dass Information und Beratung per se günstige Formen der Steuerung darstellen würden. So können etwa der Aufbau und Betrieb eines flächendeckenden Beratungsangebots erhebliche zeitliche, materielle und personelle Ressourcen benötigen. Vorteile von Information und Beratung gegenüber Ge- und Verboten erkennt man beispielsweise in privatsphärerelevanten Kontexten, in denen auf der individuellen Ebene nicht kontrolliert und damit auch nicht sanktioniert werden kann oder der Einsatz regulativer Instrumente von vornherein als nicht legitim angesehen wird (vgl. ebd.: 104).

Im Zuge der Digitalisierung werden verbesserte Erfolgspotenziale für politische Steuerung über Information diskutiert.[15] So lassen sich erstens Informationen viel zielgenauer an einen bestimmten Adressatenkreis ausspielen. Zweitens können aufgrund der erheblich besseren Datengrundlage diese Informationen sehr viel passgenauer auf einzelne Individuen zugeschnitten werden. Die einfachere Datenerhebung und -auswertung erleichtert es drittens dem Staat als Steuerungssubjekt zunächst, überhaupt an die handlungsrelevanten Informationen (und damit Steuerungswissen) zu kommen, auf deren Basis sich dann ein steuerungsadäquates Informationsangebot initiieren lässt. Diese positive Perspektive auf digitale informationsbasierte Steuerung folgt der Zielvorstellung mündiger Bürger:innen, die wohlinformiert selbstbestimmt Entscheidungen treffen. Zugleich finden sich in der Debatte aber auch Hinweise zu Gefahren, auf die an dieser Stelle nur anhand der Begriffe der Manipulation (diese wird

---

haltungselektronik zum 19.10.2017) (vgl. Burhoff 2017: 789ff.). Trotz des Verbots wird weiterhin kombiniert auf Information gesetzt. Etwa durch Hinweistafeln, die im Rahmen der seit 2008 laufenden Kampagne »Runter vom Gas« von BMVI und dem Deutschen Verkehrssicherheitsrat (DVR) am Straßenrand eingesetzt werden und auf die Gefahren der Mobiltelefonnutzung am Steuer aufmerksam machen (vgl. BMVI 2018b). Oder durch die 2015 gestarteten Kampagne »BE SMART! Hände ans Steuer – Augen auf die Straße« des Automobilclubs Mobil in Deutschland und des TÜV SÜD unter der Schirmherrschaft des BMVI, die etwa mit Aktionen im Stadtverkehr auf die Gefahren von Mobiltelefonen beim Autofahren aufmerksam machen will (vgl. Mobil in Deutschland/TÜV SÜD 2019).

Die Mobiltelefonnutzung im Auto ist auch ein gutes Beispiel für die theoretisch mit der Digitalisierung einhergehenden neuen Möglichkeiten der Durchsetzung und Ahndung von Ver- und Geboten. Gründet diese bislang vor allem auf der stichprobenbasierten (Sicht-)Kontrolle von Verkehrsteilnehmer:innen, wurde etwa bei Tests in Rheinland-Pfalz die automatische Erkennung von verbotener Mobiltelefonnutzung mithilfe von Kameras und KI (erfolgreich) getestet (vgl. Der Spiegel 2022).

15 Für eine Beschreibung unterschiedlicher Erfolgsfaktoren für die Steuerung über Informationen siehe etwa Dose (2006: 111–115).

in Kapitel VI.1.1.1 am Beispiel des Nudging deutlich) und der Propaganda hingewiesen werden soll.

Inwiefern ein sich im Zeitverlauf wandelnder Mix der vorgestellten sieben Steuerungsinstrumente – im Sinne eines Steuerungsparadigmas – in einem Wandel von Staatlichkeit in der Steuerungsdimension kulminiert, steht im Zentrum des nachfolgenden Kapitels. Dabei wird zugleich auch der Staat in seiner Leistungsdimension mitberücksichtigt, sodass ein umfassender Blick auf den Wandel der Modelle von Staat und Staatlichkeit möglich wird.

IV. Staat und Staatlichkeit im Wandel: Modelle, Visionen und Diskurse

»Ein Wandel des Staatsverständnisses läßt sich besonders gut am **Wandel von Staatsbildern** [Herv. i. O.] veranschaulichen, die seit jeher in Darstellung und Rhetorik von Politik eine wichtige Rolle spielen.«
Gunnar Folke Schuppert (2003: 289)

Die Diskurse um den Wandel von Staat und Staatlichkeit spiegeln sich in unterschiedlichen Staatsbildern, -typen und -modellen wider.[1] Dabei fallen unter anderem Begriffe wie Interventionsstaat, Obrigkeitsstaat, kooperativer Staat, Leistungsstaat, Wettbewerbsstaat, Dienstleistungsstaat oder Gewährleistungsstaat. Es existieren aber nicht nur vielfältige abgrenzende Begrifflichkeiten. Vielmehr kommt erschwerend hinzu, dass Begriffe durchaus uneinheitlich, gleichzeitig, konkurrierend oder sich ergänzend verwendet werden.[2] Ihnen ist vielfach nur gemein, dass sie versuchen, die Ausprägung staatlichen Handelns zu beschreiben und in einem sprechenden Begriff zu verdichten (vgl. Anter 2013: 20).

Zugleich dienen sprachliche Bilder von der Gestalt des Staates aus einer historischen Perspektive dazu, unterschiedliche Phasen voneinander abzugrenzen, die sich durch jeweils spezifisch ausgeprägte Formen – als eine Konstellation von zu definierenden Faktoren oder Merkmalen – von Staat und Staatlichkeit auszeichnen. Diese Formen müssen beschrieben werden, da einzelne Merkmale »ersetzt, modifiziert oder angepasst werden können« (Thiele 2019: 15). Zugleich handelt es sich um *prototypische* Staatsmodelle oder -konzepte, was insbesondere bedeutet, dass sich zwar ein Modell als charakteristisch für einen bestimmten Zeitabschnitt bestimmen lässt, sich die Realität jedoch in einem Kontinuum zwischen den unterschiedlichen Konzepten wiederfindet. Letztlich erfolgt also – wie bei jeder Typisierung – eine Reduktion von Komplexität, die im besten Fall trotz ihrer idealtypischen Gestalt noch genug Realitätsbezug enthält, um analytisch hilfreich zu sein – insbesondere wenn sich die Unterschiede klar herausstellen lassen und damit die Dimensionen des Wandels deutlich werden. Staatsmodelle verfolgen so das Ziel, »den Veränderungsprozess im Verhältnis von Staat und Gesellschaft in Eigenschaften zu kategorisieren, die zeitlich, räumlich und typologisch eingeordnet werden und gegeneinander gestellt zum Vergleich motivieren, um Staatswandel zu verorten« (Walkenhaus 2006: 33).

> »Aufgaben und Formen des Staates ändern sich mit den strukturbildenden Merkmalen und den Operationsbedingungen von Gesellschaft, weil unterschiedliche Strukturen (wie vor allem interne Differenzierung und Grade organisierter Komplexität) und unterschiedliche Operationsbedingungen (wie vor allem Ausdifferenzierung von Kommunikations- und Steuerungsmedien und die Emergenz systemischer Eigendynamiken) sehr unterschiedliche produktive Möglichkeiten (›opportunities‹) und destruktive Gefahren nach sich ziehen, welche die Bestimmung der Aufgaben des Staates maßgeblich beeinflussen« (Willke 1996: 94f.).

1 Staatsmodelle stellen Typologien auf sehr unterschiedlichen Ebenen dar, je nachdem, auf welche wesentlichen Merkmale (etwa institutioneller, rechtlicher, ökonomischer oder geografischer Art) sie sich beziehen – im Gegensatz etwa zum Begriff der Staatsformen der zumeist auf die Staatsgewalt (Monarchie, Demokratie, Aristokratie) oder die Staatsorganisation (Einheitsstaat, Bundesstaat) abzielt.

2 Die begriffliche Uneinheitlichkeit in der Beschreibung des Staates zum selben Zeitpunkt ergibt sich weniger aus widersprüchlichen Staatskonzepten. Vielmehr stehen jeweils unterschiedliche Aspekte und Funktionen des Staates oder verschiedene disziplinäre Blickwinkeln und Terminologien bei der Beschreibung im Fokus (vgl. auch Anter 2013: 21).

Noch weiter geht Schuppert (2005b: 12), wenn er von einem Staatsbild im Sinne eines Leitbildes fordert, zwei Dinge zu leisten: erstens, dass es angemessen über die tatsächlich »stattgefundenen Veränderungsprozesse im Verhältnis von Staat und Gesellschaft [...] reflektiert [Herv. i. O.]«, und zweitens, dass es »ein modernes Staats- und Verwaltungsverständnis [...] als Reformbotschaft transportiert [Herv. i. O.]«. Wenn daher in dieser Abhandlung im Folgenden von Staatsmodellen die Rede ist, soll der Modellbegriff, dieser Perspektive folgend also auch zum Ausdruck bringen, dass sich darin eine wissenschaftlich-analytische Funktion und eine politisch-praktische Funktion ineinander vereinen.[3] Der Modellbegriff macht damit zugleich deutlich, dass nicht nur die tatsächlich gegebenen Verhältnisse ausschlaggebend sind, sondern genauso die geltenden (Ziel-)Vorstellungen und Auffassungen darüber, wie die Verhältnisse sein sollten, im Sinne von Leitbildern mitreflektiert werden.[4] Staatsmodelle verkörpern somit auch eine bestimmte *Vision des Staates*.

3 Schuppert (2003: 289) spricht von der »**Erklärungs- und Deutungsfunktion** [Herv. i. O.] von Staatsbildern« auf der einen Seite und der »**Leitbild- und Orientierungsfunktion** [Herv. i. O.]« auf der anderen Seite.

4 Bezogen auf Politikfelder, beschreiben Döhler und Manow (1997: 116) die Wirkung ordnungspolitischer Leitbilder dahin gehend, dass diese »normativ legitimierte Hinweise für politische Richtungsentscheidungen« liefern und damit Akteurshandeln beeinflussen, wobei die Akteure mit ihren Interessen wiederum durchaus auf die Leitbildentwicklung einwirken können.

IV.1 Modelle in zwei Dimensionen

Systematisch betrachtet, spiegeln die einleitend aufgeführten Staatsmodelle und -konzepte zwei unterschiedliche Schwerpunkte in der Betrachtungsperspektive wider. Ableitend lassen sich damit staatliche Modelle zwei Dimensionen zuordnen, die entweder primär auf *Leistung* (und damit Staatstätigkeit) oder auf *Steuerung* abzielen. Verbunden mit den Begriffen von Staat und Staatlichkeit, wird daher im Folgenden zwischen den Modellen in der *Leistungsdimension des Staates* und der *Steuerungsdimension der Staatlichkeit* unterschieden.[1]

IV.1.1 Modelle des Staates in der Leistungsdimension

Eine Betrachtung der Modelle des Staates in der Leistungsdimension muss zunächst den Staatsbegriff ins Zentrum rücken. Die jellinieksche Trias der Elemente des Staates (vgl. Jellinek 1914: 394ff.) – Staats*gebiet* (Territorium), Staats*volk* (Staatsbürger:innen) und Staats*gewalt* (Machtmonopol über Staatsgebiet und -volk) – stellt auf den ersten Blick die staatliche *Souveränität*, sowohl nach innen wie auch nach außen, in den Mittelpunkt. Damit verbunden ist als Staats*zweck* beziehungsweise als Staats*funktion* eine zentrale Leistungserbringung: diejenige der Sicherheit. In dieser Abhandlung soll jedoch nicht vom absolutistischen, sondern vom modernen Staat die Rede sein.

Für den Idealtypus des modernen, westlichen Staats sind neben den Staatselementen von Jellinek weitere Aspekte kennzeichnend: Der moderne Staat ist ein Rechts- und Verfassungsstaat, ein Nationalstaat und eine Demokratie (vgl. Reinhard 2007: 13f.; Walkenhaus 2006: 23). Der moderne, demokratische Rechts- und Verfassungsstaat erweitert die staatliche Souveränität um den Aspekt der Volkssouveränität und ergänzt die Dimensionen der *Legitimität* sowie der Vorstellung einer von der staatlichen Ordnung

1 Dementsprechend stehen mit Blick auf den Fokus dieses Bandes in Kapitel III.2 *Steuerungsinstrumente* und nicht, weitergefasst, *Politikinstrumente* im Zentrum. Bei den Politikinstrumenten unterscheiden etwa Braun und Giraud (2014: 182) zwischen 1. staatlichen Instrumenten zur Sicherstellung wichtiger öffentlicher Güter und 2. Instrumenten zur Beeinflussung gesellschaftlichen Handelns. Diese Unterscheidung spiegelt sich in den zwei Modelldimensionen dieses Kapitels wider.

zu unterscheidenden *gesellschaftlichen Ordnung*.[2] Kaufmann (1991: 5) bringt den letztgenannten Dualismus auf den Punkt, wenn er sagt: »Der Staat ist selbst eine bestimmte Ordnungsvorstellung, und er gilt gleichzeitig als Garant gesellschaftlicher Ordnung.« Damit tritt die bürgerliche Gesellschaft oder Zivilgesellschaft (civil society) als wichtige Sphäre neben die staatliche Sphäre.

Im Gegensatz zum vormodernen Staat, der nur reagierte und »in der Regel nicht selbst die Initiative« ergriff, zog der moderne Staat »mit Verweis auf das Gemeinwohl immer neue Materie an sich« und begann »alles und jedes zu regeln« (Reinhard 2007: 69). Der Staatszweck erweitert sich damit über den Sicherheitsaspekt hinaus um weitere Dimensionen wie etwa Wohlfahrt. Das Konzept eines für die allgemeine Daseinsvorsorge zuständigen (und durch ökonomische Ressourcen und Steuerungsfähigkeit dazu fähigen) Wohlfahrtsstaats ist somit zentraler Bestandteil des Staats der Moderne (vgl. Mergel 2022: 11). So entwickelt sich der moderne Staat zu einer institutionalisierten Herrschaftsordnung zur Versorgung mit Kollektivgütern beziehungsweise zum Garanten von Gemeinwohl. Diese Perspektive verdeutlicht, dass die Frage nach dem *Wandel des Staates* vor allem eine Frage nach dem (veränderten) Modell des Staates beziehungsweise des Staatskonzepts in der Leistungsdimension ist.

Der Aufstieg des modernen Staates geht dabei nicht nur Hand in Hand mit der Ausformung des Kapitalismus, von Privateigentum und Eigentumsrechten. Die zunehmende soziale Komplexität beantwortete der Staat in seiner Entwicklung zum modernen Staat mit der Herausbildung eigenständiger Felder. Diese gesellschaftlichen Subsysteme, etwa privater, politischer, religiöser und wirtschaftlicher Art, sind durch jeweils eigene Institutionen und Interaktionsformen gekennzeichnet und damit Gegenstand politischer Steuerung (vgl. Reinhard 2007: 16, 20). Aus dieser Perspektive kommt die Dimension der Staatlichkeit – als Ausgestaltung der Kompetenzen zur effektiven Herrschaftsausübung – ins Spiel.

IV.1.1.1 Staatszweck und -funktionen

Dem Staat als solchem werden unterschiedliche Funktionen zugeschrieben, die ihn zum einen konstituieren. Zum anderen kann deren Erfüllung eine legitimitätsstiftende Wirkung entfalten oder deren Nichterbringung staatliche Legitimität infrage stellen. Staatsfunktionen sind eng verknüpft mit dem Staat als Gebilde aus Staatsgebiet, Staatsvolk und Staatsmacht. Denn die »territoriale Begrenzung ist Bedingung der Möglichkeit zur Produktion von Kollektivgütern, weil ein Kollektiv sich nur dann auf die Herstellung solcher Güter einigen wird, wenn mithin klar ist, wer die Kosten trägt und wer Nutznießer ist« (Willke 1997: 120). Der Begriff der Staatsfunktionen bezieht sich somit auf die Dimension der grundlegenden Leistungen des Staates (vgl. Walkenhaus 2006: 40). Mayntz (1997a: 186) unterscheidet drei zentrale Staatsfunktionen: seine Ordnungsfunktion, die Wohlfahrtssicherungsfunktion und die staatliche Gestaltungsfunktion.[3]

---

2 Willke (1997: 29) stellt heraus, dass sich in der Moderne »die Unterscheidung von Staat und Gesellschaft als Leitdifferenz von Allgemeinem und Besonderem« etabliert.

3 Braun und Giraud (2014: 179) unterscheiden nur in Distributions- und Ordnungsfunktion.

In der Ordnungsdimension benötigen Gesellschaften ein Mindestmaß an Koordination und Kooperation zur Aufrechterhaltung eines stabilen Zustandes, da sie ansonsten – als komplexe Systeme – zu einer stetig zunehmenden Unordnung neigen (was im zweiten Hauptsatz der Thermodynamik mit dem Begriff der Entropie verbunden ist).[4] Im Kern geht es hierbei um die Frage nach Regierbarkeit. Die Gestaltungsdimension zielt primär auf die Frage der Gestaltungsfähigkeit und damit die staatliche Steuerungsfähigkeit. Diese steht im nachfolgenden Kapitel unter dem Modell der Staatlichkeit im Fokus.

Im Folgenden geht es unter dem Modell des Staates in der Leistungsdimension um die von Mayntz angesprochene Wohlfahrtsicherungsfunktion. Willke (2014a: 25) konkretisiert, dass die jeweils primäre Staatsfunktion in der Leistungsdimension infolge der historischen Fortentwicklung des Staates einer kontinuierlichen Änderung unterliegt: Die Entwicklung verläuft dabei von dem auf innere und äußere Sicherheit und Ordnung bedachten souveränen Machtstaat, über den Ressourcen re-/distribuierenden Wohlfahrtsstaat hin zum gesellschaftssteuernden Staat der Wissensgesellschaft.

Wie Politik als Prozess der Bearbeitung gesellschaftlicher Problemlagen und als Versuch der Herstellung verbindlicher Regelungen aus alternativen Handlungsmöglichkeiten zur Lösung dieser Probleme verstanden werden kann, so stellt der Staat in der Leistungsdimension Kollektivgüter zur Verfügung. »Die Staatsziele sind mithin im strengen Sinne die für eine Gesellschaft in einer bestimmten historischen Epoche definierten *kollektiven Güter*[5] [Herv. i. O.]« (Willke 1997: 119). Damit sind zwei grundlegende, gesellschaftlich zu verhandelnde Fragen verbunden. Erstens stellt sich die Frage, welche Güter als öffentliche Güter (beziehungsweise Kollektivgüter) angesehen werden sollen. Daran schließt als zweite Frage an, inwieweit der Staat diese Güter selbst herstellen oder ihre Produktion an Dritte übergeben und somit nur ihre Herstellung gewährleisten soll. Insbesondere in letzterem Fall muss der Staat dazu in der Lage sein, steuernd in gesellschaftliche Subsysteme eingreifen zu können, um seiner Gewährleistungsverantwortung nachzukommen (vgl. Scharpf 1989: 17).

Auf der Ebene der Staatsfunktionen sind die kollektiven, öffentlichen Güter aber noch unkonkret und unbestimmt (es geht also allgemein um Sicherheit oder Wohlfahrt).

---

4 Diesen negativen Automatismus bringt Pinker (2018: 28) wie folgt auf den Punkt: »Abgeschlossene Systeme werden unaufhaltsam weniger strukturiert, weniger organisiert, unfähiger, interessante und nützliche Ergebnisse hervorzubringen, bis sie in ein Gleichgewicht grauer, lauwarmer, homogener Monotonie abgleiten und dort verharren.« Für eine kritische Betrachtung der Übertragung der thermodynamischen Entropie auf Fragen der gesellschaftlichen Ordnung siehe etwa Feustel (2018: 35–66), der diese als dystopische Erzählung vom unaufhaltsamen Niedergang charakterisiert.

5 Ein Kollektivgut ist dadurch gekennzeichnet, dass es, im Gegenteil zum Clubgut, für alle zugänglich und nutzbar ist (wobei weiterhin zu definieren ist, wer unter »alle« fällt). Im Gegensatz zur Unterscheidung zwischen »reinen« öffentlichen Gütern (nicht rivalisierender Konsum, unteilbar und kein Ausschluss möglich) und privaten Gütern (rivalisierender Konsum, teilbar und Ausschluss möglich) (vgl. etwa Sack 2019: 43) besteht der Unterschied zwischen Kollektivgütern und öffentlichen Gütern zum einen darin, dass Ersteres eher auf die Bereitstellungsdimension, Letzteres eher auf die Nutzungsdimension abhebt. Zum anderen können Kollektivgüter (als »unreine« öffentliche Güter) auch partiell rivalisierend sein (so *dürfen* zwar theoretisch alle Personen an einer öffentlichen Veranstaltung teilnehmen, platz- und sicherheitsbedingt *können* in der Praxis aber nicht beliebig viele und damit nicht wirklich *alle* Personen teilnehmen).

Die Funktionen des Staates beziehen sich mithin auf übergreifende, gesamtgesellschaftliche Zusammenhänge.

Abbildung 6: Staatsfunktionen, -aufgaben und -tätigkeit

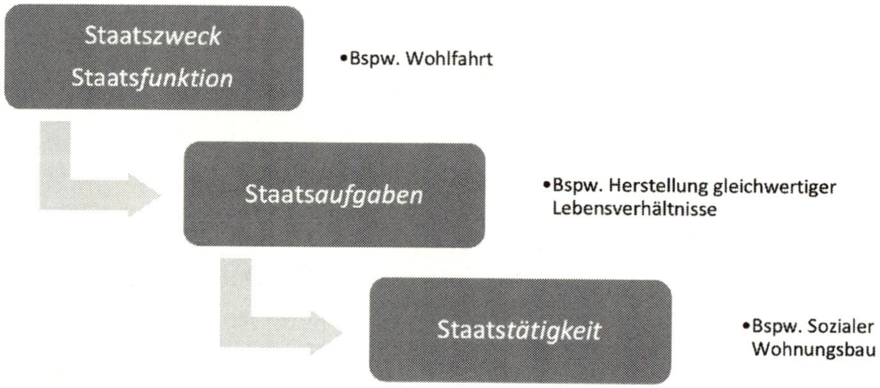

Quelle: Eigene Darstellung.

Insofern sind hiervon die kleinteiligeren und konkreteren Staatsaufgaben zu unterscheiden, deren Legitimation aus den Staatsfunktionen abgeleitet wird (siehe Abbildung 6) (vgl. Kaufmann 1991: 10).[6] Oder andersherum gewendet: »Staatsaufgaben liegen logisch [...] unterhalb abstrakter Staatszwecke und Staatszielbestimmungen, die ihrerseits erst durch Staatsaufgaben konkretisiert werden« (Walkenhaus 2006: 39).

IV.1.1.2 Staatsaufgaben und Staatstätigkeit

Im Gegensatz zu abstrakten Staatsfunktionen sind die »Staatsaufgaben [...] die vom Staat konkret übernommenen Zuständigkeiten und Aufgabenfelder« (ebd.: 40). Staatliche Aufgaben ergeben sich – wie auch ihre Grenzen – zum einen aus dem Grundgesetz. Würde man es dabei belassen, würde sich daraus jedoch keinesfalls die tatsächliche Staatstätigkeit ableiten oder erklären lassen (vgl. ebd.: 37). »Der Bereich des Politischen und Staatsaufgaben sind nicht gott- oder naturgegeben, sondern Ergebnisse politischer Aushandlungsprozesse« (Willke 1997: 147). Staatsaufgaben sind daher zum anderen insbesondere Gegenstand und Ergebnis gesellschaftlicher Diskurse sowie politischer Aushandlungen und Entscheidungen.[7] »Staatsaufgaben können zugeschrieben, gefor-

6 Mit der dreiteiligen Abbildung inhaltlich aber nicht begrifflich kompatibel ist die Pyramide von Staatsaufgaben von Schuppert (2003: 215), an deren Spitze das Gemeinwohl als allgemeinstes aller Staatsziele steht, gefolgt von den öffentlichen Interessen und Staatszielen. Auf Stufe 3 folgen die öffentlichen Aufgaben und Staatsaufgaben. Kompetenzen und Befugnisse stehen auf der vierten Stufe. Die unterste Stufe bilden schließlich Staatsfunktionen und Handlungsformen.

7 Die Diskurshaftigkeit von Staatsaufgaben ist einer der Gründe für die (einfachere) Ausweitung von Staatsaufgaben und -tätigkeit. So erfolgt die »Ausformulierung der sozialstaatlichen Aufgaben [...] nicht auf der Verfassungs-, sondern auf der Gesetzgebungsebene« (Kaufmann 1991: 16).

dert oder induktiv erschlossen werden. Diskurse über Staatsaufgaben können somit sehr unterschiedlichen Argumentationen folgen« (Kaufmann 1991: 7). Folglich gibt es keine »universelle Aufgabentheorie« (Naschold 2000: 66).

Was als Staatsaufgabe wahrgenommen wird, entsteht aber nicht nur aus gesellschaftlichen Debatten, dem politischen Prozess oder der Kultur heraus. Auch aus grundlegenden gesellschaftlichen, wirtschaftlichen und technologischen Veränderungen erwachsen neue Aufgaben, Notwendigkeiten der Steuerung und Gestaltung. Dementsprechend sind »externe Faktoren, politische Prozesse und institutionelle Bedingungen« für die Entwicklung und den Wandel von Staatsaufgaben verantwortlich (Walkenhaus 2006: 42).

Abbildung 7: Typen von Staatsaufgaben

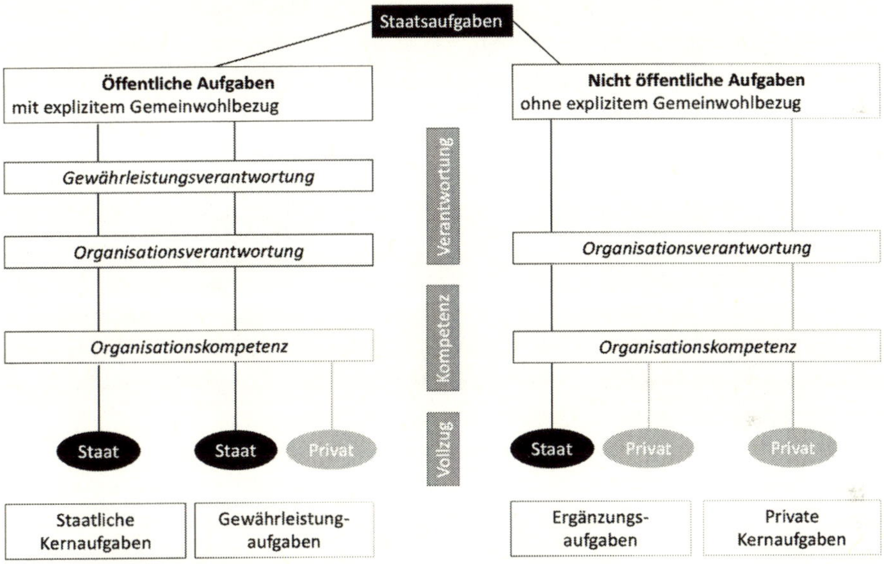

Quelle: Naschold (2000: 68); eigene Darstellung.

Unabhängig davon, durch welche Effekte aus wünschenswerten Zuständen staatliche Zuständigkeiten und damit Staatsaufgaben erwachsen, existiert ein abgestuftes Konzept staatlicher Aufgaben. Unterscheiden lassen sich auf einer ersten Ebene öffentliche und nicht-öffentliche Aufgaben. Das Unterscheidungsmerkmal besteht dabei in dem explizit vorhandenen oder nicht vorhandenen Gemeinwohlbezug (vgl. Naschold 2000: 68). Selbst wenn eine konsens- und mehrheitsfähige Verständigung über die Aufgaben erfolgt, ist damit aber noch nicht die Frage nach der (Leistungs-)Erbringung (durch wen), der Art und Ausgestaltung der Erbringung (welche Instrumente, Leistungen) und der Sicherstellung der Erbringung (welche Steuerung) geklärt. Sowohl die Kompetenzen als auch die Verantwortung für Entscheidungen, Organisation und Erfüllung[8] können unterschiedlich ausgestaltet sein. Dementsprechend lassen sich vier unterschiedliche Aufgabentypen ableiten (siehe Abbildung 7).

Aus einem expliziten Gemeinwohlbezug auf Basis eines gesellschaftlichen Konsenses ergibt sich die Verantwortung des Staates, die Aufgabenerfüllung zu gewährleisten und zu organisieren. Die Organisationskompetenz – und damit der Vollzug der Aufgabe beziehungsweise die Leistungserbringung – kann jedoch unterschiedlich verteilt werden. *Staatliche Kernaufgaben* (wie äußere Sicherheit) sind dadurch gekennzeichnet, dass der Staat hier die Gesamtverantwortung und -kompetenz innehat und damit auch den Vollzug beziehungsweise die Erfüllungsverantwortung.[9] Der Staat erbringt in diesem Bereich Leistungen der Daseinsvorsorge und Kollektivgüter, die (anderenfalls) unter Markt- und Wettbewerbsbedingungen nicht (ausreichend) zur Verfügung stehen würden (vgl. Willke 2014a: 6).[10]

Bei *Gewährleistungsaufgaben* dagegen gibt der Staat die Organisationskompetenz und die Erfüllungsverantwortung teilweise (durch Leistungserbringung im Wettbewerb) oder ganz an private Akteure ab.[11] Die großen Privatisierungsprojekte im deutschen Kontext (Post, Telekommunikation und Bahn) zeigen, dass mit der Abgabe der Erfüllungsverantwortung an private Akteure dem Staat gleichzeitig eine neue Überwachungs- und Regulierungsverantwortung zukommt, ohne die er seiner Gewährleistungsverantwortung nicht nachkommen könnte (vgl. Schuppert 2005b: 16f.; Walkenhaus 2006).

Aus der Gewährleistungsverantwortung wird ersichtlich, dass es sich bei den Gewährleistungsaufgaben genauso wie bei den Kernaufgaben des Staates weiterhin um zentrale Güter und Leistungen der Daseinsvorsorge handelt. Insofern sind beide »zentral für die Ansprüche, welche die Bürger gegenüber dem modernen Staat erheben können« (Foundational Economy Collective 2019: 67).

Auch bei nicht-öffentlichen Aufgaben ohne expliziten Gemeinwohlbezug kann der Staat sich dafür entscheiden, für diese die Organisationsverantwortung zu übernehmen. Bei solchen *Ergänzungsaufgaben* können Organisationskompetenz und Vollzug

8 Im SfB 597 wurden Entscheidungsverantwortung, Organisationsverantwortung und Letztverantwortung unterschieden (siehe beispielsweise Hurrelmann et al. 2008: 305). Anstelle von Letztverantwortung wird in dieser Abhandlung eher von Erfüllungsverantwortung gesprochen.

9 Bei den Kernaufgaben handelt es sich zumeist um klassische hoheitliche Aufgaben, wie die äußere Sicherheit. Weitere Aufgaben kommen hinzu, wenn etwa »ein Vollzug durch nichtstaatliche Träger aus Qualitäts-, Risiko-, Mißbrauchs-, Gleichbehandlungsaspekten nicht in Betracht kommt bzw. wenn private Träger nicht verfügbar sind« (Schuppert 1996: 44).

10 Das Foundational Economy Collective (2019) bezeichnet die materiellen und sozialen Infrastrukturen zur Bereitstellung dieser fundamentalen Güter und Leistungen als Fundamentalökonomie. Bei dieser handelt es sich um »eine historisch gewachsene moralische Ökonomie, die zu bestimmten Zeiten an bestimmten Orten entsteht und das Produkt einer komplexen Kombination von politischem Kampf, technischer Innovation und wissenschaftlicher Forschung darstellt« (ebd.: 156). Insofern spiegelt sich die Gesellschafts- und Diskursgebundenheit der Staatsziele in den konkreten Staatsaufgaben.

11 Dahinter steht in der Regel die Erwartung, dass Gewährleistungsaufgaben besser, kostengünstiger, effektiver oder effizienter durch nicht-staatliche Akteure erbracht werden können.

ebenfalls zwischen Staat, Staat und Privat oder nur Privat variieren. Nicht zu den staatlichen Aufgaben gehören die rein *privaten Kernaufgaben* (vgl. Naschold 2000: 68).

Aus dieser Perspektive sind Staatsaufgaben also immer auch mit der Dimension der (nicht) vorhandenen Leistungsfähigkeit des Staates verbunden. Denn diese ist ein zentraler Faktor zur Erklärung des Verhältnisses zwischen den erwarteten Staats*aufgaben* und der faktischen Staats*tätigkeit*. »Kernaufgabe des Regierens ist, die für eine Gesellschaft relevanten Kollektivgüter zu bestimmen und für ihre Realisierung zu sorgen« (Willke 2014a: 23). Staatstätigkeit meint damit die tatsächlich stattfindende Umsetzung der Staatsaufgaben mit dem Ziel der »Realisierung des Gemeinwohls« (Walkenhaus 2006: 39).

Aus den unterschiedlichen Typen von Staatsaufgaben und der damit verbundenen Differenzierung in der Erfüllungs-, Organisations- und Gewährleistungsverantwortung wird deutlich, dass mit der Sicherstellung der Gemeinwohlproduktion und Leistungserbringung zugleich unterschiedliche Konzept der Steuerung verbunden sind. Diese können sich zu einem dominanten Steuerungsparadigma verdichten und sich damit zugespitzt als ein bestimmtes *Modell von Staatlichkeit* beschreiben lassen.

IV.1.2 Modelle der Staatlichkeit in der Steuerungsdimension

Die Kategorie der Staatlichkeit wird nicht immer einheitlich ausgestaltet. So verweist etwa Anter (2013: 24) darauf, dass diese auch eine normative Dimension beinhalte, deren Indikatoren es offenzulegen gelte. Walkenhaus (2006: 17) dagegen hebt hervor, dass es bei der Kategorie der Staatlichkeit im Gegensatz zur Kategorie des Staates »keinen ausgeprägten normativ-institutionellen Bezug« gebe – es handele sich vielmehr um den »arbeitenden Staat« sowie um die Frage nach der Qualität und Quantität seines Handelns. Die Beschäftigung mit dem arbeitenden Staat lenkt den Blick auf die Steuerungsdimension:

> »Was liegt näher als das komplizierte Geschäft der demokratischen Willensbildung und des Umgangs mit der für Demokratien typischen Menge von Staatsaufgaben als Steuerungshandeln zu begreifen?« (Wiesenthal 2006: 17).

Da es im Kern dieser Abhandlung um veränderte staatliche Steuerung geht, steht im Folgenden die Perspektive auf Staatlichkeit als Form des »arbeitenden Staates« im Mittelpunkt. Dabei geht es um eine moderne Staatlichkeit als Voraussetzung für eine »funktionierende freiheitliche Gesellschaft«, womit also die normative Dimension nicht gänzlich ausgeklammert wird (Anter 2013: 26). Der arbeitende Staat und seine Institutionen strukturieren das Zusammenleben auf Basis grundlegender Werte und Ordnungsprinzipien, etwa indem sie rechtsverbindliche Regeln setzen oder Koordinationsfunktionen übernehmen (vgl. Walkenhaus 2006: 24). Damit kann sich »der Gebrauch und Einsatz [von Steuerungsinstrumenten] nach den jeweils geltenden politischen Wertvorstellungen und der aktuellen Zusammensetzung der Regierungen« ändern (Braun/Giraud 2014: 179).

Der moderne Staat ist kein Repressionsstaat, auch wenn er über Instrumente der Kontrolle, Reglementierung und Bestrafung verfügt. Staatliche Gewalt ist im demokratischen Rechtsstaat eingehegt. Unter dieser Bedingung stellt der Staat Stabilität und Ordnung her, erbringt Leistungen, ermöglicht Freiheit und stiftet Sicherheit – kurzum: Er erbringt im Rahmen seiner aus den Staatsaufgaben abgeleiteten Staatstätigkeit unterschiedliche Kollektivgüter. Allerdings variiert, wie im vorangegangenen Kapitel erläutert wurde, nicht nur die Vorstellung darüber, welche Funktionen und Aufgaben dem Staat zukommen. Auch die Frage, wie und von wem diese erbracht werden sollen, kann zu verschiedenen Zeitpunkten (und in unterschiedlichen Kulturen und Gesellschaften) unterschiedlich beantwortet werden (vgl. Kaufmann 1991: 5). Staatlichkeitsdiskurse sind damit letztlich sowohl normative Auseinandersetzungen über unterschiedliche Staatsverständnisse als auch über konkrete Formen der staatlichen Steuerung zur Umsetzung der Staatsaufgaben. Steuerung, im Sinne der Beeinflussung gesellschaftlichen Handelns, kann über unterschiedliche Instrumente erfolgen, wobei grundlegend direkte (wie Verbote) und indirekte Formen (wie finanzielle Anreize) unterschieden werden können (siehe Kapitel III.2). Welche Instrumente genutzt werden und primär zur Anwendung kommen, ist damit nicht stabil, sondern unterliegt einem Wandel. Dementsprechend kann von unterschiedlichen Formen und Phasen von Staatlichkeit gesprochen werden. Diese »Prozesse seines Steuerungswandels, der damit zusammenhängenden Staatsbilder und Reformdiskurse«, stehen im Zentrum dieser Abhandlung (Walkenhaus 2006: 20).

Dabei existiert ein unmittelbarer Bezug zwischen dem Modell des Staates – und damit der Leistungsdimension der Gemeinwohlproduktion – einerseits und dem Modell der Staatlichkeit in der Steuerungsdimension – also dem dominanten Steuerungsparadigma – andererseits. »Wandlungsprozesse im Bereich der Handlungsformen und Steuerungsinstrumente des Staates erlauben Rückschlüsse auf einen Funktionswandel von Staat und Verwaltung« (Schuppert 1996: 39). Der Begriff des Steuerungsparadigma weist darauf hin, dass hinter den verschiedenen Staatskonzepten, im Sinne des Modells der Staatlichkeit, jeweils typische Steuerungsinstrumente stehen, die gemeinsam als paradigmatisch für die generelle politische Steuerung gelten können. Im Gegensatz zum Rückgriff auf Modelle in den Dimensionen von Staat und Staatlichkeit in dieser Untersuchung nutzt etwa Willke (1997: 11) dafür den Regimebegriff und spricht davon, dass sich »historische Epochen durch die Unterschiede ihrer Steuerungsregimes bezeichnen« lassen.[12]

Die Modelle von Staat und Staatlichkeit unterliegen somit in der historischen Perspektive einem Wandel, der gewissen Pfadabhängigkeiten unterliegen kann. Dieser wird in den folgenden Kapiteln nachgezeichnet, wobei die Darstellung nicht dazu dienen soll,

---

12 Im zeitlichen Verlauf unterscheidet Willke (1997: 11f.) dabei das *Machtregime* (»zur Behauptung der politischen Souveränität national definierter Gesellschaften gegenüber anderen Herrschaftsansprüchen von innen und außen« für das 15. bis 19. Jahrhundert), das *Versicherungsregime* (für die Phase des sich herausbildenden Sozialstaats im 19. bis zum 20. Jahrhundert), das *Risikoregime* (infolge der sich mit der technologischen Entwicklung entstehenden Risikosysteme mit unkontrollierten Folgen und Nebenwirkungen, etwa auf die Umwelt, im 20. Jahrhundert) sowie das *Supervisionsregime* (als eine von einer Vision gerichtet getriebenen »Form der politischen Selbststeuerung einer sich abzeichnenden Wissensgesellschaft« im 21. Jahrhundert).

die Staatsbegriffe und das damit verbundene Staatsverständnis historisch in seiner Gänze aufzuarbeiten.[13] Die Ausführungen konzentrieren sich insbesondere auf die jeweils idealtypischen Aspekte und Ausprägungen der staatlichen Steuerung in der jeweiligen, an dominanten Modellen von Staat und Staatlichkeit orientierten Phase.

13 Anter (2013: 22) fasst die unterschiedlichen Phasen der Staatsdiskussionen wie folgt zusammen: Prägend waren die konventionelle Sicht auf den Staat in den 1950er-Jahren, eine ideologische, neomarxistisch angehauchte Debatte in den 1960er- und 1970er-Jahren, die Staatstätigkeits- und Policy-Orientierung der 1980er-Jahre und schließlich der Institutionenfokus in den 1990er-Jahren.

IV.2 Moderner Staat I: Der intervenierende Leistungsstaat

Ein Typus des modernen Staates[1] wird als Interventions- und Leistungsstaat bezeichnet. Dabei sei der moderne europäische Interventions- und Rechtsstaat im wesentlich weiterhin ein totaler Staat,[2] ein Machtstaat, mit einem »Satz von Institutionen mit der Funktion, Entscheidungen zu treffen und das Beschlossene durchzuführen sowie soziale Kontrolle auszuüben« (Reinhard 2007: 11). Gleichwohl ist diese Kontrolle rechtsstaatlich eingehegt und erfolgt vermehrt über weiche Instrumente der Steuerung denn harte Ver- und Gebote. Der intervenierende Leistungsstaat ist somit kein autoritärer Obrigkeitsstaat. Anter (2013: 23) verbindet dies, wenn er davon spricht, dass das »Gewaltmonopol nicht nur das zentrale Kriterium des Staates ist, sondern sich überdies als Bedingung der Möglichkeit von Demokratie und Rechtsstaatlichkeit erweist.« Der intervenierende Leistungsstaat bedient sich der öffentlichen Verwaltung und organisiert mit ihrer Hilfe »weitgehend die Ressourcenverteilung und gesellschaftliche Koordination« (Braun/Giraud 2014: 180). Er verkörpert damit den Typus des Leistungsstaats (Modell des Staates) sowie des Interventionsstaats (Modell der Staatlichkeit).

IV.2.1 Modell des Staates: Leistungsstaat

Das als *Leistungsstaat* bezeichnete Modell des Staates kennzeichnet eine massive Ausweitung der Leistungserbringung durch den Staat. Über die innere und äußere Sicherheit sowie die innere Ordnung hinaus übernimmt der Staat in diesem Modell weitreichende Aufgaben in fast allen Teilbereichen von Wirtschaft und Gesellschaft.

Gerade das Entstehen des über den Fürsorgestaat hinausreichenden Sozial- und Wohlfahrtsstaates im 20. Jahrhundert kennzeichnet eine Ausweitung der staatlichen

1 Zur Herausbildung und Entwicklung des modernen Staates siehe etwa Mergel (2022) oder Thiele (2019: 44–108).

2 Mergel (2022: 195) betont dagegen, dass der Totale Staat und der Interventionsstaat idealtypisch sehr unterschiedliche Staatstypen beschreiben würden, wenngleich »in der Realität […] die Entfernung nicht notwendig so groß« sei.

Leistungsdimension. Dadurch, dass vormals private Aufgaben verstaatlicht werden, dringt der Staat in immer mehr Lebens- und Gesellschaftsbereiche vor, womit sich die ihm zuschreibbaren Staatsaufgaben ausweiten. Walkenhaus (2006: 38) stellt fest, dass damit »nicht die Regulierungstätigkeit, sondern die Leistungsaufgaben expandieren.« Damit geht es um eine umfassende staatliche Direktzuständigkeit in der Daseinsvorsorge. Neben der sozialen Sicherung und anderen lebenswichtigen Dienstleistungen ist hier insbesondere auch die Verantwortung für die zentralen gesellschaftlichen Infrastrukturen zu nennen. Den Leistungsstaat kennzeichnet der hoheitliche Betrieb (und die Übernahme von Investitionen) von Wasser-, Strom-, Gas-, Telekommunikations- und Straßennetzen in nationaler oder kommunaler Eigenregie (vgl. Mergel 2022: 198). Diese Ausweitung der vom Staat ausgehenden und getragenen Daseinsvorsorge geht mit einer Zunahme öffentlicher Interventionen einher. Für die Daseinsvorsorge und die Erfüllung staatlicher Aufgaben dieser Zeit stehen »große, vertikal integrierte Staatsunternehmen«, denn »[h]ierarchisch gesteuerte Organisationen ermöglichten zentrale Planung und die Verteilung von Expertise in landesweiten Versorgungssystemen« (Foundational Economy Collective 2019: 85f.).

IV.2.2 Modell der Staatlichkeit: Interventionsstaat

Der *Interventionsstaat* als Modell der Staatlichkeit ist eng mit dem Leistungsstaat als Modell des Staates verbunden. Beide Modelle ergänzen sich als zwei Seiten einer Medaille. Scharpf (1991: 5) spricht bezogen auf den Interventionsstaat, von einem »spezifischen Staatsbegriff«, dem »nach außen souveränen und nach innen hierarchisch integrierten Staat der frühen Neuzeit«. Intervention und Hierarchie weisen darauf hin, dass es beim Modell der Staatlichkeit um die Steuerungsdimension[3] geht. Der Interventionsstaat setzt »im Interesse des Funktionierens von Gesellschaft politische Steuerungsstrategien« ein, wobei es sich um »gezielte Steuerungsleistungen in Bereichen [handelt], wo die Gesellschaft selbst nicht leisten kann« (Mergel 2022: 197). Dazu interveniert er in immer mehr Bereichen, nicht nur in der Gesellschaft und Wirtschaft. Diese führte bei der Daseinsvorsorge auch zu veränderten Steuerungszentren und involvierten Steuerungsakteuren.

> »Nach 1945 waren die Entmachtung kommunaler und regionaler Entscheidungszentren sowie die Marginalisierung intermediärer Assoziationen und gemeinnütziger Einrichtungen die wirtschaftliche Voraussetzung für eine effiziente Steuerung der Fundamentalökonomie« (Foundational Economy Collective 2019: 89).

Neben den öffentlichen Interventionen im Feld der Daseinsvorsorge ging es auch um Wirtschaftssteuerung. Beispielsweise sei hier auf den Keynesianismus als Versuch der

3 Gleichwohl weist etwa Voigt (1993: 290) darauf hin, dass bis zu den 1980er-Jahren der Begriff der Steuerung in den Sozialwissenschaften wenig gebräuchlich war.

Globalsteuerung der Wirtschaft verwiesen.[4] Gleichwohl beschränkte sich die Steuerung nicht auf direkte hierarchische Interventionen. Ein weiteres Kennzeichen dieser Jahrzehnte war die »Hochzeit« der makro-korporatistischen Steuerung in Form dreiseitiger Kooperationen (Tripartismus) (siehe Kapitel III.1.4). Sie ist als hierarchisches Interventionsmoment zu bewerten, da sie versucht, steuernd in einen Bereich hineinzuwirken, der normalerweise durch die autonome Selbstorganisation der Akteure geprägt ist. Hierzu gehörte insbesondere die Konzertierte Aktion zwischen Staat, Gewerkschaften und Arbeitgeberverbänden von 1967 bis 1977. Sie bildete »den ersten bundesrepublikanischen Versuch, um die Tarifpolitik durch eine freiwillige Verhaltensabstimmung der maßgeblichen Akteure zu beeinflussen«, in diesem Fall im Bereich der Tarifautonomie (Schroeder 2001: 29). Auch die 1977 folgende Konzertierte Aktion im Gesundheitswesen (KAiG) (abgeschafft mit dem GKV-Modernisierungsgesetz 2003) entsprach dem Versuch, die verbandliche Autonomie der Selbstverwaltung (entscheidungs-)strukturell im Sinne einer »Globalsteuerung« einzuhegen (vgl. Döhler/Manow 1995: 40). Hier waren es insbesondere die Krankenkassen (Leistungszahler:innen) sowie die Leistungserbringer:innen (Ärztinnen und Ärzte, Krankenhäuser) die mit dem Staat an einem Tisch saßen mit dem Ziel der Kostendämpfung im Gesundheitswesen, das ansonsten durch die Selbstverwaltung der relevanten Akteure geprägt ist.

> »In den 70er Jahren herrschte in Wirtschafts- und Sozialpolitik noch immer das Vertrauen in die Kräfte der Globalsteuerung zur Lenkung und Stabilisierung der Volkswirtschaft vor. Auch im Gesundheitswesen sollte die Einrichtung einer Konzertierten Aktion für abgestimmte Verhaltensweisen sorgen und zur Umsetzung globaler Empfehlungen beitragen« (Freytag 2002: 117).

Direkte Interventionen und Konzertierung fielen in eine Zeit, in der der Begriff der Planung – zuvor durch die sozialistische Planwirtschaft ideologisch negativ aufgeladen – seinen Schrecken verlor oder sogar ins Gegenteil zu kippen begann (vgl. Ruck 2020: 80f.; Seifert 2010: 26–36). Planung wurde zu einer »schillernden Metapher für Modernität, Fortschrittsglauben und Veränderungswillen« (Süß 2005: 349).

> »Rationalität und Moderne, liberales Denken, der Glaube an die Gestaltbarkeit der Welt und an kontinuierliche Entwicklung, an die Gestaltung von Zukunft und Geschichte gehören zu den Grundbedingungen von Planung« (Doering-Manteuffel 2008: 399).

Planung war auch die Antwort auf einen »angesichts einer infolge des technologischen und sozialen Wandels steigenden Umweltkomplexität zunehmend überlastet[en]« Staates (Süß 2005: 360). Die Losung zur Beherrschung der Komplexität wurde die Modernisierung. »Planung als Modernisierung, Modernisierung durch Planung« entwickelte sich zum zentralen staatlichen Orientierungsprinzip (Doering-Manteuffel 2008: 405).

---

4 Braun und Giraud (2014: 189) bezeichnen die keynesianische Wirtschafts- und Sozialpolitik als »Sinnbild bzw. ein ›politisches Paradigma‹ für eine aktive und interventionistische Haltung des Staates.«

»Die Zeitgeschichtsschreibung kennzeichnet die neue Grundstimmung als *Planungseuphorie* [Herv. i. O.]« (Lukas 2022: 31). Beispielhaft für diese steht die Einführung der *Abteilung V: Planung* im Bundeskanzleramt unter Horst Ehmke in der Zeit der von Willy Brandt geführten sozialliberalen Koalition im Frühjahr 1970.

IV.2.2.1 Planungseuphorie der 1960er- und 1970er-Jahre

Aufgabe der 1970 neu eingerichteten Planungsabteilung[5] im Bundeskanzleramt unter Leitung von Reimut Joachimsen[6] war es, die längerfristigen politischen Programme der Bundesregierung zu entwickeln und umzusetzen – mit einem Planungshorizont von 10 bis 15 Jahren. Dies sollte ein Planungsverbund (mit der Planungsabteilung als Zentrum) ermöglichen, zu dem auch die seit November 1969 benannten Planungsbeauftragten[7] aus den Ministerien gehörten. Sie waren unter anderem dafür zuständig, auf sogenannten Datenblättern[8] der Planungsabteilung die ministeriellen Vorhaben für mindestens die nächsten sechs Monate mitzuteilen (vgl. Flohr 1972: 56).[9] Via Datenblatt wurden die Informationen zu Reformvorhaben aus den Ministerien das erste Mal in maschinenlesbarer Form erhoben und in ein computergestütztes Vorhabeninformationssystem eingespeist, das eine frühzeitige Koordination ermöglichen sollte.

»Statt auf politische Durchsetzungsfähigkeit vertraute das Konzept des Planungsverbunds auf Information als zentrale Steuerungsressource« (Süß 2005: 366). Damit wurde nicht zuletzt auch dem Ressortprinzip Rechnung getragen, das ein unmittelbares planerisches Eingreifen des Bundeskanzleramts in die Ministerien ausschließt. Vielmehr ging es darum, die Regierungstätigkeit ressortübergreifend zu koordinieren und die Segmentierung der Ministerien und ihre Partikularinteressen einzuhegen (vgl. Flohr 1972: 62; Seifert 2010: 90). Hier werden Parallelen zur Frage der Ausgestaltung einer koordinierten Digitalpolitik (siehe dazu Kapitel II.3) deutlich. Die Planungsabteilung sollte im Sinne einer koordinierenden Globalsteuerung strategische Leitlinien entwickeln und an die Ressorts weiterreichen (vgl. Mergel 2022: 205). Zusammen mit der Registrierung aller Gesetzgebungsvorhaben der Regierung sollte der durch das Informationssystem mögliche Abgleich zwischen den Vorhaben der Ministerien deren

5 Zum vorangegangenen, gescheiterten Planungsstab der Großen Koalition unter Kiesinger siehe Süß (2005: 352–357) und Seifert (2010: 41–45). Zum Einbettungskontext der Entstehung der Planungsabteilung in der Großen Koalition mit dem Ende 1968 eingesetzten Kabinettsausschusses (»Reformkabinett«) und der Anfang 1969 gestarteten Projektgruppe Regierungs- und Verwaltungsreform siehe Lukas (2022: 40–43).

6 Zur entscheidenden Rolle (und Vitae) von Reimut Joachimsen und Horst Ehmke sowie ihrem Verständnis und zu ihren Vorstellungen von politischer Planung siehe Seifert (Seifert 2010: 15ff., 48ff.).

7 Ihre Rolle bestand darin, zwischen den Ministerien und der Planungsabteilung im Bundeskanzleramt zu vermitteln und innerhalb ihres jeweiligen Ministeriums als »Promotoren und Koordinatoren der Ressortplanung« zu wirken (Süß 2005: 364).

8 Auf dem eine DIN-A4-Seite umfassenden Datenblatt wurden ab 1970 zunächst 26 Einzelinformationen zu jedem ministeriellen Vorhaben abgefragt (vgl. Seifert 2010: 96).

9 Eine konkrete Festlegung von Aufgaben und Zielen der Planungsbeauftragten durch die Planungsabteilung scheiterte, was Seifert (2010: 93) als ein, sich bereits zu Beginn herauskristallisierendes, »grundlegendes Problem der holistischen Konzeption der Planer im Bundeskanzleramt« identifiziert.

Abstimmung und Bündelung zu Reformschwerpunktprogrammen – und damit eine ressortübergreifende Koordinierung der Regierungspolitik – ermöglichen (vgl. Süß 2005: 366–369; Seifert 2010: 100–103).

In dem Anspruch universeller Steuerung und Kontrolle verbinden sich mathematische und physikalische Theorien mit Vorstellungen gesellschaftlicher Ordnung (vgl. Feustel 2018: 34). In den 1960er-Jahren war eine »Kraftlinie kybernetischer Gouvernementalität hervorgetreten, die soziales Verhalten zu quantifizieren und Regierungsaktivitäten auf mathematische Formeln zu bringen suchte« (Seibel 2014: 74): ein Satz, der sich aus heutiger Perspektive mit Blick auf die Debatten um algorithmische Regulierung genau so wiederholen lässt (siehe Kapitel VI.1.1.2). Dies macht auch Lukas (2022: 43) deutlich, wenn er mit Blick auf Datenblätter und Planungsdatenbank konstatiert: »Koordination wird vor allem als technisch lösbares Informationsproblem gesehen. […] Der Mythos der Digitalisierung beginnt in diesen Tagen.«

Dahinter steht auch eine Form der Technikgläubigkeit. Scheidler (2021: 138ff.) spricht von einer »mechanistische[n] Weltsicht« und »technokratischen Mythologie«, in der das »Mess- und Zählbare […] einen höheren Realitätsstatus als die erlebten Qualitäten unserer Wahrnehmung« besitzen, die Welt aus »zerlegbaren Einzelteilen« besteht, sich »beliebig neu zusammenbauen« lässt und dabei »im Wesentlichen linearen und deterministischen Ursache-Wirkungs-Zusammenhängen« gehorcht – kurzum: Sie ist berechenbar und »kann daher planmäßig gesteuert werden.«

In dieser Euphorie wurde auf kybernetische Planungs- und Steuerungskonzepte gesetzt. An die Stelle konditionaler, hierarchischer Steuerungsformen traten Regelsysteme, die auf eine kontinuierliche Anpassung im Prozess,[10] basierend auf dem Feedback der Rückkopplung, setzten (vgl. Lange 2007: 179f.). »Das technokratische Modell traf bei den Regierungen der damaligen Zeit auf eine regelrechte Planungseuphorie« (Mai 2016: 19).

> »Im kybernetischen Blick erschienen Staat und Bürger gleichermaßen als Rechenmaschinen, die den Gesetzen der Mathematik folgten und sich eben deshalb als vollständig berechenbar erwiesen« (Seibel 2014: 74).

Staatliches Handeln wurde in den 1960er- und 1970er-Jahren somit aus »funktionalen Erfordernissen oder Strukturzwängen abgeleitet« (Schneider 2014: 282).

Insbesondere in der Wirtschafts-, aber auch der Sozialpolitik setzte sich die Ansicht durch, dass diese »vorausschauende Planung und kontinuierlicher staatlicher Eingriffe bedürfe« (Wiesenthal 2006: 22). Kontinuierliche (Nach-)Steuerung auf Basis von Feedback ist einer der wesentlichen funktionalen Aspekte der Kybernetik als Interventionsform. Sie setzt einen zentralen Regulator voraus. In der Folge wurde das politisch-administrative System als notwendiges Steuerungszentrum begriffen. Dieses setzte mit dem Planungskonzept auf hierarchische Steuerung mit einer klaren Trennung zwischen Steuerungssubjekt und Steuerungsobjekten (vgl. Mayntz 2008: 43).

10 Die konzeptionelle, heuristische Darstellung des Politikprozesses in Form des Policy-Cycle ist mit der Phase der Politikreformulierung direkt anschlussfähig an diese Idee einer kontinuierlichen Steuerung, die auf das Feedback aus den vorangegangenen Steuerungszyklen reagiert.

Gute staatliche Planung sollte auf wissenschaftlichen Erkenntnissen basieren und erfolgt damit datengetrieben: durch Erhebungen und statistische Auswertungen. »Jede Regierungskunst beruht demnach auf einem Informationssystem und verfolgt den Ausbau eines politischen Wissens« (Pias 2004). Ein Mehr an Informationen, Wissen und Verarbeitungskapazität sollte die staatliche Steuerungsleistung verbessern. »Entscheidend für die Steuerungsfähigkeit der Politik ist […] danach vor allem ihre Fähigkeit zur Informationsverarbeitung« (Mai 2016: 19). Nach Mayntz (1997a: 194) war der Planungsglaube daher die Antwort auf ein zuvor diagnostiziertes Wissensproblem. Der Ansatzpunkt für eine Lösung des Problems durch veränderte Steuerung lag folglich beim Steuerungssubjekt – also dem Staat – und weniger bei den Steuerungsobjekten. Die Problemdimension erweiterte sich in den 1970er-Jahren um ein wahrgenommenes Vollzugsproblem, dem ebenfalls mit mehr Wissen – der Implementationsforschung – begegnet werden sollte. Aus zentralstaatlicher Perspektive wurden mit der Erweiterung der Steuerungsperspektive auf den Vollzugsprozess die Implementationsinstanzen jetzt ebenfalls als Steuerungsobjekte wahrgenommen (vgl. ebd.: 195).

Die Planungseuphorie an dieser Stelle aufzugreifen, ist nicht nur zur Verdeutlichung vergangener Leitbilder von Staatlichkeit nützlich. Zwei kritische Aspekte spielen auch bei dem Blick auf aktuelle Debatten um Staatlichkeit eine wichtige Rolle.

> »Vielleicht wirkt die ›kybernetische Gesellschaft‹ der 1960er Jahre heute wie das verblassende Porträt einer vergangenen Zukunftsvision – in mancher Hinsicht aber erscheint sie zugleich als das gouvernementale Programm einer kommenden Gegenwart« (Seibel 2014: 78).

Mit der Technokratie und ihrem Glauben, dass gutes Regieren auf Informationsgewinnung und Wissensmanagement basiere, ging eine Expertokratie einher (vgl. Mai 2016: 19). »Planung ist das Feld der Experten in der technisch-industriellen Welt und wird in der Regel ›von oben‹ implementiert« (Doering-Manteuffel 2008: 398). In der Folge entstanden Ende der 1950er- und in den 1960er-Jahren zentrale Expert:innengremien wie der Wissenschaftsrat (1957) und der Sachverständigenrat zur Begutachtung der gesamtwirtschaften Entwicklung (1963) – aber auch wissenschaftliche Politikberatung nahm zu, etwa mit der Gründung des Wissenschaftszentraum Berlin (WZB) (1969). Auf der einen Seite kommt es zu einer Verwissenschaftlichung einer an Zukunftsoptimismus, Machbarkeit und Gestaltbarkeit orientierten Politik (vgl. auch Seifert 2010: 26; Lukas 2022: 45ff.). Auf der anderen Seite befürchteten Kritiker:innen der Planungseuphorie einen mit der Expertokratie einhergehenden totalitären Staat. In Schelskys (1961: 25) »technischem Staat« treten »Sachgesetzlichkeiten« an die Stelle politischer Normen, Gesetze und demokratischer Willensbildung: Poliker:innen würden keine politischen Entscheidungen mehr treffen, sondern nur noch die technischen Mittel »unter der Maxime einer optimalen Funktions- und Leistungsfähigkeit bedien[en]«.

Bezogen auf aktuelle konflikthafte Debatten (etwa beim Umgang mit der Coronapandemie oder der Klimakrise) spricht Bogner (2021: 17) vergleichbar von der Gefahr eines »Szientismus« und einer »Epistemokratie«, die »von dem Glauben daran getragen [wird], dass viele politische Probleme erst dann richtig formuliert und überzeugend lösbar sind, wenn wir sie als Wissensprobleme verstehen.« Mit einem solchen Framing würden jedoch dahinterliegende Wertedifferenzen sowie konfligierende Interessen und Weltbilder ausgeblendet werden. Damit gehen unterschiedliche Probleme einher. Vermeintlich rationale Wissenskonflikte, die ausschließlich auf Zahlen und Fakten rekurrieren, lassen evidenzbasierte politische Entscheidungen erwarten. Politik ist hier der wissenschaftlichen Expertise nachgeordnet und kann gar alternativlos (als Sachzwang) erscheinen. Dahinter verborgene Wertekonflikte können jedoch über divergierende Interpretationen von Daten oder alternative Daten zutage treten. Zugleich sind auch Wissenskonflikte nicht per se einfacher lösbar als normative Konflikte. Dies trifft insbesondere dann zu, wenn wir es mit komplexen Phänomenen zu tun haben und die Breite der relevanten Expertise (und wissenschaftlicher Fachdisziplinen) zunimmt (vgl. ebd.: 22f.).

Eine zweite Seite des Interventionsstaates und der Planungseuphorie bestand in einer »sehr viel intensiveren Beobachtung und Durchleuchtung von Bürgern und Gesellschaft« (Mergel 2022: 212). Prognosen und damit auch Planung basieren auf der computergestützten Auswertung einer möglichst umfassenden Sammlung von Daten und Wissen. Diese erfolgt seitdem über vielfältige Meldepflichten und gepflegte Register von natürlichen und juristischen Personen, urkundliche Dokumentierung des Lebenslaufs und die weitreichende Erhebung statistischer Daten (durch Behörden, Ministerien, statistische Bundes- und Landesämter). Die heutigen Debatten um den Überwachungsstaat (und Wissen als schwer kontrollierbare Machtressource) wurden in den 1970er- und 1980er-Jahren – auch mit dem Begriff des »gläsernen Bürgers« – bereits angelegt. Zugleich bildet das Urteil des Bundesverfassungsgerichts 1983 zur Volkszählung, das das *Recht auf informationelle Selbstbestimmung* formulierte, einen zentralen Referenzpunkt für die Absicherung von Grund- und Bürger:innenrechten im digitalen Zeitalter (vgl. ebd.: 214f.).[11]

Neben der Planungseuphorie startet, insbesondere in den USA, eine ebenfalls bis heute nachwirkende zweite Zukunftsvision: Für die »techno-anarchic utopians of the 60s and 70s« brachte das heraufdämmernde Computerzeitalter vor allem die Hoffnung auf ein staatsbefreites Leben mit sich (Koepsell 2019). Dieses Abschaffen oder Ausschalten des Staates findet sich bei vielen techno-libertären Ideen im digitalen Zeitalter wieder (siehe Kapitel IV.4).

IV.2.2.2 Steuerungsdiskussion der 1980er- und 1990er-Jahre

Bereits im heute genutzten Begriff der Planungs*euphorie* wird die rückblickende Bewertung der Planungsbemühungen deutlich: Sie konnten die in sie gesetzte Hoffnung nicht erfüllen und das Versprechen einer effizienteren und effektiveren staatlichen Steuerung nicht einlösen.[12] Der Versuch, mit der Planungsabteilung im Bundeskanzleramt durch Koordination zu »einer qualitativ neuen Politik [überzugehen], die gesellschaftlichen Veränderungen zu gestalten, statt darauf zu reagieren, blieb [...] im Ansatz stecken« (Süß 2005: 373). Seifert (2010: 140) resümiert:

11 Für eine breite Betrachtung der Grundlagen, Konzepte, Defizite und Perspektiven für eine Weiterentwicklung des Rechts auf informationelle Selbstbestimmung siehe etwa Friedewald et al. (2017).

12 Allerdings hielt sich auch in den 1980er- und 1990er-Jahren der Technikoptimismus. Hier folgt der erste große Dämpfer erst mit dem Platzen der Dotcom-Blase Anfang 2000.

> »Die versuchte Einführung eines ambitionierten Gesamtplanungssystems war offensichtlich gescheitert und auch hatte man keine nennenswerten Fortschritte in dem Bereich gemacht, der gemeinhin unter dem Begriff der ›Modernisierung von Regierung und Verwaltung‹ zusammengefasst wird.«

Der Anspruch auf Koordination und Aufgabenplanung musste aufgegeben werden und es verblieb die technische Ablaufplanung der Kabinettsarbeit. Mit dem Ölpreisschock und dem stockenden Wirtschaftswachstum folgte alsbald die Steuerungskrise des Interventionsstaats und mit ihr der »Abschied von einer langfristig angelegten, auf Gesellschaftsveränderung zielenden Politik« hin zur »kurzfristigen Bewältigung vordringlicher Einzelprobleme« – und damit zum Krisenmanagement (Süß 2005: 375).[13] Für diese spielten auch nicht intendierte Nebenfolgen interventionistischer Steuerung sowie eine anti-etatistische Grundstimmung wichtige Rollen.[14] Die Bedeutung von Planung nahm seit den 1980er-Jahren auch ab, »weil die marktliberale Ideologie im digitalen Kapitalismus einer ›Deregulierung‹ staatlichen Einflusses das Wort redete« (Doering-Manteuffel 2008: 398).

Der Interventions- und Leistungsstaat war mit dem Planungsmodell von Steuerung verbunden. Dieses Modell hat sich mit den Debatten um Staatsversagen (und dem Scheitern der sozialistischen Planwirtschaft) »gründlich diskreditiert« (Willke 2014b: 8). Mayntz (1997a: 186) verweist darauf, dass in der Debatte um das Staatsversagen alle drei zentralen Staatsfunktionen des modernen Staates intendiert waren: Bezogen auf die Ordnungsfunktion wurde von *Unregierbarkeit* gesprochen, in Bezug auf die Wohlfahrtssicherungsfunktion war von der *Krise des Wohlfahrtsstaates* die Rede, und bezüglich der Gestaltungsfunktion war von staatlichem *Steuerungsversagen*, bezogen auf die Planung, zu hören.

---

13 Seefried (2016: 433) beschreibt zugleich für die Zukunftsforschung einen Bruch im Fortschrittsverständnis zwischen den 1950er- und 1960er-Jahren auf der einen und den 1970er- und 1980er-Jahren auf der anderen Seite: »Als Gegenbewegung zur Steuerungs- und Technikfixierung [...] rückte nun eine Orientierung am menschlichen Subjekt und am Ökologischen in den Mittelpunkt«. Besonders deutlich wird dies an den Debatten im Kontext des 1972 veröffentlichen Berichts des Club of Rome zu den Grenzen des Wachstums. An die Stelle des Fortschrittsbegriffs tritt ein qualitativer Wachstumsbegriff. »Der Glaube an technische Machbarkeit und moderne Steuerung schwand zugunsten von wachsender Ungewissheit, methodischer Pragmatisierung sowie einer neuen Orientierung am Menschen und am Paradigma der Lebensqualität« (ebd.: 448). Dieser auch wissenschaftstheoretische Wandel zeigt sich unter anderem in der Politikwissenschaft an dem, verspätet seit den 1980er-Jahren auch in Deutschland stattfindenden, veränderten Herangehensweisen der praxis- und problemlösungsorientierten, pragmatischen Politikfeldanalyse. Besonders deutlich wird dies am Unterschied zwischen den systemtheoretisch fundierten Zugängen über den Policy Cycle oder der Spieltheorie sowie dem auf Kontingenz und Ambiguität basierenden Multiple Streams Ansatz oder der später folgenden argumentativen Wende in der Policy Analyse (vgl. Héritier 1993: 9ff.; siehe auch Blum/Schubert 2018: 27ff.; Herweg 2015: 325; Saretzki 2014).

14 Als weitere Gründe für das Scheitern der Planungsabteilung nennt Süß (2005: 375ff.) den fehlenden Willen einzelner Ministerien beziehungsweise Fachreferenten zur langfristigen »konstruktiven Mitarbeit«, das Ausscheiden von Ehmke und Jochimsen aber auch, dass sich schnell zeigte, »dass technikbegeisterte politische Akteure die Möglichkeiten der elektronischen Datenverarbeitung viel zu optimistisch beurteilt hatten.«

Mit dem Ende der »Konjunktur des Planungsbegriffs« folgt zugleich der Aufstieg des »moderne[n] Steuerungsbegriff[s]« (Wiesenthal 2006: 21). Bislang lassen sich drei Entwicklungsstufen der Steuerungsperspektive konstatieren: erstens die *innerorganisatorische* Steuerung, zweitens die *interinstitutionelle* Steuerung und drittens die *systemische* Steuerung »im Sinne der *Beeinflussung ansonsten autonom ablaufender sozioökonomischer Prozesse* [Herv. i. O.]« (Derlien 1993: 505).[15] Während mit der Planung die Akteursebene, und damit der Interventionsstaat, im Zentrum stand, verschob sich mit der Steuerung und einer systemtheoretischen Perspektive (ohne Akteurskonzept) der Fokus auf die Handlungsebene (vgl. Wiesenthal 2006: 21). Den Hintergrund bildete auch eine zentrale Erkenntnis mit Blick auf Steuerungsfragen, nach der »erfolgreiche Politik nicht nur von der Steuerungsfähigkeit der Politik, sondern auch von der Steuerbarkeit der Adressaten und damit von Merkmalen des Politikfeldes abhängt« (Mayntz 2008: 44). Statt staatlicher Intervention ging es fortan um gesellschaftliche Selbststeuerung und -regulierung. Willke (1997) brachte dies begrifflich auf den Punkt, als er aufgrund der steuerungstheoretischen Diskurse den *Supervisionsstaat* an die Stelle des Interventionsstaates setzte. Ein weiterer Shift in der Begrifflichkeit betraf die Modernisierung. Seit den 1990er-Jahren wird nicht mehr von der Modernisierung als Ordnungsprinzip gesprochen, sondern nur noch von der Moderne – und dem modernen Staat (vgl. Doering-Manteuffel 2008: 406).

IV.2.3 Vision: Starker Staat

Die Modelle des Staates (Leistungsstaat) und der Staatlichkeit (Interventionsstaat) drücken eine bestimmte *Vision des Staates* – durchaus im Sinne eines idealtypischen Leitbildes – aus: diejenigen des *starken Staates*. Er ist besonders dadurch gekennzeichnet, dass die Modelldimensionen von Staat und Staatlichkeit zusammenfallen, sich also als zwei Seiten einer Medaille miteinander verbinden. Aus dieser Perspektive passt der Hinweis von Voigt (2015: 23), dass der moderne Staat »die Krönung der Staatlichkeit« sei. Der starke Staat verfügt idealtypisch über das Gemeinwohlmonopol, ist alleiniger Produzent der Kollektivgüter der Daseinsvorsorge und vereint damit die Organisations-, Vollzugs- und Erfüllungsverantwortung – die Gesamtverantwortung und -kompetenz – auf sich. Zugleich ermöglicht die Verfügung(sgewalt) über staatseigene Unternehmen eine besonders direkte Steuerung derselben (vgl. Braun/Giraud 2014: 189). Hurrelmann et al. (2008: 305) attestieren ebenso ein »weitgehendes Monopol« des Staates auf Letzt-, Entscheidungs- und Organisationsverantwortung bei der Erbringung kollektiver Güter. Leistungserbringung und Interventionismus sind somit die zentralen Kennzeichen des starken, souveränen Staates in den 1960er- bis 1980er-Jahren.

Zugleich ist an dieser Stelle festzuhalten, dass sich die Vision des starken Staates sich zwar in den Modellen des Leistungs- und Interventionsstaates widerspiegelt, diese

15 Derlien (1993: 505) weist zu Recht darauf hin, dass es sich um ein Missverständnis handelt, wenn in der Literatur teilweise mit dem Begriff der Planungseuphorie zugleich ein grundsätzliches Scheitern von Gesellschaftsplanung verbunden wird. Bei der am Ende der 1970er-Jahre als gescheitert erachteten Planung handelte es sich um Steuerung der ersten Entwicklungsstufe.

Typen aber nicht die einzig mögliche Ausprägung dieser Vision darstellen. Unter der Vision des Staates kann mithin zwar ein idealtypisches Staatsmodell verstanden werden, das sich in der Realität jedoch als flexibler Rahmen erweist, der erst durch eine konkrete Interpretation und Ausgestaltung durch politisches Handeln seine Form erhält. In dem Begriff der Vision kommt diese *doppelte Offenheit* – sowohl der Unschärfe wie die erfüllte Vision konkret aussieht, als auch der notwendigen Schritte auf dem Weg dorthin – deutlicher zum Ausdruck als im Begriff des Modells.

IV.3 Moderner Staat II: Der kooperative Gewährleistungsstaat

Das klassische Bild des Staates als des dem Gemeinwohl dienenden intervenierenden Leistungsstaates wich in den 1990er-Jahren immer stärker dem Eindruck eines Staates auf dem Rückzug. Offe (1984: 239) wies bereits Mitte der 1980er-Jahren darauf hin, dass die »Leistungsfähigkeit etatistischer Regelungen [...] weitgehend ausgereizt« erschienen, unter anderem aufgrund der »chronischen Finanzkrise der öffentlichen Haushalte«, die den »materiellen Interventionsspielraum [...] einschränke[].« Der intervenierende Leistungsstaat geriet damit gleich an zwei Fronten unter Druck. Aus dieser Perspektive weist der Begriff des Gewährleistungsstaates an der ersten Front auf den Rückzug aus der Leistungserbringung hin. An der zweiten Front wird der Interventionsstaat durch den kooperativen, verhandelnden Staat abgelöst. Der Staat auf dem Rückzug spielt damit auf einen Wandel in beiden Dimensionen – dem Modell des Staates in der Leistungsdimension und dem Modell der Staatlichkeit in der Steuerungsdimension – an.

IV.3.1 Modell des Staates: Gewährleistungsstaat

Den Rückzug des Staates auf der Ebene der Leistungserbringung kennzeichnen ebenfalls zwei Dimensionen: die Beschränkung der Staatsaufgaben auf die Kernbereiche sowie die arbeitsteilige Erbringung der Leistungen zwischen Staat und Gesellschaft (vgl. Schuppert 1996: 33). »Der ›Gewährleistungsstaat‹ ist damit eine Chiffre vielleicht auch ein neues Leitbild – für die sich wandelnde Rolle des Staates« (Franzius 2003: 494). Mit dem Begriff des Rückzugs soll deutlich herausgestellt werden, dass es sich um einen strategischen Veränderungsprozess handelt. Er ist nicht »mit der *Preisgabe des Terrains* [Herv. i. O.]«, einem Zerfall, Niedergang oder Ende des Staates gleichzusetzen, denn ein Rückzug kann »eine gewandelte, nicht notwendig schwächere Erscheinungsform des Staates zur Folge haben« (Schuppert 1996: 38). Der Staat *entschied* sich dazu, sich aus bestimmten Feldern der Leistungserbringung zurückzuziehen oder diese kooperativ auszugestalten.

Aus diesem Blickwinkel ist das Modell des Gewährleistungsstaates »offensichtlich inspiriert durch die europaweiten Privatisierungs- und Liberalisierungsprojekte der achtziger und neunziger Jahre des letzten Jahrhunderts«, die mit »neuen Formen und Strukturen der Aufgabenteilung zwischen Staat und privaten Akteuren« einhergingen (Hermes 2005: 111). Dementsprechend vertritt Schuppert (2005b: 13) die Auffassung, dass der Wandel von Staatlichkeit sich insbesondere an dem »Prozeß des sich verändernden Verhältnisses von staatlichem, privatem und drittem Sektor« beobachten und analysieren lasse.

Der Kern des Modells des Gewährleistungsstaates liegt in der veränderten Form der Gemeinwohlproduktion. Im Gegensatz zum Leistungsstaat, in dem der Staat das Gemeinwohlmonopol innehatte, erfolgt die Erbringung kollektiver Güter im Gewährleistungsstaat in kooperativer Form durch öffentliche und private Akteure. Damit gibt es »ein Monopol des Staates zur Formulierung und Konkretisierung des Gemeinwohls nicht (mehr)« (Ziekow 2011: 49f.). Zugleich verschiebt sich die Rolle des Staates von der leistungserbringenden zu einer koordinierenden und gewährleistenden Instanz. Die »direkte staatliche Leistungserbringung […] [wird] durch eine Markregulierung ersetzt« (Döhler 2007c: 32). Schuppert (2005b: 18) beschreibt dies als Wandel des Aufgabenverständnisses: »von der staatlichen Selbsterfüllung – durch eigene Behörden und eignes Personal – zur Gewährleistung einer gemeinwohlverträglichen Aufgabenerfüllung durch oder unter Einbeziehung Privater«. Ein zentrales Merkmal für die Entwicklung hin zum Gewährleistungsstaat ist damit die Privatisierung von Leistungen, die vormals als staatliche Kernaufgaben für die Staatstätigkeit kennzeichnend waren.

Allerdings hat auf »lange Sicht […] die Staatstätigkeit mit der Expansion des Marktes eher zu- als abgenommen« (Czada 2007: 77). Denn der Staat bleibt trotz Privatisierung, Deregulierung, Liberalisierung und Vermarktlichung ein wichtiger Akteur. Dies zeigt sich etwa in der mit diesen Entwicklungen einhergehenden Verantwortungs- und Arbeitsteilung in der Aufgabenerfüllung zwischen staatlichen, halbstaatlichen und privaten Akteuren. Die Wahrnehmung der Aufgabenerfüllung erfolgt in Verantwortungsstufung. Diese unterteilt sich 1. in die Aufgabenverantwortung (Letztverantwortung für die tatsächliche Aufgabenerfüllung) und 2. die Aufgabenwahrnehmung (das Handeln zur Aufgabenerfüllung) (vgl. Ziekow 2011: 52ff.). Für die Rolle des Staates ergeben sich daraus drei Ebenen:

1. Erfüllungsverantwortung: Aufgabenverantwortung und Aufgabenwahrnehmung mit eigenen Einrichtungen – und damit die Erfüllungsverantwortung – liegen beim Staat, nämlich durch »eigene[] Behörden oder von ihm beherrschte[] Verwaltungstrabanten« (Schuppert 2003: 291).
2. Gewährleistungsverantwortung: Die Aufgabenwahrnehmung liegt gemeinsam beim Staat und Privaten oder allein bei privaten Akteuren. Der Staat »gewährleistet aber durch steuernde Maßnahmen ihre ordnungsgemäße Erfüllung« (Ziekow 2011: 53). Ihm kommt somit eine »Regulierungs- und Überwachungsverantwortung« zu (Schuppert 2003: 292).
3. Auffangverantwortung: Wenn die Gewährleistung der Aufgabenwahrnehmung durch staatliche Steuerung nicht funktioniert, fällt dem Staat durch die Auffangverantwortung letztlich wieder die Erfüllungsverantwortung zu.

Immer wieder im Fokus befindet sich die Vermarktlichung öffentlicher Infrastruktur. Paradebeispiel hierfür sind die Deutsche Bundesbahn und die Deutsche Post. Beide wurden 1994 privatisiert, was mit der Aufspaltung dieser Staatsunternehmen einherging. Ausgenommen blieben in Deutschland die staatlichen Kernfelder »Innere Sicherheit« und »Recht« – im Gegensatz etwa zu den USA, wo auch im Bereich der Polizei und Strafverfolgung privatisiert wurde (vgl. Mergel 2022: 244). Dies gilt allerdings nur für Fälle »echter« Privatisierung. Dagegen finden sich Formen der Zusammenarbeit zwischen öffentlichem Sektor und Privatwirtschaft in diesen Bereichen auch in Deutschland.

IV.3.1.1 Public Private Partnerships

Eine Zusammenarbeit zwischen öffentlichen und privaten Akteuren kann durch Public Private Partnerships (PPP) oder Öffentlich-Private Partnerschaften (ÖPP) erfolgen. Diese gelten als »Verwirklichungsmodus des Gewährleistungsstaats« (Ziekow 2011: 65). Die Kooperation und Verschränkung von öffentlichem und privatem Sektor in Form von PPP erscheint »vielen als der Königsweg moderner Staatlichkeit« (Schuppert 2005b: 15). Ziekow (2011: 61) bezeichnet sie als »hybride Steuerungsstruktur« mit dem Potenzial, »eine intermediäre Ebene zwischen Markt und Staat zu beschreiben.« Mitunter werden PPP auch mit dem Scheitern makro-korporatistischen Steuerung (insbesondere dem Ende des Bündnisses für Arbeit im Jahr 2003) in Verbindung gebracht. Aus dieser Perspektive stellen sie weiterhin kooperative, aber viel kleinteiligere, klar vertraglich geregelte und mit enger Aufgabendefinition versehene Steuerungsprojekte dar (vgl. Wiesenthal 2006: 23f.).

Allerdings hat sich keine einheitliche Definition von PPP durchgesetzt, da sie in unterschiedlicher Form auftreten und eine klare Abgrenzung (etwa gegenüber Privatisierungsformen) nicht immer einfach scheint. Zunächst handelt es sich bei PPP um ein Zusammenwirken öffentlicher und privater Akteure bei der (zuvor in staatlicher Hand liegenden) Aufgabenwahrnehmung (vgl. Mühlenkamp 2011: 70; Schomaker 2011: 215). Das Zusammenwirken kann vertraglich festgelegt[1] oder in institutionalisierter Form[2] erfolgen. Mühlenkamp (2011: 70f.) unterscheidet PPP von konventioneller Aufgabenwahrnehmung durch Private anhand deren Gesamtverantwortung für unterschiedlich viele Wertschöpfungsstufen. Bei der konventionellen Aufgabenwahrnehmung überträgt der Staat immer nur die Verantwortung für eine Stufe der Wertschöpfung auf jeden

1 Allerdings ist regelmäßig davon auszugehen, dass es sich bei PPP um unvollständige Verträge handelt. Diese sind dadurch gekennzeichnet, dass einem oder beiden Vertragspartnern nur unvollständige Informationen vorliegen, Informationsasymmetrien bestehen und die Vertragsbeziehungen daher durch Nachverhandlungen und mögliches opportunistisches Verhalten zulasten eines Vertragspartners gekennzeichnet sind (vgl. Schomaker 2011: 219–225). In der Folge ist »mit hohen Transaktionskosten zu rechnen, welche die PPP verteuern und damit unwirtschaftlich machen können [...]. Aus diesem Zusammenhang erklärt sich die große Bedeutung von Institutionen im Umfeld von PPPs: Starke, funktionierende Institutionen können die im Zuge der PPP anfallenden Transaktionskosten senken«, weil sie Erwartungs- oder Rechtssicherheit schaffen (ebd.: 230f.).

2 Institutionalisierte PPP treten in Form von gemischtwirtschaftlichen Unternehmen mit öffentlichen und privaten Anteilseignern auf (Mühlenkamp 2011: 71).

privaten Akteur. So geht etwa der Bau von Infrastruktur an den einen Akteur, dessen Planung aber an einen zweiten Akteur. Bei PPP liegt dagegen die Aufgabenwahrnehmung und -verantwortung für mindestens zwei Wertschöpfungsstufen bei einem privaten Akteur.

Die hieraus entstehende Zusammenarbeit bietet »Experimentierfeld und Steuerungsreserve« (Ziekow 2011: 56). Sie stellen einen Innovationsraum für veränderte Formen der Aufgabenerfüllung mit dem Potenzial einer Effizienz-, Effektivitätssteigerung oder anderweitiger Optimierungen dar – sofern sie denn wie gewünscht funktionieren. Die Datenlage (etwa zu Fragen der Effizienz) ist dürftig und widersprüchlich, sowohl was die Untersuchungen der Rechnungshöfe betrifft als auch international vergleichende Metastudien (vgl. auch Mühlenkamp 2011: 89–92).

Einerseits liegt dem Blick auf PPP damit die Erwartung einer *symbiotischen* Beziehung zwischen öffentlichem Sektor und Privatwirtschaft zugrunde. »Der Private trägt so in Verfolgung seiner privaten Gewinninteressen zugleich zum Gemeinwohl bei« (Ziekow 2011: 56). PPP setzen im schlanken Staat dem als neoliberal gebrandmarkten Minimalstaat und der Privatisierung ein erweitertes Konzept der Aufgaben- und Leistungsübertragung entgegen (vgl. Schuppert 2013: 31). Andererseits besteht die Gefahr einer *parasitären* Beziehung.[3] Dennoch bezeichnet Willke (1997: 7) in der zweiten Hälfte der 1990er-Jahre trotz »Möglichkeiten und Restriktionen gemischt öffentlich-privater Steuerungsregime« diese als aus seiner Sicht einzige Alternative gemeinwohlorientierter Art, die sich gegen die »vorherrschende Dynamik von Entstaatlichung und Deregulierung und [...] der wachsenden Fähigkeit [...] zur Selbststeuerung« behaupten könnte. PPP können aber auch als Vorstufe, im Sinne des Austestens, einer (materiellen) Privatisierung gesehen werden (zumal, wenn diese gleichzeitig als Entinstitutionalisierung verstanden wird). Allerdings macht dies deutlich, dass PPP nicht einfach nur eine Privatisierung unter Nutzung eines neuen, unverbrauchten Namens darstellen, sondern eine eigene Qualität aufweisen.

PPP machen auch vor dem Kern der staatlichen Ordnungsfunktion, der Aufrechterhaltung innerer und äußerer Sicherheit, nicht halt. Mit der Übertragung hoheitlicher Aufgaben in den Bereichen Strafvollzug und Verteidigung verzichtet der Staat zwar nicht auf sein Gewaltmonopol, baut aber die private Sanktionsmacht von Sicherheitsdiensten und -agenturen aus (vgl. Anter 2010: 3f.; Pitschas 2011: 261ff.).[4] Zugleich erweitert sich dieser Bereich im Zuge der Digitalisierung deutlich, da Themen wie IT-Sicherheit, der Schutz kritischer Infrastruktur vor Onlineangriffen und den Verteidigungs- und Angriffskapazitäten im sogenannten Cyberwar an Bedeutung gewinnen.

IV.3.1.2 Public Civic Partnerships

Der Gewährleistungsstaat bezieht sich jedoch nicht nur auf die Zusammenarbeit zwischen Staat und Privatwirtschaft. Auch Staat und Gesellschaft werden als Verantwor-

3 Die Unterscheidung von symbiotischen und parasitären Beziehungen zwischen öffentlichem und privatem Sektor führt Mazzucato (2014: 38) in Bezug auf Innovationsökosysteme ein.

4 Pitschas (2011: 263) spricht mit Bezug auf PPP in der inneren Sicherheit (Kriminalitätsprävention und Verbrechensbekämpfung) von »collaborativer Sicherheitsgovernance«.

tungsgemeinschaft gesehen, die daher gemeinsam die Gesamtverantwortung für die Aufgabenerfüllung tragen. In der Folge übernehmen zum einen zivilgesellschaftliches Engagement und gemeinnützige Akteure bei der Leistungserbringung in der Daseinsvorsorge (insbesondere im sozialen Bereich) eine wichtige Aufgabe (auch aufgrund des Subsidiaritätsverständnisses im Wohlfahrtsstaat) – wenngleich nicht immer in institutionalisierter *Public Civic Partnership* (PCP), »a new hybrid form of institutional arrangements wherein the democratic agency of citizens and their vibrant social energy is coupled with the institutional stability of public administration« (Horvat 2019: 4). Dieser Aspekt wird hier nicht weiter vertieft, sondern im Rahmen der Diskussion um eine (verstärkte beziehungsweise veränderte) Einbindung der Zivilgesellschaft – zwischen Indienstnahme und *Commons Public Partnership* (CPP) – in Kapitel VI.1.2.1 aufgegriffen. Zum anderen spielt – unter dem Begriff des *aktivierenden* Staates – aber auch die »›Verantwortungsteilung‹ zwischen Staat und Bürger« eine Rolle (Franzius 2003: 493). Der Begriff des aktivierenden Staates ist eng mit der ersten rot-grünen Regierung unter Gerhard Schröder und der Agenda-Politik um die Jahrtausendwende verbunden. Sie stärkt die Dimension der individuellen Verantwortung. Aufgabe des Staates ist es, »die Gesellschaft […] zu aktivieren, zu fordern und zu fördern, sich selbst als Problemlöser zu engagieren« (Bandemer/Hilbert 2005: 30).

Damit kommt es insgesamt zu einer neuen Verantwortungsteilung zwischen Staat, Wirtschaft, Gesellschaft und Individuum. Mit dem Leistungsmix und der verteilten Leistungserbringung übernimmt der Staat in diesen Bereichen nicht mehr die Erfüllungs-, sondern primär die Gewährleistungsverantwortung, deren Steuerung er insbesondere über Regulierung(sverantwortung) ausführt (vgl. Schuppert 2013: 32, 2005b: 14). Dabei geht es aber nicht nur um die Frage, wie (kooperativ) und durch wen (staatliche, private, zivilgesellschaftliche Akteure) Leistungen erbracht und öffentliche Güter produziert werden. Vielmehr ist damit auch Staatlichkeit – also die Steuerungsdimension – nicht mehr ausschließlich auf den Staat bezogen, sondern entsteht ebenfalls in Ko-Produktion (vgl. Schuppert 2013: 41). Der kooperative Staat kennt daher Regulierung genauso wie Selbstregulierung und Ko-Regulierung.

IV.3.2 Modell der Staatlichkeit: Kooperativer Staat

In der Betrachtung von PPP, PCP, CPP und aktivierendem Staat verbindet sich die Leistungsebene des Staates mit der Steuerungsebene der Staatlichkeit. Aus der gemeinschaftlichen Leistungserbringung im Gewährleistungsstaat folgt eine Mischung aus politischer Steuerung und gesellschaftlicher Selbststeuerung. Diese Mischung bedarf der Kooperation und Koordination durch den Staat, dem über die Auffangverantwortung immer die Letztverantwortung für die tatsächliche Aufgabenerfüllung verbleibt.[5]

»Seit Mitte der 1990er-Jahre ist der kooperative Staat einer der am meisten rezipierten Leitbilder zur Erklärung eines neuen Kerns von Staatlichkeit« (Walkenhaus 2006: 43).

5 Darüber hinaus spielen aber auch veränderte Erwartungen an Staatsaufgaben eine Rolle. So wurden etwa die »anerkannten Staatsziele […] um Vorsorge und Risikomanagement erweitert und die Instrumente staatlichen Handelns […] reflexiv, prozedural und temporal« (Bora 2012: 344).

Es löst das Bild des Interventions- und Leistungsstaats ab, wobei am Ende der Diskussion um das Versagen dieses Staates diagnostizierte Steuerungsmängel standen. Für das sich anschließend herausbildende Modell des kooperativen Staates[6] ist unter anderem der Wechsel der Steuerungsinstrumente prägend für die Begriffsbildung. Insofern bestätigt sich, dass der Wandel von Steuerungsformen und der Wandel von Staatlichkeit Hand in Hand gehen (vgl. Zürn 2009: 65). Mayntz (1997a: 187f.) weist in diesem Zusammenhang darauf hin, dass die Problemdiagnose des Steuerungsversagens und das Aufkommen neuer Steuerungsansätze zumindest in der Diskussion häufig nicht, oder zumindest nicht explizit, in einem systematischen Zusammenhang miteinander in Verbindung gebracht werden.

Gegenüber der Problemdiagnose der Wissens- und Implementationsprobleme in den 1960er- und 1970er-Jahren, die an den Steuerungssubjekten ansetzten, verschob sich die Perspektive hin zu Steuerbarkeitsproblemen – und damit auf die Steuerungsobjekte.

In doppelter Hinsicht gilt dies für die hier nur kurz angeführte Verwaltungsmodernisierung im Gewährleistungsstaat. »Ein zentrales Moment von Staatlichkeit ist Verwaltung« (Mergel 2022: 121). Als »vollziehende Gewalt« steht sie für die »Tätigkeit des Staates außerhalb von Gesetzgebung, Rechtsprechung und Regierung« (Seibel 2017: 15). Ihre Rolle bei der Implementierung und Umsetzung staatlicher Entscheidungen fand in der Politikwissenschaft mit dem Aufkommen der Policy-Analyse eine stärkere Berücksichtigung. Aus Steuerungsperspektive relativiert sich die Rolle der Verwaltung mit dem Übergang von hierarchischen Steuerungsformen zum Governance-Paradigma zwar, von einem Bedeutungsverlust kann aber keinesfalls gesprochen werden.

Die Diskussion um Verwaltungsmodernisierung stand in den letzten Jahrzehnten unter dem Zeichen des *New Public Management (NPM)* – und damit eines (für die Verwaltung) neuen Steuerungsmodells. Die Reform ersetzt die hierarchische Verwaltungssteuerung durch betriebswissenschaftliche Instrumente. Ziel war es, die Verwaltung und ihre Abläufe effizienter und effektiver zu gestalten. Der Ausgangspunkt des Versuchs, das Spannungsverhältnis zwischen besseren Leistungen (im Sinne von Wirksamkeit) und gleichzeitig günstigerer Leistungserbringung aufzulösen, lag in der Übernahme privatwirtschaftlicher Managementprinzipien. Steuerung erfolgt leistungs- und ergebnisorientiert, mit dezentraler Verantwortung, die nicht mehr auf einer durchgehenden Legitimitätskette basiert, sondern durch Benchmarking im Wettbewerb transparent erarbeitet wird (vgl. Döhler 2007b: 50f.). Die Leistungserbringung wurde so an überprüfbare Effizienz- und Zielkriterien gebunden und einem Controlling (Benchmarking und Qualitätskontrolle) unterworfen. Damit fand ein Wechsel der Steuerung von einer Inputorientierung (Vorgaben) auf eine Outputorientierung (Leistungsmessung) statt.

6 Der teilweise in der Literatur zum kooperativen Staat synonym genutzte Begriff des Steuerungsstaates erklärt sich dadurch, dass hier Steuerung als neue Form staatlichen Handelns jenseits von Intervention verstanden wird. Von einem Steuerungsbegriff ausgehend, der hierarchische Intervention als eine mögliche Form von Steuerung versteht, erscheint der Begriff des kooperativen Staates passender.

> »Praktisch heißt das: Orientierung an Zielvorgaben (statt Verfahrenskontrolle), dezentrale Ressourcenverantwortung (statt zentrale Mittelverwaltung), Evaluation und Controlling (statt Kameralistik) und Mitarbeitermotivation durch Leistungsanreize (statt Alimentation)« (Mayntz 1997b: 65).

Des Weiteren gehörte ein durch flachere Hierarchien und kleinere Arbeitsgruppen verschlankter Organisationsapparat zu den Ergebnissen des NPM (vgl. Seibel 2017: 159).

Dabei rücken erstens die Sachbearbeiter:innen selbst als Steuerungsobjekte in den Blick. Mit NPM gehen allerdings nicht nur Veränderungen *innerhalb* der Verwaltung(sorganisation) einher, sondern auch nach *außen*. Daher findet zweitens die Betonung der individuellen Verantwortungsdimension (fördern und fordern) auf dieser Ebene ihren Ausdruck in Kund:innen, die als Steuerungsobjekte über Maßnahmen und Sanktionen in Richtung Arbeitsmarktbeteiligung gesteuert werden sollen. Diese doppelte Steuerungsperspektive systematisiert Weyer (2019)[7] in der von ihm postulierten Echtzeitgesellschaft in Form *operativer* und *politischer* Steuerung (siehe Kapitel IV.4.2).

Indem gesellschaftliche Subsysteme als Adressaten von Steuerung in den Fokus rückten, ging die Wahrnehmung einher, dass aufgrund von (Teil-)Autonomie, Dynamik sowie Selbstreferenzialität in den Feldern die Steuerungsfähigkeit des Staates, im Sinne traditioneller hierarchischer Steuerung, zurückgeht. Zugleich steigt in funktional ausdifferenzierten gesellschaftlichen Subsystemen mit zunehmender Autonomie und Rekursivität deren Interdependenz. Dazu trägt nicht unerheblich die wahrgenommene zunehmende Komplexität gesellschaftlicher Problemlagen und politischer Herausforderungen bei (vgl. Braun/Giraud 2014: 180; Willke 1996: 60, 64ff.).

IV.3.2.1 Von Government zu Governance

Als Antwort auf den überforderten Staat auf der Steuerungsebene rückte die »selbständige Anpassungs-, Reaktions- und Problemlösungsfähigkeit der gesellschaftlichen Akteure« in den Fokus (Mayntz 1997a: 197) – und damit die »dezentrale Selbstorganisation und Selbststeuerung« (Willke 1996: 61). Infolgedessen ist »die verstärkte Bedeutung gesellschaftlicher Akteure für Steuerung häufig mit dem Schlagwort vom kooperativen Staat verbunden« (Dose 2006: 100). Zugleich verschwindet mit der Diskussion um das Steuerungsversagen der Begriff der Steuerung aus vielen Debatten, »weil er scheinbar untrennbar mit dem unzeitgemäßen Anspruch der Hierarchie verbunden blieb« (Göhler et al. 2010: 692f.). Stattdessen begann der bis heute andauernde Aufstieg des Governance-Begriffs (siehe Kapitel I.1.1 und III.1.3).

Mit der für den Übergang vom Leistungs- zum Gewährleistungsstaat kennzeichnenden »neue **Arbeits-, Funktionen- und Verantwortungsteilung** zwischen den Sektoren [Herv. i. O.]« wandelt sich die Rolle des Staates als Steuerungssubjekt (Schuppert 2005b: 13). Castells (2010: 357) kommt für die Nationalstaaten des Informationszeitalter zu dem Schluss, dass dieser weiter existieren, aber nur noch *»nodes of a broader network*

7 Nicht unähnlich der bereits genannten Unterteilung in innerorganisatorische, interinstitutionelle und systemische Steuerung von Derlien (1993: 505) (siehe Kapitel IV.2.2.2).

of power [Herv. i. O.]« darstellen. Als »Primus inter Pares« ist der Staat in der Netzwerkgesellschaft ein Machtzentrum neben anderen und büßt damit an Autonomie ein (Rončević/Tomšic 2017: 14). »Er übt Herrschaft zwar oft nicht mehr allein und unmittelbar aus, sondern mittelbar durch die Komplementierung des Herrschaftshandelns nicht-staatlicher Akteure« (Genschel/Zangl 2008: 451). Gleichwohl korrespondiert der Machtverlust durch Machtstreuung nicht direkt mit einem staatlichen Einflussverlust. Der Nationalstaat »seems to be losing power, although, and this is essential, *not its influence* [Herv. i. O.]« (Castells 2010: 303). Der Staat wandelt und transformiert sich somit vom »Herrschaftsmonopolisten zum Herrschaftsmanager«, bleibt aber »zentrale Herrschaftsinstanz« (Genschel/Zangl 2008: 451).

> »Der Staat am Ende des zwanzigsten Jahrhunderts agiert zwar in einem immer dichteren Geflecht innergesellschaftlicher und transnationaler Verhandlungsbeziehungen, die seine Fähigkeit zur einseitig hierarchischen Steuerung eng begrenzen. Aber [...] diese Verhandlungssysteme verfügen über eigenständige Wohlfahrtspotentiale. Sie bedürfen deshalb auch nicht der umfassenden Steuerung, sondern lediglich der korrigierenden Intervention und komplementären Partizipation staatlicher Instanzen« (Scharpf 1991: 29).

An die Stelle der Handlungsperspektive der hierarchischen Regelung tritt die Strukturperspektive der netzwerkförmigen, kooperativen (Selbst-)Steuerung. Diese Abkehr von den mit Government verbundenen – und in der Zeit der technokratischen Planungseuphorie auf die Spitze getriebenen – simplifizierenden, kybernetischen Steuerungskonzepten findet im Begriff der Governance ihren Ausdruck. Zugleich diversifizieren sich die jenseits von hierarchischer Steuerung genutzten Steuerungsinstrumente aus (vgl. Willke 1996: 79f.). Gleichwohl bleibt der Staat »zentrale[r] Governanceakteur« (Schuppert 2013: 33). Dies bedeutet auch, »dass hoheitliche oder vertragsrechtliche Steuerungsformen [nicht] obsolet werden, jedoch werden sie auf ihre Kernbereiche zurückgedrängt und durch stärker koordinierende und kooperierende Aktivitäten ergänzt« (Bandemer/Hilbert 2005: 33). Diese Koordination erfolgt vielfach über Strukturierung von Verhandlungs- und Entscheidungskontexten. Daher ist »Struktursteuerung« eine zentrale Form von Governance (vgl. Schuppert 2004: 287ff.). Folglich »berühren sich der Governance-Ansatz und das Leitbild des Gewährleistungsstaates auf das Engste« (Schuppert 2007: 481). Dabei greift er auf unterschiedliche Steuerungsinstrumente zurück.

Mit dem Übergang zur Gewährleistung »verändert [der Staat] die Steuerungsformen, indem er verstärkt ausgehandelte oder kontextregulierte Rechtsnormen einsetzt, weniger auf finanzielle Anreize setzt und weniger Leistungen selbst produziert, die Finanzierungsform von Staatsaufgaben verändert«, um »die Steuerungsprobleme zu bewältigen, die aus der Diskrepanz zwischen der Komplexitätssteigerung seiner Aufgaben und den verfügbaren Mitteln erwachsen« (Benz 2008: 275). Im Kern setzt der kooperative und verhandelnde Staat mit Governance auf eine Steuerungsform, die zwischen Staat und Markt, also zwischen hierarchischem Government auf der einen Seite und marktlicher Selbstorganisation und -koordination auf der anderen Seite, angesiedelt ist (siehe Kapitel III.1).[8]

IV.3.2.2 Regulierender Staat

In dem Maße, in dem der Leistungsstaat zum Gewährleistungsstaat wurde und damit in der Steuerungsdimension als kooperativer Staat die Kollektivgüterproduktion zwischen staatlichen und privaten (sowie zivilgesellschaftlichen) Akteuren managen musste, wurde er zugleich zum *regulatorischen* Staat. Denn insbesondere die Privatisierung ehemals staatlicher Dienstleistungserbringung ging mit der Ausweitung von Regulierungstätigkeit und dem Aufbau von (unabhängiger) Regulierungsbehörden einher. So zog sich der Staat zwar aus der Leistungserbringung und Aufgabenwahrnehmung zurück, behielt aber die Erfüllungsverantwortung, was entsprechende Kontrollregime notwendig macht. Damit verändert sich seine Rolle, er wird »vom Eigentümer zum Regulierer« (Sturm 2004: 388) mit »Regulierung als Staatsaufgabe« (Busch 2012: 37).

Busch (ebd.: 35) bezeichnet Regulierung als einen Begriff, der unterschiedliche »Formen der Staatstätigkeit« zusammenfasst. Unter Bezugnahme auf die von Majone (1994) beschriebene Herausbildung des regulierenden Staates in Europa verweist er auf einen »Regulierungsstaat«, der durch »Regel(durch)setzung Steuerung betreibt« und den »Leistungsstaat«, der selbst Güter bereitstellt, ersetzt (Busch 2012: 36). Dagegen brachte die Beschreibung des kooperativen Gewährleistungsstaates als ein Akteur unter vielen, wobei dessen Moderationsrolle an die Stelle staatlicher Souveränität tritt, Willke (1997) dazu, vom »Supervisionsstaat« zu sprechen. Dessen »Subervisionsregime« kennzeichnen »[d]ezentrale Kontextsteuerung[en]«, die sich »aus dem Zusammenspiel autonomer und reflektierter Akteure in selbstorganisierten Verhandlungssystemen ergeben« (ebd.: 142). Supervision als Staatsaufgabe unterscheidet sich daher deutlich von einer aktiven Kontextsteuerung oder direkter gesetzlicher Regulierung, die der Staat als Steuerungsinstrument einsetzt.

Der kooperative Staat setzt mithin auf unterschiedliche, insbesondere weiche beziehungsweise indirekte Steuerungsinstrumente. Zugleich zeigt die besondere Bedeutung von Regulierung, dass auch hierarchische Komponenten weiterhin eine Rolle in der Steuerung spielen. Deren Aufwertung geht direkt mit der Privatisierung staatlicher Unternehmen und der Liberalisierung öffentlicher Infrastruktur einher. Die Wahrnehmung der Gewährleistungsverantwortung durch den Staat führte zum Aufbau entsprechender neuer Steuerungs- und Kontrollstrukturen. Fortan sichern Aufsichtsbehörden den Wettbewerb oder simulieren konkurrierende Märkte. Im Zuge dessen erleben *Agenturen*, als generischer Verwaltungstyp, der allein für den Vollzug und nicht die inhaltliche Ausgestaltung von Aufgaben zuständig ist, einen Aufschwung. Diese (Regulierungs-)Behörden unterliegen zwar (fachlicher) ministerieller Aufsicht, werden selbst aber nicht direkt (wie in der klassisch-hierarchischen Verwaltungsbürokratie), sondern indirekt gesteuert (vgl. Döhler 2007c: 12f.; Sack 2019: 278f.). So blieb nach der Privatisierung der

---

8 Aus diesem Grund ist der Begriff des kooperativen oder regulierenden Staates angebrachter als der Begriff des Wettbewerbsstaates. Letzterer ist vielmehr »ein Gegenmodell, weil hier die ökonomische Wettbewerbs- und Marktlogik über den Staat bestimmt« (Walkenhaus 2006: 48).

Deutschen Bundespost zwar zunächst das Bundesministerium für Post und Telekommunikation für die hoheitlichen Aufgaben unter anderem in der Telekommunikation – und damit für die Deutsche Telekom AG – zuständig. Nachdem das Ministerium aufgelöst worden war, ging dessen Funktionalität 1998 jedoch an das Bundesamt für Post und Telekommunikation (BAPT) und anschließend an die neu geschaffene Regulierungsbehörde für Telekommunikation und Post (Reg TP) über, die heutige Bundesnetzagentur (BNetzA).

Wenn im digitalen Zeitalter daher Agenturen als Steuerungsakteure eine wichtige Rolle spielen (siehe Kapitel VI.1.2.3), stellen diese zunächst für den deutschen Kontext nichts grundlegend Neues dar. Allerdings wies Döhler (2007c: 30f.) noch 2007 darauf hin, dass Verwaltungshandeln immer noch primär als Vollzug des Gesetzgeberwillens und nicht als politische Steuerung und Gestaltung gesehen wird. Wenn daher ein Ministerium seine Fachaufsicht nutzt, um die Entscheidung einer Agentur aus politischen Beweggründen zu revidieren, wird dies allenfalls aus rechtlicher Perspektive diskutiert, aber nicht als Form politischer Steuerung wahrgenommen. Im digitalen Zeitalter könnte sich dies ändern, da beispielsweise wiederholt Debatten über die ministerielle Fach- und Rechtsaufsicht von Agenturen und Behörden geführt werden. Hier werden regelmäßig Stimmen laut, die eine stärkere Eigenständigkeit für Agenturen fordern (beispielsweise, indem einem Ministerium nur mehr die Rechtsaufsicht überlassen wird).

Eine solche Autonomisierung von Agentur kann wiederum eigene Steuerungsprobleme mit sich bringen. So erlangen Agenturen über einen längeren Zeitraum erhebliche Expertise, durch die sie selbst zu einem politisch relevanten Akteur werden können. Dies lässt sich beispielsweise an der häufigen Beteiligung von Agenturen an öffentlichen Anhörungen in Bundestagsausschüssen sehen. Dass dabei automatisch »mit der funktionalen Expansion einer Behörde [durch die Etablierung einer Agentur] auch deren Gewicht innerhalb ihres Politikfeldes steigt«, wie Döhler (ebd.: 36) vermutet, gilt daher nur unter der Annahme, dass sich die Forderungen nach Autonomie nicht durchsetzen können.

Es ist daher nicht verwunderlich, wenn Streeck (2019: 12) auch heute noch ein »angestrengtes Nachdenken unter Staatstechnokraten über gemeinwirtschaftlich wirksame Methoden der Regulierung privatisierter Sektoren der Fundamentalökonomie« beobachtet. Gerade im digitalen Zeitalter eröffnen sich mit der Regulierung *durch* Algorithmen [Governance *by* Algorithms] potenziell neue Steuerungsmöglichkeiten (siehe Kapitel VI.1.1.2).

IV.3.3 Vision: Schlanker Staat

Hinter dem kooperativen Gewährleistungsstaat steht die Vision eines schlanken Staates. Diese zielt auf einen leistungsfähigen Staat und unterscheidet sich daher von einem Minimal- oder Nachtwächterstaat. Ziekow (2011: 48) sieht den schlanken und den aktivierenden Staat als Hinweise darauf, dass »der Charme des Konzepts des Gewährleistungsstaats in seiner Anschluss- und Aufnahmefähigkeit für verschiedene Leitbilder und Diskussionskontexte« besteht. Unter der Ägide »Markt statt Staat« wurden dafür vielfach staatliche Betriebe privatisiert und Wettbewerbsstrukturen zwischen staatlichen, privaten und freigemeinnützigen Leistungsanbietern etabliert. Damit entledigte sich der Staat vieler für nicht zentral erachteter Kernaufgaben. Mit dem Outsourcing – der Verlagerung von Staatsaufgaben – wird die Leistungserbringung auf privatwirtschaftliche Akteure (Privatisierung[9]) oder die Zivilgesellschaft übertragen. Anter (2010: 3) beschreibt diese »Privatisierungsbegeisterung [...] als Gegenstück zur Planungseuphorie der späten sechziger Jahre«.

Rosa (2013: 104) verweist in diesem Zusammenhang auf die Desychronität der Beschleunigung der technologischen-wirtschaftlichen Sphäre und der politischen Sphäre: In dem Maße, in dem die Politik hinter der Entwicklung hinterherzuhinken scheint, wird sie als ein »Hindernis weiterer sozialer Beschleunigung« gesehen. In diesem Sinne sei die neoliberale Politik der 1990er- und 2000er-Jahre als Versuch einer gesellschaftlichen Beschleunigung zu sehen, indem »die Instrumente der politischen Gestaltung durch Privatisierung, Deregulierung und Verrechtlichung reduziert oder sogar abgeschafft wurden« (ebd.). Schuppert (2005b: 14f., 18) dagegen betont den Zusammenhang von Privatisierung und Regulierung, denn der Staat zieht sich nicht einfach zurück. Vielmehr wird die staatliche Erfüllungsverantwortung durch die Gewährleistungsverantwortung ersetzt, der der Staat gleichzeitige durch Überwachungs- und Regulierungsverantwortung nachkommt. So führen insbesondere die funktionale, Teil- und Verfahrensprivatisierung zu neuen »Formen der arbeitsteiligen und kooperativen Aufgabenerledigung [Herv. i. O.]«, in denen Staat und Verwaltung nicht obsolet werden, sondern eine neue Rolle in der Daseinsvorsorge und der Erbringung von Kollektivgütern einnehmen (ebd.: 14).

Reinhard (2007: 99) hebt darüber hinaus die aktive Rolle des Staates in der Ausgestaltung des Wettbewerbsstaates hervor, der am Ende der neoliberalen Transformation steht:

> »Auch die schärfste neo-liberale Wirtschaftspolitik unserer Gegenwart, die in vieler Hinsicht zum 19. Jahrhundert zurückkehrt, ist aktiv gestaltende Politik mit massiven Eingriffen in Wirtschaft und Gesellschaft und kein passives Gewährenlassen der Wirtschaftskräfte im Sinne eines ›Nachtwächterstaates‹, den es nie gegeben hat.«

Genauso sind auch die »eingeschränkten Möglichkeiten nationaler politischer Steuerung das Ergebnis einer gewollten Öffnung des Territorialstaats und einer bewußt gewählten Politik wirtschaftlicher Liberalisierung« (Mayntz/Scharpf 2005: 240).

> »Es handelte sich um keinen natürlichen, passiven und letztlich unumkehrbaren Erosionsprozess, sondern um eine vornehmlich auf neoliberalen Vorstellungen beruhende, bewusste aktive politische Entscheidung – getroffen von im Grundsatz voll funktionsfähigen (souveränen) Staaten« (Thiele 2019: 275).

Auch Reinhard (2007: 114) sieht ein »Verschwinden staatlicher Gestaltungsfähigkeit beziehungsweise deren Reduktion auf Negativkoordination durch eine Art gesellschaft-

9 Für die unterschiedlichen möglichen Formen von Privatisierung (wie Vermögens- oder Organisationsprivatisierung, materielle oder funktionelle Privatisierung) siehe etwa Schuppert (1996: 49f.).

licher oder marktwirtschaftlicher Selbstorganisation.« Der staatliche Handlungsspielraum ist auf das Maß eingedämmt, das die »Global Player [Herv. i. O.] der Wirtschaft einräumen« (ebd.: 115). Die Souveränität liegt nicht länger beim Staat, sondern beim Markt und Kapitalismus. Dennoch will auch Reinhard den Staat nicht vollends abschreiben, denn immerhin »finden sich immer noch Regulierungs- und Repressionsfunktionen, für die er gut geeignet ist« (ebd.: 123). Prätorius (2008: 13) hebt diese positiver hervor, wenn er den Staat in einer neuen »Doppelrolle –einmal Verhandlungspartner in substantiellen Problemlösungen [...], dann aber auch institutioneller Garant dafür, dass überhaupt Probleme aus divergierenden Perspektiven angegangen werden können«, sieht. Der schlanke Staat unterscheidet sich aus dieser Perspektive vom neoliberalen oder minimalen Staat, der allein den Markt als idealen Mechanismus sieht – sowohl in der Dimension des Modells des Staates (Verteilungsmechanismus) als auch des Modells der Staatlichkeit (Koordinations- beziehungsweise Steuerungsmechanismus) (vgl. Braun/Giraud 2014: 180).

IV.3.4 Der Wandel der Modelle vom Modernen Staat I zu II

Der Blick auf die historische Entwicklung und die geprägten Begrifflichkeiten zur Beschreibung des Staates zeigen eines: der Staat verändert sich beständig. Der Wandel von Staat und Staatlichkeit ist also alles andere als neu.

> »Rückblickend lässt sich simplifizierend behaupten, dass ein Wechsel von einem interventionistischen Bild des Staates zu einerseits einem (neo)liberalen und andererseits zu einem kooperativen Typus des Staates stattgefunden hat« (ebd.).

Auch die Transformation des Staates vom intervenierenden Leistungsstaat zum kooperativen Gewährleistungsstaat hat weder zum Ende von Staatlichkeit geführt, noch ist sie ein Zeichen für den Untergang und Verfall des Staates (siehe Tabelle 8). Zwar ist der Wandel in beiden Dimensionen durch Widersprüchlichkeiten und Gegenläufigkeiten gekennzeichnet. Gleichwohl zeigt sich in den vielfältigen Wandlungsmetaphern die Anpassungsfähigkeit des Staates an sich wandelnde Umwelten, neue Anforderungen und veränderte gesellschaftliche Ansprüche – und damit die Resilienz des Staates.

Auf der Ebene des Modells des Staates in der Leistungsdimension (vom Leistungs- zum Gewährleistungsstaat) lässt sich weniger von einer Erosion oder einem Zurückdrängen des Staates sprechen als vielmehr von einem Rückzug. Der Begriff des Rückzugs macht insbesondere zwei Dinge deutlich: Erstens lässt sich der Wandel von Staatlichkeit nicht ausschließlich auf äußere Umstände zurückführen. Vielmehr gehen Wandlungsprozesse genauso auf bewusste Entscheidungen politischer Akteure zurück. Zweitens hat sich der Staat nicht ausschließlich aus Bereichen der Leistungserbringung und Kollektivgüterproduktion zurückgezogen, sondern gleichzeitig auch neue Aufgaben und Tätigkeitsfelder an sich gezogen oder geschaffen (vgl. Anter 2010: 7).

Der »Rückzug des Staates [findet] in Gestalt von Privatisierung und Deregulierung« statt (ebd.: 1). Mit der zunehmenden Deregulierung und Privatisierung verändert sich aber nicht nur die Art der Leistungserbringung. Aus steuerungstheoretischer Perspektive wandeln sich zugleich auch die genutzten Steuerungsformen und -instrumente. Insofern handelt es sich beim Rückzug des Staates »um eine Antwort auf veränderte Rahmenbedingungen und Anforderungen an staatliches Handeln durch veränderte Steuerungsinstrumente« (Schuppert 1996: 41). Damit wären wir auf der Ebene des Modells der Staatlichkeit in der Steuerungsdimension (vom Interventions- zum kooperativen Staat).

Tabelle 8: Staatsbilder des modernen Staates I + II

Modell des Staates: Leistungsdimension	**Leistungsstaat**	**Gewährleistungsstaat**
Zeithorizont	Bis ~1990er-Jahre	~1980er- bis ~2020er-Jahre
Staatlichkeit	Produktion	Ko-Produktion
Daseinsvorsorge *Kollektivgüter*	Gemeinwohlmonopol	Supervision
Beispielhaft	Staatsbetriebe	Public Private Partnerships
Modell der Staatlichkeit: Steuerungsdimension	**Interventionsstaat**	**kooperativer Staat**
Form	Government	Governance
Steuerungsparadigma	Planungsmodell	Marktmodell
Instrument	(Um-)Verteilung	Selbstregulierung Ko-Regulierung
Steuerungsobjekte	Individuelle Akteure	Kollektive Akteure (Verbände)
Grundrechte	Abwehrrechte	Schutzauftrag
Staatsvision	**Starker Staat**	**Schlanker Staat**
Übergangsphänomene	Demokratisierung	Liberalisierung Deregulierung Privatisierung

Quelle: Eigene Zusammenstellung und Darstellung.

Kooperative Formen der Steuerung haben an Bedeutung gewonnen. Gleichwohl zeigt sich generell ein pragmatischer Impetus bei der Wahl von Steuerungsinstrumenten. Vielfach ist von »einem dominierenden Formprinzip politischer Steuerung [...] nicht mehr die Rede« (Wiesenthal 2006: 24). Stattdessen lässt sich das Modell des kooperativen, verhandelnden und korporativen Gewährleistungsstaates an dem Prinzip von »mischinstrumentellen Steuerungsstrategien« erkennen (Heidbrink/Hirsch 2007: 17). Gleichwohl kann, in vergleichender Perspektive mit dem Planungsmodell von Steuerung im Leistungs- und Interventionsstaat, zugespitzt von einem dominanten Marktmodell der Steuerung im Gewährleistungsstaat gesprochen werden. Analog zu den Debatten um das Staatsversagen im Interventionsstaat erwuchsen Diskussionen um das Marktversagen – »auch das Marktmodell kommt in Verruf« (Willke 2014b: 8).

Der Gestaltwandel des Staates geht also mit einem neuen Mix an Steuerung – mithin einem neuen Steuerungsparadigma (vom Planungs- zum Marktmodell) – einher. Dieses ist gekennzeichnet durch die Steuerungsformen der Kooperation staatlicher und nichtstaatlicher Akteure sowie durch gesellschaftliche und wirtschaftliche Selbst- und Ko-Regulierung. Der Begründungszusammenhang lag in den »hochgradig differenzierten Gegenwartsgesellschaften« und in den »für sie charakteristischen funktionellen Teilsysteme«, die mit zunehmender »Komplexität der funktionellen Interdependenzen und kausalen Vernetzungen« einer direkten Steuerung von außen unzugänglich erschienen – beziehungsweise sei eine solche vermehrt mit nicht abzuschätzenden Nebenwirkungen verbunden sei (Mayntz 1997a: 198). Kern der Steuerungsinstrumente sind die staatliche Gewährleistungs- und Wettbewerbsaufsicht durch Agenturen. Schuppert (2005b: 14) spricht in diesem Zusammenhang auch von »Regulatory Watchdogs«.

Das vermeintliche Zusammenfallen von Netzwerk-Governance sowie neoliberalen Privatisierungs- und Liberalisierungstendenzen als zwei Seiten einer Medaille kritisiert August (2021: 16): Eine »historisch-kritische Rekonstruktion des technologischen Regierungsdenkens in Netzwerken und Systemen«, so seine These, zeige auf, dass mit »Neoliberalismus *und* Netzwerk-Denken« zwei nicht deckungsgleiche Paradigmen prägend für Regierungsdenken seien. Er plädiert daher für eine notwendige stärkere Differenzierung zwischen Neoliberalismus und Netzwerk-Paradigma. Für staatliche Steuerungsformen findet sich diese Differenzierung bereits seit längerer Zeit, steht doch der Netzwerkansatz (Governance) als dritte Form explizit neben der staatlichen hierarchischen Intervention (Government) und dem (neo-)liberalen Wettbewerb (Markt). Wenngleich governanceorientierte Steuerung marktliche Elemente (Schaffung von Quasi-Märkten, Public Private Partnerships etc.) enthalten kann (siehe Kapitel III.1.2), passt dennoch die These Augusts (ebd.: 403f.) in vielen Kontexten: »Der Neoliberalismus überformt die Netzwerk-Idee«, dabei würde eine stärkere Berücksichtigung des möglichen »Mit-, Neben- und Gegeneinander[s] der beiden Regierungsrationalitäten« einen neuen Blick ermöglichen. So ergibt sich etwa die Frage, ob heute für monopolartige Digitalkonzerne Netzwerkeffekt und neoliberales bis libertäres Gedankengut sehr viel besser zusammenpassen, als es der konstatierte Übergang einer durch Liberalisierung und Privatisierung geprägten staatlichen Steuerung in den 1990er-Jahren zur Stärkung von Netzwerk und Governance seit den 2000er-Jahren vermuten lässt.

Darauf aufbauend bietet die Doktorarbeit von August (2021) unter dem Titel »Technologisches Regieren« auch eine verbindende Linie zwischen dem kooperativen Gewährleistungsstaat und dessen möglichem Folgemodell im digitalen Zeitalter an. Für seine Analyse spielt die Kybernetik eine besondere Rolle, denn die »technologischen Artefakte und das technologische Regierungsdenken sind zwei unterschiedliche Weiterentwicklungen der kybernetischen Denkfiguren« (ebd.: 19). Dafür zeichnet er zum eine nach, dass Netzwerkdenken und Netzwerkgesellschaft nicht erst mit der ubiquitären Ausweitung des Internets entstanden sind. Vielmehr ist in dem Verständnis von Gesellschaft und Politik als Subsystemen bereits der Gedanke des Netzwerks von Akteuren enthalten. Damit ging zugleich die Frage einher, wie trotz autonomer und selbstreferenzieller Systeme Steuerung möglich ist. Hierfür arbeitet August dann zum anderen ein pfadabhängiges kybernetisches Narrativ heraus. Dieses zieht sich über die Krise der Moderne in den 1970er-Jahren bis zum heutigen Netzwerkparadigma, indem sich eine immer komplexer werdende Welt einer einfachen politischen Steuerung immer stärker entzieht und ein System, das von außen mit Komplexität konfrontiert ist, nur mit innerer Komplexität (erfolgreich) reagieren kann. Die hierauf antwortenden Ansätze der *network governance* folgen dem technokratischen Narrativ (vgl. ebd.: 395ff.).

Ebenfalls anschlussfähig an das Erkenntnisinteresse dieser Abhandlung ist die Verbindung von der Krise der Moderne mit dem Verfall von Souveränität als Vorbedingung für den Aufstieg des Netzwerkparadigmas. Hieraus folgt nämlich der Ausblick Augusts auf die Folgen der immer deutlicher werdenden gesellschaftlichen Probleme, politischen Herausforderungen und auf gesehene Regulierungsnotwendigkeiten, die sich aus dem Netzwerk-Kapitalismus ergeben. Hieraus folgt seine (offene) Frage nach der möglichen Rückkehr der »Rationalität der Souveränität« des Nationalstaates als eine Folge der Bewährungsprobe für das Netzwerk-Denken, wobei jedoch »eine einfache Rückkehr zum Souveränitätsparadigma unwahrscheinlich« sei (ebd.: 408). Dies weist zum einen darauf hin, dass die Frage zu kurz greift, wenn unter der Rückkehr der Souveränität ausschließlich das Wiedererstarken hierarchischer Steuerung verstanden wird. Vielmehr muss differenzierter nach einem veränderten Steuerungsparadigma und den dafür maßgeblichen Steuerungsformen im digitalen Zeitalter gefragt werden. Zum anderen spielt, wie in der Einleitung ausgeführt, die Souveränitätsfrage seit einiger Zeit in unterschiedlichen Diskursen eine wichtige Rolle und wird im nachfolgenden Kapitel als eine mögliche Vision über die Gestalt des Staates im digitalen Zeitalter in den Blick genommen.

IV.4 Moderner Staat III: Der Weg zum Staat im digitalen Zeitalter als diskursive Herausforderung

Wie bereits in der Einleitung ausgeführt, fehlt es in den unterschiedlichen fachwissenschaftlichen Diskursen bisher an Überlegungen zu einer genuinen Idee zum Staat im digitalen Zeitalter. Ebenso wird von unterschiedlichen Seiten moniert, dass es insbesondere auf der politischen Ebene an Fantasie fehle, an einer Vision und einem Leitbild – und damit einer langfristigen Zielperspektive, die gleichzeitig sowohl Gestaltungsauftrag als auch Richtschnur für politische Entscheidungen darstellt. Der Staat reagiere eher auf Veränderungen, als dass er zukünftige Entwicklungen antizipiere und proaktiv tätig werde. Die Perspektive einer weitgehende Visionslosigkeit von Staat und Politik attestieren insbesondere feuilletonistische und populärwissenschaftliche Stimmen.[1] So kritisiert etwa Precht (2018: 56), dass es »kein positives Zukunftsszenario für die Digitalisierung unserer Gesellschaft [...] keine gesellschaftliche, politische und volkswirtschaftliche Vision« gibt. Bellberg (2019: 2) fühlt sich in der Welt sogar bemüßigt, den »klaren staatlichen Kurs« und den »klaren Gestaltungswillen« Chinas als positives Beispiel hervorzuheben, während Harari (2017: 511) gleich den ganzen Staat infrage stellt:

> »Wenn die traditionellen politischen Strukturen im 21. Jahrhundert Daten nicht mehr schnell genug verarbeiten können, um sinnvolle Visionen zu produzieren, dann werden sich neue und effizientere Strukturen bilden und an deren Stelle treten.«

Ganz anders sieht es dagegen in der Popkultur, den medialen Darstellungen und populärwissenschaftlichen Debatten aus. Keiner der genannten Kontexte ist arm an Zukunftsperspektiven – sowohl in gewünschter wie gefürchteter Perspektive – auf den Staat im digitalen Zeitalter. Wenn dabei über einen überschaubaren Zeitraum von

1 Dabei steht der Staat aber nicht allein. Fehlende Visionen – beziehungsweise fehlendes »utopisches Denken« im Sinne politischen Denkens – attestiert etwa Daub (2020: 142) auch den Digitalkonzernen und dem Techsektor generell, und das »trotz seiner Besessenheit von der Zukunft«. Ihnen ginge es nur um Ergebnisse, die Umsetzung des technologisch Machbaren und nicht um einen »guten, wahren und gerechten zukünftigen Zustand« also die Gestaltung einer erwünschten Zukunft (ebd.).

wenigen Jahre hinausgehende Perspektiven eröffnet werden, dann erfolgen zumeist Zuspitzungen, die sich an den Enden des Kontinuums zwischen Dystopie und Utopie wiederfinden.[2] Hierin zeigt sich die bereits angesprochene Kontinuität kybernetischer Mythen (siehe Kapitel I.2.1) in Form des Spannungsverhältnisses zwischen optimistischen und pessimistischen Zukunftsvisionen. »Die besagte kybernetische Spannung zwischen dystopischen und utopischen Visionen ist bereits sieben Jahrzehnte alt« (Rid 2016: 22). Weidenfeld (2019) spricht daher von dem Anbrechen einer neuen Ära, in der es zwei stereotypische Varianten gibt: als düstere Vision technisch unterjochter Menschen oder als »Utopie einer schönen neuen Welt der Freiheit und Mitmenschlichkeit«. Die so entstehenden, in aller psychedelischer Farbenpracht oder depressiven Grautönen gezeichneten *Zukünfte*[3] sind zwar weder als positives Leitbild noch als abschreckendes Beispiel wirklich hilfreich, um eine gesellschaftlich erstrebenswerte und politisch umsetzbare Vision des Staates im digitalen Zeitalter zu entwickeln.[4] Dennoch greifen sie vielfach reale Chancen und vorhandene Risiken auf und werden daher nicht selten genutzt, um Parallelen zu tatsächlich stattfindenden Entwicklungen zu ziehen.

Auch aus politik- und staatswissenschaftlicher Perspektive gibt es neben den auf vergangenen oder gegenwärtigen Staatskonzepten aufbauenden »Staatsverständnissen«, »Idealbildern« oder »Staatsideen« auf die »Zukunft gerichtete[] Staatsutopien« (Voigt 2020: 19). Allein fehlt es dabei, wie bereits zuvor angesprochen, an grundlegenden Überlegungen zur Gestalt von Staat, Staatlichkeit und staatlicher Steuerung im digitalen Zeitalter. Eine solche Vision ist jedoch notwendig. So betont etwa Reinhard (Reinhard 2007: 102), dass es bei staatlichen Tätigkeiten nicht immer nur um das direkte Lösen drängender gesellschaftlicher Problemen geht – vielmehr beruhen diese auch »auf umfassenden gesellschaftspolitischen Entwürfen« mit weitreichenden Zielen, um gewünschte Zukünfte zu erreichen. »In einer zukunftsoffenen und zukunftsorientierten Welt wird die Fähigkeit zur Generierung viabler Visionen zur kostbarsten Ressource der Systemsteuerung« (Willke 1997: 331). In einer kontingenten Welt sind Visionen Gestaltungsperspektiven, deren Gestaltungspotenzial der Staat durch geeignete Steuerungsinstrumente operationalisieren muss. Denn das »Regelwerk einer Gesellschaft liegt nicht ein für allemal fest, sondern es wird gemacht – und dies zunehmend mit Blick auf *zukünftige* [Herv. i. O.] gewünschte Zustände, also mit Blick auf die Veränderung des Bestehenden« (Willke 1996: 35).

2 Feustel (2018: 25) hebt darauf ab, dass beide Perspektiven auf der gleichen Grundbedingung aufbauen: »der Reduktion des menschlichen Seins auf die algorithmische Verarbeitung von Informationen«.

3 Eigentlich handelt es sich bei dem Begriff Zukunft um ein Singularentantum – ein Substantiv, dass nur im Singular gebräuchlich ist. Allerdings findet auch der Begriff Zukünfte Verwendung, um etwa, über die grundsätzliche Offenheit und Gestaltbarkeit der Zukunft hinaus, die reale Möglichkeit des Eintretens unterschiedlicher Visionen, stärker als mit dem Begriff der Zukunftsszenarien, zu betonen (siehe dazu etwa Benedikter 2020).

4 Solche Alles-oder-nichts-Extrempositionen charakterisierte Mansell (2010: 180) bereits in seiner kritischen Betrachtung der dominanten Visionen der Informationsgesellschaft als wenig hilfreich: »The polarization of views between the worst and the best of times, between utopians and dystopians, between those who envisage many benefits for all in virtual worlds and those who resist the dominant vision, is unhelpful.«

Häufig wird die transformative Dynamik der Digitalisierung jedoch nur verkürzt – etwa mit Verweis auf die territoriale Entgrenzung mit der Verbreitung des Internets oder der Netzwerkmacht transnationaler Digitalkonzerne – aufgegriffen und dabei genauso häufig nur als Unterpunkt der Globalisierung behandelt (siehe beispielsweise Voigt 2020: 17). Erst seit jüngerer Zeit scheint sich hier etwas zu verändern, zumindest dann, wenn – wie diese Abhandlung im Folgenden argumentiert – die Debatten um die »Digitale Souveränität« potenziell Anknüpfungspunkte für eine Vision des Staates im digitalen Zeitalter eröffnen. Zuvor sollen jedoch kurz einzelne zentrale Aspekte der dystopischen und utopischen Bilder auf den digitalen Staat aufgegriffen werden, da diese gewissermaßen die Gegenthese zur digitalen Souveränität verkörpern.

IV.4.1 Dystopischer Überwachungsstaat

Der dystopische Überwachungsstaat, bei dem der totale steuernde Staat ins Totalitäre kippt, hat spätestens mit Orwells »1984« Eingang in die Populärliteratur gefunden. Wegbereiter der von ihm erdachten Dystopie war die technologische Entwicklung. »Science and technology were developing at a prodigious speed, and it seemed natural to assume that they would go on developing« (Orwell 1949: 164). Aber in dem dystopischen Staat »technological progress only happens when its products can in some way be used for the diminution of human liberty« (ebd.: 111).

Aus Bentham (1791) architektonischem Panoptikum wird ein technikbasierter, allsehender und -wissender Staat,[5] wie auch Orwell ihn erdachte: »We control life, Winston, at all its levels« (ebd.: 156). Spätestens seit den Snowden Enthüllungen ist auch der Mehrheit der Gesellschaft deutlich geworden, dass Staaten die gegebenen Möglichkeiten der technischen Überwachung auch tatsächlich nutzen und die Gefahr gläserner Bürger:innen nicht rein theoretischer Natur ist. Wie die Gefangenen, die im Bentham'schen Panoptikum um den sie überwachenden Aufseher wissen, so ist auch das Wissen um die Überwachung im »age of digital surveillance« damit allgegenwärtig (McMullan 2015). Allerdings gibt es einen entscheidenden Unterschied zu Benthams Panoptikum. Seine Funktionalität ergab sich aus der Verhaltensanpassung aufgrund der jederzeit unbemerkt möglichen,[6] tatsächlich aber nicht unbedingt immer stattfindenden Beobachtung. Das Panoptikum setzte also auf das Gefühl, überwacht zu werden.[7] Dage-

5 »By comparison with that existing today, all the tyrannies of the past were half-hearted and inefficient. [...] Part of the reason for this was that in the past no government had the power to keep its citizens under constant surveillance. [...] With the development of television, and the technical advance which made it possible to receive and transmit simultaneously on the same instrument, private life came to an end. Every citizen, or at least every citizen important enough to be worth watching, could be kept for twenty-four hours a day under the eyes of the police and in the sound of official propaganda, with all other channels of communication closed« (Orwell 1949: 120).

6 »The essence of it consists, then, in the centrality of the inspector's situation, combined with the well-known and most effectual contrivances for seeing without being seen« (Bentham 1791: 23).

7 »Not only so, but the greater chance there is, of a given person's being at a given time actually under inspection, the more strong will be the persuasion – the more intense, if I may say so, the feeling, he has of his being so« (Bentham 1971: 25).

gen kann im digitalen Zeitalter ein tatsächlich fast lückenloses Überwachungs- und Aufzeichnungssystem entstehen, das durch seine kontinuierliche Erfassung und Speicherung auch ein nachträgliches Erkennen oder Rekonstruieren und anschließendes Ahnden unerwünschten Verhaltens ermöglicht. Darüber hinaus erfolgt eine solche alltägliche Datenerfassung entgegen der panoptischen Überwachung verdachtsunabhängig.[8] Von den technischen Möglichkeiten aus gesehen sind wir heute einem solchen Überwachungsstaat näher denn je. So zeichnet sich etwa nach Reinhard (2007: 110) »die Möglichkeit eines durch neue technische Hilfsmittel ermöglichten und durch die Bekämpfung des Terrorismus legitimierten totalen Überwachungsstaates ab.«

Für die modernen Staaten westlicher Prägung findet sich diese Problematik immer wieder im Spannungsverhältnis zwischen Sicherheit und Freiheit. Konkret diskutiert wird dies etwa im Rahmen der neuen Polizeigesetzgebung auf Länderebene, der Frage nach dem Umgang mit Staatstrojanern auf Länder- und Bundesebene sowie der Einführung umfassender Videoüberwachung, Gesichtserkennung[9] und perspektivischer Software zur automatisierten Verhaltenserkennung (vgl. Kurpjuweit 2017). Deutlich wird dies aber auch an den Interessenkonflikten im Spannungsfeld zwischen Verschlüsselung und Datenschutz auf der einen Seite sowie öffentlicher Sicherheit und Zugriffsmöglichkeiten der Ermittlungsbehörden auf der anderen Seite (vgl. Winkel 2022).

Diese Ausprägung unterscheidet sich jedoch immer noch deutlich von den Entwicklungen, wie sie etwa aus westlicher Perspektive für China postuliert und zumindest in Teilen bereits jetzt praktiziert werden. Angeführt werden hier etwa die vielen Schritte zur Einführung eines Social Credit System (SoCS), Berichte über Testphasen zur Videoüberwachung in Klassenräumen, die mittels Gesichtserkennung die Aufmerksamkeit der Schüler:innen erfassen soll, zu Gehirnwellen messenden EEG-Stirnbändern mit der gleichen Funktion oder zu smarter Schulkleidung, die die Anwesenheit und Wachheit der Schüler:innen erkennen soll (vgl. Pluta 2018; Tautz 2018; Rötzer 2019). Aus der medial-öffentlichen Perspektive der westlichen Welt erscheint das chinesische Social Credit System als Paradebeispiel des Überwachungsstaates. In der Realität existiert dieses System allerdings bislang nicht in dieser Form, und es ist noch völlig unklar, ob es jemals mit der diskutierten Funktionalität eingeführt werden wird (siehe auch Krempl 2019). Vielmehr besteht das System zurzeit aus drei einzelnen Teilen. Der erste Teil entspricht weitgehend den bekannten Kredit-Scoring-Verfahren, wie sie etwa auch die Schufa in Deutschland nutzt. Hier arbeitet der chinesische Staat mit Unternehmen wie Tencent oder Alibaba zusammen beziehungsweise lizenziert das Errechnen der Scores an solche Unternehmen, die ohnehin bereits über einen Großteil der zu nutzenden Daten verfügen. Der zweite Teil besteht aus schwarzen Listen, die sektorspezifisch und nicht gesamtstaatlich geführt, zum Teil aber durchaus miteinander verknüpft werden. Auf diesen Listen kann landen, wer gegen chinesische Gesetze verstoßen hat. Mit dem Listeneintrag sind dann je nach Sektor bestimmte Einschränkungen im Sinne von Strafen ver-

---

8 Erst die vorsorgliche Erfassung von Daten ermöglicht Konzepte wie *predictive policing*.

9 Siehe dazu etwa die Debatten um die Testphase der Videoüberwachung mit Gesichtserkennungsfunktion am Berliner Bahnhof Südkreuz, die nicht nur mit Blick auf Bürger:innenrechte, sondern auch ihren (Miss-)Erfolg kontrovers diskutiert wurde (vgl. Borchers 2018; erdgeist 2018).

bunden. Diese können etwa im Untersagen von Flugbuchungen bestehen oder im ausschließlichen Zugang zu schlechteren Sitzkategorien in Zügen.

Der mediale Fokus liegt auf dem dritten Teil, bei dem es um die Erziehung zu sozial-adäquatem Verhalten geht. Gerade für diesen existieren aber bislang nur etwa 40 regionale Pilotprojekte. Über deren perspektivische gesamtstaatliche Relevanz lässt sich zum jetzigen Zeitpunkt nur spekulieren (vgl. ebd.). Im Kern geht es darum, Verhalten von Menschen (bei technischer Machbarkeit durchaus auch automatisch in Echtzeit) zu bewerten. Konformes Verhalten führt zu Pluspunkten, nonkonformes beziehungsweise unerwünschtes Verhalten zu Abzügen im Score. Alle drei Teile zeichnen sich durch die Verbindung zwischen dem chinesischen Staat und Privatunternehmen aus. Dieser »corporate-state nexus [...] complicated the process of state surveillance in China, since previous surveillance systems rarely included the private sector« (Liang et al. 2018: 434). Solche Public Private Partnerships »erzeugen in der Datengesellschaft« eine neue »Art des Panoptikums«, das die Überwachung nicht mehr wie bei Bentham »in einem zentralen Beobachtungsposten bündelt, sondern zentrumslos und damit potentiell allgegenwärtig ist« (Houben/Prietl 2018b: 344). Drinhausen und Brussee (Drinhausen/Brussee 2022: 1, 4) konstatierten im Jahr 2021 zwar eine Entwicklung des Social Credit Systems »from fragmentation towards integration« und damit den Eintritt in eine neue Phase nach dem Ende der »key construction phase.« Allerdings ist dessen Funktionalität weiterhin grundsätzlich beschränkt.

> »The SoCS itself is not tasked with conducting political surveillance of individual behaviour. Its role is more clearly limited in recent party and policy documents. Instead, these functions and political needs are addressed by other domestic security systems. In addition, a variety of commercial scoring systems have popped up across China, which operate independently of the SoCS« (ebd.: 4).

Das Social Credit System stellt demnach nur einen Baustein des chinesischen Staates im digitalen Zeitalter bei seinem Streben nach autoritärer Souveränität dar. Weitere Aspekte wie die Great Firewall wurden bereits in Kapitel II.2 erwähnt.

Aber auch jenseits autoritärer Regime hält mit der Digitalisierung von Gesellschaft und Politik »eine Logik der Kontrolle« in Bereiche Einzug, »die traditionell durch eine Balance von Autonomie und Kontrolle geprägt sind« (Weyer 2019: 21). Dabei besteht gerade im digitalen Raum die Gefahr, dass der Staat seine Aufgabe, die Sicherheit und den Schutz seiner Bürger:innen aufrechtzuerhalten, durch den Einsatz digitaler Kontrollmittel in Richtung Überwachung kippen lässt (vgl. Jäger et al. 2022: 195). In Deutschland zeigt sich dies an den breiten (medialen) Debatten um den Einsatz von Staatstrojanern bei der Quellentelekommunikationsüberwachung oder von Videoüberwachung (mit Gesichtserkennung) an Bahnhöfen (vgl. Borchers 2018; erdgeist 2018).

Darüber hinaus wird für die westlichen demokratischen Staaten das größere Potenzial für eine negative Entwicklung in Bezug auf Überwachungsfantasien jedoch eher in der Verbindung zwischen modernem Staat und Kapitalismus gesehen. Insbesondere Zuboff (2018) hat diese Debatte mit dem Überwachungs*kapitalismus* anstelle des Überwachungs*staates* begrifflich geprägt.

Eine Mehrheit von 61 Prozent der Wahlberechtigten machte sich 2019 große oder sehr große Sorgen wegen etwaigen Missbrauchs ihrer persönlichen Daten im Internet. Gar keine Sorgen machten sich nur vier Prozent (infratest dimap 2019).[10] Mit Blick auf die Nutzer:innen besteht das eingängige Modell der plattformisierten Dienste im Internet (wie Suchmaschinen oder Mailservices von Google oder Soziale Netzwerke und Messenger von Facebook) heute in einem Tausch: dem Tausch persönlicher Daten gegen die kostenlose Nutzung des angebotenen Dienstes. Dieser ist also nur insofern kostenlos, als sich die jeweilige Plattformen nicht direkt von den Nutzer:innen bezahlen lässt, sondern von Dritten. Diese Dritten – die eigentlichen Kund:innen der Plattformen – sind Unternehmen, Werbekund:innen und andere, die entweder erhobene Nutzer:innendaten direkt kaufen oder indirekt auf diese für das zielgruppenspezifische Ausspielen von Werbung auf der Plattform zurückgreifen.[11]

Wenn die Verfügung über große Datenmengen diejenige über andere Produktionsmittel als Ausgangspunkt für Macht und Reichtum ablöst, stellen sich – aufgrund der ungleichen Verteilung des Dateneigentums zugunsten monopolartiger Digitalkonzerne – Fragen von Gleichheit, Gerechtigkeit, Freiheit und Umverteilung neu. Es ist daher nicht verwunderlich, dass zwei zentrale Frage die Debatten prägen: Wem gehören die Daten, die an unterschiedlichsten Stellen anfallen oder erhoben werden? Und wie kann ihre souveräne Nutzung sichergestellt werden? Im Kern geht es damit um den Umgang mit Dateneigentum und Algorithmen, bei dem auch immer wieder die Rolle des Staates im Zentrum der Debatten steht.

> »Wenn man Regierungen erlaubt, die Daten zu verstaatlichen, wird das vermutlich die Macht großer Unternehmen eindämmen, aber es kann auch zu gruseligen digitalen Diktaturen führen« (Harari 2018: 120).

Mit Blick auf den Staat besteht in einer umfassenden Datensammlung die inhärente Gefahr von Überwachung und Kontrolle unabhängig von dessen Einordnung zwischen Demokratie und Diktatur. Howard (2016: 20f.) führt dies zu dem Vorschlag, bezogen auf Staaten, Regierungen und Politik, von soziotechnischen statt von repräsentativen Systemen zu sprechen. Dies würde eine differenziertere Verortung von Staaten im Spektrum zwischen offenen (Demokratie) und geschlossenen technischen Systemen (Diktatur) erlauben. Ähnlich weist Harari (2017: 505) darauf hin, dass, wenn unter einer datenfokussierten Perspektive alle Organismen und Organisationen als Datenverarbeitungssysteme verstanden werden, Demokratien und Diktaturen wie auch Kapitalismus und

---

10 Mit 49 % deutlich weniger Sorgen macht sich die Altersgruppe der 18- bis 34-Jährigen. Zwischen den anderen Altersgruppen sowie nach Bildungsgruppen unterscheiden sich die Anteile derjenigen, die sich große oder sehr große Sorgen machen, dagegen kaum (vgl. infratest dimap 2019).

11 Unter anderem durch die auf Websites von Dritten befindliche Werbung sowie die Einbindung von Nachrichten oder Like-Buttons erhalten große Plattformen wie Google oder Facebook nicht nur die Daten der direkten Nutzer:innen ihrer Website. Facebook kann so im Durchschnitt über 50 % der besuchten Webseiten und 40 % der im Internet verbrachten Zeit nachvollziehen – wobei sich die Beobachtbarkeit des Surfverhaltens zwischen Facebook-Nutzer:innen und Nichtnuzter:innen kaum unterscheidet (vgl. Ullrich et al. 2022: 403).

Kommunismus »konkurrierende Mechanismen zur Sammlung und Analyse von Informationen« darstellen. Bei Ersteren finde eine dezentrale, verteilte Verarbeitung statt, bei Letzteren eine zentralisierte. Eine Diskussion über Datensammlung und -nutzung des Staates im digitalen Zeitalter kann aus dieser Perspektive daher fruchtbar geführt werden, ohne dass es dabei immer gleich um die Abwehr des Überwachungsstaates und »Datenpaternalismus« gehen muss (Krönke 2016: 319). Zugleich sollten die dabei gesehenen Potenziale aber auch nicht in eine neue technologische Steuerungseuphorie umschlagen.

IV.4.2 Utopischer Mikro-Steuerungsstaat

Die zunächst utopisch anmutende Vorstellung eines potenten Steuerungsstaates setzt auf einen Staat, der die Digitalisierung nutzt, um die effektivsten und effizientesten Antworten auf gesellschaftliche Probleme zu finden und umzusetzen. Basis dieser Utopie ist die Voraussetzung, dass die Verdatung aller Dinge und Lebewesen diese in einer immer höheren Auflösung widerspiegelt – was Kucklick (2015) mit dem Begriff der Granularität bezeichnet (siehe Kapitel II.2.4). Aus der vermeintlichen Eindeutigkeit der gemessenen Zahlen, der gewonnenen Daten, wird ein Verschwinden der Ambiguität geschlussfolgert (vgl. Bauer 2018: 94).[12] Damit führen Entscheidungen nicht mehr zu einem ambivalenten Ergebnis aufgrund von Abwägung, Interpretation sowie Verhandlung und Kompromiss. Vielmehr ließe sich so die Wahrheit, also die perfekte Lösung, finden. Es geht also um die Wunschvorstellung, es gebe einfache und eindeutige Lösungen für komplexe Probleme. Morozov (2013a: 25ff.) spricht von der Ideologie des Solutionismus, die insbesondere bei den Technikeuphorist:innen des Silicon Valley verbreitet ist. Für diese stehen zum einen nicht die Probleme und ihre Definitionsnotwendigkeit (aufgrund von Komplexität und Mehrdeutigkeit) im Mittelpunkt, sondern ausschließlich das Finden von Lösungen.[13] Zum anderen zielt der Begriff darauf ab, dass unter ihnen der Glaube – und das durchaus im Wortsinn[14] – verbreitet ist, dass sich für alle gesellschaftlichen, sozialen, wirtschaftlich und politischen Probleme effiziente technologische Lösungen finden lassen[15] – sich also alle diese Probleme als technologische Probleme definieren las-

12 Unabhängig davon gilt: »Dass Bürokratisierung und Technisierung auf Eindeutigkeit abzielen, ist naheliegend« (Bauer 2018: 87).

13 Diese Perspektive entspricht dem Vorgehen der Suche nach Antworten, ohne dass man die Frage kennen würde, wie es sich etwa beispielhaft an der Datenanalyse und dem Data-Mining bei der Auswertung von Big Data zeigt (siehe Kapitel II.2.5).

14 Weidenfeld (2019) spricht nicht grundlos von »Digitalisierungspropheten«, die die Digitalisierung mit einer »Erlösungshoffnung« verbinden. Denn letztlich ist der Solutionismus genau das: der Glaube daran, dass sich in (nicht allzu ferner) Zukunft die Probleme durch die technologische Entwicklung (quasi automatisch) lösen lassen. Negativ gewendet könnte man aber auch sagen: Es geht um Fortschritt um jeden Preis, denn um die Lösung damit einhergehender Probleme (wie etwa Umweltverschmutzung, soziale Ungleichheit etc.) braucht man sich in der Gegenwart nicht zu kümmern, denn die technische Innovation von heute lässt sich einfach durch die technische Innovation von morgen korrigieren (vgl. Mamczak 2014: 99).

15 Der Solutionismus knüpft damit direkt an der kybernetischen Idee der Wunschmaschine an, der nur »ein Ziel vorgegeben wird [...] aber der Weg dorthin unbestimmt ist und den installierten

sen.[16] Der deutsch-amerikanische technik- und gesellschaftskritische Informatiker Joseph Weizenbaum (2001: 14) vertrat früh vehement eine gegenteilige Position:

> »Wir haben politische, menschliche und soziale Probleme. Aber ich meine, daß bei deren Lösung die Macht, die wir durch die sogenannte Informationsverarbeitung bekommen haben, einfach irrelevant ist.«

Computer würden einfach nur Signale verarbeiten, ohne Berücksichtigung des gesellschaftlichen und kulturellen Kontextes.

Mit dem Solutionismus wird dagegen die Idee des kybernetischen Staats aus der Zeit der Planungseuphorie neu hervorgeholt. Aus einer positiv gewendeten Perspektive auf politische Steuerung verheißen Big Data und algorithmische Verfahren – die Granularität des digitalen Zeitalters – stark verbesserte Steuerungspotenziale.[17]

> »Moreover, the massive amounts of fine-grained information about distributed entities allows for finding patterns in their behaviors and interactions and to produce insights that can be used for the purpose of better understanding and ultimately coordinating these behaviors« (König 2020: 469).

Aus einer solchen Perspektive gehen die neuen Möglichkeiten aber über die Etablierung eines neuen Steuerungsinstrumentariums oder verbesserter Steuerungspotenziale weit hinaus.

> »The capacities of algorithmic governance also form the basis of broader visions of society in which social relations are increasingly collaborative and shaped by the intelligent steering of a comprehensive, algorithmically enhanced nervous system« (ebd.: 7).

Unter den neuen Datenerhebungs- und -auswertungsmöglichen des digitalen Zeitalters sind hiermit jedoch nicht mehr nur auf Regelkreisen und Feedback basierende Steuerungskonzepte verbunden. Vielmehr besteht die Gefahr, dass Freiheit und Privatsphäre durch volle Transparenz und Kontrolle ersetzt werden. Die »heute verfügbaren technischen Möglichkeiten für den perfekten Überwachungsstaat« ermöglichen eine digitale Diktatur, die »viel subtiler daherkommt« als vordigitale Unterdrückungsregime (Ramge 2019b: 91) – sofern der Staat überhaupt noch eine tragende Rolle spielt. Da es an dieser

---

Regelkreisen überlassen wird« (Pias 2004). Zugleich hat er ein Verständnis von Zukunft, dass ausschließlich an technokratischen Kategorien anknüpft. Zukunft ist technischer Fortschritt (vgl. Mamczak 2014: 89).

16 Damit blenden sie von vornherein eine Perspektive aus, die technische und soziale Aspekte zusammendenkt und deren Wechselseitigkeit berücksichtigt. Mit Buhr et al. (2018: 5) könnte man sagen, es fehle ihnen an einem Verständnis, »das sowohl technische als auch nichttechnische, aber eben auch soziale und gesellschaftsdienende Innovationen umfasst.« Oder, wie Precht (2018: 107) es populärwissenschaftlich zuspitzt: »Obgleich den Freunden der Technik, den Kündern der großen Disruptionen, den Enthusiasten der digitalen Zukunft kein Wort zu groß ist, um die Umbrüche unserer Zeit zu feiern, so fantasieverlassen erscheinen ihre gesellschaftspolitischen Ideen.«

17 Zur algorithmischen Steuerung siehe Kapitel VI.1.1.2.

Stelle darum geht, mögliche Bilder des Staates im digitalen Zeitalter zu zeichnen, werden weiter gehende technokratische Vorstellungen über eine Welt ohne jedwede Form von Staat und Staatlichkeit ausgeblendet.[18]

Nachtwey und Seidl (2017: 22) machen darauf aufmerksam, dass dem Solutionismus »etwas zutiefst Antipolitisches« innewohnt. Dies lässt sich nicht zuletzt darauf zurückführen, dass bei den handelnden Akteuren generell ein großes Misstrauen gegenüber Politik und Institutionen vorherrscht. Sie setzen stattdessen auf eine »eigenartige Mischung aus Libertarismus und Technikdeterminismus« – mit entsprechenden Konsequenzen: »Das Technologische ist dabei, die Demokratie als Ort des Politischen abzulösen« (ebd.).

Weitergedacht wird so aus der Utopie die Dystopie einer smarten Diktatur. Die smarte Diktatur knüpft an die Planungs- und Technikeuphorie der 1970er-Jahre an. Die Techno-Utopie verkehrt sich jedoch in ihr Gegenteil. Aus dem solutionistischen Versprechen einer besseren Welt erhebt sich ein alles kontrollierender Staatsapparat, der sich selbst jedweder Kontrolle entzieht. Ao, wie sich die Digitalisierung in der Breite eher inkrementell als disruptiv entwickelt, könnte auch der Wandel hin zur smarten Diktatur ein Weg der kleinen Schritte sein.

Die Entwicklung der aus der Hippie-Gegenbewegung der 1960er-Jahre hervorgegangene »kalifornische Ideologie« (Barbrook/Cameron 1996) der Eliten im Silicon Valley, beziehungsweise in der Bay Area, hat Turner (2008) in seinem Buch »From Counterculture to Cyberculture« plastisch herausgearbeitet. Diese Ideologie schlägt sich nicht nur in einer Verquickung neuer Arbeits- und Lebenskulturen, sondern in einem, über den neoliberalen Minimalstaat weit hinausgehendes, dezidiert anti-staatliches, libertäres Freiheitsverständnis nieder.

> »Information technologies, so the argument goes, empower the individual, enhance personal freedom, and radically reduce the power of the nation-state. [...] [B]ig government should stay off the backs of resourceful entrepreneurs who are the only people cool and courageous enough to take risks« (Barbrook/Cameron 1996: 53).

Diese Sichtweise verkennt nicht nur die Bedeutung des Staates für Grundlagenforschung und Investitionen in Schlüsseltechnologien – was sich bereits an der Rolle der DARPA bei der Entstehung der Vorläufer des Internets gezeigt aht (siehe auch Kapitel II.2.2) und einen wesentlichen Ausgangspunkt für Mazzucatos (2021) Missionsorientierung darstellt (siehe auch Kapitel V.2). Darüber hinaus erwächst sich die Ideologie im Kontext des Solutionismus in Teilen zu einer quasireligiösen Heilslehre (vgl. Nachtwey/Seidl 2017: 27f.), in der der Menschen zum Zeitpunkt der Singularität entweder zur Superintelligenz transzendiere oder im Sinne des Transhumanismus ganz

---

18 Beispielsweise versteht sich die Bitnation Pangea, die 2014 im Zuge des Hypes um die Blockchain insbesondere von Informatiker:innen initiiert wurde, als die »world's first Decentralised Borderless Voluntary Nation«, als »Governance 2.0« (Bitnation o.J.). Auf einige damit einhergehende Probleme, etwa in Bezug auf den gesellschaftlichen Zusammenhalt oder soziale Sicherung, geht Reschke (2019) ein.

durch künstliche Intelligenzen ersetzt werde (vgl. Bostrom 2018; Kurzweil 2005, 2014).[19] Bauer (2018: 92) spricht von den Silicon-Valley-»Utopisten, die bereits von einem Transhumanismus oder Posthumanismus träumen, in dem Maschinenmenschen endlich ein völlig ambiguitätsfreies Leben führen«, keine Entscheidungen mehr selber treffen müssen. In der Vorstellung von Ray Kurzweil (2005: 30), Leiter der technischen Entwicklung bei Google, deutet die Entwicklung auf einen solchen Transformationsmoment, den er Singularität *[Singularity]* nennt, hin, der den nächsten Evolutionsschritts hin zu einer »human-machine civilization« bedeutet, in der »future machines will be human, even if they are not biological.«[20] Ob die »neue Göttlichkeit« dabei aus computerisierten Menschen oder menschlichen Computern besteht, macht keinen Unterschied, wenn die kybernetische Perspektive so weit getrieben wird, dass es »zwischen Mensch und Technik, zwischen Objekt und Subjekt keinen substantiellen Unterschied mehr gibt« und beide nur noch als regel- und feedbackbasierte informationsverarbeitende Systeme gesehen werden (Feustel 2018: 137). Für Scheidler (2021: 169) verbinden sich in dieser Vision »die Geschäftsinteressen des Silicon Valley mit einer radikalen mechanistischen Ideologie: der Vorstellung, dass Lebewesen letztlich nur algorithmische Maschinen seien.« Nicht jeder wird diese techno-religiöse Heilsversprechung als wünschenswerte Utopie, geschweige denn als realistisches Szenario begreifen.[21] Der Glaube an den vollständig digitalisierbaren Menschen, uploadbar in die Cloud, ist auf der einen Seite der Wunsch nach vollkommener Freiheit – letztlich vor allem der Freiheit vom Tod. Auf der anderen Seite bringt dieses Bild auch folgende Schlussfolgerung mit sich: »Individuen werden zu potentiell restlos kalkulier- und steuerbaren Wesen« (Feustel 2018: 149). »Wenn Maschinen über Wahrheit entscheiden, kann man endlich ambiguitätsfrei in Gleichgültigkeit dahinleben« (Bauer 2018: 93).

Ein vermeintlich ambiguitätsfreier Staat wäre damit ein totalitärer Staat. Denn Ambiguitätsfreiheit, unhinterfragte Eindeutigkeit lässt sich in einer komplexen Welt nur durch Ideologie herstellen. Demokratie dagegen zeichnet sich gerade durch das Aushalten von Mehrdeutigkeit, die Vermittlung zwischen unterschiedlichen Sichtweisen und Interpretationen aus. »Jede Demokratie ist auf ein relativ hohes Maß an Ambiguitätstoleranz angewiesen« (ebd.: 84), zumal der Versuch einer Vereindeutigung, der Reduzierung von Ambiguität, ohnehin nicht Erfolg versprechend sei, er führe vielmehr »geradezu zwangsläufig zu einem Mehr an Ambiguität« (ebd.: 76).

---

19 Zur weiteren Einordnung siehe beispielsweise Krüger (2020) zur technologischen Singularität und Loh (2020) zum Transhumanismus.

20 Dieser symbiotischen Mensch-Maschine-Perspektive steht die Endzeitvision des menschlichen Untergangs entgegen, wie sie etwa der schwedische Philosoph Nick Bostrom (2014: 165) formuliert: Für ihn ist das Entstehen einer maschinellen »Superintelligenz« wahrscheinlicher, die »nichtmenschliche Endziele« verfolgen und sich immer mehr Ressourcen, wie menschliche Atome, aneignen würde, womit sie »durchaus zur raschen Vernichtung der Menschheit führen kann.«

21 Er passt jedoch gut zu dem im Silicon Valley allgegenwärtigen, in der New-Age-Bewegung und Gegenkultur der 1960er-Jahre verwurzelten, (esoterischen) Ideenkosmos und (ideologischen) Selbstverständnis. Denn »mehr als in den meisten Industrien stützen sich die Unternehmen im Techsektor auf Tropen und Rituale, die ein wenig an die einer religiösen Erweckungsbewegung erinnern«, mit »mantraähnlichen Phrasen«, »messianischen Gurus« und einem »Kult um das Genie« (Daub 2020: 109).

Eine deutlich realistischere Möglichkeit für Mikrosteuerung formuliert Weyer (2019)[22] in der von ihm postulierten Echtzeitgesellschaft. Hierfür differenziert er zwischen *operativer* und *politischer* Steuerung. Diese müsse »intelligenter ansetzen [...], indem sie unterschiedliche Formen von Governance auf geschickte Weise kombiniert« (ebd.: 143). Für die operative Steuerung erkennt Weyer (ebd.: 145) die Möglichkeit für einen »neuen Modus der zentralen Steuerung dezentraler sozialer Systeme« jenseits einer von Fortschritts- und Steuerungsoptimismus getragenen technokratischen Vision. Hierbei sieht Weyer (ebd.: 147) eine »neue Qualität der Steuerung« (»smart governance«) durch eine Kombination aus zentraler, datenbasierter (Echtzeit-)Steuerung und autonomen, dezentralen Einzelentscheidungen: »Das Konzept verknüpft [...] die zentralistische Planung mit der dezentralen Selbstorganisation.« Diese Kombination von Steuerungsformen erkennt an, dass trotz immer mehr verfügbarer Daten in einer immer komplexer werdenden Welt mit wicked problems keine zentrale (hierarchisch sequenzielle) Feinsteuerung der Mikroebene möglich ist. Der Fokus der zentralen Steuerung liegt daher auf der Optimierung des Gesamtsystems. Dafür nutzt sie die Daten der Mikroebene für eine dezentrale (weiche parallele) Anreizsteuerung. Hierbei werden, abhängig vom aktuellen Status des Gesamtsystems, die Entscheidungskontexte auf der Mikroebene (in Echtzeit) so gestaltet, dass zwar gewisse Handlungsalternativen entfallen oder (un)attraktiver und damit Handlungsspielräume eingeschränkt werden, die Entscheidungsautonomie aber dennoch erhalten bleibt (siehe auch Kapitel VI.1.1 zu Nudging und algorithmischer Steuerung). Gleichwohl benennt auch Weyer (ebd.: 148) Gefahren wie Überwachung oder beschränkten Selbstbestimmung, weil Individuen das Überblickswissen fehlt, Entscheidungszeiträume zu kurz bemessen sind oder zu viele Einzelentscheidungen in schnellen Zeitintervallen auf sie einprasseln. Dennoch scheint aus dieser Perspektive die *operative* Echtzeitsteuerung komplexer soziotechnischer Systeme möglich.

Schwieriger gestaltet sich dagegen die *politische* Steuerung. Diese betrifft insbesondere die normativen Zielvorgaben – also die Festlegung des erwünschten Zielzustandes des Gesamtsystems und der daraus abgeleiteten Steuerungsziele der operativen Echtzeitsteuerung. Auch hierbei setzt Weyer (ebd.: 152) auf das »intelligente Zusammenspiel von zentraler Planung und dezentraler Koordination.« Der dahinterstehende Steuerungsmix ist nicht neu. Auf der einen Seite (dezentrale Koordination) steht die Selbstregulierung gesellschaftlicher Akteure mit dem Staat als moderierender und koordinierender Instanz. Auf der anderen Seite setzt der Staat über ein Regulierungsmodell die institutionellen Rahmenbedingungen fest. Dabei geht es insbesondere um Anreize und Sanktionen, nicht um Interventionen und hierarchische Steuerung (vgl. ebd.: 153ff.). In dieser Beschreibung geht das Konzept nicht über die bekannte Netzwerk-Governance im Gewährleistungsstaat als dritte Steuerungsform zwischen Markt (Wettbewerb) und Staat (Hierarchie) hinaus (siehe Kapitel III.1).

Die unterschiedlichen dystopischen und utopischen Visionen des Staates stellen damit einerseits Zerrbilder realer Herausforderungen des Staates im digitalen Zeitalter dar. Hinzu kommt laut Bull (2019: 62), dass mit Blick auf neue Technologien häufig ein

22 Nicht unähnlich der bereits genannten Unterteilung in innerorganisatorische, interinstitutionelle und systemische Steuerung von Derlien (1993: 505) (siehe Kapitel IV.2.2.2).

Aspekt in den Debatten – sowohl in den Medien als auch auf der politischen Ebene – zu kurz kommt: »Es genügt nicht, über die *Möglichkeiten* künftiger Rechtsverletzungen zu debattieren, ohne die *Wahrscheinlichkeit* zu berücksichtigen, mit der die neuen Technologien eingesetzt werden [Herv. i. O.].« Andererseits spielen Teilimplementationen einzelner Aspekte in die Debatten um den deutschen Staat im digitalen Zeitalter durchaus eine Rolle. Dies wird insbesondere daran deutlich, dass die unter dem Label »Digitale Souveränität« geführten Gestaltungdiskurse in einer doppelten Abgrenzung, einerseits gegenüber der autoritären *Staats*souveränität in China und andererseits der libertären *Markt*souveränität in den USA, geführt werden.

IV.4.3 Vision: Digital souveräner Staat

Wie steht es um die Vision eines digitalen Staates jenseits der dystopischen und utopischen Erzählungen?

> »Auch nach Jahren der wissenschaftlichen, gesellschaftlichen und politischen Debatten über den Megatrend des 21. Jahrhunderts fehlt uns eine klare Richtung, wie die Digitalisierung gestaltet werden soll« (Piallat 2021: 20).

Es verwundert daher nicht, wenn Klenk et al. (2020a: 13) festhalten, dass sich noch keine »positive Vision des Digitalen Staates [...] herausgeschält [hat], außer dass er transparent, offen und gut vernetzt sein soll.« Seit Kurzem scheint sich allerdings für den deutschen (aber auch den europäischen) Kontext so etwas wie eine Zukunftsvision des Staates im digitalen Zeitalter herauszukristallisieren – wenngleich die Debatte um das Thema der *digitalen Souveränität* bislang nicht explizit mit dieser Intention geführt wird. Im Folgenden wird argumentiert, dass die digitale Souveränität zwar als analytisches Konzept nicht zu gebrauchen sei, jedoch eine veritable Vision für den Staat im digitalen Zeitalter – im Sinne einer klaren Idee über die Richtung und das Ziel der notwendigen Gestaltung einer offenen Zukunft – und damit ein politisches Leitbild sein könne.

Mit der Vision stehen die Ziele staatlicher Steuerung im Fokus. Gleichwohl stellt eine Zukunftsvision allenfalls eine notwendige aber keinesfalls eine hinreichende Bedingung für gelingende Steuerung dar. Dies wird an den Debatten um die digitale Souveränität deutlich, deren Betrachtung sich allein aufgrund ihrer begrifflich inhärenten Verortung sowohl im Kern des Staatsverständnisses – mit der Souveränitätsfrage – als auch im direkten Bezug zum digitalen Zeitalter geradezu aufdrängt. »Die[] Souveränität ist das eifersüchtig gehütete Zentralmoment des modernen Staates« (Mergel 2019: 258), das im digitalen Zeitalter aus unterschiedlichen Richtungen unter Druck gerät (siehe Kapitel II.2).[23] Damit offenbart die Auseinandersetzung mit dem Digitale-Souveränität-Diskurs zahlreiche Herausforderungen, die mit der Suche nach einer angemessenen und

---

23 Dies führt Pernice (2020: 224) nicht zuletzt zu einer grundsätzlich kritischen Sicht auf die Nutzung des Begriffs Souveränität im digitalen Kontext: »In der digitalen Konstellation von Souveränität zu sprechen, sei es staatliche Souveränität, digitale Souveränität oder auch Datensouveränität, könnte eine gefährliche Illusion sein, jedenfalls ist es irritierend.«

aus Steuerungsperspektive nützlichen Vision einhergehen können – angefangen bei der Definition des Begriffs.

Dieser ist erst in den letzten Jahren in Deutschland[24] zu einem der neuen, viel gebrauchten und diskutieren, politischen und wissenschaftlichen Buzzwords aufgestiegen. Kaum ein Handbuch oder Sammelband, das Digitalisierung im Titel trägt oder thematisch bearbeitet, kommt darum herum, einen entsprechenden Artikel unterzubringen. Sie finden sich von Pohle (2020a) im »Handbuch Digitalisierung in Staat und Verwaltung«, von Jäger et al. (2022) im Technikfolgeabschätzung-Sammelband »Digitalisierung und die Zukunft der Demokratie«, von Thiel im Band »Politik in der digitalen Gesellschaft« oder gleich doppelt von Pohle und Thiel (2019) sowie Ritzi und Zierold (2019) im Sammelband »Internet und Staat«. Andere Sammelbände wie etwa von Friedrichsen und Bisa (2016) oder Glasze et al. (2022b) tragen »Digitale Souveränität« bereits im Buchtitel.

Abbildung 8: Google Trend zum Suchbegriff »Digitale Souveränität«

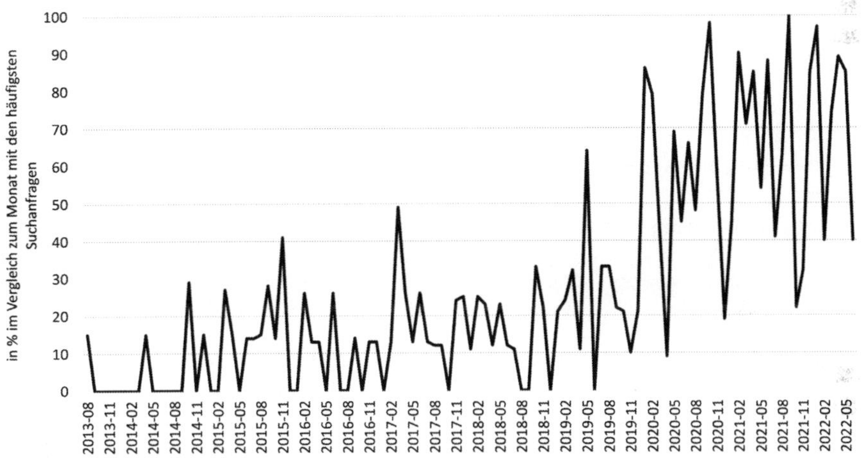

Quelle: Google Trends (https://trends.google.de/trends/?geo=DE); Stand: 05.07.2022; eigene Darstellung.

24 Pohle (2021: 8) weist darauf hin, dass der Begriff digitale Souveränität *[digital sovereignty]* insbesondere auf der nationalen und europäischen Ebene gebraucht wird, während er auf der internationalen Ebene seltener Verwendung findet. Dies sei damit zu erklären, dass der Begriff international »nationalstaatlich-isolationistisch besetzt« sei und »autoritären Staaten und Gegnern eines freien, offenen Internets in die Hände spielen könnte.« Auf der europäischen Ebene ist der Begriff eng verbunden mit dem Konzept der *open strategic autonomy (OSA)*. Dieses spiegelt sich zuletzt etwa im *Digital Markets Act (DMA)* (März 2022) und im *Digital Services Act (DSA)* (April 2022) wider. Hierin würde sich eine langsame Abkehr von der neoliberalen Effizienzlogik des Marktes zugunsten von »protecting, transforming, and projecting an increasingly geopoliticized and digitalized single market« abzeichnen (Schmitz/Seidl 2022: 31).

Der Aufstieg des Begriffs begann in Deutschland im Jahr 2013. Kontinuierlich im gesellschaftlichen Diskurs etabliert hat er sich etwa seit den 2020er-Jahren, wenn man die Suche nach »Digitale Souveränität« bei Google zugrunde legt (siehe Abbildung 8).

Wie sich die politische Relevanz des Themas »Digitale Souveränität« entwickelt, zeigen die Plenarprotokolle der Bundestagsreden. Im Plenum taucht der Begriff das erste Mal im November 2013 in einer Rede von Hans Peter Friedrich (CSU), zur Zeit seines Wechsels vom Innenministerposten zum Bundesminister für Ernährung und Landwirtschaft, auf. Dessen Rede fand im Rahmen der Debatte um die von Edward Snowden öffentlich gemachten Abhöraktivitäten der NSA und ihre Auswirkungen auf Deutschland und die transatlantischen Beziehungen statt.

> »Wir können die *digitale Souveränität Europas* nur dann erhalten, wenn es uns gelingt, in der Zukunft die *technologische Souveränität über die Netzinfrastruktur* [Herv. d. A.] und die Netztechnik zu erlangen und zu verstärken« (Deutscher Bundestag 2013a: 45).[25]

Dazu passend konstatiert auch Pohle (2021: 7), dass die »Verwendung des Begriffs der digitalen Souveränität [...] in Deutschland mit den Snowden-Enthüllungen 2013 ihren Anfang« nahm. Thomas Oppermann (SPD) formulierte etwas zurückhaltender und unter ausschließlichem Rückgriff auf den Begriff der *technologischen Souveränität*:

> »Unsere Unternehmen erleiden Milliardenverluste durch Industriespionage. Wir können sie nicht effektiv genug davor schützen. Deshalb müssen wir auch über die *Rückgewinnung oder zumindest über die partielle Wiederherstellung technologischer Souveränität* [Herv. d. A.] nachdenken. Das bedeutet sichere Netze, sichere Kommunikation, Verschlüsselung und weitere Vorsorge. Das bedeutet vor allen Dingen mehr Forschung und Entwicklung in diesem Bereich« (Deutscher Bundestag 2013a: 55).

Bereits hier wird eine erste Lesart der digitalen Souveränität als *technologische Unabhängigkeit* im Bereich Infrastruktur sowie Hard- und Software deutlich. Eine zweite Lesart in der Plenardebatte betonte Günther Krings (CDU):

> »Unsere Aufgabe in Deutschland und Europa ist die Rückgewinnung der *digitalen Souveränität im Umgang mit unseren Daten* [Herv. d. A.]. Dazu müssen wir nicht nur rechtliche, sondern auch technische Vorkehrungen und Strategien entwickeln« (ebd.: 58)

Hierbei erfolgt eine Fokussierung auf die *Datensouveränität* und damit die Ebene der Inhalts-, Dienste- und Netzpolitik. Beide Lesarten lassen sich der *sicherheitspolitischen Dimension* der Debatte zuordnen. Dieser Fokus war 2013 den Snowden-Enthüllungen geschuldet, verbleibt aber auch heute weiterhin einer der beiden Schwerpunkte in den politischen Diskussionen um die Bewältigung der Herausforderung der (Wieder-)Herstel-

25 Das hier angesprochene Ziel staatlicher Souveränität über die Internet-Infrastruktur unterscheidet sich deutlich von dem chinesischen Streben nach »internet sovereignty« (im Sinne einer möglichst vollständigen Nutzer:innenüberwachung sowie Kontrolle über Zugang und Inhalte) (siehe auch Kapitel IV.4.1) oder Russlands Bemühungen um eine abkoppelbares, autarkes russischen Netzwerk (vgl. Pohle/Thiel 2019: 67f.).

lung der digitalen Souveränität der Bundesrepublik. Der zweite Schwerpunkt neben der Sicherheitspolitik liegt weiterhin auf der Wirtschaftspolitik.

Vor der vertiefenden Betrachtung der inhaltlichen Dimensionen des Digitale-Souveränität-Diskurses soll kurz die kongruent zur obigen Google-Suche verlaufende Zunahme der Begriffsnutzung in Bundestagsreden aufgezeigt werden.

Abbildung 9: Anzahl der Redebeiträge im Bundestag, in denen die Begriffe »digitale Souveränität« oder »technologische Souveränität« auftauchen

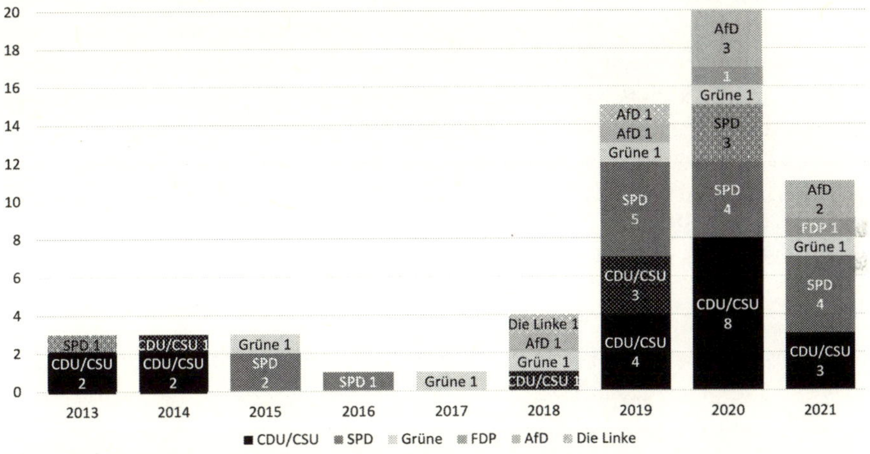

Anmerkung: Schraffiert = ausschließlich »technologische Souveränität«.
Quelle: OpenDiscourse (https://opendiscourse.de); Stand: 21.05.2021; eigene Darstellung.

Insgesamt findet sich der Begriff der digitalen Souveränität in den Plenarprotokollen des Deutschen Bundestages bis zur 19. Legislaturperiode (Stand: 21.05.2021) in 50 Redebeiträgen.[26] Darunter entfallen vier Reden auf die damalige Kanzlerin Angela Merkel und drei auf Minister (Hans Peter Friedrich, Alexander Dobrindt, Helge Braun). Verstärkt gebraucht wurde der Begriff in Plenardebatten seit 2019, besonders häufig von Politiker:innen der damaligen Regierungskoalition aus CDU, CSU und SPD. Bei Redner:innen aus der CDU/CSU-Fraktion taucht der Begriff in 19 Reden, bei der SPD in 16 Reden auf. Wird die Suche um den inhaltlich nahestehenden Begriff der technologischen Souveränität erweitert, der in drei Redebeiträgen mit der Nennung digitaler Souveränität zusätzlich gebraucht wird, kommen zwölf Reden hinzu, in denen ausschließlich der Begriff der technologischen Souveränität fiel (siehe Abbildung 9).[27]

Eine einfache Auswertung anhand weiterer in den Reden genutzter Begriffe zeigt erste Tendenzen inhaltlicher Schwerpunkte auf. Zum einen dominiert die ökonomische

26 Der Begriff technologische Souveränität findet sich im selben Zeitraum in 15 Redebeiträgen.

27 Zur Einordnung: Der ungleich konkretere und in Digitalstrategien genutzte Begriff der »Blockchain« kommt in 86 Reden (das erst Mal am 18.05.2017), der des »Cyberwar« in 21 Reden (zum ersten Mal am 16.11.2000) und der des »Hackback« in 15 Reden (das erste Mal am 19.04.2018) vor (Stand: 21.05.2021).

Perspektive: Die Begriffe »Wirtschaft« unter »Unternehmen« finden sich in 71 Prozent beziehungsweise 53,2 Prozent der 63 Redebeiträge. Im Vergleich dazu kommen »Bürgerinnen« und »Bürger« in 38,7 Prozent und die »Zivilgesellschaft« nur in 9,7 Prozent der Redebeiträge vor. Zum anderen findet sich in den Reden eher der Begriff »Sicherheit« (59,7 %) als derjenige der (informationellen) »Selbstbestimmung« (3,2 %). Die Kombination aus wirtschafts- und sicherheitspolitischem Fokus könnte mit erklären, weshalb die »USA« (69,4 %) deutlich öfter als »China« (30,6 %) referenziert werden.[28]

Ausgehend vom sicherheitspolitischen Kontext der Debatte durch die Enthüllungen der Geheimdiensttätigkeiten im Internet durch Edward Snowden hat sich der Fokus bis heute deutlich stärker auf das wirtschaftspolitische Feld verschoben. Damit bestätigt sich, was andere Analysen (beispielsweise anhand von Strategiepapieren) für die Debatten in Deutschland und Europa nachgezeichnet haben, nämlich, »dass sich in demokratischen Staaten eine stark wirtschafts- und sicherheitspolitische Sichtweise auf die digitale Souveränität durchsetzt« (Pohle 2021: 8).

> »Die Handlungsempfehlungen und neubegründeten Kompetenzen zielen vorwiegend auf die Sicherung einer zukunftsfähigen digitalen Infrastruktur und die Wettbewerbsfähigkeit der deutschen Wirtschaft und Industrie ab« (Pohle 2020a: 251, siehe auch b: 21).

Für diesen doppelten Fokus lässt sich eine enge Verknüpfung mit der Politik des mittleren Weges konstatieren, die Deutschlands und Europas Perspektive auf digitale Souveränität zwischen den USA und China verortet.

Auf China entfällt die weiterhin vorhandene sicherheitspolitische Dimension. Sie kreist um Themen wie den Aufbau des 5G-Mobilfunknetzes (wo es im Kern um die Nichtbeteiligung des chinesischen Mobilfunkausrüsters Huawei geht) und die Notwendigkeit eigener (europäischer) Kapazitäten in der Mikrochip-Fertigung. Bei dem Aufbau einer solchen Halbleiterindustrie spielen Sicherheitsaspekte jedoch nur eine untergeordnete Rolle. Schwerer wiegt die Abhängigkeit von China in den Lieferketten bei der Just-in-time-Produktion in der Automobilindustrie. Kurzarbeit in deutschen Autokonzernen in der Zeit der Coronapandemie war nicht zuletzt auf fehlenden Teilenachschub aus China zurückzuführen. Gegenüber den USA wiederum dominiert grundsätzlich diese wirtschaftspolitische Dimension. Hierbei geht es insbesondere um den *Plattformkapitalismus* und die Dominanz US-amerikanischer Internet- und Softwarekonzerne, erweitert um die Dimension des *Datenkapitalismus* insbesondere im Rahmen des Hypes um Big Data und Künstliche Intelligenz (KI). Die Abhängigkeit von US-Unternehmen bei der Nutzung von Plattformen und Dateninfrastrukturen wird als zentrales Problem – nicht nur in der individuellen Dimension – wahrgenommen. Denn diese Konzerne »greifen […] in staatliche Aufgabenbereiche ein und unterlaufen deren Fähigkeit zur Selbstregulierung« (Pohle 2021: 6). Daher folgen die Antworten in den Digitalstrategien dieser Problemwahrnehmung. Diese reichen von der Identifikation relevanter Schlüsseltechno-

28 Was sich in den Redebeiträgen im Bundestag nicht findet sind Begriffe wie »autark« oder »Autonomie« – »unabhängig« dagegen kommt in 11,3 % der Reden vor.

logien (KI, Blockchain), in deren Entwicklung investiert[29] und worin eigene nationale und/oder europäische Kompetenzen aufgebaut werden sollen,[30] bis hin zu konkreten europäischen Projekten,[31] etwa im Bereich der Cloud-Alternativen zu Amazon (Amazon Web Services; AWS) oder Microsoft (Azure) mit dem Projekt Gaia-X.[32] Gerade an diesem Beispiel werden jedoch die Herausforderungen überdeutlich. Auf der einen Seite wird die Unabhängigkeit von den übergroßen US-amerikanischen Unternehmen angestrebt. Auf der anderen Seite werden diese in das Projekt – als mögliche Anbieter der technischen Infrastruktur – eingebunden. Unter anderem aus diesem Grund haben sich kürzlich europäische Unternehmen aus dem Projekt zurückgezogen, das allerdings ohnehin seit seiner Initiierung kaum Fortschritte gemacht hat.

Pohle (ebd.: 6f.) verweist darauf, dass es bei dieser Systemfrage nicht nur um technische Aspekte geht, sondern um die »Suche nach einem normativen Rahmen für die europäische und deutsche Digitalpolitik«, einer »eigenständigen digitalen Ordnungspolitik, die sich an europäischen Wertvorstellungen orientiert.« Hierbei geht es um einen Mittelweg zwischen US-amerikanischem Solutionismus und Überwachungskapitalismus auf der einen sowie dem chinesischen digitalen Überwachungsstaat auf der anderen Seite. Daher spielen trotz des Fokus auf der Wirtschaftspolitik im Rahmen der sicherheitspolitischen Betrachtung auch Fragen von Datenschutz, Privatsphäre und Demokratie eine Rolle.[33] Andere Abhängigkeiten von US-Konzernen werden weiterhin eher am Rande diskutiert. Hierzu gehörten insbesondere Datenschutzfragen im Anwendungsbereich,

29 Diese Investitionen in Innovationen haben allerdings kaum etwas mit der Innovationspolitik eines von Mazzucato (2014: 12) »Unternehmerstaat« genannten, intervenierenden Staats zu tun, der »die Wissensökonomie nicht nur fördert, sondern sie mit mutigen Visionen und gezielten Investitionen aktiv schaffen kann.« Dies wird nicht nur an den hierfür von ihr genutzten Begrifflichkeiten von »radikalen, revolutionären Innovationen« und »radikalen Investitionen« unter »extreme[r] Unsicherheit« deutlich (ebd.: 13). Hierbei geht es um mehr als staatliche Fördergelder, öffentliche Innovationsanreize oder den Zusammenhang, dass staatliche Investitionen häufig zusätzliche private Investitionen induzieren. Der Unternehmerstaat erschafft vor allem »die Vision, die Mission und den Plan« (ebd.: 20). Die besondere Rolle des Staates zeigt sich bei Investitionen, die zu Innovationen führen, deren Gewinn für die Allgemeinheit – im Sinne von öffentlichen Gütern – anfällt.

30 Hierzu gehört etwa die 2021 aktualisierte europäische KI-Strategie [*Coordinated Plan on Artificial Intelligence*] (Com/2018/795 final; Com/2021/205 final) (vgl. Europäische Kommission 2021a).

31 So soll etwa mit dem Data Governance Act (DGA) (COM/2020/767 final) im Rahmen der EU-Datenstrategie auf europäischer Ebene ein digitaler Binnenmarkt für Daten geschaffen werden, der unter anderem eine gemeinsame Nutzung von Daten zwischen Unternehmen, öffentlicher Hand, Zivilgesellschaft, Wissenschaft und Privatpersonen vereinfachen und regeln soll (vgl. Europäische Kommission 2020c).

32 Im aktuellen Vision & Strategy Dokument wird Gaia-X nur noch als »open software layer of control, governance, and the implementation of a common set of policies and rules to be applied to any existing cloud/edge technology stack to obtain transparency, sovereignty and interoperability across data and services« beschrieben (Bonfiglio 2021: 2). Damit würde »a framework to configure sovereignty from a digital and technical perspective«, das jedoch keine »political or economic interpretation of sovereignty« umfasst (ebd.: 3).

33 So soll etwa der Digital Services Act (DSA) (COM/2020/825 final) die Felder Datenschutz, Illegale Inhalte und Datengestützte Geschäftsmodelle im Bereich digitaler Dienstleistungen und Plattformregulierung miteinander verbinden (vgl. Europäische Kommission 2020c).

etwa bezogen auf Microsofts Dominanz bei PC-Betriebssystemen und Officeanwendungen (bei Bildungseinrichtungen und in der Verwaltung) oder im Zuge der Coronapandemie bei Videokonferenzlösungen (Zoom, Microsoft Teams).

Wenn man sich von diesem augenscheinlichen politischen Fokus auf sicherheits- und wirtschaftspolitische Aspekte löst, wird eine sehr viel breitere Nutzung des Begriffes der digitalen Souveränität ersichtlich.[34] Die Prominenz des Begriffes trug nicht zu seiner Schärfung bei. Vielmehr findet eine beständige Ausweitung seines Einzugsbereichs statt. Für eine erste Annäherung an eine Systematik des Begriffs digitale Souveränität kann Thiel (2019) herangezogen werden. Er identifiziert drei wissenschaftliche Debattenstränge: zum einen »Souveränität und Territorialität«, worunter die Entgrenzung durch das Internet, Kontrolle über Infrastruktur, Fragen der Rechtsdurchsetzung und die Sicherheitsdimension (Cyberwar) sowie als Antwort aus Steuerungsperspektive Internet Governance und Multi-Stakeholder Governance fallen. Im Strang der »Souveränität und Herrschaftsansprüche« geht es um die global agierenden Digitalunternehmen, die als private Herrschaftsakteure und Datenmachtmonopole staatliche Souveränität infrage stellen – und aus Steuerungsperspektive zu einer »Hybridisierung« führen, wenn staatliche Durchsetzungsmacht private Akteure nutzt oder gar auf diese angewiesen ist (ebd.: 53). Der dritte Strang der »Souveränität und demokratischen Selbstbestimmung« rückt dagegen nicht den Staat, sondern die Bürger:innen und damit individuelle und kollektive Selbstbestimmung in den Fokus.

Dieser *inhalts*bezogenen Dreiteilung lässt sich eine *akteurs- beziehungsweise ebenenbezogene* Dreiteilung gegenüberstellen. Während Erstere die Felder aufzeigt, *wo* Souveränität erreicht werden soll, fragt Letztere danach, *wer* souverän sein soll, beziehungsweise um *wessen* Souveränität es geht. Hilfreich ist hierbei die unter anderem von Pohle (2020b: 15ff.) aufgemachte Unterteilung in drei Ebenen: *staatlich* (Makroebene) (wobei hier noch einmal die nationale von der supranationalen Ebene unterschieden werden kann), *wirtschaftlich* (Mesoebene) und *individuell* (Mikroebene).[35] Diese Unterteilung lenkt darüber hinaus den Blick auch auf die Schnittstellen zwischen den Ebenen. Hierbei stellt sich dann die Frage nach (In-)Kompatibilitäten zwischen der digitalen Souveränität der Einzelebenen. So stellen die Grundrechte zunächst einmal Abwehrrechte der Bürger:innen (Mikroebene) gegenüber dem Staat (Makroebene) dar, insofern steht hier die digitale

34 Pohle (2021: 7) erkennt drei Tendenzen in der Entwicklung der Debatte und Nutzung des Begriffs: Diese differenziert sich konzeptionell aus, erhält eine stärker normative Prägung und entwickelt sich über ein allein auf den Staat bezogenes Verständnis von Souveränität hinaus. Insbesondere gerät die Zivilgesellschaft stärker in den Blick. Neben den Aspekt der staatlichen Souveränität im Sinne von *Autonomie* tritt daher die individuelle Souveränität im Sinne der *Selbstbestimmung* in digitalen Belangen.

35 Diese Einteilung ist deckungsgleich mit der Dreiteilung in Staatssouveränität, Marktsouveränität und Bürger:innensouveränität. Falk und Schroeder (2022: 4f.) dagegen sprechen auf der Mesoebene von der *kollektiven* statt der *wirtschaftlichen* Dimension. Ebenso unterteilen Glasze et al. (2022a: 8) zwischen Staat, Subjekt und nicht-staatlichen Organisationen. Diese Einteilung bringt jedoch die Schwierigkeit mit sich, dass auf der kollektiven Mesoebene sowohl Unternehmen als auch Bürger:innenrechtsorganisationen verortet werden müssten, wobei die von Letzteren vertretenen Souveränitätsinteressen jedoch eigentlich auf die individuelle Mikroebene abzielen.

Souveränität des Einzelnen möglicherweise in einem Spannungsverhältnis zu staatlichen Interessen, wie es sich etwa in den Debatten um den Umgang mit Gesundheitsdaten (siehe Kapitel V.1.3.4) oder die Datenschutzgrundverordnung (DSGVO) zeigt.

Gleiches gilt aber auch für die Mikro- und Mesoebene. Auch hier kann, wie das Beispiel Beschäftigtendatenschutz verdeutlicht, die digitale Souveränität des Unternehmens (Mesoebene) – im Sinne der selbstbestimmten Erhebung und Verfügung über (Produktions-)Daten – im Widerspruch oder zumindest Spannungsverhältnis zur digitalen Souveränität der Beschäftigten (Mikroebene) stehen. Noch viel deutlicher wird es an der von Zuboff (2018) als Überwachungskapitalismus bezeichneten Ausbeutung individueller Verhaltensdaten durch Digitalkonzerne, bei der diese ihrer Souveränität über ihre Plattform auf Kosten der Souveränität der Plattformnutzer:innen ausnutzen (siehe Kapitel IV.4.2). Andererseits geht eine Wahlmöglichkeit der genutzten Hard- und Software von Beschäftigten (etwa »*bring your own device*«; byod), als eine Form von individueller digitaler Souveränität, zulasten der Souveränität des Unternehmens (insbesondere in Sicherheitsaspekten). Aber auch wenn eine theoretische Wahlmöglichkeit besteht, kann diese in der Realität stark beschnitten oder quasi nicht vorhanden sein. Im Arbeitsumfeld sind viele auf die Nutzung von Microsoft Office angewiesen (größere Wahrscheinlichkeit für einheitliche Formatierung und problemloser Dateiformataustausch) und können somit nicht selbstbestimmt Open-Source-Alternativen wie beispielsweise LibreOffice nutzen.

Ein Schwerpunkt der Debatte um die digitale Souveränität des Staates wiederum konzentriert sich auf das Verhältnis zwischen der staatlichen Regulierungsfähigkeit (Makroebene) und transnational agierenden Digitalkonzernen (Mesoebene). Bei der technisch-architektonischen Implementierung der Corona-Warn-App bestand staatlicherseits zwar die Wahlmöglichkeit zwischen zwei Konzepten (zentral vs. dezentral). Die theoretischen, zentralen Wahlalternativen wurden jedoch infolge der Vorauswahl des unterstützten Verfahrens durch die maßgeblichen Infrastrukturanbieter (Mobiltelefonbetriebssysteme) Google und Apple obsolet, da damit eine effektive Implementierung aussichtslos wurde. Diese beiden US-Konzerne nutzten ihre digitale Souveränität über die von ihnen gepflegte Infrastruktur also zulasten der Souveränität der Nationalstaaten (siehe Kapitel V.1.4.1). Zugleich hätten im deutschen Fall die staatlichen Akteure (Makroebene), wenn sie sich mit der Umsetzung des von ihnen ursprünglich favorisierten zentralen Konzepts durchgesetzt hätten, die staatliche digitale Souveränität auf Kosten der digitalen Souveränität der Bürger:innen (Mikroebene) über ihre Daten (im Sinne der Datensparsamkeit und des Datenschutzes) durchgesetzt. Somit sind die Handlungsspielräume auf den drei Ebenen niemals deckungsgleich – vielmehr hängen sie vielfach in einem Nullsummenspiel voneinander ab.

Dies wird auch an den von Falk und Schroeder (2022: 4ff.), die digitale Souveränität als Voraussetzung dafür verstehen, Handlungsspielräume zu erkennen und diese eigenständig und selbstbestimmt zu nutzen, verwendeten Kategorien zur Definition von digitaler Souveränität deutlich: *Dürfen* (Entscheidungsbefugnisse sind vorhanden), *Können* (alternative Möglichkeiten stehen zur Auswahl; Entscheidungs- und Handlungskompetenzen sind vorhanden) und *Wollen* (Motivation ist vorhanden). Wenn das Dürfen primär über die (nicht) vorhandenen Entscheidungsbefugnisse definiert wird, dann besteht hier automatisch ein Konkurrenzverhältnis um eben diese Zuständigkeiten und Befugnisse.

Auch für Nationalstaaten und Systemvergleiche ist diese Dreiteilung fruchtbar. So kann China ein erhebliches Maß an staatlicher digitaler Souveränität zugestanden werden, die das Land durch hierarchische Maßnahmen und Instrumente auf der infrastrukturellen bis hin zur individuellen Ebene sicherstellt (von der Great Firewall bis zum Social Credit System). Auch die zuletzt getroffenen Maßnahmen gegen große chinesische Plattformen (wie Tencent) verdeutlichen den absoluten Anspruch und Vorrang staatlicher Souveränität (Makroebene) gegenüber Mark (Mesoebene) und Bürger:innen (Mikroebene). In den USA dagegen konnte sich eine starke digitale Souveränität der Techkonzerne (Mesoebene) sowohl gegenüber dem Staat (Makroebene) als auch den Nutzer:innen (Mikroebene) herausbilden.

An diesen Beispielen wird sehr deutlich, dass die Souveränität von Akteuren auf der einen Ebene häufig die Souveränität von Akteuren auf den anderen Ebenen einschränkt. Die hier sichtbar werdenden Spannungsverhältnisse zwischen den drei Ebenen lassen sich nicht einfach auflösen. Wechselseitig bedingte und beschränkte Handlungsspielräume betreffen zwar auch Akteure einer einzelnen Ebene (etwa welche staatliche Institution die Entscheidungsbefugnisse für einen bestimmten Bereich der Digitalpolitik erhält; siehe Kapitel II.3.2). Insbesondere stellt sich aber die Frage, wie das Souveränitätsniveau (relativ) von Akteuren einer Ebene im Verhältnis zur Souveränität von Akteuren der jeweils anderen Ebenen (relational) austariert wird. Daher lässt sich konstatieren, dass es sich bei der digitalen Souveränität um ein *relatives und relationales Konzept* handelt.

Dieser Aspekt findet sich jedoch in keiner Definition. Vielmehr lesen sich diese häufig so, als würde es gar kein Spannungsverhältnis geben.

> »Digitale Souveränität bedeutet also die kollektive Souveränität als Handlungs- und Gestaltungsfähigkeit des Staates und der Wirtschaft, zugleich aber auch die individuelle Souveränität, verstanden als Autonomie und selbstbestimmte Handlungsfähigkeit des Individuums in einer vernetzten Welt« (Pohle 2021: 8).

Darüber hinaus besteht das Problem, dass sich zwar ein gemeinsamer Kern aus den unterschiedlichen Definitionen herausarbeiten lässt, der sich um Begriffe wie Unabhängigkeit, Autonomie und Selbstbestimmung von Akteuren in der digitalen Welt dreht. Um wessen Souveränität, um welche Herausforderungen und damit auch um welche Ziele es geht, variiert jedoch erheblich.

Die Schwierigkeit beim Konzept der digitalen Souveränität besteht daher darin, dass dieses erst inhaltlich spezifiziert und aufgeladen werden muss. Der Erfolg des Begriffs mag gerade damit zusammenhängen, dass sich darunter jede:r etwas anderes vorstellen kann und er zugleich immer eine positiv besetzte (Ziel-)Perspektive beinhaltet.[36] Wer würde schon für digitale Abhängigkeit plädieren? Bei der Nutzung des Begriffs kann daher die Gefahr negativen Feedbacks oder kontroverser Debatten stark verringert werden.

---

36 Trotz positiver Perspektive wohnt dem Begriff zugleich eine negative Grundprämisse inne: Wenn digitale Souveränität als erstrebenswertes und erwünschtes Ziel ausgegeben wird, framet dies den Status quo unweigerlich als eine Situation der digitalen Abhängigkeit, aus der es zu entkommen gilt.

Zugleich bleibt digitale Souveränität damit häufig inhaltsleer, zumindest aber unkonkret. Somit handelt es sich weniger um ein Konzept als um eine *Chiffre* oder einen *Kofferbegriff*, angereichert mit wenigen geteilten Grundbegriffen, aber ansonsten offen für unterschiedliche konkrete Vorstellungen und zu erreichende Ziele.

Besonders deutlich wird dies in einer diskursanalytischen Untersuchung der deutschen Debatten um digitale Souveränität,[37] in der Lambach und Oppermann (2022) insgesamt sieben unterschiedliche Narrative identifizieren konnten. Stellenweise überlappen diese sich, teilweise verfolgen sie aber auch gegensätzliche politische Agenden. Am häufigsten (in 39 von 63 Dokumenten) fanden die Autoren das Narrativ der wirtschaftlichen Prosperität vor. In einem Drittel der Dokumente (20) folgte das Sicherheitsnarrativ. Die weiteren Narrative in absteigender Reihenfolge waren: Europäischer Way of Life (18), Datenschutz (15), Moderner Staat (11), Verbraucherschutz (9) und Demokratisches Empowerment (8) (vgl. ebd.: 6).[38] Aufgrund der inhaltlichen Nähe und des häufig gleichzeitigen Vorkommens fassen Lambach und Oppermann (ebd.: 7ff.) das Daten- und Verbraucherschutznarrativ sowie das Narrativ des demokratischen Empowerments unter der Kategorie des individuellen Empowerments zusammen.[39] Die besondere Rolle des Narratives der wirtschaftlichen Prosperität wird nicht nur an der Häufigkeit seines Vorkommens deutlich, sondern auch daran, dass dieses Narrativ als einziges in Kombination mit allen anderen Narrativen (mit einer Wahrscheinlichkeit von 63 %) vorkommt. »Um die nötigen Kräfte für das große Vorhaben der digitalen Transformation zu mobilisieren, Verpflichtungen plausibel zu machen und das Tempo zu erhöhen, braucht es jedoch ein gemeinsames Narrativ«, das eine breite Unterstützung unterschiedlicher Akteure generiert (Falk/Schroeder 2022: 2).

Trotz des heterogenen Verständnisses des Begriffes – insbesondere in der Frage, um wessen Souveränität es geht – aufgrund dessen sich die Narrative unterscheiden, heben Lambach und Oppermann (2022: 14) gleichwohl einen positiven Aspekt besonders hervor:

> »[T]he interpretive flexibility of digital sovereignty makes the concept a poor guide for policymaking. […] Arguably, the main value of digital sovereignty lies not in policy or governance but rather in politics – as a useful tool for organizing political coalitions«.

---

37 Grundlage der Untersuchung war ein Textkorpus aus 63 zwischen 2010 und 2021 erschienenen Dokumenten von staatlicher, zivilgesellschaftlicher und wirtschaftlicher Seite.

38 Für die englischsprachige Literatur nennt Süß (2022: 5) sechs unterschiedliche Bezugskonzepte der Debatten um digitale Souveränität: die Unabhängigkeit des Cyberspace, digitale Staatssouveränität, die Datensouveränität indigener Völker, die technische Souveränität sozialer Bewegungen sowie den commonsbasierten Souveränitätsansatz.

39 Dieser auf die individuelle Souveränität und digitale Bürger:innenrechte fokussierte Teil der Debatte um digitale Souveränität ist kennzeichnend für den deutschen (im Unterschied zum europäischen) Diskurs und bringt die konfliktträchtigere Dimension zwischen staatlicher und individueller Souveränität mit sich. Bei der Souveränitätsabwägung zwischen Staat und Unternehmen (zugunsten des Staates) sowie Unternehmen und Individuen (zugunsten der Individuen) lässt sich in der Regel ein Konsens auch zwischen Akteuren unterschiedlicher Ebenen einfacher herstellen.

Hieran anschließend ist digitale Souveränität zwar als (wissenschaftliches) Konzept wenig hilfreich, die Chiffre der digitalen Souveränität könnte jedoch eine veritable Vision des Staates im digitalen Zeitalter darstellen.

Auch Falk und Schroeder (2022: 1f.) sehen im Begriff der digitalen Souveränität das Potenzial für einen »politische[n] Leitgedanke[n]«, der dem Mangel an einem »belastbaren strategischen Rahmen« mit »klaren Zielvorgabe[n] [...] und kompetente[r] Umsetzungsperspektive« begegnen könnte. Das Konzept der digitalen Souveränität, verstanden als »politisches, wirtschaftliches und gesellschaftliches Leitbild«, bietet »eine normative und strategische Grundorientierung, um in gesellschaftlichen und globalen Deutungskonflikten die Position einer nachhaltigen und demokratischen Digitalpolitik plausibler auszurichten« (ebd.: 10).

Ein solches Narrativ beschreibt die aktuellen Herausforderungen (Warum) und die Vision einer erwünschten Zukunft (Was), skizziert den Weg dorthin (Wie) und treibt die Umsetzung der notwendigen Schritte voran, indem es die relevanten Akteure integriert (Wer). Im Rahmen der Chiffre der digitalen Souveränität ist ein solches Narrativ möglich, da sowohl der Kern der Problemdiagnose als auch die grundsätzliche Richtung der nötigen Veränderungen vielfach eher konkurrierend als konfligierend verlaufen. Insofern liegt diese als Vision eher auf einer Ebene mit dem starken oder schlanken Staat, als dass sie ein klar erkennbares Schema der erwünschten Zukunft visualisieren würde. Viele Details bleiben mithin offen beziehungsweise werden nicht vorgegeben. Damit hat diese Chiffre nicht nur das Potenzial, unterschiedliche Akteure hinter sich zu versammeln, die die Details aus ihrer jeweiligen Interessenlage heraus individuell ausfüllen, sondern bietet auch kommunikatives Interaktionspotenzial.[40] Zugleich ist die Vision der digitalen Souveränität offen und flexibel. Sie lässt sich sowohl an unerwartete Hindernisse auf dem Weg anpassen als auch im Modus von Kooperation, Verhandlung und Konsens – ausreichende Kompromissfähigkeit der relevanten Akteure vorausgesetzt – mit konkreten Zielpunkten und Umsetzungsprozessen hinterlegen. Die digitale Souveränität ist also als analytisches Konzept (aufgrund ihrer Unbestimmtheit) wenig hilfreich, als politische Leitbild für den Staat im digitalen Zeitalter dafür umso mehr. Gleichwohl ist damit der notwendige Schritt von der Vision zur Konkretisierung noch nicht getan.

Am Beispiel der politisch häufig verkürzten Debatte um digitale Souveränität zeigt sich deutlich, dass es alles andere als trivial ist, eine konstruktive und realistische Zukunftsvision zu entfalten, von der sich konkrete Steuerungsziele ableiten lassen, die dann wiederum eine begründete Auswahl an Steuerungsinstrumenten erlauben.[41]

---

40 Lambach und Oppermann (2022: 13) kommen in ihrer Analyse der deutschen Diskurse um digitale Souveränität zu dem Schluss, dass das Konzept nicht *trotz* der Existenz der von ihnen identifizierten sieben Narrative so erfolgreich geworden ist, sondern *wegen* der sich zwar teilweise widersprechenden, aber auch überlappenden und damit aufeinander beziehbaren Narrative: »These narrative qualities of ›digital sovereignty‹ and the interpretive flexibility of the concept make it an attractive focal point for the political projects of actors from many different policy fields and political camps.«

41 Kontraproduktiv sind daher eine Vision, die »vollkommen entkoppelt dasteht und es keine sinnvollen Verbindungslinien vom Hier und Jetzt zum utopischen Übermorgen gibt« (Friesike/Sprondel 2022: 23).

Steuerungsfähigkeit in komplexen Kontexten bedarf jedoch aus mindestens zwei Gründen einer Vision: Zum einen können Zielbestimmungen als einfache Ableitungen von mehreren identifizierten Einzelproblemen (also die einfache Umkehrung ungewollter Zustände als) wicked problems nicht gerecht werden. Zum anderen ergeben sich aus ambiguen Herausforderungen keine zwingenden Perspektiven und damit kein alternativloser Handlungshorizont. Stattdessen ist die Zukunft kontingent, und erwünschte Zukünfte können sich zwischen Akteuren unterscheiden. Wie könnte ein deutsches Leitbild der digitalen Souveränität aussehen, wenn diese konsequent als drittes Modell – in der Tradition des mittleren Weges – neben dem staatlichen Modell Chinas (Makroebene) und dem wirtschaftlichen Modell der USA (Mesoebene) gedacht werden würde?

In einer solchen Perspektive stände die digitale Souveränität der Bürger:innen auf der Mikroebene im Fokus, die von zahlreichen zivilgesellschaftlichen Organisationen insbesondere in die deutsche Debatte um digitale Souveränität eingebracht worden ist *(wollen)*. Für alle anderen Akteure und Ebenen würde gelten: so viel digitale Souveränität wie möglich, ohne dabei diejenige der Bürger:innen zu beschneiden. Dem Staat käme dann, neben der Sicherstellung des Primats der Bürger:innen-Souveränität *(dürfen)*, insbesondere die Aufgabe zu, dafür Sorge zu tragen, dass die Bürger:innen dazu in die Lage versetzte werden, ihre Souveränität auch wahrzunehmen *(können)*. Dies beinhaltet insbesondere die Stärkung der *digital literacy*, damit zwischen bestehenden Wahlmöglichkeiten auch tatsächlich durch selbstbestimmte (und damit mit einem für das Abwägen nötigen Wissen) Entscheidungen eine (begründete) Auswahl getroffen werden kann. Genauso gehört aber auch die Regulierung von Plattformen dazu, damit diese nicht einseitig Auswahlmöglichkeiten vorenthalten oder *dark pattern* zur Lenkung von Nutzer:innen-Entscheidungen verwenden.

Wenn ein solcher Konsens über den Primat digital souveräner Bürger:innen bestehen würde, verschöbe sich auch die ewig gleiche Debatte beispielsweise über Datenschutz vs. Wirtschaftsinteressen. Denn aus einer solchen Konsensperspektive kann aus der *Frontstellung* vermeintlicher Gegensätze – Datenschutz *oder* Datenwirtschaft – eine *Fragestellung* werden: Wie lässt sich Datenwirtschaft mit Datenschutz vereinbaren? So kann ein Nachdenken über wirklich innovative Geschäftsmodelle forciert werden, anstatt die Tendenz zu befördern, Alternativen zu »entwickeln«, bei denen einfach die Modelle US-amerikanischer Unternehmen kopiert werden. Genauso kann gefragt werden, wie die Bereitschaft von Bürger:innen zu Datenspenden gesteigert werden kann, inwiefern Nutzer:innen in der Lage sein sollten, selbst ihr Daten zu vermarkten (und wie man sicherstellen kann, dass sie dies verantwortungsvoll und mit Überblick über die Konsequenzen tun).

Bislang scheinen allerdings weiterhin ökonomische und sicherheitspolitische Erwägungen zu überwiegen. Diese kumulieren in den Feldern der Technologiesouveränität[42] (der nationalen beziehungsweise europäischen Unabhängigkeit etwa bei Schlüsseltechnologien und Mikrochips) sowie einer Datensouveränität, bei der primär deren Potenziale für Innovation und Wachstum (für Wirtschaft, Gesundheit etc.) gehoben

42 Für ein Konzept von Technologiesouveränität siehe etwa Edler et al. (2020).

werden sollen. Und auch in der Sicherheitsdimension werden Kontrolle und Überwachung sowohl nach außen (Schutz kritischer Infrastruktur) als auch nach innen (Staatstrojaner) priorisiert. Es ist daher bezeichnend, wenn es acatech im Impulspapier zum Status quo und zu den Handlungsfeldern digitaler Souveränität ausschließlich um den »globale[n] Wettlauf im industriellen Sektor«, »Innovationsfähigkeit« sowie »neue[] Wertschöpfung« geht und der Fokus auf Technologie und Daten liegt (Kagermann et al. 2021: 8). Die individuelle Dimension demokratischer digitaler Souveränität kommt allenfalls indirekt zum Ausdruck, wenn vereinzelt diffus auf eine Orientierung an europäischen Werten verwiesen wird. Dies spiegelt sich auf Bundesebene auch in aktuellen Strategiedokumenten der Ampelkoalition wider. Das Innenministerium stellte seine digitalpolitischen Ziele und Maßnahmen bis 2025 unter dem Titel »Digitales Deutschland – Souverän. Sicher. Bürgerzentriert« vor, wobei der Begriff »Digitale Souveränität« konkret bei zwei der fünf vom BMI (2022a: 8, 10) fokussierten Themenfeldern auftaucht: bei der Cybersicherheitsarchitektur und bei den interoperablen Infrastrukturen.

Tabelle 9: Häufigkeit von Begriffen zur digitalen Souveränität in der Digitalstrategie 2022 der Ampelkoalition

Souveränitätsbezug in den Handlungsfeldern	**Vernetzte und digital souveräne Gesellschaft**	**Innovative Wirtschaft, Arbeitswelt, Wissenschaft und Forschung**	**Lernender, digitaler Staat**
Bürger:innen/Verbraucher:innnen/ Patient:innen (Datensouveränität)	5		
Nutzer:innen (Datensouveränität)		3	
Technologisch/Infrastruktur		3	1
EU/Binnenmarkt		1	2
(Cyber-)Sicherheit			3
Verwaltung(sdigitalisierung)			5
Übergreifend	2	1	1
Insgesamt	**7**	**8**	**12**

Quelle: BMDV (2022a); eigene Zusammenstellung und Darstellung.

In der im September 2022 von der Ampelkoalition verabschiedeten Digitalstrategie finden sich auf 52 Seiten ganze 48 Mal Begriffe wie »digitale Souveränität« oder »digital souveräne Gesellschaft« (vgl. BMDV 2022a). In den drei Handlungsfeldern der Strategie überwiegt die Nutzung der Begriffe im Kontext von Verwaltung, Sicherheit und Wirtschaft. Zwar spielt das Thema Datensouveränität auch wirtschaftsbezogen eine Rolle, hier allerdings aus der Perspektive auf Nutzer:innen in einer zu stärkenden Datenökonomie. Nur im Handlungsfeld »Vernetzte und digital souveräne Gesellschaft« steht die Souveränität von Bürger:innen, Verbraucher:innen und Patient:innen (auch hier häufig mit dem Fokus auf Datensouveränität) im Mittelpunkt (siehe Tabelle 9). Dabei fand das

Unterkapitel »Digitale Zivilgesellschaft«, das auf Teilhabe und »digitale Souveränität der Gesellschaft« abzielt, erst nach Bekanntwerden des ersten Entwurfs im Juli 2022 noch nachträglich Eingang in die Strategie.

Ein konsistentes, bürger:innenorientiertes digitales Souveränitätsverständnis als deutscher (und europäischer) dritter Weg jenseits der chinesischen Staatssouveränität und der US-amerikanischen Marktsouveränität konnte sich bislang also nicht herausbilden, was auch die nachfolgenden Fallbeispielen zeigen.

V. Politische Steuerung im digitalen Zeitalter: Einblick in die politische Praxis

»Ein ›digitaler Staat‹ wäre [...] einer, der systematisch Daten sammelt, um nach außen und nach innen besser steuern zu können, also einer, der sein Handeln auf Daten stützt, um sein Agieren ständig zu optimieren, es wäre ein daten-getriebener Staat [...], indem andere Instrumente wie Recht, Geld, Personal oder Organisation nachrangig werden bzw. Daten zumindest gleichrangig neben die herkömmlichen Instrumente treten [...]. Ein digitaler Staat wäre einer, der seine internen Strukturen und Prozesse permanent anhand von Daten überprüft und optimiert, um seine Aufgaben besser, schneller und günstiger erfüllen zu können.«
Göttrik Wewer (2022: 39)

Dieses Kapitel analysiert drei spezifische Themen- beziehungsweise Politikfelder, um vertiefende Erkenntnisse über die Praxis staatlicher Steuerung im digitalen Zeitalter zu gewinnen. Neben dem Feld der Gesundheitspolitik werden die Industriepolitik sowie die Netz-, Dienste- und Inhaltspolitik näher betrachtet. Jedes dieser Felder bietet besonders augenfällige Beispiele, anhand derer sich exemplarisch die (veränderte) Ausgestaltung staatlicher Steuerung im digitalen Zeitalter veranschaulichen lässt. Dieser differenzierte Blick ist notwendig, denn wenn wir »konkretes staatliches Handeln [betrachten], auch und gerade im Hinblick auf Internet und Digitalisierung, so zerfällt der Staat in eine Vielzahl von Rollen und Konstellationen, wird staatliches Handeln von einer großen Zahl politischer und gesellschaftlicher Akteure geprägt und damit Nationalstaatlichkeit erst konstruiert« (Borucki/Schünemann 2019: 11).

V.1 Fallbeispiel 1: Gesundheitspolitik

Das Feld der ambulanten und stationären Gesundheitsversorgung[1] ist aus Steuerungsperspektive – bereits ohne die Berücksichtigung der Digitalisierung – äußerst spannend. Dies gilt sowohl mit Blick auf Beratung und Information im Bereich Prävention und Gesundheitsförderung, auf die Forschung als auch auf die medizinische Diagnostik und therapeutische Behandlungspraxis.[2] Beispielhaft seien hier auf den hochgradig regulierten Bereich der Medizinprodukte und Pharmazeutika, auf die Selbstregulation der Medizinprofession in den als Körperschaften des öffentlichen Rechts organisierten Ärztekammern mit Pflichtmitgliedschaft sowie die Selbstverwaltung von Krankenkassen, Kassen(zahn)ärztlichen Vereinigungen (KVen)[3] und Deutscher Krankenhausgesellschaft (DKG) im Gemeinsamen Bundesausschuss (G-BA) verwiesen. Darüber hinaus gilt der Gesundheitssektor als »Prototyp eines neokorporatistischen Verhandlungssystems« (Bandelow 2004a: 49).

Es ist daher nicht verwunderlich, wenn das Politikfeld der Gesundheitspolitik für die Politikwissenschaft unter anderem unter dem Aspekt der Steuerungsfähigkeit des Staates von Interesse ist. In der Forschung werden insbesondere die institutionellen Strukturen und Akteursbeziehungen reflektiert, die als ein »*korporatistisches Regulierungs-Netzwerk* [Herv. i. O.]« beschrieben werden, in das ein mehrdimensionales Verhandlungssystem eingebettet ist (Kevenhörster 2015: 314). Oder wie Alber (1992: 14, auch 157) es ausdrückt: ein System »höchst komplexe[r] […] Vielfachsteuerung«. Aufgrund des Selbstverwaltungsprinzips kommt hierbei dem Staat eine eher rahmensetzende Steuerungsrolle zu. Politikfelder sind aber keinesfalls statisch. Der Wandel von Staat und Staatlich-

1 Da die Pflegepolitik ein eigenständiges Politikfeld darstellt, bleibt der Bereich der Krankenhauspflege und Altenpflege im Folgenden ausgespart (vgl. Gerlinger/Reiter 2017b: 275f.).

2 Der Bereich der Rehabilitation wird im Folgen nur am Rande aufgegriffen. Der Fokus liegt auf der ambulanten und stationären Akutversorgung sowie der Prävention und Forschung.

3 Wie bei den Ärztekammern handelt es sich auch bei den KVen um Körperschaften des öffentlichen Rechts. Während in den Kammern alle Ärzt:innen Zwangsmitglied sind, besteht in den KVen nur für Vertragsärzt:innen eine Pflichtmitgliedschaft (also für alle Ärzt:innen die für Kassenpatient:innen Leistungen erbringen und über die Krankenkassen abrechnen und nicht ausschließlich Privatpatient:innen behandeln).

keit sowie die Entwicklung von Politikfeldern bedingen sich wechselseitig.[4] Zustandsbeschreibungen sind damit immer ein Abbild der Konfiguration zu einem bestimmten gegebenen Zeitpunkt. Im Folgenden stehen die Veränderungen zwischen diesen Zustandsbeschreibungen mit dem Fokus auf der staatlichen Steuerung im Zentrum. Dabei ist ein Nachzeichnen der historischen Genese der Steuerung der Gesundheitspolitik notwendig, um eine mögliche Veränderung der staatlichen Steuerung und des Steuerungspotenzials im digitalen Zeitalter erkennen zu können.

V.1.1 Polity: Steuerungssubjekte und -objekte – Akteurskonstellation in der Gesundheitspolitik

Gesundheitspolitik gilt als Feld, in dem Interessenorganisationen und andere Akteure nicht nur eine große Rolle spielen, sondern auch sehr zahlreich und heterogen daherkommen. So weisen Dhungel und Linhart (2014: 752, 759ff.) etwa für den Bundestagsausschuss für Gesundheit mit 524 (von insgesamt 3.684 in allen Ausschüssen) die meisten eingeladenen Sachverständigen (17. Wahlperiode) nach, darunter 334 von 1.360 Verbänden. Auch die effektive Verbandszahl (die etwa die hochgradig unterschiedliche Aktivität von Verbänden bezogen auf die Zahl der eingebrachten Stellungnahmen berücksichtigt) liegt mit 102,4 noch weit vor dem zweitplatzierten Rechtsausschuss mit 64. Die sich hier abzeichnende Vielfalt an gesundheitspolitischen Akteuren spiegelt sich in der heterogenen Akteurslandschaft im Gesundheitssektor wider. Eine Systematisierung der hier relevanten klassischen Akteursgruppen zeigt Tabelle 10.

Es lassen sich drei Kategorien unterscheiden (vgl. etwa Bandelow 2004a: 51–56): Leistungserbringer:innen, Leistungszahler:innen (häufiger als Kostenträger:innen bezeichnet) und Leistungsempfänger:innen.[5]

Zu den Leistungserbringer:innen und -anbieter:innen sowie deren Kollektivorganisationen zählen: aufseiten der Ärzt:innen die Ärztekammern, sowie die Kassen(zahn)ärztlichen Vereinigungen (KVen) für niedergelassene und die Gewerkschaften für angestellte Ärzt:innen (Marburger Bund) sowie die anderen Beschäftigtengruppen in Krankenhäusern, medizinischen Versorgungszentren (MVZ) und Arztpraxen (ver.di). Daneben gibt es diverse Fach- und Berufsverbände. Darüber hinaus gehören die Krankenhausträger:innen[6] mit der Deutschen Krankenhausgesellschaft (DKG) auf die Seite

4 Döhler und Manow (1995: 11) weisen mit Blick auf Entscheidungsstrukturen im politischen System und Interessenkonstellationen in Politikfeldern darauf hinweisen, dass diese Entwicklungsprozesse ungleichzeitig ablaufen können und dabei »einer jeweils eigenen, keineswegs synchronen Entwicklungslogik« unterliegen. Dabei ergeben sich die konkreten Ergebnisse der (politischen) Aushandlungsprozesse gerade aus deren Wechselspiel ergeben (Döhler/Manow 1997: 119).

5 Der Leistungsbegriff weist darauf hin, dass sich die Gesundheitspolitik insbesondere durch die Erbringung von (Gesundheits-)Dienstleistungen auszeichnet. Sie unterscheidet sich damit von anderen eher auf monetäre Umverteilung hin orientierten wohlfahrtsstaatlichen Politikfeldern (vgl. Gerlinger/Reiter 2017a: 221).

6 Es existieren öffentliche, freigemeinnützige und private Krankenhausträger.

der Leistungserbringer:innen, genauso auch die pharmazeutische Industrie mit ihren zwei Verbänden[7] und die medizintechnischen Unternehmen.

Tabelle 10: Gesundheitssektor: Plurale und heterogene Akteurslandschaft

Kategorien	Gruppen	Kollektivakteure (Auswahl)
Leistungserbringer/-anbieter:innen	Ärzt:innen, Pflegekräfte, Krankenhausträger	Kassen(zahn)ärztliche Vereinigungen, Ärztekammern, Berufsverbände, Gewerkschaften, Deutsche Krankenhausgesellschaft
	Arzneimittelhersteller, Medizintechnik, Apotheken	Bundesverband der Arzneimittel-Hersteller, Verband forschender Arzneimittelhersteller, Bundesverband der Pharmazeutischen Industrie
Leistungszahler:innen/Träger:innen der Finanzierung/Kostenträger:innen	Krankenkassen, Krankenversicherung, Unfall-, Pflege-, Rentenversicherung	GKV-Spitzenverband, Verband der privaten Krankenversicherung
(Potenzielle) Leistungsempfänger/-bezieher:innen	Versicherte, Patienten, Chronisch Kranke	Behinderten-, Patientenverbände, Verbraucherzentralen, Sozial-, Wohlfahrtsverbände

Quelle: Eigene Zusammenstellung und Darstellung.

Den Leistungserbringer:innen stehen die Kostenträger:innen[8] gegenüber, wobei die gesetzlichen Krankenkassen[9] als Selbstverwaltungsorgane sich zugleich auch als advokatorische Vertretung[10] eines Teils der Leistungsbezieher:innen und -empfänger:innen,

7 Die Pharmaunternehmen sind »kein Bestandteil des gesundheitspolitischen Verhandlungssystems« (Bandelow 2004a: 52). Als finanzstarke Lobbyakteure organisieren sie sich jedoch im Bundesverband der Arzneimittel-Hersteller (BAH) (insbesondere Hersteller von Generika) und seit der Verbandsabspaltung 1994 zusätzlich im Verband forschender Arzneimittelhersteller (vfa).

8 Die Finanzierungsträger:innen sind nicht die Leistungsfinanzierer:innen. Letztere sind die gesetzlich versicherten Arbeitnehmer:innen und Arbeitgeber:innen beziehungsweise die Privatversicherten mit ihren jeweiligen Krankenversicherungsbeiträgen.

9 Auf die grundsätzlichen Unterschiede zwischen gesetzlichen Krankenkassen (GKV) und privaten Krankenversicherungen (PKV) im deutschen Gesundheitswesen wird an dieser Stelle nicht näher eingegangen.

10 Über die Sozialwahl sind die Versicherten als Mitglieder der Krankenkasse direkt in die Bestellung der Verwaltungsrät:innen eingebunden. Gleichwohl beschränkt die häufig anzutreffende sogenannte »Friedenswahl« die demokratische Legitimationswirkung (vgl. Gerlinger/Reiter 2017a: 236).

ihrer Versicherten[11], sehen. Ebenfalls eine Zwitterstellung können die Gewerkschaften einnehmen, die zwar im Kern die Interessen der Beschäftigten im Gesundheitssektor, also von Ärzt:innen, Pfleger:innen und administrativem Personal, vertreten, zum Teil aber aus Gemeinwohlperspektive auch advokatorisch die Interessen von Patient:innen aufgreifen oder zumindest versuchen, über diese ihre Partikularinteressen zu legitimieren. Allein auf Leistungsempfänger:innenseite lassen sich die (advokatorische) Interessenvertretung von Patient:innen und Behinderten durch Behinderten- und Patient:innenverbände oder Selbsthilfegruppen sowie Verbraucher:innen durch Verbraucherschutzverbände und die Verbraucherzentralen verorten. Diese Gruppen sind schwach organisiert, was sich unter anderem durch die Heterogenität von sowohl Versicherten als auch Patient:innen erklären lässt. In diesem Bereich wird daher immer wieder der Staat als Organisationshelfer tätig, indem er finanziell unterstützt, Organisationen schafft oder diese in Verhandlungsgremien integriert (vgl. ebd.: 55f.).

Dieses breite Feld relevanter Akteure wird auch an der Zusammensetzung des Gemeinsamen Bundesausschusses (G-BA) – dem obersten Beschlussgremium der gemeinsamen Selbstverwaltung – deutlich. Er setzt sich aus jeweils fünf Vertreter:innen von Leistungserbringer- (KBV, KZBV, DKG) und Kostenträger:innenseite (GKV-Spitzenverband) zusammen. Hinzu kommen drei unparteiische Mitglieder, von denen eines den Vorsitz innehat. Des Weiteren sind Vertreter:innen von Patient:inneninteressen im G-BA vertreten. Sie besitzen zwar eine Mitberatungs- und Antragsrecht, jedoch kein Stimmrecht (vgl. G-BA o.J.) Zu den weiteren wichtigen Akteuren, die aber als Gruppen nicht formal eingebunden sind, gehören die Pfleger:innen, Apotheker:innen[12], Gewerkschaften und Arbeitgeberverbände.[13]

Der Gesundheitssektor ist daher insgesamt durch eine plurale Landschaft von Akteuren geprägt, die in unterschiedlichen institutionellen Settings, sowohl mit pluralistischem als auch korporatistischem Charakter, agieren. Daher zeichne sich das Gesundheitswesen »traditionell durch eine Vielfalt an Steuerungsformen und eine Vielzahl von Steuerungsakteuren aus« (Böhm 2008: 8), was auf das Potenzial für staatliche Steuerung zurückwirke (vgl. Gerlinger 2014: 37). Gleichwohl stellen die Gremien der gemeinsamen Selbstverwaltung – allen voran der G-BA – zusammen mit einem rahmensetzenden Staat (Rechtsetzung, Aufsicht, Planung)[14] den Kern des Steuerungssystems dar. »In Deutschland ist die Steuerung des Gesundheitswesens bei politikanalytischer

11 Die Interessen von Patient:innen und Versicherten stehen zum Teil in einem Spannungsverhältnis. Während beide an einem breiten Leistungsspektrum der Krankenkasse interessiert sind, liegt der Fokus bei Versicherten als Leistungsfinanzierer:innen auf niedrigen Beiträgen und bei Patient:innen als Leistungsempfänger:innen auf der Kostenübernahme der gewünschten medizinischen Leistungen.

12 Die Apotheker:innen sind wie die Ärzt:innen ebenfalls sowohl in Kammern als auch in Verbänden (unter dem Dach der Bundesvereinigung Deutscher Apothekenverbände; ABDA) organisiert. Sie sind aber nicht Teil des korporatistischen Verhandlungssystems in Gesundheitssektor (vgl. Bandelow 2004a: 52).

13 Gleichwohl erfolgt eine formale Einbindung von Gewerkschaften und Arbeitgeberverbänden über die Sozialwahlen der gesetzlichen Krankenkassen. Sie werden als die Interessenvertreter:innen von Versicherten und Arbeitgebern in die Verwaltungsräte der Kassen gewählt.

14 Den Ländern obliegt etwa die Krankenhausplanung.

Betrachtung an ein Netzwerk öffentlich-rechtlicher Verbände delegiert worden« (Kevenhörster 2015: 333). Die gesellschaftliche Selbstregulierung in Form der Selbstverwaltung entspricht dem Modus eines korporatistischen Verhandlungssystems. Eine korporatistische Akteursstruktur kann allerdings »bei einem langfristig angelegten, kooperativen Verhalten der Verbände der staatlichen Steuerung durchaus entgegenkommen« (ebd.: 334).

Auf der einen Seite ist die Akteurskonstellation in der Steuerung des Gesundheitswesens daher durch eine stabile Struktur und Vetopositionen zentraler Akteure geprägt, wenngleich trotzdem Reformen und (inkrementeller) Wandel möglich sind (siehe Kapitel V.1.2). Auf der anderen Seite kennzeichnet den Gesundheitssektor eine Vielzahl an weiteren Akteuren (und damit Steuerungsobjekten), verbunden mit dem zu konstatierenden Trend einer weiterhin anhaltenden Pluralisierung. Von Winter (2014: 189) spricht daher von einem »korporatistischen Kern« (insbesondere in der Politikimplementierung) und einem »weitläufige[n] pluralistische[n] Umfeld aus weiteren gesundheitspolitischen Akteuren« (insbesondere in der Interessenvertretung und Politikproduktion). Allerdings zeigt die Auswertung der zu Anhörungen im Gesundheitsausschuss eingeladenen Verbände und Sachverständigen, dass auf dieser Ebene der Politikproduktion weiterhin korporatistische Akteure die zentrale Rolle spielen (vgl. ebd.: 203). Verglichen mit den anderen Ausschüssen, ist der Gesundheitsausschuss auf der einen Seite durch die höchste Anzahl an sowohl geladenen Sachverständigen als auch Verbänden gekennzeichnet. Dieser Pluralität stehen auf der anderen Seite wenige (korporatistische) Akteure gegenüber, die einen sehr großen Anteil der Stellungnahmen auf sich vereinen (vgl. Dhungel/Linhart 2014: 750–760).

Im Zuge der Digitalisierung geraten diese etablierten Akteurskonstellationen im Gesundheitswesen – und damit eine Basis für das Funktionieren von Selbstverwaltung – unter Druck. Neue Akteure (wie digitale Start-ups) treten auf und große Akteure aus anderen Bereichen (Digitalkonzerne) drängen ins Feld. Diese lassen sich, im Gegensatz zu vielen etablierten Gesundheitsakteuren, als »Digital Natives« bezeichnen. Mit ihnen und ihren Interessenverbänden betritt daher »ein neuer Akteurstyp die Bühne der Gesundheitspolitik« (Gerlinger et al. 2019: 163). Beziehungsweise sprechen Behm und Klenk (2020: 500) bereits davon, dass in »zunehmendem Maße [...] die Digitalisierung des Gesundheitssektors von (Wirtschafts-)Akteuren bestimmt [wird], die nicht zu den klassischen Mitspielern zählen und sich von neuen technologischen Standards Wettbewerbsvorteile versprechen.« Infolgedessen nimmt die ohnehin konstatierte Pluralisierung der relevanten Akteure im Gesundheitssektor weiter zu, insbesondere in dem durch Markt und Wettbewerb gekennzeichneten Bereich. Sie treten dabei als Leistungserbringer:innen und politische Interessenakteure im Feld auf. Im letztgenannten Bereich sind sie aber nicht die einzigen neue Akteure.

V.1.1.1 Neue Interessensakteure in der Gesundheitspolitik

Diese weitere Pluralisierung zeigt sich auch auf der Ebene der Interessenvertretung beziehungsweise der Politikproduktion. Beispielhaft werden dafür die Einladungen und Stellungnahmen zu öffentlichen Anhörungen im Gesundheitsausschuss herangezogen.[15] Zu den zehn untersuchten Anhörungen wurden im Durchschnitt 34,4 Akteure eingeladen. Hinter den insgesamt 344 Einladungen verbergen sich 163 Institutionen, Organisationen und Einzelsachverständige.[16] In den beiden Anhörungen zu primär digitalisierungsbezogenen Gesetzesvorlagen – die Sitzungen vom 16.10.2019 zum Digitale-Versorgungs-Gesetz (DVG) sowie vom 27.05.2020 zum Patientendaten-Schutz-Gesetz (PDSG) – lag die Zahl der geladenen Institutionen, Organisationen und Einzelsachverständigen mit 37 beziehungsweise 36 nahe am Durchschnitt. Bezüglich der Pluralisierung ist der Anteil an »spezifischen« eingeladenen Akteuren (Akteure, die einmalig in einer der zehn untersuchten Sitzungen anwesend sind) interessant. Von den insgesamt 163 Akteuren waren 99 (61 %) nur einmal in einer der zehn Anhörungen präsent und nur 19 (12 %) in mindestens fünf Anhörungen. Hier zeigt sich deutlich der von Winter (2014: 189) beschriebene »korporatistische[] Kern« mit »weitläufige[m] pluralistische[n] Umfeld«. In den einzelnen Anhörungen lag der Anteil an einmalig auftretenden Akteuren im Durschnitt bei 29 Prozent. Die beiden digitalaffinen Sitzungen kamen ebenfalls auf 32 beziehungsweise 28 Prozent. Dazu zählten: Bitkom, Chaos Computer Club (CCC), Digitale Gesellschaft, Netzwerk Datenschutzexpertise, Patientenrechte und Datenschutz, Spitzenverband IT-Standards im Gesundheitswesen (SITiG), Zentralverband Elektrotechnik- und Elektronikindustrie (ZVEI), Deutsche Gesellschaft für Telemedizin sowie Wissenschaftler:innen von Technischen Universitäten. Diese spezifisch digitalpolitischen Akteure erweitern das pluralistische Umfeld der Gesundheitspolitik. Darüber hinaus zeigt sich der Stellenwert der Digitalisierung im Gesundheitssektor an der regelmäßigen Einladung, auch zu nicht digitalaffinen Anhörungen, sowohl des Bundesverbandes Gesundheits-IT (BVITG) (6 von 10 Anhörungen) als auch der gematik (5 von 10).

V.1.1.2 Digitalkonzerne als Leistungserbringer:innen

Eine Heterogenisierung der Akteurslandschaft findet jedoch nicht nur auf der Ebene der Interessenvertretung statt. Auch die Seite der Leistungserbringer:innen differenziert sich im Zuge der Digitalisierung weiter aus. Während im Bereich der Arzneimittelhersteller und der Produzenten klassischer Medizinprodukte die Markteinstiegshürden,

15 Berücksichtigt wurden zehn öffentliche Anhörungen im Gesundheitsausschuss zu Gesetzesvorlagen und -initiativen in der 19. Legislaturperiode im Zeitraum vom 08.10.2018 bis 16.11.2020. Um den gesamten Zeitraum angemessen abzudecken, entfielen zwei Anhörungen auf 2018, fünf auf 2019 und drei auf 2020. Dabei wurde darauf geachtet, dass unterschiedliche Schwerpunktbereiche mit den gewählten Gesetzesvorlagen abgedeckt werden. Diese sind: Versicherte (Versichertenentlastungsgesetz), Pflege (Pflegepersonal-Stärkungsgesetz), Versorgung (Terminservice- und Versorgungsgesetz II), Arzneimittel (Gesetz für mehr Sicherheit in der Arzneimittelversorgung), Krankenkassen (MDK-Reformgesetz; Fairer-Krankenkassenwettbewerb-Gesetz; Gesundheitsversorgungs- und Pflegeverbesserungsgesetz), Krankenhäuser (Krankenhauszukunftsgesetz) sowie Digitalisierung (Digitale-Versorgung-Gesetz; Patientendaten-Schutz-Gesetz).

16 Zu den fast immer eingeladenen Akteuren gehörten: GKV-Spitzenverband (10 von 10 Sitzungen), Deutsche Krankenhausgesellschaft (DKG) (9 von 10), Kassenärztliche Bundesvereinigung (KBV) (9 von 10), Verbraucherzentrale Bundesverband (vzbv) (9 von 10), Bundesarbeitsgemeinschaft der Freien Wohlfahrtspflege (BAGFW) (8 von 10) und die Bundesärztekammer (8 von 10).

aufgrund enorm hoher Entwicklungs- und Forschungskosten (Arzneimittel) sowie Regulierungshürden (Arzneien und Medizinprodukte), sehr hoch sind, ist dies in den neu entstehenden Gesundheitsmärkten nicht unbedingt der Fall. Auch sehr kleine Start-ups könnten bei der Entwicklung von Gesundheitsapps – und vermittelt über diese auch bei Gesundheitsdaten – eine große Rolle spielen (siehe Kapitel V.1.3.4), wenngleich es im Bereich Big Data weiterhin die großen Player aus der Internetökonomie wie etwa Google gibt. Durch den (exklusiven) Zugriff auf die über sein Mobilbetriebssystem auf Handys und Smartwatches erhobenen Gesundheitsdaten entstehen hier (Daten-)Oligopole. Sie nutzen ihre Vormachtstellung im Bereiche Big Data und ihren auf Skalen- und Netzwerkeffekten basierenden Zugang zu großen Teilen der Bevölkerung, um auf dem Gesundheitsmarkt Fuß zu fassen. Mit ihrer (innovativen) Angeboten laufen sie dabei »den ursprünglich gestaltenden Institutionen den Rang als ›first movers‹« ab (Behm/Klenk 2020: 505).

V.1.2 Politics I: Steuerungsparadigma im Wandel

Bezogen auf den engen inhaltlichen gesundheitlichen Fokus (Erhöhung von Lebenserwartung und -qualität),[17] besteht das Ziel gesundheitspolitischer Steuerung darin, für die Bereitstellung eines angemessenen, bedarfsgerechten Angebots an medizinischen Dienstleistungen zu sorgen. Die Angemessenheit bezieht sich erstens auf die Qualität der angebotenen Leistung, zweitens auf die effiziente Ressourcennutzung (u.a. Kosten) und drittens auf die gleichberechtigten Zugangsmöglichkeiten zu den Angeboten (u.a. Verteilung; gleichwertige Lebensbedingungen). Hier verbinden sich die häufig genannten drei Dimensionen von Gesundheitssystemen: Regulierungs-, Finanzierungs- und Versorgungsstruktur.

Zu den größten Herausforderungen, neben dem aktuellen Fachkräftemangel, zählt die demografische Entwicklung, die sowohl auf der Ausgabenseite bei Gesundheitsleistungen und -infrastruktur (durch die Multimorbidität immer mehr älterer Menschen und die Zunahme chronischer Erkrankungen) als auch auf der Einnahmenseite in einem beitragsfinanzierten Versicherungssystem (durch weniger im Arbeitsleben stehende und damit Beiträge zahlende jüngere Menschen) wirkt.[18] Der medizinische Fortschritt

17 Vorliegende Abhandlung konzentriert sich in diesem Kapitel auf den Gesundheitssektor und die Gesundheitspolitik im engen Sinne. Der individuelle Gesundheitszustand und die Gesundheitsperspektive von Menschen hängen darüber hinaus jedoch beispielsweise auch stark vom sozioökonomischen Status und damit von der wirtschaftlichen Entwicklung und dem Wohlstandsniveau ab. Für gesundheitsrelevantes Verhalten spielt aber auch der Bildungsgrad eine Rolle. Somit sind deutlich mehr Politikfelder beziehungsweise Bereiche aus der Arbeitsmarkt-, Wirtschafts-, Bildungs- und Sozialpolitik gesundheitsrelevant (vgl. Kevenhörster 2015: 319ff., 341). Damit ist »*Gesundheitspolitik als Querschnittspolitik* zu verstehen [Herv. i. O.]« (ebd.: 347).

18 Die demografische Entwicklung fordert damit den Kern des deutschen Gesundheitswesen heraus, in dem die gesetzlichen Krankenversicherungen einen »nahezu universalistischen Zugang zu Leistungen der Krankenversorgung« bereitstellen und sich dazu »beinahe ausschließlich über bruttolohnbezogene Beiträge […] nach dem Äquivalenzprinzip« finanzieren (Gerlinger 2014: 36).

verbessert nicht nur die Gesundheitslage, sondern führt auch zu einem höheren Lebensalter und damit tendenziell höheren Gesundheitsausgaben. Zugleich ermöglicht der technologische Fortschritt ein Sinken der Ausgaben, wenn er Gesundheitsgefahren verringert oder Diagnostik und Früherkennung von Krankheiten verbessert. Die dafür notwendigen Infrastrukturen zu installieren, ist jedoch häufig mit hohen Anfangskosten verbunden. Für den Implementationsprozess stellen sich jedoch insbesondere Fragen nach der Steuerungsfähigkeit und Steuerbarkeit der relevanten Akteure im Feld.

Als Ausgangslang für die im Folgenden im Zentrum stehende Entwicklung seit den 1990er-Jahren identifiziert Böhm (2008: 26) unter anderem eine seit den 1980er-Jahren stattfindende Korporatisierung.[19] Zwar war die staatliche Steuerung bereits zuvor durch einen Dualismus aus Hierarchie und Kooperation geprägt, in diesem Zeitraum erfolgte jedoch eine weitere Aufwertung der gemeinsamen Selbstverwaltung, indem Steuerungsaufgaben schrittweise auf die Organe der (gemeinsamen) Selbstverwaltung übertragen wurden (ebd.: 39).[20] Hintergrund war der Versuch, durch die stärkere Einbindung der Interessengruppen in Entscheidungsprozesse gleichzeitig deren Sachverstand zu nutzen und dabei ihr Vetopotenzial gegenüber der Kostendämpfungspolitik einzuhegen. Dies gelang nur zum Teil (vgl. Bandelow 2004b: 56; Gerlinger 2014: 52). Bezogen auf staatliche Steuerung begann sich damit das Steuerungsparadigma zwar bereits vom Leistungs- zum Gewährleistungsstaat zu verschieben. Zugleich blieb die relativ stabile Teilung zwischen staatlichem, marktlichem und korporatistischem Setting im stationären, ambulanten und Arzneimittelsektor erhalten.

V.1.2.1 1990er-Jahre: Vermarktlichung und Wettbewerbskorporatismus

In den 1990er-Jahren kommt es zu einem grundlegenden Wandel der Gesundheitspolitik, der als Paradigmenwechsel oder Wendepunkt bezeichnet werden kann (vgl. ebd.: 35, 39; Knieps 2016: 25) (siehe Tabelle 11). Damit verändert sich auch die Zielkonstellation. Sie verschiebt sich weg von dem inhaltlichen Kernziel der Absicherung des Krankheitsrisikos hin zum Ziel der Wirtschaftlichkeit (Beitragssatzstabilität, Kostendämpfung) in einem globalisierten Wettbewerbskapitalismus (vgl. Gerlinger 2014: 35).

Seitdem ist der Gesundheitssektor durch eine zunehmende Privatisierung und Vermarktlichung beziehungsweise Liberalisierung geprägt. Dies soll zum einen Kosten reduzieren, indem Leistungsanbieter:innen durch Wettbewerb zu mehr Effizienz angeregt werden. Zum anderen sollen sich für Patient:innen mehr Wahlmöglichkeiten eröffnen. Diese Ökonomisierung wird durch Regulierung flankiert, um einem Marktversagen entgegenzuwirken. »Im Hinblick auf die Regulierung ist der Paradigmenwechsel gekennzeichnet durch eine Implementierung wettbewerbszentrierter Strukturreformen« (Gerlinger 2014: 65).

---

19 Für die Gesamtentwicklungen im Gesundheitssektor in der Nachkriegszeit und insbesondere der 1970er-Jahre siehe etwa Döhler und Manow (1995). Diese sprechen für die Reformen der 1990er-Jahre ebenfalls von einer »Korporatisierungsstrategie« (Döhler/Manow 1997: 118).

20 Insbesondere wurde die hierarchische Steuerung mittels Budgetdeckelung durch Selbstverwaltung auf der Basis von Fallpauschalen ersetzt (vgl. Bandelow 2004b: 97f.). Gleichzeitig blieben andere hierarchische Elemente auf Länderebene wie Investitionen und Krankenhausplanung bestehen.

Tabelle 11: Paradigmenwechsel – Phasen der Gesundheitspolitik

	1970 bis 1990	1990 bis 2000
Ziel	Kostendämpfung Beitragssatzstabilität	Qualitätssicherung
Ambulanter Sektor	Einzelleistungsvergütung	
	Kollektivertragssystem (KK-KV)	Liberalisierung Selektivverträge (KK-Ärztegruppen)
Stationärer Sektor	Selbstkostendeckung	Budgetdeckelung Fallpauschalen
	Kostendämpfungspolitik	Strukturreformpolitik
		Zentralisierung (G-BA)
	Korporatisierung (Tauschkorporatismus) Mesoebene	Korporatisierung (Wettbewerbskorporatismus) Mikroebene
		Vermarktlichung (Ökonomisierung)
Primäre Steuerung	Meso-Korporatismus	Kompetitiver Selbstverwaltungskorporatismus
Ambulanter Sektor	Korporatistisch	Korporatistisch + marktlich
Stationärer Sektor	Staatlich	Korporatistisch + marktlich
Arzneimittelsektor	Marktlich	Marktlich
Gesellschaft		Privatisierung von Krankheitskosten Stärkung Eigenverantwortung der Bürger:innen
Staatsmodell	Leistungsstaat	Gewährleistungsstaat
Staatlichkeitsmodell	Interventionsstaat	Kooperativer Staat

Quellen: Gerlinger (2014), Winter (2014); eigene Zusammenstellung und Darstellung.

Begründet wird diese Entwicklung hin zu einem stärker markwirtschaftlich ausgerichteten Ordnungsrahmen durch die Schaffung von Quasimärkten vielfach durch »Kostenexplosion, Steuerungsmängel, Ineffizienz und mangelnde Transparenz« (Kevenhörster 2015: 326). Gesucht wurde demnach ein »gleichermaßen funktionsfähige[s] wie ›ordnungspolitisch‹ legitimierte[s] Instrumentarium zur Bewältigung der Kostenentwicklung« (Döhler/Manow 1995: 53).

Für die Einleitung dieses Umbruchs steht insbesondere das Gesetz zur Sicherung und Strukturverbesserung der gesetzlichen Krankenversicherung (Gesundheitsstrukturgesetz; GSG) aus dem Jahr 1992 (vgl. Deutscher Bundestag 1992). Das GSG führte insbesondere die Krankenkassenwahlfreiheit für gesetzlich Versicherte, und damit den Wettbewerb (über Beitragssatz und Leistungsangebot) zwischen den Kassen um

Versicherte, ein und deckelte die Krankenhausbudgets.[21] Die Budgetdeckelung ist der Ausgangspunkt für die weitere Umgestaltung im Rahmen des Gesetzes zur Reform der gesetzlichen Krankenversicherung ab dem Jahr 2000 (GKV-Gesundheitsreformgesetz 2000), mit der dann eine wettbewerbsermöglichenden Vergütung über Fallpauschalen für »Diagnosebezogene Fallgruppen« *[Diagnosis Related Groups; DRG]* anstelle der Erstattung der tatsächlichen Kosten (Selbstkostendeckung) eingeführt wurde (vgl. Deutscher Bundestag 1999).[22] Hiermit begann ein Liberalisierungsprozess, der für eine strategische Verschiebung in der staatlichen Steuerung steht, in deren Rahmen sich die korporatistischen Arrangements in der Gesundheitspolitik verändern (vgl. Winter 2014: 190).

Während bereits seit den 1970er-Jahren ökonomische – und damit eigentlich dem Politikfeld Gesundheit systemfremde – Steuerungsziele hinzugekommen waren,[23] erweitert das GSG diese »traditionelle Kostendämpfungspolitik« um eine Veränderung der »steuerungspolitischen Strukturen« (Böhm 2008: 7). Mit den Strukturreformen wettbewerblicher Art, die den »Paradigmenwechsel in der Gesundheitspolitik« kennzeichnen, verändert sich das »Steuerungssystem des Gesundheitswesens nachhaltig« (ebd.: 8). Bandelow (2004b: 93) spricht von einer »Globalsteuerung« in den 1990er-Jahren, die maßgeblich an der Ausgabenseite ansetzte und diese durch eine Budgetierung der Ressourcen begrenzte.

Seit 1992 steigen sowohl die »Komplexität des Steuerungsgebietes« als auch die Steuerungsaktivitäten (2008: 68). Dabei wird die gemeinsame Selbstverwaltung auf Bundesebene aufgewertet, womit sich für den Krankenhaussektor der generelle Trend zur »Zentralisierung der Steuerung im Gesundheitswesen« bestätigt (ebd.: 69). Die Strukturreformen knüpften mit der Stärkung der Selbstverwaltung als »eigentlichem Steuerungszentrum der Gesundheitspolitik« an ein etabliertes, ordnungspolitisch legitimiertes Modell an (Döhler/Manow 1995: 54). Der Staat blieb weiterhin ein maßgeblicher Akteur. Im Gegensatz zur direkten Regulierung insbesondere im stationären Sektor bis in die 1990er-Jahre nahm er dabei jedoch die Rolle des rahmensetzenden Staates ein, die er im ambulanten Sektor mit traditionell starkem Verbandseinfluss bereits seit den 1950er-Jahren inne hatte (vgl. Bandelow 2009: 177). Insofern erfolgte hier eine Angleichung der sektoral ausdifferenzierten Regulierungssysteme. Der primär

21 Die Budgetdeckelung war ein Steuerungsimpuls der auf Ärzt:innen und Krankenhäuser wirken sollte, die ohne Ausgabenbegrenzung dem finanziellen Anreiz unterlagen, »Diagnostik und Therapie medizinisch unbegründet auszuweiten« (Gerlinger 2014: 45). Deckelung und Wettbewerb stellen eine genau umgekehrte ökonomischen Anreizstruktur für die Leistungserbringer:innen dar (vgl. Winter 2014: 191).

22 Hiermit geht für Krankenhäuser die Möglichkeit einher, Gewinn oder Verlust zu erwirtschaften, während gleichzeitig die Budgetdeckelung obsolet wurde.

23 Aus der Perspektive auf eine funktional in Subsysteme ausdifferenzierte Gesellschaft (zur Systemtheorie siehe Kapitel I.2.1) steht die Ökonomisierung des Gesundheitssektors für eine Ausweitung der Dominanz des Wirtschaftssektors, dessen Funktions- und Steuerungslogik aufgrund seiner Sonderstellung in die anderen Sektoren diffundiert. Die enge Verbindung des Gesundheits- mit dem Wirtschaftssektor geht davon unabhängig bereits mit der Konstruktion der Sozialversicherung und der gesetzlichen Krankenkassen einher. Diese setzt auf eine Beitragsfinanzierung über die Lohnnebenkosten (vgl. Bandelow 2004b: 90).

durch korporatistische Steuerungselemente gekennzeichnete ambulante Sektor wurde marktlicher, der lange durch staatliche Steuerung dominierte stationäre Sektor wurde sowohl korporatistischer als auch marktlicher. Damit fand eine Verschiebung von der korporatistischen Verbändesteuerung auf der Mesoebene zur Steuerung von Individualakteuren auf der Mikroebene statt. Beide näherten sich damit dem primär marktlich geprägten Arzneimittelsektor an (vgl. Gerlinger 2014: 36, 52f., 57).

Staatliche Steuerung erfolgt über Wettbewerb und (korporatistische) Selbstverwaltung, allerdings im Schatten der Hierarchie.[24] Mithin wird auch von der »Selbstorganisation im Schatten des Staates« gesprochen, die sich seit der Konzertierten Aktion im Gesundheitswesen (KAiG) als korporatistisches Organisationsprinzip der unterschiedlichen (Experten)Gremien im Gesundheitswesen bis in die 2000er-Jahre hinein durchgesetzt hat (vgl. Landmann 2007: 27). Auf der einen Seite wird für die letzten Jahrzehnte damit eine pfadabhängige Entwicklung gezeichnet. Auf der anderen Seite wird aber auch hervorgehoben, dass sich der Charakter der Korporatisierung geändert habe: Erfolgte die korporatistische Steuerung bis 1992 mit dem Ziel einer verbesserten Problemlösungsfähigkeit, diente sie nachfolgend als Flankierung der Wettbewerbsausweitung (vgl. Gerlinger 2014: 65; Böhm 2008: 73). Es vollzog sich ein »inkrementeller, aber deutlich identifizierbarer Wandel« (Gerlinger 2014: 52). Diese graduellen Veränderungen fanden »innerhalb des etablierten Institutionengefüges« statt (Winter 2014: 191). Mit dem Umbau des Regulierungssystems erfolgt zwar einerseits eine Verlagerung von Kompetenzen und Verantwortlichkeiten auf die Selbstverwaltung und damit deren Aufwertung. Auf der anderen Seite führt die Wettbewerbsetablierung zu verstärkter Konkurrenz und damit zur Machtdiffusion. Die Selbstverwaltung wechselt so von einem zentralistischen zu einem dezentralen wettbewerblichen Charakter (vgl. Bandelow 2004a: 58, 2009: 178). Winter (2014: 193) spricht von einem »Prozess der gleichzeitigen Verstaatlichung und Vermarktlichung«.

Die logische Verbindung zwischen der Etablierung von Wettbewerbsstrukturen einerseits und der Stärkung korporatistischer Institutionen der Selbstverwaltung andererseits besteht in der wahrgenommen Regulierungsnotwendigkeit. Nicht intendierte Nebenwirkungen und Fernfolgen sollen verhindert und ein fairer Wettbewerb ermöglicht werden, ohne dabei gleichzeitig den Staat übermäßig durch Kosten- und Verantwortungsübernahme zu belasten. Mithin ging es um die Etablierung eines regulierten Wettbewerbs beziehungsweise Marktes (vgl. Gerlinger 2014: 52).[25] Dem »Kompetenzgewinn der Verbände« steht daher eine »gleichzeitige Ausweitung staatlicher Kontroll- und

24 Die Verabschiedung des GSG, trotz des Widerstandes der Interessenorganisationen, die zuvor immer als starke Vetospieler wahrgenommen worden waren, wurde als einen »Rückgewinn staatlicher Steuerungsautonomie« und »überraschende[r] Erfolg hierarchischer Steuerung« gewertet (Bandelow 2004b: 101). Sie führte in der Folge aber nicht zu einem Erstarken dieser Steuerungsform.

25 Dieser wird im Risikostrukturausgleich (RSA) deutlich. Ein unregulierter Wettbewerb zwischen Krankenkassen würde zu einer Selektion solcher Versicherten führen, die viel verdienen und sehr gesund sind, weil so hohe Einnahmen bei geringen Ausgaben realisiert werden könnten. Der (mehrmals reformierte) (Morbi-)RSA gleicht unterschiedliche Morbiditätsrisiken und (Gesundheits-)Merkmale der Versicherten, durch entsprechend unterschiedlich hohe Finanzzuweisungen an die Krankenkassen aus dem Gesundheitsfonds, aus. Auf diesem Weg soll ein Wettbewerb eta-

Mitwirkungsrechte« gegenüber (Bandelow 2009: 177). Folglich nehmen gesetzliche Regelungen zu, die den Handlungsraum der Akteure beschränken. Zumindest in Teilen tritt damit an die Stelle des Meso-Korporatismus ein Mix aus »staatlicher Normsetzung auf der Makroebene« und Wettbewerbselementen auf der Mikroebene (Winter 2014: 191).

V.1.2.2 2000er-Jahre: Zentralisierung und Hybridisierung

Die mit dem GSG Anfang der 1990er-Jahre eingeschlagene Entwicklungsrichtung setzte sich kontinuierlich pfadabhängig in inkrementellen Schritten fort (vgl. Gerlinger 2014: 64). Denn die damit getroffene »Grundentscheidung für ein wettbewerblich orientiertes Gesundheitswesen [...] sollte die weiteren Reformschritte bis weit ins neue Jahrtausend prägen« (Knieps 2016: 27). Infolge des Gesetzes zur Modernisierung der gesetzlichen Krankenversicherung (GKV-Modernisierungsgesetz; GMG) von 2002 erfolgte 2004 die Einsetzung des Gemeinsamen Bundesausschusses (G-BA) (vgl. Deutscher Bundestag 2003).[26] Mit diesem Zusammenschluss der Bundesausschüsse der Ärzte beziehungsweise Zahnärzte und Krankenkassen, des Ausschusses Krankenhaus (2001 als Modellübertragung vom ambulanten auf den stationären Sektor gegründet) sowie des ebenfalls 2001 gegründeten Koordinierungsausschusses wurde die »zentrale Steuerungsinstitution der gemeinsamen Selbstverwaltung geschaffen« (Knieps 2016: 28). Der G-BA löste aber nicht nur die bestehenden Bundesausschüsse ab und sollte damit als oberstes Verhandlungsgremium eine bessere Koordination ermöglichen. Im Zuge seiner Etablierung nahm er auch (advokatorische) Verterter:innen von Patient:innen-, Behinderten und Verbraucher:innenverbänden mit auf. Durch die Einbindung einer größeren Bandbreite an Akteuren in den G-BA verstärkte der Staat die ohnehin stattfindende Pluralisierung der Interessenvertretungslandschaft im Gesundheitssektor (vgl. Winter 2014: 192).[27] Die Vertreter:innen dieser schwachen Interessen haben zwar

---

bliert werden, der über differenzierte Leistungsangebote, Qualität und effizientere Leistungserbringung funktioniert (vgl. Landmann 2007: 16ff.; BMG 2020c; Gerlinger 2014: 43f.).
Hieran wird deutlich, dass Steuerungsimpulse (wie die Schaffung von Wettbewerb) nicht nur die intendierte Steuerungswirkung entfalten (wenn überhaupt), sondern daneben auch Fehlsteuerungen und -anreize nach sich ziehen können. Diese führen dann möglicherweise entweder zur Nachsteuerung oder zu neuen flankierenden Steuerungsimpulsen. In der Folge besteht politische Steuerung häufig aus einem Instrumentenmix.

26 Der G-BA kann unter anderem Behandlungsmethoden überprüfen und verfügt durch die Festlegung von Mindestmengen an von Krankenhäusern zu erbringenden planbaren Leistungen über ein »qualitätsorientierte[s] Leistungssteuerungselement« (Böhm 2008: 37). Die Qualitätssicherung ist gesetzlich stark reguliert, wobei immer mehr Kompetenzen und Zuständigkeiten beim G-BA gebündelt wurden (insbesondere mit dem GKV-Modernisierungsgesetz 2004). Mit der Einführung der DRGs übertrug der Gesetzgeber darüber hinaus eine ganze Reihe neuer Aufgaben an die Akteure der Selbstverwaltung (ebd.: 51).

27 Die stärkere Berücksichtigung der Interessen von Patient:innen und Verbraucher:innen zeigt sich auch bei den Einladungen zu Anhörungen in den Gesundheitsausschuss. Bei zehn untersuchten Gesetzesanhörungen in der 19. Legislaturperiode wurde so etwa der Verbraucherzentrale Bundesverband (vzbv) in neun der zehn Anhörungen eingeladen, die Bundesarbeitsgemeinschaft Selbsthilfe von Menschen mit Behinderung und chronischen Erkrankungen und ihren Angehörigen (BAG SELBSTHILFE) in sieben Sitzungen (hinzu kamen einzelne Einladungen weiterer Patient:innen- oder Selbsthilfeorganisationen).

ein Mitberatungs- und Antragsrecht, sind aber nicht stimmberechtigt. Aus Steuerungsperspektive ist die Festlegung des Entscheidungsmodus relevant. Der Modus der Mehrheitsentscheidung soll Blockaden trotz heterogener Interessenlagen und einer Vielzahl an Akteuren im G-BA verhindern (vgl. Bandelow 2004a: 60).[28]

Diesen Paradigmenwechsel möchte ich als Hybridisierung bezeichnen, was insbesondere die Erkenntnis aufgreift, dass in der Wissenschaft für die 1990er-Jahre sowohl ein Aufbau korporatistischer Strukturen als auch deren Abbau im Zug der Ökonomisierung konstatiert wird.[29] Döhler und Manow (1995: 63) sprechen daher davon, dass per se weder von einer Enthierarchisierung noch einer stärker kooperativen Staatstätigkeit gesprochen werden könne, sondern die Entwicklung in Wellen stattfindet. Der Wechsel des Paradigmas ist damit nicht durch eine neue dominante Steuerungsform gekennzeichnet, sondern durch eine stabilen Steuerungsmix. Die Stabilisierung betrifft auch auf die vormals stark differenzierten Regulierungssysteme in den unterschiedlichen Sektoren (ambulanter Sektor, stationärer Sektor, Arzneimittelsektor), die sich zunehmend angleichen. Diesen Mix zeichnet die parallele Weiterentwicklung beziehungsweise Ausweitung sowohl wettbewerblicher als auch korporatistischer Steuerungselemente aus. Bandelow (2004a: 57) und von Winter (2014: 179) sprechen von einem Wettbewerbskorporatismus anstelle eines Tauschkorporatismus, Gerlinger (2014: 60) von einem »staatlich domestizierten Wettbewerbskorporatismus«. In der Summe der Steuerungsinstrumente liegt dieser Mix einer Selbstverwaltung im Schatten der Hierarchie näher an der hierarchischen Steuerung als an der Steuerungsform der Selbstorganisation im Rahmen des klassischen Meso-Korporatismus. Wenngleich korporatistische Regulierungsstrukturen erhalten bleiben, so ändert sich doch die zentrale Funktion der Selbstverwaltung. Im Kern geht es nicht (mehr) um Selbstorganisation auf der Mesoebene, sondern um die Organisation des Wettbewerbsrahmens auf der Mikroeben (vgl. Winter 2014: 192).

Bei diesem Wandel spielte der Staat eine tragende Rolle. Er hat »die Transformation des Steuerungsmodells aktiv herbeigeführt und gestaltet«, sodass auch für das Feld der Gesundheitspolitik kein Niedergang staatlicher Steuerungs- und Handlungsfähigkeit konstatiert werden kann (2008: 74). Es erfolgt vielmehr ein Wechsel vom direkt steuernden Staat hin zur indirekten Steuerung. Nach Gerlinger (2014: 54) bedient sich der Staat »zunehmend einer vielgestaltigen und detaillierten prozeduralen Steuerung.« Er

28 2007 folgte das GKV-Wettbewerbsstärkungsgesetz, das Krankenkassen und G-BA umstrukturierte. Die Qualitätssicherung durch den G-BA wurde vereinheitlicht und seine Zuständigkeit von der Struktur- und Ergebnisqualitätssicherung auf die Prozessqualität ausgeweitet (Böhm 2008: 62).

29 Dieser wird etwa an der gegensätzlichen Entwicklung im stationären und ambulanten Bereich sichtbar. Beide sind durch einen Ausbau von Wettbewerbselementen geprägt. Während diese im stationären Bereich mit einer Stärkung korporativer Strukturen einhergehen, geht der Korporatismus im ambulanten Bereich zurück. Es fand eine Liberalisierung des Vertragsrechts statt. Das Monopol der KVen im Kollektivvertragssystem mit den Krankenkassen wurde aufgebrochen, indem zusätzlich Selektivverträge zwischen Krankenkassen und Ärztegruppen ermöglicht wurden. Zugleich wird damit die Landschaft relevanter Akteure pluraler (vgl. Gerlinger 2014: 40, 42, 53f.; Winter 2014: 192). Böhm (2008: 72) vertritt die These, dass sich dies mit der unterschiedlichen Funktion des korporatistischen Settings erklären lasse. Erfüllt dieses eine regulierende Funktion, so erfolgt dessen Auf- und Ausbau. Dient das Setting dagegen primär zur Allokation wird es durch Wettbewerbselemente ersetzt.

setzt den Handlungsrahmen (Finanzrahmen, institutionelle Entscheidungs- und Verfahrensregeln, gesetzliche Vorschriften) und wirkt auf die Handlungsspielräume der Akteure (Kompetenzen, Ressourcen) ein. So komme es, auch wenn es auf den ersten Blick kontraintuitiv erscheint, in der Summe eher zu einer »Ausweitung staatlicher Intervention« (ebd.).

Hierbei bedient er sich der bestehenden korporatistischen Gremien, insbesondere der zentralen Institution des G-BA. Letzterer wird durch die Zentralisierung von Kompetenzen sogar aufgewertet und durch die Beteiligung weiterer Interessengruppen wie der Patient:innen breiter legitimiert. Diese Delegierung im Kontext der gleichzeitigen Wettbewerbsetablierung ist der Kern der Verschiebung vom Meso-Tauschkorporatismus zum Mikro-Wettbewerbskorporatismus (vgl. Winter 2014: 193).

Auch Böhm (2008: 66) erkennt einen Wandel in »Richtung eines neuen Steuerungsmodells [...] jenseits von korporatistischer und hierarchischer Steuerung«. Dies macht sie nicht nur am G-BA fest, der im Zeitverlauf beständig neue Zuständigkeiten und Verantwortlichkeiten erhalten hat. Vielmehr seien Professionalisierungstendenzen in Form von Verwissenschaftlichung erkennbar, die die Bedeutung der Interessen der Selbstverwaltungsakteure zurückdrängen sollen. Hierzu zählt sie die Einführung hauptamtlicher unparteiischer Mitglieder und die Etablierung unabhängiger Institute, etwa des Instituts für Qualität und Wirtschaftlichkeit im Gesundheitswesen (IQWiG)[30] zur Qualitätssicherung medizinischer Maßnahmen und das Institut für Qualität und Transparenz im Gesundheitswesen (IQTiG)[31] für die ambulante und stationäre Versorgungsqualität. Damit hätten sich »sowohl die Steuerungsformen als auch die Steuerungsakteure und -felder neu justiert« (ebd.: 73).[32] Verwissenschaftlichung ermöglicht es nach Lehmbruch (1988: 25), Interessenverbände »von Konsensproblemen zu entlasten und womöglich unter das Diktat einer Sachlogik zu stellen.« Eine verstärkte Qualitätssicherung, gekennzeichnet durch Vorschriften und Kontrollorgane, beschränkt den Handlungsspielraum der Akteure bei der Wahl der Instrumente, die unter den etablierten Wettbewerbsbedingungen dem (staatlichen) Ziel der Kostenreduktion dienen (über Effizienzsteigerung statt Qualitätsabsenkung).

Noch heterogener werden die Steuerungsformen beim Blick auf die Gesellschaftssteuerung mit Fokus auf die Bürger:innen. Bei den Reformen in den 1990er- und 2000er-Jahren standen zwar die Kollektivakteure als Adressaten im Mittelpunkt. Mit der Ausweitung von Zuzahlungen zur Krankenhausbehandlung und zu Arzneimitteln, der Einführung beitragsreduzierender Wahltarife mit Selbstbeteiligung und dem einkommensabhängigen Zusatzbeitrag[33] wurden Krankheitskosten privatisiert. Ein Ziel dieses Steuerungsimpulses, der die Eigenverantwortung der Versicherten stärkt und über finanzi-

---

30 Das IQWiG wurde im Jahr 2004 in der Umsetzung des GKV-Modernisierungsgesetzes (GMG) gegründet.

31 Das IGTiG wurde im Jahr 2014 in der Umsetzung des GKV-Finanzstruktur- und Qualitäts-Weiterentwicklungsgesetz (FQWG) geschaffen.

32 Döhler und Manow (1997: 147) verorten den Beginn der »Verwissenschaftlichung des gesundheitspolitischen Strategiediskurses« bereits Mitte der 1970er-Jahre, wobei es zu einer breiten, und nicht nur auf finanzstarke Akteuren beschränkten »Expertisierung und Technokratisierung« kam.

33 Die variable Höhe des 2015 eingeführten einkommensabhängigen Zusatzbeitrags in der GKV ist darüber hinaus ein weiteres Element im Wettbewerb zwischen den Kassen.

elle Anreize wirkt (Kostenvermeidung) – also eine Form der indirekten Steuerung darstellt –, ist die Förderung gesundheitsbewussten Verhaltens beziehungsweise die Sanktionierung gesundheitsschädlichen Verhaltens (vgl. Gerlinger 2014: 47). Davon unabhängig wirkt die Privatisierung von Kosten aber grundsätzlich kostendämpfend, weil Zuzahlung auch bei nicht dem individuellen Verhalten zuzuschreibenden Krankheiten fällig werden.

Welche Auswirkungen sind damit für die staatliche Steuerungsfähigkeit verbunden? Die zunehmende inhaltliche Komplexität wird von einer Ausdifferenzierung der Steuerungselemente (Formen, Akteure) begleitet. Insofern erscheint zunächst eine abnehmende Steuerungsfähigkeit wahrscheinlich. Döhler und Manow (1997: 167f.) dagegen argumentieren, dass sich eben nicht nur die Leistungen und Aufgaben vervielfacht hätten, sondern die gleichzeitig steigende Anzahl an steuerungsrelevanten Akteuren und Institutionen auch eine spezifischere Zuweisung von Verantwortlichkeiten ermögliche, womit die staatliche Steuerungsfähigkeit zunehme. Dies würde ich in der Logik dieser Abhandlung jedoch als eine Zunahme des Steuerungspotenzials aufseiten der Steuerungsobjekte bezeichnen, wohingegen die Auswirkung auf die Steuerungsfähigkeit des Steuerungssubjekts negativ ist, weil der Ressourcenaufwand für Steuerung steigt.

Die auf Verhandlung setzende Selbststeuerung im Gesundheitssektor funktioniert, führt jedoch zu Strukturkonservatismus. Geronnene Strukturen erschweren nicht nur grundlegende Reformen und damit neue Strategien, um den bestehenden Herausforderungen zu begegnen. Sie weisen auch Defizite in ihrer demokratischen Legitimation auf (vgl. Bandelow 2004b: 105). Dies betrifft nicht nur die Inputlegitimation infolge der Inkorporierung bestimmter Interessen, unter denen Patient:innen und Versicherte allenfalls schwach vertreten sind. Auch aufseiten der Output-Legitimation führt die Korporatisierung zur Schleifung gemeinwohlorientierter gesundheits- und umverteilungspolitischer Steuerungsziele.

Dem stehen eine Steigerung der politischen Reformfähigkeit der Gesundheitspolitik und damit eine Stärkung der staatlichen Steuerungsfähigkeit gegenüber. Mit den dargestellten Veränderungen ging einher, dass heute kein Verband mehr über eine explizite Vetoposition verfügt. Gesundheitspolitische Reformen erfolgen in Aushandlungen zwischen Politiker:innen und Expert:innen und nicht mehr in den etablierten korporatistischen Verhandlungsarenen von Staat und Verbänden. Die Kollektivakteure im Gesundheitssektor sind damit zur Einflussnahme auf ihr lobbyistisches Instrumentarium zurückgeworfen (vgl. Bandelow 2009: 183f.).

In ihrer Untersuchung über die Innovationsfähigkeit des Gesundheitswesens stellen Heyen und Reiß (2014a: 248f.) die Akteurskonstellation als ein Nebeneinander konfligierender Partikularinteressen dar, deren Konfliktregulation durch Verhandlungen in korporatistischen Arrangements und Lobbyismus in wettbewerblichen Settings geprägt ist. Notwendig sei aber Dialog, der durch die »*Förderung von Kooperationen und kooperationsfreundlichen Rahmenbedingungen* [Herv. i. O.]« – also durch Kontextsteuerung – ermöglicht werden kann (Heyen/Reiß 2014b: 269). Aus Dialogkonstellationen heraus kann ein gemeinsames Leitbild entstehen. Ein solches geteiltes Leitbild erhöht wiederum die Steuerbarkeit der Akteure. Es ermöglicht, partikularinteressenübergreifende Ziele zu formulieren. An diese angepasste Steuerungsziele und Steuerungsinstrumente besitzen damit ein geringeres Potenzial, Konflikte auszulösen, einzelne Vetospieler auf den Plan zu rufen oder Verweigerung zu provozieren. Gleichwohl können die Ansichten über die geeigneten, angemessenen oder akzeptablen Mittel zur Zielerreichung weiterhin erheblich variieren, sodass ein Steuerungserfolg alles andere als garantiert ist. Auch die inhalts- und problembereichsbezogene Komplexität des Gesundheitswesens erschwert die Steuerungsfähigkeit, insbesondere weil zum Teil diametral entgegenstehende politische Ziele (gleicher Zugang, Qualität, Kosten etc.) austariert oder priorisiert werden müssen. Der Versuch, die Steuerungsfähigkeit in der Gesundheitspolitik zu erhöhen, um diese Ziele zu erreichen, wird an (den) vielen Reformen im Politikfeld ersichtlich (vgl. Knieps 2016: 32).

Die Genese des Gesundheitssektors, wie sie hier für den Zeitraum seit den 1980er-Jahren kurz skizziert wurde, prägen Kontinuität und Diskontinuitäten, da Entwicklungsdynamiken immer wieder Pfadabhängigkeiten perforieren. Die bisher beschriebene Entwicklung des Steuerungs- und Regulierungssettings im Gesundheitssektor gerät im Zuge der Digitalisierung aus unterschiedlichen Richtungen unter Veränderungsdruck. Allerdings folgt aus steigendem Druck nicht zwingend ein schneller Wandel.

> »Das deutsche Gesundheitssystem gehört – ohne Frage – zu den besten der Welt. Doch während in anderen Ländern moderne Informations- und Kommunikationstechnologien in der Medizin längst flächendeckend etabliert sind, befinden wir uns in Deutschland bei der Einführung und Nutzung von Informationstechnologien auf einem Entwicklungsniveau, das in anderen Wirtschaftssektoren wie Handel oder der Industrie teilweise schon vor Jahrzehnten erreicht wurde« (Elmer 2016: 103).

Die Auslöser für Anpassungs- und Wandlungsprozesse liegen regelmäßig außerhalb des Politikfeldes. Auf die ubiquitäre Digitalisierung trifft dies aufgrund ihres Querschnittscharakters nur zum Teil zu. Mit ihr gehen auch feldinhärente Veränderungen einher. Hierzu zählen etwa medizintechnische Fortschritte wie neue Behandlungs- und Diagnosemöglichkeiten, räumliche Entkopplung durch Telemedizin und Videosprechstunden. Mit diesen wird, wie auch mit den Gesundheits-Apps, daher auch das Potenzial verbunden, die medizinische Versorgung (insbesondere Haus-, aber auch Fachärzt:innen und Krankenhäuser) in benachteiligten ländlichen Räumen zu verbessern. Sie erzeugen gleichzeitig auch die Gefahr für neue Ungleichheiten aufgrund fehlender Digitalkompetenzen, sprachlicher Hürden oder damit verbundener Kosten für Computer, Tablet, Smartphone oder (monatliche) App-Gebühren (vgl. Gerlinger et al. 2019: 166; Mlinaric/Knöchelmann 2019). Somit besteht durchaus die Gefahr neuer Formen des digital divides im Gesundheitswesen.[34]

Im Digital-Health-Index der Bertelsmann Stiftung gelang Deutschland 2018 im Ranking von 14 EU- und 3-OECD-Ländern auf Platz 16 von 17. Neben »typischen strengen

34 Diese wäre äquivalent zu dem sich in der Coronakrise zeigenden digitale divide im Bildungssektor zwischen Schüler:innen beim breitbandigen Zugang zu digitalen Bildungsinhalten, der notwendigen technischen Ausstattung (Computer, Kamera etc.) für digitale Lehre sowie dem notwendigen technischen Verständnis für Einrichtung, Betrieb und Problembehebung (auch vonseiten der Eltern) (vgl. Klein 2020: 17).

Datenschutzbestimmungen« wurden als Gründe dafür das Fehlen einer »zentrale[n] politische[n] Koordination«, einer »übergeordneten strategischen Orientierung und [von] finanziellen Anreizen« genannt (Thiel et al. 2018: 225). Wie steht es um die allenthalben konstatierte Digitalisierung, die, bezogen auf das Gesundheitswesen, häufig mit dem Begriff »eHealth« *[electronic health]* bezeichnet wird, in Deutschland vor dem Hintergrund staatlicher Steuerungsbemühungen?

Im Folgenden sollen zunächst exemplarisch an dem Auf- und Ausbau der digitalen Gesundheitsinfrastruktur sowie digitaler Steuerungsinstrumente in der Coronapandemie unterschiedliche Entwicklungsrichtungen staatlicher Steuerung aufgezeigt werden. Daran anschließend, rücken grundlegende Trends eines sich digitalisierenden Gesundheitswesens mit Blick auf ihre Auswirkungen auf staatliche Steuerung in den Blick.

V.1.3 Policy: Digitale Gesundheitsinfrastruktur und Versorgungsangebote

»Deutschland liegt beim Ausbau der technischen Infrastruktur und der Etablierung von digitalen Versorgungsangeboten deutlich hinter vergleichbar entwickelten Sozialstaaten zurück« (Behm/Klenk 2020: 497). Dahinter stehen keine technischen Schwierigkeiten. Vielmehr zeigt sich gerade in diesem Bereich deutlich, dass hinter (nicht stattfindenden) Digitalisierungsprozessen aktiv handelnde Akteure mit spezifischen Interessen und Präferenzen stehen. Weil technologische Innovationen immer auch soziale und politische Implikationen besitzen, ergeben sich dabei nicht selten konflikthafte Akteurskonstellationen (vgl. Gerlinger et al. 2019: 161). Behm und Klenk (2020: 497) erkennen in der Akteurskonstellation und dem Selbstverwaltungsprinzip den maßgeblichen Faktor, der aufgrund von »Interessenblockaden [...] allenfalls inkrementelle Veränderungsprozesse« erlaubt. »[A]s long as the traditional self-administration actors had the institutional resources to block change, health care digitalization mainly stalled« (Bogumil-Uçan/Klenk 2021: 499). Dies wird im Folgenden am Beispiel der elektronischen Gesundheitskarte und der Telematikinfrastruktur nachgezeichnet. Anschließend stehen Apps als neues Versorgungsangebot sowie Gesundheitsdaten als zentrale Größe in der digitalen Gesundheitsinfrastruktur im Fokus.

V.1.3.1 Elektronische Gesundheitskarte

Die Steuerungsprobleme und Schwierigkeiten in der Koordination zeigen sich exemplarisch bei der elektronischen Gesundheitskarte (eGK). Sie ist nicht nur ein häufig genanntes Fall für das Scheitern beziehungsweise die Verzögerung und Fehlplanung staatlicher Großprojekte. Sie ist auch ein »Beispiel *par excellence* [Herv. i. O.] für die Implementationsprobleme im Gesundheitswesen« aufgrund von Blockaden, wie sie sich unter anderem aus »ungeklärten Fragen der Finanzierung und des Datenschutzes« ergeben (Behm/Klenk 2020: 499).

Die eGK sollte die 1994 eingeführte Krankenkassenkarte ersetzen und einen zentralen Baustein in der Digitalisierung des Gesundheitssystems darstellen. Erste Überlegungen dazu finden sich bereits seit Mitte der 1990er-Jahre (siehe etwa Eysenbach 1995). In einer Studie von Roland Berger (1997) für das Forschungs- und das Gesundheitsministerium wurden Empfehlungen für den Aufbau einer Telematikinfrastruktur gegeben, auf der eine Gesundheitsplattform basieren sollte, um etwa elektronische Patientenakten und elektronische Rezepte zu ermöglichen. Ein »unentbehrliches Element einer zukünftigen Kommunikationsplattform« seien dabei die »Datenkarten im Gesundheitswesen«, die »als Identifikationsausweis und als Schlüssel [...] aus dem System nicht wegzudenken« sind (ebd.: 39). Aus diesen Empfehlungen folgte zunächst nichts. Auf die politische Agenda rückte das Projekt erst wieder im Zuge des Medikamentenskandals um den Blutdrucksenker Lipobay im Jahr 2001.[35] Infolge der öffentlichen Debatten um Arzneimittelsicherheit und mehr Transparenz im Gesundheitswesen erweiterte Gesundheitsministerin Ulla Schmidt (SPD) den geplanten Medikamentenpass zu einem datenreicheren Gesundheitspass für alle Bürger:innen (Flintrop 2001: 2920). Seit 2002 wird dann statt von einem Pass von der elektronischen Gesundheitskarte gesprochen (vgl. Dietzel 2002: 1418).

Tabelle 12: Ausgewählte Gesetze auf dem Weg zur digitalen Gesundheitsinfrastruktur

Jahr	Abkürzung	Kurzfassung	Titel
2003	GMG	GKV-Modernisierungsgesetz	Gesetz zur Modernisierung der gesetzlichen Krankenversicherung
2005			Gesetz zur Organisationsstruktur der Telematik im Gesundheitswesen
2010	GKV-FinG	GKV-Finanzierungsgesetz	Gesetz zur nachhaltigen und sozial ausgewogenen Finanzierung der Gesetzlichen Krankenversicherung
2015			Gesetz für sichere digitale Kommunikation und Anwendungen im Gesundheitswesen sowie zur Änderung weiterer Gesetze
2018	PpSG	Pflegepersonal-Stärkungsgesetz	Gesetz zur Stärkung des Pflegepersonals
2019	TSVG	Terminservice- und Versorgungsgesetz	Gesetz für schnellere Termine und bessere Versorgung
2019	DVG	Digitale-Versorgung-Gesetz	Gesetz für eine bessere Versorgung durch Digitalisierung und Innovation
2020	PDSG	Patientendaten-Schutz-Gesetz	Gesetz zum Schutz elektronischer Patientendaten in der Telematikinfrastruktur

Quelle: Eigene Zusammenstellung und Darstellung.

35 Weltweit wurden 52 Todesfälle mit verstärkten Nebenwirkungen des Präparats bei einer Vergabe in Kombination mit anderen Wirkstoffen in Verbindung gebracht. Dazu habe beigetragen, dass eine »einfache, übersichtliche und klare Darstellung der Arzneimittel-Interaktionen« fehle (Zylka-Menhorn 2001: 2077). In Verbindung mit einer Speicherung der verabreichten Medikamente hätten Todesfälle »wahrscheinlich verhindert werden können, wenn Medikationsdaten elektronisch auswertbar vorgelegen hätten« (Elmer 2016: 98).

Aus der Perspektive auf die angestrebte Steuerungswirkung jenseits des Lipobay-Skandals orientierte sich die Wahl der Digitalisierungsoption eGK an den bereits dargestellten Zielpräferenzen der 1990er-Jahre: den der größeren Effizienz und damit Kostendämpfung sowie der besseren Qualität durch Transparenz und Vernetzung.[36] Bereits zum Start sollte die eGK ein breites Angebot an Funktionalität bereitstellen. Zu den Pflichtangaben (§ 291 Abs. 2 und § 291a Abs. 2 SGB V) gehörten der Versicherungsstatus und die Stammdaten, der Berechtigungsnachweis für Inanspruchnahme von Leistungen (weshalb auch ein Lichtbild zur Identitätsüberprüfung erforderlich wurde), die Nutzung als europäische Krankenversicherungskarte sowie ärztliche Verordnungen (elektronisches Rezept). Daneben musste bereits die Unterstützung für die elektronische Patientenakte, Arztbrief und medizinische Notfalldaten, genauso sichergestellt werden wie die genutzten Leistungen und deren Kosten sowie die Dokumentation der verschriebenen oder eingenommenen Medikamente (§ 291a Abs. 3 SGB V) (Deutscher Bundestag 2003: 2232f.; vgl. auch Frielitz 2015: 1032).

2003 wurde die Einführung der eGK mit dem Gesetz zur Modernisierung der gesetzlichen Krankenversicherung (GKV-Modernisierungsgesetz; GMG) beschlossen (im angepassten Gesetzestext im SGB V wurde die Karte aber weiterhin als Krankenversichertenkarte bezeichnet). Als Steuerungsinstrument kam hierarchische Steuerung in Form von Geboten zum Einsatz. Mit den Änderungen in Art. 1 GMG an § 67 und § 291(a) SGB V wurden die Krankenkassen dazu verpflichtet, bis spätestens 01.01.2006 die eGK an alle Versicherten auszugeben und »so bald und so umfassend wie möglich« von papiergebundener auf elektronische Kommunikation von »Befunden, Diagnosen, Therapieempfehlungen und Behandlungsberichten« umzustellen (Deutscher Bundestag 2003: 2201). Die genaue Ausgestaltung wurde allerdings, dem Prinzip der Selbstverwaltung folgend, den Akteuren überlassen. Hierfür sollte dem Gesundheitsministerium bis 2004 ein Konzept durch die Spitzenverbände von GKV und Leistungserbringern vorgelegt werden. Die für die angestrebte Funktionalität der eGK notwendige Vernetzung zwischen Arztpraxen, Krankenkassen, Apotheken und Krankenhäusern stellte komplexe Anforderungen (Datensicherheit, Interoperabilität, Anbindung/Konnektoren) an die zugrundeliegende Infrastruktur (vgl. Frießem et al. 2005). Daher ist die eGK und ihr langwieriger Einführungsprozess nicht unabhängig von der sogenannten Telematikinfrastruktur (TI) zu betrachten. Die TI ist die technische, infrastrukturelle Basis, auf der die angebotenen Dienste aufbauen.[37] Sie vernetzt Krankenkassen, Ärzt:innen, Apotheken und andere Leistungserbringer:innen (sowie Patient:innen).[38] Im Kern geht es aber um den darüber ermöglichten ununterbrochenen Austausch von Gesundheitsdaten zwischen allen

36 Der mit Art. 1 GMG eingefügte neue § 67 im SGB V formuliert entsprechend die Zieldimension einer »Verbesserung der Qualität und Wirtschaftlichkeit der Versorgung« (Deutscher Bundestag 2003: 2201). § 271a zur eGK spricht von der »Verbesserung von Wirtschaftlichkeit, Qualität und Transparenz der Behandlung« (ebd.: 2233).

37 Mitunter wird sie auch, wie im Entwurf des Patientendaten-Schutz-Gesetzes (PDSG) als »Datenautobahn des Gesundheitswesens« bezeichnet (Deutscher Bundestag 2020a: 1).

38 Eine bessere Verknüpfung kann auch Schnittstellen zwischen bislang unterbrochenen Versorgungsverläufen (zwischen ambulanter und stationärer Versorgung, zwischen Haus- und Fachärzt:innen, zwischen Prävention, Akutversorgung, Rehabilitation und Pflege) schaffen (Gerlinger et al. 2019: 158f.).

Akteuren. Die eGK ist der Schlüssel der Versicherten zur Nutzung der TI und für den Zugriff auf ihre Gesundheitsdaten, die nicht auf der Karte oder zentralen Servern liegen sollten, sondern bei den Arztpraxen und Krankenhäusern.[39]

Bereits 2002 hatten die Spitzenorganisationen des Gesundheitswesens eine Steuerungsgruppe unter Berücksichtigung von Wissenschaft, Patient:innen und Zivilgesellschaft einberufen, um das strategische Vorgehen zu koordinieren. Ein Jahr später startete das Projektkonsortium better IT for health (bIT4health) mit der Entwicklung der Gesamtarchitektur (vgl. Frielitz 2015: 1033). 2005 wurde dann die Gesellschaft für Telematikanwendungen der Gesundheitskarte mbH (gematik) von den Selbstverwaltungsakteuren gegründet, um eine bessere Handlungsfähigkeit beim Aufbau der TI zu erzielen. Damit kamen sie der Vorgabe im Gesetz zur Organisationsstruktur der Telematik im Gesundheitswesen nach, die für die eGK notwendige »interoperable und kompatible Informations-, Kommunikations- und Sicherheitsinfrastruktur« im Rahmen einer »Gesellschaft für Telematik [...], die die Regelungen zur Telematikinfrastruktur trifft sowie deren Aufbau und Betrieb übernimmt«, wahrzunehmen (Deutscher Bundestag 2005: 1721).

Die Zusammensetzung der Gesellschafter:innen (Stimmrecht) der gematik bestand paritätisch aus den Kostenträgern (GKV-Spitzenverband) und den Leistungserbringern (Ärztekammern [BÄK, BZÄK], Kassenärztlichen Vereinigungen [KBV, KZBV], DKG, Deutscher Apothekerverband [DAV]) (vgl. Elmer 2016: 98; Ex/Amelung 2018: 27). Auch hier folgt die Ausgestaltung also dem Selbstverwaltungsprinzip. Dem Gesundheitsministerium blieben »weitgehende Aufsichts- und Ersatzvornahmekompetenzen« (Frielitz 2015: 1034). Da Beschlüsse der Gesellschafter:innen mit Zweidrittelmehrheit erfolgen mussten, bestand von Anfang an ein Entscheidungssetting, das auf Verhandlung und Kompromiss ausgelegt war – damit aber als institutionalisierter Vetopunkt zugleich anfällig für Blockaden wurde.

2006 erfolgte zwar eine erste Testphase, deren Ausweitung dann aber nicht stattfand. Auch die im GMG festgeschriebene Ausstattung der Versicherten mit der eGK bis 2006 nahm keine Fahrt auf. Mit der neuen Regierungskoalition aus CDU/CSU und FDP ab 2009 wurde zudem u.a. aus datenschutzrechtlichen Erwägungen, die angestrebte Funktionalität der Karte auf die Basisanwendungen (Stammdaten, Notfalldaten) reduziert (vgl. ebd.: 1035). Insbesondere stand aber auch die Leistungserbringerseite (Ärzt:innen) der darüberhinausgehenden Funktionalität der eGK ablehnend gegenüber. Das Gesundheitsministerium entschied sich daher, zunächst mit wenigen Funktionen zu starten, deren fachliche Zuständigkeit auf die an der gematik beteiligten Akteure aufgeteilt wurde. Zudem sollte eine stufenweise Einführung die Komplexität des Projektes weiter verringern (vgl. Elmer 2016: 98f.). Dem Problem der nur langsam voranschreitenden Ausgabe der eGK begegnete das Ministerium mit einer Gesetzesnovelle. Das GKV-Finanzierungsgesetz (GKV-FinG) von 2010 änderte das im GMG festgeschriebene Ausgabegebot. Aus Steuerungsperspektive wurde in Art. 1 GKV-FinG zum einen die Zielerwartung in Zeit und Umfang deutlich nach unten angepasst: auf eine Ausgabe der eGK an zehn Prozent der Versicherten bis 31.12.2011. Zudem erhöhte das Ministerium den

39 Dementsprechend müssen auch aufseiten der unterschiedlichen Gruppen der Leistungserbringer:innen äquivalente elektronische Karten – der Heilberufsausweis (HBA) und die Secure Module Card – Betriebsstätte (SMC-B) – ausgegeben werden (vgl. Elmer 2016: 102).

Handlungsdruck, indem eine Kürzung der Verwaltungsausausgaben um zwei Prozent als Sanktion bei Nichterreichung des Ziels in § 4 Abs. 6 SGB V aufgenommen wurde (vgl. Deutscher Bundestag 2010: 2309).

Dieser Steuerungsimpuls zeigte Wirkung. Bis Ende 2013 wurde die eGK an 95 Prozent der Versicherten ausgegeben. Allerdings war hierfür nicht nur die Sanktionsandrohung in Richtung der Krankenkassen, sondern auch viel Aufklärungsarbeit bei den Versicherten, insbesondere wegen des Datenschutzes und des Lichtbilderfordernisses, nötig. Bis 2015 gelang es jedoch »durch eine zielgruppengerechte Kommunikation die Akzeptanz bei den meisten wichtigen Interessengruppen« deutlich zu steigern (Elmer 2016: 98). Mit Kosten von 700 Millionen Euro (vgl. Borchers 2021b) dauerte allein die Ausrollung der eGK in Deutschland damit jedoch mehr als zehn Jahre.[40]

Aus Steuerungsperspektive wurde die staatliche Steuerungsfähigkeit durch drei Schritte gestärkt: 1. Verschärfung des Steuerungsinstruments durch Sanktionierung, 2. Entschärfung des Konfliktniveaus in der Selbststeuerung durch Funktionalitätsbeschränkung und 3. Reduktion der (bei Digitalisierungsprojekten häufig anzutreffenden) Komplexität durch einen gestaffelten Roll-out beziehungsweise gestufte Funktionalitätsausweitung.

V.1.3.2 Telematikinfrastruktur und elektronische Patientenakte

Mit der bei den Versicherten nach einem Jahrzehnt angekommenen eGK lag ein zentraler Baustein der Digitalisierung des Gesundheitswesens vor. Allerdings verlief auch zeitgleich die Installation der Telematikinfrastruktur (TI), die zentrale Aufgabe der 2005 gegründeten gematik, auf der die Anwendungen der eGK laufen sollten, nicht problemlos. Wie bei vielen Digitalisierungsprojekten hemmten hohe Anfangsinvestitionen. Auch insgesamt lagen die Kosten höher als bei der eGK. Zwischen 2008 und 2019 flossen 2,5 Milliarden Euro in die TI (zusätzlich zu den zwei Milliarden Euro für die Konnektoren in Praxen und Krankenhäusern) (ebd.). Frielitz (2015: 1038f.) sieht hierin, neben den Datenschutzfragen, ein entscheidendes anfängliches Hindernis für die schnelle Verbreitung, weil sich zusätzlich Kosten und der Nutzen nicht gleich zwischen den relevanten Akteursgruppen verteilten. Während die Leistungserbringer:innen in TI-Konnektoren und das technologische Update in Praxen und Apotheken investieren müssen,[41] fallen die erhofften Einsparungen aufseiten der Kostenträger (Krankenkassen) an – allerdings entspricht dies genau dem Kostendämpfungsziel des GMG.

Mit dem Gesetz für sichere Kommunikation und Anwendung im Gesundheitswesen (dem sogenannten E-Health-Gesetz) (Deutscher Bundestag 2015b) reagierte der Staat

40 Im Vergleich dazu wurde in Estland zwischen 2000 und 2003 die komplette Infrastruktur und Vernetzung (X-Road) umgesetzt, bis 2010 die elektronische Gesundheitsakte und das e-Rezept eingeführt und seit 2016 die Medikamentenvergabe automatisch kontrolliert (vgl. Mikk 2018: 25f.).

41 Bis 2021 beliefen sich die Kosten für Anschaffung und Installation der Konnektoren auf etwa zwei Milliarden Euro, wobei im Februar immer noch 15 bis 20 % der Endpunkte (Arztpraxen, Krankenhäuser, Apotheken) nicht angeschlossen waren. Diese Kosten wurden allerdings in Form von Kostenpauschalen durch die Krankenkassen erstattet (vgl. Borchers 2021b).

2015 auf den ausbleibenden Fortschritt in der Umsetzung durch die Selbstverwaltungsakteure.[42] Für die Umsetzung der Möglichkeit, die Daten der eGK einlesen, aktualisieren und zwischen Krankenkassen und Leistungserbringern abgleichen zu können, wurden zwei Fristen gesetzt. Die gematik sollte alles Notwendige bis 01.06.2016 umsetzen, andernfalls drohte dem Spitzenverband Bund der Krankenkassen und der KBV eine Deckelung der Ausgaben auf dem Stand von 2014 abzüglich eines Prozents. Aufseiten der vertragsärztlichen Leistungserbringer:innen galt der Stichtag 01.07.2018, andernfalls würde als Sanktion eine einprozentige Kürzung der pauschalen Vergütung anstehen (vgl. ebd.: 2411f.). Damit fand eine Justierung der Steuerungsinstrumente statt. Diese bildeten ein »mit Fristen versehenes System von Anreizen und Vorgaben einschließlich Sanktionen«, was zeigt, dass die »auf der Ebene der Selbstverwaltung angesiedelten Reformblockaden den Gesetzgeber zu einer entschlosseneren Regulierung veranlasst« haben (Gerlinger et al. 2019: 162).

Es blieb aber nicht allein bei einer Anpassung der Steuerungsinstrumente. Mit § 291c SGB V wurden eine Schlichtungsstelle mit unparteiischer/-m Vorsitzenden für die gematik eingerichtet. Ein Schlichtungsverfahren konnte nicht nur von der Hälfte der Gesellschafter:innen eingeleitet werden, sondern auch durch das Gesundheitsministerium. Über den Schlichtungsvorschlag entschied zunächst zwar die Gesellschafter:innenversammlung. Fand sich dort jedoch keine Mehrheit, entschied die Schlichtungsstelle mit einfacher Mehrheit unter Prüfungsvorbehalt des BMG (vgl. Deutscher Bundestag 2015b: 2417).

Damit fand eine Anpassung des Steuerungssettings statt, die auf die im Zuge der eGK-Einführung deutlich gewordenen Blockadepotenziale reagierte. Zwar wurde das Prinzip der Selbstverwaltung aufrechterhalten. Die Selbststeuerung wurde jedoch stärker der Logik des Schattens der Hierarchie unterstellt, indem die bei Interessenkonflikten drohende hierarchische Entscheidung institutionalisiert wurde.

Das E-Health-Gesetz sollte die digitalen Anwendungen über die Basisfunktion der eGK hinaus endlich voranbringen, als »Startschuss für den Aufbau der Telematikinfrastruktur« und »wichtiger Meilenstein […], den digitalen Sektor im Gesundheitswesen zu implementieren« (Möws 2020: 29). Allerdings dauerte auch hier die Umsetzung. Erst am 10.11.2017 lässt die gematik den ersten Konnektor für die TI zu (vgl. gematik 2017). Zugleich verschiebt das Gesundheitsministerium das Datum der Anbindungspflicht vertragsärztlicher Leistungserbringer:innen auf Ende 2018. Eine weiter Verlängerung der Frist erfolgt dann im Rahmen des Gesetzes zur Stärkung des Pflegepersonals (Pflegepersonal-Stärkungsgesetz; PpSG) Ende 2018: Auf Sanktionen in Form von Honorarkürzungen wurde bis 30.06.2019 verzichtet, sofern eine Bestellung der notwendigen Komponenten zum 31.03.2019 vorlag (vgl. Deutscher Bundestag 2018b: 2408). Amelung und Ex (2019: 18) fassten 2019 zusammen: »Bislang hat sich die Politik damit zufriedengegeben, die große Aufgabe der Transformation des Systems an die Selbstverwaltung zu delegieren« – die eGK zeige, dass »sie mit dieser Strategie grandios gescheitert« sei.

Mit dem Gesetz für schnellere Termine und bessere Versorgung (Terminservice- und Versorgungsgesetz; TSVG) vollzog sich 2019 daher eine weitere Veränderung im Steue-

42 Mit dem E-Health-Gesetz wurde auch der zuvor im SGB V weiterhin genutzte Begriff der Krankenversichertenkarte durch die Bezeichnung »Elektronische Gesundheitskarte« ersetzt.

rungssettings der gematik, die die Gesellschaft der (mit der Schiedsstelle bereits eingeschränkten) Selbstverwaltung entzieht. Die Geschäftsanteile der Spitzenorganisationen wurden von je 50 auf 24,5 Prozent herabgesetzt. Mit 51 Prozent hält ab diesem Zeitpunkt das Bundesministerium für Gesundheit die Mehrheitsanteile an der gematik (vgl. Deutscher Bundestag 2019a: 679)[43] – »thereby effectively eliminating the veto potential of the self-administration actors« (Bogumil-Uçan/Klenk 2021: 488). Wenig später folgte das Gesetz für eine bessere Versorgung durch Digitalisierung und Innovation (Digitale-Versorgung-Gesetz; DVG), das u.a. die Apotheken (Frist bis 30.09.2020) und Krankenhäuser (Frist bis 01.01.2021) zur Anbindung an die Telematikinfrastruktur verpflichtete (vgl. Deutscher Bundestag 2019b: 2563). Zentrales Ziel war aber eine beschleunigte Etablierung digitaler Gesundheitsanwendungen – und damit: Apps auf Rezept (vgl. Möws 2020: 31) (siehe Kapitel V.1.3.3). Hierfür legte das DVG den regulatorischen Rahmen für Evidenz- und Qualitätssicherung sowie Zulassung und Erstattungsfähigkeit fest (vgl. Schnee/Greß 2019: 9). Insbesondere bei den letzten beiden Punkten würden die etablierten Verfahren der Selbstverwaltungsgremien ausgehebelt werden. Zum einen, weil digitale Gesundheitsanwendungen nicht wie andere medizinische Technologien der langwierigen Zulassung durch den G-BA bedürfen. Zum anderen würden der Spielraum bei der Ausgestaltung der Erstattungsfähigkeit durch den unbestimmten Begriff des positiven Versorgungseffektes und geringer Anforderungen an Wirkungsevidenz deutlich erweitert werden (ebd.: 11). Der »Blick auf die Steuerungsmechanismen des Gesetzes« zeige deutlich:

> »Der Hauptschuldige für die Trägheit des Gesundheitswesens bei der Digitalisierung scheint jedenfalls ausgemacht. Dies ist für den Gesetzgeber offensichtlich die gemeinsame Selbstverwaltung mit ihren Partikularinteressen, die bereits bei der Einführung der elektronischen Gesundheitskarte mehr Bremsklotz als Motor war. Die gemeinsame Selbstverwaltung wird vom DVG weitgehend ausgehebelt« (ebd.: 8).

Ein zweiter, kontrovers debattierter Vorstoß des DVG betraf den Umgang mit Gesundheitsdaten. Mit § 303d SGB V wurde ein Forschungsdatenzentrum eingerichtet. Dieses sammelt die vom Spitzenverband Bund der Krankenkassen übermittelten Daten, versichertenbezogene (pseudonymisierte) Einzeldatensätze für bis zu 30 Jahre, und macht diese für 18, in § 3003e benannten Nutzungsberechtigte für Forschungszwecke zugänglich (vgl. Deutscher Bundestag 2019b: 2580). Damit überhaupt ausreichend Daten über die TI fließen, sollte auch die Einführung eines weiteren zentralen Bausteins beschleunigt werden: der elektronischen Patientenakte (ePA) (vgl. Möws 2020: 32). Daher wurden alle vertragsärztlichen Leistungserbringer:innen verpflichtet, bis 30.06.2021 ihre Zugriffsmöglichkeit auf die ePA nachzuweisen, ansonsten drohte als Sanktion

43 Der GKV-Spitzenverband (2019) lehnte die Übernahme mit dem Argument ab, dass der verzögerte Auf- und Ausbau der Telematikinfrastruktur nicht mehr an fehlenden oder langsamen Entscheidungen der gematik sondern an Produktionsproblemen bei Industrieunternehmen liege. Thomas Kriedel (2019), Vorstandsmitglied der KBV fasste in einer Rede auf der Vertreterversammlung der KBV am 27.05.2019 zusammen: »Die gematik ist jetzt also das BMG. So würde ich die Mehrheitsverhältnisse auf einen begrifflichen Nenner bringen. Für die Selbstverwaltung bedeutet das eine Schwächung.«

eine pauschale Kürzung ihrer Vergütung um ein Prozent. Krankenhäuser mussten den Zugriff auf die ePA bereits zum 01.01.2021 bereitstellen (vgl. Deutscher Bundestag 2019b: 2574). Aufgrund datenschutzrechtlicher Bedenken des Justizministeriums und des Bundesdatenschutzbeauftragten wurden im DVG ursprünglich geplante weitere Regelungen zu den Daten der ePA ausgespart (vgl. Möws 2020: 34).

Diese standen daher im Fokus des im Oktober 2020 verabschiedeten Gesetzes zum Schutz elektronischer Patientendaten in der Telematikinfrastruktur (Patientendaten-Schutz-Gesetz; PDSG) (Deutscher Bundestag 2020b). Die Bezeichnung ist irreführend, stand doch der Datenschutz nicht im Zentrum (sondern Nutzungsrechte von Gesundheitsdaten wurden sogar eher ausgeweitet) (vgl. Dochow 2020: 981). Vielmehr ging es um Patientensouveränität bei den Zugriffsrechten auf ihre Gesundheitsdaten (vgl. Möws 2020: 35). Ansonsten sollte mit dem Gesetz die technische Umsetzung der elektronischen Patientenakte – die medizinische Informationen, Befunde, Diagnosen, Therapiemaßnahmen, Medikationen, Notfalldaten und elektronische Arztbriefe enthalten kann – auf den Weg gebracht werden (§ 341 Abs. 2 SGB V). Die erste Phase des Testbetriebs startete im Januar 2021. Um eine schnelle Verbreitung in der Fläche sicherzustellen, wurde – korrespondierend zur Sanktionierung der Krankenkassen bei der Ausgabe der eGK – den Leistungserbringer:innen eine Frist bis 30. Juni 2021 gesetzt, um die notwendigen Komponenten und Dienste anzuschaffen. Andernfalls drohte eine pauschale Kürzung der Vergütung der vertragsärztlichen Leistungen um ein Prozent (§ 341 Abs. 6 SGB V). Am 1. Juli 2021 sollte dann auch die Testphase für das e-Rezept starten – mit einer flächendeckenden Einführung bis Ende des Jahres (vgl. Borchers 2021a). Damit waren bis 2020 alle zentralen Bausteine der digitalen Gesundheitsinfrastruktur und -anwendungen, wie sie bereits 2003 im GMG angedacht worden waren, erneut auf den Weg gebracht.

Auch aus diesem Grund, insbesondere aber weil die technologische Entwicklung in der Zeit zwischen 2003 und 2020 nicht stehen geblieben ist, beschäftigt sich die gematik seit Ende 2020 auch mit der nächsten Version der TI, die sie schlicht als Telematikinfrastruktur 2.0 bezeichnet. Ihre Vision für 2025 veröffentlichte sie Anfang 2021 in einem Whitepaper (gematik 2020). Darin ist nicht nur die Aufnahme der digitalen Gesundheitsanwendungen (DiGA) (häufig auch schlicht als Gesundheits-Apps bezeichnet) als dritte Säule neben ambulanter und stationärer Versorgung enthalten. Das Whitepaper der gematik (ebd.: 8) sieht für den nächsten Schritt hin zu einer »Plattform für nationale Telematikinfrastruktur« entscheidende neue Weichenstellungen vor. Die von den Leistungserbringern teuer angeschafften Konnektoren sollen zugunsten eines unabhängigen Zugangs (etwa über Internet und Apps auf dem Smartphone für den standortunabhängigen Zugang) wegfallen. Gleichzeitig würde dann die physikalische elektronische Gesundheitskarte durch eine virtuelle eID ersetzt werden (für diedie Krankenkassen als Identity Provider fungieren), um einen einheitlichen Zugang zu Anwendungen und Daten zu ermöglichen. Dafür müssten die Anwendungen und Daten aus der dezentralen Verantwortung, etwa bei Arztpraxen und Krankenhäusern, in die Dienstbereiche der TI überführt werden (vgl. ebd.: 20, 25ff.). Auf der einen Seite würden damit zwar die Leistungserbringer:innen entlastet werden, weil sie für Datenschutz und Datensicherheit nicht mehr verantwortlich wären. Auf der anderen Seite entstehen bei einer Auflösung dezentraler Datensilos und der Überführung des Betriebs der TI in Rechenzentren aber schnell zentrale Datensammlungen (hier über strukturierte vom physischen Speicherort abstrahierte Daten), deren Schutz dann zum Teil einer funktionalen Zugriffsrechteverwaltung durch souveräne Patient:innen obliegt.

Es kann daher kaum verwundern, dass das Whitepaper deutliche Kritik provozierte (vgl. Borchers 2021b). Diese kam sowohl von Leistungserbringern als auch von Kostenträgern.[44] In einem gemeinsamen Schreiben aller Gründungsmitglieder der gematik verwahrten sich diese gegen die »unangekündigte«, »unabgestimmte«, »kontraproduktive« und der Beschlusslage der Gesellschafterversammlung entgegenstehende Veröffentlichung des Whitepapers. Zwar verweist der Vorsitzende der gematik, Leyck Dieken, darauf, dass es sich nur um ein Positionspapier handele, das für eine nachfolgende Machbarkeitsstudie und einen beteiligungsorientierten Dialog notwendig sei (Tebroke 2021). Aus Steuerungsperspektive hat sich mit der Übernahme der Stimmenmehrheit in der gematik durch das BMG das Entscheidungssetting allerdings grundlegend verändert. Das Gesundheitsministerium könnte über die Umsetzung des Konzeptes daher allein entscheiden.

Insgesamt deutet die Entwicklung der digitalen Gesundheitsinfrastruktur in Richtung des gleichen Trends, der sich auch in vielen anderen Feldern im Zuge der Digitalisierung finden lässt: Es findet eine Plattformisierung statt. Diese zeigt sich bereits in der zentraleren Datenhaltung mit ePA und Forschungsdatenzentrum und würde mit der angedachten Telematikinfrastruktur weiter vorangetrieben werden. Zugleich wurden die Steuerungskompetenzen von den Selbstverwaltungsakteuren immer weiter in Richtung des Gesundheitsministeriums verschoben.

V.1.3.3 Apps als Medizinprodukte

Mit der Digitalisierung und dem Eintritt von Digitalkonzernen als Leistungserbringer:innen in das Gesundheitswesen (siehe Kapitel V.1.1.2) entsteht zum einen ein »zweiter Gesundheitsmarkt« jenseits des Leistungsangebots von GKV und PKV, auf dem privat zu finanzierende digitale Angebote gehandelt werden (Behm/Klenk 2020: 499). Dies kann zum einen zu weiteren Ungleichheiten zwischen Patient:innen führen, je nachdem, ob sie sich diese Angebote leisten können oder nicht. Zum anderen ist in (bislang) unregulierten Marktsektoren die Unbedenklichkeit oder Wirksamkeit der Leistungen nicht sichergestellt. Daher gehen auch Gerlinger et al. (2019: 164) davon aus, dass die Digitalisierung des Gesundheitssektors »eine weitere Erhöhung der Regulierungsdichte mit sich bringen wird.« So reagiert der Staat etwa auf die Entwicklung im Bereich der Gesundheits-Apps, greift regulierend ein und versucht neue digitale Leistungen zu integrieren. Hierfür ist bislang insbesondere das bereits oben genannte Digitale-Versorgung-Gesetz (DVG) relevant.

44 Die Krankenkassen sehen bei der eID etwa ein Problem, angesichts der erst mühsam errungenen Akzeptanz der eGK bei den Versicherten. Aufseiten der Leistungserbringer:innen wurde u.a. auf den gerade betriebenen Aufwand bei der Ausgabe des Heilberufsausweises verwiesen. Erst seit Januar 2021 läuft darüber hinaus die erste Testphase der elektronischen Patientenakte (ePA), an diese müssten für die Telematikinfrastruktur 2.0 erhebliche Anpassungen vorgenommen werden (vgl. Tebroke 2021; Borchers 2021b).

Mit dem DVG ermöglicht es der Gesetzgeber, dass Ärzt:innen digitale Gesundheitsanwendungen (DiGA) (insbesondere Apps für Mobiltelefone und Tablets aber auch Webanwendungen) verschreiben und mit den gesetzlichen Krankenkassen abrechnen können.[45] Im Oktober 2020 startete das Bundesinstitut für Arzneimittel und Medizinprodukte (BfArM) das DiGA-Verzeichnis mit zwei digitalen Anwendungen zur Hilfe bei Tinnitus beziehungsweise Ängsten (vgl. BfArM 2020). Das BfArm ist auch für die Zulassung der Anwendungen zuständig, wofür diese einen positiven Versorgungseffekt nachweisen müssen. Hieran wird aus zwei Perspektiven Kritik geübt. Zum einen stelle die Übertragung der Zulassung an die BfArm eine weitere Schwächung des Selbstverwaltungsprinzips dar (weil üblicherweise der G-BA über die Erstattungsfähigkeit neuer Medikamente, Untersuchungs- und Behandlungsmethoden durch die GKV entscheidet) (vgl. Friesendorf/Lüttschwager 2021: 7). Zum anderen sind positive Versorgungseffekte im Sinne der Verordnung über das Verfahren und die Anforderungen zur Prüfung der Erstattungsfähigkeit digitaler Gesundheitsanwendungen in der gesetzlichen Krankenversicherung (Digitale Gesundheitsanwendungen-Verordnung; DiGAV) vom 8.4.2020 »entweder ein medizinischer Nutzen oder patientenrelevante Struktur- und Verfahrensverbesserungen in der Versorgung« (§ 8 Abs. 1 DiGAV). Ballweber (2020a) und auch andere kritisieren, dass es bis dato keine Mindestanforderungen (wie etwa die Anzahl der Studienteilnehmer:innen) an den Nachweis eines Nutzens der digitalen Anwendung gebe. Die DiGAV (§ 10 Abs. 3) sieht nur retrospektive oder prospektive »qualitativ[] vergleichende Studien« mit »angmessen[em]« »methodische[n] Ansatz« vor. Ganz unabhängig davon stellen sich aber auch Fragen des Datenschutzes, denn häufig sind Leistungserbringung und Datenerhebung auf das Engste miteinander verschränkt.

V.1.3.4 Gesundheitsdaten und Datenschutz

Der Datenschutz stellt mit Blick auf das Gesundheitswesen eine grundlegende Herausforderung auf zwei Ebenen dar. So werden für Anbieter:innen digitaler Gesundheitsanwendungen die Datenschutzbestimmungen für Gesundheitsdaten und personenbezogene Daten inklusive DSGVO in § 4 DiGAV geregelt. Zwar weist Abs. 1 auf eine dem Schutzbedarf der verarbeiteten Daten entsprechende, notwendige »Datensicherheit nach dem Stand der Technik« hin. Das BfArM prüft allerdings nur die Angaben der Anbieter und ist nicht dafür zuständig, die Umsetzung der Vorgaben zu kontrollieren.[46] Unberücksichtigt bleiben dagegen die möglichen Rückschlüsse auf die Gesundheit von Personen – und damit eine entsprechende Profilbildung – durch Apple und Google,

45 DiGA wird das Potenzial zugeschriebene, einen Beitrag zur Bewältigung der Herausforderungen durch Kostendruck, »Unterversorgung strukturschwacher Regionen« und Fachkräftemangel zu leisten (Friesendorf/Lüttschwager 2021: 7).

46 Bei einer der beiden ersten Anwendungen im DiGA war es aufgrund von Sicherheitslücken beziehungsweise ungenügender Absicherung ohne großen Aufwand möglich, sich Zugang zu jedem Nutzer:innenkonto zu verschaffen, von dem die E-Mail-Adresse bekannt war. Zugleich konnte man nicht nur für beliebige E-Mail-Adressen herausfinden, ob für diese ein Konto beim Anbieter bestand, sondern sich gleich alle Namen der Nutzer:innen, E-Mail-Adressen und sämtliche von den Krankenkassen ausgegebene Gutscheine zur Benutzung der Anwendung ausgeben lassen (vgl. Ballweber 2020b; Tremmel 2020).

wenn der Download solcher Anwendungen über deren App Stores erfolgt (vgl. ebd.).[47] Der Datenvorsprung großer Digitalkonzernen zeigt sich auch in der Coronakrise. Nicht nur Mobilfunkanbieter wie die Telekom und Telefonica (vgl. Krempl 2020a), sondern auch Google, mit zentralem Zugang zu den Daten von Mobiltelefonen mit Android-Betriebssystem, gaben proaktiv anonymisierte Standort-Verlaufsdaten an staatliche Institutionen weiter oder stellten diese aggregiert für jede:n zugänglich online zur Verfügung (vgl. Google 2020). Ohnehin zeigt sich an der Coronakrise beispielhaft die digitale »Logik der Quantifizierung der Welt«, der hier auch der globale »Systemwettbewerb« um den erfolgreiche(re)n Umgang mit der Pandemie folgte (Ther 2020: 40). Die Nachrichtenlage über die Pandemie wurde von beständig aktualisierter, vergleichender Datenaufbereitung begleitet. Neuinfektionen, Reproduktionszahlen, Fallzahlen, Todesfälle und Inzidenzwerte wurden nicht nur zum festen Bestandteil von Nachrichtensendungen, sondern ließen und lassen sich beispielsweise interaktiv auf Dashboards von RKI oder Johns-Hopkins-Universität online aufbereiten.[48]

Über die Coronakrise und die genannte konkrete Problematik bei der DiGA hinaus spielen Daten im digitalen Gesundheitswesen nicht eine, sondern die zentrale Rolle.[49] Großen Mengen an Gesundheitsdaten wird auf der einen Seite das Potenzial zugesprochen, für das Erkennen von Krankheiten (Diagnostik) und die Entwicklung neuer Therapien und Medikamente unverzichtbar zu sein. Verglichen mit den großen Digitalkonzernen, hinken staatliche Institutionen bei der Menge an verfügbaren Daten jedoch gravierend hinterher.[50] Hieraus erklärt sich auch das politische Interesse am Aufbau einer Forschungsdateninfrastruktur, wie in Kapitel V.1.3.2 beschrieben. Die am 1. Januar 2021 im Testbetrieb der GKV gestartete elektronische Patientenakte (ePA) ermöglicht das freiwillige Speichern von Befunden und etwa Röntgenbildern für Forschungszwecke.

Patient:innen entscheiden aber nicht nur selber darüber, was gespeichert wird, sondern können auch bestimmen, wer auf welche Daten zugreifen darf (vgl. Spehr

---

47 Die Bundesregierung (2020b) sieht laut ihrer Antwort auf eine kleine Anfrage der FDP hierin kein Problem, weil bei Apps »kein dem Arzneimittelrecht vergleichbarer Verordnungsvorbehalt besteht« und daher jede:r die entsprechenden Apps herunterladen kann. Die Plattformbetreiber:innen können daher aus einem Download nicht unmittelbar auf eine Verschreibung, und damit »auf das Vorliegen einer bestimmten Indikation« schließen.

48 Das Covid-19-Dashboard des RKI ist unter der URL https://experience.arcgis.com/experience/478220a4c454480e823b17327b2bf1d4 erreichbar, das der Johns-Hopkins-Universität unter https://coronavirus.jhu.edu/map.html (abgerufen am 24.05.2021).

49 Auch auf der individuellen Ebene, was sich an der zunehmenden Nutzung von Wearables für Selftracking und Selbstvermessung *[Quantified Self]* ablesen lässt. Damit gehen Problemen wegen möglicher Abhängigkeiten von Digitalunternehmen (Soft- und Hardware) und deren Zugriff auf die selbst erhobenen Gesundheitsdaten einher. Wenn auf Basis dieser Daten durch Dritte individuelle Verhaltensänderungen angeregt werden (siehe Kapitel VI.1.1.1 zum Nudging) verschwimmen darüber hinaus Selbst- und Fremdbestimmung (vgl. Lamla 2019: 52).

50 Das Gleiche gilt für viele deutsche Unternehmen, denen wenige US-amerikanische oder chinesische Datenoligopole gegenüberstehen. Auch deshalb werden immer wieder Überlegungen zu einem verpflichtenden Datenzugang laut. So etwa im Rahmen der Novellierung des Wettbewerbsrechts mit Gesetz zur Änderung des Gesetzes gegen Wettbewerbsbeschränkungen für ein fokussiertes, proaktives und digitales Wettbewerbsrecht 4.0 und andere Bestimmungen (GWB-Digitalisierungsgesetz) (vgl. Deutscher Bundestag 2021b).

2021). Diese Zustimmung muss per Opt-in gegeben werden. Der Sachverständigenrat zur Begutachtung der Entwicklung im Gesundheitswesen empfiehlt in seinem Digitalisierungsgutachten dagegen nicht nur ein Opt-out-Verfahren, sondern auch ein automatisches Anlegen der ePA bei Geburt (offenbleibt, wie dies mit dem formulierten Anspruch einer »informierten Entscheidung« zusammenpasst) und die Verpflichtung für Leistungserbringer:innen Daten einzustellen: »Daten teilen heißt besser heilen« (SVR 2021: XXVI, 89).[51] Damit bedient der SVG das in vielen Digitaldebatten vorzufindende Narrativ, (zu viel) Datenschutz verhindere technologischen Fortschritt. Es ist daher nicht verwunderlich, dass in einem offenen Brief mehrere Organisationen aus den Bereichen Datenschutz und Leistungserbringer:innen dieser Empfehlung explizit, mit ebenfalls immer wieder anzutreffenden Argumenten, widersprechen. »Datenschutz ist kein lästiges Hindernis für technologischen Fortschritt, sondern eine vertrauensbildende Notwendigkeit und damit die Grundlage für Entwicklung« – mit eine Opt-out-Lösung würde die Freiwilligkeit der Nutzung untergraben werden, und es fehle an einer Datenschutz-Folgeabschätzung (o. A. 2021b: 2).

Hieran wird auch noch einmal deutlich, dass Gesundheitsinformationen zu den besonders sensiblen Daten gehören und daher auch rechtlich in besonderem Maße geschützt sind. Andernfalls bestände die Gefahr, dass Krankenkassen oder Arbeitgeber:innen diese Daten nutzen, um Menschen mit bestimmten Merkmalen zu diskriminieren. Allerdings spielt hier auch die individuelle Eigenverantwortung (durchaus auch negativ ausgeweitet im Sinne des Selbstunternehmertums) eine Rolle. Im Kontext der CWA verweist Daum (2020) in diesem Kontext auf eine »kognitive Dissonanz« und einen »kollektive[n] Verdrängungsmechanismus«: Auf der einen Seite werde dem Datenschutz gegenüber Gesundheitsbehörden und Staat eine bedeutende Rolle zugeordnet, während auf der anderen Seite den Digitalkonzernen freiwillig personenbezogene Daten ohne Bedenken überlassen werden würde.

Die in allen Kontexten der Digitalisierung im Gesundheitswesen immer wieder auftretende Datenschutzfrage zeigt, dass der Daten- und Verbraucherschutz eine zentrale rechtliche Regelungsebene darstellt, die politikfeldbezogen einen Querschnittscharakter aufweist. Hinzu kommen ethische Aspekte, die eine zunehmende Rolle neben medizinisch-professionellen Standards auf der normativen Ebene spielen (vgl. Knieps 2016: 33). Auch Gerlinger et al. (2019: 164) gehen davon aus, dass mit der zentralen Rolle von Gesundheitsdaten der Datenschutz »zu einem neuen Handlungsfeld in der Gesundheitspolitik werden« wird, was wegen dessen Querschnittscharakter die ohnehin vorhandene »strukturelle Kopplung« der Gesundheitspolitik mit anderen Politikfeldern weiter stärkt.

Die zentrale, ambivalente Rolle von Daten und die Herausforderungen bei der Frage nach dem Umgang mit ihnen, zeigen sich auch beim Thema der Patient:innensouveränität.

51 Auch für die Forschungsdateninfrastruktur argumentiert der Sachverständigenrat mit einem »ganzheitliche[n] Verständnis des Datenschutzes«, das auch den Patient:innenschutz umfasse, und einem Konzept von informationeller Selbstbestimmung, das sich »nicht länger allein als Schutz personenbezogener Daten« verstehe, sondern auch als ein Anrecht zur »adäquaten Verarbeitung« von Daten zu Gesundheitszwecken (SVR 2021: XXVIII).

V.1.3.5 Gesundheitsinformationssysteme: Patient:innen als emanzipierte, mündige Bürger:innen

Vielfach wird auf das Potenzial der Digitalisierung beim Abbau der Informationsasymmetrie zwischen Ärzt:innen und Patient:innen (Empowerment durch besseren Zugang zu medizinischem Wissen) verwiesen. Im Sinne der Patient:innensouveränität birgt sie damit die Hoffnung auf eine partizipativere medizinische Entscheidungsfindung und verschiebt damit potenziell die Verhältnisse zwischen den Akteuren im Feld (vgl. Behm/ Klenk 2020: 496; Elmer 2016: 102f.). Zwar bieten sich Potenziale für das Empowerment von Patient:innen und Versicherten, zugleich konstatieren Gerlinger et al. (2019: 164) jedoch, dass diese nicht »in die Gestaltung der Digitalisierung strukturell einbezogen werden.« Vielmehr strukturieren die gewachsenen Akteurskonstellationen die Implementierung digitaler Innovationen in der Gesundheitspolitik. Sie weisen darüber hinaus darauf hin, dass bei unverändert wirksamen Machtstrukturen die Digitalisierung sich nicht unbedingt zugunsten einer größeren Autonomie von Patient:innen auswirken muss – vielmehr kann auch das Gegenteil der Fall sein, wenn neue technische Abhängigkeiten entstehen, die es erleichtern, das Verhalten von Patient:innen zu kontrollieren und ihre Handlungen zu koordinieren (ebd.: 165).

Ein konkretes politisches Steuerungsinstrument in diesem Kontext besteht in staatlicher Informationsbereitstellung. Der vereinfachte digitale Zugang zu medizinischem Wissen und den eigenen Gesundheitsdaten bietet für Patient:innen das Potenzial, die Informationsasymmetrie gegenüber Ärzt:innen abzubauen. Diese Form des Empowerments, die Patient:innen in die Lage versetzt, bei gesundheitlichen Fragen mitzuentscheiden, setzt einen Zugang zu verlässlichen Informationsangeboten voraus. Mündige Bürger:innen sind auch in vielen anderen Bereichen das Ziel staatlicher Steuerungsmaßnahmen. Diese folgen dem Typ der weichen Steuerung durch Information.

Darauf, dass immer mehr Menschen das Internet nutzen, um sich über Krankheiten und Symptome zu informieren, reagierte das BMG im September 2020 mit der Initiative »Nationales Gesundheitsportal«, das unter gesund.bund.de erreichbar ist. Dabei handelt es sich um eine Informationsplattform für Patient:innen und Bürger:innen, die eine verlässliche Alternative zu unternehmerischen oder privaten Informationsangeboten darstellen soll.[52] Es informiert über Krankheiten, ICD-Codes[53], gesundes Leben (Ernährung und Bewegung), Pflege, Gesundheit Digital und weitere gesundheitsbezogene Themen. Darüber hinaus erlaubt es die Suche nach Ärzt:innen sowie Krankenhäusern (vgl. BMG 2020b). Insgesamt waren für das Portal 4,5 Millionen Euro über vier Jahre vorgesehen.

Im November 2020 ging das Ministerium eine Kooperation mit Google ein. Unter Ausnutzung der Quasi-Monopolstellung der Suchmaschine sollten die Auffindbarkeit

52 Die vom BMG unabhängige Redaktion des Portals besteht auch aus medizinischen und gesundheitswissenschaftlichen Expert:innen und arbeitet unter anderem mit dem RKI und dem IGWiG zusammen. So soll die Bereitstellung von »[q]ualitätsgesicherte[n], neutrale[n] und verständliche[n] Gesundheitsinformationen« sichergestellt sein (BMG 2020a).

53 Internationale statistische Klassifikation der Krankheiten und verwandter Gesundheitsprobleme *[International Statistical Classification of Diseases and Related Health Problems; ICD]*.

und Bekanntheit des Portals durch eine prominente Platzierung von Inhalten[54] bei bestimmten Suchbegriffen erhöht werden (vgl. Ballweber 2020c). Neben der problematischen Zusammenarbeit mit einem Unternehmen, das sich hauptsächlich durch die Auswertung von Nutzer:innendaten und den Verkauf personalisierter Werbung finanziert, brachte die Kooperation dem Gesundheitsministerium auch eine Klage durch das kommerzielle Gesundheitsportal Netdoktor.de des Burda-Konzerns ein. Nach einer einstweiligen Verfügung des Landgerichts München I aufgrund eines Verstoßes gegen das Kartellrecht durch Wettbewerbsverzerrung legte Google zunächst Berufung ein, zog diese aber später wieder zurück (vgl. Handel 2021; dpa 2021). Der Sachverständigenrat zur Begutachtung der Entwicklung im Gesundheitswesen empfiehlt in seinem Digitalisierungsgutachten darüber hinaus, das NGP in eine »politisch unabhängige Trägerschaft«, etwa eine Stiftung, zu überführen und eine größere Bandbreite an Anbieter:innen von qualitativ hochwertigen und evidenzbasierten Gesundheitsinformationen einzubinden (SVR 2021: 298).

Jenseits dieser Problematiken ist erfolgreiche Steuerung über Information und Aufklärung darüber hinaus voraussetzungsreich. Ein solches Informationsportal funktioniert nur dann, wenn 1. die Steuerungsadressaten erreicht werden, sie 2. die Informationen verstehen – sowohl sprachlich als auch im Sinne von digital literacy, also der digitalen Gesundheitskompetenz – und sie sich 3. auch von diesen überzeugen lassen.

Die besondere Rolle weicher Steuerungsformen wie Information auf Aufklärung, die bei der Corona-Warn-App (CWA) oder dem Gesundheitsportal zum Einsatz kommen, in der Gesundheitspolitik verdeutlichen auch die Werbeausgaben. 2020 lagen die Bruttowerbeausgaben von Bundesregierung und Ministerien bei 150 Millionen Euro (2019: 60 Mio.). Insbesondere hatten sich die Ausgaben des Gesundheitsministeriums von drei Millionen auf 60 bis 70 Millionen Euro verzwanzigfacht und waren damit für 40 bis 50 Prozent der Gesamtausgaben verantwortlich. Dieser Zuwachs war vor allem der Coronapandemie geschuldet, da die Kampagne »Zusammen gegen Corona« allein ein Budget von 35 Millionen Euro ausmachte. Hinzu kamen weitere Corona-bezogene Werbeausgaben vonseiten der Bundesregierung oder des Bundespresseamtes, so etwa 13 Millionen Euro für die Bewerbung der Corona-Warn-App (vgl. Theile 2020). Ob es sich bei der CWA dabei tatsächlich um ein neues Steuerungsinstrument handelt, steht im folgenden Kapitel im Fokus.

V.1.4 Politics II: Neue digitale Steuerungsinstrumente in der Coronakrise?

Aus Steuerungsperspektive lag der Fokus in der Betrachtung der Coronakrise bisher eher auf dem starken, durchsetzungsfähigen Staat in der Krise.

> »Corona hat den Staat wieder zum Erwachen gebracht [...]. Seither hat sich der Nationalstaat in vielen Ländern auf seine Kernkompetenzen besonnen und gezeigt, dass er enorm handlungs- und durchsetzungsfähig ist« (Burchardt 2021: 68).

54 Die Anzeige erfolgt nicht innerhalb der gelisteten Suchergebnisse, sondern analog zu der Einblendung einer Artikelvorschau aus der Wikipedia in einem Extrafeld rechts neben der Rangliste.

Dies gilt auch oder gerade in Deutschland, wo »historisch der Grad an Staatszentriertheit und Staatsvertrauen zu[nehmen], wenn Krisenszenarien die öffentliche Meinung dominieren« (Korte 2022: 10). Gleichzeitig fiel zu Beginn der Pandemie ein zwiespältiger Blick insbesondere auf China, das einerseits die Krise durch autoritäre Eingriffe – mit der Isolation und Überwachung von Millionen von Menschen – zunächst schnell in den Griff bekam. Andererseits wurde dem autoritären Regime der kommunistischen Partei vorgeworfen, den Ausbruch der Krankheit zu lange verheimlicht und Informationen unterdrückt zu haben (vgl. Ther 2020: 40). Gleichwohl kam vor diesem Hintergrund die Diskussion auf, ob autoritäre und totalitäre Regime über eine bessere Ausgangslage bei der Pandemiebekämpfung verfügten als (westliche) Demokratien,[55] weil diese Staaten von oben durchregieren können, ohne dabei auf demokratische und rechtstaatliche Prinzipien Rücksicht nehmen zu müssen. Außer Acht gelassen wurden bei diesem verkürzten Blickwinkel auf einen globalen Systemwettbewerb wichtigere Aspekte wie die Stabilität von Staatlichkeit und politischem Entscheidungssystem, die Qualität und Finanzierung des Gesundheitssystems und die gesellschaftliche Akzeptanz für das politisches Handeln und die konkreten Maßnahmen (vgl. Merkel 2020a; Ther 2020).

In Europa setzten fast alle Staaten beim Schutz der Gesundheit ihrer Bevölkerung und bei der Bekämpfung der Pandemie auf direkte Steuerung durch Ge- und Verbote. Diese schränkten auch die grundrechtlichen Freiheiten ein (vgl. etwa Knieps 2020). Der Interventionsstaat zeigt mit Ausgangsbeschränkungen, Kontaktverboten, Abstandsregeln sowie Betriebs- und Geschäftsschließungen seine Funktionsfähigkeit sowohl gegenüber Bürger:innen als auch Organisationen und Unternehmen. Diese Beschränkungen setzte die Bundesregierung, auch in Absprache mit den Ministerpräsident:innen der Länder, durch Verordnungen im Rahmen des Infektionsschutzgesetzes (IfSG) um.[56] Ohne die hier erkennbar werdende »zentrale und effiziente Steuerung der Politik, in der alle Teilsysteme auf ein gemeinsames Ziel verpflichtet wurden, wäre die Durchschlagskraft des Staates in der Pandemiebekämpfung nicht erreichbar gewesen« (Burchardt 2021: 68f.).

Mit Blick auf digitale Technologien spielten dafür auch andere Instrumente in der Pandemie eine Rolle. Denn diese wirkte als »eine Art Digitalisierungsbeschleuniger in ganz unterschiedlichen Gesellschaftsfeldern« (Bieber 2020: 3). Decker (2020: 130) bezeichnet die Auswirkungen auf die Digitalisierung als eine der sich jetzt schon abzeichnenden »wichtigsten Langzeitwirkungen der Pandemie«. Dies trifft in Teilen auch auf den Gesundheitssektor zu. Ein dabei relevantes digitales Instrument in der Pandemie war die Corona-Warn-App. Sie unterscheidet sich auf mehreren Ebenen

---

55 Für die Debatte um die Demokratie in Deutschland in der Coronapandemie siehe beispielsweise Decker (2020).

56 Dieses Vorgehen führte unter anderem zu einer Debatte über das Verhältnis zwischen Regierung und Parlament, da diese weitreichenden Eingriffe in die Grundrechte am Bundestag vorbei stattfanden. Die Forderungen der Parlamentarier:innen nach mehr Mitsprache führte zur Diskussion und Verabschiedung des »Dritten Gesetzes zum Schutz der Bevölkerung bei einer epidemischen Lage von nationaler Tragweite« (Deutscher Bundestag 2020d). Mit dieser Reform des Infektionsschutzgesetzes wurden insbesondere die möglichen, von Regierungsseite zu treffenden Maßnahmen konkretisiert und damit die Verordnungen von Bund und Ländern auf eine neue Rechtsgrundlage gestellt.

als Steuerungsinstrument von direkter Steuerung durch Ge- und Verbote, was im Folgenden anhand der Entstehungsgeschichte der App herausgearbeitet wird.

V.1.4.1 Digitalisierung und Steuerung in der Coronapandemie: Die Corona-Warn-App[57]

Am 27. Januar 2020 wurde der erste Coronafall in Deutschland im Landkreis Starnberg in Bayern bekannt. Knapp fünf Monate später, am 16. Juni 2020, erschien unter dem Namen *Corona-Warn-App (CWA)* die offizielle deutsche App zur digitalen Kontaktnachverfolgung *[Digital Contact Tracing; DCT]* mit von Mobiltelefonen in den App Stores von Apple und Google. In diesem Zeitraum hatte sich das Coronavirus SARS-CoV-2 von einer »weiterhin gering[en]« »Gefahr für die Gesundheit der Menschen in Deutschland«, so Bundesgesundheitsminister Jens Spahn im Januar 2020, zu einer weltweiten Pandemie ausgeweitet (vgl. BMG 2021). Bis zum 16. Juni 2020 wurden in Deutschland 188.382 Infektionen und 8.910 Todesfälle im Zusammenhang mit COVID-19 gemeldet. Zu diesem Zeitpunkt war die erste Welle gebrochen und die Zahl der täglich gemeldeten Fälle schwankte nur noch zwischen 200 und 1.000 im Gegensatz zu 6.551 Meldungen in der Spitze am 4. April 2020. Zugleich sollten die kommenden Höchstwerte in der zweiten (33.987 am 23.12.2020) und dritten Welle (29.487 am 21.04.2021) noch deutlich darüber liegen (vgl. RKI 2021b).

Mit Beginn der zweiten Welle im Oktober 2020 mehrten sich Berichte von »überlasteten« und »überforderten« Gesundheitsämtern, die für die analoge Nachverfolgung[58] von Kontakten mit Infizierten zuständig sind. Sie standen trotz der Unterstützung von Bundeswehr und Freiwilligen »am Limit« oder »vor dem Kollaps« und konnten die Kontaktnachverfolgung nur noch »lückenhaft« und in »heiklen Fällen« aufrechterhalten (siehe beispielhaft Schmidt/Schneider 2020; Pfadenhauer 2020, 2021; Sartor 2020). Die CWA sollte daher unter anderem die Gesundheitsämter entlasten, indem sie automatisiert Kontaktpersonen von Infizierten erkennen und informieren sollte, um so Infektionsketten frühzeitig zu unterbrechen. Sie war damit ein Baustein in der Strategie der Bundesregierung zum Umgang mit den multiplen Herausforderungen in der Coronapandemie. Dieser Baustein soll im Folgenden vertiefend in den Blick genommen und insbesondere aus der Perspektive auf staatliche Steuerung(sbemühungen) betrachtet werden.

V.1.4.1.1 Digitale Kontaktnachverfolgung

Viele Staaten[59] setzten zur indirekten Steuerung auf eine digitale Kontaktnachverfolgung – die in Deutschland gleichzeitig auch die ansonsten für die analoge Nachverfol-

---

57 Eine frühe Fassung dieses Kapitels wurde als Diskussionspapier veröffentlicht (Greef 2021).

58 Auf der organisatorischen Ebene der Gesundheitsämter lag mit dem *Surveillance Outbreak Response Management and Analysis System (SORMAS)*, entwickelt im Zuge der Ebola-Epidemie 2014, bereits ein digitales Unterstützungssystems vorlag. Im Januar 2021 nutzen dieses aber nur ein Drittel der 375 Gesundheitsämter, währen zwei Drittel noch auf Fax und Papier setzten. Erst Ende März 2021 hatte sich der Anteil auf 84 % erhöht (vgl. Krempl 2021a; b).

59 Für eine Übersicht siehe beispielsweise den MIT Technology Review Covid Tracing Tracker, der bereits im Mai 2020 weltweit 25 Tracing Apps auswies (O'Neil et al. 2020). Für die Verteilung (de-)zentraler Umsetzungen siehe etwa Kaya (2020: 5f.).

gung zuständigen Gesundheitsämter entlasten sollten. Aufgrund der großen Verbreitung von Mobiltelefonen[60] wurde hierbei auf Apps zurückgegriffen. Diese nutzen den Nahfunk-Datenübertragungsstandard Bluetooth LE *[Low Energy]*, um die räumliche Nähe von Mobiltelefonen – und damit Kontakte zwischen Personen – zu protokollieren.[61] Dafür tauschte die App anonyme Schlüssel aus, die dann gegen die von einem zentralen Server zur Verfügung gestellten Schlüssel nachweislich infizierter Personen abgeglichen werden konnten. In Deutschland wurden die SAP und die Telekom mit der Entwicklung, Wartung und dem Betrieb[62] der Corona-Warn-App (CWA) durch das RKI (für die Bundesregierung beziehungsweise das Bundesministerium für Gesundheit) beauftragt.[63] Insgesamt betrug das anfängliche Budget für die CWA rund 68 Millionen Euro (bis Ende 2021). Davon entfielen etwa 20 Millionen Euro auf die Entwicklung der App und ihrer Serverkomponente, zwei Millionen auf die Wartung und Pflege derselben, 43 Millionen Euro auf den Betrieb sowie 3,5 Millionen Euro auf Werbung (vgl. Voss 2020). Im Juni 2022 gab das BMI bekannt, dass Entwicklung und Betrieb bis zu diesem Zeitpunkt bereits 150 Millionen Euro gekostet haben. Als Kostentreiber wurde insbesondere die rückständige Digitalisierung des Gesundheitssystems identifiziert, die einen kostspieligen Callcenterbetrieb notwendig machte (vgl. Kirchner 2022). Die Werbekosten waren zu diesem Zeitpunkt auf 13,7 Millionen Euro angewachsen. Bis die CWA zum 01.06.2023 in den Schlafmodus wechselte (Warnfunktion und Kontaktnachverfolgung wurden ausgeschaltet) beliefen sich die angefallenen Gesamtkosten auf 223 Millionen Euro (vgl. Kuhn 2023). In der knapp dreijährigen Laufzeit der CWA wurden 59,1 Millionen PCR- und 183,5 Millionen Antigen-Testergebnisse geteilt und 12,4 Millionen Warnungen versandt (vgl. CWA-Team 2023).

Die Corona-Warn-App lässt sich aus zwei Perspektiven als ein Steuerungsinstrument klassifizieren, das auf die Steuerungsform der Information, Aufklärung und Überzeugung setzte. Zum einen betraf dies den Steuerungsimpuls für die zentral intendierte Steuerungswirkung. Die App informierte Nutzer:innen anonym über Kontakte mit anderen Nutzer:innen, von denen möglicherweise ein persönliches Ansteckungsrisiko für SARS-CoV-2 ausging.[64] Sie klärte über das in diesen Fällen sinnvolle weitere Vorgehen

60 Etwa 60 Millionen Menschen in Deutschland besitzen ein Mobiltelefon mit Internetfunktionalität (auch als Smartphone bezeichnet) (vgl. Deloitte 2020; statista 2019).

61 Aus Datenschutzperspektive hatte die Bluetooth-Nutzung den Vorteil, dass damit, im Gegensatz zur Nutzung von GPS-Positionsdaten, die einige asiatische Länder (ebenfalls) nutzten, keine Geolokalisierung verbunden ist und somit keine Bewegungsprofile angelegt werden konnten. Ohnehin bestand das höchste Infektionsrisiko aber in geschlossenen Räumen, wo GPS aufgrund fehlender freier Sichtverbindung zu den Satelliten nicht funktioniert.

62 Zum Betrieb gehörten insbesondere die Backend-Serverinfrastruktur zum Informationsaustausch (Schlüssel der positiv getesteten Kontakte) mit der App und eine Verifikationshotline, die durch ein TAN-Verfahren vor falschen Test-Meldungen schützen sollte. Zusätzlich gab es eine mehrsprachige Telefonhotline (Callcenter) für Anfragen zur Nutzung und Funktionalität der App.

63 Für die CWA gab es keine öffentliche Ausschreibung. »Die Vergabe der Verträge über die Erstellung und den Betrieb der Corona-Warn-App erfolgte nach Feststellung der Dringlichkeit der Beschaffung durch den Krisenstab [...] im Wege einer Verhandlungsvergabe ohne Teilnahmewettbewerb« (BMG 2020d).

64 Zuletzt basierte die Formel für die Risikoeinschätzung auf vier Indikatoren: dem Übertragungsrisiko des positiv getesteten Kontakts, der Dauer der Begegnung, der Zeit, die seit der Begegnung ver-

auf und ermöglichte die anonyme Bekanntgabe eines eigenen positiven oder negativen Testergebnisses.[65] So sollten wiederum die eigenen Kontakte über ein mögliches Risiko informiert und damit frühzeitig Infektionsketten unterbrochen werden.[66] Die intendierte Steuerungswirkung auf das Steuerungsobjekt bestand darin, bei einem ausgewiesenen niedrigen Risiko ohne oder trotz Risikobegegnung ein umsichtiges Verhalten (Einhalten der Abstands- und Hygieneregeln) an den Tag zu legen. Bei einem ausgewiesenen erhöhten Risiko sollten persönliche Kontakte reduziert, verstärkt auf Symptome geachtet und bei Symptomen eine mögliche Testung mit der Hausarztpraxis, dem kassenärztlichen Bereitschaftsdienst oder dem Gesundheitsamt abgeklärt werden (vgl. RKI 2020b).

Der zweite auf die Steuerungsform der Information bezogene Aspekt der Corona-Warn-App lag in der Implementation des Instruments. Es gab die bewusste politische Entscheidung, kein (Begleit-)Gesetz zu verabschieden und keine Verordnung zu erlassen, die eine Nutzung der App (in bestimmten Kontexten) verpflichtend gemacht hätte.[67] Aufgrund der *Freiwilligkeit des Instruments* konnte seine Anwendung, und da-

---

gangen war sowie der Unmittelbarkeit des Kontakts (vgl. RKI 2020b). Letzterer meinte den Dämpfungswert beziehungsweise die Signalstärke der Bluetooth-Verbindung zwischen den Mobiltelefonen. Eine höhere Dämpfung oder eine geringer Signalstärke sind Anzeichen für einen größeren Abstand zwischen den Personen (wenngleich auch physische Gegenstände und Bauten zwischen den Mobiltelefonen das Signal schwächen können, weshalb die Entfernungsbestimmung mit Unsicherheit behaftet ist).

65 Eine reibungslose Meldung von Testergebnissen wurde dadurch erschwert, dass nicht alle Labore an die App-Infrastruktur angeschlossen waren. Um Falschmeldungen zu vermeiden, konnten (bis Version 3.0 vom 18.01.2023) nur verifizierte Ergebnisse gemeldet werden. Bei nicht angeschlossenen Laboren war daher eine telefonische Verifikation notwendig. Im November 2020 waren von 169 niedergelassenen Laboren, die ihre Tests an das RKI melden, 152 an die CWA-Infrastruktur angebunden (vgl. ÄrzteZeitung 2020).

66 Für eine schnellere Kontaktnachverfolgung und -information wurde auch technisch nachgesteuert. Beispielsweise ließen sich zum Ausrollen der App nur einmal in 24 Stunden die Daten der positiv Getesteten abrufen und auf Risikobegegnungen hin überprüfen. Dieser Rhythmus wurde mit dem Update der App auf Version 1.7 (25.11.2020) auf sechsmal täglich erhöht (vgl. BMG 2020e: 1; Heine 2020a).

67 Ein Begleitgesetz hätte aber auch die Freiwilligkeit der App festschreiben können. Aus dem fehlenden Gesetz folgte daher auf der anderen Seite die prinzipielle Möglichkeit für Privatakteure, in Hausordnungen oder AGBs eine verpflichtende Nutzung der Corona-Warn-App in bestimmten Kontexten festzuschreiben (auch wenn damit datenschutzrechtlich aufgrund des Einwilligungserfordernisses große Probleme einhergehen, weil damit die dem RKI ausgestellte Erlaubnis zur Auftragsdatenverarbeitung erlischt). So forderte etwa auch der DGB (2020) »klare rechtliche Regelungen«, unter anderem bezogen auf die Anordnungsmöglichkeiten von Arbeitgeber:innen, damit für Arbeitnehmer:innen »[w]eder die Nutzung, noch die Nichtnutzung […] negative Konsequenzen […] nach sich ziehen.«
Nach demselben Muster erfolgte später die Debatte um die Notwendigkeit einer gesetzlichen Grundlage für den Umgang mit (nicht) geimpften Menschen. Hierbei ging es um ein Verbot von Sonderrechten für Geimpfte beziehungsweise um die Verhinderung von Diskriminierung von nicht geimpften Menschen (vgl. etwa FAZ 2020b). Zugleich entwickelten international unterschiedliche Akteure (technische) Lösungen für einen Impfausweis beziehungsweise -nachweis (vgl. etwa Muscato/Ferguson 2020).

mit mittelfristig auch seine Wirksamkeit,[68] nur durch Information und Aufklärung unterstützt werden – zumal erschwerend die Freiwilligkeit auf einem Opt-in (die App muss aktiv heruntergeladen und genutzt werden) statt einem Opt-out basiert (vgl. auch Degeling et al. 2022: 133f.).[69] Dies begann bereits bei der notwendigen Bekanntmachung (Bewerbung) der App. Vor allem ging es aber darum, dass die App auch genutzt wird – mit 24,2 Millionen Downloads (Stand 17.12.2020) war sie zu diesem Zeitpunkt zwar die erfolgreichste europäische Warn-App (vgl. RKI 2020c: 1).[70] Bezogen auf die Verbreitung von Smartphones (Mobiltelefone mit Internetzugang), die etwa 60 Millionen Menschen in Deutschland besitzen, fielen die Downloadzahlen jedoch niedrig aus (vgl. Deloitte 2020; statista 2019). Zugleich war ein Download nicht gleichbedeutend mit der kontinuierlichen Nutzung der App.[71] Im August 2020 lag die Nutzungsquote[72] bei etwa 80 Prozent (vgl. Greis 2020). Bei einer bundesweiten Umfrage Ende November 2020 gaben 36 Prozent der Befragten an, die App zu nutzen (vgl. Kantar 2020).[73] In zwei von Degeling et al. (2022: 141) durchgeführten Befragungswellen im November 2020 und Mai 2021 stieg der Nutzendenanteil von 34 auf 38 Prozent. Im Februar 2022 rechnete das CWA-Team (2022) die Daten aus unterschiedlichen Quellen auf die Zahl der aktiven Nutzer:innen hoch, wobei alle Schätzungen in einem ähnlichen Bereich lagen, und kam zu dem Ergebnis, dass 46,8 Prozent der anvisierten Bevölkerung (28,1 von 60 Millionen) die CWA aktiv nutzten.

Die primären Argumente, die einen Anreiz zur Nutzung darstellen sollten, waren der gesamtgesellschaftliche Beitrag zur Eindämmung der Pandemie (durch Unterstützung der Kontaktnachverfolgung) und der individuelle Nutzen durch die zeitnahe Aufklärung über eine mögliche Gefahr für die eigene Gesundheit und damit möglicherweise auch für nahe Angehörige und Freunde.[74]

V.1.4.1.2 Vertrauen durch Freiwilligkeit

Die Entscheidung, auf Freiwilligkeit und Information zu setzen, wirkte wiederum auf die konkrete Ausgestaltung des Instruments zurück. Eine zentrale Frage ist dabei, wie

---

68 An dieser Stelle bleiben die Debatten um den tatsächlichen Nutzen und die Wirksamkeit der App zur Eindämmung der Pandemie unberücksichtigt.

69 Für einen Opt-out-Mechanismus hätten die Mobiltelefonhersteller oder Apple und Google als Verantwortliche für die maßgeblichen Betriebssysteme die App automatische installieren und ausliefern müssen.

70 Die Zahl der Downloads stieg im folgenden Halbjahr auf 28,1 Millionen (02.06.2021) und lag am 30.04.2023 bei 48,7 Millionen (vgl. RKI 2021a: 1; CWA-Team 2022, 2023).

71 Testdownloads werden genauso gezählt, wie der wiederholte Download der App beim Wechsel oder Neuaufsetzen des Mobiltelefons.

72 Berechnet wurde das Verhältnis der Downloadzahl zur Anzahl der Apps, die täglich die aktuellen Schlüssel vom Server abfragten.

73 Eine frühere Umfrage im September ergab eine Nutzungsquote von 38,4 % (vgl. Brüesch et al. 2020: 15).

74 Dieser Erwartung entsprechen auch die in einer Umfrage im November 2020 am häufigsten genannten Gründe für die Nutzung der App: Für 72 % der Nutzer:innen war der Grund ausschlaggebend, sich selbst und seine Gesundheit zu schützen. Auf dem zweiten Platz folgte mit 55 % die Begründung, sein Umfeld (Familie, Freunde, Bekannte) schützen zu wollen (vgl. Kantar 2020).

sich ein größtmögliches Vertrauen in das Instrument herstellen lässt, damit es auch tatsächlich genutzt wird. Dies betrifft bei der Corona-Warn-App mindestens zwei Dimensionen: erstens das Vertrauen in die *Nützlichkeit* der App als einem geeigneten (wirksamen) und effektiven Instrument zur Pandemiebekämpfung.[75] Hierbei kam der wissenschaftlich und medial unterstützten Kommunikation und Bewerbung eine wichtige Aufgabe zu.[76] In einer Umfrage im September 2020 gaben 59,2 Prozent der Befragten, die die CWA installiert hatten, an, von der Kampagne der Regierung beeinflusst worden zu sein und 55,9 Prozent von der Medienberichterstattung – das persönliche Umfeld folgt erst mit 33,2 Prozent (vgl. Brüesch et al. 2020: 20). Zweitens[77] spielte das Vertrauen in die *beschränkte* Funktionalität[78] der App und den sachgemäßen Umgang mit den Daten und dem Wissen, das staatliche Akteure durch die App gewinnen, eine zentrale Rolle.[79] Dieser Punkt führte in der Phase, in der die Entscheidung über die Architektur der App getroffen wurde, zu insbesondere zwei Debatten, von denen eine stark kontrovers geführt wurde. Hofmann (2020: 33) spricht von »Zielkonflikten, die im Zuge von Digitalisierungsprozessen beigelegt werden müssen.« Im Gegensatz zu vielen anderen Konflikten um infrastrukturelle und technische Designentscheidungen wurde der Diskurs um

75 Bezogen auf die Effektivität und Wirksamkeit von DCT existiert ein gewisses Dilemma (»Henne-Ei-Problem«): Der Grad der Wirksamkeit hängt direkt mit dem Verbreitungsgrad der App zusammen, für deren Verbreitung damit nicht bereits mit einer nachgewiesenen Wirksamkeit geworben werden kann (siehe auch Blasimme/Vayena 2020: 760).
Bezogen auf die deutsche CWA wurde in einer Umfrage Ende November 2020 dann auch von 33 % (und damit am häufigsten) der Nichtnutzer:innen der App als ausschlaggebender Grund genannt, dass »die App bei der Pandemie-Bekämpfung nicht hilft/weil die App nichts bringt«. Auf Platz 2 folgten mit 19 % ein Mangel an Datenschutz, Privatsphäre und ein Überwachungsgefühl (vgl. Kantar 2020: 6). Ähnliche Zahlen ergab die frühere Umfrage im September, bei der 35 % angaben, »Die App schützt mich nicht«, und 31 % Datenschutzgründe nannten (vgl. Brüesch et al. 2020: 17).

76 Von einigen Akteuren wurde kritisiert, dass der mediale und politische Umgang mit dem Thema DCT an Technikgläubigkeit grenzte. Es sei teilweise insbesondere zu Beginn der Eindruck vermittelt worden, mit der App würde sich die Pandemie, zumindest aber die Einschränkungen des täglichen Lebens, schnell(er) beenden lassen (vgl. Krempl 2020b).

77 Blasimme und Vayena (2020: 760) nennen vier Aspekte, die zu einer geringen Verbreitung von DCT beigetragen haben könnten: »general awareness of DCT Apps, privacy risks, and the actual effectiveness of DCT, as well as public attitudes toward a potentially pervasive form of digital surveillance.«

78 Beschränkte Funktionalität meint hier, dass die App auch nur das tut, was sie zu tun vorgibt und nicht anderweitige, undokumentierte Funktionen (wie etwa zur Überwachung) enthält oder unnötige Daten sammelt.

79 In einer Befragung im September 2020 lag das Vertrauen sowohl in die Hersteller als auch den Betreiber der CWA bei denjenigen, die die App installiert hatten, signifikant höher als bei denjenigen, die die App nicht installiert hatten. Dabei wurde dem Betreiber (RKI) mehr Vertrauen entgegengebracht als den Herstellern (SAP, Telekom). Noch deutlich größer war die Diskrepanz zwischen Nutzer:innen und Nichtnutzer:innen in der Frage des Vertrauens in Datenschutz und Datensicherheit (vgl. Brüesch et al. 2020: 27ff.). In der zweiten Befragungswelle von Degeling et al. (2022: 148f.) im Mai 2021 lag die Nutzungsquote der CWA bei denjenigen, die den abgefragten Institutionen am stärksten positiv gegenüberstanden, zwischen 56 und 60 % (der stärkste signifikante Zusammenhang bestand dabei beim Vertrauen in die Bundesregierung sowie in Forschungseinrichtungen). Bei den negativ gegenüber Institutionen eingestellten Personen lag die Nutzungsquote dagegen nur zwischen 15 und 24 %.

den »richtigen« Ansatz des Contract Tracing in Deutschland öffentlich geführt (vgl. ebd.: 34). Umstritten war das Modell der Datenspeicherung, bei dem sich zwei gegensätzliche Konzepte gegenüberstanden. Brack et al. (2020) charakterisieren die Debatte auch als Streit zwischen »zwei verschiedenen Vertrauensmodellen«, bei denen das eine auf »ein hierarchisches, obrigkeitsstaatliches Überwachungssystem setzt« und das andere »auf das verantwortungsvolle Handeln der Beteiligten«.

Den Ausgangspunkt bildet das PEPP-PT Projekt *[Pan-European Privacy-Preserving Proximity Tracking]*. Beteiligt waren unterschiedliche Akteure wie Hans-Christian Boos (Mitglied des Digitalrats der Bundesregierung und Gründer der Arago GmbH), Fraunhofer AISEC und HHI, die Helmholtz-Gemeinschaft oder das RKI.[80] Die Gruppe war maßgeblich für die Idee der Nutzung von Bluetooth verantwortlich und zeigte im ersten *Proof-of-Concept* die grundsätzliche Funktionsfähigkeit dieses Ansatzes. Das Projekt setzte auf eine zentrale Lösung, das sogenannte *Server-side Matching*. Hierbei wären die von den Mobiltelefonen ausgesandten Schlüssel zentral auf einem Server gesammelt worden. Die Schlüssel von (Nicht-)Infizierten wären auf dem Server auf Kontakte abgeglichen worden und ausschließlich diejenigen Apps benachrichtigt worden, für die tatsächlich ein Kontakt festgestellt wurde. Da Kontaktdatenermittlung und Kontaktbewertung zentral erfolgt wären, hätte das Modell zur Berechnung der Infektionsgefahr einfach auf dem Server an neue wissenschaftliche Erkenntnisse angepasst werden können. Ebenso wären weitere Informationen über Ansteckungen verfügbar – und damit epidemiologische Erkenntnisse gewinnbar[81] – sowie eine zentrale Cluster-Erkennung möglich gewesen (vgl. etwa Bieber 2020: 5).[82] Unter Datenschutzgesichtspunkten hätte jedoch das Problem bestanden, dass Personen-, Gesundheits- und Kontaktdaten eines großen Teils der Bevölkerung an einer zentralen (staatlichen) Stelle gespeichert worden wären. Hierüber entspann sich im April 2020 ein grundsätzlicher Konflikt innerhalb des Projektes. Dieser eskalierte am 19. April in einem offenen Brief von 300 renommierten Expert:innen die sich für eine datenschutzfreundliche, dezentrale Alternative einsetzten, um »trust in and acceptance of such an application« nicht zu gefährden und die Gefahr einer staatlichen oder privaten Überwachungsinfrastruktur (insbesondere in nicht demokratischen Staaten) abzuwenden (vgl. o. A. 2020).[83] Zugleich verließen wichtige Akteure, wie et-

80 Am 1. April 2020 gehörten dem PPEPP-PT Projekt 130 Mitglieder in sieben EU-Ländern an.

81 Unabhängig von der CWA setzte das RKI ohnehin zusätzlich die Corona-Datenspende-App ein, um weitreichende medizinisch-wissenschaftliche pseudonymisierte Daten zu erhalten (vgl. RKI 2020a).

82 Auch im dezentralen Modell sind Cluster-Erkennung und Änderungen an der Berechnung möglich, sie müssen aber über ein Update der App auf allen Endgeräten ausgerollt werden. So konnten etwa seit Version 1.9 (16.12.2020) aufsummierte Kontaktzeiten mit niedrigem Risiko zur Bewertung eines erhöhten Risikos führen. Dafür griff die App auf die erweiterten Daten der zweiten Version des ENF zurück (vgl. Heine 2020b).

83 Zusätzlich wandten sich deutsche Organisationen wie D64, LOAD, CCC oder die Gesellschaft für Informatik am 24.04.2020 in einem offenen Brief an die Bundesregierung. Sie solle von der Idee einer App auf Basis der PEPP-PT-Initiative Abstand nehmen, denn »[e]ine App, die zumindest eine Aussicht auf Erfolg haben soll, muss ein transparentes Konzept verfolgen, quelloffen programmiert werden, auf zentrale Datenspeicherung verzichten und die Anonymität der Nutzerinnen und Nutzer so weitgehend wie möglich schützen« (D64 et al. 2020).

wa das Helmholtz Center for Information Security (CISPA),[84] das PEPP-PT Projekt und begannen stattdessen das DP-3T-Konsortium *[Decentralized Privacy-Preserving Proximity Tracing]* zu unterstützen. Das Konsortium verfolgte den datensparsamen[85] und dezentralen Ansatz des sogenannten *Client-side-Matching*. Bei diesem Ansatz verbleiben alle Kontaktinformationen auf den Mobiltelefonen und auch die Berechnung der Infektionsgefahr erfolgt auf dem Gerät. Nur bei einer bestätigten Infektion können Nutzer:innen freiwillig ihre Schlüssel an den zentralen Server schicken, der diese dann an alle Nutzer:innen der App weiterverteilt, damit diese jeweils lokal einen möglichen Kontakt abgleichen können. Der Ansatz folgt damit dem Gedanken von *Privacy by Design*.[86]

Die Kontroverse zwischen PEPP-PT und DP-3T reiht sich in die Debatten um eine zunehmende Gefahr der staatlichen Überwachung im digitalen Zeitalter ein, die sich in der Coronakrise mit mahnenden Stimmen vereinte, die generell vor dem Aus- und Aufbau eines totalitären Staates warnten, dessen Abbau nach durchgestandener Krise alles andere als sicher sei. Gemäßigte Stimmen brachten insbesondere Datenschutzaspekte in die Debatte ein.[87] Von anderer Seite wurde dagegen gerade der Datenschutz zu einem der Probleme in der Bearbeitung der Krise stilisiert, weil in Deutschland zu viele Menschen gleich die »Anfänge des Überwachungsstaats« wittern würden (vgl. Pieper 2020). Zugleich nannten in einer Umfrage Ende November 2020 die Nichtnutzer:innen der App einen Mangel an Datenschutz, Privatsphäre und Überwachung als zweithäufigsten Grund für die Nichtnutzung (19 %) (vgl. Kantar 2020: 6).[88]

Und das, obwohl sich die Bundesregierung am 25.04.2020 für den datenschutzfreundlichen dezentralen Ansatz entschieden hatte, bei dem die Kontaktdaten auf dem Mobiltelefon verbleiben. Begründen lässt sich dies aber nicht zwingend damit, dass sich die DP-3T-Seite mit den besseren Argumenten in der Debatte durchgesetzt hätte.

---

84 Seine Gründe verdeutlichte CISPA (2020) in einer längeren Pressemitteilung: »Any contact tracing app can only make a meaningful contribution if it is widely adopted by the population, if it is absolutely trustworthy and transparent in its governance, functionalities, and risk, and if it meets accepted security standards. [...] CISPA together with other leading security and privacy scientists worldwide is confident that only a state-of-the-art decentralised, privacy-by-design technology with strong security guarantees can offer adequate safeguards and gain the necessary trust of the public.«

85 Im Konzept der Datensparsamkeit unterschied sich die digitale Kontaktnachverfolgung mittels der CWA in Deutschland grundsätzlich von der Herangehensweise beispielsweise Chinas und Südkoreas, wo umfassende Daten und unterschiedlichen Quellen zusammengeführt und genutzt wurden.

86 In einer Analyse des PEPP-PT-Ansatzes sah das DP-3T-Konsortium dagegen nicht nur theoretische »privacy and security issues«, sondern die reale Gefahr, dass »adopting this system would open up significant avenues for systemic misuse« (The DP-3T Project 2020: 5).

87 Auch im internationalen Kontext gab es Beiträge zur Notwendigkeit von »regulatory frameworks for data privacy and protection« für Contact-Tracing-Apps (Owusu 2020: 3). Unterschiedliche zivilgesellschaftliche Akteure veröffentlichten ein gemeinsames Statement, in dem sie dazu aufforderten, dass »States use of digital surveillance technologies to fight pandemic must respect human rights« (Amnesty International 2020).

88 Lasarov (2021: 13) untersuchte beispielhaft die Leser:innen-Debatte unter einem Artikel der Zeit zur Veröffentlichung der CWA, in der in 37 % der 667 relevanten Beiträge die Frage des Nutzens der App aufgegriffen wurde, gefolgt von 26 % mit Bezug zum Thema Datenschutz, Privatsphäre, Transparenz und Vertrauen.

V.1.4.1.3 Code is Law: Die Rolle von Apple und Google

Vielmehr wurde der Handlungsspielraum für die Ausgestaltung des Steuerungsinstruments der Corona-Warn-App durch Google und Apple begrenzt. Beide Konzerne besitzen die technische Hoheit über ihr jeweiliges Mobilbetriebssystem (Android und iOS), die zusammen auf einen Marktanteil in Deutschland von 99,4 Prozent kommen (Stand November 2020) (vgl. StatCounter 2021).[89] Google und Apple entschieden sich dafür, die grundlegende Funktionalität von Tracing-Apps in der dezentralen Variante direkt in ihre Betriebssysteme über das sogenannten *Exposure Notification Framework* (ENF) zu implementieren.[90] Damit konnten nur dazu passende Apps mit der notwendigen Berechtigung dauerhaft im Hintergrund laufen und dabei auf die Bluetooth-Schnittstelle zugreifen.[91] So bot technisch nur noch die Umsetzung des DP-3T-Ansatzes eine funktionsfähige Lösung.

Das Beispiel der Corona-Warn-App zeigt damit deutlich die Wirksamkeit der von Lessig bereits in den 1990er-Jahren beschriebenen Gesetzmäßigkeit: Code is Law. Die Debatte um eine zentrale Datenhaltung war von vornherein zum Scheitern am Lackmustest der Wirksamkeit verurteilt. Den Möglichkeitsraum der Ausgestaltung für dieses Steuerungsinstrument bestimmten Google und Apple durch ihre Hoheit über die Implementation auf Software- und Hardwareebene (in den Mobiltelefon-Betriebssystemen). Überlegungen zur Anwendung alternativer Konzepte waren zwar nicht nur theoretischer Art, sondern wären auch praktisch umsetzbar gewesen – allerdings nicht praktikabel. Die Wirksamkeit einer solchen App war wegen der notwendigen technischen Implementierung aufgrund der Software-Beschränkungen auf der verbreiteten Hardware zum Scheitern verurteilt. Hieraus lässt sich nicht automatisch eine geschwächte staatliche Steuerungsfähigkeit ableiten, aber die Ausgestaltung des Steuerungsinstruments war beschränkt. Zugleich wird aber auch deutlich, dass die digitale Fortentwicklung keinem technologischen Determinismus unterliegt, sondern ein »mit Unsicherheiten behafteter, ergebnisoffener und umstrittener Prozess« ist (Hofmann 2020: 33).

---

89 Darüber hinaus besitzen Google und Apple die Hoheit über ihren jeweiligen App Store. Sie entscheiden, welche Apps dort überhaupt von Nutzer:innen heruntergeladen werden können. Zugleich stellten sie damit aber auch die zentrale Infrastruktur zur Verteilung der CWA und ihrer Updates bereit. Allein von einer »Abhängigkeitsbeziehung« zu sprechen (Brachem et al. 2022: 181), greift angesichts der (staats-)entlastenden Aspekte zu kurz.

90 Hieran entzündete sich ein weiterer Konflikt. Einige EU-Regierungen (insbesondere Deutschland und Frankreich) wollten Apple und Google nicht die Entscheidung über einige grundsätzliche Annahmen über Covid-19, Infektionswege und -risiken überlassen, die die Basis für die Implementation des ENF bildeten. Frankreich entschied sich für den nationalen Alleingang und entwickelte eine zentrale App, die nicht auf dem ENF aufbaut.

91 Zwar hätte dennoch weiterhin eine App programmiert und ausgerollt werden können, die die Daten zur Kontaktnachverfolgung auf zentralen Servern speichert. Allerdings hätte diese App immer im Vordergrund auf dem Mobiltelefon geöffnet sein müssen, damit sichergestellt gewesen wäre, dass sie dauerhaft ihre Funktionalität ausführt (und nicht etwa durch Stromsparmaßnahmen des Betriebssystems beendet wird). Sie wäre damit zwar theoretisch möglich gewesen, aber deutlich weniger praktisch nutzbar. Das zeigt auch der verhältnismäßig geringe Erfolg der französischen App mit zentralistischem Ansatz, die im Oktober 2020 auf weniger als fünf Millionen aktive Installationen kam (vgl. Moulinet 2020).

V.1.4.1.4 Vertrauen und Responsivität durch Open Source

Die zweite Entscheidung, die – nicht nur, aber auch – als vertrauensbildende Maßnahme verstanden werden kann, betraf die Art der Erstellung der App, mit der SAP und Telekom beauftragt wurden. Die CWA ist nicht proprietär, also nicht Eigentum der beiden Unternehmen. Ihre Entwicklung erfolgte Open Source unter der Apache-Lizenz. Sie folgte damit auch der Forderung der Free Software Foundation Europe (fsfe),[92] dass steuerfinanzierte Software ein öffentliches Gut sein sollte: »*public money – public code*« (vgl. auch Bieber 2020: 4). Der Quellcode der App liegt auf einem für alle zugänglichen Repository auf GitHub (o.J.). Sie ist damit nicht nur kostenlos nutz- und kopierbar, sondern kann auch verändert und weiterentwickelt werden (vgl. hierzu etwa die Open-Source-Definition der Open Source Initiative 2007).[93] Der Open-Source-Ansatz ermöglichte es so etwa auch, dass Sicherheitslücken schneller gefunden und behoben werden konnten – wie etwa im Fall der Server-Komponente der CWA im November 2020 geschehen. Dies zeigt, »dass der Open-Source- sowie Community-Prozess einwandfrei funktioniert und zur Sicherheit des Betriebs der Corona-Warn-App entscheidend beiträgt« (Hoerdt 2020b). Einerseits schuf der Open-Source-Ansatz Transparenz und damit eine Voraussetzung für Vertrauen. Andererseits verschob sich damit für die meisten Nutzer:innen der CWA, die in der Regel nicht über das notwendige Wissen verfügten, um den Code selbst lesen und verstehen zu können, die Frage des Vertrauens nur auf neue Akteure: die (zivilgesellschaftlichen) Expert:innen (denen damit aber auch die Verantwortung für eine entsprechende Vertrauenskommunikation zukam) (vgl. Brachem et al. 2022: 187). Zugleich fand hiermit eine neue Form der Einbindung von (ehrenamtlichem) Engagement statt, die als eine *Indienstnahme der Zivilgesellschaft* charakterisiert werden soll (siehe Kapitel VI.1.2.1). Sie zeichnet sich durch eine implizite Erwartung an und Einkalkulierung von Leistungserbringung (hier Review von Quellcode) aus, ohne dass eine (formale) Aufgabenübertragung oder (indirekte) Steuerung stattfindet.

Diese Einbindung der Community funktionierte auch mit Blick auf die Weiterentwicklung der CWA, für die immer wieder Ergänzungen um weitere Funktionen debattiert werden. Die Open-Source-Umsetzung war damit auch Basis für Responsivität gegenüber neuen wissenschaftlichen Erkenntnissen genauso wie gegenüber Interessen von Bürger:innen.

---

92 Die Kampagne der fsfe ist unter https://publiccode.eu/de/erreichbar (abgerufen am 06.06.2021).

93 Bock et al. (2020: 337) heben die aus der quelloffenen Entwicklung folgende Transparenz für die Öffentlichkeit hervor, geben jedoch gleichzeitig zu bedenken, dass eine »technische Fokussierung« auf diesen Aspekt auch »durchaus größere gesellschaftliche Implikationen des gesamten Verfahrens verschleiern kann«, wenn nicht zugleich auch eine »qualitativ hochwertige Datenschutz-Folgeabschätzung[]« erfolgt.

Tabelle 13: Ausgewählte Versionen der Corona-Warn-App mit Funktionalitätserweiterung

Version	Datum	Funktionalität
1.5	19.10.2020	Symptomerfassung Unterstützung des europäischen Corona-App-Gateways
1.7	25.11.2020	Risikoermittlung mehrmals statt einmal täglich möglich
1.9	16.12.2020	Anzeige des Tages der letzten Begegnung mit erhöhtem Risiko Mehrere Begegnungen mit niedrigem Risiko können zu einer Bewertung mit erhöhtem Risiko führen
1.10	24.12.2020	Kontakttagebuch
1.11	28.01.2021	Statistiken und Kennzahlen zum Infektionsgeschehen
1.12	04.02.2021	Begegnungshistorie für Kontakttagebuch
2.0	21.04.2021	Check-in-Funktion/Eventregistrierung
2.1	02.05.2021	Ergebnisse von PCR-Schnelltests integrierbar
2.3	10.05.2021	Digitaler Impfnachweis integriert
2.9	08.09.2021	Warnfunktion für Veranstalter:innen von Events
2.12	19.10.2021	Erweiterung des Statistikbereichs
2.21	19.04.2022	Testverwaltung für Familienmitglieder
3.0	18.01.2023	Warnfunktion für positive Selbsttests
3.2	19.04.2023	Abschalten von Warnfunktion und Kontaktnachverfolgung zum 01.06.2023

Quellen: Heine (2020a; b; c, 2021a; b; c; d; e; f, 2022, 2023); Hoerdt (2020a; b); eigene Zusammenstellung und Darstellung.

So konnten Nutzer:innen seit dem Update auf Version 1.5 ihre Symptome erfassen. Mit Version 1.9 zeigte die App den genauen Tag an, an dem der letzte Kontakt mit einer positiv getesteten Person stattfand, aus dem eine erhöhte Risikobewertung resultiert. Und seit Version 1.10 konnten Nutzer:innen ein Kontakttagebuch führen und dieses bei einer Infektion freiwillig dem Gesundheitsamt zur einfacheren Kontaktnachverfolgung zusenden (siehe Tabelle 13). Außerdem wurden Benachrichtigungen als Nudging-Element eingeführt. Sie sollten in der App an die Meldung positiver Testergebnisse erinnern, um »alle Nutzenden zu motivieren, ihren positiven Befund zu teilen« (BMG 2020e: 1), denn auch die Meldung erfolgte, wie die Nutzung der App, freiwillig. Tatsächlich erhöhte sich die Meldequote nach Einführung der Benachrichtigungen und weiterer Funktionalitätsupdates.[94] So konnten erweiterte (regionale) statistische Informationen über den Infektionsverlauf (wie etwa Neuinfektionen oder Inzidenzwerte) abgerufen werden (vgl. Bundesregierung 2020c: 9). »[Z]usätzliche Funktionalitäten [sollen] die Motivation[,] die Corona-Warn-App zu nutzen, erhöhen« (BMG 2020e: 2). Darüber hinaus unter-

94 Vor der Vorstellung und Einführung der Erinnerungsfunktion (vgl. FAZ 2020a) hatten nur 54,6 % der Nutzer:innen im Zeitraum 01.09. bis 16.12.2020 (Stand: 17.12.2020) ihr positives Testergebnis auch über die App gemeldet (vgl. RKI 2020c: 2). Zusammen mit der begrenzten Verbreitung der CWA lag daher bis Mitte November 2020 der Anteil der positiv getesteten Personen, die ihr Ergebnis über die App teilten, an allen gemeldeten Neuinfektionen im 7-Tage-Mittelwert bei maximal knapp 14 % (vgl. Böhme 2020).
Mit Stand 02.06.2021 stieg der Anteil der geteilten Testergebnisse auf 61,5 % an. Berücksichtigt man nur die zwischen 17.12.2020 und 02.06.2021 neu hinzugekommenen potenziell teilbaren Testergebnisse lag die Quote sogar bei 64,6 % (vgl. RKI 2021a: 2).

stützte die App seit Version 2.0 (21.04.2021) eine Eventregistrierung, die in der Gastronomie, im Einzelhandel und bei Veranstaltungen genutzt werden konnte, um über einen QR-Code einzuchecken und so die Kontaktnachverfolgung über die App und eine Cluster-Erkennung (Situationen, in denen viele Personen nah beieinander sind) zu ermöglichen. Diese Funktionalität setzte weiterhin auf Freiwilligkeit und Dezentralität (lokale Speicherung auf dem Mobiltelefon).[95] Daher blieb ohne Gesetzesänderung ein händisches Ausfüllen von Papier-Kontaktbögen oder die Nutzung digitaler Lösungen von Drittanbietern notwendig (vgl. Lindern 2021; Heine 2021c; Köver 2021). Seit Version 2.1 (02.05.2021) konnten negative Ergebnisse der PCR-Schnelltests einiger Testzentren für 48 Stunden in der App gespeichert werden, um diese etwa beim Friseurbesuch oder Einkauf vorzuzeigen, oder es konnten positive Ergebnisse gemeldet werden, um Kontakte über die App zu warnen (vgl. Heine 2021d; Wilkens 2021). Mit der Version 2.3 konnten die zuvor nur über die separate CovPass-App ausweisbaren digitalen COVID-Zertifikate der EU auch in der CWA hinterlegt werden (vgl. Heine 2021e). Eine Verwaltungsfunktion für Familientests folgte mit Version 2.21 (19.04.2022). Mit dem Abklingen der Gefahr durch das Coronavirus wurde Mitte Januar 2023 mit Version 3.0 noch die Möglichkeit zur Warnung nach positivem Selbsttest ausgerollt, bevor Version 3.2 vom 19.04.2023 die Ausschaltung von Warnfunktion und Kontaktnachverfolgung zum 01.06.2023 implementierte (vgl. Heine 2022, 2023).

---

95 Die CWA unterschied sich dabei insbesondere von der zeitweise – auch wegen der Beteiligung des Rappers Smudo von den Fantastischen Vier – medial stark gehypten App »luca« des Berliner Unternehmens culture4life und der Start-up-Ausgründung neXenio des Hasso-Plattner-Instituts (HPI). Diese setzte auf zentrale Datenspeicherung und eine direkte Anbindung an die Gesundheitsämter (vgl. Bünte 2021; Brühl/Hurtz 2021). Innerhalb von nur zwei Monaten erwarben 13 Bundesländer für etwa 20 Millionen Euro ohne Ausschreibungsverfahren eine Jahreslizenz der Software (vgl. Bleich 2021).

Luca machte im Folgenden vor allem mit Designfehlern und Sicherheitslücken auf sich aufmerksam, über die u.a. auch die Gesundheitsämter hätten angegriffen werden können (Schmidt/Weiß 2021; siehe auch Reuter 2021). Der CCC (2021) forderte am 13.04.2021 »das sofortige Ende der staatlichen Alimentierung von Smudos Steuer-Millionengrab ›Luca-App‹.« Zwei Wochen später verwiesen 77 Wissenschaftler:innen und IT-Expert:innen in einer gemeinsamen Stellungnahme auf die vier Entwicklungsprinzipien der CWA: Zweckbindung, Offenheit und Transparenz, Freiwilligkeit, Risikoabwägung – und konzedierten, das »bereits in vielen Bundesländern eingesetzte LUCA-System erfüllt keine[s] dieser Prinzipien« (o. A. 2021a).

Seit dem 09.11.2021 konnte auch die CWA die QR-Codes der Luca-App zum Einchecken in der Gastronomie oder bei Veranstaltungen einlesen (vgl. Heine 2021g). Allerdings verabschiedeten sich nach Schleswig-Holstein bereits im Januar 2022 drei weitere Bundesländer (Bremen, Brandenburg, Mecklenburg-Vorpommern) von der Luca-App vor dem Hintergrund der zwischen März und April auslaufenden Verträge. Die Begründungen reichten von Datenschutzproblemen über die Nichtnutzung durch die Gesundheitsämter bis hin zu einem nicht vorhandenen Mehrwert bei der Kontaktverfolgung (vgl. Kannenberg 2022). Nach dem Auslaufen aller Verträge stellte der Luca-App-Betreiber culture4life die Kontaktdatenerfassung ein und kündigte an, die App zu einer Bezahl-App für Restaurants und Kulturbetriebe umzubauen. In einer ersten Finanzierungsrunde konnten dafür 30 Millionen Euro von Risikokapitalgeber:innen eingesammelt werden (vgl. Göpfert 2022). Für das in der App gesehene Potenzial dürfte die große, steuerfinanzierte Nutzer:innenbasis die entscheidende Rolle gespielt haben.

Dieser Überblick zeigt, dass die regelmäßige Aktualisierung und Funktionserweiterung der CWA nicht nur der Anpassung an neue wissenschaftliche Erkenntnisse im Verlauf der Pandemie und an Wünsche der Nutzer:innen diente.[96] Es ging auch immer wieder darum, die Nützlichkeit der App zu verbessern, damit stärkere Anreize für die freiwillige Nutzung zu setzen und so die Effektivität der App im Sinne des Ziels einer effizienten Kontaktnachverfolgung zu erhöhen. Unter Bezugnahme auf das Steuerungsmodell der »adaptive governance« stellen Blasimme und Vayene (2020: 761) fest, dass die Akzeptanz und Verbreitung von DCT dadurch gestärkt werden können, dass soziale Lernprozesse ermöglicht werden, indem eine breite Basis aus Stakeholdern (Entwickler:innen, Gesundheitsministerium, Datenschützer:innen, Expert:innen und Öffentlichkeit) eingebunden werden und gleichzeitig schnell auf neues Wissen reagiert wird. Dies scheint zumindest mit Blick auf die Open-Source-Implementierung und breite Debatte um die (Weiter-)Entwicklung der CWA in Deutschland der Fall gewesen zu sein. Zwar existierte keine institutionalisierte demokratische Beteiligung für die Weiterentwicklung der App. Durch die Entscheidung für Open Source und das Hosting auf GitHub gab es über diese Plattform jedoch zumindest für die dort aktive Community die Möglichkeit, neue Funktionen vorzuschlagen und zu debattieren.[97]

Auch wenn die Weiterentwicklung der CWA einigen Akteuren immer wieder zu langsam erfolgte, zeigten die Berichte von BMG (2020e) und Bundesregierung (2020c), dass ein Monitoring der App und eine adaptive Nachsteuerung durch die Anpassung des Instrumentes stattfanden. Dabei fokussierten sie sich auf zwei für die Wirksamkeit der Corona-Warn-App zentrale Aspekte: Neue Anreize sollen erstens die Anzahl derjenigen erhöhen, die sich die App auf ihr Mobiltelefon herunterladen und installieren, und zweitens die freiwillige Bekanntgabe positiver Testergebnisse steigern. Die im Gegensatz zu anderen (digitalen) (Infrastruktur-)Großprojekten schnelle, darüber hinaus aber gleichzeitig auch ungewohnte Umsetzung (als Open-Source-Projekt) des DCT in Deutschland war in dieser Form nur unter der Bedingung einer existenziellen gesellschaftlichen Krise – der Konfrontation mit einer unmittelbar lebensbedrohlichen und zugleich unkontrollierbaren Gefahr – möglich. Sie führt zu »experimentalistische[r] Kreativität« nicht nur im Handeln der Bürger:innen, sondern auch der institutionellen Akteuren (Beck 2020: 466).

Bis die Risiko-Ermittlung und Warnfunktion mit Version 3.2 zum 01.06.2023 abgeschaltet wurde, fungierte die Corona-Warn-App als digitales Steuerungsinstrument in der Coronapandemie.[98] Als indirekte Steuerungsform setzte sie auf Information, Aufklärung und Überzeugung. Ihre Wirksamkeit hing maßgeblich von Nützlichkeit und Vertrauen ab, weil ihre Nutzung freiwillig erfolgte. Das hinter der App stehende

96 Bis die CWA zum 01.06.2023 in den Schlafmodus versetzt wurde, hatte es 474 Releases für Android und 435 Releases für iOS gegeben (https://github.com/corona-warn-app/).

97 Diese Möglichkeit (unter https://github.com/corona-warn-app/cwa-wishlist/issues; abgerufen am 21.06.2021) wurde auch genutzt. Am 21.06.2021 gab es 273 offene und 175 (ab)geschlossene »feature request« oder »enhancement«-Vorschläge.

98 Im Juni 2022 gab das BMG das Auslaufen des Vertrages zum Betrieb der CWA zu Ende Mai 2023 bekannt (vgl. Kirchner 2022). Anschließend wurde die App in den Schlafmodus versetzt. Eine Nutzungsänderung oder den Ausbau zu einer Gesundheitsapp hatte das Ministerium von Anfang an ausgeschlossen, auch um das Vertrauen in die CWA zu erhöhen.

Steuerungskonzept steht damit den Ge- und Verboten im Rahmen des Infektionsschutzgesetzes diametral gegenüber. Zugleich bringt diese Steuerungsform ihre eigenen Herausforderungen mit sich. Erfolgreiche Steuerung über Information und Aufklärung ist voraussetzungsreich. Sie funktioniert nur, wenn 1. die Steuerungsadressaten erreicht werden, sie 2. technisch dazu in der Lage sind, die CWA zu nutzen, sie 3. die Informationen verstehen – sowohl sprachlich als auch im Sinne von digital literacy, also der Digital- sowie digitalen Gesundheitskompetenz – und sie sich 4. auch von diesen überzeugen lassen, also ihr Verhalten anpassen.

Die politische Entscheidung für eine dezentrale Implementierung der digitalen Kontaktnachverfolgung erscheint als vertrauenssteigernde Maßnahme schlüssig, lässt sich aber vor allem durch die von Apple und Google gesetzten technischen Restriktionen im Sinne des Code of Law erklären. Ganz anders bei der bewussten Entscheidung, die CWA in der für die öffentliche Hand immer noch ungewöhnlichen Form des Open-Source-Projektes umzusetzen. Diese solle insbesondere das Vertrauen in die App und damit die Wahrscheinlichkeit für eine breite Nutzung erhöhen. Sie ermöglicht aber auch eine responsive Anpassung des Instruments und eröffnet Beteiligungsmöglichkeiten. Im Gegensatz zu anderen (digitalen) (Infrastruktur-)Großprojekten erfolgte die Umsetzung sehr schnell. Zu beiden Aspekten trug sicherlich auch die Bedingung einer existenziellen gesellschaftlichen Krise – der Konfrontation mit einer unmittelbar lebensbedrohlichen und zugleich unkontrollierbaren Gefahr – bei. Sie führt zu »experimentalistische[r] Kreativität« nicht nur im Handeln der Bürger:innen, sondern auch von institutionellen Akteuren (ebd.).

Zugleich dient der Krisenkontext zwar der Begründung und Legitimation von (Digitalisierungs-)Entscheidungen, deren »langfristige, unumkehrbare Auswirkungen« weisen jedoch weit über diesen hinaus (Hofmann 2020: 33). Für das hinter der CWA stehende Konzept sieht Hofmann (ebd.) die Möglichkeit, dass sich dieses infrastrukturell verstetigt. Im Sinne von Streecks und Thelens (2005: 31) Kategorisierung des Institutionenwandels könnte dies etwa durch *Conversion*, also den Wechsel auf neue Anwendungsfälle oder Aufgabenfelder,[99] oder durch *Layering*, etwa durch Übertragung des Konzeptes auf bestehende Infrastrukturen, ohne diese grundsätzlich infrage zu stellen, erfolgen. Dafür müssen sich experimentelle Konzepte zunächst bewähren, eine Standardisierung erfahren und sich dann als (vom ursprünglichen Kern in gewissem Maße abstrahierte) funktionale Infrastrukturen normalisieren (vgl. Hofmann 2020: 34f.). In diesem Sinne könnte die Corona-Warn-App nicht nur »im Rückblick als jenes Beispiel wahrgenommen [werden], das dem Geschäftsbereich ›Digitalisierung‹ im politischen Raum zu der Bedeutung verholfen hat, den er seit mehreren Jahren längst schon verdient« (Bieber 2020: 6). Vielmehr besitzt sie das Potenzial, beispielhaft auf die möglichen positiven Effekte in Bezug auf die Steuerungsfähigkeit hinzuwiesen, die entstehen, wenn weiche Steuerungsinstrumente mit frühzeitiger Beteiligung konkurrierender oder konfligierender Interessen und transparenter Umsetzung kombiniert werden.

99 Noch sehr nah am Ausgangsfall bleibt die CovPass-App für den digitalen Impfnachweis. Auch dieser soll als Open-Source-Lösung implementiert werden und die Daten nicht zentral ablegen, sondern auf dem Mobiltelefon vorhalten (vgl. Ballweber 2021).

Die CWA ist ein Beispiel für staatliche Handlungsfähigkeit in Krisenzeiten jenseits von hierarchischer Steuerung durch Ge- und Verbote und damit für erfolgreiche Governance. Zwar lässt sich ihre konkrete Wirkung im Sinne der Pandemiebekämpfung nicht einfach beziffern. Bei ihrer Nutzungsrate (13,4 %) lag sie allerdings bereits im Juli 2020, einen Monat nach ihrem Erscheinen, auf Platz 3 von 20 Ländern mit mehr als 20 Millionen Einwohner:innen – hinter Australien (21,6 %) und der Türkei (17,3 %), deren Apps bereits im April gestartet waren und deren Nutzung im Fall der Türkei nicht grundsätzlich freiwillig ist (vgl. Chan 2020; Norton Rose Fulbright 2021). Zugleich zeigt sich an der Rolle von Apple und Google im Entscheidungssetting jedoch die grundlegende Gefahr, dass im Zuge der Digitalisierung (staatliche) Handlungs- und Entscheidungsspielräume durch Anbieter:innen zentraler Infrastrukturen und Plattformen eingeschränkt werden. Insgesamt kann dennoch von vergleichsweise erfolgreichem politischem Steuerungsbemühen um das Steuerungsziel der Nutzung der CWA gesprochen werden. Dieses weist experimentellen Charakter mit Potenzial zur Verstetigung auf, was ebenso für den in der Coronakrise anzutreffenden Steuerungsansatz der *Open Social Innovation* gilt.

V.1.4.2 Open Social Innovation

Aus Steuerungsperspektive zeigte die Coronakrise, die nicht ohne Grund auch als »Stunde der Exekutive« diskutiert wurde (Decker 2020: 127; Merkel 2020b: 445), die politische Handlungsfähigkeit des Staates im Sinne kurzfristiger hierarchischer Steuerung. Auf der anderen Seite wurden aber auch innovative (partizipative) Konzepte erprobt.[100] So etwa in der Zusammenarbeit mit zivilgesellschaftlichen Akteuren[101] und Bürger:innen im Rahmen des Hackathons[102] #WirvsVirus vom 20. bis 22.03.2020. »Gemeinsam mit der Zivilgesellschaft sucht die Bundesregierung im digitalen Raum Lösungen für Herausforderungen im Zusammenhang mit dem Coronavirus« (Bundesregierung 2020a). Insgesamt nahmen über 28.000 Bürger:innen teil und entwickelten 1.491 Projektideen zu über 1.900 zuvor identifizierten Herausforderungen in 48 Themenfeldern. Anschließend wurden 147 ausgewählte Lösungsansätze unter der Schirmherrschaft des damaligen Kanzleramtsministers Helge Braun mit 1,6 Millionen Euro aus öffentlicher und 900.000 Euro aus privater Hand sowie 800.000 Euro aus Crowdfunding weiterentwickelt. Im Dezember 2020 waren 51 Lösungen im Einsatz (vgl. #WirVsVirus Konsortium 2021; Mair et al. 2021: 4, 10). Der Erfolg[103] dieses als *Open-Social-Innovation-*

---

100 Gleichwohl weisen Berg et al. (2020: 31) darauf hin, dass das zugrundeliegende Prinzip nicht grundsätzlich neu ist, sondern sich am »breiten Repertoire der Civic-Tech-Szene« bedient.

101 An der Initiative waren Tech4Germany, Prototype Fund, Impact Hub Berlin, ProjektTogether, SEND e.V., Initiative D21 und Code for Germany beteiligt (#WirVsVirus Konsortium 2020).

102 Bei einem Hackathon (ein Schachtelwort aus Hack und Marathon) arbeiten Softwareentwickler:innen, Designer:innen und andere Interessent:innen kollaborativ für einen festgelegten Zeitraum an der Umsetzung von Hard- und Softwareprojekten »*Civic Hackathons* [Herv. i. O.] stellen eine spezifische Variante dieses Formats dar. [...] Technisch versierte Bürger:innen präsentieren Ideen, Prototypen und Anwendungen, kreieren realisierbare Lösungsansätze und artikulieren dadurch politische Forderungen« (Staemmler/Berg 2021).

103 Als ein Beispiel sei hier der Chatbot U:DO angeführt, der beim Ausfüllen und Versenden der Anträge zum Kurzarbeitergeld unterstützt. Dieser wurde von der Bundesagentur für Arbeit auf ihrer

Prozess bezeichneten »neuen Instruments für die aktive Beteiligung von Bürger:innen an der Gestaltung von Politik und gemeinwohlorientiertem Handeln der Verwaltung« führte bereits 2021 zu einer zweiten Umsetzung des Konzeptes unter dem Titel »UpdateDeutschland« mit dem Ziel, Ideen für die Zeit nach der Coronakrise zu entwickeln (www.updatedeutschland.org; abgerufen am 05.06.2021). »UpdateDeutschland« fand ebenfalls unter Schirmherrschaft des Bundeskanzleramts in Kooperation mit ProjectTogether und N3xtcoder statt, finanziert durch Bertelsmann Stiftung, Robert Bosch Stiftung und Stiftung Mercator. Hierbei wurden zusätzlich elf Landesregierungen und (öffentliche) Akteure auf kommunaler Ebene eingebunden. Damit wurde eine der Handlungsempfehlungen der wissenschaftlichen Begleitung von #WirvsVirus berücksichtigt, die eine stärkere Zusammenarbeit (ministeriellen) Entscheidungsträger:innen und verbesserte Anschlussfähigkeit an öffentliche Verwaltung(slogik) empfohlen hatte (vgl. Gegenhuber et al. 2021: 6ff.). Insgesamt gab es 4.400 Teilnehmer:innen, die 400 Lösungsansätze in 27 Handlungsfeldern von Antidiskriminierung bis zum Zusammenleben in Stadt und Land ausarbeiteten (vgl. UpdateDeutschland 2021).

Es gab aber auch Kritik an der konkreten Umsetzung von #WirvsVirus und UpdateDeutschland. Staemmler und Berg (2021) kritisieren, dass es sich bei beiden Beispielen von Open-Social-Innovation-Prozessen nicht um wirklich partizipative Instrumente, im Sinne einer Mitbestimmung von Bürger:innen, handele. Vielmehr würden weiterhin die klassischen Entscheidungsträger:innen unter Wirkungs- und Effizienzgesichtspunkten entscheiden und sich die zivilgesellschaftliche Beteiligung auf ihre Rolle als kreative Ideengeber:in beschränken:

> »Zusammenfassend präsentiert sich UpdateDeutschland als ein Verfahren, das soziale Innovationsprozesse auf eine möglichst zügige Umsetzung in gewinnbringende Startups und digitale Produkte reduziert. Die ergebnisoffene Bürger:innenbeteiligung eines Civic Hackathons wird durch ein Wettbewerbsformat ersetzt, das Bürger:innen zu Entrepreneur:innen erzieht.«

Unabhängig von diesen Einwänden lässt sich Open Social Innovation als Steuerungsform ähnlich einordnen wie die in anderen Politikfeldern als Experimentierräume oder Zukunftslabore bezeichneten kooperativen Formen des pragmatischen, innovativen Ausprobierens und Erprobens. Mair et al. (2021: 35), die #WirvsVirus wissenschaftlich begleitet haben, sehen in der Methode das Potenzial, »zu einem vielseitigen Instrument zur Bewältigung großer gesellschaftlicher Herausforderungen« zu werden, dessen Wirkung nicht allein in Bezug auf die formulierten Herausforderungen und gefundenen Lösungsansätze bewertet werden sollte. Vielmehr wirke sich die Methode auf individueller (soziale Kontakte, Engagement), organisationaler (Kooperation, Wertewandel) und systemischer Ebene (Teilhabe, Verzahnung) aus (ebd.). Insbesondere der »Moment experimenteller Beteiligungsverfahren« unterscheide die Methode »von klassischen Koordinationsformen, vor allem von den hierarchischen politisch-administrativen Prozeduren der Bearbeitung politischer Herausforderungen« (Berg et al. 2020: 32).

Website (https://www.arbeitsagentur.de/m/corona-kurzarbeit/; abgerufen am 05.06.2021) integriert. Der Bot wurde bis September 2021 von über 3.000 KMU genutzt (vgl. Mair et al. 2021: 31).

Verbunden mit den oben genannten Kritikpunkten, zeigt sich hier ein potenzielles Steuerungsdilemma. Einer schwindenden (hierarchischen) Steuerungsfähigkeit aufgrund zunehmender Komplexität durch experimentelle Settings und eine breitere Einbeziehung pluraler Akteursgruppen zu begegnen, ist immer mit dem Verzicht auf vorhandenes Steuerungspotenzial verbunden, wenn dieses Instrument mehr sein soll als nur eine veränderte Form der Aneignung von Expert:innenwissen. Wie auch in korporatistischen Konstellationen funktioniert diese Steuerungsform wohl langfristig und nachhaltig (im Sinne einer wiederholten Nutzung dieses Instruments) nur bei wechselseitigen Vorteilen. Dass Akteure mehr als einmal an solchen Verfahren teilnehmen, wird unwahrscheinlicher, wenn sie im Rahmen dieser begrenzten Settings über keine Entscheidungskompetenzen im Sinne von Selbststeuerung verfügen.

V.2 Fallbeispiel 2: Industriepolitik, Industrie 4.0 und Arbeiten 4.0

Der Industriesektor ist der Kern des deutschen Modells, des rheinischen Kapitalismus, einer exportorientierten Marktwirtschaft und eines auf Ingenieurleistung setzenden, inkrementellen Innovationsmodells und Produktionsstandorts. Im Jahr 2021 waren 23,8 Prozent aller Erwerbstätigen im Produzierenden Gewerbe beschäftigt und direkt für 23,5 Prozent der Bruttowertschöpfung verantwortlich (vgl. Statistisches Bundesamt 2022a, b: Tab. 2.1).[1] Der Industriesektor weist nicht nur die höchste Personen- und Stundenproduktivität auf (vgl. Lang/Lichtblau 2021: 16). Er induziert darüber hinaus im großen Umfang Nachfrage und Beschäftigung im Dienstleistungssektor. Mehr als die Hälfte der Dienstleistungsproduktion entfällt auf den unternehmensnahen Bereich, etwa auf die Logistik oder auf technische und wissenschaftliche Dienstleistungen (vgl. Edler/Eickelpasch 2013: 16ff.). Insofern ist es passend, wenn die »Industrie als Rückgrat und Anker der deutschen Wirtschaft« sowie als Motor für Wachstum und Wohlstand in Deutschland beschrieben wird (Schroeder 2017: 1). Es verwundert daher wenig, wenn dementsprechend eine Strategie als notwendig erachtet wird, die auch im digitalen Zeitalter die Zukunfts- und Wettbewerbsfähigkeit der deutschen Industrie erhält und damit langfristig ihre zentrale Rolle in der volkswirtschaftlichen Wertschöpfung sicherstellt.

Zwar hat die Industriepolitik in Deutschland, aufgrund diverser Fehlallokationen von Mitteln, »nicht unbedingt einen guten Ruf«, aber dennoch »sind moderne Volkswirtschaften ohne Industriepolitik kaum denkbar« (Belitz/Gornig 2019: 98). Im digitalen Zeitalter muss eine Industriestrategie insbesondere berücksichtigen, dass die Digitalisierung erheblich zur weiteren (Produkt-)Hybridisierung sowie einer noch enger mit dem Dienstleistungssektor verfochtenen Industrie führt, womit integrierte Dienstleistungen und Wertschöpfungsketten an Bedeutung gewinnen (vgl. Lang/Lichtblau 2021: 9).

1 Im internationalen Vergleich lag der Beitrag zur Wertschöpfung in den letzten 30 Jahren in Deutschland damit relativ stabil zwischen 23 und 26 % (vgl. Schroeder et al. 2021: 10f.). Dagegen ging er beispielsweise in Frankreich oder den USA um 7 %punkte zurück und lag 2021 nur noch bei 13,1 % (Frankreich) beziehungsweise 13,9 % (USA) (vgl. OECD 2022).

Bei der Suche nach der richtigen Industriestrategie, die die Digitalisierung von Wirtschaft und Unternehmen vorantreiben kann – wofür digitale Infrastrukturen wie eine Breitbandanbindung[2] zwar eine notwendige, aber keine hinreichende Bedingung darstellen – geht es zentral um das Finden einer angemessenen Form der Steuerung. Der besondere Blick auf unterschiedliche Steuerungsformen ist für Industriepolitik nichts Neues, sondern Kern der Unterscheidung zwischen den verschiedenen Ansätzen klassischer Industriepolitik im europäischen Vergleich. So lässt sich etwa dem deutschen *horizontalen* Ansatz der französische *sektorale* beziehungsweise *vertikale* Ansatz gegenüberstellen (vgl. Aiginger 2019: 101f.; Belitz/Gornig 2019). Hierbei wird eine stark an einer steuerungstheoretischen Differenzierung orientierte Perspektive eingenommen. Sektorale oder vertikale Industriepolitik setzt auf eine hierarchische Steuerung unter der Annahme einer vorhandenen Planbarkeit durch verlässliches, staatliches Wissen. Diese vertikale Industriepolitik erfolgt in ausgewählten Sektoren oder selektiv in bestimmten Technologiefeldern. Eine horizontale Industriepolitik dagegen ist stärker dezentral orientiert, setzt auf verteiltes Wissen und die Herstellung förderlicher Rahmenbedingungen, etwa indem Monopolbildung zugunsten von Wettbewerb bekämpft oder Infrastruktur bereitgestellt wird.[3]

Die Entwicklung der Industriepolitik in Deutschland vollzog sich kongruent zum Wandel des Modells vom intervenierenden Interventions- zum kooperativen Gewährleistungsstaat (siehe Kapitel IV). Auf den selektiv vertikalen Aufbau von Staatsbetrieben in der Nachkriegszeit folgte zunächst die weiterhin hierarchisch geprägte Steuerung durch Subventionierung der Montanindustrie und Unterstützung des industriellen Bedarfs an Restrukturierung im Zuge des Ölschocks der 1970er-Jahre. Seit den 1980er-Jahren erfolgte dann der Wechsel hin zu einer eher horizontalen Industriepolitik in Form indirekter Steuerung über Strukturierung und Rahmensetzung. Belitz und Gornig (ebd.: 99) verweisen in diesem Zusammenhang insbesondere auf den Ausbau des Innovationssystems und der Innovationsfördermittel, etwa durch den »Ausbau eines nahezu flächendeckenden Netzes von Institutionen der Fraunhofer-Gesellschaft und von Fachhochschulen.« Insofern folgt die von ihnen konzedierte aktuelle Entwicklung, hin zu einem industriepolitischen Schwerpunkt in Form einer fördernden Technologiepolitik, einer gewissen pfadabhängigen Logik.

Zuletzt stellte das BMWi (2019a) in der Großen Koalition strategische Leitlinien für die Zukunft der deutschen Industrie in Form der »Nationalen Industriestrategie 2030« vor. Ausgehend davon, dass »industriepolitische Eingriffe des Staates in die Wirtschaft« für Deutschland nichts grundlegend Neues sind, sollte die Strategie »der wirksamen Begrenzung staatlicher Eingriffe ebenso wie ihrer Legitimation in Fällen, in denen sie aus

2 Der Breitbandatlas der BNetzA wies 2021 zwar eine Breitbandversorgung mit mehr als 50 Mbit/s bei 96 % der Unternehmen aus. Über eine Gigabit-Anbindung (mehr als 1.000 Mbit/s) verfügten allerdings nur knapp über die Hälfte der Unternehmen (50,5 %) (vgl. Bundesnetzagentur 2021).

3 Bezugnehmend auf den Umgang der deutschen Bundesregierung mit dem Dieselskandal stellt Aiginger (2019: 102) heraus, dass auch bei einer generell eher horizontal ausgerichteten Industriepolitik dennoch starke sektorale Einflussnahmen stattfinden können. Insbesondere ist dies der Fall, wenn es um einen Sektor geht, der eine »hohe nationale Bedeutung« besitzt.

übergeordneten volkswirtschaftlichen Erwägungen geboten sind«, dienen – so der damalige Bundeswirtschaftsminister Peter Altmaier im Vorwort (ebd.: 2f.). In der Strategie selbst wird dann, als eine der ordnungspolitischen Prinzipien, darauf verwiesen, dass staatliche Eingriffe, »die aus übergeordneten politischen Gründen erforderlich sind«, »im Einklang mit EU-Recht möglich sein« müssen, soweit der Staat wettbewerbsschädigende Wirkungen ausgleicht (ebd.: 14). Auch wenn der Begriff der Steuerung im Strategiepapier nicht auftaucht, wird bereits in der Zielsetzung der Industriestrategie auf staatliches Handeln verwiesen, wenngleich dieses »nur ausnahmsweise, nur vorübergehend und nur in Fällen von grundlegender Bedeutung in Betracht kommt, wenn sich alle anderen Optionen als unzureichend erwiesen haben« (ebd.: 4). Regulierung wird hier als Ultima Ratio dargestellt. Vorgeschaltet setzt das BMWi auf »das Zusammenwirken aller wesentlichen Akteure [...] [die] gemeinsam Schwerpunkte und Maßnahmen vereinbaren« (ebd.: 16) – und damit auf Governance im Schatten der Hierarchie oder (regulierte) Selbstregulierung (siehe Kapitel III.2.6). Der Steuerungsmodus der Industriepolitik folgt hier einer klar nicht-interventionalistischen Logik, einem horizontalen Ansatz und damit zugleich einer indirekten Steuerung. Eine solche wurde auch deutlich vom Sachverständigenrat zur Begutachtung der Gesamtwirtschaftlichen Entwicklung (2018: 6) in seinem Jahresgutachten 2018/2019 empfohlen:

> »Um nachhaltig erfolgreich zu sein, sollte ein Innovationsstandort auf eine lenkende Industriepolitik verzichten, die es als staatliche Aufgabe ansieht, Zukunftsmärkte und -technologien als strategisch bedeutsam zu identifizieren.«

Dabei wird insbesondere auf fehlendes Steuerungswissen abgehoben, sodass der Staat gar nicht in der Lage sei, die technologische Entwicklung zu antizipieren und entsprechend langfristig strategisch zu steuern (vgl. ebd.: 73).[4] Stattdessen empfahl der Sachverständigenrat (ebd.: 6) einen kooperativen Ansatz, der auf das »dezentrale Wissen und die individuellen Handlungen verschiedener Akteure der Volkswirtschaft« vertraut. Aufgabe des Staates sei demnach eine horizontale, rahmensetzende Industriepolitik zur »Sicherstellung einer guten Infrastruktur und eines funktionierenden Wettbewerbs« (ebd.). Bereits hier kommt dem Staat eine aktivere Rolle zu, als dies bei der Industriepolitik in der Phase der Privatisierung und Deregulierung der 1990er-Jahre mit einer deutlich marktliberaleren Ausrichtung unter dem Primat des schlanken Staats der Fall war.

Angesichts der großen Herausforderungen durch Digitalisierung und globalisierte Wertschöpfungsketten für einen weiterhin international wettbewerbsfähigen und innovativen deutschen Industriesektor wurde in den letzten Jahren verstärkt über angemessene und wirksame Formen einer aktiv(er)en Industriepolitik diskutiert. Dabei geht es zentral um die Rolle des Staats. Für Deutschland bilden häufig die USA und China die Referenzpunkte (vgl. Arregui et al. 2020: 6). Von diesen ausgehend, erfolgt eine Verortung

---

4 In der Minderheitenposition des Gutachtens wird auf China als eindrucksvolles Gegenbeispiel verwiesen, das mit staatlicher Industriepolitik etwa die Branche der Solarzellenfertigung in kürzester Zeit an die Spitze des Weltmarktes katapultiert hat. Mit der Strategie Made in China 2025 wird jetzt versucht, auch auf anderen zentralen Feldern der Hoch- und Zukunftstechnologie eine dominierende Rolle zu spielen (vgl. Sachverständigenrat zur Begutachtung der Gesamtwirtschaftlichen Entwicklung 2018: 78ff.).

möglicher deutscher Strategien zwischen den beiden Polen, anknüpfend an die Tradition eines »dritten Weges«.

In den Jahren seit 2018 gewann der Kontext der industriepolitischen Debatte gleichwohl noch einmal deutlich an Komplexität. Dass die Bekämpfung des Klimawandels eine der zentralen Herausforderungen der Zeit darstellt, wurde mit den 2018/2019 auch in Deutschland beginnenden »neuartige[n] Massenproteste[n]« von Fridays for Future nicht nur in der Öffentlichkeit offenkundig (Haunss et al. 2020: 7). Seitdem bestimmt die Notwendigkeit einer sozial-ökologischen Transformation und nachhaltigen Wirtschaftens auch (industrie-)politische Debatten. Im Koalitionsvertrag der Ampel heißt es:

> »Der Industrie kommt eine zentrale Rolle bei der Transformation der Wirtschaft mit Blick auf Klimaschutz und Digitalisierung zu. Wir werden die Innovations-, Investitions- und Wettbewerbsfähigkeit der Industrie stärken« (SPD et al. 2022: 21).

Dabei sollen die »richtigen Rahmenbedingungen für Industrie und Mittelstand« gesetzt werden, sodass aus dem notwendigen sozial-ökologischen Umbau, aufbauend auf neuen Geschäftsmodellen und Technologien, eine »große Chance für den Industriestandort Deutschland« entsteht, entscheidend zum »klimaneutralen Wohlstand« beizutragen (ebd.: 50). Bereits an dieser, im Koalitionsvertrag allenfalls skizzierten, Industriestrategie wird deutlich, dass dem Industriesektor nicht nur die Rolle der transformationsbedürftigen, energie- und ressourcenverbrauchenden, treibhausgasemittierenden Großbaustelle zukommt. Zwar gehört auch in der Industrie die Dekarbonisierung zu den dringendsten Aufgaben. Zugleich stellt der Industriesektor jedoch auch (etwa mit seinen technologischen und ingenieurstechnischen Kompetenzen) eine zentrale Größe für die Gestaltung der sozial-ökologischen Transformation dar. So ist sie etwa »zugleich Objekt und Subjekt der Bemühungen um die möglichst rasche Minderung von Treibhausgasemissionen in allen Sektoren« (Praetorius/Dierker 2022: 13).[5] Dementsprechend muss eine Industriestrategie in ihrer Steuerung aufgestellt sein, wobei insbesondere der Digitalisierung – sowohl der Prozesse als auch der Produkte – eine besondere Bedeutung beikommt.

Zwar erfolgte in der im Januar 2020 Deutschland erreichenden COVID-19-Pandemie ein Digitalisierungsschub (siehe auch Kapitel V.1), der auch vor der Arbeitswelt nicht haltmachte. In Themenfeldern wie der Breitbandanbindung von Unternehmen, der Digitalisierungsaffinitäten von KMU oder der neuen Relevanz von Homeoffice und digitaler Kommunikation wurden nicht nur bereits lange vorhandene Nachholbedarfe sichtbar, sondern auch kurzfristig vielfältige nachholende Entwicklungen angestoßen (vgl. beispielsweise Büchel/Engels 2022; BMWi 2021c). Zugleich traten bereits in der Pandemiesituation aufgrund von Lockdowns – insbesondere befeuert durch Chinas

5 Einen kritischen Einwand gegen Transformations- und Wendekonzepte (Energiewende, Mobilitätswende etc.) die in industriellen Kategorien denken formuliert Uta von Winterfeld (2020: 121): »Große, industriell konzipierte Wenden haben ein Abstraktionsproblem«. Statt mit linearen Fortschrittsvorstellungen Großkonzepte von oben zu entwickeln und durchzusetzen, müsste stärker bei den einzelnen Menschen und den lokalen Zusammenhängen angesetzt werden – »[b]is hin zum Zulassen von Experimenten sowie von Reflexionsräumen, die bei aller Alltagsnotwendigkeit ermöglichen, innezuhalten und neben den Fluss zu treten« (ebd.: 122).

Null-Covid-Strategie[6] – die Abhängigkeit und Fragilität von globalen Liefer- und Wertschöpfungsketten deutlich zutage. Mit dem Beginn des russischen Angriffskriegs auf die Ukraine am 24. Februar 2022 stellte sich dann die Frage nach einer größeren (nationalen wie europäischen) wirtschaftlichen Autonomie und industriellen Resilienz – als Teil der breiteren Souveränitätsdebatten (siehe Kapitel IV.4.3) – noch einmal sehr viel dringlicher. Der Mangel an Mikrochips beziehungsweise Halbleitern in der Automobilindustrie und die Bestrebungen, die deutsche und europäische Chipproduktion auf- und auszubauen,[7] sind nur ein Beispiel für die vielfältigen Facetten von Digitalisierung und Industriestrategieaspekten, die dabei eine Rolle spielen. Im Folgenden geht es allerdings primär um die politische Steuerung der grundlegenden digitalen Modernisierung des Industriesektors, die unter dem Label Industrie 4.0 verhandelt wird.

V.2.1 Policy: Industrie 4.0 – 4. Industrielle Revolution, oder: Das neue Maschinenzeitalter

Während im englischsprachigen Kontext durchaus noch vom »second machine age« (Brynjolfsson/McAfee 2014) oder von der »third industrial revolution« (Rifkin 2013) die Rede ist, läuft die Debatte um die Digitalisierung der Wirtschaft in Deutschland unter dem Begriff der 4. Industriellen Revolution. Bezogen auf die Industrie spricht Brauckmann (2019: 10, 114) auch von der »Digitalen Revolution in der industriellen Fertigung«, die in einer »Kopernikanischen Wende« besteht, in der mit der Konzentration auf neue Geschäftsmodelle die Optimierungsperspektive von der Steigerung der Produktionseffizienz auf die Etablierung neuer Prozesse wechselt. Gebräuchlicher ist allerdings das Schlagwort Industrie 4.0, das in den letzten zehn Jahren auch international als Industry 4.0 verstärkt aufgegriffen wird (vgl. Schroeder et al. 2021: 12). Während in Deutschland – zumindest, wenn die Google-Suchtrends zugrunde gelegt werden – das Interesse an dem Begriff in den letzten Jahren zurückgeht, befindet sich der Begriff in den USA weiterhin im Aufwärtstrend (siehe Abbildung 10).

Der Aufstieg dieses Marketingbegriffs – den Hessler und Thorade (2019: 169) als »unterkomplexen Universalbegriff« kritisieren – begann 2011. Henning Kagermann, der Präsidenten der Deutschen Akademie der Technikwissenschaft (acatech), Wolf-Dieter Lukas, Leiter der Abteilung Schlüsseltechnologien im BMBF, und Wolfgang Wahlster, Vorsitzender des Deutschen Forschungszentrums für Künstliche Intelligenz (DFKI),

6 Chinas No- oder Zero-Covid-Strategie führte beim Auftreten weniger Fälle regelmäßig zum sofortigen Lockdown ganzer Städte, bei dem die Menschen den Ort, an dem sie sich zu Beginn des Lockdowns befanden, allenfalls nach mehreren täglichen negativen Tests verlassen durften.

7 Mit dem European Chips Act will die EU bis zum Jahr 2030 mehr als 43 Milliarden Euro als Subventionen sowie öffentlichen und privaten Investitionen in den Ausbau der europäischen Halbleiterindustrie stecken (vgl. Europäische Kommission 2022b).

lancierten ihn im April 2011 (Kagermann et al. 2011).[8] Daraufhin fand er, befeuert durch die Hannover Messe 2011, (welt-)weite Verbreitung (vgl. Steinhoff 2016: 1).

Abbildung 10: Google Trend zu den Suchbegriffen »Industrie 4.0« und »Industry 4.0«

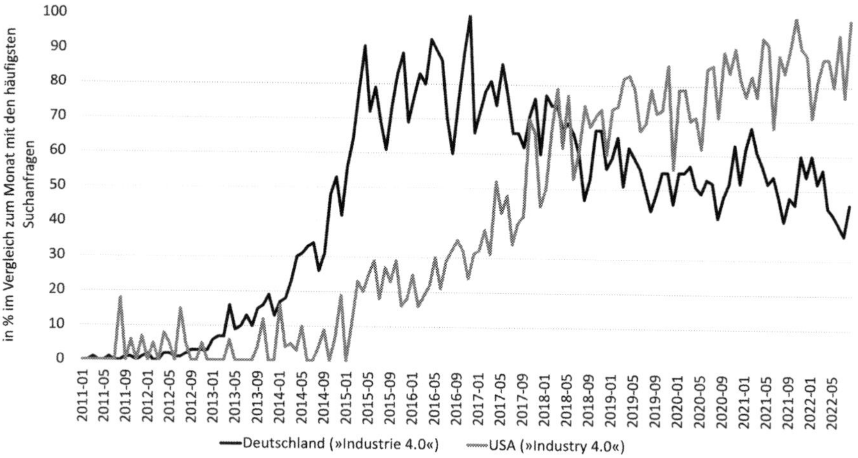

Quelle: Google Trends (https://trends.google.de/trends/); Stand: 23.08.2022; eigene Darstellung.

Die Begriffsschöpfung greift nicht nur eine aus der Softwareentwicklung stammende Versionsnummerierung (4.0) auf,[9] sondern übernimmt in der Zählweise auch eine Interpretation des historischen Verlaufs der industriellen Entwicklung. Diese verläuft von der ersten industriellen Revolution (für die die Dampfmaschine sinnbildlich ist) über die zweite Revolution (mit der Fließbandproduktion) und die dritte Revolution (Computerisierung) hin zur vierten industriellen Revolution. Kern dieser vierten Revolution ist eine Vernetzung neuer Qualität durch verteilte selbstgesteuerte cyber-physische Systeme (CPS).[10] In einer vernetzten und (teil-)autonomen Produktion kommunizieren

8 Als Teil der Promotorengruppe Kommunikation der Forschungsunion Wirtschaft – Wissenschaft der Bundesregierung schlug sie am 25.1.2011 das Zukunftsprojekt Industrie 4.0 als Handlungsempfehlung vor, um Deutschland im globalen Wettbewerb als »Produktionsstandort auch in einer Hochlohnregion behaupten zu können«, was bedeute, »sich fit zu machen für die vom Internet getriebene 4. industrielle Revolution« (vgl. Kagermann et al. 2011). »Wie kein anderes Land ist Deutschland befähigt, die Potenziale einer neuen Form der Industrialisierung zu erschließen: Industrie 4.0«, so der Abschlussbericht des Arbeitskreises Industrie 4.0 zur Umsetzungsempfehlung des Zukunftsprojektes (Forschungsunion/acatech 2013: 5).

9 Ausgehend von der (auch internationalen) breiten Rezeption des Begriffs Industrie 4.0, wurde die Chiffre 4,0 »zu einem Synonym für Digitalisierung« und verselbstständigte sich (Hessler/Thorade 2019: 153). So findet sie sich heute auch in Bereichen, wo ihre vierschrittige Entwicklungszählweise keinen sinnvollen inhaltlichen Bezugspunkt mehr besitzt (Bauen 4.0, Führung 4.0, Car Work 4.0 etc.).

10 Hierbei steht die Silbe »cyber« auch inhaltlich in direktem Zusammenhang mit dem Begriff der Kybernetik (siehe Kapitel I.2.1).

IT-gesteuerte, intelligente (KI) Maschinen (Roboter) miteinander (im Internet der Dinge; IoT), mit Produkten und Menschen sowie umgekehrt (Mensch-Maschine-Interaktion) (vgl. Schwab 2016: 16f; Obermaier 2019: 4f.; Deckert 2019: 7, 12f.).

Eine deutliche und umfassende Kritik an dieser Abfolge der vier industriellen Revolutionen formulieren Hessler und Thorade (2019), die diese unter anderem als technikdeterministisch, technologie- und eurozentristisch sowie von linearem Fortschrittsverständnis getragen kritisieren. Darüber hinaus würden »Revolutionen verkündet und damit gravierende Brüche suggeriert« (ebd.: 157). Der letzte Punkt bestätigt sich, wenn man die Umsetzungsperspektive von Industrie 4.0 in den Blick nimmt. Hier finden sich vielfach Hinweise auf eine pfadabhängig und inkrementell verlaufende Entwicklung der Modernisierung der Industrie, die keinesfalls durch große Disruptionen gekennzeichnet ist, wie es der Begriff der vierten industriellen Revolution nahelegt (vgl. Hirsch-Kreinsen 2021: 819f.; Schroeder et al. 2021: 40).

Zugleich verliefen die deutschen Debatten um Industrie 4.0 von jeher deutlich differenzierter. Im Gegensatz zu US-amerikanischen Diskussionen, bei denen oft auf die disruptive Dimension der Digitalisierung abgestellt wird, spielte die praktische Optimierung von Produktionsprozessen und Produkten immer eine wesentliche Rolle.

> »Um dennoch die Zäsur zu unterstreichen, die mit der Industrie 4.0 verbunden ist, wird von der vierten industriellen *Revolution* gesprochen, die faktisch jedoch eher Züge einer *Evolution* trage [Herv. i. O.]« (Schroeder 2016: 5).

Gleichwohl ist es spannend, diese Evolution aus einer Steuerungsperspektive näher in Augenschein zu nehmen. Zum einen, weil es aufgrund der besonderen Rolle der Industrie für die exportorientierte deutsche Wirtschaft, Wertschöpfung und den deutschen Wohlstand nicht verwunderlich ist, dass die Frage der Gestaltung einer digitalen, nachhaltig-innovativen und wettbewerbsfähigen Industrie eine zentrale politische Frage darstellt. Zum anderen, weil sich der Industriesektor vielfach weiterhin durch etablierte sozialpartnerschaftliche Strukturen und korporatistische Arrangements auszeichnet. Im Folgenden stehen anhand des *Bündnis Zukunft der Industrie* sowie der *Plattform Industrie 4.0* zwei spezifische Steuerungsformate der Digitalisierung der Industrie im Fokus. Diese beiden sind deshalb interessant, weil sie eine Analyse zweier steuerungsrelevanter Aspekte ermöglichen: erstens der Dialogorientierung in Bündnissen sowie zweitens der Standardisierung als Steuerungsform von Plattformen. Zunächst aber ein Blick auf die an den beiden Initiativen beteiligten Akteure.

V.2.2 Polity: Akteurskonstellation in Netzwerken jenseits der Sozial- und Konfliktpartner

Die im Jahr 2014 gestartete Initiative zur Gestaltung eines zukunftsfähigen Industriesektors in Deutschland besteht aus zwei 2015 entstandenen Teilen: dem *Bündnis* Zukunft der Industrie sowie dem vom Bündnis gegründeten Verein *Netzwerk* Zukunft der Industrie[11]. Zu den Gründungsmitgliedern des Bündnisses Zukunft der Industrie zählten das Bundesministerium für Wirtschaft und Energie (BMWi) sowie 13 Gewerkschaften, Arbeitgeber- und Wirtschaftsverbände. Im Laufe der Jahre kamen vier weitere Mitglieder hinzu und die Deutsche Bauindustrie (HDB) verließ das Bündnis (siehe Tabelle 14).

Tabelle 14: Mitglieder des Bündnisses Zukunft der Industrie

	Politik	Gewerkschaften	Wirtschaft
Gründungsmitglieder	Bundesministerium für Wirtschaft und Energie (BMWi)[1]	Deutscher Gewerkschaftsbund (DGB)	Bundesvereinigung der Deutschen Arbeitgeberverbände (BDA)
		Industriegewerkschaft Bauen – Agrar – Umwelt (IG BAU)	Bundesverband der Deutschen Industrie (BDI)
		Industriegewerkschaft Bergbau, Chemie, Energie (IG BCE)	Bundesarbeitgeberverband Chemie (BAVC)
		Industriegewerkschaft Metall (IG Metall)	Gesamtverband der Arbeitgeberverbände der Metall- und Elektro-Industrie (Gesamtmetall)
			Hauptverband der Deutschen Bauindustrie (HDB)[2]
			Verband der Chemischen Industrie (VCI)
			Verband der Automobilindustrie (VDA)
			Verband Deutscher Maschinen- und Anlagenbau (VDMA)
			Verband der Elektro- und Digitalindustrie (ZVEI)
Mitglieder	Bundesministerium für Wirtschaft und Klimaschutz (BMWK)[1]	Eisenbahn- und Verkehrsgewerkschaft (EVG)	Wirtschaftsvereinigung Stahl (WV Stahl)
		Gewerkschaft Nahrung-Genuss-Gaststätten (NGG)	Deutscher Industrie- und Handelskammertag (DIHK)

Anmerkungen: 1. Umbenennung des Ministeriums in der Ampelkoalition (20. Legislaturperiode); 2. Nicht mehr Mitglied des Bündnisses.
Quellen: Bündnis Zukunft der Industrie (2015b: 4, o.J.); eigene Darstellung.

Unabhängig vom Bündnis und Netzwerk Zukunft der Industrie entstand die *Plattform Industrie 4.0* im Kontext der deutschen Hightech-Strategie 2020. An deren Weiter-

11 Ziel des Netzwerks ist eine Stärkung des Dialogs zur Zukunft der Industrie in den Regionen.

entwicklung war unter anderem die Forschungsunion von 2006 bis 2013 beteiligt. Sie initiierte zusammen mit acatech 2012 den Arbeitskreis Industrie 4.0 (vgl. Forschungsunion 2013: 62). Dieser war bis 2013 aktiv. Anschließend gründete sich, einer Umsetzungsempfehlung aus dem vorläufigem Abschlussbericht des Arbeitskreis folgend, die Plattform Industrie 4.0 (vgl. Forschungsunion/acatech 2012: 57).

Aufgrund des Lösungs- und Implementationsfokus der Plattform ist diese bei den beteiligten Akteuren deutlich breiter aufgestellt. Neben den im Bündnis vertretenen und weiteren Verbänden gehören Universitäten, Forschungsinstitute und zahlreiche Unternehmen der Plattform an. Bereits 2016 umfasste das Netzwerk der Plattform 250 Teilnehmer:innen aus mehr als 100 Unternehmen und Organisationen (vgl. Plattform Industrie 4.0 2016: 20). Bis zum Mai 2022 stieg die Zahl auf über 400 Akteure aus mehr als 200 Organisationen, die aktiv mitarbeiten (vgl. Plattform Industrie 4.0 2022b: 41).

Das Bündnis Zukunft der Industrie und die Plattform Industrie 4.0 entstanden unabhängig voneinander, ergänzen sich jedoch wechselseitig. Diese beschreibt Hirsch-Kreinsen (2021: 817) als Teil einer Entwicklung, in der sich »eine stabile Netzwerkstruktur der beteiligten Akteure und insgesamt ein strukturierter Handlungskontext eigener Logik herauszubilden begann.« Aus Steuerungsperspektive sind sie jedoch unterschiedlich einzuordnen.

V.2.3 Politics I: Bündnisse und Dialogorientierung

Im November 2014 riefen Sigmar Gabriel (BMWi), Detlef Wetzel (IG Metall) und Ulrich Grillo (BDI) zur Gründung des Bündnisses »Zukunft der Industrie« auf (vgl. Grillo et al. 2014). Dieses wurde dann im März 2015 durch das BMWi, die IG Metall, dem Bundesverband der Deutschen Industrie (BDI) und elf weiteren Akteuren ins Leben gerufen. Die Organisationsstruktur besteht aus einer High Level Group (HLG), zu der die Vorsitzenden der Gewerkschaften und Unternehmensverbände sowie der Wirtschaftsminister gehören. Auf der Arbeitsebene übernimmt die sogenannte Sherparunde (auf Ebene der Abteilungsleiter:innen) die inhaltlichen Vorarbeiten und Vorbereitungen (vgl. Bündnis Zukunft der Industrie 2015b: 1). Das Bündnis Zukunft der Industrie ist somit sozialpartnerschaftliche organisiert.

Es sieht sich als »zentrales Dialoggremium für industriepolitische Fragestellungen« mit dem Ziel, »den Industriestandort Deutschland zukunftsfähig zu gestalten« (Bündnis Zukunft der Industrie 2020: 33). Hierfür behandeln fünf Arbeitsgruppen[12] die Kernfragen für eine zukunftsfähige Gestaltung eines nachhaltigen Industriesektors. Das Bündnis besitzt einen industrie*politischen* Fokus und versteht sich als Gesprächs- und Dialogforum. Kompetenzen sollen gebündelt, Interessenlagen diskutiert und gemeinsame Positionen erarbeitet werden, um ein kooperatives und koordiniertes Vorgehen zu in-

12 Die fünf Arbeitsgruppen setzen sich mit den Themenbereichen Akzeptanz und Attraktivität der Industrie, Investitionen, Zukunft der Arbeit, Wertschöpfungsstrukturen und internationaler Wettbewerbsfähigkeit auseinander (vgl. Bündnis Zukunft der Industrie 2015b: 2).

dustriepolitischen Fragen,[13] etwa in Form von Positionspapieren und Handlungsempfehlungen,[14] zu ermöglichen. Neben der politischen Ebene nimmt das Bündnis auch die gesellschaftliche Ebene (etwa bezogen auf das Ansehen der Industrie in der Öffentlichkeit) mit in den Blick[15] (vgl. Bündnis Zukunft der Industrie 2015a; Lemb 2015).

> »Das Bündnis führt die industriepolitischen Kompetenzen der beteiligten Institutionen zusammen und erleichtert Abstimmungs- und Koordinationsprozesse. Durch das tripartistische Arrangement aus Staat, Unternehmerverbänden und Gewerkschaften wird die legitimatorische Basis verbreitert« (Schroeder 2016: 15).

Einerseits gehören die in diesem Rahmen und beim Bündnis stattfindenden Dialogformen zum Standardrepertoire im Kontext politischer Steuerung, um Wissen zu genieren, Informationen auszutauschen, Interessenlagen abzugleichen und ein gemeinsames Vorgehen zu koordinieren. Mithin handelt es sich um eine weiche Form der Steuerung. Andererseits ermöglicht das Bündnis auch einen vorgelagerten Interessenausgleich, der zu einer später folgenden Selbstregulierung führen kann. Zwar gilt für das Bündnis Zukunft der Industrie, »dass die Bündnispartner sich auf jene Themen konzentrieren, bei denen sie inhaltlich übereinstimmen und keine Politik der wechselseitigen Überforderung praktizieren« (ebd.). Gleichwohl etabliert das Bündnis eine neue Arena, um Interessenkonflikte kooperativ zu lösen. Hieran hat die staatliche Rahmung einen wichtigen Anteil. Im Zusammenhang staatlicher Steuerung zeugen solche Bündnisse von einer erweiterte *Dialogorientierung*. Die Ministerien wirken zwar auch auf der inhaltlichen Ebene mit, primär eröffnen sie jedoch zunächst einmal einen Raum des Austausches und bringen die relevanten Akteure zu steuerungsbedürftigen Sachverhalten an einem Tisch zusammen. Schroeder (2017: 4) spricht mithin von »einer Revitalisierung des kooperativen ›rheinischen‹ Kapitalismus im Zeitalter der Digitalisierung«.

Aktuell wird der Dialogkontext noch erweitert. In ihrem Koalitionsvertrag kündigte die Ampel an, im »Dialog mit Wirtschaft, Gewerkschaften und Verbänden« in den ersten sechs Monaten 2022 eine »Allianz für Transformation« zu gründen (SPD et al. 2022: 50). Diese nahm im Juni 2022 ihre Arbeit auf und umfasst neben einigen der im Bündnis Zukunft der Industrie vertretenen Akteuren auch Vertreter:innen aus Umwelt- und Verbraucherverbänden sowie Wissenschaftler:innen. Sie startet zunächst mit Leitdialogen und regelmäßigen High-Level-Dialogformaten (vgl. Bundesregierung 2022a). Wie sich

---

13 Wolfgang Lemb (2015: 555f.) (IG Metall) erklärte, es sei »der erklärte Wille der Beteiligten [...], auf konsensuale Art und Weise zu konkreten Ergebnissen zu kommen, um die politischen Entscheidungen vorzubereiten«, deshalb »müssen sich die Bündnispartner auf jene Themen konzentrieren, bei denen sie inhaltlich übereinstimmen.«

14 So wurden zwischen 2015 und 2017 insgesamt sieben Positionspapiere mit Handlungsempfehlungen zu Investitions- und Innovationspolitik, Verkehrsinfrastruktur, Fachkräftesicherung, Digitalisierung, Energie- und Klimapolitik sowie Handelspolitik herausgegeben (vgl. BMWi 2017: 20–61). Im Vorlauf der Bundestagswahl 2021 veröffentlichte das Bündnis 54 Handlungsempfehlungen »zur Stärkung des Industriestandortes Deutschland und Europa« (Bündnis Zukunft der Industrie 2020).

15 Im Arbeitsprogramm 2015–2016 des Bündnisses fand beispielsweise eine Aktionswoche mit 360 Veranstaltungen (wie Tagen der offenen Tür und Aktionen mit Schüler:innen) oder ein Bürger:innendialog zur Akzeptanz und Bedeutung der Industrie statt (vgl. BMWi 2017: 9).

das Verhältnis zwischen der Allianz, dem Bündnis und anderen Plattformen mit Transformationsbezug ausgestaltet, bleibt offen. »Denkbar ist, dass sie künftig als eine Art Dachgremium fungiert«, vermutet Specht (2022) im Handelsblatt.

Eine andere Form der Dialogorientierung findet sich mit den sogenannten Dialogprozessen. Im Kontext der Industrie-4.0-Debatten wurde das Themenspektrum über technologische Innovationen hinaus auf notwendige soziale Innovationen ausgeweitet. Hierbei war es insbesondere das BMAS, das mit dem – anknüpfend an die Industrie-4.0-Terminologie – Begriff Arbeiten 4.0 die weitreichenden Auswirkungen der Digitalisierung (nicht nur der Industrie) auf Arbeitsbedingungen, Erwerbsformen und Arbeitsmarkt in den Blick nahm. Hierzu wurde 2015 mit dem Grünbuch Arbeiten 4.0 durch das BMAS (2015: 32) ein doppelter Dialogprozess in Gang gesetzt, der zu einem »Neuen Leitbild von Arbeit« führen sollte.

Daher wurde – im Sinne einer Stakeholder:innenorientierung – versucht, allen relevanten Akteuren aus Wirtschaft, Gesellschaft, Politik und Wissenschaft die Möglichkeit zur Beteiligung zu eröffnen. Ziel war es, politische Gestaltungsmöglichkeiten und Handlungsoptionen aufzeigen, um die Chancen der Digitalisierung nutzen und auf Herausforderungen sowie Risiken angemessen reagieren zu können. Hierfür wurden im Grünbuch konkrete Fragen formuliert, über die im Rahmen von sieben Workshops mit mehreren Hundert Expert:innen – darüber hinaus aber auch mit Bürger:innen in öffentlichen und fachlichen Dialogformaten sowie im Rahmen der Vorführung von Dokumentarfilmen – diskutiert wurde (vgl. BMAS 2019). Die Ergebnisse dieses Dialogprozesses wurden 2017 im Weissbuch Arbeiten 4.0 vorgestellt (vgl. BMAS 2017).

Die hierbei sichtbar werdende Dialogorientierung unterscheidet sich von derjenigen in Bündnissen in zwei Punkten. Zum einen geht es um eine Erweiterung des beteiligten Akteursspektrums insbesondere in Richtung der Zivilgesellschaft sowie der Bürger:innen. Zum anderen stehen nicht konkrete (Steuerungs-)Ergebnisse im Sinne von Absprachen oder Selbstregulierung im Fokus. Vielmehr geht es darum, eine breite Wissens- und Ideenbasis zu generieren, Meinungen und Interessenlagen aufzunehmen und abzugleichen und dabei viele unterschiedliche Stakeholder bereits zu einem frühen Zeitpunkt in möglicherweise folgende politische Prozesse aktiv einzubinden und mitzunehmen (siehe auch Kapitel VI.2.2.2).

V.2.4 Politics II: Plattformen und Standardisierung als Form der Steuerung

Die Plattform Industrie 4.0 startete am 9. April 2013. Sie wurde zunächst von BITKOM, dem Verband Deutscher Maschinen- und Anlagenbau (VDMA) sowie dem Zentralverband Elektrotechnik und Elektronikindustrie (ZVEI) gestartet, um die Standardisierung und Verbreitung von Industrie 4.0 voranzutreiben. Allerdings blieb der erwünschte Erfolg aus. 2014 gründeten darüber hinaus AT&T, Cisco, General Electric, IBM und Intel in den USA das (konkurrierende) Industry IoT Consortium (IIC). Ein Jahr später umfasste das IIC bereits 159 Mitglieder weltweit – unter anderem auch Bosch, Siemens und SAP. Das IIC habe der Plattform »längst das Wasser abgegraben. Mit konkreten Projekten schaffen die Mitglieder De-facto-Standards« (Frost 2015). Nichtsdestoweniger sah die Bundesregierung, die dem Thema Industrie 4.0 eine sehr hohe Relevanz einräumte, in der Plattform grundsätzlich eine nutzenstiftende Idee. Daher übernahm sie im März 2015 die Plattformleitung. Dabei wurde sie »auf eine breitere politische und gesellschaftliche Basis gestellt und sowohl thematisch als auch strukturell neu ausgerichtet« (BMWI/BMBF 2015). Seitdem wird sie gemeinsam vom Bundesministerium für Wirtschaft und Energie (BMWi) und dem Bundesministerium für Bildung und Forschung (BMBF) getragen – wobei Spitzenvertreter:innen aus Gewerkschaften, Wirtschaft und Wissenschaft das Leitungsgremium ergänzen. Die inhaltliche Arbeit erfolgt in sechs Arbeitsgruppen.[16] Darauf aufbauend, entwickelt der Lenkungskreis die Strategien zur technischen Umsetzung. Diese auf die Unternehmensebene zu tragen, obliegt dem Transfer-Netzwerk Industrie 4.0 (vgl. Plattform Industrie 4.0 o.J.a, o.J.e, o.J.f). Mit dem Netzwerk wurde durch BMWK und BMBF ein Unterstützungsangebot geschaffen, das die wichtige Rolle des deutschen Mittelstandes, dem jedoch immer wieder eine zu geringe Digitalisierungsaffinität attestiert wird, adressiert. Hierüber sollen Mittelstandsbetriebe vernetzt und Industrie-4.0-Innovationen schneller in den Mittelstand transferiert werden (vgl. ebd.). Dazu werden unter anderem Fallstudien zur Digitalisierung des Mittelstandes aufbereitet und die Landkarte Industrie4 .0 mit Anwendungs- und Praxisbeispielen gepflegt (vgl. Plattform Industrie 4.0 o.J.b). Mit der Übernahme durch BMWi und BMBF hat sich nicht nur die Konstellation auf Seite der Steuerungssubjekte geändert. Auch bei den Steuerungsadressaten wurde der Kreis durch die Aufnahme und Beteiligung einer Vielzahl von Unternehmen erheblich erweitert.

Im Vergleich zum Bündnis Zukunft der Industrie liegt bei der Plattform Industrie 4.0 dabei eine klare Outputorientierung (durch Informations-, Vernetzungs- und Transferaktivitäten) vor. Diese besteht aber nicht nur bei den beteiligten Verbänden und Unternehmen in Form von technischen Implementationen. Auch aufseiten der Ministerien besteht eine Outputorientierung im Sinne einer erwarteten Steuerungswirkung. Den Anspruch und Steuerungscharakter der Plattform machte Matthias Machnig (2016: 308) – bis 2018 Staatssekretär im BMWi und Leiter der Sherparunde des Bündnisses– deutlich:

> »Wir machen Industrie 4.0 zur Chefsache. Als zentrales Element der strategischen Industriepolitik des Bundesministeriums für Wirtschaft und Energie zur Digitalisierung haben wir beim Bundesministerium für Wirtschaft und Energie unter dem gemeinsamen Vorsitz von Bundesminister Gabriel und Bundesministerin Wanka eine ›Plattform Industrie 4.0‹ eingerichtet, in der Vertreter/innen von Wirtschaft, Gewerkschaften, Wissenschaft und Politik eng zusammenarbeiten.«

Das Leitbild 2030 für die Industrie 4.0 besteht daher auch aus drei Kernkomponenten im Sinne strategischer Handlungsfelder, die nicht nur die technische Ebene im Blick haben: Souveränität (digitale Infrastruktur, Sicherheit, Technologieoffenheit), Interoperabilität (Standardsetzung, Regulatorischer Rahmen, KI/Daten) und Nachhaltigkeit (Gute Arbeit, Teilhabe, Klimaschutz) (vgl. Plattform Industrie 4.0 2019: 3–6). Aktuell fokussiert die Plattform drei Ziele: einen »offenen und souveränen Datenraum für die Industrie«

16 Die Themen der Arbeitsgruppen lauten: »Standardisierung und Normung«, »Technologie und Forschung«, »Sicherheit vernetzter Systeme«, »Rechtliche Rahmenbedingungen«, »Arbeitsgestaltung« sowie »Digitale Geschäftsmodelle« (Plattform Industrie 4.0 o.J.a).

(nicht zuletzt über das BMWK und das BMBF versteht sich die Plattform daher auch als Partnerin von Gaia-X und Catena-X), die Anwendung von Industrie 4.0 im Mittelstand sowie (internationale) Standardisierungsprozesse (Plattform Industrie 4.0 2022a: 3). Beispiele der Standardisierungsbestrebungen der Plattform Industrie 4.0 sind das Referenzarchitekturmodell Industrie 4.0 (RAMI4.0)[17] – um weitere Standardisierungsdiskurse zu strukturieren und zu vereinfachen – sowie das Konzept der Verwaltungsschale[18] (VWS).[19]

Für die Steuerungsperspektive ist relevant, dass eine solche auch durch die Etablierung und Durchsetzung von Standards und Normsetzung erfolgen kann (vgl. Mörth 2004). Botzem et al. (2009: 20) sehen »Standardisierung als einen eigenen Governance-Modus« an.[20] Dieser wird nicht nur im transnationalen Kontext genutzt, wo andere Formen der Regulierung als nicht möglich erscheinen, sondern auch im nationalen Kontext, insbesondere bei Technikbezug. »Standardization is an overwhelming phenomenon in the modern world [...]; it serves not only the purpose of efficient coordination, but also [...] political agendas« (Ahrne et al. 2016: 98). Die Antwort auf die Frage, von wem unter welchen Bedingungen Standards geschaffen werden, ist demokratietheoretisch nicht unproblematisch,[21] insbesondere, was die Legitimation der standardsetzenden Akteure

---

17 RAMI 4.0 soll die wichtigsten Aspekte und (Hierarchie-)Ebenen von Industrie 4.0 so dreidimensional abbilden, dass alle Beteiligten aufgrund derselben Perspektive dasselbe Verständnis der relevanten Dinge haben. Dabei bildet der Produktlebenszyklus die erste Dimension, grundlegende Aspekte der Geschäftsidee die zweite Dimension und vernetzte Fabrikhierarchie die dritte Dimension (vgl. Plattform Industrie 4.0 o.J.d).

18 Unter Verwaltungsschalen wird die Umsetzung des sogenannten *digitalen Zwillings* (digitales Abbild eines Gegenstandes) in der Industrie 4.0 verstanden. Sie enthält beispielsweise alle Informationen zum (realen) Gegenstand und bietet standardisierte und sichere (Kommunikations-)Schnittstellen an, um diese abzurufen (vgl. Plattform Industrie 4.0 o.J.c).

19 Für eine kritische Betrachtung der Wirkung beider Konzepte siehe etwa Reich et al. (2021).

20 Hierbei dient häufig die Standardsetzung im Internet als Beispiel, da hierfür Standardisierung auf Protokollebene essenziell ist, um ein globales Netzwerk unterschiedlichster Geräte zu ermöglichen. »Protokolle sind freiwillig und verbindlich zugleich. [...] Protokolle legen beispielsweise die gemeinsame Sprache, technische Standards oder soziale Konventionen fest« (Stalder 2017: 156). Die idealtypische Idee ist es, gemeinsam einen Konsens herzustellen, wobei alle Beteiligten als Gleiche:r unter Gleichen miteinander in Austausch treten: horizontale Governance statt hierarchischer Steuerung, wobei hier formal die Offenheit weiter geht als bei anderen horizontalen Governanceverfahren. Im Prinzip erlaubt es das Request-for-Comments-Verfahren jeder und jedem, ohne formale Regeln zur Beteiligung, eigene Vorschläge für Standards einzureichen und sich an der Weiterentwicklung bestehender Standards zu beteiligen. Hierin kommt die Idee einer allein durch Expertise legitimierten Tech-Community zum Ausdruck, die jenseits äußerer Steuerung selbstorganisiert die nach aktuellem Stand beste technologische Lösung entwickelt (vgl. Pohle/Thiel 2019: 61f.).

21 Eine sehr kritische Sicht vertritt Glunck (2018) gegenüber der Durchsetzung informeller Gruppen auf transnationaler Ebene, die ohne formale Struktur und demokratische Legitimität faktisch Gesetze beschließen. Dies tun sie natürlich nicht praktisch, jedoch würden die von Unternehmen zusammen mit staatlichen (Regulierungs-)Behörden auf freiwilliger Basis erarbeiteten Leitlinien, Empfehlungen und Normen dann vielfach eins zu eins in europäische Richtlinien und Verordnungen übersetzt werden (vgl. ebd.: 17f.). Aus »transnationalen Regimen« entstünde so ein »neuartiges Rechtsgebilde« zwischen Öffentlichem Recht und Privatrecht, das sich gleichzeitig der or-

betrifft, da »Standards in vielen Bereichen eine fehlende staatliche Rechtsetzung substituieren« (Schuppert 2011: 39). Zwar konstatiert auch die Technikrechtswissenschaft eine »Ablösung der Normsetzung vom Staat« durch eine »autonome Normsetzung« durch andere Akteure (Vec 2011: 88). Damit nimmt die Bedeutung hierarchischer Steuerung in Form von Gesetzen ab. Zugleich aber zieht sich der Staat nicht vollständig zurück. Vielmehr werden »innerhalb der staatlichen Gesetzgebung neue Regulierungsmodelle sichtbar, die stärker auf kooperative und konsensuale Strukturen abstellen« (ebd.). Dies zeigt sich auch an der Plattform Industrie 4.0 und der Rolle von BMWK und BMBF. Zwar folgt auch hier die autonome Normsetzung nicht-staatlicher Akteure nicht immer dem Steuerungsmuster einer regulierten Selbstregulierung. Jedoch spielt der Staat auch bei Selbstregulierung weiterhin eine Rolle, etwa indem er versucht, dafür zu sorgen, dass bestimmte politische Interessen auch bei eigentlich technischer Normsetzung mitberücksichtigt werden. So besitzen auch Standardisierungsprozesse im Rahmen der Plattform Industrie 4.0 nicht nur eine technologische Seite. Vielmehr geht es auch darum, »einheitliche Rahmenbedingungen und interoperable Standards *nach europäischen Werten* zu gestalten [Herv. d. A.]« (Plattform Industrie 4.0 2022a: 3). Standardsetzung ist als Steuerungsinstrument besonders aus einem Grund relevant:

> »Protokolle üben Macht aus, ohne dass ein Akteur vorhanden sein muss, der die Macht innehat. […] [D]ie Effekte der Macht der Soziabilität [sind] diffus und allgegenwärtig. Sie ist nicht repressiv, sondern konstitutiv« (Stalder 2017: 160f.).

Standards werden damit aus Eigeninteresse befolgt. Aus Steuerungsperspektive reduziert sich so im Idealfall der Ressourcenaufwand, da weder Vorgaben durchgesetzt noch auf nicht normkonformes Verhalten hin kontrolliert oder ein solches sanktioniert werden müsste.

Mit der Übernahme von Leitung und Umstrukturierung der Plattform Industrie 4.0 setzen die beteiligten Ministerien also nicht auf direkte hierarchische Steuerung, sondern auf Strukturierung und Kontextsteuerung. Dabei bietet der »konstituierte Handlungskontext [zum einen] hinreichend Raum dafür, dass spezifische und bislang nicht berücksichtigte Themen und Interessen eingebracht werden konnten« (Hirsch-Kreinsen 2016: 12). Zum anderen führt er zu einem »koordinierte[n] Handeln einer größer werdenden Zahl heterogener Akteure« ohne direkte Steuerungsnotwendigkeit, weil die Koordination im strukturierten Handlungsraum (unter anderem über Standardsetzung) »immer stärker einen normativen Handlungsdruck erzeugte. Es wurde damit eine Handlungssituation geschaffen, in der es besonderer Gründe bedurfte, die sich bietende Chance nicht zu nutzen« (ebd.).

---

dentlichen Gerichtsbarkeit zu entziehen versuche (ebd.: 19). Als Beispiel nennt er die in den TTIP-Verhandlungen beinhalteten Schiedsgerichte.

V.3 Fallbeispiel 3: Netz-, Dienste- und Inhaltspolitik – Plattformregulierung

Das Feld der Netz-, Dienste- und Inhaltspolitik – und damit die Regulierung internetbasierter Dienste (Hosten von Websites und Daten, E-Mail-Dienste, Messenger, soziale Netzwerke und andere Plattformen) und der über diese vermittelten Inhalte – gehört zu den zentralen Bereichen der Digitalpolitik (siehe Kapitel II.3). Dabei stellen die aktuellen Debatten um den Umgang mit Fake News, Hate Speech, Big Data, Algorithmen, KI, maschinellem Lernen und automatisierten Entscheidungsprozessen vielfach sowohl die Frage nach neuen Notwendigkeiten als auch neuen Formen der politischen Steuerung. Allerdings bietet es sich nicht nur aus diesem Grund an – für die Frage nach dem Wandel staatlicher Steuerung im digitalen Zeitalter –, ein Fallbeispiel aus diesem Feld auszuwählen. Eine zweite Begründung liefern die umfassenden Regulierungsdiskussionen, die auf nationalstaatlicher, aber auch europäischer Ebene um digitale Plattformen geführt werden. Nicht zuletzt kann hieran auch deutlich gemacht werden, warum der Blick auf den Nationalstaat, trotz paralleler Bearbeitung derselben Problemlage auf der europäischen Ebene, für die Frage nach Steuerung im digitalen Zeitalter weiterhin angebracht ist.

Die Debatten über die mit großen Internetplattformen einhergehenden vielschichtigen Herausforderungen finden insbesondere unter dem Begriff der Plattformökonomie – besonders prominent und medienwirksam etwa durch Staab (2019) unter der Chiffre des »Digitalen Kapitalismus« herausgestellt – sowie des von Zuboff (2018) geprägten Begriffs des Überwachungskapitalismus (siehe Kapitel IV.4.1) statt. Aus dem umfangreichen Feld der Netz-, Dienste- und Inhaltspolitik wird daher im Folgenden das Fallbeispiel der Plattformregulierung herausgegriffen, wobei es konkret um das staatliche Interesse an Steuerung aufgrund der über Plattformen vermittelten (rechtswidrigen) Inhalte geht.

Die herausragende Bedeutung, die Plattformen nicht nur für die Inhaltsvermittlung, sondern grundsätzlich für das moderne Internet zukommt, basiert auf zwei zentralen Entwicklungen des Webs. Seitdem Tim Berners-Lee Ende der 1980er-Jahre die Auszeichnungssprache *Hypertext Markup Language* (HTML) entwickelte und mit der ersten Website (info.cern.ch) die Grundlage für das auf dem Internet aufbauende *World Wide Web*

(WWW) legte, hat sich auch das Gesicht des Web erheblich gewandelt (vgl. Haber 2011: 32f.; Lang 2017: 13).

1. Mit der Entwicklung Anfang der 2000er-Jahre[1] hin zum sogenannten Web 2.0[2] explodierten die Interaktions- und Gestaltungsmöglichkeiten für normale Internetnutzer:innen. Zuvor war die Erstellung von Websites eher eine Angelegenheit für technische Expert:innen (die dabei durch Auftragsarbeiten für Webpräsenzen von Unternehmen auch die Kommerzialisierung des Netzes vorantrieben). Die Techniken des Web 2.0 erleichterten es dann allen Nutzer:innen, sich aktiv einzubringen, zu diskutieren und selbstproduzierte Inhalte ins Netz zu stellen (Kollaboration und Interaktion). Mit dem Web 2.0 begann daher *user-generated content* an Bedeutung zu gewinnen. Technische und soziale Innovation sowie (neue) soziale Praktiken hängen hier also stark zusammen (vgl. Pelka/Kaletka 2011: 268ff.). Diese Entwicklung verstärkt sich mit dem Erfolg sozialer Netzwerke weiter.
2. Social Media tragen auch zur zweiten zentralen Entwicklung bei. Auf der einen Seite wächst die Zahl der Websites und registrierten Domains zwar exponentiell an.[3] Zugleich entfällt der maßgebliche Anteil der über das Internet vermittelten Datenmengen[4] und der verbreiteten Inhalte jedoch auf immer weniger Internetseiten und Dienste.[5] Es findet eine erhebliche Zentralisierung und damit auch Oligopolisierung statt – die als *Plattformisierung* (des Internets) bezeichnet wird (siehe Kapitel II.2.2).[6]

---

1 Tim O'Reilly prägte den Begriff Web 2.0 im Jahr 2004, stark mit Blick auf veränderte Geschäftsmodelle im Internet nach dem Platzen der Dotcom-Blase. Dabei stellte er bereits die Entwicklung hin zum »Web As Platform« und Netzwerkeffekte, aber auch zu Kollaboration und Partizipation heraus (vgl. O'Reilly 2005).

2 Für die Entwicklungsstufen des WWW wird – wie auch in anderen Kontexten wie zum Beispiel bei der Industrie 4.0 (siehe Kapitel V.2) – auf die aus der Softwareentwicklung bekannten Versionsnummern zurückgegriffen. Aktuell wird von einigen (libertären und neoliberalen) Akteuren eine auf der Blockchain-Technologie basierende Entwicklung unter dem Label web3 – die teilweise auch unpassender Weise unter Web 3.0 firmiert – forciert (siehe Kapitel II.2.4).

3 Am 14. August 2022 gab es weltweit insgesamt 611.697.383 unter 1.601 Top-Level-Domain-Endung registrierte Domain-Namen. Fünf Jahre zuvor waren es 118,2 Millionen, zehn Jahre zuvor 60,1 Millionen und zwanzig Jahren zuvor 9,2 Millionen (vgl. Domain Name Stat 2022).

4 Der globale *Internettraffic* stieg von 100 Gigabyte (GB) pro Tag im Jahr 1992, auf 100 GB pro Sekunde im Jahr 2002 und lag 2017 bei 46.600 GB pro Sekunde. Bis 2022 wird ein weiterer Anstieg auf 150.700 GB pro Sekunde prognostiziert. Aufgrund der Größe von hochauflösendem Videomaterial ist es wenig verwunderlich, dass Videostreaming und -downloads für 75 % des gesamten monatlichen *IP-Traffics* im Jahr 2017 verantwortlich waren und bis 2022 weiter auf 82 % zunehmen sollen. Der Anteil normaler Websites am globalen IP-Traffic soll im selben Zeitraum von 17 auf 12 % sinken (vgl. Cisco 2019: 4f., 9, 13).

5 Es gibt einige Zahlen, die diese These untermauern. So hat etwa Ahrefs (2018) in einer Studie anhand einer Milliarde Websites festgestellt, dass fast 91 % dieser Seiten überhaupt keinen Traffic über Google bekommen, also nie Nutzer:innen auf diese verwiesen werden, und nur 0,3 % mehr als 1.001 Besuche durch Google bekommen.

6 Unter den Top Ten der am meisten besuchten Websites (Visitors) in Deutschland befanden sich 2022 Google als Suchmaschine (auf Platz 1), YouTube als Videodienst (auf Platz 2), soziale Netzwerke (Facebook als auf Platz 3, Instagram auf Platz 9), Verkaufsportale (Amazon auf Platz 4, eBay auf Platz 8), Nachrichtenseiten (BILD auf Platz 6, t-online auf Platz 10) und als einzige nicht kommerzielle Website die Wissensplattform Wikipedia (auf Platz 5). Dabei unterschieden sich die Be-

Plattformen sind dabei insbesondere dadurch gekennzeichnet, dass sie erstens Dienste beziehungsweise technische Infrastrukturen anbieten, die es ihren Nutzer:innen ermöglicht, beispielsweise zu kommunizieren (Messenger), Inhalte bereitzustellen (soziale Medien) oder Waren und Dienstleitungen anzubieten (Handelsplattformen). Die Plattformbetreiber:innen verstehen sich zumeist als Intermediäre und (nur) vermittelnde – und damit nicht direkt für die Inhalte auf ihrer Plattform verantwortliche – Instanz.[7] Zweitens besitzen Plattformen eine sehr große Reichweite beziehungsweise Nutzer:innenbasis, weil sie aufgrund von Netzwerk- und Skaleneffekten zur Monopolbildung tendieren (siehe Kapitel II.2.2). Alle diese Aspekte werfen mit Blick auf Steuerung und Regulierung interessante neue Fragen auf, die sich um den Umgang mit der zunehmenden Plattformisierung des Internets und, bezogen auf die Inhalts- und Dienstepolitik, um die Regulierung der Plattformbetreiber:innen als der neuen (technischen) Intermediäre drehen.[8]

Staatliche Steuerung in der Netz-, Dienste- und Inhaltspolitik zielt zwar auf einen Kernbereich des digitalen Zeitalters: auf alle Arten von Inhalten, die über Dienste vermittelt werden, die von Plattformen auf der Internet-Infrastruktur betrieben werden. Allerdings ergab sich die wahrgenommene Notwendigkeit, die Verbreitung (bestimmter) Inhalte zu regulieren, nicht erst im Zuge der sich ausweitenden Internetnutzung. Vielmehr findet Inhaltsregulierung in den alten Medien bereits lange und auf unterschiedliche Art und Weise statt. Hierzu zählen im Bereich des Jugendschutzes etwa Ge- und Verbote im Jugendschutzgesetz (JuSchG) sowie Formen der Selbstregulierung durch Organisationen der freiwilligen Selbstkontrolle wie die Freiwillige Selbstkontrolle der Filmwirtschaft (FSK) oder die Unterhaltungssoftware Selbstkontrolle (USK). Hinzu kommen aber auch Formen der regulierten Selbstregulierung, etwa bei der Zusammenarbeit der Bundeszentrale für Kinder- und Jugendmedienschutz (BzKJ)[9] mit den anerkannten Einrich-

---

sucherzahlen zwischen dem ersten und zehnten Platz um den Faktor 10 (890 zu 90 Millionen) und den Faktor 90 zu Platz 100 (11 Millionen) (Sereda 2022).

7 Wie stichhaltig der argumentative Rückzug von Plattformen auf ihre intermediäre Vermittler:innenrolle ist, um Verantwortung auf ihre Nutzer:innen abzuwälzen, wird neben dem Bereich der Hassbotschaften insbesondere auch für das sogenannten Crowdworking (Vermittlung bezahlter Arbeiten und Dienstleistungen über Internetplattformen) vielfach diskutiert (vgl. Greef et al. 2020; Greef/Schroeder 2017).

8 Monopolartige Plattformen machten eine Neubewertung des noch im Telemediengesetz (TMG) – 2007 als Nachfolger des Teledienstgesetz (TDG) und Medienstaatsvertrag (MDStV) in Kraft getreten – maßgeblichen sogenannten Providerprivilegs nötig. Nach diesem sind Diensteanbieter:innen, zu denen »jede natürliche oder juristische Person, die eigene oder fremde Telemedien zur Nutzung bereithält oder den Zugang zur Nutzung vermittelt« (§ 2 Abs. 1) zählt (wie Internetprovider:innen – eigentlich Internetdienstanbieter:innen *[Internet Service Provider; ISP]* –, die einen Internetzugang anbieten), »nicht verpflichtet, die von ihnen übermittelten oder gespeicherten Informationen zu überwachen oder nach Umständen zu forschen, die auf eine rechtswidrige Tätigkeit hinweisen« (§ 7 Abs. 2). Denn sie »sind für fremde Informationen, die sie in einem Kommunikationsnetz übermitteln oder zu denen sie den Zugang zur Nutzung vermitteln, nicht verantwortlich« (§ 8 Abs. 1). Gleichwohl müssen sie nach gerichtlicher oder behördlicher Anordnung Informationen sperren oder entfernen.

9 Mit der Novellierung des Jugendschutzgesetzes (JuSchG) ersetzte die BzKJ (mit erweiterten Aufgaben) zum 1. Mai 2021 die Bundesprüfstelle für jugendgefährdende Medien (BPjM), die bis zum 1. April 2003 noch Bundesprüfstelle für jugendgefährdende Schriften (BPjS) hieß.

tungen der freiwilligen Selbstkontrolle. Allerdings zeigt sich immer deutlich, dass sich effektive und effiziente Regulierung digitaler Inhalte nicht automatisch aus den Steuerungserfahrungen der analogen Welt – nicht nur aufgrund der Globalität der Informationsflüsse im Internet – fortschreiben lässt. Vielmehr sind nicht selten spezifische Ansätze für die digitale Sphäre notwendig. Es scheint daher nur folgerichtig, wenn Küllmer und Breindl (2019: 335) das Internet als ein »Testgebiet für neue Arten von Regulationsmethoden« erkennen. Auch wenn dabei im globalen Internet die supranationale Ebene per definitionem eine wichtige Rolle zukommt, wird dennoch die »traditionell [...] zentrale Rolle [des Staates] bei der Regulierung von Inhalten« nicht verdrängt (ebd.). Auch bei der digitalen Inhaltsregulierung stellt die nationalstaatliche Ebene weiterhin einen wichtigen Ankerpunkt dar.

Allein aus historisch gewachsenen kulturellen Unterschieden oder aufgrund verschiedener politischer Ausrichtungen ist ein koordiniertes, einheitliches europäisches oder gar globales Vorgehen nicht immer einfach. Beispielhaft wird dies am Umgang mit Volksverhetzung und Meinungsfreiheit in Deutschland, verglichen mit der Redefreiheit *[freedom of speech]* in den USA (vgl. etwa Menkes 2022: 37). Genauso aber auch bei der, im Konflikt um Art. 17[10] der EU-Urheberrechtsrichtlinie 2019/790 *[Directive on Copyright in the Digital Single Market; DSM-RL]* deutlich gewordenen (vgl. Europäisches Parlament 2019), unterschiedlichen Schwerpunktsetzung aus französischer und deutscher Perspektive in der Abwägung zwischen den Interessen von Urheber:innen und Verwerter:innen auf der einen und einer möglichen Erschwerung neuer Geschäftsmodelle von Internetplattformen auf der anderen Seite.[11] Dementsprechend bieten EU-Richtlinien oftmals einen Umsetzungs- und Interpretationsspielraum, der den Nationalstaaten eine eigene Ausgestaltung, unter anderem aus Steuerungsperspektive, ermöglicht – etwa bei der Wahl des als geeignet wahrgenommen Steuerungsinstruments. Nicht zuletzt können auch nationale Gesetze den entscheidenden Anreiz für Regulierungsbemühungen auf europäischer Ebene liefern oder als Blaupause für Steuerungskonzepte dienen. Dies zeigt sich auch bei der Plattformregulierung, die im Folgenden anhand des deutschen Netzwerkdurchsetzungsgesetzes (NetzDG) näher beleuchteten wird.

V.3.1 Policy I: Netzwerkdurchsetzungsgesetz (NetzDG)

Im Kern zielt das NetzDG auf eine schnelle Entfernung (Löschung) oder Sperrung rechtswidriger Inhalte aus sozialen Netzwerken. Somit geht es um eine große Bandbreite an unterschiedlichen Aspekten, die bei der Frage nach Inhaltsregulierung eine Rolle spielen. Terroristische und kriminelle Inhalte bedrohen die nationale Sicherheit, gewaltverherrlichende und sexuelle Inhalte das Kindeswohl, Urheberrechtsverletzungen ökono-

10 Der am Richlinienentwurf geführten Konflikt referenziert aufgrund der ursprünglichen Nummerierung zumeist Artikel 13.

11 Für die Debatten um Artikel 13 beziehungsweise 17 – die sich unter anderem um die Gefahr von Zensur durch Uploadfilter (siehe dazu auch Kapitel V.3.3.2) und eine weitere Privatisierung der Rechtsdurchsetzung (siehe Kapitel V.3.3.1) drehten – siehe etwa Gnauer (2019) und Askani (2021: 77ff.).

mische Interessen sowie Hassbotschaften und Verleumdung die Menschenwürde (vgl. Küllmer/Breindl 2019: 336).

»Das Internet ist kein rechtsfreier Raum, hier gelten die Gesetze genauso wie in der analogen Welt« – diese Aussage von Bundesjustizministerin Lambrecht (2020) ist alles andere als der übliche Standard. Immer wieder kolportieren Politiker:innen einen rechtsfreien Raum im Internet (wobei sie dabei eigentlich die auf diesem aufsetzenden Dienste meinen)[12] und verbindet damit Forderungen nach mehr oder weniger starken staatlichen Eingriffen. Allzu oft hapert es jedoch nicht an fehlenden rechtlichen Eingriffsmöglichkeiten, sondern vielmehr an deren konsequenter Anwendung.[13] Um Letzteres geht es beim NetzDG, was auch daran zu erkennen ist, dass das Gesetz nicht die Rechtsetzung, sondern die Rechts*durch*setzung im Titel trägt.

Übergreifend lässt sich das Gesetz dabei in zwei grundlegende Debattenkontexte im digitalen Zeitalter einordnen: Zum einen ist die Herausforderung im Umgang sowohl mit *Hate-Speech* [Hassbotschaften] und *Fake News* (siehe Kapitel II.2.3) als auch mit dokumentiertem Kindesmissbrauch im Internet und zum anderen die Regulierung monopolartiger Internetplattformen zu nennen (siehe Kapitel II.2.2). So nannte auch der Gesetzesentwurf der Bundesregierung (2017b: 1) die »Debattenkultur im Netz«, die sich durch »Hasskriminalität und andere strafbare Inhalte« massiv verändert habe, sowie die »Bekämpfung von strafbaren Falschnachrichten« als Begründung für die Gesetzesinitiative. Beide Problemlagen kumulieren im konkreten Fall in den sozialen Netzwerken (wobei bereits deren Definition im Rahmen des Gesetzgebungsprozesses kontroversen Diskussionen unterlag).

Dass Hassbotschaften in sozialen Netzwerken, die bis hin zu Mordaufrufen reichen, für viele eine Alltagserfahrung im Internet darstellen, zeigt den dringenden Handlungsbedarf – nicht zuletzt auch aufgrund der damit verbundenen Debatten um den schwindenden gesellschaftlichen Zusammenhalt während der Coronapandemie. In der seit 2018 jährlich erhobenen Hate Speech Studie von forsa (2022: 2) gaben 2022 (wie bereits 2018) nur 22 Prozent der Internetnutzer:innen an, »noch nie« persönlich Hasskommentaren im Internet gesehen zu haben, 36 Prozent dagegen »häufig« oder »sehr häufig«.[14] Der Anteil derjenigen, die einen Hasskommentar nicht nur gesehen, sondern auch der Plattform gemeldet haben, stieg zwischen 2018 und 2022 von 26 auf

12 So etwa die bayerischen Innenminister Günther Beckstein im Jahr 2006 (vgl. Lischka 2009) und Joachim Herrmann 2012 (vgl. Der Spiegel 2012).

13 Daher stellt sich regelmäßig die Frage, inwieweit es sich eher um symbolische Politik handelt. Symbolische Politik in dem Sinne, dass diese wie verschärfte Gesetzgebung nach »spektakulären Gewaltverbrechen […] zur Beruhigung der Wähler« und nicht zur Verbesserung der staatlichen Kontrolle diene, denn »in den meisten Fällen [würde] die Anwendung der vorhandenen Bestimmung vollauf genügen« Reinhard (2007: 28).

14 Abweichend davon gab nur 1 % der Internetnutzer:innen an, dass nach ihrer eigenen Einschätzung Nutzer:innen im Internet Hasskommentaren »überhaupt nicht« begegnen; 60 % schätzen dagegen »häufig« oder »sehr häufig«. Allerdings konnten 11 % dies nach eigener Aussage gar nicht einschätzen (vgl. forsa 2022: 16).

32 Prozent – gleichzeitig sank der Anteil derjenigen, die auf einen solchen Kommentar kritisch geantwortet haben, von 25 auf 22 Prozent (vgl. ebd.: 4).[15]

Das Problem wurde jedoch bereits früher erkannt. Der Google-Suchtrend zu »Hate Speech« in den vergangenen 20 Jahren stieg Mitte 2016 sprunghaft an.[16] In diesen Zeitraum fällt die vom Bundesministerium für Justiz und Verbraucherschutz (BMJV) unter Heiko Maas ins Leben gerufene Task Force »Umgang mit rechtswidrigen Hassbotschaften im Internet«,[17] um gegen Hate Speech und Fake News in sozialen Netzwerken vorzugehen. In dieser Task Force unter Leitung des Ministeriums waren Vertreter:innen aus der Zivilgesellschaft (eco, FSM, jugendschutz.net, klicksafe.de, Amadeu Antonio Stiftung, Gesicht zeigen!) und Plattformunternehmen (Google, Facebook, Twitter) vertreten. Aus deren Arbeit resultierte eine Selbstverpflichtung der Unternehmen zur Etablierung eines anwenderfreundlichen Melde- und Beschwerdesystems. Nach der Prüfung von Beschwerden »durch ein darauf spezialisiertes Team[]« sollte »die Mehrheit der gemeldeten Inhalte […] in weniger als 24 Stunden geprüft und, falls erforderlich, entfernt« werden, so das Ergebnispapier der Task Force (BMJV 2015: 2f.).

Das Ministerium setzte also aus Steuerungsperspektive zunächst auf freiwillige Koordination und damit auf *Selbstregulierung*.[18] Eifert (2018: 14) erkannte hierin auch den

---

15 Hierzu passt, dass nur 25 % der Internetnutzer:innen eine Gegenrede für eine wirksame Strategie gegen Hasskommentare und Hate Speech im Internet halten, während das Melden bei der Plattform 69 %, das schnelle Löschen 76 % und die strafrechtliche Verfolgung der Verfasser:innen 79 % für wirksam erachten (vgl. forsa 2022: 18).

16 Google Trends vom 17.08.2022 (https://trends.google.de/trends/?geo=DE) zum Suchbegriff »Hate Speech«. Verglichen mit der höchsten Anzahl an Suchanfragen im Februar und März 2022 lag diese zwischen 2012 und Mitte 2016 bei 9,7 % und zwischen Mitte 2016 und 2022 bei 50,5 %.

17 Auch auf der europäischen Ebene gründete EU-Kommissarin Vera Jourová eine Task Force, deren Arbeit 2016 zu einem Code of Conduct mit Facebook, Microsoft, Twitter und YouTube führte. In diesem verpflichteten sich die Unternehmen unter anderem dazu, »to review the majority of valid notifications for removal of illegal hate speech in less than 24 hours and remove or disable access to such content, if necessary« (Europäische Kommission 2016: 2). Als weitere Unternehmen akzeptierten Instagram, Snapchat und Dailymotion 2018, Jeuxvideo.com 2019, TikTok 2020 und LinkedIn 2021 den Code of Conduct (vgl. Europäische Kommission 2021a).

18 An der Beteiligung der Plattformunternehmen zeigen sich auch hier Parallelen zur Etablierung von Gremien und Instrumente der Selbstkontrolle im Medienbereich. So wurde der deutsche Presserat unter Beteiligung der Unternehmen etabliert, um einer staatlichen Regulierung zu entgehen beziehungsweise dieser zuvorzukommen (vgl. Bastian/Fengler 2016: 214).
Selbstregulierung spielt im Umgang mit Fake News weiterhin eine Rolle, etwa bei Meta. Der Konzern kooperiert in diesem Umfeld der Inhaltsregulierung darüber hinaus mit dritten Akteuren. So existiert seit 2016 (damals noch Facebook) weltweit das Meta Journalism Project zur unabhängigen Faktenprüfung bei Facebook, Instagram und WhatsApp (vgl. Meta o.J.). Dabei werden als möglicherweise Fake News geflaggte Inhalte von (dafür bezahlten) sogenannten Factchecker:innen überprüft und gegebenenfalls für alle Nutzer:innen sichtbar als Desinformation gekennzeichnet oder mit Informationen aus seriösen Quellen kontrastiert (da sich Inhalte mitunter nicht immer eindeutig als Fake News einordnen lassen, sind Faktenchecker:innen durch kontroverse Entscheidungen angreifbar). Hierfür kooperiert Facebook mit Organisationen, in Deutschland etwa mit der dpa und dem geschäftlichen Ableger des Recherchenetzwerks CORRECTIV. Diese Kooperation erfährt durchaus Kritik (vgl. beispielsweise Matzat 2019) und wird auch von den Beteiligten als »Dilemma« gesehen (vgl. CORRECTIV 2018).

Versuch, eine mit unterschiedlichen nationalstaatlichen-rechtlichen Anforderungen einhergehende Segmentierung der Internetregulierung zu vermeiden:

> »Der Gesetzgeber hatte durchaus Gespür für diese Problemlage und wählte zunächst den dann letztlich doch für nicht hinreichend effektiv angesehenen Ansatz eines runden Tisches und daraus hervorgehender Selbstverpflichtungen der Anbieter.«

Diese Form der Steuerung zeigte zwar durchaus Wirkung, der Outcome unterschied sich jedoch zwischen den Plattformen erheblich. Dies zeigte das von BMJV und Bundesministerium für Familie, Senioren, Frauen und Jugend (BMFSFJ) finanzierte Monitoringprojekt von jugendschutz.net (2017a), das in einem Test Anfang 2017, mit 540 über die Beschwerdesysteme gemeldeten strafbaren Beiträgen, Löschquoten von 90 Prozent bei YouTube, 39 Prozent bei Facebook und ein Prozent bei Twitter auswies.[19] Diese Daten zog das BMJV auch bei der Begründung des Gesetzesentwurfes heran (vgl. Bundesregierung 2017b: 1), obwohl jugendschutz.net (2017c: 1) selbst in einer Stellungnahme zum Entwurf darauf hinwies, dass ihr Monitoring »nicht mit dem Ziel durchgeführt [wurde], eine empirische Grundlage für gesetzliche Regelungen zu schaffen, sondern um Defizite und Potenziale zur Verbesserung der Beschwerdesysteme zu ermitteln.«

Gleichwohl folgt mit dem am 01.09.2017 vom Deutschen Bundestag verabschiedeten Gesetz zur Verbesserung der Rechtsdurchsetzung in sozialen Netzwerken, kurz Netzwerkdurchsetzungsgesetz (NetzDG), eine gesetzliche Regelung (vgl. Deutscher Bundestag 2017).[20] Dabei wurde der Geltungsbereich des NetzDG auf folgende Anwendungsbereiche beschränkt (§ 1 Abs. 1):

> »Dieses Gesetz gilt für Telemediendiensteanbieter, die mit Gewinnerzielungsabsicht Plattformen im Internet betreiben, die dazu bestimmt sind, dass Nutzern beliebige Inhalte mit anderen Nutzern teilen oder der Öffentlichkeit zugänglich machen (soziale Netzwerke). Plattformen mit journalistisch-redaktionell gestalteten Angeboten, die vom Diensteanbieter selbst verantwortet werden, gelten nicht als soziale Netzwerke im Sinne dieses Gesetzes. Das Gleiche gilt für Plattformen, die zur Individualkommunikation oder zur Verbreitung spezifischer Inhalte bestimmt sind.«

Das NetzDG reguliert somit nur soziale Netzwerke, keine Messenger (daher sind etwa WhatsApp oder Facebook Messenger ausgenommen). Telegram spielt hierbei eine Sonderrolle: Als Messenger gestartet, stellt es heute auch Funktionen eines sozialen Netzwerkes zur Verfügung (öffentliche Kanäle und Gruppen). Darüber hinaus wird es nicht nur als eine der zentralen Plattformen zur Verbreitung von Hate Speech und Fake News

---

19 Diese Löschquoten erhöhten sich auf 100 % (YouTube, Twitter) beziehungsweise 93 %, sobald über die Beschwerdefunktion für Nutzer:innen der Plattform hinaus eine weitere Meldung mit dem akkreditierte Account von jugendschutz.net und eine direkte E-Mail-Kontaktaufnahme stattfand (vgl. jugendschutz.net 2017a).

20 Damit nahm der Bundesgesetzgeber seine Ausgestaltungskompetenz wahr, indem er die sogenannte Hostproviderhaftung konkretisierte, ohne dabei in die bei den Ländern liegende Kompetenz zur Medienregulierung einzugreifen (vgl. Hentsch 2022).

wahrgenommen, sondern zeigt auch die Vollstreckungsprobleme des NetzDG auf (siehe hierzu die Ausführungen weiter unten in Kapitel V.3.3.1).

Zudem sollten explizit journalistische Angebote und implizit zivilgesellschaftliche Angebote wie Wikipedia oder Foren von den Regelungen des NetzDG ausgenommen werde.[21] Um darüber hinaus kleinere Anbieter:innen zu entlasten und die Markteintrittsbarriere für neue konkurrierende Unternehmen zu senken, wurde eine Untergrenze von zwei Millionen Nutzer:innen für die Umsetzungsnotwendigen der festgelegten Berichts- und Beschwerdeverfahrenspflichten (§ 2 und § 3) festgelegt (§ 1 Abs. 2).[22]

Die Steuerungsmaßnahmen lassen sich fünf Ebenen zuordnen:

1. Beschwerden: Aufbau eines nutzer:innenfreundlichen Verfahrens, um rechtswidrige Inhalte zu melden, sowie eines wirksamen und transparenten Verfahrens des Beschwerdemanagements (§ 3 Abs. 1).[23]
2. Transparenz: Es besteht eine halbjährliche Berichtspflicht, unter anderem über die Anzahl der Beschwerden sowie der entfernten oder gesperrten Inhalte (§ 2).[24]
3. Fristen: Die Plattformen müssen *offensichtlich rechtswidrige* Inhalte innerhalb von 24 Stunden (§ 3 Abs. 2 Satz 2) sowie jedweden *rechtswidrigen* Inhalt innerhalb von sieben Tagen nach Beschwerdeeingang entfernen oder sperren (§ 3 Abs. 2 Satz 3).[25]
4. Bußgelder: Die Umsetzung dieser Maßnahmen soll durch ihre Bußgeldbewehrung sichergestellt werden (§ 4). Vorgesehen sind bis zu fünf Millionen Euro (bei vorsätzlicher und fahrlässiger) nicht (vollständiger) Umsetzung der Maßnahmen.[26]
5. Ansprechpartner:in: Die Plattformen müssen eine:n Zustellbevollmächtigte:n im Inland sowie eine empfangsberechtigte Person für Auskunftsersuchen inländischer Strafverfolgungsbehörden benennen (§ 5).

Mit dem NetzDG werden also die Versuche einer freiwilligen Koordination vonseiten der Plattformen durch relativ klare Regelungen abgelöst. Wenn Eifert (2018: 16) davon

---

21 Unterschiedliche Akteure bemängelten jedoch, dass der Anwendungsbereich dennoch nicht ausreichend konkret benannt sei und tendenziell auch andere Plattformen (Bewertungsportale, Diskussionsforen, Messaging-Dienste) mit umfassen würde, die das BMJV im Kern gar nicht adressieren wollte (siehe Tabelle 17).

22 Der DJV (2017: 3) kritisierte bereits beim Gesetzesentwurf, dass journalistische Inhalte, die über Plattformen vertrieben werden, die unter das Gesetz fallen, nicht anders behandelt werden als Inhalte anderer Nutzer:innen der Plattform.

23 Die SRIW (2017: 5) kritisiert »wenige greifbare Details für das vorzuhaltende Beschwerdeverfahren«.

24 Die SRIW (2017: 9) kritisierte, dass die Wirksamkeit ausschließlich quantitativ darüber bemessen werde, wie viele rechtswidrige Inhalte in welcher Zeit gelöscht worden seien (Löschquote), qualitative Aspekte damit aber zu kurz kämen.

25 Zu den rechtswidrigen Inhalten zählen 21 Straftatbestände nach dem Strafgesetzbuch (StGB) wie Beleidigung, üble Nachrede, Verleumdung, Volksverhetzung oder Gewaltdarstellung (vgl. forum privatheit 2018: 4). Während sich jugendschutz.net (2017b) für eine Ausweitung der Tatbestände einsetzte, kritisierte der DJV (2017) die aufgeführte Liste als willkürlich.

26 Die SRIW (2017: 6) kritisierte die Bußgeldvorschriften: Diese »überschreiten klar die Grenze des Bestimmtheitsgebots.«

spricht, dass der Grundansatz des NetzDG »in der Strukturierung der Verantwortungswahrnehmung großer gewerblicher Plattform-Intermediäre« bestehe, wird darin der mit der Gesetzgebung einhergehende Steuerungswandel von der Selbstregulierung zur *regulierten* Selbstregulierung deutlich.

Auf der einen Seite beinhaltet das NetzDG als hierarchische Steuerungsformen zu klassifizierende Elemente. Es enthält Vorgaben und Verpflichtungen, denen Plattformbetreiber innerhalb eines definierten Zeitrahmens nachkommen müssen, wenn sie nicht mit empfindlichen Strafen belegt werden wollen. Hieran zeigt sich auch, dass die immer mal wieder formulierte Annahme der Unregulierbarkeit global agierender Digitalkonzerne auf nationalstaatlicher Ebenen (und auch auf europäischer Ebene, wie beispielsweise die Datenschutzgrundverordnung und der in Kapitel V.3.6 behandelte Digital Services Act zeigen) nicht haltbar ist (vgl. auch Pistor 2021: 21f.).[27] Diese können »durchaus unter Druck gesetzt und zu Regulierung gezwungen werden« (Thiel 2019: 53; auch Pohle/Thiel 2019: 62f.). Auf der anderen Seite überträgt das NetzDG implizit und explizit staatliche Aufgaben auf Private – dieser, von unterschiedlichen Akteuren bereits beim Gesetzesentwurf kritisch angemerkte Aspekt (siehe nachfolgendes Kapitel und Tabelle 17) wird später als Phänomen der Privatisierung der Rechtsdurchsetzung (siehe Kapitel V.3.3) sowie der Privatisierung der Rechtsetzung (siehe Kapitel V.3.4) vertiefend aufgegriffen.

V.3.2 Polity: Akteure und Akteurskonstellationen

Die Akteurskonstellation im Feld der Inhaltsregulierung auf internetbasierten Plattformen fällt sehr heterogen aus (siehe Tabelle 15). Auf der einen Seite stehen – im Sinne des NetzDG als Steuerungsobjekte – die Platformbetreiber:innen. Hierunter fallen insbesondere die großen Diensteanbieter:innen wie Alphabet (mit Google und YouTube), Meta (mit Facebook und Instagram), reddit, Telegram, TikTok und Twitter. Auf der anderen Seite befinden sich die Nutzer:innen dieser Dienste, die selbst wiederum sehr heterogen ausfallen. Zum einen sind hier die »normalen« Nutzer:innen zu nennen. Diese übernehmen jedoch als aktive Prosumer:innen nicht nur primär die Content-Generierung auf den Plattformen, sondern beanstanden als Melder:innen auch (vermeintlich) rechtswidrige Inhalte oder stellen solche als Störer:innen online. Zum anderen kommen die professionellen Plattformnutzer:innen hinzu. Hierzu zählen sowohl Wirtschaftsakteure wie Unternehmen, die selbst Inhalte generieren oder Werbung schalten, Werbenetzwerke sowie Medienunternehmen oder (freischaffende) Journalist:innen und Autor:innen. Für die Frage des Umgangs mit Internetinhalten kommen als dritte Gruppe die zivilgesellschaftlichen Organisationen hinzu. Hierbei lassen sich insbesondere die Bereiche der auf Freiheits- und Bürger:innenrechte fokussierten Organisationen, Vereinigungen mit

---

27 Ähnliches könnte sich auch mit Blick auf die durch Netzwerk- und Skaleneffekte zurückzuführende Monopol- beziehungsweise Oligopolbildung in der Digitalwirtschaft zeigen. So laufen etwa in den USA Bemühungen, Facebook zu zerschlagen – wobei das 20. Jahrhundert mit der Zerschlagung von American Telephone & Telegraf (AT&T) und Standard Oil als Blaupause dient. »Allerdings sprechen manche Argumente dafür, dass die digitale Ökonomie hier eine systematisch höhere Dynamik aufweist und schwerer zu kontrollieren ist« (Mergel 2022: 250).

(netzaffiner) technische Expertise einerseits sowie die im Jugend(medien)schutz engagierten Akteure und Organisationen häufig von Hassbotschaften betroffener Personengruppen andererseits unterscheiden. Als vierte Gruppe der Interessensakteure können schließlich die Strafverfolgungsbehörden wie Polizei oder Staatsanwaltschaft sowie andere Akteure aus dem Bereich des Rechts beziehungsweise die Kollektivorganisationen der hier tätigen Personen genannt werden.

Tabelle 15: Dienste- und Inhaltspolitik: Plurale und heterogene Akteurslandschaft

Kategorien	**Interessensakteure**
Prosumer:innen	Nutzer:innen
	Autor:innen/Journalist:innen
Wirtschaft	Medien
	Plattformbetreiber:innen
	Werbepartner:innen
Zivilgesellschaft	Bürger:innenrechte
	Technische Expertise
	Betroffenengruppen
	Jugend(medien)schutz
Strafverfolgungsbehörden und Recht	Polizei
	Staatsanwaltschaft

Quelle: Eigene Zusammenstellung und Darstellung.

Die Breite des Feldes bringt also eine ebenso differenzierte und heterogene Landschaft an (Interessens-)Organisationen mit sich. Wie diese inhaltlich zueinander stehen, lässt sich nicht pauschalisieren. »Die Kollision verschiedenster Interessen führt zur Bildung neuer und wechselnder Akteurskonstellationen rund um das Thema Regulierung von digitalen Inhalten« (Küllmer/Breindl 2019: 334).

Diese heterogene Akteurslandschaft spiegelte sich auch in den Stellungnahmen zum Entwurf der NetzDG wider. Zu dem am 14.03.2017 veröffentlichen Referentenentwurf des Gesetzes durch das BMJV (2017a) gingen 22 verbandliche Stellungnahmen ein. Dabei entfielen neun auf zivilgesellschaftliche Organisationen, vier auf Verbände aus dem Bereich Recht sowie neun auf Akteure aus dem Wirtschaftssektor (siehe Tabelle 16).

Tabelle 16: Verbandliche Stellungnahmen zum Entwurf des NetzDG 2017

Zivilgesellschaft	Recht	Wirtschaft
Amadeu Antonio Stiftung (AAS)	Bundesrechtsanwaltskammer (BRAK)	Bundesverband Digitale Wirtschaft (BVDW)
Deutsche Gesellschaft für Recht und Informatik (DGRI)	Deutscher Anwaltsverein (DAV)	Bundesverband Informationswirtschaft, Telekommunikation und Neue Medien (bitkom)
Deutscher Journalisten-Verband (DJV)	Deutscher Richterbund (DRB)	Bundesverband Interaktive Unterhaltungssoftware (BIU)
Gesellschaft für Informatik (GfI)	Neue Richtervereinigung (nrv)	eco – Verband für Internetwirtschaft
Gesicht Zeigen! Für ein weltoffenes Deutschland		Freiwillige Selbstkontrolle Multimedia-Dienstanbieter (FSM)
jugendschutz.net		Facebook
Lesben- und Schwulenverband in Deutschland (LSVD)		Google/YouTube
Reporter ohne Grenzen (RSF)		Selbstregulierung Informationswirtschaft (SRIW)
Zentralrat der Juden in Deutschland (ZJD)		Verband Private Rundfunk und Telemedien (VPRT)

Quelle: BMJV (2017b); eigene Darstellung.

Die nicht immer klar abgrenzbaren, einander gegenüberstehenden oder sich überschneidenden Interessenlagen dieser heterogenen Akteurskonstellation werden an den Stellungnahmen zum NetzDG deutlich. Es kommen nicht nur vielfältige und unterschiedliche Kritikpunkte an dem Gesetzesentwurf zur Sprache. Vielmehr kritisieren Akteure aus den verschiedenen Gruppen häufig ähnliche Punkte. Dabei zeigen sich allerdings keine übereinstimmenden Muster im Sinne sich bildender Koalitionen (siehe Tabelle 17).

Jenseits inhaltlicher Aspekte zum Entwurf führte bereits der Zeitplan der Verbändebeteiligung zu großer Kritik vonseiten der Zivilgesellschaft. Dem auf den 14.03.2017 datierten Schreiben des BMJV sollten die verbandlichen Stellungnahmen zum Entwurf bis zum 30.03 folgen. Dies sei »äußerst knapp bemessen«: »Eine substantielle Stellungnahme zu den durch den Referentenentwurf aufgeworfenen komplexen Fragen im Umfeld der Providerverantwortlichkeit und mehr noch der betroffenen Meinungs- und Informationsfreiheit ist innerhalb dieser kurzen Frist nicht zu leisten«, monierte beispielsweise die Deutsche Gesellschaft für Recht und Informatik (DGRI) und äußerte zugleich »schwerwiegende europarechtliche, verfassungsrechtliche und völkerrechtliche Einwände« (DGRI 2017: 2).

Tabelle 17: Kritikpunkte ausgewählter Stellungnahmen zum Entwurf des NetzDG 2017

Kritikpunkte	Zivilgesellschaft	Recht	Wirtschaft
Übertragung der Rechtsdurchsetzung auf Private	DGRI AAS		bitkom
Gefahr für Rede-, Meinungs- und Informationsfreiheit	DGRI DJV AAS		BIU bitkom SRIW
Risiko von Bußgeld führt zur Sperrung ohne Prüfung (overblocking; Entfernung zulässiger Inhalte)	DGRI		SRIW
Journalistische Inhalte (Presse- und Rundfunkfreiheit) werden nicht anders behandelt als Nutzer:innen-Inhalte/Betrifft auch rechtswidrig erlangte aber öffentlichkeitsrelevante Informationen	DJV		
Keine explizit wirksamen Maßnahmen gegen Kopien rechtswidriger Inhalte; nur durch Uploadfilter möglich, die Gefahr von Zensur beinhalten; umfassende kontextbezogene Abwägung erforderlich statt vorbeugender Maßnahmen, die technisch, automatisch und passiv erfolgen; Verhältnismäßigkeit und Mittel-Zweck-Relation	DGRI DJV		
Schutzansprüche für Betroffene (gegen unberechtigte Löschung) fehlen (Widerspruchsrecht/Gegendarstellung)	DJV	nrv	BIU bitkom
Fälle nicht immer eindeutig; Unwahrheit/Rechtswidrigkeit nicht ohne Weiteres feststellbar, häufig nicht offensichtlich; unbestimmte Rechtsbegriffe; objektive Bedingung der Strafbarkeit können nur Gerichte feststellen (rechtswidrige vs. strafbare Inhalte)	DGRI DJV jugendschutz.net	nrv	BIU bitkom
Starre Fristen (24Std./7 Tage) bei nicht offensichtlichen Fällen zu kurz für Prüfung, Berücksichtigung der Belange von Störer:innen und zur Einholung externer Expertise	DGRI DJV AAS		BIU bitkom

Gesetz allein für eine Lösung des gesellschaftlichen Problems nicht ausreichend/Justiz und Strafverfolgung bedürfen ebenfalls der Sensibilisierung, benötigen Ressourcen, Wissen	AAS		BIU
Konformität mit EU-Recht fraglich (Geltung für alle Anbieter sozialer Netzwerke verstößt gegen Herkunftslandprinzip Art. 3 ECRL; starre Fristen; Pflicht zur Rechtswidrigkeit zu ermitteln; proaktive Überwachung; Erweiterung von Notice-And-Take-down auf sämtliche Kopien auf der Plattform; Differenzierung nach Unternehmensgröße gegen Art. 14 und 15 ECRL)	DGRI		bitkom SRIW
Fehlende Gesetzgebungskompetenz des Bundes; Kommunikation Länderkompetenz	DGRI		bitkom
Weltweite Löschung/Anwendbarkeit deutschen Rechts nicht immer möglich	DGRI		bitkom
Berichtspflicht über verspätetet Löschung verstößt gegen Schutz vor Selbstbezichtigung			bitkom SRIW
Kopie des Inhalts zu unspezifisch (wortlautidentisch oder sinngemäß, distanzierendes Zitieren)			bitkom
Notice-And-Take-down für alle Kopien verstößt gegen BVG: Kontextabwägung und Betroffeneninteressen	DGRI DJV		
Datenschutz: Datenherausgabe an Dritte nicht nur zur Strafverfolgung, sondern um zivilrechtliche Ansprüche durchzusetzen; pauschale, unbeschränkte Vorratsspeicherpflicht verstößt gegen Recht auf informationelle Selbstbestimmung	DGRI		
Beschwerdeverfahren nicht detailliert genug			SRIW
Dreiecksverhältnis (Plattform, Störer:in, Betroffene) (Verfahren) unzureichend geklärt		nrv	

Zu speichernde Informationen sind nicht präzisiert	jugendschutz.net		
Nur inländische Zustellungsbevollmächtigte, keine außergerichtliche Zustellung (insb. im Ausland); besser wären inländische Vertreter:innen oder Bevollmächtigte		BRAK nrv	
Bevollmächtigung auf Verwaltungs-/Ordnungswidrigkeitsverfahren erweitern (Landesmedienanstalten)	jugendschutz.net		
Bußgeldvorschriften überschreiten Bestimmtheitsgebot; Gewinnabschöpfung wäre effektiv und hinreichend bestimmt		nrv	SRIW
Bußgeldbewehrung auch für nicht (rechtzeitige) Benennung einer empfangsberechtigten Person für Auskunftsersuchen inländischer Strafverfolgungsbehörden		DRB	
Bußgelder nicht nur gegenüber Plattformen, sondern auch persönliche Haftung handelnder Personen		nrv	
Fehlende Frist für Auskunftsersuchen von Strafverfolgungsbehörden	jugendschutz.net	DRB	
Fehlende Pflicht zur Herausgabe der Störer:innendaten/Auskunftsanspruch Betroffener auf Bestandsdaten für zivilrechtliche Ansprüche oder andernfalls Haftung der Plattform für Inhalte; Löschanspruch an Plattformen	DJV	BRAK DRB nrv	
Klarstellen, dass Plattformen bei Nichtlöschung als Mittäter in Betracht kommen		nrv	
Hasskriminalität und strafbare Falschnachrichten zu unscharf, Liste von Straftatbeständen willkürlich	DJV		
Ausweitung der relevanten Tatbestände wünschenswert	jugendschutz.net		
Beschränkung auf Plattformen mit mehr als zwei Millionen Nutzer:innen aufheben; kleine Anbieter durch angepasste Berichtspflicht entlasten	ZdJ		

Grenze von zwei Millionen Nutzer:innen zu niedrig; wirkt als Markteintritts-/Wachstumsschranke; registrierte Nutzer:innen im Inland kein aussagekräftiges Kriterium			BIU bitkom
Pflicht zur Identifizierung der Nutzer:innen bei Anmeldung mit Sanktionierung bei Unterlassung wünschenswert	ZdJ	DRB	
Anreiz, über die Plattform statt in gerichtliche Auseinandersetzung mit Störer:innen zu gehen	DGRI		
Konsequentere Strafverfolgung der Störer:innen			bitkom
Richtervorbehalt bei Bußgeldentscheidung einer Verwaltungsbehörde aufgrund nicht entfernter oder gesperrter rechtswidriger Inhalte wird abgelehnt		DRB nrv	
NetzDG verlagert Hate Speech und Fake News auf andere Plattformen[1]	AAS		
Nicht ausreichend auf soziale Netzwerke beschränkt (Anwendungsbereich zu unbestimmt)			BIU bitkom
Vierteljährliche Berichtspflicht unverhältnismäßig			BIU bitkom
Übergangsfrist zu kurz			bitkom

Anmerkung 1: Rechte US-Nutzer:innen warfen etwa Facebook wegen des Vorgehens gegen Hate Speech Zensur vor und wechselten zu Alternativen wie Parler (vgl. Menkes 2022: 37).
Quellen: AAS (2017); bitkom (2017); BIU (2017); BRAK (2017); DGRI (2017); DJV (2017); DRB (2017); jugendschutz.net (2017b); nrv (2017); SRIW (2017); ZdJ (2017); eigene Zusammenstellung und Darstellung.

Zusammengenommen lassen sich aus Steuerungsperspektive fünf zentrale, kritische Aspekte aus den Stellungnahmen herausarbeiten:

1. Bezogen auf die *Steuerungswirkung* wurden *nicht intendierte Nebenwirkungen* hervorgehoben. Es bestehe die Gefahr von Zensur beziehungsweise einer Einschränkung der Rede-, Meinungs- und Informationsfreiheit.
2. Diese Gefahr resultierte aus einer *Fehlsteuerung* durch falsche Anreize, die sich aus der Kombination dreier Aspekten ergeben würden. Die kurzen Lösch- beziehungsweise Sperrfristen und die Verpflichtung, eine wiederholte Veröffentlichung beanstandeter Inhalte zu unterbinden, würden, kombiniert mit hohen Bußgeldern, zu einer fehlgeleiteten Steuerungswirkung führen. Da zu wenig Zeit für eine kontextbezogene und rechtssichere Einschätzung (etwa durch Hinzuziehung externer Expertise) über die tatsächliche Strafbarkeit uneindeutiger Fälle bliebe, würden die Plattformen im Zweifelsfall eher löschen (overblocking), als ein drohendes Bußgeld zu riskieren.
3. Bezogen auf die *Steuerungsobjekte* betrafen Kritikpunkte etwa eine nicht ausreichend ausdifferenzierte Einschränkung auf soziale Netzwerke oder die Grenze von zwei Millionen Nutzer:innen, die je nach Sichtweise als zu niedrig (Markteintrittshürden) oder zu hoch kritisiert wurde. Hinzu kam die Kritik, dass eigentlich Störer:innen und deren Strafverfolgung stärker im Fokus stehen sollten.
4. Gefordert wurde damit eine Ergänzung des *Steuerungsziels*. Rechtswidrige Inhalte sollten nicht nur entfernt oder gesperrt, sondern die Störer:innen auch (automatisch) strafrechtlich verfolgt werden.
5. Grundsätzlichere Kritik galt dem *Steuerungsinstrument* der regulierten Selbstregulierung (Ko-Regulierung) durch Plattformen, bezogen auf das Entfernen oder Sperren rechtswidriger Inhalte. Zum einen sahen sowohl Organisationen aus dem Bereich Zivilgesellschaft und Bürger:innenrechte als auch aus der Wirtschaft hierin eine Übertragung der Rechtsdurchsetzung auf Private. Insbesondere wurde hierbei auf die nicht immer eindeutig mögliche Bewertung beanstandeter Inhalte hingewiesen, die Gerichten obliegen würde. Zum anderen würde die verpflichtende Unterbindung der wiederholten Einstellung entfernter oder gesperrter Inhalte zum Einsatz automatischer algorithmenbasierter Uploadfiltern führen, weil dies aufgrund der Zahl an veröffentlichten Inhalten technisch nicht anders umsetzbar wäre. Auch hierbei wurde die Gefahr von overblocking gesehen, da Algorithmen den Kontext der Wiederveröffentlichung (etwa im Rahmen journalistischer Berichterstattung oder von Satire) nicht ausreichend berücksichtigen könnten.

Es wurde also befürchtet, dass das NetzDG eine Steuerungswirkung entfalten würde, die über das formulierte Steuerungsziel – die schnelle Löschung rechtswidriger Inhalte – hinausginge. Infolge nicht intendierter Reaktionen der Steuerungsadressaten wurden erhebliche Nebenwirkungen – in Form von overblocking, Zensur und Grundrechtsbeschränkungen bei der Meinungs- und Pressefreiheit – befürchtet. Marc Liesching (2017), Professor für Medienrecht und Medientheorie, nannte das Gesetz daher polemisch ein »Meinungsfreiheitsbekämpfungsgesetz (MfBG)«. Einige der aus Steuerungsperspektive besonders relevanten Punkten werden im Folgenden noch einmal aufgegriffen.

V.3.3 Politics I: Zensurinfrastruktur und Privatisierung der Rechtsdurchsetzung?

Ein breites Spektrum zivilgesellschaftlicher und wirtschaftlicher Akteure reagierte auf die Verabschiedung des NetzDG mit einer »Deklaration für die Meinungsfreiheit« (Digitale Gesellschaft 2017) und brachte insbesondere drei Argumente gegen die konkrete Umsetzung in Stellung:

1. *Privatisierung der Rechtsdurchsetzung*: Das NetzDG überträgt »staatliche Aufgaben der Rechtsdurchsetzung an Privatunternehmen«.
2. *Einschränkung der Meinungsfreiheit*: Hohe Bußgelder und kurze Löschfristen verstärken »die Gefahr, dass sich Plattformbetreiber im Zweifel zu Lasten der Meinungsfreiheit und für die Löschung oder Sperrung solcher Inhalte entscheiden«.
3. *Privatisierung der Rechtsetzung*: »Die Prüfung der Strafbarkeit oder Rechtswidrigkeit eines Inhalts […] muss auch weiterhin von Gerichten übernommen werden.«

Diese drei Aspekte stehen in den beiden folgenden Unterkapitel sowie in Kapitel V.3.5 noch einmal explizit im Fokus.

V.3.3.1 Kooperation bei oder Privatisierung der Rechtsdurchsetzung?

Eine Übertragung hoheitlicher Aufgaben auf privatwirtschaftliche Akteure – Unternehmen und Konzerne – findet nicht erst im digitalen Zeitalter statt. Sie ist vielmehr Kennzeichen des Übergangs vom intervenierenden Leistungs- zum kooperierenden Gewährleistungsstaat (siehe Kapitel IV.3.2). Dabei steht gerade die Einbeziehung monopolartiger Organisationen in (pfadabhängiger) Tradition korporatistischer Arrangements zwischen Staat und Verbänden. Denn die relevante Größe und Stellung der einbezogenen Organisationen stellt einen zentralen Grund für die dabei erwarteten (wechselseitigen) Vorteile (wie die Entlastung des Staates) sowie die Legitimität der Einbeziehung dar (siehe Kapitel III.1.4).

Eine Kombination aus Selbst- und Ko-Regulierung ist auch im Bereich der Medien alles andere als neu. Sie findet etwa als verbandliche Selbstregulierung bereits seit Jahrzehnten statt. Seit 1948 besteht die Freiwillige Selbstkontrolle der Filmwirtschaft (FSK) zur Alterseinstufung von Filmen, seit 1994 die Unterhaltungssoftware Selbstkontrolle (USK) für Spiele und Software sowie die Freiwillige Selbstkontrolle Fernsehen (FSF) zur Prüfung von Sendungen vor Ausstrahlung, etwa auf Gewalt. Analog dazu wurde 1997 die Freiwillige Selbstkontrolle Multimedia-Diensteanbieter (FSM) zum Umgang mit Internetinhalten insbesondere in Bezug auf den Jugendschutz geschaffen.

Aufbauend auf diesen Erfahrungen gründeten Unternehmen der IKT-Branche 2011 den Verein Selbstregulierung Informationswirtschaft (SRIW) »als unabhängige, **private Aufsichtsstelle branchenspezifischer Verhaltensregeln** [Herv. i. O.]«, um »die notwendigen, **unabhängigen Strukturen** bereitzustellen, um branchenspezifische Verhaltensregeln sowohl **zu verwalten** als auch **glaubwürdig und wirksam zu beaufsichtigen** [Herv. i. O.]« (SRIW o.J.). Aufgabe und Ziel des SRIW (ebd.) ist es, »durch **glaubwürdige und wirkungsvolle Selbst- und Ko-Regulierung**, vor allem **im Bereich des Daten- und**

Verbraucherschutzes, eine innovationsfreundliche und moderne Politikgestaltung zu etablieren [Herv. i. O.].«

Bezogen auf die aktive Rolle der Plattformen im NetzDG, warnten unterschiedliche Akteure in ihren Stellungnahmen jedoch wiederholt vor den Gefahren einer solchen Einbindung, die als Privatisierung der Rechtsdurchsetzung sowie Privatisierung der Rechtsetzung (dazu später ausführlich in Kapitel V.3.5) charakterisiert wurde. »Staatliche Aufgaben der Rechtsdurchsetzung wurden so mit dem NetzDG an Privatunternehmen übertragen. Der Rechtsweg wird so ausgehebelt« (Digitale Gesellschaft 2018). Und sogar der SRIW (2017: 5) stellt fest, dass »das Gewaltmonopol des Staates zumindest in Ansätzen in den privaten Bereich verlagert wird«.

Ein Unterschied zu den eingangs erwähnen korporatistischen Arrangements besteht darin, dass hier nicht primär verbandliche Kollektivorganisationen eingebunden werden, sondern direkt die großen Plattformen und damit globalen Internetkonzerne. Der entscheidende Kritikpunkt liegt jedoch in den übertragenen Aufgaben:

> »Vom Anbieter eines sozialen Netzwerks verlangt der Entwurf, dass dieser über die Strafbarkeit derselben Handlungen innerhalb starrer und sehr kurzer Fristen nicht nur entscheidet, sondern die betreffenden Inhalte auch (endgültig) entfernt« (DGRI 2017: 8).

Die privaten Internetkonzerne entscheiden damit nicht nur anstelle von Gerichten über die Rechtswidrigkeit von Inhalten. Zugleich legen sie für die Akzeptanz von Inhalten zusätzlich ganz eigene Regeln, etwa in Community-Richtlinien, an (siehe Kapitel V.3.5 zur Privatisierung der Rechtsetzung). Darüber hinaus sah das NetzDG auch keine Widerspruchsverfahren gegen (unberechtigtes) Entfernen oder Sperren vor. Nicht zuletzt können Plattformen automatisierte Verfahren zur Entscheidungsfindung einsetzen. In diesem Fall findet eine Regulierung durch Algorithmen [Governance *by* Algorithms] oder algorithmische Steuerung von privater Seite statt. Da diese neue Form der Steuerung auch von staatlicher Seite eingesetzt werden kann, wird sie in Kapitel VI.1.1.2 vertiefend behandelt. Im Gegensatz zu der etablierten Form – Privatisierung und Liberalisierung durch die Etablierung von Aufsichtsbehörden und Regulierungsagenturen zu flankieren – stellt sich hier die Frage, wie eine Regulierung von Algorithmen [Governance *of* Algorithms] am effektivsten implementiert werden kann (siehe Kapitel V.3.7).

Wenn in einer solchen Art und Weise Kompetenzen der Rechtsdurchsetzung auf die Internetintermediäre verlagert werden – was »zur Norm in der staatlichen Internetregulierung« zu werden scheint – schafft dies zugleich »neue Herausforderungen hinsichtlich Effektivität, Transparenz und Verantwortlichkeit« (Küllmer/Breindl 2019: 338), denn letztlich werden sie damit »zu Kontrollinstanzen mit quasi-staatlichen Aufgaben« (ebd.: 349). Für den SRIW (2017: 5) »verpasst der Entwurf die Gelegenheit, ein System der Ko-Regulierung zu schaffen, das eine der Materie angemessene Aufteilung der Verantwortung zwischen Staat und Anbietern vornehmen würde.« Dagegen konstatierte Eifert (2018: 9f.), dass »die Ansätze des NetzDG mit den Vorgaben für eine strukturierte Verantwortungswahrnehmung von Plattform-Intermediären grundsätzlich den richtigen Weg« einschlagen und »paradigmatisch für die zukünftige Regulierung der Sozialen Netzwerke sein sollten.« Diese disparate Einschätzung findet sich auch jenseits des

NetzDG-Bezugs. Während Schulz und Held (2002: 1) zu Beginn der 2000er-Jahre am Untersuchungsbeispiel von Fällen aus dem Telekommunikations-, Medien- und Datenschutzrecht noch danach fragten, ob das »Konzept Regulierter Selbstregulierung den ›Dritten Weg‹ für die Steuerung in der Informationsgesellschaft bilden« könnte, wiesen Puppis et al. (2004: 10) bereits auf den auch in der Medienpolitik vollzogenen Wandel in der Steuerungsdimension hin: Staatlichkeit transformierte sich dahin gehend, dass »ein Vordringen des Selbstregulierungsprinzips als Steuerungsinstrument« feststellbar war. Und auch Küllmer und Breindl (2019: 348) konstatieren:

> »Die aktuelle Praxis in Deutschland zur Durchsetzung von Regulierung von Internetinhalten stützt sich vor allem auf die Regulierte Selbstregulierung der Internetindustrie in Kooperation mit den staatlichen Behörden.«

Mit Blick auf das NetzDG und den DSA scheinen gleichwohl beide Einschätzungen graduell miteinander vereinbar: Auf der einen Seite kann die Gesetzgebung als Übergang von der Selbstregulierung zur regulierten Selbstregulierung charakterisiert werden. Auf der anderen Seite sprechen die Diskussionen um die Privatisierung der Rechtsdurchsetzung und Rechtsetzung (siehe Kapitel V.3.5) für eine gleichzeitig stattfindende Stärkung der Selbstregulierungskapazität.

Zum Schluss dieses Kapitels soll noch kurz auf eine besondere Form der »Kooptation« von Unternehmen in der Rechtsdurchsetzung aufmerksam gemacht werden. Diese zeigt sich am Beispiel des Umgangs mit dem Messengerdienst Telegram im Rahmen des NetzDG. In diesem Fall nutzte der Staat quasi das Monopol der Anbieter:innen von Mobiltelefonbetriebssystemen und deren Souveränität über ihre Plattform beziehungsweise den App-Marktplatz aus. Zuvor war es dem Bundesamt für Justiz (BfJ) aufgrund fehlender Kontaktdaten des in Dubai ansässigen Telegram-Betreibers nicht möglich gewesen, die offiziellen Anhörungsschreiben bezüglich Verstöße (weder wurde eine behördliche Ansprechperson genannt noch ein Beschwerdeverfahren für strafbare Inhalte implementiert) gegen das NetzDG zuzustellen. Erst über Google und Apple kam die Behörde an eine ladungsfähige Anschrift des Unternehmens (vgl. Bewarder/Naber 2022). Zwar kam es im Anschluss zu Gesprächen zwischen Innen- und Justizministerium sowie Telegram, in denen das Unternehmen eine Kooperation und die Benennung eines direkten Ansprechpartners ankündigte (vgl. Neuerer 2022). Jedoch gab es im Anschluss keine Rückmeldung des Unternehmens, sodass sich das BfJ letztlich durch eine Veröffentlichung der Schreiben im Bundesanzeiger im März 2022 behalf. Damit galt dieses zwar als zugestellt, sodass Anhörung und Bußgeldverfahren starten konnten (vgl. Krempl 2022a). Der weitere Gang des Verfahrens und sein Ausgang bleiben zurzeit offen.

Jenseits dieses Sonderfalls hing die Kritik an der Privatisierung der Rechtsdurchsetzung im Rahmen des NetzDG aber auch mit den dort gesetzten Anreizen zusammen, die in Kombination mit plattformseitig eingesetzten (algorithmischen) Instrumenten als Gefahr für die Meinungsfreiheit gesehen wurden.

V.3.3.2 Overblocking und Zensur statt Meinungsfreiheit?

Der Umgang mit über internetbasierten Plattformen vermittelten Inhalten gestaltet sich generell auf drei Ebenen differenziert aus:

1. Art des Eingriffs: Inhalte können *gesperrt*, *entfernt* (gelöscht) oder verändert werden. Im Kontext von NetzDG und DSA spielen nur die ersten beiden Arten eine Rolle. Darüber hinaus kommt mit der Novellierung des NetzDG (siehe Kapitel V.3.4) die Frage der Weiterleitung rechtswidriger Inhalte und ihrer Verfasser:innen an Strafverfolgungsbehörden hinzu.[28]
2. Entscheidungsfindung: Die Entscheidung über die (Nicht-)Durchführung des Eingriffs (1.) kann *durch Menschen* oder automatisiert *durch Algorithmen* erfolgen.
3. Zeitpunkt des Eingriffs: Die Durchführung des Eingriffs (1.) kann manuell oder automatisch (2.) *vor* der Veröffentlichung (beim Upload) oder *nach* der Veröffentlichung (und Meldung beziehungsweise Beanstandung) erfolgen.

Die Kombination dieser Elemente mit anderen Vorgaben im NetzDG wurde frühzeitig, insbesondere von Bürger:innenrechtsorganisationen, als eine Gefährdung der Meinungsfreiheit aufgefasst. Die formulierte Kritik zog zwei Argumente heran: die gesetzten Anreize zum *overblocking* sowie die Installation einer *Zensurinfrastruktur* durch Algorithmen und Uploadfilter.

Zum overblocking – das auf der zweiten Ebene, der Entscheidungsfindung, angesiedelt ist – würde es dabei kommen, weil Plattformen mit erheblichen Bußgeldern von bis zu fünf Millionen Euro rechnen müssten (§ 4 Abs. 2), was zu sogenannten *chilling effects*[29] führt: Betreiber:innen würden im Zweifelsfall eher zu viele als zu wenige Beiträge sperren oder löschen.[30] Dies sei insbesondere deswegen der Fall, weil im NetzDG zwar von »offensichtlich rechtswidrigen Inhalt[en]« (§ 3 Abs. 2 Satz 2) gesprochen wird, dies gleichwohl aber eine entsprechende Bewertung und Einordnung durch die Plattform voraussetzt (die eigentlich durch Gerichte erfolgen müsste). Diese Unsicherheit kombiniert das NetzDG mit hohen Bußgeldern und einer kurzen Frist von 24 Stunden, um beanstandete Inhalte zu entfernen oder zu sperren. Erwartbar wäre daher ein über das

28 Dass die möglichen Eingriffe über ein Entfernen oder Sperren hinausgehen können, wird im DSA auch daran deutlich, dass nicht mehr wie zuvor im Rahmen von Inhaltsregulierungen von »notice and take down« (oder »notice and take down and stay down«) gesprochen wird, sondern allgemeiner von »notice and action« (Art. 14).

29 Nach Penney (2022: 1455, 1530) entstehen chilling effects im Kontext von Ambiguität und Ungewissheit und führen zu einem an (vermeintliche) soziale Normen *über*angepassten Verhalten, um rechtliche Konsequenzen zu vermeiden. Die Effekte umfassen sowohl Selbstzensur, wenn bestimmter Verhaltensweisen vermieden werden, als auch Selbstanpassung, im Sinne eines sozial angepassten Verhaltens, über das rechtlich notwendige Maß hinaus.

30 Die Bußgeldleitlinie des BMJ (2018: 8) legte explizit fest, dass »sich aus einer Häufung von Fehlentscheidungen innerhalb eines überschaubaren Zeitraums eine Indizwirkung dahin ergeben [könnte], dass die Vorgaben« für ein wirksames Verfahren nicht eingehalten werden und daher ein bußgeldbewehrter Tatbestand vorliegen könnte.

notwendige Maß hinausgehendes Blockieren *[overblocking]* eigentlich rechtskonformer Inhalte.

> »Der Dammbruch durch Meldungen von vermeintlich Betroffenen, die sich die kurzen Fristen und erheblichen finanziellen Risiken der Betreiber sozialer Netzwerke zu Nutze machen wollen, ist vorprogrammiert« (DGRI 2017: 10).

Zwar reichen die Daten (auf Grundlage der Berichtspflichten) beziehungsweise der Datenzugang bei den Plattformen nicht aus, um die tatsächliche Bedeutung von overblocking statistisch evaluieren zu können. Jedoch führte die Analyse der Anhaltspunkte für overblocking sowie vorhandener Studie bei Liesching et al. (2021: 143f.) insgesamt zu einer Bewertung, die eine reale Gefahr bestätigt:

> »Die Subsumtion der als Anhaltspunkte für Overblocking eruierten Kriterien deutet insgesamt eher darauf hin, dass das Netzwerkdurchsetzungsgesetz in dem [...] befürchteten Sinne Anreize für eine schnelle Löschung von beschwerdegegenständlichen Inhalten auch in Zweifelsfällen setzt, die sich in der Anwendungspraxis realisiert haben könnten. Insgesamt sind für ein Overblocking im geschilderten Sinne mehr Anhaltspunkte ersichtlich als dafür, dass sich kein Overblocking im geschilderten Sinne zumindest teilweise etabliert hat.«

Die Gefahr einer Zensur(infrastruktur) kann auf den Ebenen 2 und 3 verortet werden. Auf Ebene 2 geht es um die Art der Entscheidungsfindung. Diese kann zum einen vollautomatisch erfolgen, etwa wenn bei audio-visuellen Medien mittels *fingerprinting*[31] ein erneuter Upload oder die Veröffentlichung bereits bekannten Materials verhindert wird. Über Machine-Learning-Algorithmen wird darüber hinaus versucht, unbekanntes Material zu klassifizieren.[32] Die Frage ist dann, ob dieses im Zweifelsfall gesperrt oder für eine manuelle Einordnung zurückgehalten wird. Insbesondere hier wird die Gefahr von overblocking und Zensur gesehen. Wenn keine algorithmenbasierte Erkennung erfolgt, kommen die sogenannten Content-Moderator:innen ins Spiel, die Inhalte nach vorgegebenen Regeln (beispielsweise anhand von Beispielleitfäden) bewerten und gegebenenfalls entfernen oder sperren.[33] Bei beiden Verfahren entscheiden private Akteure anstel-

---

31 Beim fingerprinting wird durch einen Algorithmus (ähnlich einer Hash-Funktion) ein eindeutiger Identifier für einen digitalen Inhalt (beispielsweise für ein Video) erstellt. Der Fingerabdruck (eine Folge alphanumerischer Zeichen) verbraucht (im Gegensatz etwa zu der Videodatei, die er repräsentiert) kaum Speicherplatz und ermöglicht es daher sehr effizient, einen Inhalt gegen eine Liste bekannter Inhalte auf Übereinstimmung abzugleichen.

32 Diese werden aber nicht nur genutzt, um unbekanntes Material zu klassifizieren. Sie sollen auch helfen, bekanntes Material in veränderten Kontexten zu erkennen. So wird etwa versucht, Fingerprinting-Algorithmen so zu gestalten, dass der Fingerabdruck sich auch bei leichten Abänderungen des Inhalts (etwa ein gekürztes, mit einem Rahmen versehenes oder im Bildausschnitt verschobenes Video) nicht verändert (zum technischen Hintergrund und zur Einschätzung siehe etwa Struppek et al. 2022).

33 Auf die dabei ebenfalls anzutreffende Problematik der teilweise prekären Arbeitsbedingungen und angesichts des mitunter schwer erträglichen und traumatischen Materials ungenügenden

le von Gerichten über die Rechtswidrigkeit von Inhalten. Reporter ohne Grenzen (2018) kritisierte daher das NetzDG scharf:

> »Die Bundesregierung hat mit dem NetzDG private Unternehmen zu Richtern über die Presse- und Informationsfreiheit im Netz gemacht, ohne eine öffentliche Kontrolle des Löschverfahrens sicherzustellen.«

Eng mit beiden Umsetzungsmöglichkeiten verbunden ist die Debatte um den Einsatz sogenannter Uploadfilter. Diese bezog sich nicht nur auf das NetzDG, sondern wurden besonders intensiv um Artikel 13 (später Artikel 17) der EU-Urheberrechtsreform 2019 geführt. Denn der Unterschied zwischen maschineller und manueller Content-Moderation liegt nicht nur im Einsatz von Algorithmen oder Menschen, sondern auch im Zeitpunkt ihres Einsatzes, womit wir uns auf der dritten Ebene befinden. Menschliche Moderation findet in der Regel ex post statt. Ein *bereits veröffentlichter* Inhalt wird nach dessen Meldung auf einen Verstoß gegen Community-Richtlinien oder strafrechtliche Tatbestände hin untersucht. Uploadfilter analysieren den Inhalt dagegen bereits während des »Uploads«, also *vor der Veröffentlichung*. Damit erfolgt eine Ex-ante-Prüfung, aus der sich auch die Verwendung des Zensurbegriffs[34] erklärte. Die Verbindung von Filterung und Zensurvorwürfen ist keine neue Entwicklung.[35]

Von Bürger:innenrechtsorganisationen wird in diesem Kontext darüber hinaus immer wieder vor dem Aufbau einer Zensur*infrastruktur* gewarnt.[36] Ein einmal für ein klar bestimmtes und eingegrenztes Ziel eingeführtes System (etwa gegen den Upload dokumentierten Kindesmissbrauchs) lässt sich, wenn es einmal implementiert wurde, einfach zu einem späteren Zeitpunkt durch Gesetzesänderungen auf andere Inhalte ausweiten.[37] Wenn die Erstellung der Filter und ihre Anwendung auf privatwirtschaftliche

psychologischen Betreuung wird an dieser Stelle nicht weiter eingegangen. Zur medialen Berichterstattung siehe beispielsweise Meineck (2021) und Peteranderl (2019).

34 Auch wenn das Grundgesetz (Art. 5 GG) »eine Zensur findet nicht statt« festschreibt, spricht dies nicht gegen eine staatliche Kontrolle *nach* der Veröffentlichung (wie sie bezogen auf Print- und Medienbereich etabliert ist). Den Kritiker:innen geht es daher bei der Zensurgefahr vor allem um die automatische Blockierung *vor* Veröffentlichung.

35 Bereits im 1989 als digitales Textdokument veröffentlichten »The Modem Dictionary« von R. Scott Perry (1993) findet sich unter dem Begriff »Filter« der Hinweis auf die Möglichkeit damaliger Mailbox-Systeme *[Bulletin Board System; BBS]*, unerwünschte Begriffe (insbesondere Schimpfwörter) automatisch zu löschen oder zu maskieren.

36 Aktuell findet diese Diskussion für das Client-Side-Scanning (CSS) im Zuge der sogenannte Chatkontrolle statt, die von der EU-Kommission (COM/2022/209 final) im Entwurf der Verordnung zum Kampf gegen Kindesmissbrauch vorgesehen ist (vgl. Europäische Kommission 2022c). Hierbei soll automatisiert auf den Endgeräten der Nutzer:innen jede Kommunikation (Text, Bild, Video) auf dokumentierten Kindesmissbrauch hin untersucht und bekanntes sowie verdächtiges Material an die Strafverfolgungsbehörden gemeldet werden (für die dagegen vorgebrauchte Kritik siehe beispielsweise Breyer 2022).

37 Bürger:innenrechtsorganisationen argumentieren darüber hinaus, dass gerade gesellschaftlich eindeutig geächtete Straftatbestände wie dokumentierter Kindesmissbrauch oder Terrorismus zur Einführung neuer Instrumente oder zur Umsetzung von Maßnahmen genutzt werden, weil so ein kritischer Diskurs erschwert wird (Küllmer/Breindl 2019: 348). Verunmöglicht wird er jedoch nicht, wie das Beispiel des »Gesetzes zur Bekämpfung von Kinderpornografie in Kommunikati-

Unternehmen übertragen wird, besteht des Weiteren keine (öffentliche) Transparenz darüber, wie diese stattfindet und damit darüber, was gefiltert wird – sofern hier keine entsprechende Regulierung erfolgt (siehe Kapitel V.3.7) (vgl. Küllmer/Breindl 2019: 348).

Im Entwurf des NetzDG war explizit verpflichtend vorgesehen, dass »sämtliche auf den Plattformen befindlichen Kopien des rechtswidrigen Inhalts ebenfalls unverzüglich« entfernt oder gesperrt (§ 3 Abs. 6) und »wirksame Maßnahmen gegen die erneute Speicherung des rechtswidrigen Inhalts« getroffen werden müssen (§ 3 Abs. 7). Zwar sind beide Vorgaben im verabschiedeten Gesetzestext nicht mehr enthalten, gleichwohl ist damit der Einsatz von Algorithmen zur Vorabprüfung durch die Plattformen keinesfalls ausgeschlossen. Damit besteht auch hier weiterhin die oben beschrieben Gefahr von overblocking, die allerdings bei einem Ex-ante-Vorgehen nur schwerlich erkannt werden kann, weil die geblockten Inhalte (außer der uploadenden Person) nie jemand wahrnehmen konnte (sieh hierzu insbesondere Kapitel VI.1.1.2 zur Governance by Algorithms).

Aus Steuerungsperspektive besteht also weiterhin die Möglichkeit *nicht intendierter Nebenwirkungen* (einer Einschränkung der Meinungsfreiheit) aufgrund von Fehlsteuerung im Sinne einer von der *erwarteten Steuerungswirkung abweichenden Reaktion* der Steuerungsadressaten (in Form von overblocking). Mit Blick auf die gleichwohl sichtbar werdenden neue Steuerungsinstrumente und -notwendigkeiten im digitalen Zeitalter stellt sich mithin die zentrale Frage, wie sich diese Governance *by* Algorithms durch eine Governance *of* Algorithms regulieren lässt (siehe Kapitel V.3.7).

Jenseits dieser Frage spielten einige der bereits zum Gesetzesentwurf formulierten Kritikpunkte auch bei der Novellierung des NetzDG eine Rolle.

V.3.4 Policy II: Novellierung des NetzDG

Die mit dem NetzDG beabsichtigte Steuerungswirkung trat nicht im erwünschten Umfang ein. So wurde 2019 das erste Bußgeld in Höhe von zwei Millionen Euro gegen Facebook verhängt, weil der Konzern seiner Berichtspflicht nur unvollständig nachkam. Darüber hinaus wurde im NetzDG zwar klar spezifiziert, innerhalb welcher Zeiträume rechtswidrige Inhalte auf der Plattform entfernt oder gesperrt werden müssen, es ließ aber offen, wie die geforderte Funktionalität, mit der Nutzer:innen der Plattform Inhalte melden können, ausgestalteter werde. Rieger und Sinders (2020: 24) weisen in diesem Zusammenhang darauf hin, dass fehlenden Vorgaben oder Richtlinien durch den Gesetzgeber zu sehr unterschiedlichen Implementationen bei den Plattformen geführt haben – mit erheblichen Auswirkungen auf das Nutzer:innenverhalten. Die nutzerunfreundliche Gestaltung der Meldefunktion, im Sinne eines »Dark Pattern«

---

onsnetzwerken« (Zugangserschwerungsgesetz) gezeigt hat (die der damals zuständigen Familienministerin Ursula von der Leyen zugleich den Spitznamen »Zensursula« einbrachte). In diesem Fall konnte mit der Formel »Löschen statt sperren« in Verbindung mit den Argumenten, dass die geplante Sperrung einfach zu umgehen sei und in Bezug auf den Straftatbestand ohnehin keine Schutzlücke bestehe, sogar durchgesetzt werden, das beschlossene Gesetz wieder zurückzunehmen (vgl. Scheffel 2016: 135–174).

(siehe Kapitel VI.1.1.1), führte bei Facebook (2019b) dazu, dass das Unternehmen in seinem Bericht für das erste Halbjahr 2019 nur 674 Beschwerden auswies. Twitter (2019a: 12) dagegen, das seine Meldefunktion sehr einfach zugänglich ausgestaltet hat, verzeichnete 477.088 Meldungen (vgl. Rieger/Sinders 2020: 24). Daher folgte 2021 ein weiteres Bußgeld in Höhe von drei Millionen Euro gegen Facebook wegen eines für Nutzer:innen nicht einfach genug erreichbaren Meldeverfahrens (vgl. Krempl 2021d). Als Facebook sein Verfahren vereinfachte, stieg die Zahl der gemeldeten Inhalte um 1.844 Prozent von 4.401 Beiträgen (im zweiten Halbjahr 2020) auf 67.028 Beiträge (im ersten Halbjahr 2021) (vgl. Krempl 2021c). Unter anderem diese Aspekte waren es dann auch, die in den 2020 auf den Weg gebrachten Gesetzesnovellen »nachgeschärft« wurden (Hentsch 2022).

Tabelle 18: Zentrale Gesetze der plattformbezogenen Dienste- und Inhaltsregulierung

Jahr	Abkürzung	Kurzfassung	Titel
2017	NetzDG	Netzwerkdurchsetzungsgesetz	Gesetz zur Verbesserung der Rechtsdurchsetzung in sozialen Netzwerken
2021	ReHaKrBG		Gesetz zur Bekämpfung des Rechtsextremismus und der Hasskriminalität
2021	NetzDGÄndG		Gesetz zur Änderung des Netzwerkdurchsetzungsgesetzes
2022	DSA	Digital Services Act	Regulation on a single market for digital services
2022	DMA	Digital Markets Act	Regulation on contestable and fair markets in the digital sector

Quelle: Eigene Zusammenstellung und Darstellung.

Die Nachschärfung erfolgte im Rahmen des Gesetzes zur Bekämpfung des Rechtsextremismus und der Hasskriminalität (ReHaKrBG) vom 30.03.2021 (vgl. Deutscher Bundestag 2021c) sowie des Gesetzes zur Änderung des Netzwerkdurchsetzungsgesetzes (NetzDGÄndG) vom 03.06.2021 (vgl. Deutscher Bundestag 2021e) (siehe Tabelle 19).[38] Aus Steuerungsperspektive kam es hierbei mit dem ReHaKrBG zu zwei Anpassungen. Erstens erfolgte eine Erweiterung des Steuerungs*ziels*. Neben dem schnellen Entfernen oder Sperren rechtswidriger Inhalte auf Internetplattformen soll eine effektivere Strafverfolgung ermöglicht werden. Daher wurden die Plattformbetreiber verpflichtet, gemeldete Inhalte direkt an das Bundeskriminalamt (BKA) weiterzuleiten (§ 3a Meldepflicht).[39] Hierfür wurde die Zentrale Meldestelle für strafbare Inhalte im Internet (ZMI)

38 Für eine Synopse der unterschiedlichen Änderungen am NetzDG durch diese beiden Gesetze siehe Specht-Riemenschneider (2021).

39 Hentsch (2022) erkennt hierin auch den Versuch, die Polizei der Länder zu entlasten, da das BKA zentral für die Ermittlung der Straftäter:innen zuständig ist, die deren Daten anschließend »zur Strafverfolgung an die Staatsanwaltschaften der Länder weitergeben können.«

eingerichtet. Begründet wurde die Notwendigkeit der Meldepflicht im Gesetzesentwurf durch die Fraktionen von CDU/CSU und SPD (2020: 2) unter anderem mit der eingangs genannten Formel: Wenn rechtswidrige Inhalte zwar gelöscht würden, aber ohne strafrechtliche Konsequenzen blieben, würde sich »der Eindruck verstärk[en], das Internet entwickele sich zu einem rechtsfreien Raum.« Zweitens erweitert sich die erwartete Steuerungs*wirkung* etwas stärker auf einen zweiten Kreis an (indirekten) Steuerungs*objekten*: die Verfasser:innen von Hassbotschaften (Störer:innen). Mit der Meldung an das BKA sollen Hassbotschaften nicht mehr nur entfernt oder gesperrt, sondern auch das Verhalten der Störer:innen durch Strafverfolgung und Bestrafung verändert werden.

Zu den weiteren Änderungen durch das NetzDGÄndG gehört – als Reaktion auf die oben beschriebenen Dark Pattern beziehungsweise unterschiedlich zugänglichen Implementierungen der Meldefunktion – die Vorgabe eines bereits »*bei der Wahrnehmung des Inhalts* leicht erkennbares, unmittelbar erreichbares, *leicht bedienbares* und ständig verfügbares Verfahren zur Übermittlung von Beschwerden über rechtswidrige Inhalte [Neuerungen herv. d. A.]« (§ 3). Hinzu kommen erweiterte Berichtspflichten der Plattformbetreiber:innen, die an der immer wieder geäußerten Kritik einer möglichen Zensur durch eine algorithmische Entfernung oder Sperrung von Inhalten ansetzt. Daher müssen Plattformen jetzt auch über »Art, Grundzüge der Funktionsweise und Reichweite von gegebenenfalls eingesetzten Verfahren zur automatisierten Erkennung von Inhalten, die entfernt oder gesperrt werden sollen, einschließlich allgemeiner Angaben zu verwendeten Trainingsdaten und zu der Überprüfung der Ergebnisse dieser Verfahren durch den Anbieter« informieren (§ 2 Abs. 2 Satz 2). Über deren Einsatz und Wirkweise können auch Wissenschaftler:innen qualifizierte Auskünfte verlangen (§ 5a). Ebenso wurde die Möglichkeit institutionalisiert, dass sich Verfasser:innen beanstandeter Inhalte gegen eine (ungerechtfertigte) Sperrung oder Löschung von Inhalten verteidigen oder Melder:innen ihre Gründe für die Meldung darlegen können. Hierfür wurden Gegenvorstellungen zu beanstandeten Inhalten (§ 3b) sowie die Möglichkeit zur Prüfung durch »anerkannte Einrichtung der Regulierten Selbstregulierung« eingeführt (§ 3 Abs. 2 Satz 5). Darüber hinaus wurde der Geltungsbereich des NetzDG auf Videosharingplattformen ausgeweitet (§ 3d).

Eingebettet war die Novellierung auch in die Debatten um den Entwurf des Digitale-Dienste-Gesetz *[Digital Services Act; DSA]* auf der europäischen Ebene, das eine stärkere Regulierung der Plattformökonomie beziehungsweise der großen Digitalunternehmen etablieren soll (siehe nachfolgendes Kapitel).[40] Dies ergab sich auch aus dem Umstand, dass eine grundlegende Problematik in der Regulierung der Plattformen von Beginn an darin bestand, dass seit der europäischen »Richtlinie über den elektronischen Geschäftsverkehr« (E-Commerce-Richtlinie; ECRL) aus dem Jahr 2000[41] das sogenannte

40 Dabei geht es etwa um Transparenzpflichten über eingesetzte Algorithmen und mögliche Gefahren für die Meinungsfreiheit oder den Jugendschutz.

41 Richtlinie 2000/31/EG (Europäisches Parlament 2000).

Herkunftslandprinzip[42] gilt, nach dem Dienstanbieter ausschließlich der rechtlichen Regulierung des Niederlassungslandes unterliegen (Art. 3 Abs. 1). Ausnahmen sind zwar zum Schutz der öffentlichen Ordnung, Gesundheit und Sicherheit sowie zum Schutz von Verbraucher:innen möglich (Art. 3 Abs. 4). Zuvor muss jedoch das Herkunftsland dazu aufgefordert worden sein, selbst entsprechende Maßnahmen umzusetzen (Art 3. Abs. 4b). Nur in dringlichen Fällen kann davon abgewichen werden, wobei die Kommission einzubeziehen ist, die ohnehin prüfen muss, ob die Maßnahmen mit Gemeinschaftsrecht vereinbar sind (Art. 3 Abs. 5, 6). So verfassten die Wissenschaftlichen Dienste (2020) im Rahmen der Novellierung des NetzDG ein Sachstandsdokument zur Problematik, ob für die zu regulierenden Plattformen überhaupt das Marktortprinzip angewandt werden kann oder dem das Herkunftslandprinzip entgegensteht. Dass es sich hierbei nicht nur um eine theoretische Debatte handelte, zeigte sich bereits an der Reaktion der EU, als dieser die Novellierung des NetzDG angezeigt wurde. So wies die Europäische Kommission (2020a: 2) nicht nur auf die ähnlich gelagerten EU-Bestrebungen mit dem DSA hin, sondern betonte noch einmal, dass »when taking measures applicable to providers of online platforms in respect of illegal content online, Member States are to respect the country of origin principle laid down in Article 3 of the e-Commerce Directive.« Des Weiteren ist es vor diesem Hintergrund nicht verwunderlich, dass das gleichwohl in Kraft getretene NetzDGÄndG beziehungsweise ReHaKrBG in Teilen direkt gerichtlich gestoppt wurde. So kassierte das Verwaltungsgericht Köln im März 2022 nach einer Beschwerde von Google und Facebook im Eilverfahren die mit der Novellierung des NetzDG eingeführte Meldepflicht mit Verweis auf deren Unvereinbarkeit mit dem Herkunftslandprinzip der ECRL (vgl. Hentsch 2022). Das ZMI beim BKA kann daher nicht auf Daten der Plattformbetreiber zurückgreifen, sondern führt bislang nur die von einzelnen Meldestellen auf Länderebene vorliegenden Hinweise auf rechtswidrige Inhalte zusammen (vgl. Decker 2022).[43]

V.3.5 Politics II: Privatisierung der Rechtsetzung

Die Nutzung von digitalen Plattformen erfordert von den Nutzer:innen die (nicht immer aktiv eingeholte) Zustimmung zu den Allgemeinen Geschäftsbedingungen (AGB) und den Community-Regeln der jeweiligen Plattform. Deren Ausgestaltung unterliegt nur

---

42 In der Begründung nennt das Europäische Parlament (2000: 4) unter Punkt 22: »Um den freien Dienstleistungsverkehr und die Rechtssicherheit für Anbieter und Nutzer wirksam zu gewährleisten, sollten die Dienste der Informationsgesellschaft zudem grundsätzlich dem Rechtssystem desjenigen Mitgliedstaates unterworfen werden, in dem der Anbieter niedergelassen ist.«

43 Bereits bei einer Anhörung zum ReHaKrBG im Ausschuss für Recht und Verbraucherschutz des Bundestages am 6. Mai 2020 wurde von unterschiedlichen Sachverständigen nicht nur auf die Problematik der Europarechtswidrigkeit hingewiesen. Darüber hinaus wurde sowohl vor einer Überlastung der Strafverfolgungsbehörden sowie Staatsanwaltschaft durch die Vielzahl an weitergeleiteten Meldungen gewarnt als auch davor, dass vielfach wegen falscher Meldungen zu Unrecht eine Bestandsdatenabfrage durch das BKA und eine Datenweiterleitung an die Staatsanwaltschaft erfolgen könnte (vgl. Ausschuss für Recht und Verbraucherschutz 2020).

teilweise einem internationalen oder europäischen Rechtsrahmen. Darüber hinaus entziehen sich die transnationalen Digitalkonzerne vielfach differenzierter nationalstaatlich-rechtlicher Regulierung. In der Folge wenden so Plattformen etwa US-Rechtsvorschriften auch für deutsche Nutzer:innen an oder gestalten Teile ihrer AGB jenseits jeglichen Rechtsrahmens nach ihrem Gutdünken (vgl. Jäger et al. 2022: 192). In beiden Fällen erfolgt eine Rechtsetzung ohne demokratische Legitimation. Neben dieser Aneignung von Rechtsetzungskompetenz erfolgt jedoch auch eine Übertragung von Kompetenzen, die als Privatisierung der Rechtsetzung bezeichnet werden kann.

Nach der Novellierung des NetzDG stieg die Zahlen der Meldungen stärker als in den Jahren zuvor an, was sich, wie oben erwähnt, mit der direkter und einfacher zugänglichen Meldefunktion auf den Plattformen erklären lässt. Was sich auch in den letzten Transparenzberichten aus dem ersten Halbjahr 2022 nicht geändert hat, ist der deutliche Unterschied zwischen der Zahl der Meldungen und der Zahle der Inhalte, die durch ergriffene Maßnahmen entfernt oder gesperrt wurden (siehe Tabelle 19). Hierbei muss zum einen berücksichtigt werden, dass der gleiche Inhalt von mehreren Nutzer:innen gemeldet, aber nur einmal entfernt oder gesperrt werden kann. Zum anderen zeigt sich hier aber auch, dass nicht jeder gemeldete Inhalt von der Plattform auch als unerwünscht (Community-Richtlinien) oder rechtswidrige (NetzDG) eingeordnet und entsprechend entfernt oder gesperrt wird.

Tabelle 19: NetzDG Transparenzberichte des ersten Halbjahrs 2022

Plattform	Meldungen[1]	Maßnahmen ergriffen[1]	Gegenvorstellungen[1]
Facebook	170.233 (132.613)	24.184	11.093
Instagram[2]	56.208 (51.402)	8.194	k.A.[2]
reddit	1.010 (1.010)	428 (428)	14
TikTok	226.479 (171.134)	44.585 (34.727)	21.771
Twitter	829.370 (723.024)	118.938 (80.869)	538 (483)
YouTube	282.858 (180.781)	50.717 (32.026)	0

Anmerkungen: 1. Gesamtzahl aller Meldungen durch Nutzer:innen und Beschwerdestellen (ECO, FSM, jugendschutz.net); in Klammern: davon Meldungen durch Nutzer:innen;
2. Daten des zweiten Halbjahres 2021.
Quellen: Facebook (2022: 11, 25); Google (2022); Instagram (2022: 4, 10); reddit (2022); TikTok (2022); Twitter (2022: 22, 31); eigene Zusammenstellung und Darstellung.

Letztgenannte Unterscheidung ist nicht unwichtig. Von den 22.846 von Facebook (2022: 19) im ersten Halbjahr 2022 gesperrten oder gelöschten Beiträgen wurden 20.960

aufgrund von Verstößen gegen die Gemeinschaftsstandards entfernt oder gesperrt und 1.866 nach dem NetzDG wegen Verstößen gegen Bestimmungen im StGB. Bei YouTube lag das Verhältnis bei 50.268 zu 449 (vgl. Google 2022). Instagram (2022: 11) kam auf 6.143 zu 205, bei reddit (2022) lag das Verhältnis bei 416 zu 12. Nur beim chinesischen Netzwerk TikTok (2022) sah das Verhältnis mit 20.051 zu 24.534 deutlich anders aus.

Ob Beiträge erstens aufgrund von AGB, Community-Richtlinien und Gemeinschaftsstandards entfernt oder zweitens nach NetzDG entfernt oder gesperrt werden, besitzt mehrere relevante Aspekte:

1. Verstößt ein Inhalt gegen die plattformeigenen Richtlinien, wird er weltweit entfernt (gelöscht). Falls ein Beitrag dagegen ausschließlich nach dem deutschen Strafrecht nach NetzDG zu beanstanden ist, wird dieser nicht zwingend entfernt, sondern alternativ ausschließlich für deutsche Nutzer:innen gesperrt. Eine solche Sperre lässt sich technisch umgehen.
2. Einerseits zeigt die geringe Zahl der nach NetzDG entfernten oder gesperrten Inhalte, dass die Community-Regeln der großen Plattformen bereits weite Teile der strafrechtlich relevanten Tatbestände abdecken, gleichwohl würde ein Teil (deutschlandspezifischer) rechtswidriger Inhalte ohne NetzDG nicht erfasst werden. Andererseits lassen die Zahlen keine Rückschlüsse darauf zu, in welchem Umfang es sich bei allen nach Community-Regeln gelöschten Inhalten um rechtswidrige Beiträge gehandelt hat. Eine Entfernung oder Sperrung von Inhalten weit über den mit dem NetzDG vorgesehenen Bereich hinaus ist also möglich.
3. Damit zeigt sich die Gefahr einer Privatisierung der Rechtsetzung.[44]

Auf das »Phänomen der Kooperationalisierung der Rechtsetzung als Konsequenz des kooperativen Staates« weist bereits Schuppert (2013: 47) hin. Für die Rolle digitaler Plattformen verschiebt sich die Rechtsetzungsperspektive jedoch zumindest in Teilen weg von einer staatlich-kooperativen hin zu einer einseitig privatwirtschaftlichen Ausprägung. Diese wird an dem Umgang mit Hassbotschaften überdeutlich. Denn für die Abwägung der Plattformbetreibenden über die Akzeptanz einer Äußerung auf seiner Plattform stellt der geltende gesetzliche Rahmen nur einen Ansatzpunkt dar. Wie die genannten Zahlen zeigen, sind deren selbst geschaffene und in Community-Richtlinien, Gemeinschaftsstandards oder AGBs festgehaltenen Regeln deutlich wirkmächtiger. Zugleich wurden diese bisher vielfach allerdings allenfalls in ihren grundsätzlichen Maßstäben öffentlich bekannt gemacht. Die detaillierten Regeln und Beispiele bleiben dagegen unter Verschluss und sind nur für die plattforminternen Prüfer:innen und Moderator:innen gedacht. Als der Guardian im Mai 2017 solche internen Dokumente von Face-

44 Grundsätzlich hielt auch der Bundesgerichtshof (BGH) in seinem Urteil zu einem Facebook-Fall im Jahr 2021 die Entfernung nicht strafbarer Inhalte auf der Grundlage plattformeigener Reglungen für rechtlich zulässig – auch wenn dies die Meinungsfreiheit einschränkt. Die Regeln müssen allerdings transparent, verständlich und diskriminierungsfrei sein. Zudem muss Facebook den Nutzer:innen das Recht einräumen, sich gegen die Entfernung des Inhalts zur Wehr zu setzen, weshalb sie über die Entfernung sowie deren Begründung informiert werden müssen und ein Beschwerdeverfahren existieren muss (vgl. Janisch 2021). Das mit der Novellierung des NetzDG eingeführte Gegenvorstellungsverfahren trägt also auch diesem BGH-Urteil Rechnung.

book leakte, führte dies unter anderem zu Diskussionen über die ethischen Standards des Unternehmens (vgl. Hopkins 2017).[45]

Einen gewichtigeren Punkt stellt aber unter anderem Meineck (2018) heraus: Er charakterisierte die Community-Standards von Facebook als »ambitionierte[n] und zugleich unausgegorene[n] Verhaltenskodex – für die Menschheit. [...] Fest steht, ihren tatsächlichen Wert entfalten die Gemeinschaftsstandards erst, wenn sie – ähnlich wie bei Gesetzen – auch tatsächlich angewandt werden. Für Gesetze braucht es aber Anwälte und Richterinnen und teils jahrelange Prozesse, denen wiederum aufwendige Ermittlungen vorangehen. Im Fall der Gemeinschaftsstandards ist Facebook allerdings Gesetzgeber, Polizei, Anwalt und Richter zugleich.« Oder wie der Bürgerrechtlicher Cory Doctorow (zitiert nach Brühl 2019) es ausdrückt: »Je mehr Pflichten wir diesen Unternehmen auferlegen, umso mehr machen wir sie zu Vollstreckern öffentlicher Aufgaben. Wir sollten sie zurechtstutzen.«

Community-Richtlinien als Form der Selbstregulierung stellen aus dieser Perspektive nicht nur ein Problem dar, weil sie einer Gewaltenteilung zuwiderlaufen. Da die meisten globalen Plattformen aus den USA kommen, findet darüber hinaus eine Übertragung der für den US-Markt relevanten Prinzipien der Inhaltsregulierung (und damit beispielsweise auch spezifische Moralvorstellungen)[46] auf den nationalstaatlichen Kontext statt (vgl. Küllmer/Breindl 2019: 338f., 348f.).

> »Wenn es jedoch keine klaren Regeln für die Löschung von Beiträgen gibt, dann bekommen die sozialen Medien und andere Internetkonzerne ein Maß an Gestaltungsspielraum auf dem Marktplatz der Meinungen eingeräumt, das wir als Gesellschaft ihnen vielleicht nicht zubilligen sollten« (Jaster/Lanius 2019: 102).

Das Zusammenspiel aus gesetzlichen Vorgaben und selbstgesetzten Communitystandards zeigt sich beispielhaft an den von Google ein halbes Jahr nach Inkrafttreten des NetzDG veröffentlichten Zahlen zu den von YouTube entfernten oder gesperrten Inhalten. Von den insgesamt 167.567 im Zeitraum von Juli 2018 bis Dezember 2018 durch Nutzer:innen gemeldeten Inhalten wurden durch Google 54.644 (32,6 %) gelöscht. Allerdings wurden nur 12.922 Inhalte (23,6 %) aufgrund der rechtlichen Vorgaben im NetzDG entfernt oder gesperrt. Die überwiegende Mehrzahl von 41.722 beanstandeten Inhalten stellte dagegen einen Verstoß gegen die *weltweiten* Community-Richtlinien von YouTube dar. Zwar wird der Anteil an hierunter auch nach NetzDG zu entfernenden oder zu sperrenden Inhalten nicht ausgewiesen. Dass die selbstgesetzten Regeln eine entscheidende Rolle spielen, lässt sich jedoch erkennen, wenn die Zahlen zweier Kategorien ins Verhältnis gesetzt werden, die mit Blick auf US-amerikanische Konzerne von jeher besonders im Zentrum stehen: zum einen pornografische Inhalte sowie zum anderen Hassrede oder politischer Extremismus (und damit Meinungsfreiheit). So wurden von

45 Zuletzt geriet TikTok in die Schlagzeilen, weil ein vom Konzern für die Content-Moderation beauftragtes Unternehmen in seinen Schulungsdokumenten für Moderator:innen auf reale Darstellungen sexualisierter Gewalt gegen Kinder zurückgegriffen haben sollen (vgl. Seifert 2022).

46 Am häufigsten findet sich hierbei der Verweis auf den großen Stellenwert der Redefreiheit in den USA sowie auf eine größere Akzeptanz gegenüber Gewalt(-darstellungen) auf der einen und einen sehr viel restriktiveren Umgang mit Sexualität und Nacktheit auf der anderen Seite.

9.129 pornografischen Inhalten 99,3 Prozent (9.063) aufgrund der Community-Regeln gelöscht, im Bereich Hassrede und politischer Extremismus dagegen nur 67,7 Prozent (13.499 von 19.935 Inhalten) (vgl. Google 2019). Auf der einen Seite zeigt sich hier, dass das NetzDG wirkt. Zum einen, weil Inhalte entfernt oder gesperrt werden, die Google andernfalls nicht von sich aus beanstandet hätte. Auf der anderen Seite wird deutlich, welches Potenzial für eine (weitere) Privatisierung der Rechtsetzung durch Plattformregeln besteht. Ein Vergleich mit den folgenden halbjährlichen Transparenzberichten zeigt eine interessante Entwicklung: Die Zahl und der Anteil der nach NetzDG entfernten oder gesperrten Inhalte geht kontinuierlich zurück und lag im ersten Halbjahr 2022 bei unter einem Prozent (vgl. Google 2022). Google scheint also seine Community-Richtlinien (oder deren Auslegung) anzupassen.

Die Novellierung des NetzDG fügt eine weitere Ebene hinzu. Mit der Einführung des Gegenvorstellungsverfahrens sowie der erlaubten regulierten Selbstregulierung – was die mögliche Anerkennung von »privatrechtlich organisierte Einrichtungen als Schlichtungsstellen« durch die Verwaltungsbehörden einschließt (§ 3c) – wurde einerseits auf die Warnungen vor der Gefahr einer unrechtmäßigen Einschränkung der Meinungsfreiheit reagiert. Andererseits bleibt die außerhalb des Gerichtssystems durch private Akteure stattfindende Entscheidungsfindung, was als strafrechtlich (un)relevant erachtet wird, bestehen beziehungsweise wird sogar gestärkt.

Die Regulierung von (global agierenden) Plattformen findet allerdings nicht zuletzt auch auf der europäischen Ebene – mitunter in direkter Wechselwirkung mit nationalstaatlichen Gesetzesinitiativen wie das Beispiel des NetzDGÄndG zeigt[47] – statt.

V.3.6 Policy III: Digital Services Act (DSA)

Den vorläufigen Höhepunkt erreichte die Plattformregulierung durch die Verabschiedung zweier EU-Verordnungen: des *Digital Services Act (DSA)* (COM/2020/825 final) am 22. April 2022 und des *Digital Markets Act (DMA)* (COM/2020/842 final) am 5. Juli 2022. Das als zwei Säulen bezeichnete Gesetzespaket war Anfang 2020 auf den Weg gebracht worden, um die Regulierung großer Digitalplattformen europaweit zu harmonisieren. Es stellte einen zentralen Teil der Prioritätspakets »A Europe fit for the digital age« dar.[48] Das Ziel »Ein Europa, das für das digitale Zeitalter gerüstet ist« hatte die neu angetretene deutsche Präsidentin der EU-Kommission, Ursula von der Leyen (2019: 15ff.), als eine ihrer sechs politischen Leitlinien für ihre Präsidentschaft von 2019 bis 2024 ausgegeben.

---

47 Bei der Verabschiedung des NetzDG sah dies noch anders aus. Hier setzte die EU zunächst weiterhin auf die freiwillige Selbstkontrolle der Plattformen. Die Notwendigkeit einer EU-Gesetzgebung sei angesichts »der Erfolge des Verhaltenskodex« unwahrscheinlich, so EU-Justizkommissarin Vera Jourova. »Die Situation sei in Deutschland eine andere, hier habe man größere Probleme mit Hassrede […]. Deshalb sei hier das Netzwerkdurchsetzungsgesetz angemessen. Für die EU sei das aber kein Vorbild« (zitiert nach Otto 2018).

48 Neben DSA und DMA lassen sich der *Data Governance Act* (DGA) (COM/2020/767 final) sowie der *Artificial Intelligence Act* (AIA) (COM/2021/206 final) hervorheben (vgl. Europäische Kommission 2020b, 2021b). Mit Stand Juli 2022 umfasste der *Legislative Train Schedule* des Prioritätspakets *A Europe fit for the digital age* bereits 86 Gesetzesvorhaben (vgl. Europäisches Parlament 2022).

DSA und DMA sind im Rahmen dieser Abhandlung nicht nur für die Regulierung von Plattformen relevant, sondern auch gute Beispiele dafür, weshalb trotz der Bedeutung der europäischen Ebene bei der digitalisierungsbezogenen Steuerung die nationalstaatliche Ebene weiterhin eine besondere Rolle spielen kann. Denn beide europäischen Verordnungen besaßen deutsche Vorläufergesetze – das NetzDG beim DSA und das GWB-Digitalisierungsgesetz[49] beim DMA[50] – die nicht nur inhaltliche – und damit steuerungstechnische – Referenzpunkte darstellten, sondern die Harmonisierungsbemühungen der EU erst mit ins Rollen brachten.[51] So kann dem NetzDG »insgesamt zu Gute gehalten werden, dass es auf EU-Ebene einen Impuls für eine Harmonisierung der Plattformregulierung und zur Bekämpfung von Desinformation und Hasskriminalität gegeben hat« (Hentsch 2022). Da in diesem Kapitel der Umgang mit rechtswidrigen Inhalten in sozialen Medien (und nicht andere, insbesondere markt- und wettbewerbsbezogene Aspekte der Plattformregulierung) im Fokus steht, beschränken sich die Ausführungen im Folgenden auf den Digital Services Act.

Der DSA reguliert Plattformen[52] (»intermediary services in the internal market«; Art. 1 Abs. 1) mit dem Ziel einer »safe, predictable and trusted online environment, where fundamental rights [...] are effectively protected« (Art. 1 Abs. 2). Die dafür gemachten Vorgaben entsprechen vielfach dem NetzDG. Nach EU- und nationalem Recht rechtswidrige Inhalte[53] (Art. 2) müssen durch die Plattform entfernt oder gesperrt und

---

49 Das Gesetz zur Änderung des Gesetzes gegen Wettbewerbsbeschränkungen für ein fokussiertes, proaktives und digitales Wettbewerbsrecht 4.0 und anderer wettbewerbsrechtlicher Bestimmungen (GWB-Digitalisierungsgesetz) trat 2021 in Kraft (vgl. Deutscher Bundestag 2020c). Hiermit wurde erstmals »eine[] neuartige[] Kategorie von Normadressaten [geschaffen] – die ›Unternehmen mit überragender marktübergreifender Bedeutung‹ –, denen besondere Verhaltenspflichten auferlegt werden können« (Fülling 2020: 46). »Gleichzeitig hat die Bundesregierung die EU-Kommission aufgefordert, eine Lösung für den gesamten Binnenmarkt zu entwickeln« (Gappa 2022: 38). Diese Lösung ist der DMA.

50 Der DMA steht für einen stärkeren Ex-ante-Ansatz der Wettbewerbsregulierung. Diese war bislang durch Aufsichtsbehörden und damit insbesondere Ex-post-Eingriffe – etwa nach dem Eintreten von Preisabsprachen oder Monopolbildung – geprägt. Gleichwohl sind in der Wettbewerbskontrolle auch Ex-ante-Regulierungen – etwa bei der Fusionskontrolle – gängige Praxis. Mit dem DMA werden jetzt zentralen Plattformen (Gatekeepern) besondere Verhaltensverpflichtungen ex-ante auferlegt. Hierzu zählt beispielsweise die Interoperabilität zwischen Messengerdiensten (Gappa 2022: 39).

51 Zurth (2021: 1152f.) diskutiert den möglichen Vorbildcharakter des NetzDG für die Plattformregulierung in den USA und kommt zu dem Ergebnis, dass es die Debatte um eine Modernisierung des US-amerikanischen Internetgesetzgebung stimulieren kann.
In Österreich wurde bereits 2020 mit dem Bundesgesetz über Maßnahmen zum Schutz der Nutzer auf Kommunikationsplattformen (Kommunikationsplattformen-Gesetz; KoPl-G) ein an das NetzDG angelehntes Gesetz verabschiedet (vgl. RIS 2022).

52 Hierbei werden, in der Reihenfolge vom Allgemeinen zum Speziellen, Vermittlungsdienste (beispielsweise ISP), Hosting-Dienste (beispielsweise Webhoster), Onlineplattformen und sehr große Onlineplattformen (mit mindestens 10 % der 450 Millionen EU-Bürger:innen als Nutzer:innen) unterschieden (vgl. Weiden 2022: 7).

53 »In particular, that concept should be understood to refer to information, irrespective of its form, that under the applicable law is either itself illegal, such as illegal hate speech or terrorist content and unlawful discriminatory content, or that relates to activities that are illegal, such as the sharing of images depicting child sexual abuse, unlawful non-consensual sharing of private images, online

die Störer:innen über die Gründe hierfür informiert werden (Art. 15). Plattformen müssen des Weiteren eine:n Ansprechpartner:in benennen (Art. 10 und 11), ein einfaches Verfahren zur Meldung illegaler Inhalte für Plattformnutzer:innen (Art. 14) sowie einen priorisierten Schnellmeldeweg für »trusted flaggers« etablieren (Art. 19). Über die Anzahl der Meldungen, der entfernten oder gesperrten Inhalte und Schlichtungsverfahren sowie die Funktionsweise und Genauigkeit der genutzten menschlichen und algorithmischen Content-Moderation muss jährlich Bericht erstattet werden (Art. 23).[54] Sehr große Plattformen unterliegen dabei einer erweiterten Transparenzpflicht. Sie müssen zusätzlich jährlich Risikoanalysen und -vermeidungsmaßnahmen vorlegen (Art. 33) und können zu einem umfassenden Zugang zu ihren Daten verpflichtet werden (um die Einhaltung der Regeln überprüfen zu können, aber auch für Forschungszwecke) (Art. 31). Bei Verstößen gegen den DSA können erhebliche Bußgelder bis zu einer Höhe von sechs Prozent ihres Jahresumsatzes (Art. 59) verhängt werden. Zur Durchsetzung von Vorgaben sind darüber hinaus regelmäßige Zwangsgelder bis zu fünf Prozent des Tagesumsatzes möglich (Art. 60).

Bei aller Ähnlichkeit zum NetzDG zeigen sich insbesondere zwei bedeutende Unterschiede. Während das NetzDG zum einen strikte Fristen festlegt, innerhalb derer rechtswidrige Inhalte entfernt oder gesperrt werden müssen (24 Stunden in eindeutigen Fällen, ansonsten sieben Tage), findet sich im DSA nur die uneindeutige Formulierung »in a timely, diligent and objective manner« (Art. 14 Abs. 6). Ob die Fristen im NetzDG als Konkretisierung des DSA nach dem Marktortprinzip zulässig wären, ist umstritten. Laut Weiden (2022: 12) widerspricht eine solche Konkretisierung jedoch der ECRL. Ähnlich sieht es zum anderen – wie das oben erwähnte Urteil des Verwaltungsgerichts Köln zeigt – mit der Weiterleitungspflicht von Störer:innen und Inhalten an das BKA im NetzDG aus, die so im DSA nicht vorgesehen ist. Aber auch jenseits dieser beiden konkreten Aspekte ist bislang grundsätzlich nicht abschließend geklärt, wie DSA und DMA auf das NetzDG zurückwirken. Hentsch (2022) folgert, dass »zumindest von einer teilweisen Unanwendbarkeit des NetzDG [...] ausgegangen werden« muss. Weiden (2022: 8) sieht in ihrem Rechtsgutachten für die Friedrich-Naumann-Stiftung »nur noch sehr eingeschränkt Raum für das deutsche Netzwerkdurchsetzungsgesetz. [...] Die vorgesehenen Durchsetzungsvorschriften taugen mit Ausnahme des Sanktionsrahmens für eine EU-weite Harmonisierung.«

Allerdings sieht der DSA selbst eine Aufgabenteilung zwischen europäischer und nationalstaatlicher Ebene vor. Nur für sehr große Plattformen mit mehr als 45 Millionen Nutzer:innen in der EU (10 % der EU-Bürger:innen; Art. 25 Abs. 1) ist die Europäische Kommission direkt dafür zuständig, die Regeleinhaltung zu überwachen. Dies kann unter anderem als Antwort auf die Problematik der Auswahl des europäischen Hauptsit-

stalking, the sale of non-compliant or counterfeit products, the non-authorised use of copyright protected material or activities involving infringements of consumer protection law« (Europäische Kommission 2020c: 20).

54 Bezogen auf Algorithmen umfasst die Transparenzpflicht konkret: »any use made of automatic means for the purpose of content moderation, including a specification of the precise purposes, indicators of the accuracy of the automated means in fulfilling those purposes and any safeguards applied« (Art. 31 Abs. 1c).

zes nach nationalstaatlichem Durchsetzungswillen durch Plattformbetreiber:innen gesehen werden (weshalb bisher Digitalkonzerne wie Facebook und Google ihren Hauptsitz in Irland haben). Dagegen obliegt die Überwachung der Regeleinhaltung kleinerer Plattformen den Nationalstaaten. Diese müssen hierfür eine Institution (»competent authorities«) als Koordinatorin für digitale Dienste *[Digital Service Coordinator; DSC]* benennen (Art. 38 Abs. 1).

> »Dieser koordiniert aber nicht nur sämtliche nationale und europäische Stellen zum DSA, sondern beteiligt sich auch an der Aufsicht. Dem DSC kommt also eine zentrale Rolle zu, weshalb es eine bedeutsame Frage ist, wer in den Mitgliedsländern diese Aufgabe übernimmt« (Jaursch 2022).

Dabei müssen die EU-Mitgliedsstaaten sicherstellen, dass der DSC seine Aufgaben »in an impartial, transparent and timely manner« mit »adequate technical, financial and human resources« und »with complete independence«, »free from any external influence, whether direct or indirect« ausführen kann, ohne dabei »neither seek nor take instructions from any other public authority or any private party« (Art. 39 Abs. 1 und 2). Das DSA selbst sieht allerdings keinen Mechanismus vor, um die Unabhängigkeit der DSC zu überprüfen oder sicherzustellen (vgl. Jaursch 2021a: 32).

Hieraus ergibt sich für die Frage nach der Veränderung von Staatlichkeit im digitalen Zeitalter eine spannende Anschlussperspektive, auf die auch bereits hingewiesen wurde. Hierzu zählt zum einen die, mit der Entwicklung vom intervenierenden Leistungsstaat zum kooperativen Gewährleistungsstaat einhergehende, zunehmende Relevanz von Regulierungsbehörden und Agenturen als Privatisierung und Liberalisierung flankierende Steuerungssubjekte. Zum anderen gehört die damit verbundene, wiederkehrende Forderung nach einer stärkeren Unabhängigkeit dieser Akteure gegenüber dem Staat – beziehungsweise nach dem Wegfall der ministeriellen Fach- und Rechtsaufsicht – dazu (siehe Kapitel III.1.2 und IV.3.2.2).

Jaursch (2022) sieht in den DSC die Chance für einen neuen »Zuschnitt der Plattformaufsicht in Deutschland«, weshalb nicht nur existierende Institutionen als mögliche DSC in den Blick genommen werden, sondern auch über die Schaffung einer neuen, eigenständigen Aufsichtsagentur nachgedacht werden sollte. Zugleich stellt er fest, dass mit »Blick auf die bisherigen Regulierungsstrukturen [...] in Deutschland nicht viele Institutionen an die [im DSA] geforderte völlige Unabhängigkeit herankommen« und daher die Unabhängigkeit des DSC »eine der zentralen Herausforderungen beim Aufbau des deutschen DSC« sei.

So stellte bereits 2010 der Europäische Gerichtshof (EuGH)[55] eine deutsche Vertragsverletzung fest, weil »die für die Überwachung der Verarbeitung personenbezogener Daten« zuständige Stelle ihre Aufgaben nicht »in völliger Unabhängigkeit« wahrnehmen konnte (EuGH 2010: Rn. 58). Anschließend dauerte es fünf Jahre, bis das Bundesdatenschutzgesetz (BDSG) 2015 entsprechend geändert wurde. Seit 2016 unterliegt damit der Bundesbeauftragte für den Datenschutz und die Informationsfreiheit (BfDI), als nun eigenständige oberste Bundesbehörde, nicht mehr der Fach- und Rechtsaufsicht (bezie-

---

55 EuGH-Urteil vom 9. März 2010 (C-518/07).

hungsweise Dienstaufsicht) des Innenministeriums (vgl. BfDI 2015).[56] Zuletzt wies der EuGH (2021: Rn. 103ff.)[57] auch bei der als Bundesoberbehörde unter Aufsicht der Bundesregierung stehenden BNetzA auf eine nicht ausreichende Unabhängigkeit bei der Wahrnehmung ihrer Regulierungsaufgaben (im Energiebereich) hin,[58] obwohl die Entscheidungen der Beschlusskammern nicht von Ministerien aufgehoben werden können (vgl. Jaursch 2021b).

Neben der BNetzA listet Jaursch (2022) beispielhaft weitere deutsche Institutionen und Organisationen auf, die sich bereits inhaltlich mit Ansätzen der Plattformregulierung auseinandersetzen, von denen zugleich aber keine die eigentlich von DSC erforderte ganzheitliche Plattformaufsicht erfüllt. Darüber hinaus weist er auf die vielfältig vorhandenen Erfahrungen durch existierende Koordinationsstrukturen (insbesondere im Bereich der Medienregulierung) auf Bundes- wie Landesebene hin. Ein »Gremium auf Bundesebene, das politikfeldübergreifend sowohl Koordinations- als auch Aufsichtsfunktionen übernimmt, gibt es bislang für die Plattformaufsicht nicht« (ebd.). Gleichwohl plädiert er mit Blick auf die im DSA geforderte Unabhängigkeit, Ressourcenausstattung, Transparenz und die geforderten Befugnisse für eine »neue, eigenständige Agentur« statt einer »Minimal-DSC«, die »die meisten Aufgaben der Plattformaufsicht an andere Behörden weiterleitet.« Aufgrund der kurzen Frist zur Benennung des DSC und mit Blick auf das Zuständigkeitsgerangel in der Digitalpolitik sowie die Debatten um ein Digitalministerium scheint eine solche Lösung bislang jedoch unrealistisch, zumal beim DSA nicht nur Interessenkonflikte zwischen Bundesministerien zum Tragen kommen, sondern auch unter den Ländern sowie zwischen Ländern und Bund. Rößner und Hain (2022) sehen deshalb auch verfassungsrechtliche Probleme, da nach dem Grundgesetz »die Länder für die publizistische Regulierung der Inhalte und die damit zusammenhängenden Aufgaben des Schutzes der Menschenwürde und des Jugendmedienschutzes zuständig« sind. Sie plädieren daher dafür, die Verteilung der Regulierungskompetenzen beizubehalten, neue Aufgaben der jeweils sachnähesten Behörde zuzuordnen und entweder eine übergeordnete koordinierende Behörde als DSC zu schaffen oder diese Funktion einer existierenden zuzuweisen (wie etwa einer der Landesmedienanstalten). Allerdings müssten sich dafür nicht nur Bund und Ländern einigen, sondern darüber hinaus auch alle dann weiterhin zuständigen Regulierungsbehörden völlig unabhängig aufgestellt werden.

---

56 Zugleich wurden insbesondere von zivilgesellschaftlichen Akteuren und den Datenschutzbeauftragten selbst die (weiterhin) unzureichenden finanziellen und personellen Ressourcen kritisiert (vgl. Thomé 2015: 132f.).

57 EuGH-Urteil vom 2. September 2021 (C-718/18).

58 Eine unmittelbare Übertragbarkeit des Urteils auf den Telekommunikationsbereich sieht eine Ausarbeitung der Wissenschaftlichen Dienste (2021: 9f.) des Bundestages nicht, da die Stellung der BNetzA in diesem Bereich weder vergleichbar noch ihre Unabhängigkeit ähnlich eingeschränkt sei.

V.3.7 Politics III: Governance of Algorithms – Regulierung von Algorithmen

»Wie es eine Gesellschaft mit der Algorithmusregulierung hält, wird mit den ständig wachsenden Anwendungsfeldern digitaler Technologie immer wichtiger« (Schemmel 2018: 512). Dies wird auch mit Blick auf den Umgang mit Hass und Hetze in sozialen Netzwerken deutlich. Da sowohl das NetzDG als auch der DSA die großen Plattformen dazu verpflichten, regelmäßig Einsatz, Funktionsweise und Wirksamkeit algorithmengestützter Content-Moderation (der automatisierten Entfernung oder Sperrung von Inhalten beziehungsweise der Verhinderung ihres Uploads) in ihren Transparenzberichten offenzulegen, ergibt sich hieraus die Möglichkeit, über eine Regulierung dieser Algorithmen [Governance *of* Algorithms] zu steuern. Darüber hinaus sind bei sehr große Plattformen »on-site inspections« möglich, bei denen die EU-Kommission oder hinzugezogene Auditor:innen oder externe Expert:innen auch weitere Auskünfte über die genutzten Algorithmen verlangen können (Art. 54). Der weitere Umgang mit Algorithmen kann grundsätzlich auf unterschiedliche Art und Weise erfolgen. Neben einem Verbot nennt Schemmel (ebd.: 512ff.) beispielsweise drei Ansätze:

1. *Transparenz* kann die Funktionsweise des Algorithmus nachvollziehbar machen. Für eine vollständige Transparenz muss der Code entweder öffentlich einsehbar oder (wenn es sich beispielsweise um ein Geschäftsgeheimnis handelt) einem Audit durch Dritte (Expert:innen, Zivilgesellschaft, Behörde) zugänglich sein.
2. Über eine eingebaute *Opt-out-Regelung*[59] können Nutzer:innen – im Sinne digitaler Souveränität – selbst entscheiden, ob ein bestimmter Algorithmus angewandt werden soll oder nicht. Hierfür bedarf es nicht nur ausreichend verständlicher Information über die Wirkungsweise des Algorithmus, sondern auch mündiger Bürger:innen, die die Konsequenzen der (Nicht-)Nutzung abschätzen können.
3. *Regulierung* von Algorithmen durch angepasste Vorgaben, um etwa die Diversität von Inhalten sicherzustellen oder Gefahren von Diskriminierung entgegenzuwirken.

Für die Regulierung eines Algorithmus benötigt das Steuerungssubjekt dabei nicht zwingend einen Zugang zu dessen Code. Dies verdeutlichen die drei Möglichkeiten einer rechtlichen Regulierung, die Seyfert unterscheidet:

1. Essentialistischer Ansatz: Diesen bezeichnet Seyfert (2021: 227) auch als *beschreibungs*basierten Ansatz, der direkt auf der Ebenen des Quellcodes reguliert. Die regulierende Instanz benötigt daher nicht nur Zugang zum Code für das Audit, sondern auch entsprechendes Expert:innenwissen, um diesen lesen, verstehen und Änderungsbedarfe formulieren zu können. Darüber hinaus besteht die Schwierigkeit, dass jedes spätere Update des Codes (dieser ändert sich regelmäßig, etwa wegen gefundener Sicherheitslücken, zur Implementation neuer Features oder effizienterer Algorithmen) ein Reaudit nach sich ziehen müsste.

59 In hochsensiblen Bereichen wäre allerdings eine *Opt-in-Regelung* angebrachter. Hier wäre der Algorithmus – nach dem Motto »privacy by design« – zunächst standardmäßig ausgeschaltet.

2. Intentionalistischer Ansatz: Dieser *leistungs*basierte Ansatz reguliert das strategische Vorgehen (Intention) des Algorithmus und nicht dessen Quellcode. Der Vorteil liegt aber darin, dass eine Abstraktion von der Codebene stattfindet, sodass dieser einfach ohne regulatorische Konsequenzen verändert werden kann, solange sich dabei die Strategie des Algorithmus nicht verändert. Auch hier ist Expert:innenwissen über komplexe technologische Zusammenhänge nötig, um die Funktionsweise des Algorithmus nachvollziehen und bewerten zu können (vgl. ebd.: 227f.).
3. Behavioristischer Ansatz: Aufgrund des bei den beiden anderen Ansätzen notwendigen Expert:innenwissen wird bei der Regulierung komplexer Technologien (wie etwa von Handelsalgorithmen auf den Finanzmärkten) häufig stattdessen der *ergebnis*orientierte Ansatz eingesetzt. Hierbei wird das erwartete Ergebnis der Algorithmusanwendung bei der Regulierung spezifiziert. Die Umsetzung in Bezug auf das strategische Vorgehen des Algorithmus oder dessen Code bleiben dagegen den regulierten Akteuren überlassen (vgl. ebd.: 228).

Grundsätzlich ist dabei auch eine wechselseitige Beeinflussung möglich, die Seyfert (ebd.: 225) als eine »ko-produktive Natur der Regulierung« bezeichnet, was den Fokus auf gemeinsam *veränderte* Algorithmen lenkt. Bei der Ko-Produktion im Rahmen der Regulierung entstehen etwa Grenzwerte (die vorher nicht existierten) oder die Festlegung, was der zu regulierende Algorithmus überhaupt ist beziehungsweise umfasst (da dessen Code wiederum aus beliebig vielen einfacheren Algorithmen besteht). Das Ergebnis dieser Ko-Produktion sei, dass sich Algorithmen nach der Regulierung entsprechend der Erwartungen verhielten – sie helfe aber nicht dabei, deren Funktionsweise für Nicht-Expert:innen verständlicher zu machen (vgl. ebd.: 230).

Beim NetzDG und beim DSA lassen sich sowohl der behavioristische wie auch der intentionalistische Ansatz erkennen. Zum einen wird sozialen Netzwerken *ergebnisorientiert* der Einsatz von Algorithmen ermöglicht, um rechtswidrige Inhalte zu erkennen und diese zu entfernen oder zu sperren. Die Ergebnisorientierung spiegelt sich in den zahlenlastigen Berichterstattungspflichten über Meldungen, Maßnahmen und Gegenvorstellungen wider. Im direkt auf Algorithmen bezogen Teil der Gesetze zeigt sich dagegen der *leistungsbasierte* Ansatz. Die Plattformbetreiber:innen werden hierbei verpflichtet, umfassend und verständlich über Ziele, Funktionalität, Zuverlässigkeit sowie Sicherheitsmaßnahmen bei der Anwendung automatischer Content-Moderation Bericht zu erstatten.

Mit diesem dualen Ansatz besitzt das NetzDG das Potenzial, eine spezifische Problematik der Regulierung von Algorithmen durch ergebnisorientierte Ansätze abzuschwächen. Da hierbei weder der Quellcode noch die Strategie des eingesetzten Algorithmus eine Rolle spielen, sondern ausschließlich das erwartete Ergebnis formuliert wird, kann es zum Einsatz eigentlich – etwa aufgrund von Nebenwirkungen – unerwünschter Techniken kommen. Dies zeigt sich an den Debatten um Uploadfilter[60] und Zensurinfra-

---

60 Bei den Debatten zu Artikel 13 beziehungsweise 17 der EU-Urheberrechtsreform 2019 zogen sich (politische) Befürworter:innen sogar explizit auf das Argument zurück, dass in dem regulierenden Gesetzestext wörtlich keine Uploadfilter vorgesehen seien, da dieser ergebnisorientiert und damit technologieoffen formuliert worden sei. Kritiker:innen wiesen dagegen darauf hin, dass der aktu-

strukturen exemplarisch. Der im NetzDG ergänzte leistungsbasierte Ansatz ermöglicht es, mittels Transparenz und Berichtspflichten diese Gefahr zu beschränken.

elle Stand der Technik und Wirtschaftlichkeitskriterien aufgrund der Anzahl an zu überwachenden Inhalte keine andere technische Lösung als der Einsatz von Uploadfilter ermöglichen würden.

VI. Staatlichkeit im digitalen Zeitalter: Ein neues Steuerungsparadigma?

»Staatlichkeit kann sich unmöglich im selben Tempo wie die gesellschaftlichen Subsysteme wandeln oder sich die notwendige Expertise und Information aneignen, um sie wirksam zu kontrollieren.«
Stephan Leibfried und Michael Zürn (2006b: 36)

Mitte der 2010er-Jahre leiteten Leibfried und Zürn (2006b: 36) aus der Langsamkeit des Wandels von Staatlichkeit ab, dass der Staat, um »in einer solchen [sich schnell wandelnden] Umwelt erfolgreich zu sein, [...] seine hierarchischen und patriarchalischen Strukturen transformieren und politische Verantwortung mit privaten oder zivilgesellschaftlichen Akteuren teilen« muss. Aus dieser Perspektive enthielt der »zerfaserte« kooperative Gewährleistungsstaat mit seinem veränderten Steuerungsparadigma zugleich die Antwort auf die zunehmende Komplexität.[1] Der Netzwerkgesellschaft und komplexen Problemen stand so im Informationszeitalter das Paradigma einer komplexen, netzwerkorientierten Steuerung durch horizontale Governance gegenüber. Gilt dies im digitalen Zeitalter weiterhin, oder bildet sich ein neues Steuerungsparadigma heraus? Und wie steht es um das Steuerungspotenzial des Staates?

1 Demgegenüber führt Willke (1997: 317f.) aus: »Die Sollbruchstelle von Hierarchie ist nicht Komplexität, sondern Kontrolle.« Wenn Informationen, Kompetenzen und Kontrolle vorhanden seien, sei eine hierarchische Steuerung von komplexen Systemen grundsätzlich möglich. Konkret scheitere die Hierarchie an »der Unkontrollierbarkeit der Wissensgesellschaft«.

VI.1 Modell des Staates und der Staatlichkeit

Diese Abhandlung fokussiert sich auf veränderte staatliche Steuerung im digitalen Zeitalter. Dennoch sollen im Folgenden, anknüpfend an die Systematisierung von Staatsbildern und -modellen in Kapitel IV, die *Leistungsdimension des Staates* und die *Steuerungsdimension der Staatlichkeit*, kursorisch einige wenige Entwicklungen in der staatlichen Leistungserbringung und Gewährleistungsverantwortung hervorgehoben werden, da diese bei der Einordnung nicht vollständig ausgeblendet werden können.

In der Literatur finden sich bisher keine Hinweise auf eine grundlegendere Abkehr vom Modell des Gewährleistungsstaates. Allerdings fanden auch keine weiteren Großprivatisierungen statt, und grundsätzlich lässt sich von Reregulierung statt Deregulierung sprechen. Auf der kommunalen Ebene zeigen sich neben einzelnen Privatisierungen, etwa im Bereich von Krankenhäusern, sogar vermehrt Fälle von Rekommunalisierung. Schwarting (2021: 278) verweist in diesem Kontext darauf, dass das Vertrauen in öffentlich-private Partnerschaften[1] und als effizienter erachtete privatwirtschaftliche Leistungserbringung in der Finanz- und Weltwirtschaftskrise 2008/2009 brüchiger geworden sein – zugleich hätten mit »der Energiewende, aber auch im Zuge der Diskussion um die Wohnraumversorgung [...] öffentliche Trägermodelle wieder Konjunktur.« Auch Libbe (2021: 296) konstatiert, dass in den letzten zehn Jahren »das Thema der Rekommunalisierung Konjunktur« habe, was sich in der »Neugründung von Stadtwerken, de[m] Rückkauf ehemals privatisierter Unternehmensanteile sowie [...] [der] Übernahme von Netzkonzessionen« zeige. Neben dem Energiesektor gelte dies auch für die Wasser- und Abfallwirtschaft oder den Wohnsektor (vgl. ebd.: 308). Insgesamt konstatiert Sack (2019: 325) allerdings:

> »Rekommunalisierung ist somit ein relevantes Phänomen (und ebenfalls Gegenstand politischer Konflikte), aber es ist derzeit wohl eher nicht von einer ganz grundsätzlichen Abkehr von privater Leistungserbringung auszugehen.«

1 Dagegen plädieren etwa Schäfer und Rethmann (2020: 405) nicht grundsätzlich gegen öffentlich-private Zusammenarbeit – an diese sollten im Bereich der Daseinsvorsorge jedoch deutlich höhere Ansprüche formuliert werden. Dieser neuen qualitativen Dimension könnte dabei durch den neu geprägten Begriff der Öffentlich-Privaten Daseinsvorsorge (ÖPD) Ausdruck verliehen werden.

Daneben gibt es aber auch grundsätzlichere Debatten über andere Formen zur Ausgestaltung der Daseinsvorsorge, wie sie etwa unter dem Label der Fundamentalökonomie *[foundational economy]*[2] geführt werden (vgl. Foundational Economy Collective 2019; Streeck 2019).

Die Debatte um Staatsaufgaben im Rahmen der Daseinsvorsorge und die Steuerung zur Erfüllung dieser Aufgaben ist eng mit den dafür nötigen Infrastrukturen verbunden. Mithin gibt es grundlegende Infrastrukturen und Dienste, die universell verfügbar sein sollten. Neben den klassischen Verkehrs- und Stromnetzen, den (Ab-)Wasserleitungen oder den sozialen Dienst(leistung)en betrifft dies im digitalen Zeitalter vor allem die Breitbandinfrastruktur. Zu dieser zählen die Festnetzanbindung (Glasfaser, Kabel, DSL/Vectoring) sowie die mobile Netzversorgung (5G, Satelliten-Internet). Bezogen auf Digitalisierung und Daseinsvorsorge wird die staatliche Leistungserbringung daher insbesondere unter dem Aspekt des Zugangs zu dieser Infrastruktur – dem »Recht auf schnelles Internet«– diskutiert.[3] Hierbei geht es um das Recht auf digitale Teilhabe und die Gleichwertigkeit der Lebensverhältnisse, denen ein infrastruktureller *digital divide* entgegensteht. Hier zeigen sich Entwicklungen, die wegweisen von klassischer privatisierter Leistungserbringung unter Gewährleistungsverantwortung und als Hybridisierung (wenngleich noch auf niedrigem Niveau) beschrieben werden können. Zum einen flankiert der Staat die Leistungserbringung durch private Netzbetreiber:innen hierarchisch, indem die gesetzliche Regulierung sukzessiv ausgeweitet wird. So wurden die Verbraucherrechte gestärkt und eine (wenngleich von vielen internetaffinen Akteuren als zu gering abgekanzelte) Mindestbandbreite eingeführt. Zum anderen übernimmt der Staat teilweise wieder eine direktere staatliche Leistungserbringung. Hierzu zählt etwa die neu gegründete Infrastrukturgesellschaft. Die Ko-Regulierung wird also durch eine begrenzte Ko-Produktion ergänzt. Auf kommunaler Ebene kommt es ebenso immer wieder dazu, dass Gemeinden die Internetversorgung selbst in die Hand nehmen, Glasfaser verlegen, WLAN-Bürger:innen-Netze selbst oder in zivilgesellschaftlicher Kooperation (etwa mit Freifunk) betreiben.

---

2 Unter der Fundamentalökonomie versteht das Foundational Economy Collective (2019: 64–68) die alltäglichen materiellen (Netze, Kabel, Filialen für Wasser, Mobilität, Strom, Essen) und sozialen Infrastrukturen (medizinische Versorgung, Bildung), über die fundamentale Güter und Dienstleistungen für die Gesellschaft erbracht werden. Sie sind deshalb fundamental, weil sie alltäglich für alle Bürger:innen erforderlich und unverzichtbar für Wohlergehen und Wohlfahrt sind.

3 Zwar trat am 1. Juni 2022 die von der Ampelkoalition beschlossene Verordnung über die Mindestanforderungen für das Recht auf Versorgung mit Telekommunikationsdiensten (TK-Mindestversorgungsverordnung; TKMV) in Kraft (vgl. Deutscher Bundestag 2022: 880). Allerdings werden die dort (§ 2) definierten Mindestanforderungen von 10 Mbit/s im Down- und 1,7 Mbit/s im Upload von vielen Akteuren als nicht ausreichend kritisiert. Die digitalpolitische Sprecherin der Linksfraktion im Bundestag, Anke Domscheid-Berg, spricht vom »lahmen Internet für alle in der schlechtest möglichen Variante«, was angesichts der Pandemieerfahrung »peinlich« und »inakzeptabel« sei (zitiert nach Krempl 2022b), zumal das BMDV (2022c) eine »Gigabitstrategie« (begrifflich handelt es sich dabei um 1.000 und nicht 10 Mbit/s) veröffentlicht hat und in der von ihm verantworteten Digitalstrategie der Bundesregierung, die »moderne, **leistungsfähige und nachhaltige Netze** [Herv. i. O.]« als Voraussetzung für digitale Angebote und deren Nutzung benennt, weshalb sie daher den »Gigabitausbau […] weiter vorantreiben« will (BMDV 2022a: 11).

Hieran wird ersichtlich, dass die Debatte – auch bei digitalen Infrastrukturen – über den Ruf nach einer »Verstaatlichung« oder Rekommunalisierung privatisierter Infrastrukturen der Daseinsvorsorge hinausgeht. Denn daneben existieren »erste Suchbewegungen nach einer neuen, solidarischen, partizipativen, öffentlichen Alltagsökonomie und Infrastrukturen«; mithin nach einer solchen Alltagsökonomie, die über eine einfache Nutzung der Zivilgesellschaft als Leistungserbringer:in hinausgeht und »die Gestaltung und Verwaltung sozialer Rechte, Infrastrukturen und Daseinsvorsorge konsequent vergesellschafte[t]« (Dyk/Haubner 2021: 159). Hierfür spielt unter anderem die Debatte um *Commons* eine wichtige Rolle, wobei jedoch Veränderungen in der staatlichen Steuerung bisher eher auf eine *Indienstnahme* der Zivilgesellschaft hindeuten (siehe Kapitel VI.1.2.1).

Grundsätzlich differenziert sich die Form der Leistungserbringung weiter aus, sie wird mithin hybrider. Aus dieser Perspektive lässt sich von einem *Patchworkstaat* im digitalen Zeitalter sprechen, der die Nachfolge des Gewährleistungsstaates des Industriezeitalters und dessen dominanten Paradigmas von Privatisierung und Liberalisierung antritt. Der Begriff Patchwork ist dabei aus mehreren Gründen und auf unterschiedlichen Ebenen passend. Zum einen steht der Flickenteppich[4] bildlich für ein zusammengesetztes Mosaik aus alten Teilen. Er passt damit sowohl für die im digitalen Zeitalter zunehmend verschiedenen Modi der Leistungserbringung jenseits der Gewährleistungsübertragung als auch für den hybrideren Steuerungsmix: Beide sind eher durch ein neues Mischungsverhältnis alter, bekannter Formen geprägt, als durch gänzlich neue Konzepte und Instrumente. Zum anderen knüpft der Patchworkbegriff an die Beschreibungen der Ausgestaltung von Steuerung in föderalen Systemen oder unterschiedlicher nationalstaatlicher Regulierungstraditionen im Rahmen der EU-Gesetzgebung an. Hierbei werden die ineinandergreifenden oder teilweise auch konkurrierenden regulativen Politiken als Patchwork *[regulatory patchwork]* bezeichnet. Héritier (1995: 2) spricht so etwa vom »›Patchwork‹-Charakter europäischer regulativer Politik«. Bezogen auf unterschiedliche nationalstaatliche Settings von Föderalismus und Sozialstaatlichkeit identifizieren Castles et al. (2005: 227f.) den »Patchwork quilt« als einen spezifischen Strategietypus, der Sozialpolitik durch eine »Vielzahl von Arrangements« strukturell nachhaltig prägt, wobei die Dimensionen der Finanzierung, die Form der Leistungserbringung (»Ausgestaltung des ›public-private-mix‹«) sowie »die Formen und Instrumente staatlicher Steuerung« eine Rolle spielen. Zum dritten betont der Begriff einen pragmatischen Charakter, wie er sich in den Experimentierräumen und Testlaboren politischer Steuerung exemplarisch zeigt, womit wir beim Modell der Staatlichkeit in der Steuerungsdimension angelangt sind.

Für die Bestimmung des Modells der Staatlichkeit im digitalen Zeitalter wird im Folgenden zunächst ein Blick auf eine Reihe von Steuerungsinstrumenten geworfen, die

4 Im Folgenden wird der Begriff Patchwork anstelle des deutschen Flickenteppichs genutzt, da gerade in der medialen Berichterstattung an prominenten Beispielen eine unterschiedliche Bewertung sichtbar wird. So wird der Begriff des Flickenteppichs, wie etwa bei den Diskussionen um die unterschiedlichen Corona-Regeln in den deutschen Bundesländern deutlich wurde, eher mit negativen Assoziationen besetzt. Im Gegensatz dazu ist etwa die Patchworkfamilie eher positiv konnotiert, ohne dabei jedoch zugleich jegliche damit verbundene Herausforderungen zu negieren.

teilweise bereits bei den Fallbeispielen in Kapitel V eine Rolle gespielt haben. Im Zentrum steht die Frage danach, inwieweit sich die angewandten Steuerungsinstrumente des Staates im digitalen Zeitalter verändern, ob sich darin eine Relevanzverschiebung zwischen den Steuerungsformen abzeichnet. Daran anschließend wird gefragt, ob sich aus diesen Veränderungen die Existenz eines neuen Steuerungsparadigmas ableiten lässt. Dabei soll an dieser Stelle noch einmal deutlich darauf hingewiesen werden, dass nicht primär das (Nicht-)Vorhandensein neuer (digitaler) Steuerungsinstrumente entscheidend ist. Wandel kann sich viel eher in einem neuen Mix bekannter Steuerungsinstrumente niederschlagen. Gleichwohl steht zu Beginn zunächst die Frage nach möglicherweise neuen digitalen Steuerungsinstrumenten im Raum.

VI.1.1 Neue digitale Steuerungsinstrumente?

Die in Kapitel III.2 vorgestellten Steuerungsinstrumente fanden und finden in unterschiedlicher Kombination Anwendung im modernen Staat. Auch wenn ihre konkrete Umsetzung variieren kann, bleibt das Instrumentarium über die Zeit grundsätzlich gleich. Für das digitale Zeitalter schälen sich in der Darstellung jetzt jedoch mindestens zwei Steuerungsinstrumente heraus, die spezifisch für dieses Zeitalter zu sein scheinen.[5] Im Folgenden werden diese beiden Instrumente – das Nudging sowie die algorithmische Steuerung – näher betrachtet und sowohl auf ihren Neuheitsgehalt als auch auf ihre Potenziale und Gefahren für politische Steuerung hin untersucht.

VI.1.1.1 Behavioral Governance: Nudging

Behavioral Governance oder verhaltensbasierte Regulierung ist kein grundsätzlich neues Phänomen. Es lässt sich zum einen auf kybernetische Vorstellungen zurückführen, nach denen Steuerungsobjekte nicht direkt gesteuert werden müssen, »sondern indirekt, durch die Veränderung der Umwelt, mit der Organismen und Maschinen via Feedback gekoppelt sind« (Stalder 2017: 228). Zum anderen knüpft es an indirekte Steuerungsinstrumente durch Information oder Strukturierung, vor allem aber durch Überzeugung an. Zugleich unterscheiden sich verhaltensbezogene Regulierungsversuche, die im digitalen Zeitalter unter dem Begriff des Nudging eine erhöhte Aufmerksamkeit erhalten haben,[6] jedoch in einigen zentralen Punkten, sodass sie von den genannten Politikinstrumenten abzugrenzen sind.

> »Today, behavioural public policy and related concepts such as nudge are at the core of a debate that challenges the foundational principles and traditional conceptualizations of public policy« (Straßheim/Beck 2019: 6).

5 Mitunter wird mit Blick auf solche Steuerungsinstrumente von »algorithmischer Gouvernementalität« gesprochen (siehe beispielsweise Nosthoff/Maschewski 2019: 40).

6 Das Konzept geht auf Thaler und Sunstein (2009) zurück (siehe auch grundlegend Sunstein 2014b). In der weiteren Darstellung wird jedoch gleich auf die aktuellere und konkretisiertere Rezeption des Nudging-Konzeptes zurückgegriffen.

Mit dem Instrument des Anreizes *[Nudge]* wird versucht, Verhalten zu beeinflussen. Es handelt sich also um eine weiche Form der Steuerung, die auch als »Libertarian Paternalism« (Hansen 2016) oder »Soft Paternalism« (Sunstein 2014b) bezeichnet wird. Leggett (2014: 3f.) spricht vom »new, ›libertarian paternalist‹ Third Way, overcoming the pitfalls of overbearing statism and laissez-faire neoliberalism« und sogar dem »model of the behaviour change state«. »Nudging lässt sich lose definieren als eine paternalistische Regulierungsmethode«, konstatieren auch Weber und Schäfer (2017: 561). Hansen (2016: 18ff.) argumentiert dagegen, dass zum einen libertärer Paternalismus mehr umfasse als ausschließlich Nudging. Zum anderen könne Nudging auch einfach als technisches Steuerungsinstrument verstanden werden, das nicht nur paternalistisch motiviert angewandt werde.

Nudging arbeitet dabei nicht, wie normalerweise bei der politischen Steuerung, über Anreize mit Sachmitteln oder Geld, etwa in Form von Subventionen oder Förderungen. Stattdessen werden Erkenntnisse aus der Verhaltensökonomie, der Psychologie und den Neurowissenschaften herangezogen, um (subtile) psychologische Anreize zu geben. Auch wenn die Begriffe Nudge und Nudging erst vor etwa zehn Jahren aufgekommen sind, weisen Reisch und Sandrini (2015: 22) darauf hin, dass verhaltensbasierte Regulierung nicht als das neue Instrument zu verstehen sei, das traditionelle Steuerungsinstrumente ablöse, sondern als »**Ausgestaltung** bestehender Instrumente […] [oder] **Ergänzung** [Herv. i. O.] des Instrumentariums in Form von gezielter Gestaltung von Entscheidungssituationen«, weshalb mit Bezug auf Nudging auch von einer Entscheidungsarchitektur gesprochen wird. Letztlich geht es um die Steuerung menschlichen Verhaltens über kleine oder große Anreize, die dazu führen sollen, dass Individuen in dieser Situation aus den gegebenen Optionen an Verhaltensweisen oder alternativen Leistungen eine ganz bestimmte Option auswählen oder sich auf eine bestimmte Art und Weise verhalten.[7]

> »A nudge is a function of (I) any attempt at influencing people's judgment, choice or behaviour in a predictable way,[8] that is (1) made possible because of cognitive boundaries, biases, routines, and habits in individual and social decision-making posing barriers for people to perform rationally in their own self-declared interests,[9] and which (2) works by making use of those boundaries, biases, routines, and habits as integral parts of such attempts. Thus a nudge amongst other things works independently of: (i) forbidding or adding any rationally relevant choice options, (ii) changing incentives, whether regarded in terms of time, trouble, social sanctions, economic and so forth, or

7 Positiv gesehen, antwortet der Staat mit Nudging auf die begrenzte Rationalität seiner Bürger:innen und stupst sie ohne Zwangsanwendung, also in Form eines weichen und nicht eines harten autoritären Paternalismus, in die richtige Richtung (indem er sie vor sich selbst schützt) (vgl. Weber/Schäfer 2017: 561f., 576).

8 Dabei wird explizit nicht ausgeschlossen wird, dass generell jede Entscheidung in einer Auswahlsituation durch den Entscheidungskontext (wie allein schon das Design oder die Anordnung, in der Auswahloptionen präsentiert werden), allerdings nicht intentional, beeinflusst wird (vgl. Leggett 2014: 5).

9 Vergleiche hierzu ausführlich Weber und Schäfer (2017: 568–572).

(iii) the provision of factual information and rational argumentation« (Hansen 2016: 20; vgl. auch Hansen/Jespersen 2013: 15).[10]

Behavioral Governance mittels Nudging kann verschiedene Elemente aufweisen. Sunstein (2014a: 3ff.) benennt zehn wichtige Nudges, weist aber gleichzeitig darauf hin, dass sie in Anzahl und Varianz ständig zunehmen. Die Bandbreite reicht von Erinnerungen (wie etwa Hinweise auf auslaufende Fördermöglichkeiten) über Hinweise und Warnungen (etwa in Form der Lebensmittelampel, der Label der Energieeffizienzklassen auf Elektrogeräten oder abschreckender Fotos auf Tabakprodukten) bis hin zur Vorauswahl *[default rules]*[11] (etwa in der Debatte um die Erhöhung der Organspenden).[12] Die Anwendung von Behavioral Governance wird explizit mit »social complexity« und »individualised citizenry« in Verbindung gebracht, die dazu führen, dass »Policy makers increasingly believe that [it's] […] the only way to address ›wicked‹ challenges« (Leggett 2014: 3).

Für die Umsetzung einer solchen Steuerung bringt Sunstein (2014a: 7) nicht nur die bestehenden Institutionen ins Spiel, die einfach auf ein weiteres Steuerungsinstrument setzen, sondern auch die Etablierung neuer Institutionen, etwa eines »behavioral insights team or a nudge unit« als offiziellen Teil der Regierung oder als Beratungsgremium.[13] Auch in Deutschland wurde in der dritten Amtszeit von Angela Merkel im Jahr 2015 eine Arbeitsgruppe mit drei Mitarbeiter:innen (die bis 2021 auf fünf Mitarbeiter:innen anwuchs) unter dem Namen »Wirksam regieren« im Kanzleramt eingerichtet, die sich mit psychologischen und verhaltensökonomischen Aspekten der Steuerung auseinandersetzen sollte.[14] Weber und Schäfer (2017: 579) kritisierten, dass man über deren

---

10 Dabei basiert Nudging nur auf zwei schwachen Vorstellungen des Sozialen. Zum einen auf den sozialen Menschen im sehr beschränkten Kontext der direkten Umwelt in Entscheidungssituationen. Zum anderen, indem das Nudging-Konzept, bezogen auf seinen Wirkungszusammenhang auf soziale Normen setzt, allerdings nur im Sinne des erwarteten, wahrscheinlichen Verhaltens der Mehrheit. Insofern kritisiert Leggett (2014: 11), dass das Konzept »excludes fundamental elements that are commonplace elsewhere in the social sciences« (wie Pfadabhängigkeiten, Sozialstrukturen, institutionelle Arrangements, Akteurstheorien etc.).

11 In direktem Bezug zu *default rules* stehen die Prinzipien von *Opt-in* oder *Opt-out*. In Bezug auf Regulierung spielen diese vor allem im Datenschutz und dem Konzept des *Privacy by Design* eine Rolle. Eine Einwilligung zur Datenverarbeitung müsste, wenn sie dem Konzept folgt, als Opt-in implementiert werden. Die Einwilligung (etwa in Form eines Auswahlfeldes in einem Onlineformular) dürfte also nicht vorausgewählt sein, sondern Nutzer:innen müssten sich aktiv dafür entscheiden, einzuwilligen. Bei einer Opt-out-Implementierung müssten sie einer Datennutzung dagegen aktiv widersprechen.

12 Für weitere konkrete Beispiele aus unterschiedlichen Feldern der Verbraucherpolitik siehe Reisch und Sandrini (2015: 56–114).

13 Für einen Überblick über nationale und internationale Akteure und Institutionen zur verhaltensbasierten Regulierung siehe etwa Reisch und Sandrini (2015: 39–55). Häufig genannt werden das seit 2010 existierende *Behavioural Insights Team* in Großbritannien und das seit 2014 bestehende *Social and Behavioral Science Team* in den USA. Aber auch auf der Ebene der Europäischen Kommission gibt es eine *Foresight and Behavioural Insights Unit*.

14 Hiermit wurde eine Vereinbarung aus dem Koalitionsvertrag von CDU, CSU und SPD (CDU et al. 2013: 105) zur gezielten Erhöhung des wirksamen und vorausschauenden Regierungshandelns umgesetzt, für die unter anderem »Kompetenzen und Kapazitäten in der Verwaltung« aufgebaut

»Aktivitäten [...] bisher nichts in Erfahrung bringen kann«. Eine Anfrage der Grünen zu den Zielen und Aufgaben der Arbeitsgruppe beantwortete der damalige Kanzleramtsminister Helge Braun im April 2015: Es gehe um eine »Evidenzbasierung von Politik«, indem Maßnahmen nicht nur ex ante auf ihre Wirksamkeit überprüft, sondern bereits vor ihrer Einführung alternative Lösungsansätze wissenschaftlich bewertet und in Pilotprojekten getestet werden würden (Deutscher Bundestag 2015a: 1). Auf Nudging oder Verhaltensökonomie geht Braun in seiner Antwort nicht ein. Vielmehr sei das Leitbild der Regierung weiterhin »der mündige, informierte Bürger«, weshalb durch die wissenschaftliche Unterstützung der Arbeitsgruppen die Beratung, Aufklärung und Information gestärkt sowie öffentliche Dienstleistungen verbessert und vereinfacht werden sollen (ebd.: 2). In der Folgezeit veröffentlichte die Arbeitsgruppe beziehungsweise dann als Referat 612 des BKAmt[15] bis 2020 insgesamt elf Studien und Präsentationen im Auftrag unterschiedlicher Ministerien und nachgeordneter Behörden auf ihrer Website. Untersucht wurde beispielsweise die Wirksamkeit unterschiedlicher Informationsformen (Flyer, Infoblatt, Arztpraxen) zur Steigerung der Masernimpfungen[16] oder die Wirkung unterschiedlicher Hinweislabels auf die Lebensdauer von Elektroprodukten in Konkurrenz zum Preis auf die Kaufentscheidung (Bundesregierung o.J.b). Gerade Letzteres ist ein Beispiel für die Frage, wie sich eine (subtil) unterschiedliche Gestaltung des Entscheidungskontextes auf Nutzer:innenverhalten auswirkt und klar im Bereiche des Nudging und der Verhaltensökonomie zu verorten. Die Arbeitsweise der Gruppe wurde auf der Website als »Verstehen, Entwickeln, Testen« beschrieben, wobei Bürger:innen bei allen Schritten in das »erste[] Politiklabor in der Bundesregierung« eingebunden sein sollten: Im Idealfall werden Bürger:innen befragt, um den Kontext einer politischen Maßnahme zu verstehen, und bei der Entwicklung von Gestaltungsalternativen einbezogen, die dann »unter realistischen Bedingungen« mit Bürger:innen getestet werden (Bundesregierung o.J.a). Bürger:innenbeteiligung wurde großgeschrieben, was wenig verwunderlich ist, sind diese doch die Steuerungsobjekte, die möglichst »wirksames regiert« werden sollen.[17] Dies spiegelte sich auch in der Bezeichnung von Referat 612 »wirksam regieren – Mit Bürgern für Bürger« wider. Bis 2020 wurden über 135.000 Bürger:innen »in die Entwicklung und Erprobung neuer Vorhaben eingebunden und so die Praxistauglichkeit und Wirksamkeit von Vorhaben nachweislich erhöht«, so die Leiterin und eine Mitarbeiterin des Referats (Artinger/Baltes 2020: 10). Mit dem Wechsel zur Ampelkoalition wurde

---

werden sollten, die »neueste Erkenntnisse der Sozialwissenschaften besser« nutzen, um »politische Vorhaben stärker aus Sicht und mit Beteiligung der Bürgerinnen und Bürger [zu] entwickeln«.

15 Referat 612 war damit Teil der Abteilung 6 »Politische Planung, Innovation und Digitalpolitik, Strategische IT-Steuerung«.

16 Gleichwohl wurde das hierbei erlangte Wissen in der Coronapandemie bei den Diskussionen zur Steigerung der Impfquote nicht genutzt. »Das Referat ›Wirksam Regieren‹ sei in die aktuelle Impfkampagne nicht eingebunden, teilt ein Regierungssprecher mit«, so die WirtschaftsWoche (Álvarez 2021: 33).

17 Fragen der AfD in der 19. Legislaturperiode zur Umsetzung von Nudging-Strategien als Regierungsinstrumenten und zu verfassungsrechtlichen Bedenken beantwortete die Bundesregierung nicht, da ihre Definition von Nudging nicht mit derjenigen der Fragesteller übereinstimme (vgl. Bundesregierung 2019).

Referat 612 im ersten Halbjahr 2022 umbenannt in »Verhaltenswissenschaften und bürgerzentrierte Politik«.[18] Die Aufgaben der Arbeitsgruppe »Wirksam regieren« wurden übertragen, und die Leitung des Referats hat nach wie vor die Verhaltens- und Entscheidungsforscherin Dr. Sabrina Artinger inne.[19]

Den Aspekt der Bürger:innenbeteiligung bei den Aktivitäten im Bundeskanzleramt unter dem Label der Transparenz zu verorten, greift zu kurz. Diese Beteiligung erfolgte ausschließlich im Rahmen der Entwicklung von Steuerungsinstrumenten, nicht aber bei deren späterer Anwendung. Eine demokratieverträgliche Nutzung von Nudges als politischem Steuerungsinstrument sollte jedoch per definitionem Transparenz voraussetzen. Aus einer solchen Perspektive heraus werden Nudges beschrieben als:

> »transparente Gestaltungselemente von Entscheidungssituationen und Verhaltenskontexten, gewählt in Kenntnis der menschlichen Verhaltenstendenzen und Heuristiken, jeweils abgestimmt auf das anvisierte Ziel, die zu erreichende Zielgruppe sowie die jeweilige Situation« (Reisch/Sandrini 2015: 19f.).

Die Transparenz sowie die Wahlmöglichkeit, sich also auch für eine andere oder gar keine Option entscheiden zu können, werden als »konstitutive Kernelemente des Konzeptes« bezeichnet (ebd.: 20; vgl. auch Weber/Schäfer 2017: 573f.). Erst so werden die auch bei den anderen politischen Steuerungsinstrumenten möglichen Reaktionen des Steuerungsobjektes ermöglicht: von Ignorieren über subversive Gegenreaktionen bis hin zu offenem Widerstand. Damit zeigen sich zugleich auch Hinweise auf die möglichen Gefahren des Nudging-Konzeptes: die unterbewusste Beeinflussung von Verhalten im Sinne einer verdeckten Steuerung und damit Manipulation.

Dies wird noch deutlicher, wenn die Unterscheidung zwischen zwei Typen von Nudges einbezogen wird, wie sie etwa Hansen und Jespersen (2013: 14f.) definieren. Beide Typen zielen auf die Beeinflussung von Verhalten ab. Aber nur Typ-2-Nudges konzentrieren sich auf die Beeinflussung des *Auswahl*verhaltens bei gegebenen Handlungsalternativen, indem sie beim reflektierten Denken ansetzen. So soll die Lebensmittelampel dazu führen, dass sich Menschen, etwa aus gesundheitlichen Beweggründen, für oder gegen ein bestimmtes Lebensmittel entscheiden – die Entscheidung also bewusst und planvoll geschieht. Sie zielen damit also auf das Konzept mündiger Bürger:innen ab. Nudges vom Typ 1 dagegen setzen nicht auf Handeln und Entscheiden, sondern auf die Beeinflussung auf der Ebene des automatischen, unbewussten Verhaltens. Auch Typ-1-Nudges sind nicht per se manipulativ, insbesondere dann nicht, wenn sie transparent angewandt werden. Ist dies der Fall, kann von Außenstehenden nachvollzogen werden, wie der Nudge wirkt. Er ist dann nicht manipulativ, wenn er das automatische, unbewusste Verhalten in der Form beeinflusst, dass die daraus folgende Entscheidung derje-

---

18 Mit der Verschiebung der digitalpolitischen Kompetenzen weg aus dem BKAmt (siehe Kapitel II.3.2) wurde auch die Abteilung 6 in »Politische Planung, Grundsatzfragen; Gesellschaftlicher Dialog« umbenannt.

19 Auskunft des BKAmt vom 24.10.2022 auf eine eigene Anfrage nach Informationsfreiheitsgesetz (IFG). Da bereits die Aufgaben der Arbeitsgruppe »Wirksam regieren« keinen einzelnen Planstellen zugeordnet gewesen seien, existierten auch im umbenannten Referat für die übernommenen Aufgaben weder ein aktueller Stellenplan noch Stellenbeschreibungen.

nigen entspricht, zu der auch ein reflektiertes Denken geführt hätte. Durch Transparenz könne somit auch der »Sorge um Manipulation durch einen paternalistischen Staat« begegnet werden (Reisch/Sandrini 2015: 36).

Eine zunehmende Bedeutung von Nudging als Steuerungsinstrument wird aber nicht nur mit Blick auf autokratische Regime mitunter kritisch gesehen. Aus liberaler Perspektive wird die Gefahr einer Expertokratie gesehen. Nudging sei eine »technocratic and top-down technology«, in der Expert:innen eine zentrale Rolle spielen, die nur vermeintlich immer die besten Interessen der Bürger:innen im Sinn hätten (Leggett 2014: 7). »Put this way, nudge appears as a thought control experiment beyond even the most technologically advanced totalitarian regimes« (ebd.: 8). Etatisten kritisieren Nudging als neoliberales Projekt, das weitere Marktmechanismen auf dem Weg zum Minimalstaat etabliert, als »the latest expression of neoliberal governmentality incorporating all the characteristics of a ›post-democratic‹ age such as scientization and technocracy, individualization and self-management, marketization and deregulation, depoliticization and economization« (Straßheim/Beck 2019: 1). Aus eine demokratisch-gemeinwohlorientierten Perspektive orientiert sich der nudgende Staat damit zu stark an privatwirtschaftlichen Techniken im Versuch »to become the most skilful nudger, rather than making more traditional appeals to legitimacy and defending a universal interest« (Leggett 2014: 14). Nudging wird so zum szientistischen und technokratischen Instrument im Sinn des Silicon-Valley-Solutionismus. Es müsste daher stattdessen vielmehr Aufgabe des Staates sein, etwa durch Verbraucherschutzpolitik seine Bürger:innen vor Verhaltensbeeinflussung durch die Privatwirtschaft zu schützen. »The state remains the only institution that has the resources and legitimacy to direct – or push back against – other powerful corporate behaviour change seekers« (ebd.: 16).

Insbesondere aus der umgekehrten Perspektive ergibt sich hieraus eine weitere grundlegende Gefahr bezogen auf den Staat im digitalen Zeitalter. Nämlich dann, wenn die (in Kapitel V.3.3.1 und V.3.5 ausführlicher betrachtete) Einsetzung privatwirtschaftlicher Akteure als Regulierungsinstanzen sowie die Tendenz einer Privatisierung von Recht(sdurch)setzung insbesondere in digitalen Kontexten, mitberücksichtigt wird. Die von großen Technologiekonzernen normalerweise eingesetzten Nudging-Techniken, etwa generell im Bereich von Werbung, PR und Marketing, aber auch bei anderen Gelegenheiten, etwa beim Design von Nutzeroberflächen[20] oder etwa dem Experiment von Facebook, über News-Feed-Manipulationen[21] die emotionale Verfassung der Nutzer zu

20 Mühlhoff (2018: 555) versteht so einige Strategien im *User-Experience-Design* (UX-Design) und *User-Interface-Design* (UI-Design) von Technologiekonzernen als »eine Reihe libertär-paternalistischer Eingriffe in die Gestaltung von Benutzeroberflächen«, die von diesen im Sinne des Solutionismus »als Weg zum ›digitalen Wohlbefinden‹« gesehen werden. Dabei sei die »Liste der Gemeinsamkeiten von *Interface Nudges* mit klassischen *Policy Nudges* lang [Herv. i. O.]: Es geht in beiden Fällen um minimale Eingriffe und um die Quantifizierbarkeit des Effekts; in beiden Fällen werden Wahlarchitekturen zum Gegenstand von Designüberlegungen gemacht, in denen Auswahlmöglichkeiten oder Entscheidungssituationen vorstrukturiert werden« (ebd.: 558).

21 Das ohne das Wissen oder die Einwilligung der Nutzer:innen durchgeführte Experiment wurde erst durch die wissenschaftliche Veröffentlichung der Studienergebnisse durch Kramer et al. (2014: 8788) bekannt: »The experiment manipulated the extend to which people (N = 689,003) were exposed to emotional expressions in their News Feed. This tested whether exposure to emo-

beeinflussen, sind gerade durch ihre Intransparenz und unbewusste Verhaltensbeeinflussung gekennzeichnet. Gerade in diesem Bereich wird auch die Verbindung zwischen Nudging, Datafizierung und Algorithmizität deutlich. Nudging basiert hier auf dem andauernden *Tracking* und Auswerten der Nutzeraktivitäten, dem Ausprobieren über A/B-Tests,[22] welche Auswahldarstellung zu welchem Auswahlverhalten führt. So entstehen riesige Datenmengen, die nicht nur genutzt werden können, um zukünftiges Verhalten (wie Kaufentscheidungen) vorherzusagen *(Predicting)*.

> »In dieser Perspektive betrachtet, besitzt der schon jetzt bei großen Plattformbetreibern aggregierte Bestand an Verhaltensdaten nicht nur einen enormen ökonomischen Wert, sondern auch das Potenzial, grundlegende soziale und politische Transformationen in Gang zu setzen, die jetzt noch nicht vollends abschätzbar sind« (Mühlhoff 2018: 563f.).

Die Daten werden auch genutzt, um das Verhalten von Menschen zu ihrem Nachteil zu manipulieren. Dementsprechend gestaltete Designs von Benutzeroberflächen werden daher auch als »Dark Pattern« bezeichnet. So erzeugen etwa ein Countdown bei einem vermeintlichen Angebotspreis, die Zahl gleichzeitiger Beobachter eines Artikels oder Angaben zu geringem Bestand einen Kaufdruck (vgl. Rieger/Sinders 2020: 18, 23). An sich wäre dieses Instrument auch ohne Digitalisierung denkbar, allerdings potenzieren die Möglichkeiten des einfachen und schnellen Quantifizierens von Nutzer:innen-Aktivitäten und die automatische algorithmische Auswertung der Daten die Anwendbarkeit des Instruments. Zwar verfügen nur wenige Unternehmen, insbesondere in der Internet- und Finanzwirtschaft, über die notwendigen großen Datenmengen, um »establish algorithmic systems that reach large collectives, they nonetheless establish an information infrastructure with a far-reaching societal impact« (König 2020: 472). Daher kommen auch Straßheim und Beck (2019: 18) zu dem Schluss:

> »Finally, one of the greatest challenges in this context is connected to the digitalization of behavioural public policy. Based on large amounts and multiple sources of data on individual behaviour and its contexts, machine learning algorithms and other modes of pattern recognition are increasingly used in decision-making and the ›personalized‹ design of instruments and regulations. They provide information for the prediction of individual behaviour and establish an infrastructure for the creation of targeted interventions [...]. The consequences of these developments are largely unclear.«

---

tions led people to change their own posting behaviors, in particular whether exposure to emotional content led people to post content that was consistent with the exposure – thereby testing whether exposure to verbal affective expressions leads to similar verbal expressions, a form of emotional contagion. [...] Two parallel experiments were conducted for positive and negative emotion«.

22 A/B-Testing ist ein experimentelles Verfahren zur Optimierung des Eintreffens eines gewünschten Verhaltens. Hierfür werden Gruppen von Nutzer:innen erstellt, denen dann beispielsweise bei Websites von Zeitungen unterschiedliche Artikelüberschriften angezeigt werden, um festzustellen, welche eher zu einem Aufrufen des dahinterliegenden Artikels führt. Im digitalen Raum sind solche Verfahren sehr einfach automatisiert umsetzbar (vgl. Rieger/Sinders 2020: 10f.).

Eine technische statt paternalistische Definition von Nudging ist auch aus dieser Perspektive sinnvoll, weil sie berücksichtigt, »that it is possible to nudge ›for bad‹ or ›for profit‹ as well as ›for good‹« (Hansen 2016: 20; vgl. auch Mühlhoff 2018: 558f.). Dies muss bei einer Indienstnahme solcher Akteure für politische Steuerung mit bedacht werden, insbesondere, da sich die Legitimitätsfrage hier gleich doppelt stellt – in Bezug auf die Indienstnahme sowie die (In-)Transparenz von Nudging.

Neben der Frage nach der Nutzung von Nudging-Techniken in der staatlichen Steuerung stellt sich somit auch die Frage nach der Regulierungsnotwendigkeit des Einsatzes solcher Techniken. Dass es dabei bezogen auf den letztgenannten Punkt, zu kurz greift, auf mündige Bürger:innen und eine informierte Einwilligung *[informed consent]* zu setzen, machen Lamla et al. (2022: 149) deutlich, wenn sie darauf hinweisen, dass »die erheblich folgenreichere Entscheidungsgewalt auf der Ebene jener Gestaltungsakteure [liegt], die über das Potenzial digitaler Infrastrukturen zur Verhaltensbeeinflussung und Handlungsnormierung verfügen«, während die Nutzer:innen mit einem einmaligen bestätigenden Klick häufig jede weitere Mitsprachemöglichkeit abgeben. Diese Problematik wird insbesondere an den Debatten um die sogenannten Cookie-Banner deutlich. Mit Verabschiedung der europäischen Datenschutzgrundverordnung (DSGVO) müssen Websitebetreiber:innen aktiv die Einwilligung der Websitebesucher:innen zur Nutzung ihrer Daten (etwa zum Tracking oder zur Individualisierung) einholen. Dies erfolgt über ein eingeblendetes Banner, mit dem die Nutzer:innen die Datenspeicherung durch den Webbrowser in einem sogenannten Cookie im besten Fall ablehnen, akzeptieren oder einzeln über die Art und Nutzung der Daten bestimmen können. Bei der Gestaltung diese Banner kommen jedoch bislang häufig Dark Pattern[23] zum Einsatz,[24] mit denen die Nutzer:innen zur (unüberlegten) Zustimmung zur vollumfänglichen Datensammlung und -auswertung beeinflusst werden sollen.

Auch dieses Beispiel macht deutlich, weshalb Weber und Schäfer (2017: 591) zu dem Schluss kommen: »Ein intensiver rechtswissenschaftlicher und zivilgesellschaftlicher Diskurs zum Nudging ist wünschenswert. Dieser sollte die Möglichkeiten und Gefahren des Nudging ausloten.« Auch, weil die langfristigen Auswirkungen, »both intended and unintended, of nudges merging with our physical and social environment are still unclear« (Straßheim/Beck 2019: 3).

---

23 So wird etwa die Zustimmungsoption zentral als großer, farblicher Button angezeigt, während sich die Ablehnungsoption am Ende einer langen Unterseite verbirgt, zu der man über den unscheinbaren Text-Link »Weitere Optionen« gelangt, der in kleiner Schriftgröße und in grauer Schriftfarbe auf grauem Hintergrund angezeigt wird (oder der Ablehnungsbutton erscheint »ausgegraut«, als wäre er nicht auswählbar).

24 Bei einer Untersuchung der 100 reichweitenstärksten Websites in Deutschland wurde im August 2022 festgestellt, dass nur 16 Websites eine Ablehnung von Cookies mit nur einem Klick erlauben. Von diesen wiederum hoben nur vier Websites den Akzeptieren-Button nicht besonders hervor. Bei zwei der 100 Websites waren zwölf Klicks für eine Ablehnung der Cookies notwendig (vgl. netzpolitik.org 2022).

VI.1.1.2 Governance by Algorithms: Algorithmische Steuerung

Datenbasierte politische Steuerung ist alles andere als neu, wie bereits die kurzen Ausführungen zu Planungseuphorie der 1960er- und 1970er-Jahre oder die Entstehung der statistischen Bundes- und Landesämter verdeutlicht haben. Insbesondere »the collection of data about populations has always been central to practices of governance« (Dencik et al. 2019: 2). Im Zuge der Datafizierung und Algorithmisierung im digitalen Zeitalter (siehe Kapitel II.2.5) verschieben sich jedoch die Dimensionen und Möglichkeiten eine daten- und algorithmengetriebenen politischen Steuerung.

Neben behavioral governance existiert ein zweites Steuerungsinstrument, das als Novum im digitalen Zeitalter gehandelt wird. Dieses wird in der englischen Literatur als *algorithmic governance*[25] oder *algorithmic regulation* und in dieser Abhandlung im Folgenden als *algorithmische Steuerung* bezeichnet. »Algorithmic governance altogether emerges as a novel and distinctive kind of societal steering. It appears to transcend established categories and modes of governance« (König 2020: 467). Algorithmische Steuerung scheint dabei aus den etablierten Instrumenten der politischen Steuerung herauszustechen, insbesondere wegen »its unprecedented capacities for coping with complex coordination tasks« (ebd.: 468). Sie kann daher als eine neue Form von Steuerung gesehen werden, die sich nicht mit existierenden Kategorien und Konzepten gleichsetzen lässt und insbesondere für den Umgang mit komplexen, aber konkreten Sachverhalten geeignet erscheint. »There are strong reasons to consider algorithmic governance a distinctive mode of steering and managing social complexity which calls for a new way of thinking about how society can be ordered« (ebd.: 472).

König (ebd.: 469f.) charakterisiert algorithmische Steuerung anhand dreier zentraler Aspekte:

1. Sie ist ein Prozess der dezentralen Koordination verteilter Individuen.
2. Trotz der Dezentralität gibt es (durch Rückkopplung) einen Zentralisierungsaspekt durch die zentral zusammenlaufenden Informationen, die als Basis für die Koordination fungieren.
3. Algorithmische Steuerung funktioniert insbesondere durch »regulation by design«, indem sie (ähnlich wie auch Nudging) Verhaltens- und Entscheidungskontexte strukturiert.

Im Vergleich zu anderen Governance-Instrumenten ist algorithmische Steuerung durch ihre Dynamik sowie Personalisierung gekennzeichnet. Die Dynamik entsteht durch die automatischen, selbstregulierenden Lern-, Anpassungs- und Nachsteuerungsprozesse, basierend auf Feedback beziehungsweise Rückkopplung. Die Personalisierung erfolgt über individuelle Steuerungsimpulse, deren Wirkungsannahmen zwar durch Mustererkennung aus Big Data abgeleitet werden, zugleich dann aber maßgeschneidert auf das

25 Teilweise wird auch von *embedded governance* gesprochen, weil die Regulierung direkt und automatisch in den Prozess oder das Handeln eingebettet erfolgt. »Firearms will work only when operated by their rightful, registered owners. Office computers will shut down after 40 hours of work unless overtime has been authorized« (Owen 2015: 200).

individuelle Steuerungsobjekt und dessen Charakteristik hin angepasst werden (vgl. ebd.: 470, 473). Algorithmische Steuerung verbindet so »collective coordination«, »mass-customization« und »individually and adaptively embedding and guiding behaviors« (ebd.: 470f.).

Eine Form algorithmischer Steuerung ist die algorithmische *Selektion* und *Relevanzbewertung*. Darunter ist die »Auswahl oder Auslese von Elementen aus einer Gesamtheit sowie deren Strukturierung, Ordnung und Sortierung durch Relevanzzuweisung, zum Beispiel in Form von Rankings«, zu verstehen (Saurwein 2019: 35). Sie ist etwa die Grundlage von Internetsuchmaschinen beziehungsweise von Datenbank- und Katalogsuche, wird aber durchaus auch in der (Vor-)Auswahl von Bewerber:innen in Bewerbungsverfahren eingesetzt. Aus dieser Perspektive entwickelt sich durch die gesamtgesellschaftliche Relevanz von Algorithmen aufgrund der ubiquitären Verbreitung algorithmischer Verfahren eine Debatte um die Notwendigkeit eines staatlichen Eingreifens. Die Algorithmen werden also selbst zum möglichen Gegenstand von Regulierung. Diese Perspektive der *Governance **of** Algorithms*[26] soll an dieser Stelle nicht weiterverfolgt werden, da das Fallbeispiel der Netz-, Dienste- und Inhaltspolitik (siehe Kapitel V.3.7) diese explizit aufgreift. Hier soll der Fokus vielmehr auf der algorithmischen Regulierung als einem potenziellen Instrument für politische Steuerung liegen, was insbesondere unter dem Begriff der *Governance **by** Algorithms* diskutiert wird (vgl. etwa Just/Latzer 2017; Musiani 2013). Mit Blick auf den vorherigen Exkurs zu Behavioral Governance kann der Selektionsmechanismus von Algorithmen aus der Steuerungsperspektive ebenfalls als ein Instrument verstanden werden, das es ermöglicht, (den Raum für) soziales Verhalten zu strukturieren.

Eine zweite relevante Form algorithmischer Steuerung ist das algorithmische, also automatische, *Entscheiden*. Das geläufigste Beispiel für dieses Prinzip stammt auch hier aus der Privatwirtschaft: die Kreditvergabe oder -ablehnung auf Basis des Credit Score der Schufa oder das automatische Kaufen und Verkaufen von Aktien im Hochfrequenzhandel. Hier wird zum einen ersichtlich, dass algorithmische Steuerung im Wesentlichen auf den mit der technologischen Entwicklung einhergehenden massiv gestiegenen Kapazitäten zum Sammeln, Speichern und Auswerten von Daten basiert. Zum anderen ist es nicht zufällig, dass zur Erläuterung privatwirtschaftliche Beispiele herangezogen werden. Denn das Eintreten des Staates in das Feld der algorithmischen Steuerung ist durch die Übernahme von Logiken, Konzepten und Technologien aus der Privatwirtschaft gekennzeichnet (vgl. Dencik et al. 2019: 2).

Ein zu klärender Aspekt bei autonomer Entscheidungsfindung liegt in der Frage der rechtlichen Verantwortungszuschreibung (vgl. Bull 2019: 64f.). Sie stellte sich nicht nur beim Unfall eines autonom fahrenden Autos[27], sondern etwa genauso bei Verwaltungs-

26 Siehe hierzu einleitend etwa D'Agostino und Durante (2018).

27 Wenn wir nicht (konsequenzenlos) dem Algorithmus die Verantwortung zuschreiben wollen, kämen für die Verantwortungsübernahme infrage: der oder die Programmierer:in des Algorithmus, der Hersteller des Autos, der oder die Verkäufer:in des Autos, die Person, die das Auto oder den Algorithmus als verkehrstauglich zugelassen hat, der oder die »Mitfahrende« des Algorithmus etc. Als eine Folge wird bei autonomen Autos deshalb etwa diskutiert, inwieweit Hard- und Software so ausgelegt sein müssen, dass ein:e »Fahrer:in« jederzeit eingreifen könnte und diese:r jederzeit dafür Sorge zu tragen hat, dieses auch zu können. Letztlich geht es dabei um die Frage, ob der

entscheidungen. Hier besteht nicht nur die Gefahr einer Entscheidungsdelegation ohne die Möglichkeit einer Verantwortungsübertragung, vielmehr dürfen auch unter demokratietheoretischen und legitimatorischen Gesichtspunkten die »rechtsstaatlichen Entscheidungsbefugnisse der staatlichen Organe nicht durch den allumfassenden Einsatz von Computern ausgehöhlt werden« (ebd.: 65).

Eine zweite Form stellt das algorithmische *Führen* oder *Managen* dar. Wenn etwa die Fahrer:innen beim Essenslieferdienst Foodora ihre Aufträge abarbeiten, dann folgen sie dabei nicht den Anweisungen einer oder eines menschlichen Vorgesetzten, sondern einer App.

> »Moreover, the massive amounts of fine-grained information about distributed entities allows for finding patterns in their behaviors and interactions and to produce insights that can be used for the purpose of better understanding and ultimately coordinating these behaviors« (König 2020: 469).

Algorithmische Steuerung meint an dieser Stelle aber nicht automatisch die dystopische Vorstellung einer Maschinenherrschaft.[28]

Menschen kommen in der algorithmischen Steuerung also vor allem an zwei Stellen vor (vgl. Bader 2016: 16f.): erstens als Lieferanten von Daten. Diese werden zum einen analysiert, um gesamtgesellschaftliche Steuerungsziele und -notwendigkeiten zu identifizieren. Zum anderen sind sie die individuelle Basis, auf der die Algorithmen arbeiten. Zweitens sind Menschen die Adressaten der algorithmischen Steuerung. »Wo ihr Platz als Bürgerinnen und Bürger im Sinn der Zivilgesellschaft ist, bleibt in technologieorientierten Konzepten vorerst offen« (ebd.: 16). Ebenso besteht die Gefahr, dass auch andere Akteure, die bislang im politischen Prozesse eine Rolle gespielt haben, an Bedeutung verlieren. Dencik et al. (2019: 18) konstatiert ein »deskilling and disempowerment of professionals as the use of data systems grows«. Dies kann zum einen auf die Implementation und Umsetzung politischer Entscheidungen und Steuerung bezogen werden. Jede algorithmische Entscheidung oder Entscheidungshilfe steht prinzipiell im Spannungsverhältnis zur Professionalität der in der Verwaltung tätigen Beschäftigten.[29] Zum anderen verändert sich auch die Rolle von Expert:innen im politischen Prozess. König (2020: 468) bezeichnet algorithmische Steuerung nicht umsonst als »apolitical«. Denn durch algorithmische Entscheidungsfindung »authority and expertise is transferred to calculative devices seeking to capture risk over and above other forms of expertise« (Dencik et

---

Mensch als letzte Entscheidungs- und Gestaltungsmacht erhalten bleibt oder nicht. »Technische Geräte sind und bleiben *Instrumente* menschlichen Handelns [Herv. i. O.]« (Bull 2019: 66).

28 »Dass allerdings die Algorithmen bald das Zepter schwingen, ist eine dystopische Phantasie, die einen Menschen als Arrangement aus Halbleitern und Speichermodulen imaginiert, der als prozessierendes Gerät eindeutigen mathematischen Handlungsvorschriften zwingend erlegen wäre« (Feustel 2018: 147). Gleichwohl können Nudges in ihrer psychologischen Wirkung in diese Richtung tendieren (siehe Kapitel VI.1.1.1).

29 Auch wenn eine Entscheidung gegen die Prognose des Algorithmus möglich bleibt, wird nicht nur deren Begründung schwieriger. Möglicherweise stellt sich auch die Frage der Konsequenzen anders, sollte sich diese Entscheidung im Nachhinein als falsch herausstellen.

al. 2019: 18). Zugleich muss der Einsatz von Algorithmen als Steuerungsinstrument als hochpolitisches Unterfangen bezeichnet werden.

> »Die Algorithmisierung von virtuellen und realen Räumen und Prozessen und die Organisation gesellschaftlicher Prozesse via digitale Plattformen lassen sich [...] auch als Reaktion auf die Steuerungsproblematiken [politischer Institutionen und älterer sozialer Ordnungssysteme] lesen« (Mohabbat-Kar/Parycek 2018: 10).

Die Debatte um algorithmische Steuerung als politische Steuerung ist keine rein theoretische Diskussion um zukünftige Potenziale. »The state is increasingly availing itself of algorithmic decision-making systems to upgrade its steering capacities in various areas« (König 2020: 471).[30] Mit dem Ziel eines effizienteren und effektiveren Verhältnisses zwischen Bürger:in und Staat (hier insbesondere auf der Ebene der Verwaltung) bestimmen schon heute datengestützte Algorithmen mit über Ressourcenverteilung und Zuweisung staatlicher Leistungen.[31] Kontrovers diskutiert wurde etwa der Einsatz algorithmischer Unterstützungssysteme bei der Entscheidung österreichischer Arbeitsämter über den Zugang von Arbeitslosen zu Weiterbildungsförderung, basierend auf Wahrscheinlichkeiten für einen erfolgreichen Wiedereinstieg in den Arbeitsmarkt.[32] Hieran wird auch die Schattenseite einer genaueren, weil auf individuellen Daten basierenden Steuerung deutlich: Statt der Lösung von Problemen steht die Minimierung von Risiken im Zentrum. Über algorithmische Systeme erfolgt ein Transfer von Risiko und Verantwortung auf die individuelle Ebene. Die Daten stehen für individuelle Verhaltensweisen, Charakteristika und Faktoren, aus denen dann ein vorliegendes, individuelles Problem abgeleitet wird. In der Folge geht es im besten Fall um eine individuelle Lösung, im schlechtesten Fall um den Ausschluss von einer möglichen Lösung wegen geringer Erfolgswahrscheinlichkeit – in keinem Fall aber um die kollektive Lösung eines strukturellen Problems.

> »In other words, these systems, in their emphasis on correlation over causation, can individualise social problems by directing attention away from structural causes of social problems« (Dencik et al. 2019: 18).

Reinhard (2007: 26) führt mit Verweis auf Luhmann aus, dass das Recht einen Beitrag zur Reduktion von Komplexität leistet, indem es die »Fülle des Lebens [...] auf Standardfälle reduziert«. Es produziert damit Kontrollier- und Erwartbarkeit. Eine algorithmische Regulierung dagegen funktioniert zwar im besten Fall auf Basis eines nicht nur von Expert:innen zu verstehende Regelsystems. Allerdings kommt der Algorithmus gerade zu einem einzigartigen, auf den individuellen Faktoren (beziehungsweise Daten) des zu bearbeitenden Falls basierenden Ergebnis. Die Komplexität wird hier nicht auf Standardfälle reduziert, sondern ganz individuell behandelt.

---

30 König (2020: 472) nennt als Beispiele die Politikfelder Bildung, Verkehr, Gesundheit und Soziales sowie die Strafverfolgung.

31 Für Großbritannien siehe etwa die Studienergebnisse von Dencik et al. (2019).

32 Bemühungen um mehr Effizienz durch den Einsatz von Algorithmen sind dabei gerade nicht nur unter der Perspektive eines besseren Mitteleinsatzes zu sehen, sondern auch als Antwort auf den Kostendruck durch Vorgaben oder Kürzungen in öffentlichen Haushalten.

Im Fall des Algorithmus des Arbeitsmarktservices Österreich (AMS) zur Berechnung der Förderungsempfehlung auf Basis der Erfolgswahrscheinlichkeit auf dem Arbeitsmarkt werden etwa Frauen (insbesondere mit Kind) und Ältere per se automatisch und damit systematisch abgewertet. Dem Vorwurf eines diskriminierenden Algorithmus wird entgegengehalten, dass dieser nur die Realität auf dem Arbeitsmarkt widerspiegele.[33] Der Algorithmus liefere eine »realitätsgerechte Abbildung der Arbeitsmarktchancen inkl. der Diskriminierungen« statt »weltfremde[r] Bilder«, so der AMS-Chef Johannes Kopf (2019). Man könnte daher sagen, er wurde explizit so designt, dass er bestehende gesellschaftliche Ungleichheiten und Benachteiligungen auf dem Arbeitsmarkt wissens- und willentlich reproduziert.

Eine weitere Gefahr besteht im Rahmen der Indienstnahme privatwirtschaftlicher Akteure für politische Steuerung. Hierbei kann es zu einer Einführung algorithmischer Steuerung durch die Hintertür kommen. Am eindrücklichsten wurde diese Problematik in der Debatte um Zensur und Uploadfilter im Zusammenhang mit Artikel 17 (vormals Artikel 13) der EU-Urheberrechtsreform 2019/790 (vgl. Europäisches Parlament 2019). Uploadfilter stellen eine Form algorithmischer Steuerung dar, weil sie automatisch vor der Veröffentlichung von Inhalten diese auf bestimmte Kriterien hin untersuchen, bewerten und dann entscheiden, ob diese veröffentlicht werden oder nicht. Auf der einen Seite der Debatte stand nun das Argument, dass eine verpflichtende Einführung von Uploadfiltern (sowie der Begriff) im Text der Richtlinie überhaupt nicht vorkommt. Auf der anderen Seite wurde dem entgegengehalten, dass es aufgrund der Verpflichtung – die denjenigen Plattformen auferlegt wurde, die Inhalte veröffentlichen – bei aktuellem Stand der Technik keine andere umsetzbare Lösung außer Uploadfilter gebe. Nur so könnten die Plattformen ihrer Pflichten nachkommen und den ansonsten drohenden Sanktionen entgehen (zur Vertiefung siehe Kapitel V.3).

Durch Algorithmen kann also sowohl im Sinne von strukturierenden Governance-Instrumenten gesteuert werden als auch in Form harter Regulierung. König (2020) zieht dementsprechend Parallelen zwischen der Anwendung von algorithmic governance und dem hobbesschen Leviathan, also der klassischen Steuerungsform des Government. Zu den Gründen zählt er, dass es sich um eine technokratische Steuerungsform handelt. Als duales Instrument verstanden, ist daher der offenere Begriff der algorithmischen Steuerung passender als der Begriff der *algorithmic governance*.

VI.1.1.3 Alter Wein in neuen Schläuchen

Handelt es sich bei Nudging und algorithmischer Steuerung wirklich um neue Steuerungs*instrumente*? In den 1990er-Jahre hatte Derlien (1993: 514) etwa in Bezug auf die »neuen« weichen Steuerungsinstrumente in der Governance-Debatte darauf hingewiesen, dass diese auch schon früher existiert hätten und angewandt worden seien:

---

33 Zwar hatte die österreichische Datenschutzbehörde den Testlauf im August 2020 wegen rechtlicher Bedenken gestoppt. Im Dezember 2020 entschied jedoch das Bundesverwaltungsgericht, dass der Algorithmus genutzt werden kann. Ein automatisiertes Entscheiden wäre verboten, aber der Algorithmus stelle nur zusätzliche Informationen für die Berater:innen bereit, die letztendlich entscheiden würden (vgl. Fanta 2020; Köver 2020).

»Der Eindruck der Neuigkeit ›weicher‹ Instrumente entsteht wohl dadurch, daß das Problem, an dem wir die Neuigkeit beobachten, ein relativ neues ist, nämlich die Umweltschutzproblematik.«

Dieses Argument aufgreifend, lässt sich mit Blick auf Nudging und algorithmische Steuerung feststellen, dass hier neben dem neuen Politikbereich der Digitalpolitik die neue technologische – datengetriebene – Komponente den Eindruck der Neuigkeit erweckt. Verglichen mit den etablierten Steuerungsinstrumenten (siehe Kapitel III.2) zeigt sich dann aber wenig Neues. Im Kern stellt Nudging eine weiche Form der indirekten, horizontalen Steuerung über *Anreize* dar. Allerdings erfolgt ihre Umsetzung auf subtilere Art und Weise. Darüber hinaus findet Nudging besonders in technologischen Bereichen (etwa durch entsprechend designte Apps oder Websites) Anwendung.

Auch der Neuigkeitsgehalt von algorithmischer Steuerung ist begrenzt. Eher ließe sich argumentieren, dass es sich im Kern gar nicht um ein Steuerungsinstrument handelt, sondern eher um Steuerungsvorbereitung. Algorithmische Steuerung meint primär automatisierte Entscheidungsfindung. Erst nach der Entscheidung folgt die eigentliche Anwendung eines Steuerungsinstruments. Algorithmische Steuerung ist also eine Steuerung der ersten, innerorganisatorischen, Ebene und keine der systemischen Ebene.

VI.1.2 Veränderte Steuerungsformen?

Jenseits der vermeintlich neuen Steuerungsinstrumente ist auch ein Blick auf die etablierten Instrumente notwendig. Verändert sich etwa die Art ihrer Anwendung oder die Relevanz einzelner Instrumente im digitalen Zeitalter? Und spielen damit andere Steuerungsformen als bisher eine Rolle?

VI.1.2.1 Indienstnahme der Zivilgesellschaft: Neues Kooperationsparadigma?

Seibel (2017: 165) konstatiert für die Verwaltung, dass »hybride Arrangements« als Mischformen von »Organisationsstrukturen und Steuerungslogiken« nicht nur in »traditionellen und manifesten Formen von Hybridität« vorzufinden seien, sondern auch »latente Erscheinungsformen« beachtet werden sollten. Eine solche latente Form stellt im digitalen Zeitalter die *Indienstnahme der Zivilgesellschaft* dar, in der sich veränderte Steuerung und Leistungserbringung miteinander verbinden.

Grundsätzlich lässt sich die Rolle von Zivilgesellschaft und bürgerschaftlichem Engagement in Bezug auf den Staat nicht von vornherein eindeutig festlegen. Gleichwohl kommt ihr aus staatsfokussierter, etatistischer Tradition eine funktionale Bedeutung zu. Dass zivilgesellschaftliche Akteure in die staatliche Aufgabenerfüllung eingebunden sind, ist damit kein neuer Befund (siehe Kapitel IV.3). Beim Wandel hin zum Modell des kooperativen Gewährleistungsstaat spielt bezogen auf die Daseinsvorsorge vor allem die Übertragung der Leistungserbringung auf privatwirtschaftliche – unter den Begriffen Privatisierung, Liberalisierung und Public-Private-Partnership – und gemeinwohlorientierte Akteure eine zentrale Rolle. Die Zivilgesellschaft übernimmt unter staatlicher

Aufsicht und Leitung gesellschaftsrelevante Funktionen. Dagegen dient bürgerschaftliches Engagement aus einer liberalen Perspektive eher dem Abbau von Staatlichkeit. So zeigen etwa die Debatten um die Tafeln und ihre Rolle im Sozialstaat beispielhaft die Herausforderung einer (tatsächlich oder vermeintlich) schleichenden Kompensation entfallender staatlicher Leistungen (im aktivierenden Sozialstaat) durch freiwilliges Engagement. Diese (kontroversen) Sichtweisen beziehen sich auf die etablierten Konstellationen zwischen Staat und Zivilgesellschaft. Solche Konstellationen sind hier jedoch mit der *Indienstnahme* der Zivilgesellschaft explizit nicht gemeint.[34]

Das Angebot der Tafeln existiert unabhängig von sozialstaatlichen Leistungen und folgt einer eigenen (Bedarfs-)Logik:

> »Man übersieht, dass den sozialstaatlichen Aktivitäten nicht die Bedarfskonstruktion der Tafeln zugrunde liegt, übersieht vor allem, dass die dem Sozialstaat eigene Konstruktion […] komplexer und zugleich realistischer als die der Tafeln ist« (Möhring-Hesse 2014: 205).

Dieser Befund zum Verhältnis zwischen Staat und Tafeln gilt unabhängig davon, ob die sozialstaatliche Leistungsfähigkeit als aus- oder unzureichend gesehen wird.

Die etablierten Konstellationen waren – wie auch zwischen Staat und Wirtschaft – durch drei Settings geprägt: 1. Ko-Regulierung (Netzwerk-Governance mit dem Staat als einem Akteur unter vielen). 2. Selbstregulierung (im Schatten des Staates) und 3. Selbststeuerung (Abwesenheit des Staates). Die Indienstnahme unterscheidet sich von allen drei Konstellationen. Im Gegensatz zum ersten Setting finden keine langfristige, formale Einbindung und Steuerung der zivilgesellschaftlichen Akteure statt. Im Unterschied zum zweiten Setting fehlt die indirekte Wirkung des Staates im Sinne des Schattens der Hierarchie (unabhängig davon, ob dieser eher von der Erwartung der Steuerungsobjekte selbst ausgeht oder ob tatsächlich mit hierarchischer Steuerung gedroht wird). Zugleich gibt es in Abgrenzung zum dritten Setting jedoch ein staatliches Steuerungsinteresse in diesem Bereich, wobei der Staat die erwartete, freiwillige zivilgesellschaftliche Übernahme von Aufgaben in seinen weitergehenden Steuerungsbemühungen oder Leistungserbringungen einkalkuliert. Durch die veränderte Ausgestaltung der Bereitstellung unterscheiden sich allerdings auch die resultierenden Güter von den klassischen *öffentlichen Gütern* der Daseinsvorsorge (siehe Kapitel IV.1.1.1). In den – zuletzt verstärkt im Kontext

34 Damit wird der Begriff der Indienstnahme in dieser Abhandlung anders verstanden als etwa von van Dyk und Haubner (2021: 13) in ihrer Studie über die »sozialstaatliche Indienstnahme von Engagement und Freiwilligenarbeit«. Sie postulieren nicht nur einen entstandenen »*Community-Kapitalismus* [Herv. d. A.], der eine Antwort auf die Funktions- wie Legitimationskrise des Neoliberalismus« darstelle (ebd.: 123). Die Indienstnahme stelle auch einen »Modus der Steuerung« in Form einer »Regierung posttraditioneller Gemeinschaften im Modus der [durch moralische Affizierung und Schuld abgesicherten] Freiwilligkeit« dar, weshalb sie von einem »ambivalenten Charakter der Indienstnahme der Ressource Gemeinschaft« sprechen (ebd.: 39). Diese würde durch den Staat durch eine »moralische Aufwertung« von Engagement, »(materielle) Förderprogramme und Policy-Instrumente« sowie eine »Politik des Unterlassens, die Lücken der Infrastruktur und Daseinsvorsorge erzeugt, die selbsttätig von engagierten Bürger*innen geschlossen werden«, vorangetrieben werden (ebd.: 44f.). Damit würde ein »Insourcing der Zivilgesellschaft« zur »einseitige[n] Staatsentlastung« an die Stelle der »outsourcenden neoliberalen Praxis« treten (ebd.: 157).

von Nachhaltigkeit und Subsistenz – geführten Debatten taucht daher immer häufiger wieder der Begriff der *Commons* auf – die im Deutschen auch als *Gemeingüter* oder *Allmende* bezeichnet werden.[35] Gemeinsam ist beiden, dass es sich um Kollektivgüter handelt. Bei den öffentlichen Gütern der Daseinsvorsorge ist es der Staat oder von ihm legitimierte Dritte, die für die Allgemeinheit Leistungen erbringen beziehungsweise Infrastrukturen bereitstellen. Gemeingüter werden dagegen von (engagierten) Menschen selbst – häufig kollektiv aus Teilen der organisierten Zivilgesellschaft – erbracht, was jedoch nicht einfach mit ehrenamtlicher Tätigkeit, freiwilligem Engagement oder *Sharing Economy* gleichzusetzen ist (vgl. Helfrich 2021: 421). Die Beteiligten sind beim *Commoning* nicht nur Nutzer:innen, sondern selbst Produzent:innen. Damit verbunden ist auch die Hoffnung, dass sich die in kooperativer Koproduktion und -verwaltung von Ressourcen selbstbestimmt eingebundene Menschen nicht nur aus moralischer und sozialer Verantwortung heraus, sondern auch aus eigenem Interesse auf nachhaltige Formen des Wirtschaftens verständigen (vgl. Quilligan 2012: 99ff.). Die dabei bestehenden Herausforderungen, wie eine Übernutzung der Ressourcen durch einzelne, sind als Tragik der Allmende zusammen mit möglichen Lösungen, etwa in Form institutionalisierter Selbstverpflichtungen, insbesondere von Elinor Ostrom (1990) nobelpreisträchtig behandelt worden.

Damit wird diese Form der Leistungserbringung auch aus Steuerungsperspektive interessant. Paradigmatisch stehen Commons für Selbstorganisation. Gemeingüter »sind jene Dinge, die Menschen gemeinsam nutzen und verwalten, indem sie, basierend auf Tradition oder sozialen Normen und Praktiken, ihre eigenen Regeln aushandeln« (Quilligan 2012: 99). Dies erkennt man auch in dem Bereich, indem Commons bereits heute eine bedeutende Rolle einnehmen: der freien, quelloffenen Software *[Free/Libre Open Source Software; FLOSS]*[36], ohne die etwa nicht nur Googles Mobilgeräte-Betriebssystem Android, sondern letztlich auch das World Wide Web, seine Dienste und die großen Internet-Plattformen in ihrer heutigen Form nicht existieren würden (vgl. Berlinguer 2020: 11ff.). FLOSS steckt als Basistechnologie in der Hard- und Software, die das digitale Zeitalter vorantreiben. Ihre Entwicklung erfolgt selbstgesteuert und community-getrieben, wenngleich insbesondere bei großen Projekten auch privatwirtschaftliche Unternehmen als Sponsoren auftreten oder Zeitkontingente von Mitarbeiter:innen für Projekte abstellen. Im Ergebnis liegt dann ein, durch eine entsprechende Lizenzform (wie etwa die GNU General Public License; GNU GPL) rechtlich abgesichertes, Gemeingut vor, das von jeder und jedem kostenlos geprüft, genutzt, verändert und weiterverbreitet werden kann.[37]

Nicht zuletzt im Zug der Debatten um digitale Souveränität (siehe Kapitel IV.4.3) wurde aufgrund der zentralen Bedeutung von FLOSS nicht nur über Fragen der Qua-

---

35 Helfrich (2021: 422) weist allerdings darauf hin, dass es sich bei Commons nicht um eine (reine) Güterkategorie handele, weshalb der Begriff Gemeingut in die Irre führe. Denn die sozialen Praktiken des Commoning, als Melange aus Organisationsstrukturen, -kulturen und damit selbstorganisierter kooperativen Koproduktion, seien notwendiger Bestandteil der Commons.

36 FLOSS ist das umfassendste Akronym für freie Software und Open-Source-Software (weniger umfassend, aber bekannter sind die Abkürzungen FOSS und OSS).

37 Die sogenannten vier wesentlichen Freiheiten von freier Software.

litätssicherung und der häufigen Unterfinanzierung kleinerer Projekte diskutiert, sondern auch das Potenzial von freier Software bei der Digitalisierung von Staat und Verwaltung in Deutschland[38] neu in den Blick genommen.[39] Dies zeigt sich insbesondere am Posten von rund 51 Millionen Euro im Bundeshaushalt, auf den sich im Mai 2022 die Bundestagsfraktionen zur Stärkung von Open Source und digitaler Souveränität einigten. Hiervon stehen 8,3 Millionen Euro für den Aufbau des *Zentrums für digitale Souveränität (ZenDiS)* zur Verfügung. Der Großteil der Mittel (32 Millionen Euro) soll in den Aufbau des Open-Source-basierten *souveränen Arbeitsplatzes* in der Verwaltung von Bund und Ländern fließen. 713.000 Euro entfallen auf die Open-Source-Entwicklungs- und Softwareplattform Open CoDe, der gemeinsamen Plattform für Verwaltungssoftware. Insgesamt stehen aber sieben Millionen Euro für den *Sovereign Tech Fund (STF)* bereit, mit dem »häufig unterfinanzierte Open-Source-Projekte und -Communities finanziell gestärkt werden« sollen (OSBA 2022).[40] Neben diesen großen staatlichen Initiativen kommen die in Kapitel V.1.4.2 genannten Ansätze von Open Social Innovation und Hackathons hinzu.

Diese Beispiele zeigen, dass der Staat Commoning unterstützen und fördern kann, etwa indem Ressourcen oder Infrastrukturen bereitgestellt werden. Auch deswegen sollte Indienstnahme nicht per se negativ (beispielsweise als Abwälzung von Aufgaben) gesehen werden. Zugleich können (in-)direkte Kompensationen auch als Strukturierung und damit als weiche Form der Steuerung verstanden werden. Daher werden solche Indienstnahmen der Zivilgesellschaft auch kritisiert und stehen dem Gedanken einer *Commons Public Partnership* (CPP) – bei der die öffentliche Hand (Public) im Gegensatz zur Public Private Partnership (PPP) oder zur Public Civic Partnership (PCP) begrifflich auf den zweiten Platz verwiesen wird, um das erwartete Verhältnis zuwischen Commons und Staat bereits im Begriff deutlich zu machen – entgegen:

> »Gleichwohl ist Kooptierung auch in der Commons-Debatte nicht unbekannt; gemeint ist die ›(un-)freundliche‹ Umarmung von Commons durch Staats- oder Marktakteure, in deren Folge Bedürfnisorientierung und Selbstbestimmung schrittweise durch Verwertungsorientierung und Fremdbestimmung ersetzt werden« (Helfrich 2021: 424).

Zugleich finden sich gegenüber Commons-Communitys, ähnlich wie gegenüber organisierten Interessen, demokratietheoretische Vorbehalte. Autonomie und Kooperation (Collaboration) in freiheitlichen Gemeinschaften sind nur bedingt ein Gegenmodell zu Bürokratie und Hierarchie (vgl. Stalder 2017: 84, 245ff.). An die Stelle von Markt und

---

38 Dass Deutschland dabei unter den europäischen Staaten keinen Einzelfall darstellt, zeigt der Bericht der des European Working Team on Digital Commons (2022).

39 Dagegen hatte München 2017 noch das über ein Jahrzehnt laufende Vorzeigeprojekte zum Einsatz von GNU/Linux anstelle von Microsoft Windows als Betriebssystem auf den Rechnern der Stadtverwaltung (LiMux) gestoppt (vgl. Berlinguer 2020: 6f.).

40 Im besonderen Fokus stehen dabei Offene Digitale Basistechnologien (ODB), »die für den Betrieb des Internets und weiterer Kommunikationsmedien erforderlich sind, Sicherheitstools wie Zertifikate und auch kritische Komponenten für Softwareentwicklung wie Compiler und Libraries«, wie die zuvor von der Open Knowledge Foundation Deutschland erstellte Machbarkeitsstudie ausführt (Groh et al. 2021: 3).

Hierarchie treten bei Commons komplexe Interaktionsstrukturen, bei denen die Mitglieder in »ökonomische[n], soziale[n], kulturelle[n] und technische[n] Dimensionen« eng miteinander verbunden sind (ebd.: 248). Damit spielen bei kollektiven Entscheidungen häufig einige wenige Personen eine besonders große Rolle, wobei ebenso häufig gilt: Wer mehr beiträgt bekommt mehr oder kann die Entwicklung stärker beeinflussen beziehungsweise mitbestimmen. Insofern wird der, in gewisser Weise anknüpfend an Eschenburgs (1955) Frage nach der Herrschaft der Verbände, von Schaefer (2016: 417) vorgebrachte Befund verständlich, dass sich »[i]m Kooperationsparadigma [...] ein Befund der Informationsgesellschaft fort[setzt]: dass die Gesellschaft mindestens ebenso auf den Staat als zentralen Wissensakkumulator angewiesen bleibt wie der Staat auf die Kooperationsbereitschaft der Gesellschaft. Folglich erscheint, was als ›Indienstnahme‹ oder gar ›Instrumentalisierung‹ des Bürgers durch den Staat bezeichnet werden kann, mindestens ebenso umgekehrt als Instrumentalisierung des Staates durch den Bürger.«

Die genannten Beispiele verdeutlichen, dass sich das Verhältnis zwischen (zivilgesellschaftlicher) Selbstorganisation und Staat ändern kann, ohne dass dadurch eines der drei anfangs genannten Steuerungssettings zustande kommt. An die Stelle von »Public-Commons-Partnerships« könnte daher auch eine Indienstnahme der Zivilgesellschaft treten (Helfrich 2021: 423). Dabei kommt es zu einer politisch bewusst forcierten oder berechnend in Kauf genommenen (wenngleich nicht immer auch explizit so formulierten) Aufgabenübernahme durch zivilgesellschaftliche Akteure, ohne dass damit zugleich (automatisch) eine Kompensation (Ressourcen, Tausch), Kontrolle (Gewährleistung) oder Steuerung einherginge. Die Indienstnahme unterscheidet sich insofern explizit von der Aufgabenübertragung im Sinne des Gewährleistungsstaates.

VI.1.2.2 Privatisierung der Rechtsetzung und Rechtsdurchsetzung

In der Netz-, Dienste- und Inhaltspolitik zeigt sich zunächst eine Kontinuität in der dualen Steuerung aus regulativen staatlichen Vorgaben einerseits und Selbstregulierung andererseits. Mit Blick auf das NetzDG (siehe Kapitel V.3) stellt sich jedoch die Frage, ob sich hier nicht nur eine Form der Selbstregulierung etabliert, sondern Entscheidungsverantwortung an die Privatwirtschaft delegiert wird. Dies könnte als eine Privatisierung von Recht(sdurch)setzung interpretiert werden. Dem im Zuge der Debatte um den Niedergang des Korporatismus kolportierten Indiz der schwindenden Ordnungsfunktion von Verbänden würde dann hier das Erstarken einer Ordnungsfunktion privatwirtschaftlicher Einzelakteure gegenüberstehen (die in diesem konkreten Fall darüber hinaus weitere Brisanz in Form einer automatischen Regulierung durch Algorithmen erhält). Im Gegensatz zur Setzung und Kontrolle eigener Regelungen im Rahmen der Ko-Regulierung hat sich erstens der Adressat der Steuerung geändert. In der klassischen (analogen) Rundfunk- und Medienpolitik erfolgt Selbststeuerung durch korporative Akteure – Verbände oder übergreifende Gremien. In der digitalen Inhaltspolitik agieren die großen Plattformbetreiber dagegen als eigenständige Akteure.[41]

41 Für die großen Digitalunternehmen weist Pistor (2021: 9) darüber hinaus am Beispiel von Facebook darauf hin, dass diese verstärkt versuchen würden, sich »in das Gewand der Staatlichkeit zu

Die Kooperation findet also verstärkt zwischen Staat und Unternehmen und weniger zwischen Staat und Verbänden statt.

Zweitens folgt daraus ein neokybernetisches Steuerungsmodell, unter dem »frühe kybernetische Steuerungskonzepte gegenwärtig eine Renaissance im Politischen erleben« (Nosthoff/Maschewski 2019: 40). Dieses unterscheide sich jedoch von den früheren Ideen einer linearen, rückkopplungsbasierten Regelung, in der der Staat als Steuerungssubjekt direkt mit den Steuerungsobjekten interagiert. Im neokybernetischen Staatsdenken tritt der Staat vielmehr als Regler der Regelungen, im Sinne der *second order cybernetics* (siehe Kapitel I.2.1), in Erscheinung (vgl. ebd.: 45f.). Aus der zentralen Steuerung wird damit eine dezentrale Selbststeuerung. Nur tendenziell erhält sie einen Regulierungsrahmen, sodass sich von hierarchisch koordinierter Selbststeuerung sprechen lässt.

> »Der Staat wird seiner Schutzpflichten für die Menschenwürde und das Persönlichkeitsrecht nur unzureichend gerecht, wie beispielsweise das Netzwerkdurchsetzungsgesetz (NetzDG) zeigt, das einen Teilverzicht staatlicher Souveränität erklärt und stattdessen auf freiwillige Selbstzensur der Anbieter sozialer Medien setzt« (Schliesky 2020a: 337).

Auch wenn die Einbindung privater Akteure in die Rechtsdurchsetzung kein neues Phänomen darstellt, verändert sich – mit den im digitalen Zeitalter neuen Möglichkeiten und Notwendigkeiten, technische Instrumente anzuwenden – tendenziell ihre Autonomie. Während Ko-Regulierung ohnehin ihre Einordnung als Steuerungssubjekte verschwimmen lässt, werden sie hierdurch noch stärker zu selbstständigen Steuerungssubjekten.

Soll dieses Setting stärker in Formen regulierter Selbstregulierung überführt werden, stellt sich mit Blick auf die Privatisierung der Rechtsetzung und Rechtsdurchsetzung die Frage der Überwachung und Kontrolle – insbesondere, wenn neue (digitale) Instrumente eingesetzt werden. Die in diesem Zusammenhang bestehenden Herausforderungen werden dabei anhand von Algorithmen sowohl aus der Regulierungsperspektive (Governance *of* Algorithms) als auch der Steuerungsperspektive (Governance *by* Algorithms) besonders deutlich.

Insgesamt kann mit Blick auf die hier stattfindende Entwicklung hin zu (regulierter) Selbstregulierung durchaus von einer kontextbezogen, pfadabhängige Renaissance korporatistischer Arrangements gesprochen werden. Gleichwohl sind sie sehr viel volatiler und offener geworden. Dies bezieht sich sowohl auf die Tiefe und Verbindlichkeit der Vereinbarungen als auch auf das Feld der beteiligten Akteure. Es liegt eine Mischung aus Ge- und Verboten im Kontext einer regulierten Selbstregulierung vor – bei jedoch gleichzeitig technologiebasierter stärkerer Autonomie bei der konkreten Ausgestaltung der Selbstregulation.

---

hüllen«, wenn Mark Zuckerberg etwa andeutet, »dass Facebook eher eine Regierung als ein Unternehmen sei«.

VI.1.2.3 Steuerungsakteure: Von der abhängigen Behörde zur (teil-)autonomen Agentur

Für den kooperativen Gewährleistungsstaat wurden staatliche Regulierungs*behörden* als hervorstechende Steuerungsakteure benannt, die die Privatisierungs- und Liberalisierungsprozesse als Aufsichts- und Überwachungsakteure flankierten (siehe Kapitel IV.3.2). Bereits Mitte der 1990er-Jahre sah Willke (1997: 289) für die »Zukunft der Wissensgesellschaft« dagegen eine Veränderung hin zu »an die Politik lose gekoppelte[n] Institutionen für die Generierung relevanter Expertise der Systemsteuerung«. Heute wird eine solche, allenfalls lose Kopplung auch für an politischer Steuerung beteiligte, staatliche oder staatsnahe Behörden, Ämter und Agenturen eingefordert.

Parallel zu den im digitalen Zeitalter zunehmenden, differenzierteren und volatileren Formen (regulierter) Selbstregulierung (siehe Kapitel VI.1.2.2 und VI.1.2.4) verändert sich auch die Erwartungshaltung an die Resilienz regulierender Behörden gegenüber (partei-)politischer Vereinnahmung. Diese zeigt sich in wiederholten Forderungen nach einer (stärkeren) Unabhängigkeit von zentralen Behörden, die diese zum Teil auch selbst einfordern. Konkret geht es darum, diese aus der rechtlichen- und fachlichen Aufsicht durch Ministerien zu entlassen. Agenturen sollen als ausführender Arm eines Ministeriums von der Verwaltungslogik gelöst werden – und sich damit vom intermediären Steuerungsakteur zu einem eigenständigen Steuerungssubjekt weiterentwickeln.

Bereits umgesetzt wurde dies für die Datenschutzaufsicht beziehungsweise den Bundesdatenschutzbeauftragten (BfDI), der seit 2016 als eigenständige oberste Bundesbehörde agieren kann und nicht mehr vom Innenministerium beaufsichtigt wird – nicht zuletzt, weil der Europäische Gerichtshof deren Abhängigkeit lange beanstandet hatte. Erste Hinweise des EuGH, dass auch die Bundesnetzagentur (BNetzA) nicht in allen Bereichen ausreichend unabhängig sei, haben dagegen noch zu keinen Änderungen geführt (siehe auch Kapitel V.3.6).

Von zivilgesellschaftlicher Seite, insbesondere aus der Datenschutzcommunity, kommen schon lange Forderungen, das Bundesamt für Sicherheit in der Informationstechnik (BSI) seinen Aufgaben entsprechend unabhängig aufzustellen. Bislang unterliegt es der Weisung des Innenministeriums. Eine besondere Schwierigkeit, die sich laut einigen Akteuren daraus ergibt, liegt darin, dass das BSI zwar einerseits der erste Ansprechpartner sein soll, wenn es um »Cybersicherheit« – und hier insbesondere (kritische) Sicherheitslücken – geht. Diese können dem BSI gemeldet werden, dass dann auf die verantwortlichen Hersteller zugeht (vgl. BSI o.J.b). Allerdings untersteht dem Innenministerium zugleich auch der Verfassungsschutz, dessen Eingriffsrechte in die eigentlich grundrechtlich geschützte *Gewährleistung der Vertraulichkeit und Integrität informationstechnischer Systeme*[42] in den letzten Jahren tendenziell immer weiter ausgeweitet worden sind.[43] Das Gesetz zur Anpassung des Verfassungsschutzrechts

---

42 Urteil des Bundesverfassungsgerichts vom 27.02.2008 (vgl. BVerfG 2008).

43 Hierbei sind insbesondere das Erste und Zweite Gesetz zur Erhöhung der Sicherheit informationstechnischer Systeme (IT-Sicherheitsgesetz, ITSiG; IT-Sicherheitsgesetz 2.0, ITSiG 2.0) zu nennen (vgl. Deutscher Bundestag 2021d).

(Deutscher Bundestag 2021a: 2276f.) zur Ausweitung verpflichtet unter anderem Telekommunikationsdienste, bei der für die der Quellentelekommunikationsüberwachung (Quellen-TKÜ) auf Smartphones nötige Aufbringung der Software – die von Gegner:innen vor allem unter dem Begriff des Staatstrojaners kritisiert wird – mitzuwirken (Art. 5). Grundsätzlich steht dabei ein vom Innenministerium abhängiges BSI vor einem Dilemma: Einerseits gehört es zu seinen Aufgaben, die Sicherheit von Systemen zu erhöhen – wozu explizit die »Warnung vor Schadprogrammen oder Sicherheitslücken in IT-Produkten und -Dienstleistungen« gehört (BSI o.J.a). Andererseits ist unklar, ob das BSI dazu verpflichtet werden könnte, gemeldete Sicherheitslücken in besonderen Fällen zugunsten des Verfassungsschutzes zurückzuhalten, um damit den Einsatz von Staatstrojanern nicht zu gefährden oder auszuweiten. Zumindest ermöglicht das ITSiG 2.0 Ausnahmen von der Weiterleitung dem BSI bekannt gewordener Sicherheitslücken (§ 4b Abs. 4). Die im Juli 2022 veröffentlichte Cybersicherheitsstrategie des BMI (2022: 6) unter Nancy Facer kündigt nun eine – wenngleich nicht unabhängige – zumindest »[u]nabhängigere Aufstellung« des BSI als ein Ziel für die 20. Legislaturperiode an (daneben soll es weiter ausgebaut werden und unter anderem als Zentralstelle eine effektivere Zusammenarbeit zwischen Bund und Ländern ermöglichen).

Wenn tatsächlich im digitalen Zeitalter weitere Behörden und Agenturen unabhängiger gegenüber ministerieller Kontrolle werden, steigt damit die Zahl relevanter Steuerungssubjekte. Damit könnten diese einerseits ihrer Regulierungsverantwortung unabhängig(er) von (partei-)politischen Einflussversuchen nachkommen. Andererseits erschwert diese Unabhängigkeit eine zentrale, hierarchische Steuerung jenseits der Änderung des Regulierungsrahmens.

VI.1.2.4 Plattformisierung: Zwischen Selbststeuerung, Selbst- und Ko-Regulierung

Aus Steuerungsperspektive können Plattformen unterschiedlich ausgestaltet sein. Dies betrifft ihre Ziele, die Rolle der beteiligten Ministerien (und damit die Steuerungsinstrumente) und die (erwarteten) Ergebnisse. Sie reichen von Selbststeuerung über Selbstregulierung bis hin zu regulierter Selbstregulierung. Im Ergebnis können daher informelle Absprachen, mehr oder weniger konkrete Codes of Conduct, Standardisierungsvereinbarungen oder staatlich gerahmte Regulierung – oder auch das Scheitern der Plattform – stehen.

Die weite Verbreitung von Plattformen – jenseits der bereits in Kapitel V.2.4 dargestellten Plattform Industrie 4.0 – sowohl in Bezug auf die beteiligten Ministerien als auch die Breite der Themen zeigt Tabelle 20.

Plattformen können in einer pfadabhängigen Tradition korporatistischer Arrangements gesehen werden, unterscheiden sich von deren klassischer Implementation jedoch auf zwei Ebenen. Im Gegensatz zum Tripartismus oder Makro-Korporatismus sind Plattformen auf einen deutlich längeren Zeitraum ausgerichtet oder auf Dauer gestellt. Darüber hinaus setzen sie sich nicht (ad hoc) mit einer spezifischen (Krisen-)Situation auseinander, sondern adressieren Problembündel (längerfristiger) grundlegender Herausforderungen. Verglichen mit meso-korporatistischen Settings, stellen Plattformen sehr viel offenere Foren dar. Dies betrifft sowohl die Bandbreite der möglichen beteiligten Akteure als auch die offenere Frage der konkreten oder möglichen Ergebnisse. Allerdings sind sie – wiederum im Gegensatz zu Dialogformaten oder Bündnissen – grundsätzlich ergebnis- und implementationsorientiert ausgerichtet.

Begrifflich anknüpfend an die Entwicklung der Internetökonomie (siehe Kapitel II.2.2) kann also für die Richtung der veränderten staatlichen Steuerung in diesem Bereich von einer *Plattformisierung* gesprochen werden. Die daraus resultierende Steuerungsform könnte, verweisend auf pfadabhängig-korporatistische Tendenzen, als *Plattformkorporatismus* bezeichnet werden.

Tabelle 20: Ausgewählte Bündnisse und Plattformen auf Bundesebene

Ressort	Bündnis/Plattform	Zeitraum
BMWi/BMVI	Nationale Plattform Elektromobilität (NPE)	5.2010-12.2018
BMBF/BMVBS/BMU	Nationale Plattform Zukunftsstadt (NPZ)	3.2013-2.2015
BMWK/BMBF	Plattform Industrie 4.0	4.2013-
BMWK	Bündnis Zukunft der Industrie	3.2015-
BMWK	Energiewende-Plattform Forschung und Innovation (FuI-Plattform)	5.2015-
BMBF	Nationale Plattform Bildung für nachhaltige Entwicklung (NP BNE)	5.2015-
BMBF/BMU/BMI/BMVI/BMWi	Innovationsplattform Zukunftsstadt (IPZ)	2.2016-
BMBF	Plattform Lernende Systeme (PLS)	9.2017-
BMDV/BMWK/BMUV	Nationale Plattform Zukunft der Mobilität (NPM)	9.2018-
BMI	Nationale Plattform zur Bekämpfung der Manipulation von Sportwettbewerben	7.2019-
BMUV	Corporate Digital Responsibility Initiative	5.2019-
BMWSB	Bündnis bezahlbarer Wohnraum	4.2022-

Quelle: Eigene Zusammenstellung und Darstellung.

Insgesamt wird Steuerung damit kontingenter. Mithin könnte in Bezug auf das Modell der Staatlichkeit im digitalen Zeitalter von einem kontingenten Staat gesprochen werden. Viele Logiken der Steuerung im Gewährleistungsstaat gelten weiterhin. Allerdings nehmen zugleich hierarchische Steuerungsimpulse zu und die genutzten Steuerungsinstrumente diversifizieren sich weiter aus. Damit löst sich das Steuerungsparadigma des kooperativen Staates auf, ohne dass sich im kontingenten Staat ein neues Paradigma herausbilden würde.

VI.1.3 Das neue Staatsbild des kontingenten Patchworkstaates

In beiden Dimensionen, sowohl beim Modell des Staates in der Leistungsdimension als auch beim Modell der Staatlichkeit in der Steuerungsdimension, weicht der Staat des digitalen Zeitalters vom Staatsbild des kooperativen Gewährleistungsstaates ab (siehe Tabelle 21).

Tabelle 21: Staatsbilder des modernen Staates I bis III

Modell des Staates: Leistungsdimension	**Leistungsstaat**	**Gewährleistungsstaat**	**Patchworkstaat**
Zeithorizont	Bis ~1990er-Jahre	~1980er- bis ~2020er-Jahre	Ab ~2010er-Jahren
Staatlichkeit	Produktion	Ko-Produktion	Ko-/Produktion
Daseinsvorsorge Kollektivgüter	Gemeinwohlmonopol	Supervision	Hybride Gemeinwohlproduktion
Beispielhaft	Staatsbetriebe	Public Private Partnerships	Plattformen
Modell der Staatlichkeit: Steuerungsdimension	**Interventionsstaat**	**Kooperativer Staat**	**Kontingenter Staat**
Form	Government	Governance	Kontingent
Steuerungsparadigma	Planungsmodell	Marktmodell	Experimentalmodell
Instrument	(Um-)Verteilung	Selbstregulierung Ko-Regulierung	Selbststeuerung Regulierung
Steuerungsobjekte	Individuelle Akteure	Kollektive Akteure (Verbände)	Kollektive Akteure (Unternehmen)
Grundrechte	Abwehrrechte	Schutzauftrag	Freiheit vs. Sicherheit
Staatsvision	**Starker Staat**	**Schlanker Staat**	**Digital souveräner Staat**
Übergangsphänomene	Demokratisierung	Liberalisierung Deregulierung Privatisierung	Digitalisierung Re-Regulierung (Rekommunalisierung)

Quelle: Eigene Zusammenstellung und Darstellung.

Er zeigt einerseits Tendenzen, einzelne Element des intervenierenden Leistungsstaates zu reaktivieren. Andererseits erfolgt eine Anpassung von Elementen des kooperativen Gewährleistungsstaates an neue digitale Möglichkeiten. In der Folge kommt es zu einer Hybridisierung bei den Formen und Strukturen der Leistungserbringung sowie einer Kontingenz bei den genutzten Steuerungsformen und -instrumente. Aus Steuerungsperspektive ist der *kontingente Patchworkstaat* daher gerade *nicht* durch ein neues Steuerungsparadigma gekennzeichnet. Vielmehr unterscheidet ihn die *Abwesenheit eines Paradigmas* sowohl vom kooperativen Gewährleistungsstaat als auch vom intervenierenden Leistungsstaat.

Der von *distributiven* Netzwerken geprägten Netzwerkgesellschaft und den komplexen Problemen im Informationszeitalter stand das Paradigma einer distributiven, komplexen, netzwerkorientierten Steuerung durch horizontale Governance gegenüber. Dagegen spielt in der von dezentralen Netzwerken geprägten Daten- und Plattformgesellschaft[44] des digitalen Zeitalters, unter Bedingungen von (datengetriebener) Kontingenz und Ambiguität, die stärkere vertikale Koordinierung horizontaler Kooperation eine zunehmende Rolle. Vielfältige Herausforderungen durch digitale Transformationsprozesse, unterschiedlich interpretierbare Daten und Informationen sowie multiple Risiken in komplexen Systemen und Problemzusammenhängen erhöhen den Druck und Bedarf an politischem Handeln. Auf der einen Seite nimmt damit die Bedeutung des Staates und staatlicher Interventionen tendenziell zu. Insofern bestätigt sich hier teilweise die kolportierte Rückkehr (etwa in Bezug auf den Umgang mit der Coronapandemie) des hierarchischen Staates. Auf der anderen Seite geht jedoch die Bedeutung horizontaler Zusammenarbeit nicht zurück, und die Steuerung differenziert sich aus. Kennzeichnend sind somit einerseits die »decentralization and fragmentation of the state« und »various forms of cooperation between the state and other actors« (Rončević/Tomšic 2017: 13). Korte (2022: 15) spricht bezogen auf die Ampelkoalition im Kontext der Coronapandemie, der Klimakrise sowie des Kriegs in der Ukraine auch von »multizentristische[m], kollaborative[m] Regieren[]«. Andererseits kommt in diesen Beschreibungen die neue Qualität des starken Staates unzureichend zur Geltung. Die sich herausbildende neue Mischform aus horizontalen und vertikalen Steuerungsinstrumenten könnte vielmehr als Korporatismus 3.0 beschrieben werden. Insofern lässt sich übertragen, was Schroeder (2021: 203) für die Steuerung in der Energie- und Verkehrspolitik in der doppelten Transformation feststellt:

> »Die Governance der Energiewende weist einen durch *muddling through* [Herv. i. O.] geprägten Stil auf. Die ehemals stabile korporatistische Governance wird in eine eher pluralistische Struktur transformiert, die allerdings kleinteiliger und weniger berechenbar ist. Auf jeden Fall setzt sie eine verstärkte Steuerung des Staates voraus«.

Vom Neokorporatismus (siehe Kapitel III.1.4) – dem Korporatismus 2.0 – grenzt sich die neue Version insbesondere durch zwei Aspekte ab: Erstens wird eine deutlich größere Bandbreite an privatwirtschaftlichen, zivilgesellschaftlichen und wissenschaftlichen Akteuren einbezogen. Durch die damit einhergehende größere Heterogenität sinkt zugleich die Steuerbarkeit. Zweitens liegt daher der Staatsentlastung eine andere Logik

44 Plattformisierung spielt (bei einem breiteren Begriffsverständnis) sowohl auf wirtschaftlicher Ebene (Plattformökonomie), auf gesellschaftlicher Ebene (als gesellschaftliche Segmentierung oder schwindenden gesellschaftlichen Zusammenhalt; durch Digitalisierung etwa infolge von Singularisierung und Vereinheitlichung, Filter Bubble und Echokammern) als auch auf staatlicher Ebene (Abkopplung von China und Russland; in der Debatte über digitale Souveränität aber auch ansatzweise in demokratischen Ländern) eine Rolle.

zugrunde. Diese basiert weniger auf einer Kostenreduktion durch die Verschiebung von Steuerungskapazitäten auf nicht-staatliche Akteure. Vielmehr geht es darum, dass der Staat im von wicked problems und multiplen Transformationskrisen geprägten digitalen Zeitalter durch die Inkorporierung wieder an Steuerungsfähigkeit zurückgewinnt. Dabei weicht die (autonome) Selbststeuerung des Neokorporatismus zugleich einer stärker hierarchisch koordinierten Selbstorganisation im Korporatismus 3.0. Insgesamt fällt dadurch das Steuerungspotenzial jedoch sehr viel volatiler aus.

Warum erscheint es passender, von Korporatismus 3.0 als von einer stärker hierarchisch gestützten Form von Governance zu sprechen? Zum einen verweist allein der Begriff des Korporatismus bereits auf die relevante Rolle des Staates. In der Governance-Debatte dagegen erfolgte bereits früher die Wiedereinführung des Staates, und zwar in Form des Schattens der Hierarchie, eher durch die Hintertüre. Zum anderen finden sich in zentralen Politikfeldern in Deutschland weiterhin korporatistische Arrangements. Diese verändern sich zwar, bleiben dabei aber in ihrer Logik der Steuerungsform des Korporatismus näher als den Formen von Staat, Markt oder Netzwerk (siehe Kapitel III.1).

Da sich Hybridisierung und Korporatismus 3.0 verbinden, wurde am Beispiel der Gesundheitspolitik (siehe Kapitel V.1) deutlich. Bezogen auf die Steuerungsformen im Kontext der Digitalisierung zeigen sich disparate Trends, die zu einem Steuerungsmix führen, was zur Typisierung des Gesamtsteuerungsparadigmas als Hybridisierung passt. Die von Heyen und Reiß angesprochenen kooperationsfreudigen Settings finden sich weniger bei den etablierten Akteuren und Akteurskonstellationen im Gesundheitswesen als vielmehr bei den Fällen im *Randbereich*, wo experimentell neue (zivilgesellschaftliche) Akteure und Bürger:innen eingebunden werden. Dagegen lässt sich für den *Kernbereich* eine pfadabhängige, inkrementelle Entwicklung feststellen, die der Logik des ersten Großtrends der 2000er-Jahre folgt. Diese kennzeichnet auf der einen Seite die etablierten Strukturen der Selbstverwaltung und ihrer Kollektivorganisationen. Auf der anderen Seite lässt sich eine stärkere Zentralisierung und (Androhung) direkterer hierarchischer Steuerungsmöglichkeiten dort feststellen, wo die auf politischer Ebene gesehenen Entwicklungsdefizite auf (nicht auflösbare) Interessenkonflikte der Selbstverwaltungsakteure zurückgeführt werden, was als Korporatismus 3.0 beschrieben werden kann (zu dem auch die Erweiterung des inkorporierten Akteursfeldes um Vertreter:innen von Patient:inneninteressen passt). Der sich schnell entwickelnden *Wachstumsbereich* digitaler Gesundheitsdienstleistungen, geprägt durch neue Akteure aus dem Feld der Start-ups und großen Digitalkonzerne, erweitert nicht nur die Akteurslandschaft. Er schafft darüber hinaus weitere Hybridisierung durch die Etablierung eines sekundären Gesundheitsmarktes, der dem zweiten Großtrend der 2000er-Jahren – der grundsätzlichen Unterstützung von Wettbewerbslogik und Marktsteuerung folgt. Mit zwei Konsequenzen:[45] 1. einer Nachsteuerung durch Regulierung, wo eine Notwendig-

45 Dieses Zusammenspiel zeigt sich beispielsweise in der Gesundheitsprävention, etwa am Beispiel des Themas Rauchen. Hier existieren zum einen regulatorische Eingriffe wie das Werbeverbot für Tabakprodukte wie Zigaretten in audiovisuellen Mediendiensten wie Fernsehen, Hörfunk (Radio), Print und Internet. Dies regeln §19 und §20 des Gesetzes zur Umsetzung der Richtlinie über Tabakerzeugnisse und verwandte Erzeugnisse (Tabakerzeugnisgesetz; TabakerzG) (vgl. Deutscher Bun-

keit aus Wettbewerbs- oder Qualitätssicherungsgründen gesehen wird, und 2. einer auf souveräne Bürger:innen fokussierten weichen Steuerung durch Information und Aufklärung, also auf indirekte Steuerung, die letztlich auf Eigenverantwortung abzielt.

Wie steht es nun um die Steuerungsfähigkeit und das Steuerungspotenzial des kontingenten Patchworkstaats im digitalen Zeitalter?

destag 2016). Daneben stehen verhaltensbezogene Nudging-Ansätze. Hierunter sind wohl die um Bilder von gesundheitlichen Folgen ergänzten Warnhinweise auf Tabakprodukten am bekanntesten.

VI.2 Steuerungspotenzial und Steuerungsfähigkeit im digitalen Zeitalter

Der Gesamtblick auf die (Un-)Möglichkeit von Steuerung pendelt zu unterschiedlichen Zeitpunkten zwischen Steuerungseuphorie zur Zeit der Planungseuphorie auf der einen und einer steuerungsskeptischen Perspektive, wie sie in Begriffen wie Staatsversagen oder Steuerungsillusion deutlich wird, auf der anderen Seite (vgl. Willke 2014a: 3f.). Aufgrund der graduellen, zwischen diesen beiden Polen zu verortenden Möglichkeit zur Steuerung soll in dieser Abhandlung von Steuerungs*potenzialen* die Rede sein. Der Potenzialbegriff weist gleichzeitig darauf hin, dass vorhandene Steuerungsmöglichkeiten nicht zwingend in (erfolgreiche) Steuerung münden müssen. Das Steuerungspotenzial steht in einer doppelten Abhängigkeit: zum einen von der Steuerbarkeit des Steuerungsobjekts. Zentral ist zum anderen jedoch die Steuerungsfähigkeit des Steuerungssubjekts. Für diese wiederum spielen das (Nicht-)Vorliegen von Steuerungszentren und Steuerungswissen sowie neue Versuche, Steuerung zu testen, eine besondere Rolle.

VI.2.1 Steuerungszentrum

Die Ausführungen zum Feld der Digitalpolitik (Kapitel II.3) zeigen deutlich, dass sich der institutionelle Kontext der Steuerung weiterhin in Bewegung befindet. Zwar findet in der Ampelkoalition eine veränderte Institutionalisierung auf Bundesebene statt, bislang fehlen aber weiterhin klare Zuständigkeiten und Entscheidungskompetenzen im Sinne eines eindeutigen Steuerungszentrums. Politikfeldspezifische Institutionen haben sich nur bedingt herausgebildet, weshalb die autonome Problemlösungsfähigkeit[1] in diesem Feld – nicht zuletzt aufgrund zwischenministerieller Kompetenzstreitigkeiten – begrenzt bleibt. Rieger (2014: 13) stellt bereits für die Digitale Agenda fest:

1 Für eine politikfeldspezifische Problemlösungsfähigkeit sind nicht nur Ressourcen notwendig, sondern den Akteuren müssen auch entsprechende Handlungs- und Entscheidungskompetenzen vorliegen beziehungsweise zugewiesen werden. Dem Feld der Digitalpolitik fehlt es hier bislang an einer (begrenzten) Autonomie, die etablierte Politikfelder auszeichnet (vgl. Greef 2017: 15f.).

> »Das Ressortprinzip, nachdem alle Ministerien im Rahmen ihrer thematischen Zuständigkeiten eigenständig handeln, erschwert grundsätzlich die Koordination und Ausarbeitung politischer Programme mit Querschnittscharakter.«

Von einem starken politischen Steuerungszentrum kann mithin keine Rede sein. Raschke und Tils (2013: 171) benennen (in Bezug auf Parteien) ein »anerkanntes strategisches Zentrum aus einem kleinen, informellen Netzwerk« als notwendig für eine »wirksame Koordination zwischen unabhängigen, institutionellen Akteuren mit eigenen Funktionen und Interessen«. Eine kongruente Steuerung wird in diesem komplexen Verantwortlichkeitsnetz noch einmal dadurch potenziert, dass unterschiedliche oder sogar gegeneinanderstehende Regulierungsziele eine Rolle spielen können. Besonders deutlich zeigen sich diese etwa im Spannungsverhältnis von Freiheit und Sicherheit oder bei der Abwägung zwischen dem Datenschutz von Verbraucher:innen und Beschäftigten auf der einen und wirtschaftlicher Innovations- und Wettbewerbsfähigkeit auf der anderen Seite. Aber selbst beim klassischen Thema des Urheberrechts geht es um den Ausgleich der unterschiedlichen Interessen von Nutzer:innen, Urheber:innen und Verwerter:innen. Vielfach verlaufen diese widerstreitenden Regulierungslinien gerade zwischen den jeweils für unterschiedliche Teilbereiche zuständigen Ministerien.

Die Frage, ob ein, von vielen Akteuren immer wieder gefordertes,[2] Digitalministerium eine angemessene Antwort auf die Koordinierungsschwierigkeiten ist, lässt sich nicht so einfach beantworten. Eine koordinierte Digitalpolitik »aus einer Hand« ist auch in anderen Modellen denkbar. Im Koalitionsvertrag 2018 war von CDU/CSU und SPD (2018: 39) etwa alternativ die Möglichkeit einer Digitalagentur (in Form einer der Bundesregierung nachgeordneten Behörde) als koordinierende Instanz im Querschnittsthema der Digitalpolitik ins Spiel gebracht worden. Allerdings war auch bei dieser Alternative keine Rede davon, Kompetenzen aus den Ministerien abzuziehen und zentral zu bündeln. Die wiederholten Forderungen nach einem Digitalministerium, die insbesondere von der FDP, aber auch von den Grünen im Bundestagswahlkampf vorgebracht wurden, konnten diese in der Ampelkoalition nicht durchsetzen. Stattdessen fand unter Olaf Scholz zunächst eine umfassendere Kompetenzbündelung beim Bundesministerium für Digitales und Verkehr (BMDV) statt, dessen Stellung jedoch wenig später durch die Einsetzung der Koordinierungsgruppe der federführenden Ressorts auf Ebene der Staatssekretär:innen wieder eingehegt wurde. Ob sich die Koordinierungsgruppe, im Sinne der Metasteuerung der Digitalisierungssteuerung, mittelfristig zu einem Steuerungszentrum entwickeln kann, wird sich erst noch zeigen müssen.

Dass die bisherige Herangehensweise und Versuche der Steuerung in ihrem Ergebnis – insbesondere im internationalen Vergleich – nicht vollständig überzeugen können, zeigen unterschiedliche Digitalisierungsindizes. So weist etwa der *Digital Economy*

2 Die Forderung nach einem Digitalministerium wurde nicht zuletzt im Rahmen der Regierungsbildung nach der Bundestagswahl 2017 von zahlreichen Akteuren aus Wirtschaft, Zivilgesellschaft, Wissenschaft und parteinahen Verbänden aber auch von einzelnen Abgeordneten wiederholt. Die Breite der unterschiedlichen Akteure zeigt sich an den mehr als 50 Unterstützer:innen der Petition zur Ernennung einer Digitalministerin oder eines Digitalministers (vgl. Bundesverband Deutscher Startups o.J.).

and Society Index (DESI)[3] weiterhin erhebliches Verbesserungspotenzial aus. Fortschritte konnte Deutschland 2022 im Report der Europäische Kommission (2019b, 2022a: 19, 30, 66ff.) etwa im Bereich Konnektivität (Breitband) vorweisen, wo es sich auf Platz 4 von 27 um sechs Plätze im Vergleich zu 2019 verbesserte. Bei den digitalen öffentlichen Diensten (und damit der Verwaltungsdigitalisierung) konnte Deutschland von Platz 23 auf 18 aufschließen, lag damit aber weiterhin unter dem EU-Durchschnitt. Bei den bürger:innennahen Verwaltungsdienstleistungen kam Deutschland auf Platz 14, wobei sich hier in der nächsten Erhebung die OZG-Umsetzung (wenn sie denn wie geplant läuft) deutlich niederschlagen könnte. Erschwert wird die Bewertung hier allerdings dadurch, dass Deutschland insbesondere bei dem aus Datenschutzsicht kritisch diskutierten Bereich der »vorausgefüllten Formulare«, also der zentralen Datenhaltung und des Datenabgleichs zwischen Behörden, weiterhin nur auf Platz 23 lag. Trotz insgesamt vorhandener Fortschritte verblieb Deutschland, weil auch die anderen EU-Staaten ebenfalls nicht untätig bleiben, 2022 im Gesamtvergleich auf demselben Platz wie im Jahr 2019: 13 von 27. Allein auf Deutschland bezogene Indizes, wie etwa der Deutschland-Index der Digitalisierung 2021 des Kompetenzzentrums Öffentliche IT (2021), zeichnen darüber hinaus ein sehr disparates Bild, was den Digitalisierungsstand der einzelnen Bundesländer betrifft.[4]

Die aus vergleichender Perspektive bestenfalls stockend voranschreitende Digitalisierung korreliert mit dem in den letzten Jahren deutlich sichtbar gewordenen Strategiedefizit aufseiten der Bundesregierung. Den Verantwortlichen scheinen die strategischen Defizite im Umgang mit der Digitalisierung nicht verborgen geblieben zu sein, wie sich an diversen Strategieentwicklungsprozessen ablesen lässt. »Deutschland braucht einen umfassenden digitalen Aufbruch«, heißt es im Koalitionsvertrag der Ampel (SPD et al. 2022: 12). Seine Eckpunkte zur Gigabitstrategie legte das Bundesministerium für Digitales und Verkehr zusammen mit der Bundesnetzagentur und Bitkom im März 2022 vor (vgl. BMDV 2022b). Vom Innenministerium wurde eine Cybersicherheitsagenda veröffentlicht (vgl. BMI 2022b) und das Bundesministerium für Bildung und Forschung hat seine Zukunftsstrategie Forschung und Innovation als Nachfolge der Hightech-Strategie 2025 für Ende 2022 angekündigt (vgl. BMBF 2022b). In der vom Bundesministerium für Digitales und Verkehr verantworteten Digitalstrategie der Bundesregierung wurden unter Zuarbeit der anderen Ministerien 18 Leuchtturmprojekte zusammengetragen (vgl. BMDV 2022a). Von einer kohärenten Gesamtstrategie kann so gleichwohl nicht gesprochen werden. Zugleich zeugt auch die zwischen BMDV, BMWK und BMF geteilte Verantwortung für das Digitalbudget zur Umsetzung der Digitalstrategie vom Fehlen eines eindeutigen Steuerungszentrums auf der operativen Ebene. Aus dieser hat sich das BKAmt weitgehend zurückgezogen und konzentriert sich stattdessen auf grundlegende Zukunftstrends und Visionen in den Referaten »Grundsatzfragen der Transformation«

---

3 Der DESI vergleicht alle 27 EU-Mitgliedsstaaten in ihrer digitalen Performanz und Wettbewerbsfähigkeit in fünf Schwerpunktbereichen: »Konnektivität«, »Humankapital«, »Internetnutzung«, »Integration der Digitaltechnik« und »Digitale öffentliche Dienste«.

4 Während der Digitalisierungsscore 2021 im Bundesdurchschnitt bei 70,2 Punkten von 100 lag, variieren die Scores auf Ebene der Bundesländer um fast 30 Prozentpunkte zwischen 86,8 für Hamburg und 57,1 für Mecklenburg-Vorpommern (vgl. Hölscher et al. 2021: 51).

sowie »Politische Planung und Strategische Vorausschau« und dem geplanten Zukunftslabor (siehe Kapitel II.3).

VI.2.2 Steuerungswissen: Dialogprozesse und Partizipation

Vorhandenes Steuerungswissen ist eine zentrale Bedingung für Steuerungsfähigkeit. Landfried (1993: 325) wies in den 1990er-Jahren darauf hin, dass »die Problemdiagnose und das Steuerungswissen sehr viel stärker zum Gegenstand der Forschung« gemacht werden müssten, »als dies bisher in Untersuchungen zu staatlicher Steuerung der Fall war.« Auch wenn die Bedeutung von Wissen seitdem verstärkt Eingang in die Policy-Forschung beziehungsweise in die Governance-Debatten erhalten hat (siehe etwa Schuppert/Voßkuhle 2008; Schuppert 2019; Schuppert et al. 2022), beschränkt sich die analytische Perspektive weiterhin häufig auf die Prozesse der Entscheidungsfindung, Instrumentenwahl und Implementierung. Unter den Bedingungen der Digitalisierung wird es jedoch noch wichtiger, die Dimension des Steuerungswissens immer mit in den Blick zu nehmen. Zunehmender Komplexität und Kontingenz von Problemlagen stehen immer mehr Daten und generiertes Wissen gegenüber. Zugleich wird damit die Umsetzung vorhandenen Steuerungswissens in Steuerungsfähigkeit immer prekärer. Zwar lässt sich auf der einen Seite die direkte Wirkung von Steuerungsinstrumenten auf Steuerungsobjekte immer besser fundieren und damit vorhersagen. Auf der anderen Seite wird der Beitrag dieses einzelnen Steuerungsimpulses zur Lösung komplexer wicked problems tendenziell immer kleiner. Zugleich führt umfassenderes Kontextwissen durch die Verdatung der Welt dazu, dass nicht nur die Kenntnisse über mögliche nicht intendierte Nebeneffekte exponentiell zunehmen, sondern auch die Wahrscheinlichkeit, dass diese bei tatsächlichem Eintreten öffentlich wahrgenommen werden. Damit wird die Abwägung und Entscheidung zwischen unterschiedlichen Steuerungsinstrumenten immer komplexer, weil es immer schwieriger wird, eine (vermeintlich) eindeutig beste Lösung im Diskurs zu propagieren – aus Ambiguität folgt Kontingenz.

Hieraus gibt sich die Notwendigkeit, verstärkt Steuerungswissen zu generieren – wofür im Folgenden auf Dialogprozesse und Expert:innengremien vertieft eingegangen wird (dass auch die Anwendung dieses Wissens in Form neuer Formate erfolgt, die es ermöglichen sollen, Steuerung versuchsweise auszuprobieren, wird im nachfolgenden Kapitel VI.2.3 anhand der sogenannten Experimentierräume aufgegriffen).

VI.2.2.1 Expert:innengremien

Stellungnahmen, Anhörungen, (Bei-)Räte (wie der Digitalrat oder der Zukunftsrat der Bundesregierung) oder (Enquete-)Kommissionen gehören zu den Standardformaten zur Einbindung von Expert:innen und ihres Wissens in politische Prozesse (die stärker outputorientierte Einbindung über Plattformen wurde in Kapitel VI.1.2.4 behandelt). Entsprechend umfangreich fällt die (politik-)wissenschaftliche Auseinandersetzung mit diesem Themenbereich aus, die hier nicht gewürdigt werden kann. An dieser Stelle sollen nur einige wenige Punkte herausgehoben werden.

»Die Auslagerung komplexer Probleme an Expert:innengremien hilft, eine chronisch überlastete und kognitiv überforderte Politik zu entlasten« (Bogner 2021: 47). Zugleich ist dieses Auslagern voraussetzungsvoll, wenn demokratie- und beteiligungsorientierte Maßstäbe berücksichtigt werden sollen. Der institutionelle Kontext muss transparent und reflexiv beschaffen sein, sodass nicht nur eine Kontrolle der Expert:innengremien, sondern auch wirksame Infragestellung von Expert:inneneinschätzung durch Dritte (wie etwas zivilgesellschaftliche Akteure) möglich ist. Denn die Einbindung von Expert:innen bietet diesen exklusiven Zugang zu politischen Prozessen.[5] Ansonsten besteht die Gefahr einer »neuen Form der Expertokratie, die allein technisch definiert ist« und primär »koordinative und infrastrukturelle Probleme« statt »politische[r] Wert- und Systemfragen« berücksichtigt (Nosthoff/Maschewski 2019: 47).

Dies weist darauf hin, dass bei der Übertragung und dem Arbeitsauftrag an Expert:innengremien gleichzeitig berücksichtigt werden muss, ob es sich bei der Debatte um den Gegenstand der Expert:innenbetrachtung primär um einen Wissens- oder um einen Wertekonflikt handelt (siehe auch Kapitel IV.2.2.1). Wenn bei Letzterem kein allgemeingültiger Wertekonsens existiert, bedeutet dies zwar nicht, dass Expert:innengremien gänzlich unangebracht wären. Allerdings erscheint dann eine ausschließlich beschränkte Auslagerung instrumenteller Aspekte sinnvoll, wohingegen die wertebezogene Konfliktlinie gesellschaftspolitisch bearbeitet werden muss (vgl. Bogner 2021: 51).

Ganz unabhängig davon darf die Einbeziehung von Expert:innen in politische Entscheidungsprozesse nicht als Expertokratie missverstanden werden. In der Regel handelt es sich um eine bestimmte Form der Politikberatung oder der Vorverhandlung zwischen relevanten Akteuren und nicht um eine direkte Beeinflussung oder gar Vorwegnahme der politischen Entscheidungsfindung. Winter (2007: 229) weist darauf hin, dass gerade die in Parlamentsanhörungen als Experten geladenen Verbände und Personen nicht mit einer entsprechenden Einflussmacht gleichgesetzt werden können:

> »Die Zusammensetzung des Expertenkreises bei öffentlichen Anhörungen ist daher eher ein Indikator für die taktischen Kalküle von Parteien als für die Bedeutung der eingeladenen Interessengruppen.«

Dieser begrenzte Einfluss kann auch auf Expert:innenkommissionen und -räte übertragen und an deren zahlreichen Abschlussberichten nachgezeichnet werden, deren Empfehlungen keinen oder nur geringen Einfluss auf der politischen Ebene entfalten konnten. Zugleich können diese Berichte und Empfehlungen auch ausschließlich den Minimalkonsens zwischen den beteiligten Expert:innen darstellen oder starke Minderheitsvoten enthalten. Neunecker (2016: 61) weist daher darauf hin, dass sich bezogen auf die Einflussperspektive »Enquete-Kommissionen schließlich nicht wesentlich von anderen Formen der zivilgesellschaftlichen Partizipation« unterscheiden würden. Beide gäben

5 Diese gilt auch in Krisensituationen wie der Coronapandemie. »Die wissens- und evidenzbasierte Pandemiebekämpfung beschleunigte solche Tendenzen. Expert*innenwissen ist exklusiv, und wenn es politisch entscheidet, wird die Demokratie ebenfalls exklusiv« (Burchardt 2021: 82).

im Wesentlichen ausschließlich Empfehlungen und Lösungsvorschläge ab, die vom Parlament berücksichtigt werden könnten, aber nicht müssten. Hier verbleibt die Entscheidungskompetenz also klar auf der parlamentarischen Ebene, und die tatsächliche (direkte) Wirkmächtigkeit der eingebundenen Personen bleibt beschränkt. So kommt auch Siefken (2007: 318) in seiner Untersuchung von Experten:kommissionen in der rot-grünen Koalition zwischen 1998 und 2005 zu dem Schluss, dass deren Funktion vor allem in der »inhaltliche[n] Klärung von Sachverhalten in Verbindung mit einer Vorverhandlung zwischen beteiligten Akteuren des Politikfeldes« bestand. Es seien auf der einen Seite zwar keine rein symbolischen Veranstaltungen, deren Empfehlungen überhaupt keine Umsetzung erfahren. Auf der anderen Seite würden deren Ergebnisse »von den politischen Akteuren sehr pragmatisch als Ressource in der Argumentation genutzt« werden (ebd.: 317).

Zugleich ist die Analyse einer Epistemisierung der Politik richtig (vgl. beispielsweise Bogner 2021). Noch nie waren Politiker:innen mehr auf externe Expertise und wissenschaftlichen Sachverstand angewiesen als aufgrund von wicked problems im digitalen Zeitalter. Zugleich wird die einzelne wissenschaftliche Expertise immer weniger »wert«. Nicht, weil Wissensgehalte im Widerspruch oder Konflikt zueinander stehen würden, sondern vielmehr, weil sie häufiger in Konkurrenz zueinander stehen.[6] Denn genauso, wie wicked problems aufgrund ihrer Komplexität immer mehr Beratungsleistung erfordern, um sie möglichst vielschichtig analysieren, verstehen und bewerten zu können, gibt es immer weniger einen eindeutigen Lösungsansatz, um mit ihnen so umzugehen, dass dabei alle Facetten, Wechsel- und Nebenwirkungen berücksichtigt werden. Denn je genauer man hinguckt, desto mehr Detail erkannt man zwar, das Gesamtbild wird dabei aber immer unschärfer. Daraus sollte nicht gefolgert werden, dass sich aus der Konkurrenz zwischen Deutungen unterschiedlicher wissenschaftlicher Disziplinen sowie divergierenden Interessenlagen verschiedener Akteursgruppen nur Nachteile ergäben. Am Beispiel der Coronapandemie führt Bude (2022: 254) aus, dass es durchaus zielführender sein kann, wenn aus Steuerungsperspektive nicht primär auf einen Ausgleich – im Sinne eines Kompromisses zwischen allen Akteuren – hingearbeitet wird, »sondern dass man soziale Pakte schmieden muss, bei denen die Kompetenzen sich im Blick auf ein gemeinsames Ziel ergänzen.« Gleichwohl werden Steuerungsbemühungen dadurch nicht einfacher.

Denn die zweite Seite der Medaille der Epistemisierung der Politik ist die Politisierung von Entscheidungen und Konflikten. Politische Entscheidungen müssen sehr viel diskursiver, mit Argumenten nicht nur im politischen, sondern auch immer stärker im öffentlichen Raum begründet, in konflikthaften Konstellationen durchgesetzt und permanent verteidigt werden. Sie führt also dazu, dass politische Steuerungsfähigkeit,

---

6 Dies zeigt etwa die Coronakrise mit unterschiedlichen fachwissenschaftlichen Perspektiven auf die Notwendigkeit, Sinnhaftigkeit und Wirkung politischer Maßnahmen. So blicken Epidemiolog:innen, Mediziner:innen, Kinder- und Jugendpsycholog:innen, Bildungswissenschaftler:innen, Soziolog:innen oder Rechtswissenschaftler:innen nicht zuletzt mit unterschiedlichen Prioritäten auf denselben Gegenstand. Zur Rolle einzelner Disziplinen im Pandemiegeschehen siehe anschaulich beispielsweise Bude (2022).

nicht nur wegen des mit der Digitalisierung zwar immer »einfacher« im großen Datenumfang zu generierenden, aber gleichzeitig immer schwieriger zu analysierenden und interpretierenden Steuerungswissens, prekärer wird, sondern auch, weil die begründete, zielgerichtete Auswahl der Steuerungsinstrumente bei ambigen Problemlagen immer kontingenter wird. Ein Versuch, auf diese Situation zu reagieren, besteht darin, Prozesse partizipativer zu gestalten und die Akteursbasis der Wissensproduktion zu verbreitern – zum Beispiel in Richtung einer stärkeren Bürger:innenbeteiligung. Dies wird anhand von Dialogprozessen deutlich, die im folgenden Kapitel im Zentrum stehen.

VI.2.2.2 Dialogprozesse

(Steuerungs-)Wissen wird nicht nur über Expert:innengremien oder Enquete-Kommissionen generiert. Auch beteiligungs- und dialogorientierte Formate gehören zum bekannten Repertoire im politischen Prozess. Beteiligungsverfahren finden insbesondere bei Gesetzgebungsinitiativen und Gesetzesformulierung (etwa durch Einholen von Stellungnahmen oder Einladungen zu Ausschussanhörungen im Bundestag) oder im Kontext von Strategiebildungsprozessen[7] statt. Im Rahmen dieser Verfahren sind auch Dialogformate möglich, die somit kein grundlegend neues Instrument im politischen Prozess darstellen. Bei diesen handelt es sich allerdings nicht um Formate, die möglichst viele Gruppen einbinden sollen, da sie sich vielmehr auf das Wissen eines erweiterten Expert:nnenkreises fokussieren. Zumeist beschränken sie sich auf Wissenschaftler:innen sowie Vertreter:innen aus Wirtschaft, Verwaltung und zivilgesellschaftlichen Organisationen.

In den letzten Jahren wurden in den als *Dialogprozesse*[8] benannten Verfahren jedoch verstärkt Bürger:innen in den Prozess eingebunden (siehe Tabelle 22).[9] Beispielhaft hierfür ist der bereits erwähnte Prozess vom Grünbuch zum Weissbuch Arbeiten 4.0 des BMAS (siehe Kapitel V.2.3). Aber auch zu anderen Themenbereichen fanden bei unter-

---

7 Die Ministerien setzen insbesondere bei neuen technologischen Entwicklungen, denen auf der einen Seite ein großes Potenzial eingeräumt wird, deren tatsächliche Anwendung und Schwierigkeiten in der Umsetzung aber auf der anderen Seite noch nicht klar ersichtlich sind, auf Strategiepapiere, die unter Einbeziehung der Positionen und Vorschläge relevanter Akteure entwickelt werden. Beispielhaft sei hierfür auf die Blockchain-Strategie von BMWi und BMF verwiesen. Für die Strategieerstellung wurde die Website http://www.blockchain-strategie.de gelauncht, um bundesweit tätigen »Verbänden, Unternehmen, Organisationen, Institutionen sowie Expertinnen und Experten« die Gelegenheit zu eröffnen, »die Strategie mitzugestalten« (BMWi/BMF 2019a). Diese »Online-Konsultation« sollte eine »breite und transparente Beteiligung« ermöglichen (BMWi/BMF 2019b).

8 Gleichwohl beinhaltet nicht jedes als Dialogprozess bezeichnete Konzept eine Beteiligung von Bürger:innen, so etwa der vom BMWK im Juli 2022 gestartet Dialog »Mittelstand, Klimaschutz und Transformation« (vgl. BMWK 2022b) oder die bereits erwähnte CDR-Initiative (siehe Kapitel III.2.6).

9 An dieser Stelle wird nicht weiter auf Konzepte oder Herausforderungen einer *digitalen* Bürger:innenbeteiligung (die häufig mit unter dem Label der E-Partizipation behandelt wird) eingegangen. Siehe hierzu etwa den Sammelband von Leitner (2018) oder die Studie von Oertel et al. (2018) zur »Online-Bürgerbeteiligung an der Parlamentsarbeit«.

schiedlichen Ressorts auf Bundesebene Dialogprozesse mit Beteiligung von Bürger:innen statt (siehe Tabelle 22).

Tabelle 22: Ausgewählte Dialogprozesse auf Bundesebene mit Bürger:innen-Beteiligung

Ressort	Dialogprozess	Zeitraum
BMAS	Arbeiten 4.0	4.2015-11.2016
Bundesregierung	Nationale Nachhaltigkeitsstrategie	10.2015-3.2016
BMWi	Digitale Plattformen	3.2016-3.2017
Auswärtiges Amt (AA)	Nationale Sicherheitsstrategie	6.2022-9.2022

Quelle: Eigene Zusammenstellung und Darstellung.

Sogar für die Nationale Sicherheitsstrategie – und damit den Kernbereich staatlicher Aufgaben – startete Außenministerin Baerbock am 18.03.2022 einen Dialogprozess. In »einem gemeinsamen und inklusiven Prozess mit der Öffentlichkeit sowie Expertinnen und Experten« sollen die »sicherheitspolitischen Herausforderungen unserer Zeit« diskutiert werden und die »erarbeiteten Ergebnisse [...] in den Entstehungsprozess der Nationalen Sicherheitsstrategie« einfließen (Auswärtiges Amt 2022a). Hierzu finden unter anderem sieben Bürger:innen-Dialoge und »Townhall-Workshops« statt (Auswärtiges Amt 2022b).

Der Begriff der *Town Hall Meetings* [Bürger:innenversammlung] ist eng mit Dialogprozessen verbunden, stellt jedoch ein spezifisches Instrument innerhalb dieser Prozesse dar. Jenseits der organisierten Zivilgesellschaft und von Expert:innenkreisen werden hierüber die Bürger:innen vor Ort – oft in dem namensgebenden Rathaus-, Bürgersaal oder (Dorf-)Gemeinschaftshaus – mit einbezogen. Bei Town Hall Meetings handelt sich um eine (begrifflich aus dem US-amerikanischen Sprachraum übernommene) Form der Bürger:innenbeteiligung durch ein offenes Veranstaltungsformat, bei dem sich ursprünglich Politiker:innen oder politisch Verantwortliche vor allem den Fragen der Anwesenden stellen. Heute variiert der Grad der Beteiligung sehr viel stärker. So sind sowohl reine Informations- und Aufklärungsveranstaltungen als auch Konsultations- oder partizipative Mitbestimmungsformate möglich. Letztlich handelt es sich jedoch im Kern zunächst um informelle Beteiligungsverfahren (im Gegensatz etwa zu formellen Raumordnungs- oder Planfeststellungsverfahren[10]). Sie dienen eher dazu, Informationen auszutauschen, über politische Pläne und Vorhaben zu informieren sowie Erfahrungen und Meinungen einzuholen, als das sie auf partizipatives Mitentscheiden ausgerichtet wären. Gleiches gilt in der Regel auch für die Dialogprozesse, in die die Town Hall Meetings eingebettet sind.

10 Siehe hierzu etwa das »Handbuch für eine gute Bürgerbeteiligung« mit Vorschlägen für die Ausgestaltung einer frühzeitigen und kontinuierlichen Verfahrensbeteiligung bei der »Planung von Großvorhaben im Verkehrssektor« des BMVI (2014).

Aus Steuerungsperspektive können Dialogprozesse zwei Funktionen besitzen. Zum einen lässt sich mit ihrer Hilfe *Steuerungswissen* generieren, mit dem die Erfolgswahrscheinlichkeit von Steuerungsbemühungen erhöht, sowie Output, Outcome und Impact – nicht zuletzt im Sinne einer höheren *Output-Legitimität* – verbessert werden sollen. Dabei stellen sie – verglichen mit Stellungnahmen und Anhörungen, zu denen nur ausgewählte Akteure Zugang erhalten – eine partizipationsorientiertere Form der Beteiligung dar. Sie sollen eine deutlich breitere Gruppe von Akteuren – möglichst alle Stakeholder:innen, um einen Interessenausgleich zu ermöglichen – in die Phasen des Agenda-Settings oder der Politikformulierung miteinbeziehen. Dialogprozesse können daher sowohl zeitlich weit vor – wenn es etwa um die Erstellung grundlegender Strategiepapiere geht – oder sogar ohne konkreten Bezug zu Gesetzesinitiativen als auch im Gesetzgebungsprozess angesiedelt sein. Sie können aber nicht nur Wissen und Expertise generieren und Bürger:innen einbinden, sondern ermöglichen es auch, Konflikte und Kontroversen bereits in einer frühen Phase des politischen Prozesses aufzugreifen (auch hier also einen Interessenausgleich zu beginnen) sowie durch die Beteiligung die Akzeptanz für die nachfolgende Steuerung zu erhöhen. Damit dienen Dialogprozesse häufig auch der *politischen Kommunikation* im Kontext einer *responsiven Politikgestaltung* sowie der Erhöhung der wahrgenommenen *Input-Legitimität* von Steuerungsbemühungen. Aus dieser Perspektive kommt ihnen in Bezug auf Steuerung zum anderen die Funktion zu, das *Potenzial für erfolgreiche Steuerung* zu erhöhen – insbesondere angesichts einer ausdifferenzierten Interessen(verbands)landschaft in vielen Politikfeldern. Mit Blick auf den letztgenannten Punkt können die Einordnung und Bewertung der zunehmenden Dialogorientierung allerdings auch negativ formuliert werden, wie etwa Döhler (2020: 10) es tut:

> »Wenn es für die Ministerialverwaltung infolge der wachsenden Fragmentierung der Verbändelandschaft sowie des Wachstums eher schwach organisierter NGOs schwieriger wird, verpflichtungsfähige Kooperationspartner zu finden, dann könnten die Stakeholder-Dialoge als anspruchsärmere Variante der Konsens- und Legitimationsbeschaffung fungieren.«

Partizipative Elemente kommen allerdings nicht nur in dialogorientierten Formaten zum Einsatz. Sie spielen auch bei den Versuchen, zunehmend experimentelle Settings zur Erprobung neuer regulativer Steuerung zu etablieren, eine Rolle.

VI.2.3 Steuerungstest: Experimentierräume und -klauseln

Um Wissen über die Anwendbarkeit, Funktionsfähigkeit und Wirkung neuer Steuerungsansätze aus erster Hand zu erlangen, können neue Ansätze – im Modus des *Trial and Error – ausprobiert* werden. Hierbei handelt es sich explizit nicht um ein *muddling through* [»Durchwurschteln«] im Sinne einer »Strategie der unkoordinierten kleinen Schritte« ohne zentrale Steuerung und mit willkürlichem Ergebnis (Braybrooke/Lindblom 1972: 140), sondern um ein gesteuertes experimentelles Setting, das sich gerade durch eine stabile (regulative) Rahmung auszeichnet.

In den letzten Jahren finden sich in politischen Strategiepapieren vermehrt Hinweise auf ein solches Vorgehen in Form sogenannter Experimentierräume – die manchmal auch als Reallabore *[regulatory sandboxes]* oder Lernräume bezeichnet werden. »Im Fokus der Reallabore stehen neben Praxistests für Technologien und Geschäftsmodelle auch die Überprüfung aktueller und die Erprobung neuer Regulierungsmaßnahmen, zum Beispiel in Bezug auf Effektivität, im Vordergrund«, so Busch et al. (2019: 219f.), nach denen der Begriff im deutschsprachigen Raum zum ersten Mal im Bundestagsausschuss »Bildung, Forschung und Technikfolgenabschätzung« 2012 genutzt wurde. Allerdings wird der Begriff der Reallabore auch für Settings genutzt, in denen der Fokus auf Partizipation im Sinne der Bürger:innenbeteiligung und *Citizen Science* [Bürger:innenwissenschaft][11] liegt und die dabei keine Erprobung von *Steuerungsinstrumenten* enthält.[12] Zwar setzt insbesondere das Wirtschaftsministerium trotz immer genannter Regulierungsdimension auf der Überschriftenebene weiterhin auf den Begriff der Reallabors. Gleichwohl erscheint es sinnvoller, die Begriffe Experimentierräume und Experimentierklauseln zu nutzen, wenn es um Steuerung und Regulierung geht.[13] Diese sollen explizit die Möglichkeit bieten, neue (innovative) (Steuerungs- und Regulierungs-)Konzepte unter realen Bedingungen zu erproben, wobei hierfür bestehende (gesetzliche) Regelungen zeitlich, räumlich und sachlich begrenzt außer Kraft gesetzt werden. Um nachhaltige Lerneffekte und einen Transfer in die Welt außerhalb der Experimentierräume zu ermöglichen,[14] findet in der Regel eine wissenschaftliche Begleitung (in Form von Monitoring und Evaluation) statt. Über die ohnehin im Konzept angelegte Beteiligung der relevanten Akteure in den experimentellen Settings hinaus spielen – sofern vorhanden – bestehende Strukturen der Selbstregulierung – im Bereich der Arbeitswelt etwa die betrieblichen Strukturen der Interessenvertretung und die Sozialpartner auf der überbetrieblichen Ebene – bei der Ein- oder Umsetzung eine wichtige Rolle. Auch jenseits einer solchen Einbindung zeigt der häufige Gebrauch des Begriffes »Experimentierklauseln« – die in der Regel einer Genehmigung der zuständigen Fachbehörde unterliegen – auf, dass es um *regulierte* experimentelle Settings geht.[15]

---

11 Zum Konzept siehe beispielsweise das Grünbuch »Citizen Science Strategie 2020 für Deutschland« der vom BMBF geförderten Plattform Bürger schaffen Wissen (2016).

12 So förderte das BMBF 2015 und 2016 in acht Richtlinien Reallabore mit Bürger:innenbeteiligungs- und Citizen-Science-Ansätzen (vgl. Wissenschaftliche Dienste 2018: 7).

13 Wagner und Grunwald (2019: 260) kritisieren die Vermischung der Begriffe aus der umgekehrten Perspektive: Ursprünglich wäre der Begriff Reallabor mit der »genuine[n] Intention« verbunden, »gesellschaftliche Transformationen in Richtung Nachhaltigkeit anzustoßen« und würde nun »zugunsten einer techno-ökonomischen Innovationsorientierung aufgeweicht.« So verstehen auch Meyer et al. (2021: 367f.) »Reallabore als ein Format, das transdisziplinäre und transformative Nachhaltigkeitsforschung miteinander kombiniert, einen starken Fokus auf gesellschaftliche, langfristige Lernprozesse aufweist und durch realweltliche Interventionen (Realexperimente) gefasst wird«. Böschen et al. (2021: 278ff.) identifizieren dann noch einmal drei unterschiedliche Typen von Reallaboren, die sich auf einzelne Gegenstände (Produkte, Dienstleistungen etc.), auf raumgebundene Entwicklungen oder Nachhaltigkeitstransformation fokussieren.

14 Ein solcher Transfer findet statt, wenn experimentelle Erkenntnisse verallgemeinert werden und tatsächlich zu einer Anpassung des rechtlichen Rahmens führen.

15 Siehe hierzu etwa die Ausführungen zu Reallaboren im Konzept des BMWi (2021a: 2f.) für ein Reallabor-Gesetz oder die Erklärung des BMAS (o.J.) zu Experimentierräumen.

Besonders aktiv setzt sich das Wirtschaftsministerium mit Experimentierräumen auseinander. Im Jahr 2018 erschien die BMWi-Strategie »Reallabore als Testräume für Innovation und Regulierung« (BMWi 2018c). Drei Jahre später legte das BMWi (2021a: 3) mit einem Konzept für ein Reallabor-Gesetz nach, »um die Strukturen und rechtlichen Möglichkeiten für Reallabore zu verbessern«.[16] Dafür soll insbesondere ein »Experimentierklausel-Check« systematisch im Gesetzgebungsprozess verankert werden, damit bei jedem neuen Gesetzesvorhaben oder jeder Gesetzesnovellierung verpflichtend geprüft wird, ob die Aufnahme einer Experimentierklausel möglich ist (ebd.: 7). Bereits im Rahmen des Pakets für Bürokratieerleichterungen hatten sich die Bundeskabinett (2021: Punkt 14) dafür ausgesprochen, »die Möglichkeit zum ›Ausprobieren‹« in Fachgesetzen zu verstärken:

> »Dazu sollen vermehrt Experimentierklauseln genutzt werden, um insbesondere Reallabore zu ermöglichen. Deshalb wollen wir im Rahmen des Ressortprinzips in Zukunft für jedes Gesetz prüfen, ob durch die Aufnahme einer Experimentierklausel innovativen Leistungen Freiraum gegeben werden kann.«

Konkret eingebaute Experimentierklauseln oder angedachte Experimentierräumen finden sich zu unterschiedlichen Themenbereichen verschiedener Ressorts – in Strategiepapieren, Förderbekanntmachungen und Gesetzesinitiativen (siehe Tabelle 23). So wurde im Rahmen des bereits genannten Grün-/Weissbuchprozesses Arbeiten 4.0 des BMAS die Idee eines Experimentierraums zur Arbeitszeitflexibilisierung eingebracht (siehe Kapitel V.2.3). Und das BMWi (2021d: 23) wies auch in der letzten Förderbekanntmachung zur angewandten nichtnuklearen Forschungsförderung, wie im dazugehörigen 7. Energieforschungsprogramm »Innovationen für die Energiewende« 2018 festgelegt, auf die Förderung von Experimentierräumen hin:

> »Mit der Förderung von Reallaboren der Energiewende als zeitlich und geografisch begrenzte Experimentierräume sollen technische und nichttechnische, wenn sinnvoll auch regulatorische Innovationen sowie gesellschaftsökonomische Aspekte und ihre systemische Wechselwirkung erprobt werden.«

Auch die Strategie Künstliche Intelligenz der Bundesregierung (2018b: 23) (Nationale KI-Strategie) in der Großen Koalition sah »Reallabore als zeitlich und räumlich begrenzte regulatorische Experimentierräume« vor. Dabei ging es um »sozialpartnerschaftlich begleiteten und wissenschaftlich evaluierte[]« (ebd.: 26) »betriebliche Lern- und Experimentierräume« zum »Einsatz von KI-gestützten Anwendungen in der Arbeitswelt im Hin- blick auf Mensch-Maschine-Interaktion, Gesundheits- und Datenschutz etc.« (ebd.: 29). Und das BMWi (2021a: 6) forderte in seinem Konzept eines Reallabor-Gesetzes explizit, in diesem »neue Experimentierklauseln für digitale Innovationsbereiche«

16 Darüber hinaus ist das BMWi im Bereich der Experimentierräume mit dem »Innovationspreis Reallabore« aktiv (BMWK 2022a; Hielscher et al. 2022) und hat das Handbuch für Reallabore (BMWi 2019b), Arbeitshilfen zum Formulieren von Experimentierklauseln (BMWi 2020) sowie Praxishilfen zum Datenschutz (BMWi 2021b) in Reallaboren herausgegeben.

zu schaffen. Nicht nur hier wird die enge Verbindung von Experimentierräumen und Digitalisierung deutlich (vgl. auch Böschen et al. 2021: 276).

Tabelle 23: Ausgewählte Beispiele vorgesehener Experimentierräume

Ressort	Papier	Policy/ Themenbereich	Jahr
BMAS	Weissbuch Arbeiten 4.0	Arbeitszeit	2017
Bundesregierung	Nationale KI-Strategie	Künstliche Intelligenz	2018
BMWi	Förderbekanntmachungen im 7. Energieforschungsprogramm »Innovationen für die Energiewende«	Energiewende	2018 - 2021
BMAS	Förderlinie Zukunftsfähige Unternehmen und Verwaltungen im digitalen Wandel	Künstliche Intelligenz	2020
BMWi	Konzept Reallabor-Gesetz	Digitale Technologien und Geschäftsmodelle	2021
BMDV	Digitalstrategie[1]	Arbeitszeit	2022

Anmerkung: 1. In der Entwurfsfassung vom 18.08.2022.
Quellen: BMAS (2017: 127), BMDV (2022d), BMWi (2018b, 2021a), Bundesregierung (2018b: 29); eigene Zusammenstellung und Darstellung.

Auch jenseits ministerieller Papiere scheint ein experimentelles Vorgehen vielen Akteuren insbesondere in digitalen Kontexten angebracht. So empfehlen etwa Keppner et al. (2022: 14) in einem Policy-Brief für das Bundesumweltamt der Bundesregierung, »Experimentierräume für umweltfreundliche smarte Lösungen« in Smart Cities zu nutzen, um in »Living Labs« innovative technische Ansätze unter realen Bedingungen erproben und durch Monitoring evaluieren zu können.

Die enge Verbindung von Digitalisierung und Experimentierräumen wird auch an ihrer innovationspolitischen Verortung deutlich. Bullinger und Malanowski (2021: 20) charakterisieren sie als »[n]eue und modifizierte innovationspolitische Instrumente«, die es im Umgang mit tiefgreifenden Transformationsprozessen, »insbesondere in sich rasch wandelnden Technologie- und Innovationsfeldern«, ermöglichen, innovative Ideen in einem »zunächst begrenzten Rahmen flexibel zu testen, wissenschaftlich zu evaluieren und bedarfsgerecht anzupassen«. Experimentierräume und -klauseln sind auch aus dieser Perspektive insbesondere ein Antwortversuch auf gesunkene Steuerungspotenziale angesichts gestiegener Komplexität von wicked problems. So regt das Foundational Economy Collective (2019: 236) lokale und regionale Experimente an, um pragmatisch Lösungen zur Bereitstellung fundamentaler materieller und sozialer Infrastrukturen in »instabilen und komplexen Umgebungen« unter eventuell nötigen neuen Bündnisoptionen (Hybridorganisationen) erproben zu können. Und Mazzucato (2021: 219) formuliert:

»Die Fähigkeit, einen kohärenten Policy Mix […] zu finden, ist ebenso wie die Fähigkeit zur Koordinierung grundlegend für den Erfolg heutiger missionsorientierter Politik. Da es bei ihnen nicht nur um technologische Lösungen, sondern auch um starke soziopolitische Aspekte geht, spielt die Fähigkeit zum Experiment heute eine größere Rolle denn je.«

Insbesondere unter großer Unsicherheit, wie sie bei komplexen Zusammenhängen und Problemlagen per se existiert, ist Handeln immer risikobehaftet. Dies gilt auch für politische Steuerungsversuche. Es wird immer schwieriger, die erwartete Steuerungswirkung sicher zu antizipieren und dabei alle möglichen nicht intendierten Neben- und Folgewirkung einzubeziehen oder überhaupt sicher zu bestimmen. Folglich bedarf es der grundlegenden Bereitschaft, auf kleinem Raum durch Versuch und Irrtum zu lernen – und damit im positiven Sinne eines responsiven Inkrementalismus. »Trial and error« unter geregelten Rahmenbedingungen ermöglicht ein (ressourcen- und) folgenreduziertes Austesten und Nachsteuern. Damit folgt der Experimentierraum-Ansatz einer kybernetischen Logik von Feedback und Selbstregulation ergänzt um Elemente einer hierarchischen Rahmensteuerung (siehe Kapitel I.2.1). Experimentierräume und -klauseln lassen sich daher einerseits der regulierten Selbstregulierung zuordnen. Andererseits stellen sie selbst noch keine umgesetzte Steuerung dar. Vielmehr dient der experimentelle Steuerungstest der Suche nach wirksamen Steuerungsinstrumenten und der Erprobung ihrer Anwendung, um die Wahrscheinlichkeit für einen Steuerungserfolg zu erhöhen und damit Steuerungspotenzial (effektiver) zu nutzen.

VI.2.4 Sinkendes Steuerungspotenzial

Für die Entwicklung des Steuerungspotenzials im digitalen Zeitalter spricht zunächst einiges für ein Absinken. Digitalisierung potenziert Komplexität und führt damit zu erhöhter Unsicherheit. Komplexe Herausforderungen lassen sich nicht auf bekannte Probleme reduzieren und entziehen sich damit einfachen, schematischen oder althergebrachten Lösungen. Mögliche Steuerungs*ziele* differenzieren sich damit nicht nur aufgrund heterogener Interessenlagen aus. Vielmehr führt erstens die Wahrnehmung von Problemlagen als wicked problems zu einer Vervielfältigung möglicher Schwerpunkte bei der Zielsetzung. Zweitens nimmt mit zunehmenden Daten und Wissen über Probleme deren Komplexität zu und nicht ab – und damit auch die Interpretationsmöglichkeiten über angemessene Ziele. All dies erschwert die Konkretisierung allgemein anerkannter Zieldefinitionen.

Aufseiten der Steuerungs*objekte* (Steuerungsadressaten) gestaltet sich das Feld ebenfalls zunehmend heterogener. Neben den ausdifferenzierteren Interessenlagen bei Individuen aufgrund von Individualisierung und Singularisierung führt die alle Politikfelder durchdringende Digitalisierung zu veränderten Akteurskonstellationen, weil neue Kollektivakteure mit stärkeren Digitalisierungsbezügen das Feld aufmischen. Beides erschwert das korrekte Antizipieren der erwünschten Steuerungswirkung von Instrumenten und kann dazu führen, dass mehr unterschiedliche, auf die verschiedenen Adressaten abgestimmte Steuerungsinstrumente nötig sind. Die *Steuerbarkeit* heterogenerer Steuerungsobjekte nimmt ab.

Aufseiten der Steuerungs*subjekte* (allzu häufig undifferenziert »der Staat«) geht mit der Digitalisierung ein erheblich gesteigerter Koordinierungsaufwand einher. Tendenziell wächst durch die Allbetroffenheit der in verschiedene Ressorts aufgeteilten Gegenstandsbereiche von der digitalen Transformation die Zahl der für die Digitalpolitik relevanten Steuerungszentren entsprechend an. Eine konsolidierte Strategie wird dadurch zwar nicht grundsätzlich verunmöglicht, allerdings zeigt das Hin und Her bei den digitalpolitischen Zuständigkeiten in Deutschland, dass Konkurrenz, Konflikte und Reibungsverluste die *Steuerungsfähigkeit* deutlich einschränken (siehe Kapitel II.3).

VII. Resümee: Der Weg zum digital souveränen kontingenten Patchworkstaat

»Der (alte) Staat ist tot, aber der (neue) Staat zeigt sich quicklebendig.«
Rüdiger Voigt (1996: 387)

Allen Debatten über das Ende oder den Rückzug des Staates zum Trotz erwiesen sich in dessen langer Geschichte die staatlichen Institutionen wie auch das Staatsverständnis immer wieder als an innere und äußere Umstände anpassungsfähige Konstrukte. Wenn gerade jetzt, angesichts einer – aufgrund der Verordnungslastigkeit in der Coronapandemie und der Energiekriese im Zuge des völkerrechtswidrigen Angriffs Russlands auf die Ukraine – stark erscheinenden Exekutive, die Frage nach der Rückkehr des Staates aufgeworfen wird, passt dies zwar in die lange Reihe von Titeln, die den Aufstieg, Niedergang oder das Ende des Staates als Thema setzen. Zugleich geht aber auch diese gerade aktuelle Titelei am Kern des Wandels beziehungsweise der Transformation von Staat und Staatlichkeit vorbei. Dies hat sich auch mit dem Eintritt ins digitale Zeitalter nicht verändert – weder was das Fortbestehen des Staates noch seine grundsätzlich vorhandene Anpassungsfähigkeit anbelangt. Wandel und Transformation von Staat und Staatlichkeit sind aus dieser Perspektive eher die Regel als die Ausnahme – damit zeigt sich der Staat als äußerst resilient.

Der Staat war also nie weg, nur seine Gestalt – im Sinne des Modells des Staates in der Leistungs- sowie des Modells von Staatlichkeit in der Steuerungsdimension – verändert sich. Bei der Frage nach der Rückkehr des Staates in der Coronapandemie geht es daher eigentlich um die Frage nach der Renaissance eines im Zuge der Governance-Debatte überwunden geglaubten Steuerungsparadigmas: der Rückkehr des Interventionsstaates und damit der hierarchischen Steuerung.[1] Dass zum gleichen Zeitpunkt genau dieselbe Frage zur Gestalt des Staates auch im umfassenderen Kontext des digitalen Zeitalters gestellt wird, kommt nicht von ungefähr. Die Wahrnehmung von Herausforderungen wie etwa des Umgangs mit Fake News und Hate Speech im Internet oder der Datensammelwut der großen Digitalkonzerne basiert, wie auch bei der Coronapandemie oder dem Klimawandel, auf denselben Grundannahmen: Wir haben es mit wicked problems in einer immer komplexer werdenden Welt zu tun, in der zugleich immer mehr Daten erhoben und verarbeitet werden können. Auf der einen Seite wecken die neuen Möglichkeiten der allumfassenden Datengenerierung und -erhebung sowie der Analyse von Big Data mittels Maschinenlernen den Wunsch nach einer stärker datengetriebenen, evidenzbasierten staatlichen (neokybernetischen) Steuerung neu. Ermöglicht die Digitalisierung und Vermessung der Welt also plötzlich eine einfach(er)e politische Steuerung?

Diese Frage kurzschlussartig mit Ja zu beantworten, wäre aus doppelter Perspektive ein Trugschluss. Dieser Schluss würde allenfalls zutreffen, wenn man von einfachen Problemen, einem szientistischen Weltbild und realen Eindeutigkeiten ausginge. Tatsächlich generieren zwar unterschiedlichste Akteure immer mehr Wissen über komplexe Problemlagen. Damit wird ihre Lösung aber nicht automatisch einfacher. Wenn Probleme komplex und damit kontingent sind, dann verbessert mehr Wissen durch eine höhere »digitale Auflösung« die Steuerung nicht automatisch. Vielmehr kann sie auch die genau gegenteilige Wirkung entfalten. Interpretationsmöglichkeiten und damit auch -notwendigkeiten und Ansätze zum Umgang nehmen genauso zu wie das Wissen darüber, was wir alle noch nicht über das Problem wissen. Wir leben in einer immer kom-

---

1 Diese Feststellung bezieht sich auf den deutschen Kontext. Mit Blick auf China oder Russland erleben wir dagegen statt der Krise des Staates bereits seit längerem eine Stärkung des autoritären Staatsmodells (vgl. Mergel 2022: 253).

plexer werdenden Welt, wozu die Digitalisierung in all ihren Facetten einen erheblichen Beitrag leistet. Dies bedeutet jedoch nicht, dass Steuerung unmöglich werden würde. Jedoch sinkt die Steuerungsfähigkeit. Gleichzeitig nimmt die Notwendigkeit von Steuerung unter den Bedingungen von Kontingenz und Ambiguität weiter zu.

Wenn die Zukunft gestaltbar ist, dann bedarf es Entscheidungen, die aus der Vielzahl an Möglichkeiten auswählen und damit die Richtung der Entwicklung vorgeben. Damit dabei ein viabler Weg beschritten wird, ist jedoch eine realistische Vision der angestrebten Zukunft – im Sinne eines politischen Leitbildes – unabdingbar. Steuerungsfähigkeit hängt entschieden davon ab, dass das Steuerungsziel genauso klar definiert wird wie eine begründete Auswahl an Steuerungsinstrumenten auf Basis der zugrundeliegenden Wirkungsannahmen. Im Kontext der Digitalisierung entstehen zwar neuartige Instrumente zur Steuerung wie Nudging oder algorithmische Regulierung. Ihre Wirkweise folgt jedoch häufig altbekannten Mustern. Staatliche Steuerung im digitalen Zeitalter kennzeichnet daher nur bedingt ein neuer Instrumentenkasten. Gleichwohl lassen sich auf der Mesoebene sechs Dimensionen herausstellen, die charakteristisch für veränderte Steuerung und das Steuerungspotenzial des Staates im digitalen Zeitalter sind:

1. Revitalisierung technokratischer (neokybernetischer) Planung in Form *algorithmengestützter Prognose und Prävention* sowie *algorithmischer Steuerung*. Die rasant gewachsenen Kapazitäten in der Datenerhebung, -sammlung und -auswertung – beziehungsweise der Datafizierung und Algorithmisierung – werden zweifach genutzt. Zum einen nehmen präventive Formen des Eingreifens zu, die auf automatisierter Datenauswertung aufbauen (etwa predictive policing). Zum anderen steigt die Relevanz algorithmischer Steuerung in der Form, dass bei Entscheidungsverfahren daten- und algorithmengetriebene Prozesse (beispielsweise bei der Vorauswahl oder Bewertung) eingesetzt werden (etwa Uploadfilter).
2. Neben öffentlich-privater Kooperation lassen sich, insbesondere in der Plattformökonomie, Elemente einer *Privatisierung der Rechtsdurchsetzung, teilweise auch der Rechtsetzung* finden (etwa durch AGBs und Community-Richtlinie). Neben der Aneignung von Rechtsetzungskompetenz (durch Ausnutzen von Rechtslücken oder Ignorieren gesetzlicher Regelungen durch transnationale Digitalkonzerne) überträgt der Staat aktiv Kompetenzen zur Rechtsdurchsetzung auf Digitalkonzerne. Nicht immer werden dabei Fragen nach der Kontrolle sowie den Aus- und Nebenwirkungen ausreichend berücksichtigt.
3. Stärkere (zivil-)gesellschaftliche Bezugnahme, die als *Indienstnahme der Zivilgesellschaft* bezeichnet werden kann. Bei dieser kalkuliert der Staat die Übernahme von Aufgaben durch ehrenamtlich Engagierte bei seinen Überlegungen zur Notwendigkeit von Steuerung und Leistungserbringung als gegeben mit ein, ohne dass diesen gegenüber direkt ein Steuerungsinstrument zum Einsatz käme. Indienstnahme bedeutet also nicht Regulierung oder Selbstregulierung. Sie ist aber auch nicht mit Selbstorganisation gleichzusetzen, weil sie in einem Bereich stattfindet, den der Staat als steuerungsbedürftig erachtet, und nicht ein staatlich unberücksichtigtes, zusätzliches Angebot darstellt.
4. Entwicklung »verselbstständigter« *Agenturen* als Steuerungssubjekte. Mit dem Übergang von der staatlichen Leistungserbringung zur Gewährleistungsverantwortung

ging die Notwendigkeit verstärkter Regulierung einher. In der Folge entstanden Regulierungsbehörden, die als verlängerter Arm des Staates die Aufgabenerbringung durch Dritte überwachen und gegebenenfalls korrigierend eingreifen. In der digitalen Konstellation werden diese als Agenturen tendenziell unabhängiger von staatlicher Verwaltung beziehungsweise ministerieller Aufsicht.

5. Mit der Rückkehr stärker hierarchischer Steuerungsimpulse auch in kooperativen Steuerungssettings horizontaler Governance kann von einem *Korporatismus 3.0* gesprochen werden. Dabei trägt die Bezeichnung auch dem Umstand Rechnung, dass vielfach auch in klassischen neokorporatistisch geprägten Politikfeldern die Zahl sowie Heterogenität der relevanten Akteure zunimmt und die Arrangements volatiler werden. Hierzu zählen (neue) Formen der regulierten Selbstregulierung, wie sie in dieser Abhandlung etwa unter den Begriffen der Plattformisierung und Experimentierräumen beschrieben wurden.
6. Die Antwort auf zunehmende Komplexität, Kontingenz und Ambiguität liegt allerdings nicht nur in politikfeldspezifisch angepassten Steuerungsmixen und digital aufgewerteten Steuerungsinstrumenten. Neue Steuerungspotenziale unter den Bedingungen von Volatilität und Unsicherheit soll darüber hinaus ein durch Experimentierräume und Reallabore regulierter Modus des Testens von Steuerung – im Sinne des Trial-and-Error-Prinzips – erschließen.

Zusammengenommen entpuppt sich auf der Makroebene die politische Steuerung im digitalen Zeitalter als Steuerungsmix und kontingente Steuerungsform. Etablierte Steuerungsinstrumente des Gewährleistungsstaates werden weiterhin (angepasst) angewandt, neue Steuerungsformate kommen hinzu. Darüber hinaus nehmen aber auch stärker hierarchische Ansätze wieder mehr Raum ein. Der *kontingente Staat* als Modell der Staatlichkeit in der Steuerungsdimension unterscheidet sich also vom kooperativen Staat maßgeblich dadurch, dass dessen Steuerungsparadigma verblasst, während sich mit der Heterogenisierung der Steuerungsinstrumente – entgegen der anfänglichen These – kein neues Paradigma abzeichnet.

Auch mit Blick auf das Modell des Staates in der Leistungsdimension entwickelt sich im digitalen Zeitalter ein neuer Typus, sodass von einer Ablösung des Gewährleistungsstaates gesprochen werden kann. Kennzeichnend dafür ist eine hybridere Gemeinwohlproduktion. Sie unterscheidet sich von dem Gemeinwohlmonopol im Leistungsstaat genauso wie von der Gemeinwohl-Ko-Produktion im Gewährleistungsstaat. Statt Ko-Produktion findet eine vielfältig konkurrierende oder ergänzende Produktion von Kollektivgütern statt, die weniger durch Public Private Partnerships als durch eine abgekapselte Gemeinwohlerstellung durch Staat, Privatwirtschaft und Zivilgesellschaft erfolgt.

Als kennzeichnend für den Staat des digitalen Zeitalters stellt sich damit das Bild des *kontingenten Patchworkstaates* heraus, der ohne dominantes Paradigma zumeist bekannte Steuerungsformen und -instrumente sowie Formen der Leistungserbringung neu zusammensetzt und damit an die Stelle des kooperativen Gewährleistungsstaats des Industriezeitalters rückt. Mit welcher konkreten Vision einer erwünschten Zukunft dieses Bild verknüpft wird befindet sich im politischen und gesellschaftlichen Aushandlungsprozess, der seit einiger Zeit verstärkt unter dem Label der *digitalen Souveränität* geführt wird. Klärungsbedürftig erscheint in diesem Kontext bislang insbesondere noch die Frage, *wessen* Souveränität im digitalen Zeitalter als maßgeblich im Zentrum stehen soll. Denn als *relationales* und *relatives Konstrukt* muss die Souveränitätsfrage zwischen der staatlichen, der wirtschaftlichen und der individuellen Ebene austariert werden. Dabei spricht einiges dafür, auf dem Weg Deutschlands zum digital souveränen kontingenten Patchworkstaat der Marktsouveränität der USA und der chinesischen Staatsouveränität als dritte Alternative die Bürger:innensouveränität gegenüberzustellen.

Literaturverzeichnis

AAS (2017): Stellungnahme der Amadeu Antonio Stiftung zum vorgelegten Entwurf des Netzwerkdurchsetzungsgesetzes (NetzDG), Berlin: Amadeu Antonio Stiftung.

acatech (2022): Zukunftsrat der Bundesregierung, acatech, https://www.acatech.de/projekt/zukunftsrat-der-bundesregierung/ (abgerufen am 01.09.2022).

Adams, Douglas (1983): Das Leben, das Universum und der ganze Rest, München: Rogner & Bernhard.

Ahrefs (2018): 91 % of Content Gets No Traffic From Google. And How to Be in the Other 9 % (New Research by Ahrefs), https://ahrefs.com/blog/search-traffic-study/ (abgerufen am 02.10.2019).

Ahrne, Göran/Brunsson, Nils/Seidl, David (2016): Resurrecting Organization by Going beyond Organizations, in: European Management Journal, 34 (2), S. 93–101.

Aiginger, Karl (2019): Industriepolitik mit gesellschaftlichen Zielen verbinden – systemischer Ansatz statt Uraltkontroverse, in: Wirtschaftsdienst, 99 (2), S. 101–105.

AISB (2019): AISB – The Society for the Study of Artificial Intelligence and Simulation of Behaviour – Loebner Prize, aisb.org.uk, http://www.aisb.org.uk/events/loebner-prize (abgerufen am 31.05.2019).

Alber, Jens (1992): Das Gesundheitswesen der Bundesrepublik Deutschland. Entwicklung, Struktur und Funktionsweise, Frankfurt a.M.: Campus.

Albers, Marion (2012): Das Präventionsdilemma, in: Schmidt, Jan-Hinrik/Weichert, Thilo (Hg.): Datenschutz. Grundlagen, Entwicklungen und Kontroversen, Bonn: bpb, S. 102–114.

AlgorithmWatch (2022): Was wir tun, AlgorithmWatch, https://algorithmwatch.org/de/was-wir-tun/ (abgerufen am 13.06.2022).

Allcott, Hunt/Gentzkow, Matthew (2017): Social Media and Fake News in the 2016 Election, in: Journal of Economic Perspectives, 31 (2), S. 211–236.

Altay, Sacha/Berriche, Manon/Acerbi, Alberto (2023): Misinformation on Misinformation: Conceptual and Methodological Challenges, in: Social Media + Society, 9 (1), S. 1–13.

Álvarez, Sonja (2018): Kompetenzgerangel um die Chefsache, in: Der Tagesspiegel, 26.02.2018, https://www.tagesspiegel.de/wirtschaft/digitalisierung-kompetenzgerangel-um-die-chefsache/21006554.html (abgerufen am 24.12.2018).

Álvarez, Sonja (2021): Ein Schubser zur Spritze, in: WirtschaftsWoche, 06.08.2021, S. 32–33.

Amelung, Volker E./Ex, Patrica (2019): Inkrementell oder mit der Brechstange: Wie wird das Gesundheitswesen endlich digital? In: Gesundheits- und Sozialpolitik, 73 (1), S. 15–19.

Amnesty International (2020): Joint civil society statement: States use of digital surveillance technologies to fight pandemic must respect human rights, https://www.amnestyusa.org/wp-content/uploads/2020/04/FULL-STATEMENT.pdf (abgerufen am 12.05.2020).

Anter, Andreas (2010): Die Chimäre vom »›Ende des Staates‹« und der Ordnungsbedarf der Gesellschaft, Staat – Souveränität – Nation. Beiträge zur aktuellen Staatsdiskussion. Working Paper 3, Giessen: Justus-Liebig-Universität Giessen.

Anter, Andreas (2013): Der Staat als Beobachtungsobjekt der Sozialwissenschaft. Das Trugbild vom verschwindenden Staat und die Normativität des Gegenstandes, in: Bach, Maurizio (Hg.): Der entmachtete Leviathan. Löst sich der souveräne Staat auf? Baden-Baden: Nomos, S. 17–27.

Anter, Andreas/Bleek, Wilhelm (2013): Staatskonzepte. Die Theorien der bundesdeutschen Politikwissenschaft, Frankfurt a.M.: Campus.

Arregui, Daniela/Bartsch, Bernhard/Jungbluth, Cora/Laudien, Anika/Overdiek, Markus/Ponattu, Dominic/Rausch, Thomas/Vemmer, Felix (2020): Von Trump und Xi lernen? Globalisierung und Innovation als Treiber einer neuen Industriepolitik, GED Focus Paper, Gütersloh: Bertelsmann Stiftung.

Artinger, Sabrina/Baltes, Susanne (2020): Wirksam Regieren – Mit Bürgern für Bürger, in: AWV-Informationen, 66 (1), S. 10–12.

ÄrzteZeitung (2020): SARS-CoV-2-Testergebnisse. 90 Prozent der Labore melden an Corona-Warn-App, ÄrzteZeitung, https://www.aerztezeitung.de/Wirtschaft/Wie-viele-Testlabore-melden-an-Corona-Warn-App-414435.html (abgerufen am 29.12.2020).

Askani, Helena (2021): Private Rechtsdurchsetzung bei Urheberrechtsverletzungen im Internet, Baden-Baden: Nomos.

August, Vincent (2021): Technologisches Regieren. Der Aufstieg des Netzwerk-Denkens in der Krise der Moderne. Foucault, Luhmann und die Kybernetik, Bielefeld: transcript.

Ausschuss für Recht und Verbraucherschutz, Einziger (2020): Wortprotokoll der 91. Sitzung, Protokoll 19/91, Berlin: Deutscher Bundestag.

Auswärtiges Amt (2022a): Auf dem Weg zur Nationalen Sicherheitsstrategie – Der Dialogprozess, Auswärtiges Amt, https://www.auswaertiges-amt.de/de/aussenpolitik/themen/nationale-sicherheitsstrategie/2532862 (abgerufen am 25.07.2022).

Auswärtiges Amt (2022b): Bürgerinnen – und Bürgerdialoge zur Nationalen Sicherheitsstrategie – wie funktioniert das? Auswärtiges Amt, https://www.auswaertiges-amt.de/de/aussenpolitik/themen/-/2541268 (abgerufen am 25.07.2022).

Bach, Maurizio (2013a): Einleitung: Zur Interdependenz des Strukturwandels von Gesellschaft und Staat, in: Bach, Maurizio (Hg.): Der entmachtete Leviathan. Löst sich der souveräne Staat auf? Baden-Baden: Nomos, S. 7–14.

Bach, Maurizio (2013b): Jenseits der Souveränitätsfiktion. Der Nationalstaat in der Europäischen Union, in: Bach, Maurizio (Hg.): Der entmachtete Leviathan. Löst sich der souveräne Staat auf? Baden-Baden: Nomos, S. 105–124.

Bader, Roland (2016): Algorithmisierte Lebenswelten, in: merz medien + erziehung, 4, S. 10–18.

Baer, Drake (2014): Mark Zuckerberg Explains Why Facebook Doesn't »Move Fast And Break Things« Anymore, Business Insider, https://www.businessinsider.com/mark-zuckerberg-on-facebooks-new-motto-2014-5 (abgerufen am 16.05.2022).

BAFA (2010): Abschlussbericht – Umweltprämie, Eschborn: BAFA.

Bailey, Emil T. (2002): Come Together? Debunking the Myth of the Internet and the Global Village, in: Mazarr, Michael J. (Hg.): Information Technology and World Politics, New York: Palgrave Macmillan, S. 25–41.

Ballweber, Jana (2020a): Digitale Gesundheitsanwendungen. Krankenkassen können erstmals Kosten für zwei Gesundheitsapps erstatten, in: netzpolitik.org, 07.10.2020, https://netzpolitik.org/2020/digitale-gesundheitsanwendungen-krankenkassen-koennen-erstmals-kosten-fuer-zwei-gesundheitsapps-erstatten/ (abgerufen am 13.10.2020).

Ballweber, Jana (2020b): DiGA-Verzeichnis. Erste Sicherheitslücken bei digitalen Gesundheits-Apps entdeckt, in: netzpolitik.org, 13.10.2020, https://netzpolitik.org/2020/diga-verzeichnis-erste-sicherheitsluecken-bei-digitalen-gesundheits-apps-entdeckt/ (abgerufen am 13.10.2020).

Ballweber, Jana (2020c): Kooperation mit Google. Nationales Gesundheitsportal soll sichtbarer werden, in: netzpolitik.org, 13.11.2020, https://netzpolitik.org/2020/kooperation-mit-google-nationales-gesundheitsportal-soll-sichtbarer-werden/ (abgerufen am 13.11.2020).

Ballweber, Jana (2021): Corona-Warn-App. Digitaler Impfnachweis wird dezentral und Open Source, in: netzpolitik.org, 16.04.2021, https://netzpolitik.org/2021/corona-warn-app-digitaler-impfnachweis-wird-dezentral-und-open-source/ (abgerufen am 24.05.2021).

Bandelow, Nils C. (2004a): Akteure und Interessen in der Gesundheitspolitik: Vom Korporatismus zum Pluralismus? In: Politische Bildung, 37 (2), S. 49–63.

Bandelow, Nils C. (2004b): Governance im Gesundheitswesen: Systemintegration zwischen Verhandlung und hierarchischer Steuerung, in: Lange, Stefan/Schimank, Uwe (Hg.): Governance und gesellschaftliche Integration, Wiesbaden: VS Verlag für Sozialwissenschaften, S. 89–107.

Bandelow, Nils C. (2009): Divergente Stärkung staatlicher Steuerung von Krankenversicherungssystemen: Deutschland und Frankreich im Vergleich, in: Rehder, Britta/Winter, Thomas von/Willems, Ulrich (Hg.): Interessenvermittlung in Politikfeldern. Vergleichende Befunde der Policy- und Verbändeforschung, Wiesbaden: VS Verlag für Sozialwissenschaften, S. 175–190.

Bandemer, Stephan von/Hilbert, Josef (2005): Vom expandierenden zum aktivierenden Staat, in: Handbuch zur Verwaltungsreform, 3., völlig überarb. und erw. Aufl., Wiesbaden: VS Verlag, S. 26–35.

Barbrook, Richard/Cameron, Andy (1996): The Californian Ideology, in: Science as Culture, 6 (1), S. 44–72.

Baringhorst, Sigrid (2014): Internet und Protest. Zum Wandel von Organisationsformen und Handlungsrepertoires – Ein Überblick, in: Voss, Kathrin (Hg.): Internet und Partizipation, Wiesbaden: Springer VS, S. 91–113.

Barlow, John Perry (1996): A Declaration of the Independence of Cyberspace, Electronic Frontier Foundation, https://www.eff.org/cyberspace-independence (abgerufen am 03.02.2019).

Barme, Geremie R./Ye, Sang (1997): The Great Firewall of China, in: Wired, 01.06.1997, https://www.wired.com/1997/06/china-3/ (abgerufen am 18.02.2019).

Bastian, Mariella/Fengler, Susanne (2016): Transparenz und Medien: Perspektiven der Kommunikationswissenschaft – Schnittstellen für die Politologie, in: Zeitschrift für Politikwissenschaft, 26 (2), S. 211–220.

Bauchmüller, Michael/Braun, Stefan (2018): Wir brauchen eine digitale Aufklärung, in: Süddeutsche Zeitung, 01.08.2018, https://www.sueddeutsche.de/politik/digitalisierung-wir-brauchen-eine-digitale-aufklaerung-1.4067272 (abgerufen am 08.02.2019).

Bauer, Johannes M./Lang, Achim/Schneider, Volker (Hg.) (2012): Innovation Policy and Governance in High-Tech Industries. The Complexity of Coordination, Berlin/Heidelberg: Springer.

Bauer, Thomas (2018): Die Vereindeutigung der Welt. Über den Verlust an Mehrdeutigkeit und Vielfalt., 2., durchges. Aufl., Ditzingen: Reclam.

Beck, Teresa Koloma (2020): Alltag im Reallabor. Pandemie und Bürgerkrieg als existentielle gesellschaftliche Krisen, in: Leviathan, 48 (3), S. 451–469.

Beckedahl, Markus (2018): Internetausschuss: Bundestag setzt Ausschuss für digitale Agenda wieder ein, in: netzpolitik.org, 31.01.2018, https://netzpolitik.org/2018/internetausschuss-bundestag-setzt-ausschuss-fuer-digitale-agenda-wieder-ein/ (abgerufen am 24.12.2018).

Behm, Moritz E./Klenk, Tanja (2020): Digitalisierung im Gesundheitssektor, in: Klenk, Tanja/Nullmeier, Frank/Wewer, Göttrik (Hg.): Handbuch Digitalisierung in Staat und Verwaltung, Wiesbaden: Springer VS, S. 495–506.

Beinsteiner, Andreas/Kohn, Tanja (Hg.) (2016): Körperphantasien. Technisierung – Optimierung – Transhumanismus, Innsbruck: Innsbruck University Press.

Beisch, Von Natalie/Koch, Wolfgang (2022): ARD/ZDF-Onlinestudie: Vier von fünf Personen in Deutschland nutzen täglich das Internet, in: Media Perspektiven, 10, S. 460–470.

Belina, Bernd (2018): Geographie, in: Voigt, Rüdiger (Hg.): Handbuch Staat, Wiesbaden: Springer, S. 29–39.

Belitz, Heike/Gornig, Martin (2019): Gestaltende Technologiepolitik als Kern moderner Industriepolitik, in: Wirtschaftsdienst, 99 (2), S. 98–100.

Bell, Daniel (1973): The Coming of Post-Industrial Society. A Venture in Social Forecasting, New York: Basic Books.

Bell, Daniel (1979): The Social Framework of the Information Society, in: Dertouzos, Michael L./Moses, Joel (Hg.): The Computer Age. A Twenty-Year View, Cambridge: MIT Press, S. 500–549.

Bellberg, Guido (2019): China fährt voraus, in: Die Welt, 23.03.2019, S. 2.

Bendrath, Ralf/Hofmann, Jeanette/Leib, Volker/Mayer, Peter/Zürn, Michael (2008): Namensräume, Datenschutz und elektronischer Handel: Die Suche nach Regeln für das Internet, in: Hurrelmann, Achim/Leibfried, Stephan/Martens, Kerstin/Mayer, Peter (Hg.): Zerfasert der Nationalstaat? Die Internationalisierung politischer Verantwortung, Frankfurt a.M.: Campus, S. 209–239.

Benedikter, Roland (2020): Zukunft – Zukünfte? In: Die Politische Meinung, 559, https://www.kas.de/de/web/die-politische-meinung/artikel/detail/-/content/zukunft-zukuenfte (abgerufen am 26.11.2022).

Bentham, Jeremy (1791): Panopticon; or, the Inspection-House, Dublin/London: T. Payne.

Benz, Arthur (2008): Der moderne Staat. Grundlagen der politologischen Analyse, 2., überarb. und erw. Aufl., München: Oldenbourg.

Benz, Arthur (2013): Ein Gegenstand auf der Suche nach einer Theorie – Ein Versuch, den Wandel des Staates zu begreifen, in: Voßkuhle, Andreas/Bumke, Christian/Meinel, Florian (Hg.): Verabschiedung und Wiederentdeckung des Staates im Spannungsfeld der Disziplinen, Berlin: Duncker & Humblot, S. 59–79.

Benz, Arthur/Lütz, Susanne/Schimank, Uwe/Simonis, Georg (Hg.) (2007): Handbuch Governance. Theoretische Grundlagen und empirische Anwendungsfelder, Wiesbaden: VS Verlag.

Berg, Sebastian/Clute-Simon, Veza/Korinek, Rebecca-Lea/Rakowski, Niklas/Thiel, Thorsten (2020): Krisen-Experiment. Wie der Hackathon #WirVsVirus neue Formen demokratischer Beteiligung erprobt, in: WZB-Mitteilungen, o.Jg. (168), S. 30–32.

Berger, Roland (1997): Telematik im Gesundheitswesen. Perspektiven der Telemedizin in Deutschland, München: Roland Berger.

Berke, Jürgen (2018): Verpatzter Glasfaserausbau. Helmut Kohl und das Leerrohr sind schuld, in: WirtschaftsWoche, 04.01.2018, https://www.wiwo.de/my/politik/deutschland/verpatzter-glasfaserausbau-helmut-kohl-und-das-leerrohr-sind-schuld/20811084.html (abgerufen am 09.10.2019).

Berlinguer, Marco (2020): Commons, Märkte und öffentliche Politik. Experimente an der Front der technologischen Revolution – Freie und quelloffene Software (FOSS) als Labor des Informationsparadigmas, Berlin: Rosa-Luxemburg-Stiftung, https://www.rosalux.de/fileadmin/rls_uploads/pdfs/rls_papers/Papers_1-2020_Commons_online_dt.pdf (abgerufen am 23.11.2022).

Betz, Joachim/Kübler, Hans-Dieter (2013): Internet Governance. Wer regiert das Internet? Wiesbaden: Springer VS.

Beuth, Patrick (2018): Dorothee Bär: Beinahe Ministerin, in: Spiegel Online, 06.03.2018, http://www.spiegel.de/netzwelt/netzpolitik/dorothee-baer-die-staatsministerin-fuer-digitalisierung-braucht-beinfreiheit-a-1196737.html (abgerufen am 24.12.2018).

Bewarder, Manuel/Naber, Ibrahim (2022): Telegram: Apple soll Bundesregierung im Kampf gegen Hass geholfen haben, in: Die Welt, 31.01.2022, https://www.welt.de/politik/deutschland/article236575533/Telegram-Apple-soll-Bundesregierung-im-Kampf-gegen-Hass-geholfen-haben.html (abgerufen am 13.06.2022).

BfArM (2020): DiGA-Verzeichnis, Bundesinstitut für Arzneimittel und Medizinprodukte, https://diga.bfarm.de/de/verzeichnis (abgerufen am 13.10.2020).

BfDI (2015): Update BfDI 2.0 – Ausblick 2016, Pressemitteilung 27/2015, Bonn/Berlin: Bundesbeauftragter für den Datenschutz und die Informationsfreiheit, https://ww

w.bfdi.bund.de/SharedDocs/Pressemitteilungen/DE/2015/27_Update%20BfDI%20 2.0%20-%20Ausblick%202016.html (abgerufen am 16.08.2022).

Bhagat, Smriti/Burke, Moira/Diuk, Carlos/Filiz, Ismail Onur/Edunov, Sergey (2016): Three and a Half Degrees of Separation, Facebook Research, https://research.fb.co m/three-and-a-half-degrees-of-separation (abgerufen am 27.01.2019).

Bieber, Christoph (2020): Eine neue Netzpolitik ist verfügbar? Die Corona-Warn-App als politisches Software-Projekt, in: regierungsforschung.de, 17.06.2020, Duisburg: NRW School of Governance, https://regierungsforschung.de/wp-content/uploads/ 2020/06/17062020_regierungsforschung.de_Bieber_Coronaapp.pdf (abgerufen am 23.06.2021).

Biess, Frank (2020): German Angst. Fear and Democracy in the Federal Republic of Germany, Oxford: Oxford University Press.

bitkom (2017): Bitkom Stellungnahme zum Referentenentwurf eines Netzwerkdurchsetzungsgesetzes, Berlin: Bundesverband Informationswirtschaft, Telekommunikation und Neue Medien.

bitkom (2021): Bitkom zum Sondierungspapier von SPD, Grünen und FDP, https://www. bitkom.org/Presse/Presseinformation/Sondierungspapier-SPD-Gruenen-FDP (abgerufen am 27.12.2021).

Bitnation (o.J.): Enter Pangea. The Internet of Sovereignty, Bitnation Pangea, https://tse .bitnation.co/ (abgerufen am 22.02.2019).

BIU (2017): Stellungnahme zum Referentenentwurf des Bundesministeriums der Justiz und für Verbraucherschutz für ein Gesetz zur Verbesserung der Rechtsdurchsetzung in sozialen Netzwerken (Netzwerkdurchsetzungsgesetz – NetzDG), Berlin: Bundesverband Interaktive Unterhaltungssoftware.

Blank, Florian/Blum, Sonja/Dehling, Jochen (2011): Der Faktor »›Zeit‹« und theoretische Ansätze der Policy-Forschung, in: Bandelow, Nils C./Hegelich, Simon (Hg.): Pluralismus – Strategien – Entscheidungen, Wiesbaden: VS Verlag für Sozialwissenschaften, S. 63–83.

Blasimme, Alessandro/Vayena, Effy (2020): What's next for COVID-19 Apps? Governance and Oversight, in: Science, 370 (6518), S. 760–762.

Bleich, Holger (2021): Luca first, Bedenken second: Pandemiebekämpfung mit lückenhafter Software, in: heise online, 23.04.2021, https://www.heise.de/news/Luca-first -Bedenken-second-Pandemiebekaempfung-mit-lueckenhafter-Software-6020201. html (abgerufen am 19.05.2021).

Blodget, Henry (2009): Mark Zuckerberg On Innovation, in: Business Insider, 01.10.2009, https://www.businessinsider.com/mark-zuckerberg-innovation-2 009-10 (abgerufen am 16.05.2022).

Blum, Sonja/Schubert, Klaus (2018): Politikfeldanalyse, 3., überarb. Aufl., Wiesbaden: Springer VS.

Blumenthal, Julia von (2005): Governance – eine kritische Zwischenbilanz, in: Zeitschrift für Politikwissenschaft, 15 (4), S. 1149–1180.

BMAS (2015): Grünbuch Arbeiten 4.0, Berlin: BMAS.

BMAS (2017): Weissbuch Arbeiten 4.0, Berlin: BMAS.

BMAS (2019): Der Dialogprozess Arbeiten 4.0, https://www.bmas.de/DE/Themen/Arbei tsmarkt/Arbeiten-vier-null/arbeiten-4-0.html (abgerufen am 26.11.2020).

BMAS (o.J.): Was sind Experimentierräume? https://www.arbeitenviernull.de/experimentierraeume/idee/was-sind-experimentierraeume.html?L=8 (abgerufen am 08.02.2019).

BMBF (2014): Die neue Hightech-Strategie. Innovationen für Deutschland, Berlin: BMBF, https://www.bmbf.de/pub_hts/HTS_Broschure_Web.pdf (abgerufen am 24.12.2018).

BMBF (2018): Forschung und Innovation für die Menschen. Die Hightech-Strategie 2025, Berlin: BMBF, https://www.bmbf.de/pub/Forschung_und_Innovation_fuer_die_Menschen.pdf (abgerufen am 24.12.2018).

BMBF (2022a): Deutsche Agentur für Transfer und Innovation (DATI), Berlin: BMBF, https://www.bmbf.de/bmbf/shareddocs/downloads/_pressestelle/pressemitteilung/2022/04/Eckpunktepapier.pdf?__blob=publicationFile&v=7 (abgerufen am 08.06.2022).

BMBF (2022b): Zukunftsstrategie Forschung und Innovation, https://www.bmbf.de/bmbf/de/forschung/zukunftsstrategie/zukunftsstrategie_node.html (abgerufen am 25.07.2022).

BMDV (2022a): Digitalstrategie. Gemeinsam digitale Werte schöpfen, Berlin: BMDV, https://digitalstrategie-deutschland.de/static/1a7bee26afd1570d3f0e5950b215abac/220830_Digitalstrategie_fin-barrierefrei.pdf (abgerufen am 06.09.2022).

BMDV (2022b): Eckpunkte des BMDV zur Gigabitstrategie, Berlin: BMDV, https://bmdv.bund.de/SharedDocs/DE/Anlage/K/presse/010-eckpunkte-gigabitstrategie.pdf?__blob=publicationFile (abgerufen am 08.07.2022).

BMDV (2022c): Gigabitstrategie der Bundesregierung. Stand: 13.07.2022, Berlin: BMDV, https://www.bmvi.de/SharedDocs/DE/Anlage/K/gigabitstrategie.pdf?__blob=publicationFile (abgerufen am 14.07.2022).

BMDV (2022d): Digitalstrategie – Gemeinsam digitale Werte schöpfen – Entwurf –, Berlin: BMDV, https://netzpolitik.org/2022/digitalstrategie-werte-schoepfen-zweipunktnull/ (abgerufen am 24.08.2022).

BMDV/BMWK (2022): Digital Gipfel 2022. Daten – Gemeinsam digitale Werte schöpfen, Berlin: BMDV/BMWK, https://www.de.digital/DIGITAL/Redaktion/DE/Publikation/programm-digital-gipfel-2022.pdf?__blob=publicationFile&v=13 (abgerufen am 26.11.2022).

BMG (2020a): Über gesund.bund.de, https://gesund.bund.de/ueber-uns/ueber-gesund-bund-de (abgerufen am 13.11.2020).

BMG (2020b): Verlässliche Informationen für Ihre Gesundheit, https://gesund.bund.de/?hsa_acc=348876110&hsa_ad=6210391702316&hsa_cam=6205729812516&hsa_grp=6205729811916&hsa_net=facebook&hsa_src=fb&hsa_ver=3&cHash=c527d89e6046fff84664abce9200c8a6 (abgerufen am 13.11.2020).

BMG (2020c): Risikostrukturausgleich (RSA), https://www.bundesgesundheitsministerium.de/risikostrukturausgleich.html (abgerufen am 08.10.2020).

BMG (2020d): Dokumente zum Entwicklungsauftrag der »Corona-Warn-App« durch SAP und Telekom, https://fragdenstaat.de/anfrage/dokumente-zum-entwicklungsauftrag-der-corona-warn-app-durch-sap-und-telekom/ (abgerufen am 25.11.2020).

BMG (2020e): Corona-Warn-App: Bericht zur Weiterentwicklung, Bundesministerium für Gesundheit.

BMG (2021): Coronavirus-Pandemie (SARS-CoV-2): Chronik bisheriger Maßnahmen und Ereignisse, https://www.bundesgesundheitsministerium.de/coronavirus/chronik-coronavirus.html?fbclid=IwAR2hRYwFAn1GtFA9-kxaxvly77bzK4_hBgyjoPMEVyn2LpqDneMFc1w5XxU (abgerufen am 23.06.2021).

BMI (2018): Datenethikkommission, https://www.bmi.bund.de/DE/themen/it-und-digitalpolitik/datenethikkommission/datenethikkommission-node.html (abgerufen am 24.12.2018).

BMI (2022a): Digitales Deutschland – Souverän. Sicher. Bürgerzentriert. Digitalpolitische Ziele und Maßnahmen bis 2025 des Bundesministeriums des Inneren und für Heimat, Berlin: Bundesministerium des Innern und für Heimat.

BMI (2022b): Cybersicherheitsagenda des Bundesministeriums des Innern und für Heimat. Ziele und Maßnahmen für die 20. Legislaturperiode, Berlin: BMI.

BMI/BMWi/BMVI (2017): Legislaturbericht Digitale Agenda 2014–2017, Frankfurt a.M.: Zarbock, https://www.bmwi.de/Redaktion/DE/Publikationen/Digitale-Welt/digitale-agenda-legislaturbericht.pdf (abgerufen am 24.12.2018).

BMJ (2018): NetzDG-Bußgeldleitlinien. Leitlinien zur Festsetzung von Geldbußen im Bereich des Netzwerkdurchsetzungsgesetzes (NetzDG), Berlin: BMJ, https://www.bmj.de/SharedDocs/Downloads/DE/Themen/Fokusthemen/NetzDG_Bu%C3%9Fgeldleitlinien.pdf?__blob=publicationFile&v=5 (abgerufen am 12.08.2022).

BMJV (2015): Gemeinsam gegen Hassbotschaften. Von der Task Force »Umgang mit rechtswidrigen Hassbotschaften im Internet« vorgeschlagene Wege zur Bekämpfung von Hassinhalten im Netz, Berlin: BMJV, https://www.bmjv.de/SharedDocs/Downloads/DE/News/Artikel/12152015_TaskForceErgebnispapier.pdf;jsessionid=6B894117492CE745C41CC8D9E89459CF.1_cid289?__blob=publicationFile&v=2 (abgerufen am 17.08.2021).

BMJV (2017a): Referentenentwurf des Bundesministeriums der Justiz und für Verbraucherschutz. Entwurf eines Gesetzes zur Verbesserung der Rechtsdurchsetzung in sozialen Netzwerken (Netzwerkdurchsetzungsgesetz – NetzDG), Berlin: BMJV.

BMJV (2017b): Gesetz zur Verbesserung der Rechtsdurchsetzung in sozialen Netzwerken (Netzwerkdurchsetzungsgesetz – NetzDG), https://www.BMJV.de/SharedDocs/Gesetzgebungsverfahren/DE/NetzDG.html (abgerufen am 17.08.2021).

BMJV (o.J.): Corporate Digital Responsibility-Initiative: Digitalisierung verantwortungsvoll gestalten. Eine gemeinsame Plattform, Berlin: BMJV, https://www.bmj.de/SharedDocs/Downloads/DE/News/Artikel/100818_CDR-Initiative.pdf?__blob=publicationFile&v=4 (abgerufen am 20.08.2022).

BMUV (2022): CDR-Konferenz 2022, https://www.bmuv.de/PM10183 (abgerufen am 20.08.2022).

BMVG (2018): Technologiesouveränität erlangen – die neue Cyberagentur, https://www.bmvg.de/de/aktuelles/technologiesouveraenitaet-erlangen-die-neue-cyberagentur-27996 (abgerufen am 24.12.2018).

BMVI (2014): Handbuch für eine gute Bürgerbeteiligung. Planung von Großvorhaben im Verkehrssektor, Berlin: BMVI, https://www.bmvi.de/SharedDocs/DE/Publikationen/G/handbuch-buergerbeteiligung.pdf?__blob=publicationFile (abgerufen am 22.08.2022).

BMVI (2018a): Aktuelle Breitbandverfügbarkeit in Deutschland (Stand Mitte 2018). Erhebung des TÜV Rheinland im Auftrag des BMVI, Berlin: BMVI.

BMVI (2018b): Bundesminister Scheuer und der DVR warnen vor Handynutzung am Steuer, bmvi.de – Pressemitteilung, https://www.bmvi.de/SharedDocs/DE/Pressemitteilungen/2018/scheuer-und-dvr-handynutzung-am-steuer.html (abgerufen am 03.10.2019).

BMVI (2021): Aktuelle Breitbandverfügbarkeit in Deutschland (Stand Mitte 2021), Berlin: BMVI.

BMWi (2016): Digitale Strategie 2025, Berlin: BMWi, https://www.bmwi.de/Redaktion/DE/Publikationen/Digitale-Welt/digitale-strategie-2025.pdf?__blob=publicationFile&v=8 (abgerufen am 24.12.2018).

BMWi (2017): Bündnis »Zukunft der Industrie«. Eine Zwischenbilanz (2015 – 2017) – gemeinsam den Wandel gestalten! Für eine starke, nachhaltige und beschäftigungsintensive Industrie am Standort Deutschland, Berlin: BMWi.

BMWi (2018a): Digital-Gipfel: Den digitalen Wandel gemeinsam gestalten, https://www.de.digital/DIGITAL/Redaktion/DE/Dossier/digital-gipfel.html (abgerufen am 24.12.2018).

BMWi (2018b): Innovationen für die Energiewende. 7. Energieforschungsprogramm der Bundesregierung, Berlin: BMWi.

BMWi (2018c): Reallabore als Testräume für Innovation und Regulierung – Innovation ermöglichen und Regulierung weiterentwickeln, BMWi-Strategie, Berlin: BMWi, https://www.bmwk.de/Redaktion/DE/Downloads/S-T/strategiepapier-reallabore.pdf?__blob=publicationFile&v=10 (abgerufen am 24.08.2022).

BMWi (2019a): Nationale Industriestrategie 2030, Berlin: BMWi, https://www.bmwi.de/Redaktion/DE/Publikationen/Industrie/nationale-industriestrategie-2030.pdf?__blob=publicationFile&v=10 (abgerufen am 18.02.2019).

BMWi (2019b): Freiräume für Innovationen. Das Handbuch für Reallabore, Berlin: BMWi.

BMWi (2020): Recht flexibel. Arbeitshilfe zur Formulierung von Experimentierklauseln, Berlin: BMWi, https://www.bmwk.de/Redaktion/DE/Publikationen/Digitale-Welt/recht-flexibel-arbeitshilfe-experimentierklauseln.pdf?__blob=publicationFile&v=14 (abgerufen am 24.08.2022).

BMWi (2021a): Neue Räume, um Innovationen zu erproben. Konzept für ein Reallabore-Gesetz, Berlin: BMWi, https://www.bmwk.de/Redaktion/DE/Publikationen/Digitale-Welt/konzept-fur-ein-reallabore-gesetz.pdf?__blob=publicationFile&v=6 (abgerufen am 24.08.2022).

BMWi (2021b): Praxishilfe zum Datenschutz in Reallaboren, Berlin: BMWi.

BMWi (2021c): Digitalisierung in Deutschland – Lehren aus der Corona-Krise, Berlin: BMWi.

BMWi (2021d): Förderbekanntmachung. Angewandte nichtnukleare Forschungsförderung im 7. Energieforschungsprogramm »Innovationen für die Energiewende«, Bekanntmachung BAnz AT 29.06.2021 B2, o. A.: Bundesanzeiger, https://www.bmwk.de/Redaktion/DE/Downloads/B/bekanntmachung-forschungsfoerderung-im-7-energieforschungsprogramm.pdf?__blob=publicationFile&v=7 (abgerufen am 24.08.2022).

BMWi/BMAS/BMJV (2017): Digitalpolitik für Wirtschaft, Arbeit und Verbraucher. Trends – Chancen – Herausforderungen, Berlin: BMWi, https://www.bmwi.de/Redaktion/DE/Publikationen/Digitale-Welt/digitalpolitik.pdf (abgerufen am 24.12.2018).

BMWI/BMBF (2015): Startschuss zur Gründung der Plattform Industrie 4.0, https://www.bmwk.de/Redaktion/DE/Pressemitteilungen/2015/20150316-startschuss-zur-gruendung-der-plattform-industrie-4-0.html (abgerufen am 14.11.2022).

BMWi/BMF (2019a): Online-Konsultation zur Blockchain-Strategie der Bundesregierung, https://www.blockchain-strategie.de/BC/Navigation/DE/Home/home.html (abgerufen am 22.02.2019).

BMWi/BMF (2019b): Online-Konsultation zur Blockchain-Strategie der Bundesregierung, https://www.blockchain-strategie.de/BC/Redaktion/DE/Artikel/online-konsultation-zur-blockchain-strategie-der-bundesregierung.html (abgerufen am 22.02.2019).

BMWi/BMI/BMVI (2014): Digitale Agenda 2014 – 2017, Berlin: BMWi, https://www.de.digital/DIGITAL/Redaktion/DE/Publikation/digitale-agenda.pdf?__blob=publicationFile&v=3 (abgerufen am 24.12.2018).

BMWK (2022a): Innovationspreis Reallabore, https://www.bmwk.de/Redaktion/DE/Wettbewerb/innovationspreis-reallabore.html (abgerufen am 24.08.2022).

BMWK (2022b): Transformation zu Klimaschutz und Nachhaltigkeit – Mittelstandsbeauftragter Kellner startet Dialogprozess mit über 40 Verbänden des Mittelstandes, https://www.bmwk.de/Redaktion/DE/Pressemitteilungen/2022/07/20220701-transformation-zu-klimaschutz-und-nachhaltigkeit-mittelstandsbeauftragter-kellner-startet-dialogprozess-mit-ueber-40-verbaenden-des-mittelstandes.html (abgerufen am 25.07.2022).

Bock, Kirsten/Kühne, Christian Ricardo/Mühlhoff, Rainer/Ost, Měto R./Pohle, Jörg/Rehak, Rainer (2020): Das Verfahren geht weit über »die App« hinaus – Datenschutzfragen von Corona-Tracing-Apps: Einführung in Datenschutz-Folgenabschätzungen als Mittel, gesellschaftliche Implikationen zu diskutieren, in: Informatik Spektrum, 43 (5), S. 334–338.

Boehme-Neßler, Volker (2008): Unscharfes Recht. Überlegungen zur Relativierung des Rechts in der digitalisierten Welt, Berlin: Duncker & Humblot.

Boehme-Neßler, Volker (2009): Das Ende des Staates? Zu den Auswirkungen der Digitalisierung auf den Staat, in: Zeitschrift für öffentliches Recht, 64 (2), S. 145–199.

Boehme-Neßler, Volker (2018): Das Ende der Demokratie? Effekte der Digitalisierung aus rechtlicher, politologischer und psychologischer Sicht, Berlin: Springer.

Bogner, Alexander (2021): Die Epistemisierung des Politischen. Wie die Macht des Wissens die Demokratie gefährdet, Ditzingen: Reclam.

Bogumil-Uçan, Simon/Klenk, Tanja (2021): Varieties of Health Care Digitalization: Comparing Advocacy Coalitions in Austria and Germany, in: Review of Policy Research, 38 (4), S. 478–503.

Böhm, Katharina (2008): Politische Steuerung des Gesundheitswesens. Die Rolle von Korporatismus und Wettbewerb im Krankenhaussektor, Diskussionspapier 2008–1, Frankfurt a.M.: Universität Frankfurt.

Böhme, Michael (2020): micb25.github.io/dka, https://micb25.github.io/dka/ (abgerufen am 19.11.2020).

Bonfiglio, Francesco (2021): Vision & Strategy, Brüssel: Gaia-X, https://gaia-x.eu/sites/default/files/2021-12/Vision%20%26%20Strategy.pdf (abgerufen am 27.04.2022).

Bora, Alfons (2012): Wissenschaft und Politik: Von Steuerung über Governance zu Regulierung, in: Maasen, Sabine/Kaiser, Mario/Reinhart, Martin/Sutter, Barbara (Hg.): Handbuch Wissenschaftssoziologie, Wiesbaden: Springer VS, S. 341–353.

Borchers, Detlef (2018): Gesichtserkennung: Test am Bahnhof Südkreuz erfolgreich abgeschlossen, in: heise online, 12.10.2018, https://www.heise.de/newsticker/meldung/Gesichtserkennung-Test-am-Bahnhof-Suedkreuz-erfolgreich-abgeschlossen-4189675.html (abgerufen am 15.01.2019).

Borchers, Detlef (2021a): Gematik kündigt e-Rezept-App für Juli 2021 an, in: heise online, 19.05.2021, https://www.heise.de/news/Gematik-kuendigt-e-Rezept-App-fuer-Juli-2021-an-6049967.html (abgerufen am 24.05.2021).

Borchers, Detlef (2021b): Hardware für das digitale Gesundheitswesen: kaum genutzt, bald entsorgt? In: c't Magazin, 01.06.2021, https://www.heise.de/hintergrund/Hardware-fuer-das-digitale-Gesundheitswesen-kaum-genutzt-bald-entsorgt-6046656.html (abgerufen am 03.06.2021).

Borucki, Isabelle/Schünemann, Wolf J. (2019): Internet und Staat – zur Komplexität eines Beziehungsgeflechts, in: Borucki, Isabelle/Schünemann, Wolf Jürgen (Hg.): Internet und Staat. Perspektiven auf eine komplizierte Beziehung, Baden-Baden: Nomos, S. 11–32.

Börzel, Tanja A. (2008): Der »Schatten der Hierarchie« – Ein Governance-Paradox? In: Schuppert, Gunnar Folke/Zürn, Michael (Hg.): Governance in einer sich wandelnden Welt, Wiesbaden: VS Verlag, S. 118–131.

Böschen, Stefan/Backhaus, Julia/Varga, Ana de la/John, Stefan/Gramelsberger, Gabriele (2021): Reallabore. Simulierte Experimente – Simulierte Demokratie? In: Braun, Kathrin/Kropp, Cordula (Hg.): In digitaler Gesellschaft. Neukonfigurationen zwischen Robotern, Algorithmen und Usern, Bielefeld: transcript, S. 275–301.

Bostrom, Nick (2014): Superintelligenz. Szenarien einer kommenden Revolution, Berlin: Suhrkamp.

Bostrom, Nick (2018): Superintelligenz. Szenarien einer kommenden Revolution, 3. Aufl., Berlin: Suhrkamp.

Botzem, Sebastian/Hofmann, Jeanette/Quack, Sigrid/Schuppert, Gunnar Folke/Straßheim, Holger (2009): Die Dynamik des Governance-Ansatzes. Vier Dimensionen im Wandel, in: Botzem, Sebastian/Hofmann, Jeanette/Quack, Sigrid/Schuppert, Gunnar Folke/Straßheim, Holger (Hg.): Governance als Prozess. Koordinationsformen im Wandel, Baden-Baden: Nomos, S. 11–26.

bpb (2018): Aus Politik und Zeitgeschichte. Künstliche Intelligenz, APuZ, 68 (6–8), Bonn: bpb.

Brachem, Elisabeth/Krämer, Dennis/D'Angela, Isabella/Haltaufderheide, Joschka (2022): »Ohne die geht's nicht«Zur Rolle von Apple und Google bei der Corona-Warn-App, in: Krämer, Dennis/Haltaufderheide, Joschka/Vollmann, Jochen (Hg.): Technologien der Krise. Die Covid-19-Pandemie als Katalysator neuer Formen der Vernetzung, Bielefeld: transcript, S. 175–193.

Brack, Samuel/Hofmann, Jeanette/Reichert, Leonie/Scheuermann, Björn (2020): Tracing-Technologien. Die Corona-App Ihres Vertrauens, in: netzpolitik.org, 28.04.2020, https://netzpolitik.org/2020/die-corona-app-ihres-vertrauens/ (abgerufen am 29.04.2020).

BRAK (2017): Stellungnahme Nr. 20/2017 März 2017 zum Referentenentwurf eines Gesetzes zur Verbesserung der Rechtsdurchset- zung in sozialen Netzwerken (NetzDG), Stellungnahme 20/2017, Berlin: Bundesrechtsanwaltskammer.

Brauckmann, Otto (2019): Digitale Revolution in der industriellen Fertigung – Denkansätze, Berlin/Heidelberg: Springer Vieweg.

Braun, Dietmar (2000): Politische Gesellschaftssteuerung zwischen System und Akteur, in: Lange, Stefan/Braun, Dietmar: Politische Steuerung zwischen System und Akteur. Eine Einführung, 2000, Aufl. Opladen: Leske + Budrich, S. 99–176.

Braun, Dietmar/Giraud, Olivier (2014): Politikinstrumente im Kontext von Staat, Markt und Governance, in: Schubert, Klaus/Bandelow, Nils C. (Hg.): Lehrbuch der Politikfeldanalyse, 3., akt.überarb. Aufl., München: Oldenbourg, S. 179–207.

Braybrooke, David/Lindblom, Charles E. (1972): Zur Strategie der unkoordinierten kleinen Schritte (Disjointed Incrementalism), in: Fehl, Gerhard/Fester, Mark/Kuhnert, Nikolaus (Hg.): Planung und Information, Gütersloh: Bertelsmann, S. 139–166.

Brenner, Neil (1997): Globalisierung und Reterritorialisierung: Städte, Staaten und die Politik der räumlichen Redimensionierung im heutigen Europa, in: WeltTrends, 5 (17), S. 7–30.

Breyer, Patrick (2022): Chatkontrolle, https://www.patrick-breyer.de/beitraege/nachrichtendurchleuchtung/ (abgerufen am 19.08.2022).

Brinckmann, Hans/Kuhlmann, Stefan (1990): Computerbürokratie: Ergebnisse von 30 Jahren öffentlicher Verwaltung mit Informationstechnik, Opladen: Westdeutscher Verlag.

Brock, Ditmar (2014): Die radikalisierte Moderne. Moderne Gesellschaften. Zweiter Band, Wiesbaden: Springer VS.

Brown, Kerry (2018): Die Welt des Xi Jinping. Alles, was man über das neue China wissen muss, Frankfurt a.M.: S. Fischer.

Brüesch, Caroline/Fischer, Damaris/Lang, Achim (2020): Bevölkerungsumfrage in der Schweiz, Deutschland und Österreich zur nationalen Contact Tracing-App. Eine Studie des Instituts für Verwaltungs-Management der ZHAW, Winterthur: ZHAW School of Management and Law.

Brüggemeier, Martin/Röber, Manfred (2011): Neue Modelle der Leistungserstellung durch E-Government – Perspektiven für das Public Management, in: der moderne staat – Zeitschrift für Public Policy, Recht und Management, 4 (2), S. 357–380.

Brühl, Jannis (2019): Autor Cory Doctorow zum Urheberrecht. »›Wir alle machen Tausende Kopien schon vor dem Frühstück‹«, in: Süddeutsche Zeitung, 17.03.2019, https://www.sueddeutsche.de/digital/2.220/urheberrecht-uploadfilter-cory-doctorow-artikel-eu-1.4371015 (abgerufen am 20.03.2019).

Brühl, Jannis/Hurtz, Simon (2021): Corona-Warn-App: Version 2.0 bringt Event-Registrierung, in: Süddeutsche Zeitung, 21.04.2021, https://www.sueddeutsche.de/politik/corona-warn-app-event-registrierung-luca-1.5271436 (abgerufen am 24.05.2021).

Brynjolfsson, Erik (2017): Das nächste Maschinenzeitalter. Die Auswirkungen von Maschinen-Intelligenz auf unsere Wirtschaft, in: Hornemann, Börries/Steuernagel, Armin (Hg.): Sozialrevolution! Frankfurt a.M.: Campus, S. 41–49.

Brynjolfsson, Erik/McAfee, Andrew (2014): The Second Machine Age. Work, Progress, and Prosperity in a Time of brilliant Technologies, New York: W. W. Norton & Company.

BSI (o.J.a): Fragen und Antworten zu Aufgaben und Themen des BSI, https://www.bsi.bund.de/SharedDocs/FAQs/DE/BSI/Functions/faq-bsi.html?nn=457514 (abgerufen am 25.08.2022).

BSI (o.J.b): Ich möchte eine Schwachstelle melden, https://www.bsi.bund.de/DE/IT-Sicherheitsvorfall/IT-Schwachstellen/it-schwachstellen.html?nn=454986 (abgerufen am 2508.2022).

Büchel, Jan/Engels, Barbara (2022): Digitalisierung der Wirtschaft in Deutschland. Digitalisierungsindex 2021, Berlin: BMWK, https://www.de.digital/DIGITAL/Redaktion/DE/Digitalisierungsindex/Publikationen/publikation-download-Langfassung-digitalisierungsindex-2021.pdf?__blob=publicationFile&v=4 (abgerufen am 18.06.2022).

Bude, Heinz (2022): Aus dem Maschinenraum der Beratung in Zeiten der Pandemie, in: Soziologie, 51 (3), S. 245–255.

Buhr, Daniel/Dietzel, Nikolas/Gold, Stewart/Kohler, Harald (2018): Digitalisierung politisch gestalten. Mehr. Besser. Anders. Für eine soziale Innovationspolitik, WISO DISKURS 09/2018, Bonn: Friedrich-Ebert-Stiftung.

Bull, Hans Peter (2019): Über die rechtliche Einbindung der Technik, in: Der Staat, 58 (1), S. 57–100.

Bullinger, Alexander/Malanowski, Norbert (2021): Neue innovationspolitische Instrumente. Reallabore und Experimentierräume, Working Paper Forschungsförderung 203, Düsseldorf: Hans-Böckler-Stiftung.

Bundeskabinett (2021): Paket für Bürokratieerleichterungen, Berlin: Bundeskabinett, https://www.bundesregierung.de/resource/blob/974430/1888768/a9aa82fe9b3e742772f3bb122afbbcae/2021-04-13-massnahmenpaket-buerokratieabbau-data.pdf?download=1 (abgerufen am 24.08.2022).

Bundeskanzler (2021): Organisationserlass, Berlin: Der Bundeskanzler der Bundesrepublik Deutschland, https://www.bundesregierung.de/resource/blob/974430/1990040/df69951d83f08c0b7b04cb40210e1221/2021-12-08-organisationserlass-data.pdf (abgerufen am 07.06.2022).

Bundeskartellamt (2018): Bundeskartellamt sieht verbraucherrechtlichen Handlungsbedarf bei Vergleichsportalen, Bundeskartellamt. Meldung, https://www.bundeskartellamt.de/SharedDocs/Meldung/DE/Pressemitteilungen/2018/12_12_2018_Vergleichsportale.html;jsessionid=9B02C22B43E0FF48ADA2E1F0A1DE87D9.1_cid387?nn=3591568 (abgerufen am 03.10.2019).

Bundeskartellamt (2019a): Sektoruntersuchung Vergleichsportale. Bericht, Bonn: Bundeskartellamt.

Bundeskartellamt (2019b): Untersuchung zu Vergleichsportalen – Bundeskartellamt möchte Verstöße gegen Verbraucherrechte abstellen und fordert neue Kompetenzen, Bundeskartellamt. Meldung, https://www.bundeskartellamt.de/SharedDocs/

Meldung/DE/Pressemitteilungen/2019/11_04_2019_Vergleichsportale_Bericht.html (abgerufen am 03.10.2019).

Bundesnetzagentur (2021): Breitbandatlas, https://www.bundesnetzagentur.de/DE/Fachthemen/Telekommunikation/Breitband/breitbandatlas/start.html (abgerufen am 08.07.2022).

Bundesrechnungshof (2021): De-Mail: Elektronisches Pendant zur Briefpost kostete 6,5 Mio. Euro und wird kaum genutzt, https://www.bundesrechnungshof.de/de/veroeffentlichungen/produkte/bemerkungen-jahresberichte/jahresberichte/2021-hauptband/einzelplanbezogene-pruefungsergebnisse/bmi/2021-05/@@download/langfassung_pdf (abgerufen am 30.06.2022).

Bundesrechnungshof (2022): Verwaltungsdigitalisierung: BMI beschönigt Fortschritt, https://www.bundesrechnungshof.de/de/veroeffentlichungen/produkte/bemerkungen-jahresberichte/jahresberichte/2021-ergaenzungsband/einzelplanbezogene-pruefungsergebnisse/bundesministerium-des-innern-und-fuer-heimat/2021-43 (abgerufen am 08.07.2022).

Bundesregierung (2017a): Digitale Verwaltung 2020. Evaluierungsbericht 2016, Berlin: BMI.

Bundesregierung (2017b): Gesetzentwurf der Bundesregierung. Entwurf eines Gesetzes zur Verbesserung der Rechtsdurchsetzung in sozialen Netzwerken (Netzwerkdurchsetzungsgesetz – NetzDG), Berlin: Deutsche Bundesregierung.

Bundesregierung (2018a): Agentur zur Förderung von Sprunginnovationen, Berlin: Bundesregierung, https://cyber-peace.org/wp-content/uploads/2018/04/Eckpunkte-der-Agentur-zur-F%C3%B6rderung-von-Sprunginnovationen_final.pdf (abgerufen am 08.06.2022).

Bundesregierung (2018b): Strategie Künstliche Intelligenz der Bundesregierung, Berlin: Bundesregierung.

Bundesregierung (2018c): Die Digitalstrategie der Bundesregierung, Die Bundesregierung, https://www.bundesregierung.de/breg-de/aktuelles/die-digitalstrategie-der-bundesregierung-1549554 (abgerufen am 24.12.2018).

Bundesregierung (2019): Nudging als Regierungsinstrument der Bundesregierung. Antwort der Bundesregierung auf die Kleine Anfrage der Abgeordneten Dr. Götz Frömming, Udo Theodor Hemmelgarn, Tobias Matthias Peterka, weiterer Abgeordneter und der Fraktion der AfD, Drucksache 19/13042, Berlin: Bundesanzeiger.

Bundesregierung (2020a): Hackathon #WirvsVirus. Kreative Lösungen gesucht, https://www.bundesregierung.de/breg-de/themen/coronavirus/wir-vs-virus-1731968 (abgerufen am 11.01.2021).

Bundesregierung (2020b): Datenschutzrechtliche Auflagen für US-Tech-Unternehmen im deutschen Gesundheitswesen. Antwort der Bundesregierung auf die Kleine Anfrage der Abgeordneten Christine Aschenberg-Dugnus, Michael Theurer, Renata Alt, weiterer Abgeordneter und der Fraktion der FDP, Drucksache 19/22922, Berlin: Deutscher Bundestag, https://dip21.bundestag.de/dip21/btd/19/229/1922922.pdf (abgerufen am 13.10.2020).

Bundesregierung (2020c): Videoschaltkonferenz der Bundeskanzlerin mit den Regierungschefinnen und Regierungschefs der Länder am 16. November 2020, https://ww

w.bundesregierung.de/resource/blob/997532/1811822/964c5e7487b051beee105d4c7554fbd6/2020-11-16-beschluss-mpk-data.pdf?download=1 (abgerufen am 19.11.2020).

Bundesregierung (2021): Digitalisierung gestalten. Umsetzungsstrategie der Bundesregierung. 6. aktualisierte Ausgabe – Juni 2021, Berlin: Bundesregierung.

Bundesregierung (2022a): Auftakt der »Allianz für Transformation«. Klimaneutrale Wirtschaft, Digitalisierung und nachhaltige Arbeit im Fokus, https://www.bundesregierung.de/breg-de/themen/klimaschutz/allianz-fuer-transformation-2052168 (abgerufen am 23.08.2022).

Bundesregierung (2022b): Zukunftsrat sieht Innovationen als Motor für die Transformation, Pressemitteilung 238, https://www.bundesregierung.de/breg-de/suche/zukunftsrat-sieht-innovationen-als-motor-fuer-die-transformation-2062136 (abgerufen am 01.09.2022).

Bundesregierung (o.J.a): Arbeitsweise, wirksam regieren – Mit Bürgern für Bürger, https://www.bundesregierung.de/breg-de/themen/wirksam-regieren/arbeitsweise (abgerufen am 06.06.2022).

Bundesregierung (o.J.b): Berichte, wirksam regieren – Mit Bürgern für Bürger, https://www.bundesregierung.de/breg-de/themen/wirksam-regieren/berichte (abgerufen am 06.06.2022).

Bundesverband Deutscher Startups (o.J.): Gesucht: Digitalminister (m/w), digitalminsterium.org, https://digitalministerium.org/ (abgerufen am 24.12.2018).

Bündnis Zukunft der Industrie (2015a): Bündnis Zukunft der Industrie. Gemeinsame Erklärung, o. A.: Bündnis Zukunft der Industrie, https://www.bmwk.de/Redaktion/DE/Downloads/B/buendnis-zukunft-der-industrie-gemeinsame-erklaerung.pdf?__blob=publicationFile&v=3 (abgerufen am 22.08.2022).

Bündnis Zukunft der Industrie (2015b): Bündnis Zukunft der Industrie. Struktur und Arbeitsweise, o. A.: Bündnis Zukunft der Industrie, https://bdi.eu/media/presse/presse/downloads/Buendnis-Zukunft-der-Industrie_Struktur-und-Arbeitsweise.pdf (abgerufen am 22.08.2022).

Bündnis Zukunft der Industrie (2020): Handlungsempfehlungen des Bündnisses »Zukunft der Industrie« zur Stärkung des Industriestandortes Deutschland und Europa. November 2020, Berlin: BMWi.

Bündnis Zukunft der Industrie (o.J.): Netzwerk, https://buendnis-zukunft-der-industrie.de/netzwerk/ (abgerufen am 23.08.2022).

Bünte, Oliver (2021): Corona-Warn-App 2.0 unterstützt Check-In-Funktion für Eventregistrierung, in: heise online, 21.04.2021, https://www.heise.de/news/Corona-Warn-App-2-0-unterstuetzt-Check-In-Funktion-fuer-Eventregistrierung-6023056.html (abgerufen am 24.05.2021).

Burchardt, Hans-Jürgen (2021): Das pandemische Manifest, München: oekom verlag.

Bürger schaffen Wissen (2016): Grünbuch. Citizen Science Strategie 2020 für Deutschland, Leipzig/Berlin: Bürger schaffen Wissen, https://www.buergerschaffenwissen.de/sites/default/files/assets/dokumente/gewiss-gruenbuch_citizen_science_strategie.pdf (abgerufen am 25.08.2022).

Burhoff, Detlef (2017): Praktische Fragen zur Benutzung des Mobiltelefons im Straßenverkehr, in: ZAP – Zeitschrift für die Anwaltspraxis, 28 (15), S. 789–798.

Burris, Scott/Kempa, Michael/Shearing, Clifford (2008): Changes in Governance: A Cross-Disciplinary Review of Current Scholarship, Legal Studies Research Paper Series 2008–67, Philadelphia: Temple University.

Busch, Andreas (2012): Politische Regulierung von Information – eine Einführung, in: Busch, Andreas/Hofmann, Jeanette (Hg.): Politik und die Regulierung von Information, Baden-Baden: Nomos, S. 24–47.

Busch, Christoph/Demary, Vera/Engels, Barbara/Haucap, Justus/Kehder, Christiane/Loebert, Ina/Rusche, Christian (2019): Sharing Economy in Deutschland. Stellenwert und Regulierungsoptionen für Beherbergungsdienstleistungen, Baden-Baden: Nomos.

BVerfG (2008): Leitsätze zum Urteil des Ersten Senats vom 27. Februar 2008 – 1 BvR 370/07 – 1 BvR 595/07 –, https://www.bundesverfassungsgericht.de/SharedDocs/Entscheidungen/DE/2008/02/rs20080227_1bvr037007.html (abgerufen am 25.08.2022).

Capurro, Rafael (2018): Digitale Zukünfte. Res Publica Digitalis, in: agora 42, 2, S. 64–68.

Castells, Manuel (2009): The rise of the network society, 2. Aufl., Chichester/Malden: Wiley-Blackwell.

Castells, Manuel (2010): The power of identity, 2. Aufl., Malden: Wiley-Blackwell.

Castells, Manuel (2013): Communication power, 2. Aufl., Oxford: Oxford University Press.

Castles, Francis G./Obinger, Herbert/Leibfried, Stephan (2005): Bremst der Föderalismus den Leviathan? Bundesstaat und Sozialstaat im internationalen Vergleich, 1880–2005, in: Politische Vierteljahresschrift, 46 (2), S. 215–237.

CCC (2021): Luca-App: CCC fordert Bundesnotbremse, https://www.ccc.de/de/updates/2021/luca-app-ccc-fordert-bundesnotbremse (abgerufen am 06.06.2021).

CDR-Initiative (2021): Unsere Ziele – Der CDR-Kodex, https://cdr-initiative.de/kodex (abgerufen am 20.08.2022).

CDU/CSU/SPD (2013): Deutschlands Zukunft gestalten. Koalitionsvertrag zwischen CDU, CSU und SPD, Berlin: Union Betriebs-GmbH, https://archiv.cdu.de/sites/default/files/media/dokumente/koalitionsvertrag.pdf (abgerufen am 06.06.2022).

CDU/CSU/SPD (2018): Ein neuer Aufbruch für Europa. Eine neue Dynamik für Deutschland. Ein neuer Zusammenhalt für unser Land. Koalitionsvertrag zwischen CDU, CSU und SPD. 19. Legislaturperiode, https://www.bundesregierung.de/resource/blob/975226/847984/5b8bc23590d4cb2892b31c987ad672b7/2018-03-14-koalitionsvertrag-data.pdf?download=1 (abgerufen am 24.12.2018).

CDU/CSU/SPD (2019): Beschluss der Geschäftsführenden Vorstände vom 13./14. Juni 2019. TOP 2: Zukunftsoffensive für eine starke Mobilfunkinfrastruktur in allen Regionen, https://www.cducsu.de/sites/default/files/2019-06/Beschluss%20Mobilfunk%20Union%20SPD%20GfV%2014%20Juni%202019.pdf (abgerufen am 15.06.2019).

CDU/CSU/SPD (2020): Gesetzentwurf der Fraktionen der CDU/CSU und SPD. Entwurf eines Gesetzes zur Bekämpfung des Rechtsextremismus und der Hasskriminalität, Drucksache 19/17741, Berlin: Bundesanzeiger, https://dserver.bundestag.de/btd/19/177/1917741.pdf (abgerufen am 09.08.2022).

Chan, Stephanie (2020): COVID-19 Contact Tracing Apps Reach 9 % Adoption In Most Populous Countries, https://sensortower.com/blog/contact-tracing-app-adoption (abgerufen am 23.06.2021).

Christensen, Clayton M. (1997): The Innovator's Dilemma. When New Technologies Cause Great Firms to Fail, überarb. Aufl., Boston: Harvard Business School Press.

Cisco (2019): Cisco Visual Networking Index: Forecast and Trends, 2017–2022, o. A.: Cisco.

CISPA (2020): Contact Tracing App for the SARS-CoV-2 Pandemic. CISPA's Withdrawal from PEPP-PT and Ongoing Contribution to DP-3T, https://cispa.de/en/news-and-events/news-archive/articles/2020/contact-tracing-app-for-the-sars-cov-2-pandemic (abgerufen am 28.12.2020).

Cornils, Matthias (2017): Entterritorialisierung im Kommunikationsrecht, in: Vereinigung der Deutschen Staatsrechtslehrer/Jestaedt, Matthias (Hg.): Grenzüberschreitungen. Migration. Entterritorialisierung des öffentlichen Rechts, Berlin: De Gruyter, S. 391–442.

CORRECTIV (2018): Über die Kooperation zwischen CORRECTIV.Faktencheck und Facebook. Wie wir arbeiten, https://correctiv.org/faktencheck/ueber-uns/2018/12/17/ueber-die-kooperation-zwischen-correctiv-faktencheck-und-facebook/ (abgerufen am 18.08.2022).

Creemers, Rogier (2020): China's Approach to Cyber Sovereignty, #KAS4 INNOVATION, Berlin: Konrad-Adenauer-Stiftung, https://www.kas.de/documents/252038/7995358/China%E2%80%99s+Approach+to+Cyber+Sovereignty.pdf/2c6916a6-164c-fb0c-4e29-f933f472ac3f?version=1.0&t=1606143361537 (abgerufen am 01.01.2022).

CWA-Team (2022): Wie viele aktive Nutzende hat die Corona-Warn-App? https://www.coronawarn.app/de/science/2022-03-03-science-blog-5/ (abgerufen am 18.06.2022).

CWA-Team (2023): Corona-Warn-App (CWA): Kennzahlen, https://www.coronawarn.app/de/analysis/ (abgerufen am 06.07.2023).

Czada, Roland (1994): Konjunkturen des Korporatismus: Zur Geschichte eines Paradigmenwechsels in der Verbändeforschung, in: Streeck, Wolfgang (Hg.): Staat und Verbände, Wiesbaden: VS Verlag, S. 37–64.

Czada, Roland (2007): Markt, in: Benz, Arthur/Lütz, Susanne/Schimank, Uwe/Simonis, Georg (Hg.): Handbuch Governance. Theoretische Grundlagen und empirische Anwendungsfelder, Wiesbaden: VS Verlag, S. 68–81.

D64/LOAD/Forum InformatikerInnen für Frieden und gesellschaftliche Verantwortung/Gesellschaft für Informatik/Chaos Computer Club/Stiftung Datenschutz (2020): Offener Brief: Geplante Corona-App ist höchst problematisch, https://www.ccc.de/system/uploads/300/original/Offener_Brief_Corona_App_BMG.pdf (abgerufen am 25.04.2020).

Dachwitz, Ingo (2018): Netzpolitik der GroKo: Bundesregierung richtet Kabinettsausschuss für Digitalisierung ein, in: netzpolitik.org, 18.04.2018, https://netzpolitik.org/2018/netzpolitik-der-groko-bundesregierung-richtet-kabinettsausschuss-fuer-digitalisierung-ein/ (abgerufen am 24.12.2018).

D'Agostino, Marcello/Durante, Massimo (2018): Introduction: The Governance of Algorithms, in: Philosophy & Technology, 31 (4), S. 499–505.

Damkowski, Wulf/Rösener, Anke (2003): Auf dem Weg zum Aktivierenden Staat. Vom Leitbild zum umsetzungsreifen Konzept, Berlin: edition sigma.

Daub, Adrian (2020): Was das Valley denken nennt. Über die Ideologie der Techbranche, Berlin: Suhrkamp.

Daum, Timo (2020): Missing Link: Contact Tracing – Gesundheit als globales Big-Data-Projekt, in: heise online, 21.06.2020, https://www.heise.de/hintergrund/Missing-Link-Contact-Tracing-Gesundheit-als-globales-Big-Data-Projekt-4783467.html (abgerufen am 03.09.2020).

Dawkins, Richard (2014): Das egoistische Gen, 2. Aufl., Berlin: Springer Spektrum.

Decker, Frank (2020): Die Demokratie im Zeichen der Coronakrise. Chance oder Bedrohung? In: Zeitschrift für Politik, 67 (2), S. 123–132.

Decker, Markus (2022): Hass im Netz: Facebook und Co. liefern keine Infos an das BKA, https://www.rnd.de/politik/hass-im-netz-facebook-und-co-liefern-keine-infos-an-das-bka-IBZT67XTSJEQ7FHPTLJOWQ277I.html (abgerufen am 09.08.2022).

Deckert, Ronald (2019): Digitalisierung und Industrie 4.0. Technologischer Wandel und individuelle Weiterentwicklung, Wiesbaden: Springer Gabler.

Dederer, Hans-Georg (2004): Korporative Staatsgewalt. Integration privat organisierter Interessen in die Ausübung von Staatsfunktionen. Zugleich eine Rekonstruktion der Legitimationsdogmatik, Tübingen: Mohr-Siebeck.

Degeling, Martin/Utz, Christine/Farke, Florian M./Herbert, Franziska/Schaewitz, Leonie/Kowalewski, Marvin/Becker, Steffen/Schnitzler, Theodor/Dürmuth, Markus (2022): Die Nutzung von Smartphone-Apps zur Eindämmung von COVID-19 in Deutschland, in: Krämer, Dennis/Haltaufderheide, Joschka/Vollmann, Jochen (Hg.): Technologien der Krise. Die Covid-19-Pandemie als Katalysator neuer Formen der Vernetzung, Bielefeld: transcript, S. 133–153.

Delhaes, Daniel (2022a): Digitalministerium: »Kein bloßes Anhängsel mehr« – Wie Volker Wissing die Rolle als Digitalminister ausfüllen will, in: Handelsblatt, 26.01.2022, https://www.handelsblatt.com/politik/deutschland/digitalministerium-kein-blosses-anhaengsel-mehr-wie-volker-wissing-die-rolle-als-digitalminister-ausfuellen-will/28009556.html (abgerufen am 07.06.2022).

Delhaes, Daniel (2022b): Das neue Selbstbewusstsein der Digitalpolitikerinnen, in: Handelsblatt, 16.2.2022, S. 9.

Delhaes, Daniel (2022c): Digitalminister Wissing muss Macht und Geld teilen, in: Handelsblatt, 13.06.2022, S. 10.

Deloitte (2020): Smartphone-Nutzung am Limit? Der deutsche Mobile Consumer im Profil, Deloitte.

Dencik, Lina/Redden, Joanna/Hintz, Arne/Warne, Harry (2019): The »Golden View«: Data-Driven Governance in the Scoring Society, in: Internet Policy Review, 8 (1), S. 1–24.

Denkena, Wiebke (2018): Daten sind das neue Öl? Lasst uns die richtigen Metaphern verwenden! In: netzpolitik.org, 02.10.2018, https://netzpolitik.org/2018/daten-sind-das-neue-oel-lasst-uns-die-richtigen-metaphern-verwenden/ (abgerufen am 27.12.2018).

Der Spiegel (1996): Straßenverkehr. Gefährliche Handys, in: Der Spiegel, 03.06.1996, S. 17.

Der Spiegel (2012): Umfrage-Erfolg. Piraten-Höhenflug alarmiert Schwarz-Gelb, in: Der Spiegel, 03.04.2012, https://www.spiegel.de/politik/deutschland/umfragehoch-der-piratenpartei-alarmiert-schwarz-gelb-a-825489.html (abgerufen am 26.07.2021).

Der Spiegel (2022): Überwachung im Straßenverkehr. Kameras sollen Handynutzer am Steuer überführen, in: Der Spiegel, 19.05.2022, https://www.spiegel.de/auto/ueberwachung-im-strassenverkehr-kameras-sollen-handynutzer-am-steuer-ueberfuehren-a-e93cb3ba-9b98-4389-b9cc-4193b6106795 (abgerufen am 26.11.2022).

Derlien, Hans-Ulrich (1993): Staatliche Steuerung in Perspektive: Ein Gesamtkommentar, in: König, Klaus/Dose, Nicolai (Hg.): Instrumente und Formen staatlichen Handelns, Köln/Berlin/Bonn/München: Heymann, S. 503–517.

Deutsch, Karl W. (1969): Politische Kybernetik. Modelle und Perspektiven, Freiburg: Rombach.

Deutscher Bundestag (1992): Gesetz zur Sicherung und Strukturverbesserung der gesetzlichen Krankenversicherung (Gesundheitsstrukturgesetz), Bundesgesetzblatt Jahrgang 1992 Teil I, Bonn: Bundesanzeiger, S. 2266–2334, https://www.bgbl.de/xaver/bgbl/start.xav?startbk=Bundesanzeiger_BGBl&start=//*%5b@attr_id=%27bgbl192s2266.pdf%27%5d#__bgbl__%2F%2F*%5B%40attr_id%3D%27bgbl192s2266.pdf%27%5D__1688990342091 (abgerufen am 09.06.2021).

Deutscher Bundestag (1999): Gesetz zur Reform der gesetzlichen Krankenversicherung ab dem Jahr 2000 (GKV-Gesundheitsreformgesetz 2000), Bundesgesetzblatt Jahrgang 1999 Teil I 59, Bonn: Bundesanzeiger, S. 2626–2656, https://www.bgbl.de/xaver/bgbl/start.xav?startbk=Bundesanzeiger_BGBl&start=//*%5b@attr_id=%27bgbl199s2626.pdf%27%5d#__bgbl__%2F%2F*%5B%40attr_id%3D%27bgbl199s2626.pdf%27%5D__1688990190122 (abgerufen am 09.06.2021).

Deutscher Bundestag (2003): Gesetz zur Modernisierung der gesetzlichen Krankenversicherung (GKV-Modernisierungsgesetz – GMG), Bundesgesetzblatt Jahrgang 2003 Teil I 55, Bonn: Bundesanzeiger, S. 2190–2258, https://www.bgbl.de/xaver/bgbl/start.xav?startbk=Bundesanzeiger_BGBl&start=//*%5b@attr_id=%27bgbl103s2190.pdf%27%5d#__bgbl__%2F%2F*%5B%40attr_id%3D%27bgbl103s2190.pdf%27%5D__1622744130242 (abgerufen am 03.06.2021).

Deutscher Bundestag (2005): Gesetz zur Organisationsstruktur der Telematik im Gesundheitswesen, Bundesgesetzblatt Jahrgang 2005 Teil I 36, Bonn: Bundesanzeiger, S. 1720–1724, https://www.bgbl.de/xaver/bgbl/start.xav?startbk=Bundesanzeiger_BGBl&start=//*%5b@attr_id=%27bgbl105s1720.pdf%27%5d#__bgbl__%2F%2F*%5B%40attr_id%3D%27bgbl105s1720.pdf%27%5D__1688990112366 (abgerufen am 03.06.2021).

Deutscher Bundestag (2010): Gesetz zur nachhaltigen und sozial ausgewogenen Finanzierung der Gesetzlichen Krankenversicherung (GKV-Finanzierungsgesetz – GKV-FinG), 68, Aufl. Bonn: Bundesanzeiger, S. 2309–2320, https://www.bgbl.de/xaver/bgbl/start.xav?startbk=Bundesanzeiger_BGBl&bk=Bundesanzeiger_BGBl&start=//*%5b@attr_id=%27bgbl109s0416.pdf%27%5d#__bgbl__%2F%2F*%5B%40attr_id%3D%27bgbl110s2309.pdf%27%5D__1688990621320 (abgerufen am 03.06.2021).

Deutscher Bundestag (2011): Gesetz zur Regelung von De-Mail-Diensten und zur Änderung weiterer Vorschriften, Bundesgesetzblatt Jahrgang 2011 Teil I 19, Bonn: Bundesanzeiger, S. 666–675, http://www.bgbl.de/xaver/bgbl/start.xav?startbk=Bundesanzeiger_BGBl&jumpTo=bgbl111s0666.pdf (abgerufen am 01.07.2020).

Deutscher Bundestag (2013a): Deutscher Bundestag. Stenografischer Bericht. 2. Sitzung. Berlin, Montag, den 18. November 2013, Plenarprotokoll 18/2, Berlin: Bundesanzeiger.

Deutscher Bundestag (2013b): Schlussbericht der Enquete-Kommission »Internet und digitale Gesellschaft«, Drucksache 17/12550, http://dip21.bundestag.de/dip21/btd/17/125/1712550.pdf (abgerufen am 24.12.2018).

Deutscher Bundestag (2015a): Schriftliche Fragen mit den in der Woche vom 4. Mai 2015 eingegangenen Antworten der Bundesregierung, Drucksache 18/4856, Berlin: Bundesanzeiger, https://dserver.bundestag.de/btd/18/048/1804856.pdf (abgerufen am 26.05.2022).

Deutscher Bundestag (2015b): Gesetz für sichere digitale Kommunikation und Anwendungen im Gesundheitswesen sowie zur Änderung weiterer Gesetze, Bundesgesetzblatt Jahrgang 2015 Teil I 54, Bonn: Bundesanzeiger, S. 2408–2423, https://www.bgbl.de/xaver/bgbl/start.xav?start=%2F%2F*%5B%40attr_id%3D%27bgbl115s2408.pdf%27%5D#__bgbl__%2F%2F*%5B%40attr_id%3D%27bgbl115s2408.pdf%27%5D__1688990798782 (abgerufen am 07.06.2021).

Deutscher Bundestag (2016): Gesetz zur Umsetzung der Richtlinie über Tabakerzeugnisse und verwandte Erzeugnisse, Bundesgesetzblatt Jahrgang 2016 Teil I 15, Bonn: Bundesanzeiger, S. 569–584, https://www.bgbl.de/xaver/bgbl/start.xav?startbk=Bundesanzeiger_BGBl&start=//*%5b@attr_id=%27bgbl116s0569.pdf%27%5d#__bgbl__%2F%2F*%5B%40attr_id%3D%27bgbl116s0569.pdf%27%5D__1688990870885 (abgerufen am: 09.06.2021).

Deutscher Bundestag (2017): Gesetz zur Verbesserung der Rechtsdurchsetzung in sozialen Netzwerken (Netzwerkdurchsetzungsgesetz – NetzDG), Bundesgesetzblatt Jahrgang 2017 Teil I 61, Bonn: Bundesanzeiger, S. 3352–3355, https://www.bmj.de/SharedDocs/Gesetzgebungsverfahren/Dokumente/BGBl_NetzDG.pdf?__blob=publicationFile&v=2 (abgerufen am 25.06.2022).

Deutscher Bundestag (2018a): Enquete-Kommission »Künstliche Intelligenz – Gesellschaftliche Verantwortung und wirtschaftliche, soziale und ökologische Potenziale«, Deutscher Bundestag, https://www.bundestag.de/ausschuesse/weitere_gremien/enquete_ki (abgerufen am 24.12.2018).

Deutscher Bundestag (2018b): Gesetz zur Stärkung des Pflegepersonals (Pflegepersonal-Stärkungsgesetz – PpSG), Bundesgesetzblatt Jahrgang 2018 Teil I 45, Bonn: Bundesanzeiger, S. 2394–2422, https://www.bgbl.de/xaver/bgbl/start.xav?startbk=Bundesanzeiger_BGBl&start=//*%5b@attr_id=%27bgbl118s2394.pdf%27%5d#__bgbl__%2F%2F*%5B%40attr_id%3D%27bgbl118s2394.pdf%27%5D__1688990957805 (abgerufen am 07.06.2021).

Deutscher Bundestag (2019a): Gesetz für schnellere Termine und bessere Versorgung (Terminservice- und Versorgungsgesetz – TSVG), Bundesgesetzblatt Jahrgang 2019 Teil I 18, Bonn: Bundesanzeiger, S. 646–691, https://www.bgbl.de/xaver/bgbl/start.xav#__bgbl__%2F%2F*%5B%40attr_id%3D%27bgbl119s0646.pdf%27%5D__1688991018590 (abgerufen am 07.06.2021).

Deutscher Bundestag (2019b): Gesetz für eine bessere Versorgung durch Digitalisierung und Innovation (Digitale-Versorgung-Gesetz – DVG), Bundesgesetzblatt Jahrgang 2019 Teil I 49, Bonn: Bundesanzeiger, S. 2562–2584, https://www.bgbl.de/xaver/bgbl/start.xav?startbk=Bundesanzeiger_BGBl&start=%2F%2F%2A%5B%40attr_id=%27bgbl119s2562.pdf%27%5D#__bgbl__%2F%2F*%5B%40attr_id%3D%27bgbl119s2562.pdf%27%5D__1688991067036 (abgerufen am 07.06.2021).

Deutscher Bundestag (2020a): Entwurf eines Gesetzes zum Schutz elektronischer Patientendaten in der Telematikinfrastruktur (Patientendaten-Schutz-Gesetz – PDSG), Drucksache 19/18793, Berlin: Deutscher Bundestag, https://dserver.bundestag.de/btd/19/187/1918793.pdf (abgerufen am 04.06.2021).

Deutscher Bundestag (2020b): Gesetz zum Schutz elektronischer Patientendaten in der Telematikinfrastruktur (Patientendaten-Schutz-Gesetz – PDSG), Bundesgesetzblatt Jahrgang 2020 Teil I 46, Bonn: Bundesanzeiger, S. 2115–2164, https://www.bundesgesundheitsministerium.de/fileadmin/Dateien/3_Downloads/Gesetze_und_Verordnungen/GuV/P/PDSG_bgbl.pdf (abgerufen am 04.06.2021).

Deutscher Bundestag (2020c): Gesetzentwurf der Bundesregierung. Entwurf eines Gesetzes zur Änderung des Gesetzes gegen Wettbewerbsbeschränkungen für ein fokussiertes, proaktives und digitales Wettbewerbsrecht 4.0 und anderer wettbewerbsrechtlicher Bestimmungen (GWB-Digitalisierungsgesetz), Drucksache 19/23492, Berlin: Bundesanzeiger, https://dserver.bundestag.de/btd/19/234/1923492.pdf (abgerufen am 17.08.2022).

Deutscher Bundestag (2020d): Drittes Gesetz zum Schutz der Bevölkerung bei einer epidemischen Lage von nationaler Tragweite, Bundesgesetzblatt Jahrgang 2020 Teil I 52, Bonn: Bundesanzeiger, S. 2397–2413, https://www.bundesgesundheitsministerium.de/fileadmin/Dateien/3_Downloads/Gesetze_und_Verordnungen/GuV/B/3._BevSchG_BGBl.pdf (abgerufen am 25.11.2020).

Deutscher Bundestag (2021a): Gesetz zur Anpassung des Verfassungsschutzrechts, Bundesgesetzblatt Jahrgang 2021 Teil I 40, Bonn: Bundesanzeiger, S. 2274–2280, https://www.bgbl.de/xaver/bgbl/start.xav?startbk=Bundesanzeiger_BGBl&start=//*%5b@attr_id=%27bgbl121s2274.pdf%27%5d#__bgbl__%2F%2F*%5B%40attr_id%3D%27bgbl121s2274.pdf%27%5D__1688991281044 (abgerufen am 25.08.2022).

Deutscher Bundestag (2021b): Gesetz zur Änderung des Gesetzes gegen Wettbewerbsbeschränkungen für ein fokussiertes, proaktives und digitales Wettbewerbsrecht 4.0 und andere Bestimmungen (GWB-Digitalisierungsgesetz), Bundesgesetzblatt Jahrgang 2021 Teil I 1, Bonn: Bundesanzeiger, S. 2–32, https://www.bgbl.de/xaver/bgbl/start.xav?startbk=Bundesanzeiger_BGBl&start=//*%5b@attr_id=%27bgbl121s2274.pdf%27%5d#__bgbl__%2F%2F*%5B%40attr_id%3D%27bgbl121s0002.pdf%27%5D__1688991687955 (abgerufen am 08.06.2021).

Deutscher Bundestag (2021c): Gesetz zur Bekämpfung des Rechtsextremismus und der Hasskriminalität, Bundesgesetzblatt Jahrgang 2021 Teil I 13, Bundesanzeiger, S. 441–447, https://www.bgbl.de/xaver/bgbl/start.xav?startbk=Bundesanzeiger_BGBl&start=//*%5b@attr_id=%27bgbl121s2274.pdf%27%5d#__bgbl__%2F%2F*%5B%40attr_id%3D%27bgbl121s0441.pdf%27%5D__1688991815082 (abgerufen am 18.08.2021).

Deutscher Bundestag (2021d): Zweites Gesetz zur Erhöhung der Sicherheit informationstechnischer Systeme, Bundesgesetzblatt Jahrgang 2021 Teil I 25, Bonn: Bundesanzeiger, S. 1122–1138, https://www.bgbl.de/xaver/bgbl/start.xav?startbk=Bundesanzeiger_BGBl&start=//*%5b@attr_id=%27bgbl121s2274.pdf%27%5d#__bgbl__%2F%2F*%5B%40attr_id%3D%27bgbl121s1122.pdf%27%5D__1688991898224 (abgerufen am 25.08.2022).

Deutscher Bundestag (2021e): Gesetz zur Änderung des Netzwerkdurchsetzungsgesetzes, Bundesgesetzblatt Jahrgang 2021 Teil I 29, Bonn: Bundesanzeiger, S. 1436–1443, https://www.bmj.de/SharedDocs/Gesetzgebungsverfahren/Dokumente/Bgbl_NetzDG.pdf;jsessionid=6763A42B2EEFEAF68CD3F4D6BD53D831.2_cid324?__blob=publicationFile&v=2 (abgerufen am 09.08.2022).

Deutscher Bundestag (2022): Verordnung über die Mindestanforderungen für das Recht auf Versorgung mit Telekommunikationsdiensten (TK-Mindestversorgungsverordnung – TKMV), Bundesgesetzblatt Jahrgang 2022 Teil I 19, Bundesanzeiger, S. 880, https://www.bgbl.de/xaver/bgbl/start.xav?startbk=Bundesanzeiger_BGBl&start=//*%5b@attr_id=%27bgbl121s2274.pdf%27%5d#__bgbl__%2F%2F*%5B%40attr_id%3D%27bgbl122s0880.pdf%27%5D__1688992020916 (abgerufen am 14.09.2022).

DGB (2020): Corona-Virus/Covid 19. Corona Tracing App – Bundesregierung muss Vertrauen und Akzeptanz schaffen, Pressemitteilung 039, Berlin: DGB, https://www.dgb.de/presse/++co++7ef5dc68-af05-11ea-9948-52540088cada (abgerufen am 02.09.2020).

DGRI (2017): Referentenentwurf des Bundesministeriums der Justiz und für Verbraucherschutz – Entwurf eines Gesetzes zur Verbesserung der Rechtsdurchsetzung in sozialen Netzwerken (NetzDG). Hier: Stellungnahme der Deutschen Gesellschaft für Recht und Informatik (DGRI) e.V, Karlsruhe: Deutsche Gesellschaft für Recht und Informatik, https://www.dgri.de/index.php/fuseaction/download/lrn_file/dgri-stellungnahme-netzdg.pdf (abgerufen am 15.07.2021).

Dhungel, Anna-Katharina/Linhart, Eric (2014): Interessenvermittlung in den Ausschüssen des Deutschen Bundestages, in: Zeitschrift für Parlamentsfragen, 45 (4), S. 743–762.

Die Welt (2013): Chaos Computer Club: Hacker-Clique »›CCC‹« mutiert zum Lobbyverband, in: Die Welt, 19.03.2013, https://www.welt.de/wirtschaft/webwelt/article114560503/Hacker-Clique-CCC-mutiert-zum-Lobbyverband.html (abgerufen am 24.12.2018).

Diehl, Jörg/Lehberger, Roman/Müller, Ann-Katrin/Seibt, Philipp (2019): Die rechte Welle surfen, in: Der Spiegel, 18, S. 18–19.

Dietzel, Gottfried T. W. (2002): Von eEuropa 2002 zur elektronischen Gesundheitskarte. Chancne für das Gesundheitswesen, in: Deutsches Ärzteblatt, 99 (21), S. 1417–1419.

Digital für alle Initiative (2019): Digitaltag 2020. Digitalisierung gemeinsam gestalten, https://digitaltag.eu/ (abgerufen am 09.10.2019).

Digitale Freiheit (o.J.): Bisherige Aktionen, https://digitale-freiheit.jetzt/ (abgerufen am 10.09.2019).

Digitale Gesellschaft (2018): Das Netzwerkdurchsetzungsgesetz (NetzDG) gefährdet die Meinungsfreiheit, https://digitalegesellschaft.de/2018/07/das-netzwerkdurchsetzungsgesetz-netzdg-gefaehrdet-die-meinungsfreiheit/ (abgerufen am 14.5.2019).

van Dijk, Jan A.G.M (2012): The Evolution of the Digital Divide. The Digital Divide Turns to Inequality of Skills and Usage, in: Bus, Jacques/Crompton, Melcolm/Hildebrandt, Mireille/Metakides, George (Hg.): Digital Enlightenment Yearbook 2012, Amsterdam: IOS Press, S. 57–75, http://www.medra.org/servlet/aliasResolver?alias=iospressISBN&isbn=978-1-61499-056-7&spage=57 (abgerufen am 24.12.2018).

DJV (2017): Stellungnahme des Deutschen Journalisten-Verbandes e. V. zum Referenten-Entwurf eines Gesetzes zur Verbesserung der Rechtsdurchsetzung in Sozialen Netzwerken (Netzwerkdurchsetzungsgesetz – NetzDG), Berlin: Deutscher Journalisten-Verband, https://www.djv.de/fileadmin/user_upload/INFOS/Themen/Medienpolitik/DJV-StN_NetzDG-E_28.03.2017.pdf (abgerufen am 15.07.2021).

Dobusch, Leonhard (2014): Digitale Zivilgesellschaft in Deutschland. Stand und Perspektiven 2014, Diskussionsbeiträge. Management 2014/7, Berlin: FU Berlin, http://edocs.fu-berlin.de/docs/servlets/MCRFileNodeServlet/FUDOCS_derivate_000000003411/discpaper2014_7.pdf (abgerufen am 24.12.2018).

Dochow, Carsten (2020): Das Patienten-Datenschutz-Gesetz (Teil 1): Die elektronische Gesundheitskarte und Telematikinfrastruktur, in: Medizinrecht, 38 (12), S. 979–993.

Doering-Manteuffel, Anselm (2007): Nach dem Boom. Brüche und Kontinuitäten der Industriemoderne seit 1970, in: Vierteljahrshefte für Zeitgeschichte, 55 (4), S. 559–581.

Doering-Manteuffel, Anselm (2008): Ordnung jenseits der politischen Systeme: Planung im 20. Jahrhundert. Ein Kommentar, in: Geschichte und Gesellschaft, 34 (3), S. 398–406.

Döhler, Marian (2007a): Die politische Steuerung der Verwaltung. Eine empirische Studie über politisch-administrative Interaktionen auf der Bundesebene, Baden-Baden: Nomos.

Döhler, Marian (2007b): Hierarchie, in: Benz, Arthur/Lütz, Susanne/Schimank, Uwe/Simonis, Georg (Hg.): Handbuch Governance. Theoretische Grundlagen und empirische Anwendungsfelder, Wiesbaden: VS Verlag, S. 46–53.

Döhler, Marian (2007c): Vom Amt zur Agentur? Organisationsvielfalt, Anpassungsdruck und institutionelle Wandlungsprozesse im deutschen Verwaltungsmodell, in: Jann, Werner/Döhler, Marian (Hg.): Agencies in Westeuropa, Wiesbaden: VS Verlag, S. 12–47.

Döhler, Marian (2020): Ministerialverwaltung und Interessengruppen – Neues und Vergessenes zu einem alten Thema, in: Zeitschrift für Politikwissenschaft, 30 (1), S. 1–26.

Döhler, Marian/Franzke, Jochen/Wegrich, Kai (Hg.) (2015): Der gut organisierte Staat. Festschrift für Werner Jann zum 65. Geburtstag, Baden-Baden: Nomos.

Döhler, Marian/Manow, Philip (1995): Formierung und Wandel eines Politikfeldes – Gesundheitspolitik von Blank zu Seehofer, MPIFG Discussion Paper 95/6, Köln: MPIfG.

Döhler, Marian/Manow, Philip (1997): Strukturbildung von Politikfeldern, Wiesbaden: VS Verlag für Sozialwissenschaften.

Domain Name Stat (2022): Domain name registrations in All TLDs, https://domainnamestat.com/statistics/tldtype/all (abgerufen am 14.08.2022).

Dombrowski, Nadine (2014): Extraterritoriale Strafrechtsanwendung im Internet, Berlin: Duncker & Humblot.

Dose, Nicolai (1993): Alte und neue Handlungsformen im Bereich von Forschung und Technologie, in: König, Klaus/Dose, Nicolai (Hg.): Instrumente und Formen staatlichen Handelns, Köln/Berlin/Bonn/München: Heymann, S. 399–452.

Dose, Nicolai (2003): Trends und Herausforderungen der politischen Steuerungstheorie, in: Grande, Edgar/Prätorius, Rainer (Hg.): Politische Steuerung und neue Staatlichkeit, Baden-Baden: Nomos, S. 19–55.

Dose, Nicolai (2006): Der informierende Staat. Information als Instrument staatlicher Steuerung, in: Walkenhaus, Ralf/Machura, Stefan/Nahamowitz, Peter/Treutner, Erhard (Hg.): Staat im Wandel. Festschrift für Rüdiger Voigt zum 65. Geburtstag, Stuttgart: Franz Steiner Verlag, S. 99–126.

Dose, Nicolai (2008): Governance als problemorientierte Steuerung. Steuerung angesichts alter Probleme und neuer Herausforderungen, in: Schuppert, Gunnar Folke/Zürn, Michael (Hg.): Governance in einer sich wandelnden Welt, Wiesbaden: VS Verlag, S. 77–94.

Dose, Nicolai (2022): Von Government zu Governance. Regieren unter veränderten Bedingungen, in: Korte, Karl-Rudolf/Florack, Martin (Hg.): Handbuch Regierungsforschung, 2. Aufl., Wiesbaden: Springer VS, S. 83–92.

dpa (2018): Merkel: »›Alles was digitalisierbar ist, wird auch digitalisier‹«, in: heise online, 02.12.2018, https://www.heise.de/newsticker/meldung/Merkel-Alles-was-digitalisierbar-ist-wird-auch-digitalisiert-4237377.html (abgerufen am 28.07.2019).

dpa (2021): Rechtsstreit: Google zieht Berufung gegen Urteil zu Bund-Gesundheitsportal zurück, in: Handelsblatt, 09.04.2021, https://www.handelsblatt.com/technik/it-internet/rechtsstreit-google-zieht-berufung-gegen-urteil-zu-bund-gesundheitsportal-zurueck/27080374.html (abgerufen am 08.06.2021).

dpa/Ärzteblatt (2020): Bundesgesundheitsministerium warnt vor Falschnachrichten, in: Deutsches Ärzteblatt, 15.03.2020, https://www.aerzteblatt.de/nachrichten/111060/Bundesgesundheitsministerium-warnt-vor-Falschnachrichten (abgerufen am 29.06.2022).

DRB (2017): Stellungnahme des Deutschen Richterbundes zum Referentenentwurf eines Gesetzes zur Verbesserung der Rechtsdurchsetzung in sozialen Netzwerken, Berlin: Deutscher Richterbund.

Drinhausen, Katja/Brussee, Vincent (2022): China's Social Credit System in 2021. From Fragmentation towards Integration, Berlin.

Dru, Jean Marie (1996): Disruption. Overturning Conventions and Shaking Up the Marketplace, New York: John Wiley & Sons.

Duff, Alistair S. (1998): Daniel Bell's Theory of the Information Society, in: Journal of Information Science, 24 (6), S. 373–393.

Dyk, Silke van/Haubner, Tine (2021): Community-Kapitalismus, Hamburg: Hamburger Edition.

Edler, Jakob/Blind, Knut/Frietsch, Rainer/Kimpeler, Simon/Kroll, Henning/Lerch, Christian/Reiss, Thomas/Roth, Florian/Schubert, Torben/Schuler, Johanna/et al. (2020): Technologiesouveränität. Von der Forderung zum Konzept, Karlsruhe: Fraunhofer ISI.

Edler, Von Dietmar/Eickelpasch, Alexander (2013): Die Industrie – ein wichtiger Treiber der Nachfrage nach Dienstleistungen, in: DIW Wochenbericht, 34, S. 16–23.

Eggert, Michael/Kerpen, Daniel (2018): Wer Datengesellschaft sagt, muss auch Cloud-Computing sagen. Die Cloud als zentrale Infrastruktur der datafizierten Gesellschaft, in: Houben, Daniel/Prietl, Bianca (Hg.): Datengesellschaft: Einsichten in die Datafizierung des Sozialen, Bielefeld: transcript, S. 154–177.

Eifert, Martin (2018): Das Netzwerkdurchsetzungsgesetz und Plattformregulierung, in: Eifert, Martin/Gostomzyk, Tobias (Hg.): Netzwerkrecht. Die Zukunft des NetzDG und seine Folgen für die Netzwerkkommunikation, Baden-Baden: Nomos, S. 9–43.

Elias, Norbert (2010): Über den Prozess der Zivilisation. Soziogenetische und psychogenetische Untersuchungen. Zweiter Band. Wandlungen der Gesellschaft. Entwurf zu einer Theorie der Zivilisation, 33 Aufl., Frankfurt a.M.: Suhrkamp.

Elmer, Arno (2016): Elektronische Gesundheitskarte und Telematikinfrastruktur – Plattformen für ein sicher vernetztes Gesundheitswesen, in: Andelfinger, Volker P./ Hänisch, Till (Hg.): eHealth. Wie Smartphones, Apps und Wearables die Gesundheitsversorgung verändern werden, Wiesbaden: Springer Gabler, S. 97–103.

Engartner, Tim (2016): Staat im Ausverkauf. Privatisierung in Deutschland, Frankfurt a.M./New York: Campus.

erdgeist (2018): Biometrische Videoüberwachung: Der Südkreuz-Versuch war kein Erfolg, https://www.ccc.de/de/updates/2018/debakel-am-suedkreuz (abgerufen am 15.01.2019).

Eriksen, Thomas Hylland (2001): Tyranny of the Moment. Fast and Slow Time in the Information Age, London/Sterling: Pluto Press.

Esch, Johanna (2018): Internationale Internet-Governance. Das Internet als Herausforderung für etablierte Medienpolitik, in: Aus Politik und Zeitgeschichte, 68 (40–41), S. 35–40.

Eschenburg, Theodor (1955): Herrschaft der Verbände? Stuttgart: Deutsche Verlags-Anstalt.

Ethikbeirat HR-Tech (2019): Richtlinien für den verantwortungsvollen Einsatz von Künstlicher Intelligenz und weiteren digitalen Technologien in der Personalarbeit, Berlin/Frankfurt a.M.: BPM/hkp///group.

EuGH (2010): Urteil des Gerichtshofs in der Rechtssache C-518/07, Luxembourg: Europäischer Gerichtshof, https://curia.europa.eu/juris/document/document.jsf;?docid=79752&doclang=de (abgerufen am 16.08.2022).

EuGH (2021): Urteil des Gerichtshofs in der Rechtssache C-718/18, Luxembourg: Europäischer Gerichtshof, https://curia.europa.eu/juris/document/document.jsf;jsessionid=5398CE1FB6C48B4000FBAC465E49EA2A?text=&docid=245521&pageIndex=0&doclang=DE&mode=lst&dir=&occ=first&part=1&cid=18571189 (abgerufen am 16.08.2022).

Eumann, Marc Jan/Stadelmaier, Martin (2013): Medienpolitik versus Netzpolitik? In: Medien, Netz und Öffentlichkeit. Impulse für die digitale Gesellschaft, Essen: Klartext, S. 339–342.

Europäische Kommission (2016): Code of Conduct on Countering illegal Hate Speech Online, Brüssel: Europäische Kommission.

Europäische Kommission (2019a): Ethics Guidelines for Trustworthy AI. High-Level Expert Group on Artifical Intelligence, Brüssel: Europäische Kommission.

Europäische Kommission (2019b): Index für die digitale Wirtschaft und Gesellschaft (DESI). Länderbericht 2019. Deutschland, Brüssel: Europäische Kommission.

Europäische Kommission (2020a): Notification 2020/65/D, Decision Letter C(2020) 3380 final, https://www.asktheeu.org/en/request/8206/response/26755/attach/2/C%202020%203380%20F1%20DECISION%20LETTER%20EN%20V2%20P1%201080594.pdf?cookie_passthrough=1. (abgerufen am 09.08.2022).

Europäische Kommission (2020b): Proposal for a Regulation of the European Parliament and the Council on European data governance (Data Governance Act), Proposal COM/2020/767 final, Brüssel: Europäische Kommission, https://eur-lex.europa.eu/legal-content/EN/TXT/PDF/?uri=CELEX:52020PC0767&from=EN (abgerufen am 27.04.2022).

Europäische Kommission (2020c): Proposal for a Regulation of the European Parliament and the Council on a Single Market For Digital Services (Digital Services Act) and amending Directive 2000/31/EC, Proposal COM/2020/825 final, Brüssel: Europäische Kommission, https://eur-lex.europa.eu/legal-content/EN/TXT/PDF/?uri=CELEX:52020PC0825&from=en (abgerufen am 18.08.2021).

Europäische Kommission (2020d): Proposal for a Regulation of the European Parliament and the Council on contestable and fair markets in the digital sector (Digital Markets Act), Proposal COM/2020/842 final, Brüssel: Europäische Kommission, https://eur-lex.europa.eu/legal-content/EN/TXT/PDF/?uri=CELEX:52020PC0842&from=en (abgerufen am 18.07.2022).

Europäische Kommission (2021a): The EU Code of Conduct on Countering Illegal Hate Speech Online, European Commission – European Commission, https://ec.europa.eu/info/policies/justice-and-fundamental-rights/combatting-discrimination/racism-and-xenophobia/eu-code-conduct-countering-illegal-hate-speech-online_en (abgerufen am 19.08.2021).

Europäische Kommission (2021b): Proposal for a Regulation of the European Parliament and the Council Laying down Harmonised Rules on Artificial Intelligence (Artificial Intelligence Act) and Amending Certain Union Legislative Acts, Proposal COM/2021/206 final, Brüssel: Europäische Kommission, https://eur-lex.europa.eu/legal-content/EN/TXT/?uri=CELEX%3A52021PC0206 (abgerufen am 18.07.2022).

Europäische Kommission (2022a): Digital Economy and Society Index (DESI) 2022, Brüssel: Europäische Kommission, https://ec.europa.eu/newsroom/dae/redirection/document/88764 (abgerufen am 01.09.2022).

Europäische Kommission (2022b): Europäisches Chip-Gesetz, https://ec.europa.eu/info/strategy/priorities-2019-2024/europe-fit-digital-age/european-chips-act_en (abgerufen am 23.08.2022).

Europäische Kommission (2022c): Proposal for a Regulation of the European Parliament and the Council Laying down Rules to Prevent and Combat Child Sexual Abuse, Proposal COM/2022/209 final, https://eur-lex.europa.eu/legal-content/EN/TXT/?uri=COM%3A2022%3A209%3AFIN&qid=1652451192472 (abgerufen am 19.08.2022).

Europäisches Parlament (2000): Richtlinie 2000/31/EG des Europäischen Parlaments und des Rates, Amtsblatt der Europäischen Gemeinschaften L 178, https://eur-lex.europa.eu/legal-content/DE/TXT/PDF/?uri=CELEX:32000L0031&from=DE (abgerufen am 09.08.2022).

Europäisches Parlament (2019): Richtlinie (EU) 2019/790 des europäischen Parlaments und des Rates – vom 17. April 2019 – über das Urheberrecht und die verwandten Schutzrechte im digitalen Binnenmarkt und zur Änderung der Richtlinien 96/9/EG und 2001/29/EG, Amtsblatt der Europäischen Union L 130/92, Straßburg: Europäische Union.

Europäisches Parlament (2022): A Europe Fit for the Digital Age, Legislative Train Schedule. European Parliament, https://www.europarl.europa.eu/legislative-train/theme-a-europe-fit-for-the-digital-age (abgerufen am 18.07.2022).

European Working Team on Digital Commons (2022): Towards a sovereign digital Infrastructure of Commons. Report of the European Working Team on Digital Commons, https://openfuture.eu/wp-content/uploads/2022/07/220624digital_commons_report.pdf (abgerufen am 18.07.2022).

Ex, Patricia/Amelung, Volker E. (2018): Auf und Ab: Der politische Wille zur Stärkung der Digitalisierung im Gesundheitswesen, in: Gesundheits- und Sozialpolitik, 72 (2), S. 26–30.

Eysenbach, Gunther (1995): Medizinische Patientenkarten. Mit Smart Cards zu neuen Kommunikationswegen, in: Deutsches Ärzteblatt, 92 (31/32), S. 2120–2124.

F5 (o.J.): Wir sind F5, https://buendnis-f5.de/ (abgerufen am 13.06.2022).

Facebook (2019a): Facebook Reports Second Quarter 2019 Results, Menlo Park: Facebook, https://s21.q4cdn.com/399680738/files/doc_financials/2019/Q2/FB-Q2-2019-Earnings-Release.pdf (abgerufen am 18.09.2019).

Facebook (2019b): Facebook veröffentlicht dritten NetzDG-Transparenzbericht, Über Meta, https://about.fb.com/de/news/2019/07/dritter-netzdg-transparenzbericht/ (abgerufen am 13.08.2022).

Facebook (2022): NetzDG Transparenzbericht. Juli 2022, https://about.fb.com/de/wp-content/uploads/sites/10/2022/07/Facebook-NetzDG-Transparenzbericht-July-2022.pdf (abgerufen am 13.08.2022).

Falk, Svenja/Schroeder, Wolfgang (2022): Digitale Souveränität – Ein Narrativ des Fortschritts, Berlin: Das Progressive Zentrum.

Fanta, Alexander (2020): Österreich. Datenschutzbehörde stoppt Jobcenter-Algorithmus, in: netzpolitik.org, 21.08.2020, https://netzpolitik.org/2020/oesterreich-ams-datenschutzbehoerde-stoppt-jobcenter-algorithmus/ (abgerufen am 02.09.2020).

FAZ (2020a): Erinnerungsfunktion geplant. Nutzer der Corona-App sollen Testergebnisse häufiger teilen, in: FAZ.NET, 16.11.2020, https://www.faz.net/1.7055151 (abgerufen am 16.11.2020).

FAZ (2020b): Corona-Sonderrechte. Union und SPD prüfen Verbot von Privilegien für Geimpfte, in: FAZ.NET, 29.12.2020, https://www.faz.net/1.7122421 (abgerufen am 29.12.2020).

Feustel, Robert (2018): »Am Anfang war die Information«. Digitalisierung als Religion, Berlin: Verbrecher Verlag.

Flintrop, Jens (2001): Gesundheitspass. Die Gefahr des Missbrauchs ist groß, in: Deutsches Ärzteblatt, 98 (45), S. 2920.

Flohr, Heiner (1972): Die Tätigkeit der Planungsabteilung im Bundeskanzleramt, in: Faul, Erwin (Hg.): Gesellschaftlicher Wandel und politische Innovation, Wiesbaden: Westdeutscher Verlag, S. 54–69.

Florian, Daniel (2015): Ist die Politik zu langsam für den digitalen Wandel? https://www.huffingtonpost.de/daniel-florian/ist-die-politik-zu-langsa_b_6408062.html (abgerufen am 08.02.2019).

forsa (2019): Digitalisierungsmonitor 2019. So sehen die Deutschen digitale Bildung und Mobilität, https://www.fdpbt.de/sites/default/files/2019-08/PDF-Digitalisierungsmonitor-2019_Druck.pdf (abgerufen am 28.08.2019).

forsa (2021): Digitalisierungsmonitor 2021, https://www.fdpbt.de/sites/default/files/2021-06/Digitalisierungsmonitor-2021-forsa-final.pdf (abgerufen am 24.06.2022).

forsa (2022): Ergebnisbericht. forsa-Befragung zu: Hate Speech 2022, Düsseldorf: Landesanstalt für Medien NRW, https://www.medienanstalt-nrw.de/fileadmin/user_upload/NeueWebsite_0120/Themen/Hass/Ergebnisbericht_forsa-Befragung_zu_Hate_Speech_im_Internet_2022.pdf (abgerufen am 13.08.2022).

Forschungsunion (2013): Perspektiven der Forschungsunion. Wohlstand durch Forschung – Vor welchen Aufgaben steht Deutschland? Berlin: Forschungsunion, http://www.forschungsunion.de/pdf/forschungsunion_perspektivenpapier_2013.pdf (abgerufen am 19.06.2019).

Forschungsunion/acatech (2012): Deutschlands Zukunft als Produktionsstandort sichern. Umsetzungsempfehlungen für das Zukunftsprojekt Industrie 4.0. Abschlussbericht des Arbeitskreises Industrie 4.0. Vorabversion, Berlin: Forschungsunion, http://www.forschungsunion.de/pdf/industrie_4_0_umsetzungsempfehlungen.pdf (abgerufen am 19.06.2019).

Forschungsunion/acatech (2013): Deutschlands Zukunft als Produktionsstandort sichern. Umsetzungsempfehlungen für das Zukunftsprojekt Industrie 4.0. Abschlussbericht des Arbeitskreises Industrie 4.0, https://www.bmbf.de/files/Umsetzungsempfehlungen_Industrie4_0.pdf (abgerufen am 19.06.2019).

forum privatheit (2018): Das Netzwerkdurchsetzungsgesetz, Policy Paper, Karlsruhe: Forum Privatheit und selbstbestimmtes Leben in der digitalen Welt.

Foundational Economy Collective (Hg.) (2019): Die Ökonomie des Alltagslebens. Für eine neue Infrastrukturpolitik, Berlin: Suhrkamp.

Franzius, Claudio (2003): Der »Gewährleistungsstaat« – Ein neues Leitbild für den sich wandelnden Staat? In: Der Staat, Duncker & Humblot GmbH, 42 (4), S. 493–517.

freiheitsfoo (o.J.): Was ist freiheitsfoo? (abgerufen am 07.06.2019).

Freytag, Antje (2002): Konzertierte Aktion im Gesundheitswesen, in: Schöffski, Oliver/Fricke, Frank-Ulrich/Guminski, Werner/Hartmann, Wolfgang (Hg.): Pharmabetriebslehre, Berlin/Heidelberg: Springer, S. 117–130.

Frick, Verena (2018): Transformation von Staaten, in: Voigt, Rüdiger (Hg.): Handbuch Staat, Wiesbaden: Springer, S. 1915–1924.

Friedewald, Michael/Lamla, Jörn/Roßnagel, Alexander (Hg.) (2017): Informationelle Selbstbestimmung im digitalen Wandel, Wiesbaden: Springer Vieweg.

Friedrichsen, Mike/Bisa, Peter-J. (Hg.) (2016): Digitale Souveränität. Vertrauen in der Netzwerkgesellschaft, Wiesbaden: Springer VS.

Frielitz, Fabian-S. (2015): Die elektronische Gesundheitskarte, in: Mülheims, Laurenz/Hummel, Karin/Peters-Lange, Susanne/Toepler, Edwin/Schuhmann, Iris (Hg.): Handbuch Sozialversicherungswissenschaft, Wiesbaden: Springer VS, S. 1031–1043.

Friesendorf, Cordelia/Lüttschwager, Sabrina (2021): Digitale Gesundheitsanwendungen. Assessment der Ärzteschaft zu Apps auf Rezept, Wiesbaden: Springer.

Friesike, Sascha/Sprondel, Johanna (2022): Träge Transformation. Welche Denkfehler den digitalen Wandel blockieren, Ditzingen: Reclam.

Frießem, Paul/Kalmring, Dirk/Reichelt, Peter (2005): Lösungsarchitektur für die Einführung der elektronischen Gesundheitskarte und der auf ihr basierenden Anwendungen, in: Wirtschaftsinformatik, 47 (3), S. 180–186.

Frost, Simon (2015): Deutschland fällt zurück. Wie die Regierung die Industrie 4.0 blockiert, in: Der Tagesspiegel, 26.05.2015, https://www.tagesspiegel.de/politik/wie-die-regierung-die-industrie-40-blockiert-3630700.html (abgerufen am 14.11.2022).

Fuchs, Gerhard/Rucht, Dieter (1988): Sozial- und Umweltverträglichkeit von technischen Systemen als Regelungsproblem: Möglichkeiten und Grenzen des Rechts, in: Görlitz, Axel/Voigt, Rüdiger (Hg.): Jahresschrift für Rechtspolitologie, Pfaffenweiler: Centaurus, S. 167–191.

Fülling, Daniel (2020): Vernetzt im digitalen Wettbewerb, in: Schlaglichter der Wirtschaftspolitik, 5, S. 42–48.

Gappa, Sophie (2022): Digital Markets Act, in: Schlaglichter der Wirtschaftspolitik, 6, S. 36–40.

Gartner (o.J.): Digitization, Information Technology, https://www.gartner.com/en/information-technology/glossary/digitization (abgerufen am 30.06.2020).

G-BA (o.J.): Mitglieder, https://www.g-ba.de/ueber-den-gba/wer-wir-sind/mitglieder/ (abgerufen am 09.06.2021).

Gegenhuber, Thomas/Mair, Johanna/Lührsen, René/Thäter, Laura (2021): Open Social Innovation in Deutschland verstetigen. Lektionen aus dem #WirvsVirus Experiment, Policy Brief, Berlin: Hertie School.

Gehlen, Arnold (2016): Moral und Hypermoral. Eine pluralistische Ethik, 7. Aufl., Frankfurt a.M.: Klostermann/Vittorio.

Gellner, Ernest (1993): Pflug, Schwert und Buch. Grundlinien der Menschheitsgeschichte, Stuttgart: DTV.

gematik (2017): gematik gibt grünes Licht für erste Komponenten der Industrie, https://www.gematik.de/news/news/gematik-gibt-gruenes-licht-fuer-erste-komponenten-der-industrie/ (abgerufen am 07.06.2021).

gematik (2020): Arena für digitale Medizin. Whitepaper Telematikinfrastruktur 2.0 für ein föderalistisch vernetztes Gesundheitssystem, Berlin: gematik.

Genschel, Philipp/Zangl, Bernhard (2007): Die Zerfaserung von Staatlichkeit und die Zentralität des Staates, in: Aus Politik und Zeitgeschichte, 57 (20–21), S. 10–16.

Genschel, Philipp/Zangl, Bernhard (2008): Metamorphosen des Staates — vom Herrschaftsmonopolisten zum Herrschaftsmanager, in: Leviathan, 36 (3), S. 430–454.

Gensing, Patrick/Reveland, Carla (2022): Russische Desinformation zu Butscha. Ablenken, dementieren, verwirren, in: tagesschau.de, 05.04.2022, https://www.tagesschau.de/faktenfinder/butscha-russland-kriegsverbrechen-101.html (abgerufen am 29.06.2022).

Georgiadou, Elissavet (2002): McLuhan's global village and the internet, 1st International Conference on Typography & Visual Communication, 2002, Thessaloniki, https://www.researchgate.net/publication/274383393_McLuhan%27s_Global_Village_and_the_Internet (abgerufen am 27.01.2019).

Gerlinger, Thomas (2014): Gesundheitsreform in Deutschland, in: Manzei, Alexandra/Schmiede, Rudi (Hg.): 20 Jahre Wettbewerb im Gesundheitswesen. Theoretische und empirische Analysen zur Ökonomisierung von Medizin und Pflege, Wiesbaden: Springer VS, S. 35–69.

Gerlinger, Thomas/Lückenbach, Caspar/Schmidt, Phillip Florian (2019): Digitalisierung im Politikfeld Gesundheit, in: Dockweiler, Christoph/Fischer, Florian (Hg.): ePublic Health. Einführung in ein neues Forschungs- und Anwendungsfeld, Bern: Hogrefe, S. 157–168.

Gerlinger, Thomas/Reiter, Renate (2017a): Gesundheitspolitik, in: Reiter, Renate (Hg.): Sozialpolitik aus politikfeldanalytischer Perspektive. Eine Einführung, Wiesbaden: Springer VS, S. 221–274.

Gerlinger, Thomas/Reiter, Renate (2017b): Pflegepolitik, in: Reiter, Renate (Hg.): Sozialpolitik aus politikfeldanalytischer Perspektive. Eine Einführung, Wiesbaden: Springer VS, S. 275–296.

Gibson, William (1984): Neuromancer, New York: Ace Books, https://archive.org/stream/NeuromancerWilliamGibson/Neuromancer%20-%20William%20Gibson_djvu.txt (abgerufen am 25.01.2019).

GitHub (o.J.): Corona-Warn-App. The Official COVID-19 Exposure Notification App for Germany, https://github.com/corona-warn-app (abgerufen am 13.11.2020).

GKV-Spitzenverband (2019): Übernahme der gematik durch das BMG wird abgelehnt, https://www.gkv-spitzenverband.de/gkv_spitzenverband/presse/pressemitteilungen_und_statements/pressemitteilung_805568.jsp (abgerufen am 07.06.2021).

Glanville, Ranulph (2004): The Purpose of Second-order Cybernetics, in: Kybernetes, 33 (9/10), S. 1379–1386.

Glasze, Georg/Odzuck, Eva/Staples, Ronald (2022a): Einleitung: Digitalisierung als Herausforderung – Souveränität als Antwort? Konzeptionelle Hintergründe der Forderungen nach»digitaler Souveränität«, in: Glasze, Georg/Odzuck, Eva/Staples, Ronald (Hg.): Was heißt digitale Souveränität? Diskurse, Praktiken und Voraussetzungen»individueller«und»staatlicher Souveränität«im digitalen Zeitalter, Bielefeld: transcript, S. 7–28.

Glasze, Georg/Odzuck, Eva/Staples, Ronald (Hg.) (2022b): Was heißt digitale Souveränität? Diskurse, Praktiken und Voraussetzungen»individueller«und»staatlicher Souveränität«im digitalen Zeitalter, Bielefeld: transcript.

Glunck, Fritz (2018): Regieren ohne Regierung, in: agora 42, 2, S. 16–20.

Gnauer, Herbert (2019): Eine schier unendliche Geschichte, in: Medienimpulse, Medienimpulse, 57 (2), S. 1–30.

Göhler, Gerhard (2009): Neue Perspektiven politischer Steuerung, in: Aus Politik und Zeitgeschichte, 59 (2–3), S. 34–40.

Göhler, Gerhard/Höppner, Ulrike/De La Rosa, Sybille/Skupien, Stefan (2010): Steuerung jenseits von Hierarchie: Wie diskursive Praktiken, Argumente und Symbole steuern können, in: Politische Vierteljahresschrift, 51 (4), S. 691–720.

Google (2019): Entfernungen von Inhalten nach dem Netzwerkdurchsetzungsgesetz – Google Transparenzbericht, https://transparencyreport.google.com/netzdg/youtub e (abgerufen am 14.05.2019).

Google (2020): COVID-19 Community Mobility Report, https://www.google.com/covid1 9/mobility (abgerufen am 05.04.2020).

Google (2022): Entfernungen von Inhalten nach dem Netzwerkdurchsetzungsgesetz, https://transparencyreport.google.com/netzdg/youtube?hl=de (abgerufen am 13.08.2022).

Göpfert, Angela (2022): Von der Corona- zur Bezahl-App. Luca-App mit Russland-Verbindung, in: tagesschau.de, 16.04.2022, https://www.tagesschau.de/wirtschaft/unternehmen/luca-app-russland-sanktionen-target-global-101.html (abgerufen am 18.06.2022).

Grande, Edgar (2012): Governance-Forschung in der Governance-Falle? – Eine kritische Bestandsaufnahme, in: Politische Vierteljahresschrift, 53 (4), S. 565–592.

Greef, Samuel (2017): Netzpolitik – Entsteht ein Politikfeld für Digitalpolitik? Kassel: kassel university press.

Greef, Samuel (2021): Ein Jahr Corona-Warn-App. Die CWA aus der Perspektive staatlicher Steuerung, i3 – Kasseler Diskussionspapiere 14, Kassel: Universität Kassel.

Greef, Samuel/Schroeder, Wolfgang (2017): Plattformökonomie und Crowdworking: Eine Analyse der Strategien und Positionen zentraler Akteure, Forschungsbericht 500, Berlin: BMAS, http://www.bmas.de/SharedDocs/Downloads/DE/PDF-Publikationen/Forschungsberichte/fb500-plattformoekonomie-und-crowdworking.pdf?__blob=publicationFile&v=1 (abgerufen am 24.12.2018).

Greef, Samuel/Schroeder, Wolfgang/Sperling, Hans Joachim (2020): Plattformökonomie und Crowdworking als Herausforderungen für das deutsche Modell der Arbeitsbeziehungen, in: Industrielle Beziehungen, 27 (2), S. 205–226.

Greis, Friedhelm (2020): Deutsche Telekom. Täglich 14 Millionen Server-Abfragen bei der Corona-Warn-App, https://www.golem.de/news/deutsche-telekom-taeglich-14-millionen-server-abfragen-bei-der-corona-warn-app-2008-150526.html (abgerufen am 19.11.2020).

Grillo, Ulrich/Gabriel, Sigmar/Wetzel, Detlef (2014): Aufruf zur Gründung: Bündnis »Zukunft der Industrie«, https://www.igmetall.de/download/docs_BMWi_Zukunft_der_Industrie_20141124_b0eeb608ce7640446b97503642317ee9919aedf0.pdf (abgerufen am 22.08.2022).

Grimm, Dieter (2009): Souveränität. Herkunft und Zukunft eines Schlüsselbegriffs, Berlin: bup.

Gröger, Anne-Christin (2018): Vergleichsportale. Was Sie über Check 24 wissen sollten, in: Süddeutsche Zeitung, 11.10.2018, https://www.sueddeutsche.de/wirtschaft/vergleichsportale-die-tuecken-beim-klicken-1.4165759 (abgerufen am 03.10.2019).

Groh, Adriana/Meyer, Katharina/Krakenbürger, Fiona/Wagner, Eileen (2021): Sovereign TechFund. Machbarkeitsstudie zur Prüfung eines Förderprogramms für offene digitale Basistechnologien als Grundlage von Innovationen und digitaler Souveränität, Berlin: Open Knowledge Foundation Deutschland, https://sovereigntechfund.de/SovereignTechFund_Machbarkeitsstudie.pdf (abgerufen am 15.06.2022).

Gromov, Gregory (2012): History of Internet and World Wide Web – Roads and Crossroads of the Internet History – by Gregory Gromov, http://history-of-internet.com/history_of_internet.pdf (abgerufen am 04.02.2019).

Grünewald-Schukalla, Lorenz/Fischer, Georg (2018): Überlegungen zu einer textuellen Definition von Internet-Memes., in: kommunikation @ gesellschaft, 19 (2), S. 1–10.

Gugerli, David (2018): Wie die Welt in den Computer kam. Zur Entstehung digitaler Wirklichkeit, Frankfurt a.M.: S. Fischer.

Haber, Peter (2011): Digital past: Geschichtswissenschaft im digitalen Zeitalter, München: Oldenbourg.

Habermas, Jürgen (1999): Der europäische Nationalstaat unter dem Druck der Globalisierung, in: Blätter für deutsche und internationale Politik, 4, S. 425–436.

Hachmeister, Lutz/Anschlag, Dieter (Hg.) (2013): Rundfunkpolitik und Netzpolitik. Strukturwandel der Medienpolitik in Deutschland, Köln: Halem.

Hachmeister, Lutz/Vesting, Thomas (2013): Rundfunkpolitik und Netzpolitik. Strukturwandel der Medienpolitik in Deutschland, in: Hachmeister, Lutz/Anschlag, Dieter (Hg.): Rundfunkpolitik und Netzpolitik. Strukturwandel der Medienpolitik in Deutschland, Köln: Halem, S. 15–32.

Hampe, Michael/Strassberg, Daniel (2019): Von der Regelung und Steuerung zur Kybernetik, in: Liggieri, Kevin/Müller, Oliver (Hg.): Mensch-Maschine-Interaktion. Handbuch zu Geschichte – Kultur – Ethik, Stuttgart: J.B. Metzler, S. 114–121.

Handel, Stephan (2021): Erfolg für Burda-Klage. Wettbewerb vom Staat, in: Süddeutsche Zeitung, 10.02.2021, https://www.sueddeutsche.de/medien/burda-google-gesundheitsministerium-zusammenarbeit-urteil-1.5201946 (abgerufen am 08.06.2021).

Hansen, Pelle Guldborg (2016): The Definition of Nudge and Libertarian Paternalism: Does the Hand Fit the Glove? In: European Journal of Risk Regulation, 7 (1), S. 155–174.

Hansen, Pelle Guldborg/Jespersen, Andreas Maaloe (2013): Nudge and the Manipulation of Choice. A Framework for the Responsible Use of the Nudge Approach to Behaviour Change in Public Policy, in: European Journal of Risk Regulation, 4 (1), S. 3–28.

Harari, Yuval Noah (2015): Eine kurze Geschichte der Menschheit, 25. Aufl., München: Pantheon.

Harari, Yuval Noah (2017): Homo Deus. Eine Geschichte von Morgen, 12. Aufl., München: C.H.Beck.

Harari, Yuval Noah (2018): 21 Lektionen für das 21. Jahrhundert, München: C.H. Beck.

Hassel, Anke (2014): The German Model in Transition, in: Padgett, Stephen/Paterson, William E./Zohlnhöfer, Reimut (Hg.): Developments in German Politics 4, London: Macmillan Education UK, S. 133–148.

Hassel, Anke/Sieker, Felix (2021): Contested Terrain: Three Battlefields in Which to Study the Digital Economy, BRIE Working Paper February 2021, Berkeley: Berkeley University.

Haunss, Sebastian/Sommer, Moritz/Fritz, Lisa (2020): Fridays for Future. Konturen einer neuen Protestbewegung, in: Haunss, Sebastian/Sommer, Moritz (Hg.): Fridays for Future – Die Jugend gegen den Klimawandel: Konturen der weltweiten Protestbewegung, Bielefeld: transcript, S. 7–14.

Haus, Michael (2010): Transformation des Regierens und Herausforderungen der Institutionenpolitik, Baden-Baden: Nomos.

Hauschildt, Jürgen/Gemünden, Hans Georg (2011): Dimensionen der Innovation, in: Albers, Sönke/Gassmann, Oliver (Hg.): Handbuch Technologie- und Innovationsmanagement. Strategie – Umsetzung – Controlling, 2., vollst. überarb. und erw. Aufl., Wiesbaden: Springer Gabler, S. 21–38.

Hegelich, Simon (2018): Social Media im Wahlkampf. Die digitale Revolution der Meinungsbildung, München: Hanns-Seidel-Stiftung.

Heidbrink, Ludger/Hirsch, Alfred (2007): Einleitung – Der Staat in der Verantwortungsgesellschaft, in: Heidbrink, Ludger/Hirsch, Alfred (Hg.): Staat ohne Verantwortung? Zum Wandel der Aufgaben von Staat und Politik, Frankfurt a.M.: Campus, S. 11–34.

Heine, Hanna (2020a): Corona-Warn-App Version 1.7 kann die Risikoermittlung mehrmals täglich durchführen, https://www.coronawarn.app/de/blog/2020-11-25-corona-warn-app-version-1-7/ (abgerufen am 30.12.2020).

Heine, Hanna (2020b): Corona-Warn-App Version 1.9 greift auf Version 2 des Exposure Notification Framework zurück, https://www.coronawarn.app/de/blog/2020-12-16-corona-warn-app-version-1-9/ (abgerufen am 30.12.2020).

Heine, Hanna (2020c): Corona-Warn-App Version 1.10 mit Kontakt-Tagebuch ist da, https://www.coronawarn.app/de/blog/2020-12-28-corona-warn-app-version-1-10/ (abgerufen am 30.12.2020).

Heine, Hanna (2021a): Version 1.11: Corona-Warn-App nun mit Kennzahlen zum Infektionsgeschehen, https://www.coronawarn.app/de/blog/2021-01-28-corona-warn-app-version-1-11/ (abgerufen am 03.05.2021).

Heine, Hanna (2021b): Corona-Warn-App Version 1.12 mit zwei Neuerungen, https://www.coronawarn.app/de/blog/2021-02-10-corona-warn-app-version-1-12/ (abgerufen am 03.05.2021).

Heine, Hanna (2021c): Das Projektteam veröffentlicht Corona-Warn-App 2.0 mit Eventregistrierung, https://www.coronawarn.app/de/blog/2021-04-21-corona-warn-app-version-2-0/ (abgerufen am 03.05.2021).

Heine, Hanna (2021d): Projektteam integriert Schnelltests in Corona-Warn-App Version 2.1, https://www.coronawarn.app/de/blog/2021-05-02-corona-warn-app-version-2-1/ (abgerufen am 03.05.2021).

Heine, Hanna (2021e): Corona-Warn-App Version 2.3 integriert den digitalen Impfnachweis, https://www.coronawarn.app/de/blog/2021-06-10-cwa-version-2-3/ (abgerufen am 18.06.2022).

Heine, Hanna (2021f): Corona-Warn-App Version 2.9: Veranstalter*innen können Gäste im Auftrag des Gesundheitsamtes über die Check-in-Funktion warnen, https://www.coronawarn.app/de/blog/2021-09-08-cwa-version-2-9/ (abgerufen am 18.06.2022).

Heine, Hanna (2021g): Check-In-Funktion: Corona-Warn-App kann jetzt auch QR-Codes von luca einscannen, https://www.coronawarn.app/de/blog/2021-11-09-cwa-luca-qr-codes/ (abgerufen am 18.06.2022).

Heine, Hanna (2022): Corona-Warn-App Version 2.21 ermöglicht jetzt Testverwaltung für Familienmitglieder, https://www.coronawarn.app/de/blog/2022-04-19-cwa-2-21/ (abgerufen am 06.07.2023).

Heine, Hanna (2023): Version 3.0: CWA-Warnungen jetzt auch nach positivem Selbsttest möglich, https://www.coronawarn.app/de/blog/2023-01-18-cwa-3-0/ (abgerufen am 06.07.2023).

Heinelt, Hubert (2005): Vom Verwaltungsstaat zum Verhandlungsstaat, in: Blanke, Bernhard/von Bandemer, Stephan/Nullmeier, Frank/Wewer, Göttrik (Hg.): Handbuch zur Verwaltungsreform, 3., völlig überarb. und erw. Aufl., Wiesbaden: VS Verlag, S. 10–17.

Helbig, Christian (2017): Mediatisierung und Soziale Arbeit. Notwendigkeit einer medienbezogenen Professionalisierung, in: Blätter der Wohlfahrtspflege, 164 (5), S. 173–176.

Helfrich, Silke (2021): Commons: Jenseits von Freiwilligenarbeit und bürgerschaftlichen Anrufungen, in: WSI-Mitteilungen, 74 (5), S. 421–424.

Hensel, Alexander/Klecha, Stephan (2013): Die Piratenpartei. Havarie eines politischen Projekts? OBS-Arbeitsheft 74, Frankfurt a.M.: OBS, https://www.otto-brenner-stiftung.de/fileadmin/user_data/stiftung/02_Wissenschaftsportal/03_Publikationen/AH74_Piratenpartei_Hensel_2013_04_24.pdf (abgerufen am 24.12.2018).

Hentsch, Christian-Henner (2022): NetzDG vom VG Köln gestoppt. Kommt die Neuauflage aus Brüssel? In: Legal Tribune Online, 08.03.2022, https://www.lto.de/recht/hintergruende/h/vg-koeln-stoppt-netzdg-loeschpflichten-hate-speech-regulierung-medien-facebook-google/ (abgerufen am 09.08.2022).

Herbst, Tobias/Zucca-Soest, Sabrina (Hg.) (2020): Legitimität des Staates, Baden-Baden: Nomos.

Héritier, Adrienne (1993): Policy-Analyse. Elemente der Kritik und Perspektiven der Neuorientierung, in: Héritier, Adrienne (Hg.): Policy-Analyse. Kritik und Neuorientierung, Opladen: Westdeutscher Verlag, S. 9–36.

Héritier, Adrienne (1995): Die Koordination von Interessenvielfalt im europäischen Entscheidungsprozess und deren Ergebnis: Regulative Politik als Patchwork, MPIFG Discussion Paper 95/4, Köln: MPIfG.

Hermes, Georg (2005): Gewährleistungsverantwortung als Infrastrukturverantwortung, in: Schuppert, Gunnar Folke (Hg.): Der Gewährleistungsstaat – Ein Leitbild auf dem Prüfstand, Baden-Baden: Nomos, S. 111–143.

Herweg, Nicole (2015): Multiple Streams Ansatz, in: Wenzelburger, Georg/Zohlnhöfer, Reimut (Hg.): Handbuch Policy-Forschung, Wiesbaden: Springer VS, S. 325–353.

Hessler, Martina/Thorade, Nora (2019): Die Vierteilung der Vergangenheit. Eine Kritik des Begriffs Industrie 4.0, in: Technikgeschichte, 86 (2), S. 153–170.

Heyen, Nils B./Reiß, Thomas (2014a): Das Gesundheitswesen aus Innovationssystemperspektive: Acht Thesen und Handlungsmöglichkeiten. Teil 1, in: Sozialer Fortschritt, 63 (10), S. 245–252.

Heyen, Nils B./Reiß, Thomas (2014b): Das Gesundheitswesen aus Innovationssystemperspektive: Acht Thesen und Handlungsmöglichkeiten. Teil 2, in: Sozialer Fortschritt, 63 (11), S. 267–276.

Hielscher, Kai/Kolloge, Konstantin/Girkens, Jens (2022): Ausgezeichnete Reallabore, in: Schlaglichter der Wirtschaftspolitik, 7, S. 12–17.

Hill, Hermann/Martini, Mario/Wagner, Edgar (Hg.) (2014): Transparenz, Partizipation, Kollaboration. Die digitale Verwaltung neu denken, Baden-Baden: Nomos.

Hirsch-Kreinsen, Hartmut (2016): Industrie 4.0 als Technologieversprechen, Soziologisches Arbeitspapier 46, Dortmund: TU Dortmund.

Hirsch-Kreinsen, Hartmut (2021): Industrie 4.0, in: Blättel-Mink, Birgit/Schulz-Schaeffer, Ingo/Windeler, Arnold (Hg.): Handbuch Innovationsforschung. Sozialwissenschaftliche Perspektiven, Wiesbaden: Springer VS, S. 811–826.

Hodge, Graeme A./Greve, Carsten (Hg.) (2005): The challenge of public-private partnerships. Learning from international experience, Cheltenham/Northampton: Edward Elgar Publishing.

Hoerdt, Janina (2020a): Neue Funktionen: Corona-Warn-App Version 1.5 ist ab sofort zum Download verfügbar, https://www.coronawarn.app/de/blog/2020-10-19-version-1-5/ (abgerufen am 30.12.2020).

Hoerdt, Janina (2020b): Sicherheitsupdate für Corona-Warn-App-Server, https://www.coronawarn.app/de/blog/2020-11-19-security-update/ (abgerufen am 19.11.2020).

Hofmann, Jeanette (2012): Information und Wissen als Gegenstand oder Ressource von Regulierung, in: Busch, Andreas/Hofmann, Jeanette (Hg.): Politik und die Regulierung von Information, Baden-Baden: Nomos, S. 5–23.

Hofmann, Jeanette (2020): Was von Corona-Apps übrig bleibt. Eine Infrastruktur-Perspektive, in: WZB-Mitteilungen, o.Jg. (168), S. 33–35.

Hofmann, Jeanette/Katzenbach, Christian/Gollatz, Kirsten (2017): Between Coordination and Regulation: Finding the Governance in Internet Governance, in: New Media & Society, 19 (9), S. 1406–1423.

Holland, Martin (2018): Amazon: KI zur Bewerbungsprüfung benachteiligte Frauen, in: heise online, 11.10.2018, https://www.heise.de/newsticker/meldung/Amazon-KI-zur-Bewerbungspruefung-benachteiligte-Frauen-4189356.html (abgerufen am 06.05.2019).

Hölscher, Ines/Opiela, Nicole/Tiemann, Jens/Gumz, Jan Dennis/Goldacker, Gabriele/Thapa, Basanta/Weber, Mike (2021): Deutschland Index der Digitalisierung 2021, Berlin: Kompetenzzentrum Öffentliche IT.

Holtkamp, Lars (2016): Symbolische Haushaltspolitik, in: Verwaltung & Management, 22 (1), S. 14–26.

Holvast, Jan/Duquenoy, Penny/Whitehouse, Diane (2005): The Information Society and Its Consequences: Lessons from the Past, in: Berleur, Jacques/Avgerou, Chrisanthi (Hg.): Perspectives and Policies on ICT in Society, New York: Springer, S. 135–152.

Hopkins, Nick (2017): Revealed: Facebook's Internal Rulebook on Sex, Terrorism and Violence, in: The Guardian, 21.05.2017, https://www.theguardian.com/news/2017/may/21/revealed-facebook-internal-rulebook-sex-terrorism-violence (abgerufen am 14.05.2019).

Horvat, Vedran (2019): Real Democracy in your town. Public-civic partnerships in action, Brüssel: Green European Foundation.

Hösl, Maximilian/Reiberg, Abel (2016): Netzpolitik in statu nascendi, in: Lemke, Matthias/Wiedemann, Gregor (Hg.): Text Mining in den Sozialwissenschaften, Wiesbaden: Springer VS, S. 315–342.

Houben, Daniel/Prietl, Bianca (Hg.) (2018a): Datengesellschaft: Einsichten in die Datafizierung des Sozialen, Bielefeld: transcript.

Houben, Daniel/Prietl, Bianca (2018b): Strukturdynamiken, Reproduktionsmechanismen und Subjektformen der Datengesellschaft, in: Houben, Daniel/Prietl, Bianca

(Hg.): Datengesellschaft: Einsichten in die Datafizierung des Sozialen, Bielefeld: transcript, S. 323–382.

Howard, Philip N. (2016): Finale Vernetzung. Wie das Internet der Dinge unser Leben verändern wird, Köln: Quadriga.

Huber, Evelyne/Lange, Matthew/Leibfried, Stephan/Levy, Jonah D./Nullmeier, Frank/Stephens, John D. (2015a): Conclusion. States Transforming, in: Leibfried, Stephan/Huber, Evelyne/Lange, Matthew/Levy, Jonah D./Nullmeier, Frank/Stephens, John D. (Hg.): The Oxford Handbook of Transformations of the State, New York: Oxford University Press, S. 815–839.

Huber, Evelyne/Lange, Matthew/Leibfried, Stephan/Levy, Jonah D./Nullmeier, Frank/Stephens, John D. (2015b): Introduction. Transformations of the State, in: Leibfried, Stephan/Huber, Evelyne/Lange, Matthew/Levy, Jonah D./Nullmeier, Frank/Stephens, John D. (Hg.): The Oxford Handbook of Transformations of the State, New York: Oxford University Press, S. 1–32.

Huber, Hans Dieter (1997): Welcome to Securityland. Die Gloablisierung von Kommunikation und Kultur im Internet, in: Kritische Berichte, 25 (1), S. 70–79.

Humborg, Christian (2022): Kurzanalyse der Referierenden des Programmes des Digitalgipfels der BReg im Dez ..., https://twitter.com/chumborg/status/1590000617904254976 (abgerufen am 26.11.2022).

Hurrelmann, Achim/Leibfried, Stephan/Martens, Kerstin/Mayer, Peter (2008): Die Transformation des Nationalstaates: Ergebnisse und Perspektiven, in: Hurrelmann, Achim/Leibfried, Stephan/Martens, Kerstin/Mayer, Peter (Hg.): Zerfasert der Nationalstaat? Die Internationalisierung politischer Verantwortung, Frankfurt a.M.: Campus, S. 303–322.

Illing, Falk (2016): Energiepolitik in Deutschland. Die energiepolitischen Maßnahmen der Bundesregierung 1949–2015, 2. Aufl., Baden-Baden: Nomos.

IMD (2022): IMD World Digital Competitiveness Ranking 2022, Lausanne: International Institute for Management Development.

Imhof, Kurt/Jarren, Otfried/Blum, Roger (Hg.) (1999): Steuerungs- und Regelungsprobleme in der Informationsgesellschaft, Opladen: Westdeutscher Verlag.

infratest dimap (2019): Sorge vor Missbrauch persönlicher Daten. Internetnutzer, ARD-DeutschlandTREND Januar 2019, https://www.infratest-dimap.de/uploads/tx_nosimplegallery/Folie20_42.PNG (abgerufen am 15.02.2019).

Instagram (2022): NetzDG Transparenzbericht. Januar 2022, https://scontent-frx5-1.xx.fbcdn.net/v/t39.8562-6/272904818_971423826798115_2502699691269373800_n.pdf?_nc_cat=100&ccb=1-7&_nc_sid=ad8a9d&_nc_ohc=D-JERvRESFMAX-ZantI&_nc_ht=scontent-frx5-1.xx&oh=00_AT94uKE-ilrzGyQEIQyHeMFNCsTESjTKguw5ISsjBLKCJg&oe=62FD38E2 (abgerufen am 13.08.2022).

IT-Planungsrat (2013): Zukunftspfade Digitales Deutschland 2020, Berlin: IT-Planungsrat.

Jaeger, Lars (2016): Das Ende des Mooreschen Gesetzes: Was treibt den Fortschritt nun voran? https://www.silicon.de/41628261/das-ende-des-mooreschen-gesetzes-was-treibt-den-fortschritt-nun-voran (abgerufen am 25.01.2019).

Jaekel, Michael (2016): Die Anatomie digitaler Geschäftsmodelle, Wiesbaden: Springer Vieweg.

Jäger, Wilfried/Nentwich, Michael/Embacher-Köhle, Gerhard/Krieger-Lamina, Jaro (2022): Digitale Souveränität und politische Prozesse, in: Bogner, Alexander/Decker, Michael/Nentwich, Michael/Scherz, Constanze (Hg.): Digitalisierung und die Zukunft der Demokratie. Beiträge aus der Technikfolgenabschätzung, Baden-Baden: Nomos, S. 189–203.

Jakobi, Tobias (2019): E-Government in Deutschland, in: Busch, Andreas/Breindl, Yana/Jakobi, Tobias (Hg.): Netzpolitik. Ein einführender Überblick, Wiesbaden: Springer VS, S. 191–224.

Janisch, Wolfgang (2021): Bundesgerichtshof hält Löschung von Hasskommentaren auf Facebook für rechtens, in: Süddeutsche Zeitung, 22.07.2021, https://www.sueddeutsche.de/politik/facebook-hasskommentare-meinungsfreiheit-1.5360352 (abgerufen am 16.08.2022).

Jann, Werner (2013): Nunmehr alles Governance, oder was? In: Voßkuhle, Andreas/Bumke, Christian/Meinel, Florian (Hg.): Verabschiedung und Wiederentdeckung des Staates im Spannungsfeld der Disziplinen, Berlin: Duncker & Humblot, S. 93–109.

Jann, Werner/König, Klaus (2009): Regieren zu Beginn des 21. Jahrhunderts, Tübingen: Mohr Siebeck.

Janssen, Marijn/Voort, Haiko van der (2016): Adaptive Governance: Towards a Stable, Accountable and Responsive Government, in: Government Information Quarterly, 33 (1), S. 1–5.

Jaster, Romy/Lanius, David (2019): Die Wahrheit schafft sich ab. Wie Fake News Politik machen, 2., durchges. Aufl., Ditzingen: Reclam.

Jaume-Palasí, Lorena/Pohle, Julia/Spielkamp, Matthias (Hg.) (2017): Digitalpolitik. Eine Einführung, Berlin: Wikimedia Deutschland/iRights.international, https://irights.info/wp-content/uploads/2017/05/Digitalpolitik_-_Eine_Einfuehrung.pdf (abgerufen am 24.12.2018).

Jaursch, Julian (2021a): Der DSA-Entwurf: Ehrgeizige Regeln, schwache Durchsetzungsmechanismen. Warum eine europäische Plattformaufsicht sinnvoll ist, Berlin: Stiftung Neue Verantwortung.

Jaursch, Julian (2021b): Kontrolle von Digitalkonzernen: Germany's Next Top Oversight Model, in: netzpolitik.org, 18.08.2021, https://netzpolitik.org/2021/kontrolle-von-digitalkonzernen-germanys-next-top-oversight-model/ (abgerufen am 18.08.2021).

Jaursch, Julian (2022): Neue EU-Regeln für digitale Dienste: Warum Deutschland eine starke Plattformaufsicht braucht, https://www.stiftung-nv.de/de/publication/dsa-warum-deutschland-eine-starke-plattformaufsicht-braucht (abgerufen am 16.08.2022).

Jellinek, Georg (1914): Allgemeine Staatslehre, 3. durchges. und erg. Aufl., Berlin: O. Häring, http://archive.org/details/allgemeinestaats00jelliala (abgerufen am 8.2.2019).

jugendschutz.net (2017a): Löschung rechtswidriger Hassbeiträge bei Facebook, YouTube und Twitter. Ergebnisse des Monitorings von Beschwerdemechanismen jugendaffiner Dienste, https://www.bmjv.de/SharedDocs/Downloads/DE/News/Artikel/03142017_Monitoring_jugendschutz.net.pdf?__blob=publicationFile&v=3 (abgerufen am 17.08.2021).

jugendschutz.net (2017b): NetzDG-E. Anmerkungen von jugendschutz.net, https://www.bmjv.de/SharedDocs/Gesetzgebungsverfahren/Stellungnahmen/2017/Downloads/03282017_Stellungnahme_jugendschutz.net_2_RefE_NetzDG.pdf;jsessionid=1AD335087E7F1E445AC6F373874E5A66.1_cid289?__blob=publicationFile&v=2 (abgerufen am 17.08.2021).

jugendschutz.net (2017c): Monitoring des Beschwerdemanagements von Social-Media-Plattformen bei Hassbotschaften. Hintergründe zum Projekt und Erläuterungen der Testmethodik, https://www.jugendschutz.net/fileadmin/download/pdf/17-06_Monitoring_Beschwerdemanagement_Social-Media-Plattformen_Hintergruende.pdf (abgerufen am 17.08.2021).

Just, Natascha/Latzer, Michael (2017): Governance by Algorithms: Reality Construction by Algorithmic Selection on the Internet, in: Media, Culture & Society, 39 (2), S. 238–258.

Kagermann, Henning/Lukas, Wolf-Dieter/Wahlster, Wolfgang (2011): Industrie 4.0: Mit dem Internet der Dinge auf dem Weg zur 4. industriellen Revolution, in: VDI nachrichten, 13, S. 2.

Kagermann, Henning/Streibich, Karl-Heinz/Suder, Katrin (2021): Digitale Souveränität. Status quo und Handlungsfelder, acatech Impuls, München: acatech.

Kahl, Arno (2017): Entterritorialisierung im Wirtschaftsrecht, in: Vereinigung der Deutschen Staatsrechtslehrer/Jestaedt, Matthias (Hg.): Grenzüberschreitungen. Migration. Entterritorialisierung des öffentlichen Rechts, Berlin: De Gruyter, S. 343–390.

Kannenberg, Axel (2022): Drei weitere Bundesländer lassen Verträge mit Luca auslaufen, in: heise online, 14.01.2022, https://www.heise.de/news/Drei-weitere-Bundeslaender-lassen-Vertraege-mit-Luca-auslaufen-6328041.html (abgerufen am 18.06.2022).

Kant, Immanuel (1955): Kant's gesammelte Schriften, Bd. 23, Berlin: De Gruyter.

Kantar (2020): Corona Warn-App – KW 48/2020, docs.dpaq.de/17221-kantar_umfrage_corona-app.pdf (abgerufen am 30.12.2020).

Kaufmann, Franz-Xaver (1991): Diskurse über Staatsaufgaben, MPIFG Discussion Paper 91/5, Köln: MPIfG.

Kaya, Emre Kursat (2020): Safety and Privacy in the Time of COVID-19: Contact Tracing Applications, Cyber Governance and Digital Democracy 2020/05/EN, Centre for Economics and Foreign Policy Studies.

Keppner, Benno/Kahlenborn, Walter/Libbe, Jens/Lange, Katharina/Gieschen, Jan Hinrich/Weiler, Petra (2022): Smart Cities werden nachhaltig: Empfehlungen für den Bund, Policy Brief 16/2022, Dessau-Roßlau: Bundesumweltamt.

Kersting, Norbert (2018): Open Data, Open Government und Online Partizipation in der Smart City. Vom Informationsobjekt über den deliberativen Turn zur Algorithmokratie? In: Buhr, Lorina/Hammer, Stefanie/Schölzel, Hagen (Hg.): Staat, Internet und digitale Gouvernementalität, Wiesbaden: Springer VS, S. 87–104.

Kevenhörster, Paul (2015): Politikwissenschaft. Band 2: Ergebnisse und Wirkungen der Politik, 2., akt. Aufl., Wiesbaden: Springer VS.

Kingdon, John W. (2011): Agendas, alternatives, and public policies, 2., überarb. Aufl., Boston: Longman.

Kirchner, Malte (2022): Corona-Warn-App: Hat die App in Deutschland eine Zukunft? In: heise online, 01.07.2022, https://www.heise.de/news/Corona-Warn-App-Hat-die-App-in-Deutschland-eine-Zukunft-7160137.html (abgerufen am 01.07.2022).

Klar, Manuel (2017): Die extraterritoriale Wirkung des neuen europäischen Datenschutzrechts, in: DuD – Datenschutz und Datensicherheit, 41 (9), S. 533–537.

Klein, Ansgar (2020): Zivilgesellschaft im Ausnahmezustand: Corona und die Folgen, in: Forschungsjournal Soziale Bewegungen, 33 (1), S. 12–21.

Klenk, Tanja (2021): Digitale Daseinsvorsorge. Voraussetzung für soziale und kulturelle Teilhabe im 21. Jahrhundert, in: Blank, Florian/Schäfer, Claus/Spannagel, Dorothee (Hg.): Grundsicherung weiterdenken, Bielefeld: transcript, S. 155–170.

Klenk, Tanja/Nullmeier, Frank (2004): Public Governance als Reformstrategie, 2. korr. Aufl., Düsseldorf: Hans-Böckler-Stiftung.

Klenk, Tanja/Nullmeier, Frank/Wewer, Göttrik (2020a): Auf dem Weg zum Digitalen Staat? Stand und Perspektiven der Digitalisierung in Staat und Verwaltung, in: Klenk, Tanja/Nullmeier, Frank/Wewer, Göttrik (Hg.): Handbuch Digitalisierung in Staat und Verwaltung, Wiesbaden: Springer VS, S. 3–23.

Klenk, Tanja/Nullmeier, Frank/Wewer, Göttrik (Hg.) (2020b): Handbuch Digitalisierung in Staat und Verwaltung, Wiesbaden: Springer VS.

Kneuer, Marianne (Hg.) (2013): Das Internet: Bereicherung oder Stressfaktor für die Demokratie? Baden-Baden: Nomos.

Knie, Andreas/Lengwiler, Martin (2007): Alibiveranstaltungen: Die Bedeutung von akademischen Spin-offs im Technologietransfer der Forschungspolitik, Discussion Papers P 2007–101, Berlin: WZB, https://www.ssoar.info/ssoar/bitstream/handle/document/23376/ssoar-2007-knie_et_al-alibiveranstaltungen_die_bedeutung_von_akademischen.pdf?sequence=1 (abgerufen am 24.12.2018).

Knieper, Thomas/Tonndorf, Katrin/Wolf, Cornelia (2013): Access Denied: Der Mythos vom unkontrollierbaren Internet, in: Bach, Maurizio (Hg.): Der entmachtete Leviathan. Löst sich der souveräne Staat auf? Baden-Baden: Nomos, S. 217–245.

Knieps, Franz (2016): Gesundheitspolitik zwischen Wettbewerb, Selbstverwaltung und staatlicher Steuerung – Versuch einer Bilanz der Gesundheitsreformen seit 1989, in: Wille, Eberhard (Hg.): Entwicklung und Wandel in der Gesundheitspolitik. 20. Bad Orber Gespräche über kontroverse Themen im Gesundheitswesen, Frankfurt a.M.: Peter Lang, S. 25–36.

Knieps, Franz (2020): Die Corona-Pandemie und das Grundgesetz – Anmerkungen nicht nur zu Rechtsfragen, in: Gesundheits- und Sozialpolitik, 74 (3), S. 6–10.

Knight, Will (2019): AlphaZero: Der Computer wird kreativ, Technology Review, https://www.heise.de/hintergrund/AlphaGo-Der-Computer-wird-kreativ-4323066.html (abgerufen am 30.8.2020).

Koepsell, David (2019): Blockchains as Engines of Liberation, Medium, https://medium.com/@drkoepsell_62756/blockchains-as-engines-of-liberation-76ccba1bbe3b (abgerufen am 11.04.2019).

König, Klaus/Dose, Nicolai (1993a): Klassifikationsansätze zum staatlichen Handeln, in: König, Klaus/Dose, Nicolai (Hg.): Instrumente und Formen staatlichen Handelns, Köln/Berlin/Bonn/München: Heymann, S. 3–150.

König, Klaus/Dose, Nicolai (1993b): Referenzen staatlicher Steuerung, in: König, Klaus/Dose, Nicolai (Hg.): Instrumente und Formen staatlichen Handelns, Köln/Berlin/Bonn/München: Heymann, S. 519–582.

König, Pascal D. (2020): Dissecting the Algorithmic Leviathan: On the Socio-Political Anatomy of Algorithmic Governance, in: Philosophy & Technology, 33 (3), S. 467–485.

Kopf, Johannes (2019): Der Beipackzettel zum AMS-Algorithmus, https://futurezone.at/meinung/der-beipackzettel-zum-ams-algorithmus/400641347 (abgerufen am 22.12.2020).

Korte, Karl-Rudolf (2022): Transformatives Regieren in Zeiten der Krisenpermanenz – ein Essay, in: dms – der moderne staat, 15 (2–2022), S. 1–17.

Köver, Chris (2019): Keine roten Linien: Industrie entschärft Ethik-Leitlinien für Künstliche Intelligenz, in: netzpolitik.org, 08.04.2019, https://netzpolitik.org/2019/keine-roten-linien-industrie-entschaerft-ethik-leitlinien-fuer-kuenstliche-intelligenz/ (abgerufen am 03.07.2019).

Köver, Chris (2020): Automatisierte Entscheidungen. Gericht macht Weg für den AMS-Algorithmus wieder frei, in: netzpolitik.org, 22.12.2020, https://netzpolitik.org/2020/automatisierte-entscheidungen-gericht-macht-weg-fuer-den-ams-algorithmus-wieder-frei/ (abgerufen am 22.12.2020).

Köver, Chris (2021): Neue Version der Corona-Warn-App. Einchecken per QR-Code, in: netzpolitik.org, 15.04.2021, https://netzpolitik.org/2021/neue-version-der-corona-warn-app-einchecken-per-qr-code/ (abgerufen am 24.05.2021).

Kramer, Adam D. I./Guillory, Jamie E./Hancock, Jeffrey T. (2014): Experimental evidence of massive-scale emotional contagion through social networks, in: 111 (24), S. 8788–8790.

Krempl, Stefan (2018): Bundestagsausschuss für Digitale Agenda: Vorsitzender ruft nach Recht auf Verschlüsselung und Glasfaser für alle, in: heise online, 31.01.2018, https://www.heise.de/newsticker/meldung/Bundestagsausschuss-fuer-Digitale-Agenda-Vorsitzender-ruft-nach-Recht-auf-Verschluesselung-und-3957345.html (abgerufen am 05.06.2019).

Krempl, Stefan (2019): re:publica: US-Forscher hält Chinas Social-Credit-System für Propaganda, in: heise online, 07.05.2019, https://www.heise.de/newsticker/meldung/re-publica-US-Forscher-haelt-Chinas-Social-Credit-System-fuer-Propaganda-4415221.html (abgerufen am 07.05.2019).

Krempl, Stefan (2020a): Coronavirus: Mit Big Data die Pandemie in Schach halten, in: heise online, 05.04.2020, https://www.heise.de/newsticker/meldung/Coronavirus-Mit-Big-Data-die-Pandemie-in-Schach-halten-4697295.html (abgerufen am 05.04.2020).

Krempl, Stefan (2020b): Informatiker: Die Corona-App »ist wie ein trojanisches Pferd«, in: heise online, 26.05.2020, https://www.heise.de/news/Informatiker-Die-Corona-App-ist-wie-ein-trojanisches-Pferd-4764560.html (abgerufen am 26.05.2020).

Krempl, Stefan (2021a): Kontaktverfolgung: Zwei Drittel der Gesundheitsämter setzen auf Fax & Co., in: heise online, 19.01.2021, https://www.heise.de/news/Kontaktverfolgung-Zwei-Drittel-der-Gesundheitsaemter-setzen-auf-Fax-Co-5028143.html (abgerufen am 06.06.2021).

Krempl, Stefan (2021b): Kontaktverfolgung: Sormas bei 84 Prozent der Gesundheitsämter einsetzbar, in: heise online, 19.04.2021, https://www.heise.de/news/Kontaktverfolgung-Sormas-bei-84-Prozent-der-Gesundheitsaemter-einsetzbar-6020119.html (abgerufen am 24.05.2021).

Krempl, Stefan (2021c): NetzDG: Beschwerden bei Facebook um 1844 Prozent gestiegen, in: heise online, 01.08.2021, https://www.heise.de/news/NetzDG-Beschwerden-bei-Facebook-um-1844-Prozent-gestiegen-6152292.html (abgerufen am 16.08.2021).

Krempl, Stefan (2021d): NetzDG-Verstöße: Facebook hat fünf Millionen Euro an Strafen gezahlt, in: heise online, 03.09.2021, https://www.heise.de/news/NetzDG-Verstoesse-Facebook-hat-fuenf-Millionen-Euro-an-Strafen-gezahlt-6181705.html (abgerufen am 13.08.2022).

Krempl, Stefan (2022a): NetzDG-Streit mit Telegram: Deutsche Justiz wendet Zustellungstrick an, in: heise online, 24.03.2022, https://www.heise.de/news/NetzDG-Streit-mit-Telegram-Deutsche-Justiz-wendet-Zustellungstrick-an-6624629.html (abgerufen am 13.06.2022).

Krempl, Stefan (2022b): Neuer Universaldienst: Kritik am »lahmstmöglichen Internet« für alle, in: heise online, 11.06.2022, https://www.heise.de/news/Neuer-Universaldienst-Kritik-am-lahmstmoeglichen-Internet-fuer-alle-7137705.html (abgerufen am 14.09.2022).

Kriedel, Thomas (2019): Rede von Dr. Thomas Kriedel zur Sitzung der Vertreterversammlung der KBV am 27. Mai 2019, Kassenärztliche Bundesvereinigung (KBV), https://www.kbv.de/html/40723.php (abgerufen am 07.06.2021).

Krieger, Manuela/Machnyk, Christina (2019): »Das Internet ist für uns alle Neuland.« – Zur De- und Rekontextualisierung lexikalischer Einheiten in konventionalisierten Memes, in: Bülow, Lars/Johann, Michael (Hg.): Politische Internet-Memes – Theoretische Herausforderungen und empirische Befunde, Berlin: Frank & Timme, S. 115–142.

Kriesi, Hanspeter (2004): Political Context and Opportunity, in: Snow, David A./Soule, Sarah A./Kriesi, Hanspeter (Hg.): The Blackwell Companion to Social Movements, Oxford: Blackwell, S. 67–90.

Krönke, Christoph (2016): Datenpaternalismus. Staatliche Interventionen im Online-Datenverkehr zwischen Privaten, dargestellt am Beispiel der Datenschutz-Grundverordnung, in: Der Staat, 55 (3), S. 319–351.

Krüger, Oliver (2020): Technologische Singularität, in: Heßler, Martina/Liggieri, Kevin (Hg.): Technikanthropologie. Handbuch für Wissenschaft und Studium, Baden-Baden: Nomos, S. 270–276.

Kucklick, Christoph (2015): Die granulare Gesellschaft. Wie das Digitale unsere Wirklichkeit auflöst, 2. Aufl., Berlin: Ullstein.

Kuhn, Frank (2006): Elektronische Partizipation. Digitale Möglichkeiten, Erklärungsfaktoren, Instrumente, Wiesbaden: VS Verlag.

Kuhn, Thomas (2023): Bilanz der staatlichen Warn-App: Jede Corona-Meldung hat den Steuerzahler mehr als 18 Euro geko, https://www.wiwo.de/technologie/digitale-welt/bilanz-der-staatlichen-warn-app-jede-corona-meldung-hat-den-steuerzahler-mehr-als-18-euro-gekostet/29065946.html (abgerufen am 06.07.2023).

Küllmer, Björn/Breindl, Yana (2019): Die Regulierung von Online-Inhalten in Deutschland: Zuständigkeit, technische Sperrmöglichkeiten und Regulierungsansätze, in: Busch, Andreas/Breindl, Yana/Jakobi, Tobias (Hg.): Netzpolitik. Ein einführender Überblick, Wiesbaden: Springer VS, S. 333–352.

Kümmel, Gerhard (1997): Exit Neo-Autoritarismus? Über die Demokratie in China, in: von Bredow, Wilfried/Jäger, Thomas (Hg.): Demokratie und Entwicklung, Wiesbaden: VS Verlag für Sozialwissenschaften, S. 111–139.

Kuneva, Megiena (2009): Keynote Speech, Brüssel, 31.03.2009, http://europa.eu/rapid/press-release_SPEECH-09-156_en.htm (abgerufen am 27.12.2018).

Kurpjuweit, Klaus (2017): Testphase für Gesichtserkennung am Südkreuz ist gestartet, in: Der Tagesspiegel, 01.08.2017, https://www.tagesspiegel.de/berlin/neue-ueberwachungskameras-in-berlin-testphase-fuer-gesichtserkennung-am-suedkreuz-ist-gestartet/20120258.html (abgerufen am 15.01.2019).

Kurzweil, Ray (2005): The Singularity is near. When Humans transcend Biology, New York: Viking.

Kurzweil, Ray (2014): Menschheit 2.0. Die Singularität naht, 2. Aufl., Berlin: Lola Books.

Lahmann, Henning Christian/Engelmann, Jan (2019): Wer regiert das Internet? 2., akt.erw. Aufl., Bonn: Friedrich-Ebert-Stiftung.

Lambach, Daniel/Oppermann, Kai (2022): Narratives of Digital Sovereignty in German Political Discourse, in: Governance, Online first, S. 1–17.

Lambrecht, Christine (2020): Justizministerin Lambrecht. »Das Internet ist kein rechtsfreier Raum«, in: Rhein-Necker-Zeitung, 30.01.2020, https://www.rnz.de/politik/hintergrund_artikel,-justizministerin-lambrecht-das-internet-ist-kein-rechtsfreier-raum-_arid,496315.html (abgerufen am 26.07.2021).

Lamla, Jörn (2019): Selbstbestimmung und Verbraucherschutz in der Datenökonomie, in: APuZ, 69 (24–26), S. 49–54.

Lamla, Jörn/Büttner, Barbara/Ochs, Carsten/Pittroff, Fabian/Uhlmann, Markus (2022): Privatheit und Digitalität. Zur soziotechnischen Transformation des selbstbestimmten Lebens, in: Roßnagel, Alexander/Friedewald, Michael (Hg.): Die Zukunft von Privatheit und Selbstbestimmung. Analysen und Empfehlungen zum Schutz der Grundrechte in der digitalen Welt, Wiesbaden: Springer Vieweg, S. 125–158.

Landfried, Christine (1993): Zur Bedeutung des Steuerungswissens für den Erfolg staatlicher Steuerung, in: König, Klaus/Dose, Nicolai (Hg.): Instrumente und Formen staatlichen Handelns, Köln/Berlin/Bonn/München: Heymann, S. 323–326.

Landmann, Juliane (2007): Politische Steuerungsprozesse im Politikfeld Gesundheit. Eine Analyse der Auswirkungen von reguliertem Wettbewerb auf den Bundesausschuss der Ärzte und Krankenkassen, Mannheim: Mannheim University Press.

Lang, Susanne (2017): Eine kurze Geschichte des Internets. Die Inkorporation des Internets in kapitalistische Verhältnisse ist keinesfalls abgeschlossen und noch immer umkämpft, in: PROKLA. Zeitschrift für kritische Sozialwissenschaft, 47 (186), S. 7–25.

Lang, Thorsten/Lichtblau, Karl (2021): Bedeutung unternehmensnaher Dienstleistungen für den Industriestandort Deutschland/Europa, Köln: IW Consult.

Lange, Stefan (2000): Politische Steuerung als systemtheoretisches Problem, in: Lange, Stefan/Braun, Dietmar: Politische Steuerung zwischen System und Akteur. Eine Einführung, 2000, Aufl. Opladen: Leske + Budrich, S. 15–97.

Lange, Stefan (2007): Kybernetik und Systemtheorie, in: Benz, Arthur/Lütz, Susanne/Schimank, Uwe/Simonis, Georg (Hg.): Handbuch Governance. Theoretische Grundlagen und empirische Anwendungsfelder, Wiesbaden: VS Verlag für Sozialwissenschaften, S. 176–187.

Lange, Steffen/Santarius, Tilman/Zahrnt, Angelika (2019): Von der Effizienz zur digitalen Suffizienz, in: Höfner, Anja/Frick, Vivian (Hg.): Was Bits & Bäume verbindet. Digitalisierung nachhaltig gestalten, München: oekom, S. 112–114.

Lasarov, Wassili (2021): Im Spannungsfeld zwischen Sicherheit und Freiheit: Eine Analyse zur Akzeptanz der Corona-Warn-App, in: HMD Praxis der Wirtschaftsinformatik, 48, S. 377–394.

Leggett, Will (2014): The Politics of Behaviour Change: Nudge, Neoliberalism and the State, in: Policy & Politics, 42 (1), S. 3–19.

Lehmbruch, Gerhard (1979): Wandlungen der Interessenpolitik im liberalen Korporatismus, in: Alemann, Ulrich von (Hg.): Verbände und Staat. Vom Pluralismus zum Korporatismus. Analysen, Positionen, Dokumente, Opladen: Westdeutscher Verlag, S. 50–71.

Lehmbruch, Gerhard (1987): Administrative Interessenvermittlung, in: Windhoff-Héritier, Adrienne (Hg.): Verwaltung und ihre Umwelt. Festschrift für Thomas Ellwein, Wiesbaden: Westdeutscher Verlag, S. 11–43.

Lehmbruch, Gerhard (1988): Der Neokorporatismus der Bundesrepublik im internationalen Vergleich und die »konzertierte Aktion im Gesundheitswesen«, in: Gäfgen, Gerard (Hg.): Neokorporatismus und Gesundheitswesen, Baden-Baden: Nomos, S. 11–32.

Lehmbruch, Gerhard (1996): Die korporative Verhandlungsdemokratie in Westmitteleuropa, in: Swiss Political Science Review, 2 (4), S. 1–24.

Lehner, Nikolaus (2018): Etappen algorithmischer Gouvernementalität: Zur rechnerischen Einhegung sozialer Flüchtigkeit, in: Buhr, Lorina/Hammer, Stefanie/Schölzel, Hagen (Hg.): Staat, Internet und digitale Gouvernementalität, Wiesbaden: Springer VS, S. 17–42.

Leibfried, Stephan/Zürn, Michael (Hg.) (2006a): Transformationen des Staates? Frankfurt a.M.: Suhrkamp.

Leibfried, Stephan/Zürn, Michael (2006b): Von der nationalen zur post-nationalen Konstellation, in: Leibfried, Stephan/Zürn, Michael (Hg.): Transformationen des Staates? Frankfurt a.M.: Suhrkamp, S. 19–65.

Leitner, Maria (Hg.) (2018): Digitale Bürgerbeteiligung: Forschung und Praxis – Chancen und Herausforderungen der elektronischen Partizipation, Wiesbaden: Springer Vieweg.

Lem, Stanislaw (1964): Summa technologiae, Krakow: Wydawnictwo Literackie, https://publicityreform.github.io/findbyimage/readings/lem.pdf (abgerufen am 25.01.2019).

Lemb, Wolfgang (2015): Bündnis Zukunft der Industrie – Industriepolitische Herausforderungen und Perspektiven aus Sicht der IG Metall, in: WSI-Mitteilungen, 68 (7), S. 554–556.

Lepsius, Oliver (2013): Funktion und Wandel von Staatsverständnissen, in: Voßkuhle, Andreas/Bumke, Christian/Meinel, Florian (Hg.): Verabschiedung und Wiederentdeckung des Staates im Spannungsfeld der Disziplinen, Berlin: Duncker & Humblot, S. 37–58.

Lessig, Lawrence (2006): Code. Version 2.0, 2. Aufl., New York: Basic Books.

Leyen, Ursula von der (2019): Eine Union, die mehr erreichen will. Meine Agenda für Europa. Politische Leitlinien für die künftige Europäische Kommission 2019–2024, Brüssel: Europäische Kommission, https://ec.europa.eu/info/sites/default/files/political-guidelines-next-commission_de.pdf (abgerufen am 18.07.2022).

Liang, Fan/Das, Vishnupriya/Kostyuk, Nadiya/Hussain, Muzammil M. (2018): Constructing a Data-Driven Society: China's Social Credit System as a State Surveillance Infrastructure: China's Social Credit System as State Surveillance, in: Policy & Internet, 10 (4), S. 415–453.

Libbe, Jens (2021): Rekommunalisierung – Bewusstsein für eine an kommunalen Zielen ausgerichtete Daseinsvorsorge –, in: Junkernheinrich, Martin/Lorig, Wolfgang H./Masser, Kai (Hg.): Brennpunkte der Kommunalpolitik in Deutschland, Baden-Baden: Nomos, S. 295–310.

Liesching, Marc (2017): Das Bundesverfassungsgericht wird das Netzwerkdurchsetzungsgesetz kippen, https://community.beck.de/2017/04/27/das-bundesverfassungsgericht-wird-das-netzwerkdurchsetzungsgesetz-kippen (abgerufen am 17.08.2021).

Liesching, Marc/Funke, Chantal/Hermann, Alexander/Kneschke, Christin/Michnick, Carolin/Nguyen, Linh/Prüßner, Johanna/Rudolph, Sarah/Zschammer, Vivien (2021): Das NetzDG in der praktischen Anwendung. Eine Teilevaluation des Netzwerkdurchsetzungsgesetzes, Berlin: Carl Grossmann.

Lindern, Jakob von (2021): Pandemiebekämpfung. Jetzt hat's die Corona-Warn-App auch gecheckt, in: Die Zeit, 21.04.2021, https://www.zeit.de/digital/2021-04/corona-warn-app-update-check-in-luca-faq?utm_referrer=https%3A%2F%2Fwww.google.com (abgerufen am 06.06.2021).

Lischka, Konrad (2009): Phrasen-Kritikl. Das Internet ist kein rechtsfreier Raum, in: Der Spiegel, 26.06.2009, https://www.spiegel.de/netzwelt/web/phrasen-kritik-das-internet-ist-kein-rechtsfreier-raum-a-632277.html (abgerufen am 26.07.2021).

Lobe, Adrian (2019): Politik lässt sich heute von Algorithmen jagen, in: Süddeutsche Zeitung, 17.05.2019, https://www.sueddeutsche.de/kultur/demokratie-algorithmen-daten-1.4444124 (abgerufen am 17.05.2019).

Loeffler, John (2018): No More Transistors: The End of Moore's Law, https://interestingengineering.com/no-more-transistors-the-end-of-moores-law (abgerufen am 25.01.2019).

Loer, Kathrin (2016): Von politikfeldverdächtigen Konstellationen zum Politikfeld, in: Bergemann, Benjamin/Hofmann, Jeanette/Hösl, Maximilian/Irgmaier, Florian/Kniep, Ronja/Pohle, Julia (Hg.): Entstehung von Politikfeldern – Vergleichende Perspektiven und Theoretisierung. Ergebnisse des Workshops am 25. November 2015, Discussion Paper, SP IV 2016–401, Berlin: WZB, S. 53–59.

Loh, Janina (2020): Transhumanismus und technologischer Posthumanismus, in: Heßler, Martina/Liggieri, Kevin (Hg.): Technikanthropologie. Handbuch für Wissenschaft und Studium, Baden-Baden: Nomos, S. 277–282.

Loschelder, Wolfgang (1996): §68 Weisungshierarchie und persönliche Verantwortung in der Exekutive, in: Isensee, Josef/Kirchhof, Paul (Hg.): Handbuch des Staatsrechts. Band III. Das Handeln des Staates, 2., durchges. Aufl., Heidelberg: Müller, S. 521–566.

Lotter, Wolf (2019): Echt digital. Die echte Digitalisierung beginnt, wenn sie uns nützt, in: brand eins, 21 (3), S. 40–46.

Lovelock, James E. (2020): Novozän. Das kommende Zeitalter der Hyperintelligenz, München: C.H.Beck.

Lucke, Jörn von/Reinermann, Heinrich (2000): Speyerer Definition von Electronic Government. Ergebnisse des Forschungsprojektes Regieren und Verwalten im Informationszeitalter, Speyer: FÖV.

Luhmann, Niklas (1989): Politische Steuerung: Ein Diskussionsbeitrag, in: Politische Vierteljahresschrift, 30 (1), S. 4–9.

Lukas, Ernst (2022): Die Praxis der Theorie: Niklas Luhmann als Politikberater, in: Leviathan, 50 (1), S. 29–67.

Lynch, Amanda H. (2009): Adaptive governance: how and why does government policy change? In: ECOS, 146, S. 31.

Machnig, Matthias (2016): Industriepolitik im Strukturwandel, in: Bäcker, Gerhard/Lehndorff, Steffen/Weinkopf, Claudia (Hg.): Den Arbeitsmarkt verstehen, um ihn zu gestalten. Festschrift für Gerhard Bosch, Wiesbaden: Springer VS, S. 301–313.

Mai, Manfred (2016): Regieren in der modernen Gesellschaft. Governance aus der Sicht der Ministerialbürokratie, Opladen/Berlin/Toronto: Verlag Barbara Budrich.

Maicher, Lutz (2016): Warum Daten nicht das neue Öl sind, in: Der Tagesspiegel, 21.03.2016, http://digitalpresent.tagesspiegel.de/warum-daten-nicht-das-neue-oel-sind (abgerufen am 27.12.2018).

Mair, Johanna/Gegenhuber, Thomas/Thäter, Laura/Lührsen, René (2021): Open Social Innovation: Gemeinsam Lernen aus #WirvsVirus. Learning Report, Berlin: Hertie School, https://opus4.kobv.de/opus4-hsog/frontdoor/deliver/index/docId/3782/file/HertieSchool_LearningReport_210318.pdf (abgerufen am 05.06.2021).

Majone, Giandomenico (1994): The Rise of the Regulatory State in Europe, in: West European Politics, 17 (3), S. 77–101.

Mamczak, Sascha (2014): Die Zukunft. Eine Einführung, München: Heyne.

Mämecke, Thorben (2021): Das quantifizierte Selbst. Zur Genealogie des Self-Trackings, Bielefeld: transcript.

Mansell, Robin (2010): The Life and Times of the Information Society, in: Prometheus, 28 (2), S. 165–186.

Marcuccio (2010): Nachruf auf die»Datenautobahn«, https://www.umblaetterer.de/2010/05/20/nachruf-auf-die-datenautobahn/ (abgerufen am 04.02.2019).

Matuschek, Milosz (2019): Brauche ich das oder kann das weg? In: brand eins, 21 (3), S. 96–97.

Matzat, Lorenz (2019): Faktencheck mit Haken: Das Facebook-Dilemma von Correctiv, in: Übermedien, 12.12.2019, https://uebermedien.de/44183/faktencheck-mit-haken-das-facebook-dilemma-von-correctiv/ (abgerufen am 18.08.2022).

Maus, Ingeborg (2001): Die Bedeutung nationalstaatlicher Grenzen. Oder: Die Transformation des Territorialstaates zur Demokratie, in: Blätter für deutsche und internationale Politik, 3, S. 313–323.

Mayntz, Renate (1993): Policy-Netzwerke und die Logik von Verhandlungssystemen, in: Héritier, Adrienne (Hg.): Policy-Analyse. Kritik und Neuorientierung, Opladen: Westdeutscher Verlag, S. 39–56.

Mayntz, Renate (1997a): Politische Steuerung und gesellschaftliche Steuerungsprobleme – Anmerkungen zu einem theoretischen Paradigma (1987), in: Soziale Dynamik und politische Steuerung. Theoretische und methodologische Überlegungen, Frankfurt a.M.: Campus, S. 186–204.

Mayntz, Renate (1997b): Soziale Dynamik und politische Steuerung. Theoretische und methodologische Überlegungen, Frankfurt a.M.: Campus.

Mayntz, Renate (2001): Triebkräfte der Technikentwicklung und die Rolle des Staates, in: Simonis, Georg/Martinsen, Renate/Saretzki, Thomas (Hg.): Politik und Technik. Analysen zum Verhältnis von technologischem, politischem und staalichem Wandel am Anfang des 21. Jahrhunderts, Wiesbaden: VS Verlag für Sozialwissenschaften, S. 3–18.

Mayntz, Renate (2008): Von der Steuerungstheorie zu Global Governance, in: Schuppert, Gunnar Folke/Zürn, Michael (Hg.): Governance in einer sich wandelnden Welt, Wiesbaden: VS Verlag, S. 43–60.

Mayntz, Renate (2009): Governancetheorie: Erkenntnisinteresse und offene Fragen, in: Grande, Edgar/May, Stefan (Hg.): Perspektiven der Governance-Forschung, Baden-Baden: Nomos, S. 9–19.

Mayntz, Renate (2010): Governance im modernen Staat, in: Benz, Arthur/Dose, Nicolai (Hg.): Governance – Regieren in komplexen Regelsystemen. Eine Einführung, 2., akt.veränd. Aufl., Wiesbaden: VS Verlag, S. 37–48.

Mayntz, Renate/Scharpf, Fritz W. (Hg.) (1995a): Gesellschaftliche Selbstregelung und politische Steuerung, Frankfurt a.M./New York: Campus.

Mayntz, Renate/Scharpf, Fritz W. (1995b): Steuerung und Selbstorganisation in staatsnahen Sektoren, in: Mayntz, Renate/Scharpf, Fritz W. (Hg.): Gesellschaftliche Selbstregelung und politische Steuerung, Frankfurt a.M./New York: Campus, S. 9–38.

Mayntz, Renate/Scharpf, Fritz W. (2005): Politische Steuerung – Heute? In: Zeitschrift für Soziologie, 34 (3), S. 236–243.

Mazzucato, Mariana (2014): Das Kapital des Staates. Eine andere Geschichte von Innovation und Wachstum, München: Kunstmann.

Mazzucato, Mariana (2021): Mission. Auf dem Weg zu einer neuen Wirtschaft, Frankfurt a.M.: Campus.

McLuhan, Marshall (1962): the Gutenberg galaxy. the making of typographic man, Toronto: University of Toronto Press.

McMullan, Thomas (2015): What Does the Panopticon Mean in the Age of Digital Surveillance? In: The Guardian, 23.07.2015, https://www.theguardian.com/technology/2015/jul/23/panopticon-digital-surveillance-jeremy-bentham (abgerufen am 15.01.2019).

Meck, Georg/Weiguny, Bettina (2015): Manager-Jargon: Disruption, Baby, Disruption! In: FAZ, 27.12.2015, https://www.faz.net/1.3985491 (abgerufen am 15.03.2019).

Mefford, Aron (1997): Lex Informatica: Foundations of Law on the Internet, in: Indiana Journal of Global Legal Studies, 5 (1), S. 29.

Meineck, Sebastian (2018): Facebook erklärt jetzt so genau wie nie, was verboten ist – und wirft noch mehr Fragen auf, in: Vice, 24.04.2018, https://www.vice.com/de/article/kzxjqa/facebook-erklart-jetzt-so-genau-wie-nie-was-verboten-ist-und-wirft-noch-mehr-fragen-auf (abgerufen am 14.05.2019).

Meineck, Sebastian (2021): Verstörende Gewalt: Löscharbeiterin klagt gegen TikTok, in: netzpolitik.org, 28.12.2021, https://netzpolitik.org/2021/verstoerende-gewalt-loescharbeiterin-klagt-gegen-tiktok/ (abgerufen am 13.08.2022).

Menkes, Jerzy (2022): Freedom of Speech in the Age of Digitalisation, in: Dąbrowski, Łukasz Dawid/Suska, Magdalena: The European Union Digital Single Market. Europe's Digital Transformation, London: Routledge, S. 35–62.

Mergel, Ines (2019): Digitale Transformation als Reformvorhaben der deutschen öffentlichen Verwaltung, in: der moderne staat – Zeitschrift für Public Policy, Recht und Management, 12 (1–2019), S. 162–171.

Mergel, Thomas (2022): Staat und Staatlichkeit in der europäischen Moderne, Göttingen: Vandenhoeck & Ruprecht.

Merkel, Wolfgang (2020a): Das Virus und der Wettlauf der Systeme, in: Neue Gesellschaft/Frankfurter Hefte, 67 (5), S. 16–20.

Merkel, Wolfgang (2020b): Wer regiert in der Krise? Demokratie in Zeiten der Pandemie, in: WSI-Mitteilungen, 73 (6), S. 445–453.

Meta (o.J.): Metas Programm für unabhängige Faktenprüfung, https://www.facebook.com/formedia/mjp/programs/third-party-fact-checking (abgerufen am 18.08.2022).

Meyer, Kerstin/Esch, Dajana/Rabadjieva, Maria (2021): Reallabore in Theorie und Praxis: Reflexion des Forschungsdesigns im Hinblick auf die nachhaltige Transormation urbaner Räume, in: Raumforschung und Raumordnung | Spatial Research and Planning, 79 (4), S. 366–381.

Mikk, Silver (2018): E-Health in Estland, in: Gesundheits- und Sozialpolitik, 72 (3), S. 25–30.

Milgram, Stanley (1967): The Small-World Problem, in: Psychology Today, 1 (1), S. 61–67.

Mlinaric, Martin/Knöchelmann, Anja (2019): Digital Health Divide: Gesundheitliche Ungleichheiten und Digitalisierung, in: Dockweiler, Christoph/Fischer, Florian (Hg.): ePublic Health. Einführung in ein neues Forschungs- und Anwendungsfeld, Bern: Hogrefe, S. 269–277.

Mobil in Deutschland/TÜV SÜD (2019): Die Kampagne, https://www.besmart-mobil.de/portfolio-item/die-kampagne/ (abgerufen am 03.10.2019).

Mohabbat-Kar, Resa/Parycek, Peter (2018): Berechnen, ermöglichen, verhindern: Algorithmen als Ordnungs- und Steuerungsinstrumente in der digitalen Gesellschaft, in: Mohabbat-Kar, Resa/Thapa, Basanta E.P/Parycek, Peter (Hg.): (Un)berechenbar? Algorithmen und Automatisierung in Staat und Gesellschaft, Berlin: Kompetenzzentrum Öffentliche IT, S. 7–38, https://www.oeffentliche-it.de/documents/10181/14412/(Un)berechenbar+-+Algorithmen+und+Automatisierung+in+Staat+und+Gesellschaft (abgerufen am 28.07.2019).

Möhring-Hesse, Matthias (2014): Die Tafeln – und die Zukunft des Sozialstaats, in: Lorenz, Stephan (Hg.): TafelGesellschaft. Zum neuen Umgang mit Überfluss und Ausgrenzung, Bielefeld: transcript, S. 199–216.

Moore, Gordon E. (1965): Cramming More Components Onto Integrated Circuits, in: Electronics, 38 (8), S. 114–117.

Morozov, Evgeny (2013a): Smarte neue Welt. Digitale Technik und die Freiheit des Menschen, München: Karl Blessing Verlag.

Morozov, Evgeny (2013b): To Save Everything, Click Here. The Folly of Technological Solutionism, New York: PublicAffairs.

Mörth, Ulrika (Hg.) (2004): Soft law in governance and regulation. An interdisciplinary analysis, Cheltenham/Northampton: Edward Elgar Publishing.

Moulinet, Noah (2020): TousAntiCovid a mieux démarré que StopCovid, https://www.capital.fr/economie-politique/tousanticovid-a-mieux-demarre-que-stopcovid-1384555 (abgerufen am 28.12.2020).

Möws, Volker (2020): 2020 – das Jahr der Digitalisierung, in: Gesundheits- und Sozialpolitik, 74 (1), S. 29–37.

Müggenburg, Jan (2019): Kybernetik, in: Liggieri, Kevin/Müller, Oliver (Hg.): Mensch-Maschine-Interaktion. Handbuch zu Geschichte – Kultur – Ethik, Stuttgart: J.B. Metzler, S. 280–282.

Mühlenkamp, Holger (2011): Ökonomische Analyse von Public Private Partnerships (PPP) – PPP als Instrument zur Steigerung der Effizienz der Wahrnehmung öffentlicher Aufgaben oder als Weg zur Umgehung von Budgetbeschränkungen? In: Ziekow, Jan (Hg.): Wandel der Staatlichkeit und wieder zurück? Die Einbeziehung Privater in die Erfüllung öffentlicher Aufgaben (Public Private Partnership) in/nach der Weltwirtschaftskrise, Baden-Baden: Nomos, S. 67–106.

Mühlhoff, Rainer (2018): Digitale Entmündigung und User Experience Design. Wie digitale Geräte uns nudgen, tracken und zur Unwissenheit erziehen, in: Leviathan, 46 (4), S. 551–574.

Müller, Volker (1991): Staatstätigkeit in den Staatstheorien des 19. Jahrhunderts, Opladen: Westdeutscher Verlag.

Muscato, Lindsay/Ferguson, Cat (2020): Will you have to carry a vaccine passport on your phone? In: Technology Review, 21.12.2020, https://www.technologyreview.com/2020/12/21/1015353/covid-vaccine-passport-digital-immunity-record/ (abgerufen am 04.01.2021).

Musiani, Francesca (2013): Dangerous Liaisons? Governments, Companies and Internet Governance, in: Internet Policy Review, 2 (1), S. 1–7.

Nachtwey, Oliver/Seidl, Timo (2017): Die Ethik der Solution und der Geist des digitalen Kapitalismus, IfS Working Paper 11, Frankfurt a.M.: Institut für Sozialforschung.

Naschold, Frieder (2000): Modernisierung des öffentlichen Sektors im internationalen Vergleich, in: Naschold, Frieder/Bogumil, Jörg: Modernisierung des Staates. New Public Management in deutscher und internationaler Perspektive, 2., vollst. aktual. und stark erw. Aufl., Opladen: Leske + Budrich, S. 27–77.

Nassehi, Armin (2021): Muster. Theorie der digitalen Gesellschaft, München: C.H. Beck.

netzpolitik.org (2022): Cookie-Banner der 100 meistbesuchten Websites in Deutschland, https://datawrapper.dwcdn.net/9GFZM/8/ (abgerufen am 14.09.2022).

Neuber, Harald (2014): CCC: Von Anarcho-Hackern zu Politberatern, in: Telepolis, 02.12.2014, https://www.heise.de/tp/features/CCC-Von-Anarcho-Hackern-zu-Politberatern-3368757.html (abgerufen am 24.12.2018).

Neudert, Lisa-Maria/Kollanyi, Bence/Howard, Philipp N. (2017): Junk News and Bots during the German Parliamentary Election: What are German Voters Sharing over Twitter? Comprop Data Memo 2017.7, Oxford: Oxford University.

Neuerer, Dietmar (2022): Umstrittener Messengerdienst Telegram will mit deutschen Behörden kooperieren, in: Handelsblatt, 04.02.2022, https://www.handelsblatt.com/politik/deutschland/innere-sicherheit-umstrittener-messengerdienst-telegram-will-mit-deutschen-behoerden-kooperieren/28037814.html (abgerufen am 13.06.2022).

Neumann, Linus (2013): Bullshit Made in Germany, https://media.ccc.de/v/30C3_-_5210_-_de_-_saal_g_-_201312282030_-_bullshit_made_in_germany_-_linus_neumann (abgerufen am 30.06.2022).

Neunecker, Martina (2016): Partizipation trifft Repräsentation, Wiesbaden: Springer.

Niedermayer, Oskar (2013): Die netzpolitischen Reaktionen der anderen Parteien auf das Erscheinen der Piratenpartei, in: Niedermayer, Oskar (Hg.): Die Piratenpartei, Wiesbaden: Springer VS, S. 237–257.

Norton Rose Fulbright (2021): Contact Tracing Apps: A New World for Data Privacy, https://www.nortonrosefulbright.com/en-tr/knowledge/publications/d7a9a296/contact-tracing-apps-a-new-world-for-data-privacy (abgerufen am 23.06.2021).

Nosthoff, Anna-Verena/Maschewski, Felix (2019): »We have to Coordinate the Flow« oder: Die Sozialphysik des Anstoßes. Zum Steuerungs- und Regelungsdenken neokybernetischer Politiken, in: Friedrich, Alexander/Gehring, Petra/Hubig, Christoph/Kaminski, Andreas/Nordmann, Alfred (Hg.): Steuern und Regeln, Baden-Baden: Nomos, S. 39–54.

nrv (2017): Referententenentwurf des Bundesministeriums der Justiz und für Verbraucherschutz – Entwurf eines Gesetzes zur Verbesserung der Reechtsdurchsetzung in sozialen Netzwerken (NetzDG), Berlin: Neue Richtervereinigung.

o. A. (2020): Joint Statement on Contact Tracing: Date 19th April 2020, https://drive.google.com/file/d/1OQg2dxPu-x-RZzETlpV3lFa259Nrpk1J/view (abgerufen am 28.12.2020).

o. A. (2021a): Gemeinsame Stellungname zur digitalen Kontaktnachverfolgung, https://digikoletter.github.io/ (abgerufen am 06.06.2021).

o. A. (2021b): Offener Brief an den Sachverständigenrat Gesundheit (SVR), https://www.gesundheitsdaten-in-gefahr.de/wp-content/uploads/simple-file-list/Anhaenge-Newsletter/Newsletter-02-05-2021/Offenes-Schreiben-SVR_Juni-2021.pdf (abgerufen am 09.06.2021).

Obermaier, Robert (Hg.) (2019): Handbuch Industrie 4.0 und Digitale Transformation. betriebswirtschaftliche, technische und rechtliche Herausforderungen, Wiesbaden: Springer Gabler.

OECD (2022): Value Added by Activity, http://data.oecd.org/natincome/value-added-by-activity.htm (abgerufen am 26.07.2022).

Oertel, Britta/Kahlisch, Carolin/Albrecht, Steffen (2018): Online-Bürgerbeteiligung an der Parlamentsarbeit. Angebote des Deutschen Bundestages zwischen Experiment und formeller Beteiligung, Baden-Baden: Nomos.

Offe, Claus (1984): Korporatismus als System nichtstaatlicher Makrosteuerung? Notizen über seine Voraussetzungen und demokratischen Gehalte, in: Geschichte und Gesellschaft, 10 (2), S. 234–256.

Offe, Claus (2008): Governance – »›Empty signifier‹« oder sozialwissenschaftliches Forschungsprogramm? In: Schuppert, Gunnar Folke/Zürn, Michael (Hg.): Governance in einer sich wandelnden Welt, Wiesbaden: VS Verlag, S. 61–76.

O'Neil, Patrick Howell/Ryan-Mosley, Tate/Johnson, Bobbie (2020): A Flood of Coronavirus Apps Are Tracking Us. Now It's Time to Keep Track of Them., in: MIT Technology Review, 07.05.2020, https://www.technologyreview.com/2020/05/07/1000961/launching-mittr-covid-tracing-tracker/ (abgerufen am 06.06.2021).

OpenSignal (2018): The State of LTE (February 2018), https://www.opensignal.com/reports/2018/02/state-of-lte (abgerufen am 09.10.2019).

O'Reilly, Tim (2005): What Is Web 2.0. Design Patterns and Business Models for the Next Generation of Software, https://oreilly.com{file} (abgerufen am 17.08.2022).

Orwat, Carsten (2019): Diskriminierungsrisiken durch Verwendung akvon Algorithmen, Berlin: Nomos.

Orwell, George (1949): 1984, https://ia601206.us.archive.org/18/items/1984GeorgeOrwell_201606/1984%20-%20George%20Orwell.pdf (abgerufen am 02.01.2019).

OSBA (2022): Über 50 Millionen Euro für Open Source und digitale Souveränität, https://osb-alliance.de/featured/ueber-50-millionen-euro-fuer-open-source-und-digitale-souveraenitaet (abgerufen am 15.06.2022).

Ostrom, Elinor (1990): Governing the Commons. The Evolution of Institutions for Collective Action, Cambridge: Cambridge University Press.

Otto, Thomas (2018): Kampf gegen Hate Speech – Die EU setzt weiterhin auf Freiwilligkeit, in: Deutschlandfunk, 22.01.2018, https://www.deutschlandfunk.de/kampf-gegen-hate-speech-die-eu-setzt-weiterhin-auf.2907.de.html?dram:article_id=408925 (abgerufen am 01.07.2019).

Owen, Taylor (2015): Disruptive Power. The Crisis of the State in the Digital Age, New York: Oxford University Press.

Owusu, Priscilla N. (2020): Digital Technology Applications for Contact Tracing: The New Promise for COVID-19 and Beyond? In: Global Health Research and Policy, 5 (36), S. 3.

Pelka, Bastian/Kaletka, Christoph (2011): Web 2.0 Revisited: User-Generated Content as a Social Innovation, in: International Journal of Innovation and Sustainable Development, 5 (2/3), S. 264.

Penney, Jonathon (2022): Understanding Chilling Effects, in: Minnesota Law Review, 106 (1451), S. 1451–1530.

Pernice, Ingolf (2020): Staat und Verfassung in der Digitalen Konstellation, Tübingen: Mohr Siebeck.

Perry, R. Scott (1993): The Modem Dictionary. Version 1.50, http://www.donskys.net/computers/mdic150.txt (abgerufen am 11.07.2019).

Peteranderl, Sonja (2019): Die Schatten-Arbeiter. Hinter den Kulissen sozialer Netzwerke, in: Spiegel Online, 08.08.2019, https://www.spiegel.de/netzwelt/netzpolitik/sozialer-netzwerke-blick-hinter-die-kulissen-auf-die-schatten-arbeiter-a-1274274.html (abgerufen am 13.08.2022).

Pfadenhauer, Katharina (2020): Kontaktnachverfolger spricht von »katastrophalen« Zuständen, in: BR24, 02.12.2020, https://www.br.de/nachrichten/bayern/kontaktnachverfolger-spricht-von-katastrophalen-zustaenden,SHwKDpo (abgerufen am 23.06.2021).

Pfadenhauer, Katharina (2021): Gesundheitsämter: Teils ohne Leitung – und weiter am Limit, in: BR24, 12.05.2021, https://www.br.de/nachrichten/bayern/gesundheitsamter-in-bayern-teils-ohne-leitung-und-weiter-am-limit,SX6Lc6O (abgerufen am 23.06.2021).

Piallat, Chris (Hg.) (2021): Der Wert der Digitalisierung. Gemeinwohl in der digitalen Welt, Bielefeld: transcript.

Pias, Claus (2004): Unruhe und Steuerung. Zum utopischen Potential der Kybernetik, in: Rüsen, Jörn/Fehr, Michael/Ramsbrock, Annelie (Hg.): Die Unruhe der Kultur. Potentiale des Utopischen, Weilerswist: Velbrück Wissenschaft, S. 301–326.

Pieper, Dietmar (2020): Corona und die Folgen. Keine Angst vor dem starken Staat, in: Spiegel Online, 04.04.2020, https://www.spiegel.de/politik/ausland/corona-folgen-keine-angst-vor-dem-starken-staat-a-345260a4-8cac-4570-8ff9-eed065d2e49c (abgerufen am 05.04.2020).

Pietraß, Manuela (2010): Digital Literacies. Empirische Vielfalt als Herausforderung für eine einheitliche Bestimmung von Medienkompetenz, in: Bachmair, Ben (Hg.): Medienbildung in neuen Kulturräumen. Die deutschsprachige und britische Diskussion, Wiesbaden: VS Verlag, S. 73–84.

Pinker, Steven (2018): Aufklärung jetzt. Für Vernunft, Wissenschaft, Humanismus und Fortschritt: eine Verteidigung, 2. Aufl., Frankfurt a.M.: S. Fischer.

Pistor, Katharina (2021): Staatlichkeit im digitalen Zeitalter, in: WestEnd, 1, S. 3–29.

Pitschas, Rainer (2011): Innere Sicherheit und Öffentlich-Private Partnerschaft. Von der Gewährleistungsverantwortung des Staates zur collaborativen Sicherheitsgovernance und zurück? In: Ziekow, Jan (Hg.): Wandel der Staatlichkeit und wieder zurück? Die Einbeziehung Privater in die Erfüllung öffentlicher Aufgaben (Public Private Partnership) in/nach der Weltwirtschaftskrise, Baden-Baden: Nomos, S. 255–272.

Plattform Industrie 4.0 (2016): Digitalisierung der Industrie – Die Plattform Industrie 4.0, Fortschrittsbericht April 2016, Berlin: BMWi, https://www.bmwk.de/Redaktion/DE/Publikationen/Industrie/digitalisierung-der-industrie.pdf%3F__blob%3DpublicationFile%26v%3D10 (abgerufen am 23.08.2022).

Plattform Industrie 4.0 (2019): Leitbild 2030 für Industrie 4.0. Digitale Ökosysteme global gestalten, Berlin: BMWi.

Plattform Industrie 4.0 (2022a): Industrie 4.0 gestalten. Resilient, nachhaltig, wettbewerbsstark, Fortschrittsbericht 2022, Berlin: Plattform Industrie 4.0.

Plattform Industrie 4.0 (2022b): Zusammensetzung der Plattform Industrie 4.0, o. A.: Plattform Industrie 4.0, https://www.plattform-i40.de/IP/Redaktion/DE/Downloads/Publikation-gesamt/zusammensetzung_plattform.pdf?__blob=publicationFile&v=20 (abgerufen am 23.08.2022).

Plattform Industrie 4.0 (o.J.a): Hintergrund zur Plattform Industrie 4.0 Einleitung. Ziel, Struktur und Geschichte der Plattform, https://www.plattform-i40.de/IP/Navigation/DE/Plattform/Hintergrund/hintergrund.html (abgerufen am 25.08.2022).

Plattform Industrie 4.0 (o.J.b): Landkarte Industrie 4.0 – Anwendungsbeispiele, https://www.plattform-i40.de/PI40/Navigation/Karte/SiteGlobals/Forms/Formulare/karte-anwendungsbeispiele-formular.html?queryResultId=null&pageNo=0 (abgerufen am 23.08.2022).

Plattform Industrie 4.0 (o.J.c): Plattform Industrie 4.0. Die Verwaltungsschale im Detail von der Idee zum implementierbaren Konzept, https://www.plattform-i40.de/IP/Redaktion/DE/Downloads/Publikation/verwaltungsschale-im-detail-pr%C3%A4sentation.pdf?__blob=publicationFile&v=14 (abgerufen am 23.08.2022).

Plattform Industrie 4.0 (o.J.d): Plattform Industrie 4.0. RAMI 4.0 – Ein Orientierungsrahmen für die Digitalisierung, https://www.plattform-i40.de/IP/Redaktion/DE/Downloads/Publikation/rami40-eine-einfuehrung.pdf?__blob=publicationFile&v=7 (abgerufen am 23.08.2022).

Plattform Industrie 4.0 (o.J.e): Struktur und Organisation der Plattform Industrie 4.0, https://www.plattform-i40.de/IP/Navigation/DE/Plattform/Struktur-Organisation/struktur-organisation.html (abgerufen am 25.08.2022).

Plattform Industrie 4.0 (o.J.f): Transfer-Netzwerk Industrie 4.0, Plattform Industrie 4.0, https://www.plattform-i40.de/IP/Redaktion/DE/Dossiers/transfer-netzwerk-industrie-40.html (abgerufen am 23.08.2022).

Pluta, Werner (2018): Gesichtserkennung. Schule in China testet System zur Aufmerksamkeitserkennung, https://www.golem.de/news/gesichtserkennung-schule-in-china-testet-system-zur-aufmerksamkeitserkennung-1805-134465.html (abgerufen am 15.01.2019).

Pohle, Julia (2020a): Digitale Souveränität, in: Klenk, Tanja/Nullmeier, Frank/Wewer, Göttrik (Hg.): Handbuch Digitalisierung in Staat und Verwaltung, Wiesbaden: Springer VS, S. 241–253.

Pohle, Julia (2020b): Digitale Souveränität. Ein neues digitalpolitisches Schlüsselkonzept in Deutschland und Europa, #KAS4 INNOVATION, Berlin: Konrad-Adenauer-Stiftung.

Pohle, Julia (2021): Digitale Souveränität. Das Ringen um Handlungs- und Entscheidungsfreiheit im Netz, in: WZB-Mitteilungen, o.Jg. (171), S. 6–8.

Pohle, Julia/Thiel, Thorsten (2019): Digitale Vernetzung und Souveränität: Genealogie eines Spannungsverhältnisses, in: Borucki, Isabelle/Schünemann, Wolf Jürgen (Hg.): Internet und Staat. Perspektiven auf eine komplizierte Beziehung, Baden-Baden: Nomos, S. 57–80.

Powell, Walter W. (1990): Neither Market nor Hierarchy: Network Forms fo Organization, in: Research in Organizational Behavior, 12, S. 295–336.

Praetorius, Barbara/Dierker, Wolfgang (2022): Bedingungen einer neuen ökologischen Industriepolitik, in: Wirtschaftsdienst, 102 (S1), S. 6–11.

Prätorius, Rainer (2008): Neue Staatlichkeit und Interessenvermittlung, in: von Winter, Thomas/Mittendorf, Volker (Hg.): Perspektiven der politischen Soziologie im Wandel von Gesellschaft und Staatlichkeit. Festschrift für Theo Schiller, Wiesbaden: Springer VS, S. 25–37.

Precht, Richard David (2018): Jäger, Hirten, Kritiker. Eine Utopie für die digitale Gesellschaft, 5. Aufl., München: Goldmann.

Prietl, Bianca/Houben, Daniel (2018): Einführung. Soziologische Perspektiven auf die Datafizierung der Gesellschaft, in: Houben, Daniel/Prietl, Bianca (Hg.): Datengesellschaft. Einsichten in die Datafizierung des Sozialen, Bielefeld: transcript, S. 7–32.

Puppis, Manuel (2002): Co-Regulierung im Rundfunk: Zusammenspiel von staatlicher Regulierung und Selbstregulierung als Erfolgsgarant? In: Medienwissenschaft Schweiz, 1, 31–35.

Puppis, Manuel/Künzler, Matthias/Schade, Edzard/Donges, Patrick/Dörr, Bianka/Ledergerber, Andreas/Vogel, Martina (2004): Selbstregulierung und Selbstorganisation. Unveröffentlichter Schlussbericht, Zürich: Universität Zürich.

Quilligan, James B. (2012): Warum wir Commons von öffentlichen Gütern unterscheiden müssen, in: Helfrich, Silke/Heinrich-Böll-Stiftung (Hg.): Commons. Für eine neue Politik jenseits von Markt und Staat, Bielefeld: transcript, S. 99–106.

Ramge, Thomas (2019a): Bit für Bit, in: brand eins, 21 (3), S. 48–49.

Ramge, Thomas (2019b): Mensch und Maschine. Wie künstliche Intelligenz und Roboter unser Leben verändern, 5. Aufl., Ditzingen: Reclam.

Raschke, Joachim/Tils, Ralf (2013): Politische Strategie. Eine Grundlegung, 2. Aufl., Wiesbaden: Springer VS.

Reckwitz, Andreas (2017): Die Gesellschaft der Singularitäten. Zum Strukturwandel der Moderne, 6. Aufl., Berlin: Suhrkamp.

reddit (2022): NetzDG-Beschwerde. 1. Januar 2022 – 30. Juni 2022, https://reddit.zendesk.com/hc/de/article_attachments/8153705770516/G__Reddit_NetzDG-Transparenzbericht_Januar_bis_Juni_2022.pdf (abgerufen am 13.08.2022).

Reiberg, Abel (2018): Netzpolitik. Genese eines Politikfeldes, Baden-Baden: Nomos.

Reich, Johannes/Zentarra, Luisa/Langer, Jan (2021): Industrie 4.0 und das Konzept der Verwaltungsschale – Eine kritische Auseinandersetzung, in: HMD Praxis der Wirtschaftsinformatik, 58 (3), S. 661–675.

Reinhard, Wolfgang (2007): Geschichte des modernen Staates. Von den Anfängen bis zur Gegenwart, München: C.H.Beck.

Reisch, Lucia A./Sandrini, Julia (2015): Nudging in der Verbraucherpolitik. Ansätze verhaltensbasierter Regulierung, Baden-Baden: Nomos.

Reschke, Fenris (2019): Staat im Staate – Die Bitnation Pangea, in: Telepolis, 22.02.2019, https://www.heise.de/tp/features/Staat-im-Staate-Die-Bitnation-Pangea-4314115.html (abgerufen am 11.03.2019).

Reuter, Markus (2021): IT-Sicherheit. Schon wieder desaströse Sicherheitslücke in Luca App, in: netzpolitik.org, 26.05.2021, https://netzpolitik.org/2021/it-sicherheit-schon-wieder-desastroese-sicherheitsluecke-in-luca-app/ (abgerufen am 26.05.2021).

Reuter, Markus (2022): Jährlich grüßt das Murmeltier: Digitalgipfel der Bundesregierung mit wenig digitaler Zivilgesellschaft, in: netzpolitik.org, 21.11.2022, https://netzpolitik.org/2022/jaehrlich-gruesst-das-murmeltier-digitalgipfel-der-bundesregierung-mit-wenig-digitaler-zivilgesellschaft/ (abgerufen am 26.11.2022).

Rid, Thomas (2016): Maschinendämmerung. Eine kurze Geschichte der Kybernetik, Berlin: Propyläen.

Rieger, Sebastian (2014): Wie verankert man Digitalpolitik in der Bundesregierung? Zuständigkeiten, Entstehungsprozess und Führungsmodell der digitalen Agenda, Berlin: stiftung neue verantwortung, https://www.stiftung-nv.de/sites/default/files/policy_brief_digitale_agenda.pdf (abgerufen am 26.11.2020).

Rieger, Sebastian/Sinders, Caroline (2020): Dark Patterns: Design mit gesellschaftlichen Nebenwirkungen. Wie Regierungen und Regulierungsbehörden auf die Verbreitung problematischer Benutzeroberflächen reagieren können, Berlin: Stiftung Neue Verantwortung.

Rifkin, Jeremy (1985): Entropie. Ein neues Weltbild, Frankfurt a.M./Berlin/Wien: Ullstein.

Rifkin, Jeremy (2013): The Third Industrial Revolution. How Lateral Power Is Transforming Energy, the Economy, and the World, Basingstoke: Palgrave Macmillan.

RIS (2022): Bundesrecht konsolidiert: Gesamte Rechtsvorschrift für Kommunikationsplattformen-Gesetz, Fassung vom 17.08.2022, Rechtsinformationssystem des Bundes, https://www.ris.bka.gv.at/GeltendeFassung.wxe?Abfrage=Bundesnormen&Gesetzesnummer=20011415 (abgerufen am 17.08.2022).

Ritzi, Claudia/Zierold, Alexandra (2019): Souveränität unter den Bedingungen der Digitalisierung, in: Borucki, Isabelle/Schünemann, Wolf Jürgen (Hg.): Internet und Staat. Perspektiven auf eine komplizierte Beziehung, Baden-Baden: Nomos, S. 33–56.

RKI (2020a): Corona-Datenspende-App, RKI – Coronavirus SARS-CoV-2, https://www.rki.de/DE/Content/InfAZ/N/Neuartiges_Coronavirus/Corona-Datenspende-allgemein.html (abgerufen am 29.12.2020).

RKI (2020b): So funktioniert die Corona-Warn-App im Detail, Berlin: Robert Koch-Institut.

RKI (2020c): Kennzahlen zur Corona-Warn-App, https://www.rki.de/DE/Content/InfAZ/N/Neuartiges_Coronavirus/WarnApp/Archiv_Kennzahlen/Kennzahlen_18122020.pdf;jsessionid=3953683FA083073A28BF75E55D3E4417.internet092?__blob=publicationFile (abgerufen am 30.12.2020).

RKI (2021a): Kennzahlen zur Corona-Warn-App, https://www.rki.de/DE/Content/InfAZ/N/Neuartiges_Coronavirus/WarnApp/Archiv_Kennzahlen/Kennzahlen_03062021.pdf?__blob=publicationFile (abgerufen am 05.06.2021).

RKI (2021b): Robert Koch-Institut: COVID-19-Dashboard, https://experience.arcgis.com/experience/478220a4c454480e823b17327b2bf1d4 (abgerufen am 23.06.2021).

Rödiger, Tim (2017): Die Burggraben-Strategie. Bauen Sie Ihren Wettbewerbsvorteil auf – und verteidigen Sie ihn erfolgreich! Frankfurt a.M.: Campus.

Rončević, Borut/Tomšic, Matevž (2017): Perspectives of Information Society: Bricolage of Manifestations, in: Rončević, Borut/Tomšic, Matevž (Hg.): Information Society and its Manifestations: Economy, Politics, Culture, Frankfurt a.M.: Peter Lang, S. 9–21.

Rosa, Hartmut (2005): Beschleunigung. Die Veränderung der Zeitstrukturen in der Moderne, Frankfurt a.M.: Suhrkamp.

Rosa, Hartmut (2006): Wettbewerb als Interaktionsmodus, in: Leviathan, 34 (1), S. 82–104.

Rosa, Hartmut (2009): Social Acceleration: Ethical and Political Consequences of a Desynchronized High-Speed Society, in: Rosa, Hartmut/Scheuerman, William E. (Hg.): High-Speed Society. Social Acceleration, Power, and Modernity, Pennsylvania: Pennsylvania State University Press, S. 77–111.

Rosa, Hartmut (2013): Beschleunigung und Entfremdung, Berlin: Suhrkamp.

Rosa, Hartmut/Scheuerman, William E. (Hg.) (2009a): High-Speed Society. Social Acceleration, Power, and Modernity, Pennsylvania: Pennsylvania State University Press.

Rosa, Hartmut/Scheuerman, William E. (2009b): Introduction, in: Rosa, Hartmut/ Scheuerman, William E. (Hg.): High-Speed Society. Social Acceleration, Power, and Modernity, Pennsylvania: Pennsylvania State University Press, S. 1–29.

Rosenbach, Marcel (2021): Telekom schaltet De-Mail ab. Gefloppter E-Mail-Dienst, in: Der Spiegel, 31.08.2021, https://www.spiegel.de/netzwelt/netzpolitik/telekom-schaltet-de-mail-ab-a-1cf7a036-c4ad-4d3c-b8d8-2f3d1afa7944 (abgerufen am 30.06.2022).

Rößner, Tabea/Hain, Kalle (2022): Wer wird unser Digital-Koordinator? Neues Internetgesetz der EU, in: FAZ.NET, 05.07.2022, https://www.faz.net/aktuell/feuilleton/medien/wie-gestalten-wir-das-neuen-digitalgesetz-der-eu-dsa-aus-ein-gastbeitrag-von-tabea-roessner-und-kalle-hain-18149073.html (abgerufen am 05.07.2022).

Rötzer, Florian (2019): Verhaltenskontrolle: Messung der Aufmerksamkeit von Schülern, in: Telepolis, 17.01.2019, https://www.heise.de/tp/features/Verhaltenskontrolle-Messung-der-Aufmerksamkeit-von-Schuelern-4279007.html (abgerufen am 17.01.2019).

Rüb, Friedbert W. (2014): Multiple-Streams-Ansatz: Grundlagen, Probleme und Kritik, in: Schubert, Klaus/Bandelow, Nils C. (Hg.): Lehrbuch der Politikfeldanalyse, 3., akt.überarb.Aufl., München: Oldenbourg, S. 373–407.

Ruck, Michael (2020): Planung – Prosperität – Partizipation. Planende Politikgestaltung in der Bundesrepublik Deutschland, in: INDES, 3, S. 77–88.

Rusch, Lina (2022): Kann die Ampel Zukunft? In: Der Tagesspiegel, 29.08.2022, https://www.tagesspiegel.de/politik/kann-die-ampel-zukunft-8589997.html (abgerufen am 01.09.2022).

Sachverständigenrat zur Begutachtung der Gesamtwirtschaftlichen Entwicklung (2018): Vor wichtigen wirtschaftspolitischen Weichenstellungen. Jahresgutachten 18/19, Wiesbaden: Statistisches Bundesamt.

Sack, Detlef (2009): Governance und Politics. Die Institutionalisierung öffentlich-privater Partnerschaften in Deutschland, Baden-Baden: Nomos.

Sack, Detlef (2013): Regieren und Governance in der BRD. Ein Studienbuch, München: Oldenbourg.

Sack, Detlef (2019): Vom Staat zum Markt. Privatisierung aus politikwissenschaftlicher Perspektive, Wiesbaden: Springer VS.

Saretzki, Thomas (2014): Aufklärung, Beteiligung und Kritik: Die »argumentative Wende« in der Policy-Analyse, in: Schubert, Klaus/Bandelow, Nils C. (Hg.): Lehrbuch der Politikfeldanalyse, 3., akt.überarb.Aufl., München: Oldenbourg, S. 493–521.

Sartor, Stephanie (2020): Gesundheitsämter vor Kollaps: Können Corona-Kontakte noch verfolgt werden? In: Augsburger Allgemeine, 08.11.2020, https://www.augsburger-allgemeine.de/bayern/Corona-Krise-Gesundheitsaemter-vor-Kollaps-Koennen-Corona-Kontakte-noch-verfolgt-werden-id58499121.html (abgerufen am 23.06.2021).

Saurwein, Florian (2019): Automatisierung, Algorithmen, Accountability, in: Rath, Matthias/Krotz, Friedrich/Karmasin, Matthias (Hg.): Maschinenethik. Normative Grenzen autonomer Systeme, Wiesbaden: Springer VS, S. 35–56.

Schaal, Gary S./Ewert, Björn/Lancaster, Kelly/Stulpe, Alexander (2018): Die Herausforderung der Digitalität für demokratische Staatlichkeit, in: Buhr, Lorina/Hammer, Stefanie/Schölzel, Hagen (Hg.): Staat, Internet und digitale Gouvernementalität, Wiesbaden: Springer VS, S. 105–139.

Schaefer, Jan Philipp (2016): Die Umgestaltung des Verwaltungsrechts. Kontroversen reformorientierter Verwaltungsrechtswissenschaft, Tübingen: Mohr Siebeck.

Schäfer, Michael/Rethmann, Ludger (2020): Öffentlich-Private Partnerschaften. Auslaufmodell oder eine Strategie für kommunale Daseinsvorsorge? Wiesbaden: Springer Gabler.

Schallbruch, Martin (2018): Schwacher Staat im Netz. Wie die Digitalisierung den Staat in Frage stellt, Wiesbaden: Springer.

Schallmo, Daniel R.A./Rusnjak, Andreas/Anzengruber, Johanna/Werani, Thomas/Jünger, Michael (Hg.) (2017): Digitale Transformation von Geschäftsmodellen. Grundlagen, Instrumente und Best Practices, Wiesbaden: Springer Gabler.

Scharpf, Fritz W. (1989): Politische Steuerung und Politische Institutionen, in: Politische Vierteljahresschrift, 30 (1), S. 10–21.

Scharpf, Fritz W. (1991): Die Handlungsfähigkeit des Staates am Ende des Zwanzigsten Jahrhunderts, MPIFG Discussion Paper 91/10, Köln: MPIfG.

Scharpf, Fritz W. (1992): Versuch über Demokratie in Verhandlungssystemen, MPIFG Discussion Paper 92/9, Köln: MPIfG.

Scharpf, Fritz W. (1993): Versuch über Demokratie im verhandelnden Staat, in: Czada, Roland/Schmidt, Manfred G. (Hg.): Verhandlungsdemokratie, Interessenvertretung, Regierbarkeit, Opladen: Westdeutscher Verlag, S. 25–50.

Scheffel, Folke (2016): Netzpolitik als Policy Subsystem? Internetregulierung in Deutschland. 2005–2011, Baden-Baden: Nomos.

Scheidler, Fabian (2021): Der Stoff aus dem wir sind. Warum wir Natur und Gesellschaft neu denken müssen, München: Piper.

Schelsky, Helmut (1961): Der Mensch in der wissenschaftlichen Zivilisation, Köln/Opladen: Westdeutscher Verlag.

Schemmel, Jakob (2018): Soziale Netzwerke in der Demokratie des Grundgesetzes, in: Der Staat, 57 (4), S. 501–528.

Scherler, Karin Maria (2018): Warum das › »Disruption«›-Gerede so nervt – und was wirklich hilft, in: manager magazin, 15.08.2018, http://www.manager-magazin.de/unternehmen/industrie/digitale-transformation-schluss-mit-dem-disruption-gerede-a-1223246.html (abgerufen am 15.03.2019).

Scheuerman, William E. (2004): Liberal Democracy and the Social Acceleration of Time, Baltimore: Johns Hopkins University Press.

Schimank, Uwe (2000): Zur Einführung, in: Lange, Stefan/Braun, Dietmar: Politische Steuerung zwischen System und Akteur. Eine Einführung, Opladen: Leske + Budrich, S. 11–14.

Schirrmacher, Frank (2014): Digitaler Wandel: Die offene Gesellschaft braucht neue Freunde, in: FAZ.NET, 07.03.2014, https://www.faz.net/1.2836746 (abgerufen am 23.12.2018).

Schliesky, Utz (2020a): Legitimität: Ausblick in die digitale Zukunft, in: Herbst, Tobias/Zucca-Soest, Sabrina (Hg.): Legitimität des Staates, Baden-Baden: Nomos, S. 323–350.

Schliesky, Utz (2020b): Legitimität. Vergangenheit, Gegenwart und digitale Zukunft des Staates und seiner Herrschaftsgewalt in einem Begriff, Berlin: Duncker & Humblot.

Schliesky, Utz/Hoffmann, Christian (2018): Die Digitalisierung des Föderalismus, in: Die öffentliche Verwaltung, 71 (5), S. 193–198.

Schmale, Wolfgang (2022): Theorie des Digitalen Zeitalters, https://wolfgangschmale.eu/theorie-des-digitalen-zeitalters/ (abgerufen am 27.11.2022).

Schmidt, Jürgen/Weiß, Eva-Maria (2021): Gefahr für Gesundheitsämter: Luca-App ermöglicht Code Injection, in: heise online, 26.05.2021, https://www.heise.de/news/Gefahr-fuer-Gesundheitsaemter-Luca-App-ermoeglicht-Code-Injection-6054744.html (abgerufen am 06.06.2021).

Schmidt, Martin/Schneider, Tom (2020): Überlastete Gesundheitsämter: Nur noch die heiklen Fälle, in: tagesschau.de, 08.11.2020, https://www.tagesschau.de/inland/coronavirus-gesundheitsaemter-103.html (abgerufen am 23.06.2021).

Schmitt, Carl (1963): Der Begriff des Politischen. Text von 1932 mit einem Vorwort und drei Corollarien, Berlin: Duncker & Humblot.

Schmitter, Philippe C. (1979): Interessenvermittlung und Regierbarkeit, in: Alemann, Ulrich von (Hg.): Verbände und Staat. Vom Pluralismus zum Korporatismus. Analysen, Positionen, Dokumente, Opladen: Westdeutscher Verlag, S. 92–114.

Schmitz, Luuk/Seidl, Timo (2022): Protecting, Transforming, and Projecting the Single Market, https://doi.org/10.31235/osf.io/wjb64 (abgerufen am 02.08.2022).

Schnee, Melanie/Greß, Stefan (2019): Das Digitale-Versorgung-Gesetz – Versorgungsoptimierung oder Wirtschaftsförderung? In: Gesundheits- und Sozialpolitik, 73 (6), S. 8–13.

Schneider, Volker (2014): Akteurskonstellationen und Netzwerke in der Politikentwicklung, in: Schubert, Klaus/Bandelow, Nils C. (Hg.): Lehrbuch der Politikfeldanalyse, 3., akt.überarb.Aufl., München: Oldenbourg, S. 259–287.

Schnettler, Sebastian (2008): Mythos »Kleine Welt«? Eine konstruktive Kritik an der Konzeption und Methodologie der Small World-Forschung, in: Rehberg, Karl-Siegbert (Hg.): Die Natur der Gesellschaft. Verhandlungen des 33. Kongresses der Deutschen Gesellschaft für Soziologie in Kassel 2006, Frankfurt a.M./New York: Campus, S. 798–817.

Schomaker, Rahel (2011): Public Private Partnerships aus Sicht der Neuen Institutionenökonomie – Theoretische Überlegungen und empirische Evidenzen, in: Ziekow, Jan (Hg.): Wandel der Staatlichkeit und wieder zurück? Die Einbeziehung Privater in die Erfüllung öffentlicher Aufgaben (Public Private Partnership) in/nach der Weltwirtschaftskrise, Baden-Baden: Nomos, S. 215–233.

Schroeder, Wolfgang (2001): »Konzertierte Aktion« und »Bündnis für Arbeit«: Zwei Varianten des deutschen Korporatismus, in: Zimmer, Annette/Weßels, Bernhard (Hg.): Verbände und Demokratie in Deutschland, Wiesbaden: Springer, S. 29–54.

Schroeder, Wolfgang (2016): Die deutsche Industrie 4.0-Strategie: Rheinischer Kapitalismus im Zeitalter der Digitalisierung, i3 – Kasseler Diskussionspapiere 6, Kassel: Universität Kassel.

Schroeder, Wolfgang (2017): Industrie 4.0 und der rheinische kooperative Kapitalismus, WISO Direkt 03, Bonn: FES.

Schroeder, Wolfgang (2021): Von der Schließung zur Öffnung: Akteurskonstellationen in der Energie- und Verkehrswende, in: WSI-Mitteilungen, 74 (3), S. 199–206.

Schroeder, Wolfgang/Greef, Samuel/Berzel, Alexander (2021): Digitalisierung industrieller Wertschöpfung. Industrie 4.0 und regionale Ungleichheit in Deutschland, WISO Diskurs 10/2021, Bonn: Friedrich-Ebert-Stiftung.

Schroeder, Wolfgang/Thüsing, Gregor/Butt, Moritz/Greef, Samuel/Bonin, Holger (2022): Sozialstandards im Mobilitätsgewerbe. Expertise, Forschungsbericht 599, Berlin: BMAS, https://bmas.de/SharedDocs/Downloads/DE/Publikationen/Forschungsberichte/fb-599-sozialstandards-im-mobilitaetsgewerbe.pdf;jsessionid=F5AB2D4F343B2100A44084D7927DFEE1.delivery1-replication?__blob=publicationFile&v=1 (abgerufen am 07.06.2022).

Schulte, Martin (2017): Staatlichkeit im Wandel. Zur unendlichen Geschichte vom Streit um das Selbstverständnis der Rechtswissenschaft, Paderborn: Ferdinand Schöningh.

Schulz, Wolfgang/Held, Thorsten (2002): Regulierte Selbstregulierung als Form modernen Regierens, Arbeitspapiere des Hans-Bredow-Instituts 10, Hamburg: Hans-Bredow-Institut.

Schumpeter, Joseph A. (2018): Kapitalismus, Sozialismus und Demokratie, 9., durchgeseh. Auf., Tübingen: Narr Francke Attempto Verlag.

Schuppert, Gunnar Folke (1996): Rückzug des Staates? Zur Rolle des Staates zwischen Legitimationskrise und politischer Neubestimmung, in: Rückzug des Staates? Zur Rolle des Staates zwischen Legitimationskrise und politischer Neubestimmung. Ein Cappenberger Gespräch, Köln: W. Kohlhammer, S. 33–58.

Schuppert, Gunnar Folke (2003): Staatswissenschaft, Baden-Baden: Nomos.

Schuppert, Gunnar Folke (2004): Koordinierung durch Struktursteuerung als Funktionsmodus des Gewährleistungsstaates, in: Benz, Arthur/Siebentopf, Heinrich/Sommermann, Karl-Peter (Hg.): Institutionenwandel in in Regierung und Verwaltung. Festschrift für Klaus König zum 70. Geburtstag, Berlin: Duncker & Humblot, S. 287–294.

Schuppert, Gunnar Folke (Hg.) (2005a): Der Gewährleistungsstaat – Ein Leitbild auf dem Prüfstand, Baden-Baden: Nomos.

Schuppert, Gunnar Folke (2005b): Der Gewährleistungsstaat – modische Label oder Leitbild sich wandelnder Staatlichkeit? In: Schuppert, Gunnar Folke (Hg.): Der Gewährleistungsstaat – Ein Leitbild auf dem Prüfstand, Baden-Baden: Nomos, S. 11–52.

Schuppert, Gunnar Folke (Hg.) (2006): Governance-Forschung. Vergewisserung über Stand und Entwicklungslinien, 2. Aufl., Baden-Baden: Nomos.

Schuppert, Gunnar Folke (2007): Staatstypen, Leitbilder und Politische Kultur: Das Beispiel des Gewährleistungsstaates, in: Heidbrink, Ludger/Hirsch, Alfred (Hg.): Staat ohne Verantwortung? Zum Wandel der Aufgaben von Staat und Politik, Frankfurt a.M.: Campus, S. 467–495.

Schuppert, Gunnar Folke (2008): Was ist und wie misst man Wandel von Staatlichkeit? In: Der Staat, 47 (3), S. 325–358.

Schuppert, Gunnar Folke (2010): Staat als Prozess. Eine staatstheoretische Skizze in sieben Aufzügen, Frankfurt a.M.: Campus.

Schuppert, Gunnar Folke (2011): Alles Governance oder was? Baden-Baden: Nomos.

Schuppert, Gunnar Folke (2013): Einige Bemerkungen zur Allgemeinen Staatsverwirrung – ist er gegangen, kommt er zurück oder wird er nur neu gesehen? In: Bach, Maurizio (Hg.): Der entmachtete Leviathan. Löst sich der souveräne Staat auf? Baden-Baden: Nomos, S. 29–48.

Schuppert, Gunnar Folke (2019): Wissen, Governance, Recht. Von der kognitiven Dimension des Rechts zur rechtlichen Dimension des Wissens, Baden-Baden: Nomos.

Schuppert, Gunnar Folke/Römhildt, Roland A./Weingart, Peter (Hg.) (2022): Herrschaft und Wissen, Baden-Baden: Nomos.

Schuppert, Gunnar Folke/Voßkuhle, Andreas (Hg.) (2008): Governance von und durch Wissen, Baden-Baden: Nomos.

Schwab, Klaus (2016): Die Vierte Industrielle Revolution, München: Pantheon.

Schwab, Klaus/World Economic Forum (2018): The Global Competitiveness Report. 2018, Cologny/Geneva: World Economic Forum.

Schwanholz, Julia (2019): Der Deutsche Bundestag als Akteur in der Netzpolitik, in: Busch, Andreas/Breindl, Yana/Jakobi, Tobias (Hg.): Netzpolitik. Ein einführender Überblick, Wiesbaden: Springer VS, S. 105–125.

Schwarting, Gunnar (2021): Rekommunalisierung – Privatisierung im Rückspiegel –, in: Junkernheinrich, Martin/Lorig, Wolfgang H./Masser, Kai (Hg.): Brennpunkte der Kommunalpolitik in Deutschland, Baden-Baden: Nomos, S. 277–293.

Schwärzer, Erwin (2012): Elektronische Verwaltung in Deutschland, in: Schünemann, Wolf J./Weiler, Stefan (Hg.): E-Government und Netzpolitik im europäischen Vergleich, Baden-Baden: Nomos, S. 73–98.

Scott, Bernard (2004): Second-order Cybernetics: An Historical Introduction, in: Kybernetes, 33 (9/10), S. 1365–1378.

Seefried, Elke (2016): Bruch im Fortschrittsverständnis? Zukunftsforschung zwischen Steuerungseuphorie und Wachstumskritik, in: Doering-Manteuffel, Anselm/Raphael, Lutz/Schlemmer, Thomas (Hg.): Vorgeschichte der Gegenwart. Dimensionen des Strukturbruchs nach dem Boom, Göttingen: Vandenhoeck & Ruprecht, S. 425–449.

Seibel, Benjamin (2014): Die kybernetischen Hände, oder: Wie man mit einem Computer regieren kann., in: Leggewie, Claus (Hg.): Kooperation ohne Akteure? Automatismen in der Globalisierung, Duisburg: KHK/GCR21, S. 69–79, http://www.gcr21.org/publications/global-dialogues/2198-0403-gd-5/ (abgerufen am 16.09.2020).

Seibel, Wolfgang (2017): Verwaltung verstehen. Eine theoriegeschichtliche Einführung, 2. Aufl., Berlin: Suhrkamp.

Seifert, Benjamin (2010): Träume vom modernen Deutschland. Horst Ehmke, Reimut Jochimsen und die Planung des Politischen in der ersten Regierung Willy Brandts, Stuttgart: ibidem.

Seifert, Thomas (2022): Medienbericht: TikTok-Moderator:innen sollen mit Aufnahmen sexualisierter Gewalt geschult worden sein, in: netzpolitik.org, 10.08.2022, https://netzpolitik.org/2022/medienbericht-tiktok-moderatorinnen-sollen-mit-aufnahmen-sexualisierter-gewalt-geschult-worden-sein/ (abgerufen am 17.08.2022).

Sereda, Evgeni (2022): Die meistbesuchten und meistaufgerufenen Websites in Deutschland – TOP 100 in 2021 und 2022, https://de.semrush.com/blog/top-der-meistbesuchten-webseiten (abgerufen am 20.07.2022).

Seyfert, Robert (2021): Codes, Strategien, Verhalten. Die Rolle der Regulierung von Algorithmen, in: Braun, Kathrin/Kropp, Cordula (Hg.): In digitaler Gesellschaft. Neukonfigurationen zwischen Robotern, Algorithmen und Usern, Bielefeld: transcript, S. 225–247.

Sfb 597 (2010): Sonderforschungsbereich 597. Staatlichkeit im Wandel. Finanzierungsantrag 2011 – 2014, Bremen: Universität Bremen.

Sfb 597 (2015): Forschungskonzept, http://www.sfb597.uni-bremen.de/pages/forKonzept.php?SPRACHE=de (abgerufen am 29.07.2019).

Shifman, Limor (2014): Meme. Kunst, Kultur und Politik im digitalen Zeitalter, Berlin: Suhrkamp.

Siefken, Sven T. (2007): Expertenkommissionen im politischen Prozess. Eine Bilanz zur rot-grünen Bundesregierung 1998–2005, Wiesbaden: VS Verlag für Sozialwissenschaften.

Siegel, Thorsten (2018): Auf dem Weg zum Portalverbund – Das neue Onlinezugangsgesetz (OZG), in: Die öffentliche Verwaltung, 71 (5), S. 185–192.

Spath, Dieter (2018): Lernende Systeme in Wirtschaft und Gesellschaft, in: Bär, Christian/Grädler, Thomas/Mayr, Robert (Hg.): Digitalisierung im Spannungsfeld von Politik, Wirtschaft, Wissenschaft und Recht. 1. Band: Politik und Wirtschaft, Berlin: Springer Gabler, S. 505–520.

SPD/Bündnis 90/Die Grünen/FDP (2022): Mehr Fortschritt wagen. Bündnis für Freiheit, Gerechtigkeit und Nachhaltigkeit. Koalitionsvertrag 2021–2025, Berlin, https://www.spd.de/fileadmin/Dokumente/Koalitionsvertrag/Koalitionsvertrag_2021-2025.pdf (abgerufen am 07.07.2022).

Specht, Frank (2022): Umbau der Wirtschaft. Digitalisierung, Energiewende, Ende des Verbrenners: »Allianz für Transformation« geht an den Start, in: Handelsblatt, 10.06.2022, https://www.handelsblatt.com/politik/deutschland/umbau-der-wirtschaft-digitalisierung-energiewende-ende-des-verbrenners-allianz-fuer-transformation-geht-an-den-start/28415958.html (abgerufen am 23.08.2022).

Specht-Riemenschneider, Louisa (2021): Synopse NetzDG Reform, https://www.jura.uni-bonn.de/fileadmin/Fachbereich_Rechtswissenschaft/Einrichtungen/Lehrstuehle/Specht/Synopse_NetzDG.pdf (abgerufen am 15.07.2021).

Spehr, Michael (2021): Für die Gesundheit alles auf eine Karte, in: FAZ.NET, 12.01.2021, https://www.faz.net/aktuell/technik-motor/digital/elektronische-patientenakte-fuer-die-gesundheit-alles-auf-eine-karte-17139648.html (abgerufen am 12.01.2021).

Spiegel Online (1999a): Verkehr. Aus für Handys am Steuer? In: Spiegel Online, 12.05.1999, https://www.spiegel.de/politik/deutschland/verkehr-aus-fuer-handys-am-steuer-a-22036.html (abgerufen am 03.10.2019).

Spiegel Online (1999b): Autofahren. 60 Mark Strafe für Handy-Nutzer, in: Spiegel Online, 30.10.1999, https://www.spiegel.de/politik/deutschland/autofahren-60-mark-strafe-fuer-handy-nutzer-a-49899.html (abgerufen am 03.10.2019).

Spindler, Gerald/Thorun, Christian (2016): Regulierung neu denken, in: politik & kommunikation, 04.02.2016, https://www.politik-kommunikation.de/ressorts/artikel/regulierung-neu-denken-2045794647 (abgerufen am 23.12.2018).

SRIW (2017): Stellungnahme zum NetzDG Referentenentwurf des BMJV, SRIW.

SRIW (o.J.): Über den SRIW, https://sriw.de/der-sriw (abgerufen am 11.08.2022).

Staab, Philipp (2019): Digitaler Kapitalismus. Markt und Herrschaft in der Ökonomie der Unknappheit, Berlin: Suhrkamp.

Staemmler, Daniel/Berg, Sebastian (2021): UpdateDeutschland. Zivilgesellschaft im Wettbewerbsformat, in: netzpolitik.org, 13.05.2021, https://netzpolitik.org/2021/updatedeutschland-zivilgesellschaft-im-wettbewerbsformat/ (abgerufen am 13.05.2021).

Stalder, Felix (2017): Kultur der Digitalität, 3. Aufl., Berlin: Suhrkamp.

StatCounter (2021): Mobile Operating System Market Share Germany, https://gs.statcounter.com/os-market-share/mobile/germany/ (abgerufen am 28.06.2021).

statista (2019): Anteil der Smartphone-Nutzer in Deutschland nach Altersgruppe im Jahr 2019, https://de.statista.com/statistik/daten/studie/459963/umfrage/anteil-der-smartphone-nutzer-in-deutschland-nach-altersgruppe/ (abgerufen am 19.11.2020).

Statistisches Bundesamt (2022a): Erwerbstätige im Inland nach Wirtschaftssektoren, https://www.destatis.de/DE/Themen/Wirtschaft/Konjunkturindikatoren/Lange-Reihen/Arbeitsmarkt/lrerw13a.html (abgerufen am 26.07.2022).

Statistisches Bundesamt (2022b): Volkswirtschaftliche Gesamtrechnungen. Inlandsproduktberechnung. Vierteljahresergebnisse, Fachserie 18 Reihe 1.2, Wiesbaden: Statistisches Bundesamt, https://www.destatis.de/DE/Themen/Wirtschaft/Volkswirtschaftliche-Gesamtrechnungen-Inlandsprodukt/Publikationen/Downloads-Inlandsprodukt/inlandsprodukt-vierteljahr-pdf-2180120.pdf?__blob=publicationFile (abgerufen am 26.07.2022).

Stehr, Nico (2008): Knowledge and Economic Conduct. The Social Foundations of the Modern Economy, Toronto: University of Toronto Press, http://site.ebrary.com/id/10218858 (abgerufen am 02.04.2019).

Steinbicker, Jochen (2011): Zur Theorie der Informationsgesellschaft. Ein Vergleich der Ansätze von Peter Drucker, Daniel Bell und Manuel Castells, 2. Aufl., Wiesbaden: VS Verlag.

Steinbicker, Jochen (2013): Der Staat und das globale Internet, in: Bach, Maurizio (Hg.): Der entmachtete Leviathan. Löst sich der souveräne Staat auf? Baden-Baden: Nomos, S. 199–215.

Steinhoff, Christine (2016): Industrie 4.0, Aktueller Begriff 23/16, Berlin: Deutscher Bundestag.

Stengel, Oliver (2017): Zeitalter und Revolutionen, in: Stengel, Oliver/Looy, Alexander van/Wallaschkowski, Stephan (Hg.): Digitalzeitalter-Digitalgesellschaft. Das Ende des Industriezeitalters und der Beginn einer neuen Epoche, Wiesbaden: Springer VS, S. 17–49.

Stengel, Oliver/Looy, Alexander van/Wallaschkowski, Stephan (Hg.) (2017a): Digitalzeitalter-Digitalgesellschaft. Das Ende des Industriezeitalters und der Beginn einer neuen Epoche, Wiesbaden: Springer VS.

Stengel, Oliver/Looy, Alexander van/Wallaschkowski, Stephan (2017b): Schluss, in: Stengel, Oliver/Looy, Alexander van/Wallaschkowski, Stephan (Hg.): Digitalzeitalter – Digitalgesellschaft, Wiesbaden: Springer VS, S. 239–249.

Straßheim, Holger (2011): Netzwerkpolitik. Governance und Wissen im administrativen Austausch, Baden-Baden: Nomos.

Straßheim, Holger (2013): Collaborative Governance: Mehrebenendynamiken und Mechanismen des Wandels, in: der moderne staat – Zeitschrift für Public Policy, Recht und Management, 6 (2), S. 345–360.

Straßheim, Holger/Beck, Silke (2019): Introduction to the Handbook of Behavioural Change and Public Policy, in: Straßheim, Holger/Beck, Silke (Hg.): Handbook of Behavioural Change and Public Policy, Edward Elgar Publishing, S. 1–21.

Streeck, Wolfgang (2019): Vorwort zur deutschen Ausgabe, in: Foundational Economy Collective (Hg.): Die Ökonomie des Alltagslebens. Für eine neue Infrastrukturpolitik, Berlin: Suhrkamp, S. 7–30.

Streeck, Wolfgang/Schmitter, Philippe C. (1985): Community, Market, State-and Associations? The Prospective Contribution of Interest Governance to Social Order, in: European Sociological Review, 1 (2), S. 119–138.

Streeck, Wolfgang/Thelen, Kathleen (2005): Introduction: Institutional Change in Advanced Political Economies, in: Streeck, Wolfgang/Thelen, Kathleen (Hg.): Beyond continuity: institutional change in advanced political economies, Oxford: Oxford University Press, S. 1–39.

Struppek, Lukas/Hintersdorf, Dominik/Neider, Daniel/Kersting, Kristian (2022): Learning to Break Deep Perceptual Hashing: The Use Case NeuralHash, ACM Conference on Fairness, Accountability, and Transparency, 21.06.2022, https://www.ml.informatik.tu-darmstadt.de/papers/struppek2022facct_%20hash.pdf (abgerufen am 19.08.2022).

Sturm, Roland (2004): Perspektiven des Staates im 21. Jahrhundert, in: Gallus, Alexander/Jesse, Eckhard (Hg.): Staatsformen. Modelle politischer Ordnung von der Antike bis zur Gegenwart. Ein Handbuch, Köln: Böhlau, S. 371–399.

Sunstein, Cass R. (2014a): Nudging: A Very Short Guide, in: Consumer Pol'y, 37 (583), S. 1–7.

Sunstein, Cass R. (2014b): Why Nudge? The Politics of Libertarian Paternalism, New Haven/London: Yale University Press.

Süß, Rahel (2022): The Right to Disidentification: Sovereignty in Digital Democracies, in: Constellations, Online (First), S. 1–17.

Süß, Winfried (2005): »Wer aber denkt für das Ganze?«. Aufstieg und Fall der ressortübergreifenden Planung im Bundeskanzleramt, in: Frese, Matthias/Paulus, Julia/Teppe, Karl (Hg.): Demokratisierung und gesellschaftlicher Aufbruch. Die sechziger Jahre als Wendezeit der Bundesrepublik, 2. Aufl., Paderborn: Ferdinand Schöningh, S. 349–377.

SVR (2021): Digitalisierung für Gesundheit. Ziele und Rahmenbedingungen eines dynamisch lernenden Gesundheitssystems, Drucksache 19/28700, Berlin: Deutscher Bundestag.

Tandoc, Edson C./Lim, Zheng Wei/Ling, Richard (2018): Defining »›Fake News‹«: A Typology of Scholarly Definitions, in: Digital Journalism, 6 (2), S. 137–153.

Tautz, Daniel (2018): Smart-Uniform. Chinesische Schulen überwachen Schüler per Uniform, in: Die Zeit, 21. 12.2018, https://www.zeit.de/gesellschaft/schule/2018-12/smart-uniform-schuluniform-china-ueberwachung-schwaenzen-hightech (abgerufen am 15.01.2019).

Tebroke, Ev (2021): TI 2.0. Gesellschafter fühlen sich von Gematik überrumpelt, in: Pharmazeutische Zeitung online, 17.02.2021, https://www.pharmazeutische-zeitung.de/gesellschafter-fuehlen-sich-von-gematik-ueberrumpelt-123838/seite/alle/ (abgerufen am 04.06.2021).

Teodoro, Manuel P./Zhang, Youlang/Switzer, David (2020): Political Decoupling: Private Implementation of Public Policy, in: Policy Studies Journal, 48 (2), S. 401–424.

Testbirds (2017): Code of Conduct. Grundsätze für bezahltes Crowdsourcing/Crowdworking. Leitfaden für eine gewinnbringende und faire Zusammenarbeit zwischen Crowdsourcing-Unternehmen und Crowdworkern, München: Testbirds.

Thaler, Richard H./Sunstein, Cass R. (2009): Nudge. Improving Decisions about Health, Wealth and Happiness, London: Penguin Books.

Thatcher, Margaret (1987): Interview for Woman's Own (»no such thing as society«), https://www.margaretthatcher.org/document/106689 (abgerufen am 17.05.2022).

The DP-3T Project (2020): Security and privacy analysis of the document »PEPP-PT: Data Protection and Information Security Architecture«, o. A.: The DP-3T Project.

Theile, Gustav (2020): Mehr als verdoppelt. Regierung gibt viel mehr für Werbung aus, in: FAZ.NET, 19.11.2020, https://www.faz.net/1.7058924 (abgerufen am 19.11.2020).

Ther, Philipp (2020): Wettbewerb der Systeme. Die Corona-Pandemie als Herausforderung für Demokratie und europäische Integration, in: Aus Politik und Zeitgeschichte, 70 (35–37), S. 40–45.

Thiel, Rainer/Deimel, Lucas/Schmidtmann, Daniel/Piesche, Klaus/Hüsing, Tobias/Rennoch, Jonas/Stoetmann, Veli/Stroetmann, Karl (2018): #SmartHealthSystems. Digitalisierungsstrategien im internationalen Vergleich, Gütersloh: Bertelsmann Stiftung.

Thiel, Thorsten (2019): Souveränität: Dynamisierung und Kontestation in der digitalen Konstellation, in: Hofmann, Jeanette/Kersting, Norbert/Ritzi, Claudia/Schünemann, Wolf J. (Hg.): Politik in der digitalen Gesellschaft. Zentrale Problemfelder und Forschungsperspektiven, Bielefeld: transcript, S. 47–60.

Thiele, Alexander (2019): Der gefrässige Leviathan. Entstehung, Ausbreitung und Zukunft des modernen Staates, Tübingen: Mohr Siebeck.

Thomé, Sarah (2015): Die Unabhängigkeit der Bundesdatenschutzaufsicht, in: Verbraucher und Recht, 30 (4), S. 130–133.

TikTok (2022): NetzDG Transparenzbericht: Januar 2022 – Juni 2022, https://www.tiktok.com/transparency/de-de/netzdg-2022-1/ (abgerufen am 13.08.2022).

Töller, Annette Elisabeth (2007): Die Rückkehr des befehlenden Staates? Muster und Ursachen der Veränderung staatlicher Handlungsformen in der deutschen Abfallpolitik, in: Politische Vierteljahresschrift, 48 (1), S. 66–96.

Töller, Annette Elisabeth (2008): Kooperation im Schatten der Hierarchie. Dilemmata des Verhandelns zwischen Staat und Wirtschaft, in: Schuppert, Gunnar Folke/Zürn, Michael (Hg.): Governance in einer sich wandelnden Welt, Wiesbaden: VS Verlag, S. 282–312.

Travers, Jeffrey/Milgram, Stanley (1969): An Experimental Study of the Small World Problem, in: Sociometry, 32 (4), S. 425.

Traxler, Franz (2001): Die Metamorphosen des Korporatismus. Vom klassischen zum schlanken Muster, in: Politische Vierteljahresschrift, 42 (4), S. 590–623.

Traxler, Franz/Vobruba, Georg (1987): Selbststeuerung als funktionales Äquivalent zum Recht? Zur Steuerungskapazität von neokorporatistischen Arrangements und reflexivem Recht, in: Zeitschrift für Soziologie, 16 (1), S. 3–15.

Tremmel, Moritz (2020): Gesundheitsapp. Trotz Zulassung Sicherheitslücken in App auf Rezept, https://www.golem.de/news/gesundheitsapp-trotz-zulassung-sicherheitsl uecken-in-app-auf-rezept-2010-151471.html (abgerufen am 13.10.2020).

Trinkwalder, Andrea (2016): Netzgespinste. Die Mathematik neuronaler Netze: einfache Mechanismen, komplexe Konstruktion, in: c't, 16, S. 130–135.

Trump, Donald J. (2019): Just as I Said, Alabama Was Originally Projected to Be Hit. The Fake News Denies It!Pic.Twitter.Com/ElJ7ROfm2p, https://twitter.com/realdonaldt rump/status/1169705282123046913 (abgerufen am 18.09.2019).

Turner, Fred (2008): From Counterculture to Cyberculture. Stewart Brand, the Whole Earth Network, and the Rise of Digital Utopianism, Chicago: University of Chicago Press.

Twitter (2019a): Twitter Netzwerkdurchsetzungsgesetzbericht: Januar – Juni 2019, https ://cdn.cms-twdigitalassets.com/content/dam/transparency-twitter/data/downloa d-netzdg-report/netzdg-jan-jun-2019.pdf (abgerufen am 13.08.2022).

Twitter (2019b): Q2 2019 Letter to Shareholders, https://s22.q4cdn.com/826641620 /files/doc_financials/2019/q2/Q2-2019-Shareholder-Letter.pdf (abgerufen am 18.09.2019).

Twitter (2022): Twitter Netzwerkdurchsetzungsgesetzbericht: Januar – Juni 2022, https ://transparency.twitter.com/content/dam/transparency-twitter/country-reports/g ermany/NetzDG-Jan-Jun-2022.pdf (abgerufen am 13.08.2022).

Ulbricht, Dirk/Stähr, Daniel/Feigl, Michael/Al-Umaray, Kerim (2017): Studie zur Bewertung des Rankings von Vergleichsportalen in Bezug auf Finanzdienstleistungsprodukte. Schlussbericht, Hamburg: iff.

Ullrich, Hannes/Peukert, Christian/Schäfer, Maximilian/Aguiar, Luis (2022): Plattformen wie Facebook können mehr als die Hälfte der Internetaktivität beobachten, in: DIW Wochenbericht, 29+30, S. 399–406.

UpdateDeutschland (2021): Update Deutschland – Die Community der Macher:innen, h ttps://updatedeutschland.org/ (abgerufen am 05.06.2021).

Urry, John (2009): Speeding up and Slowing Down, in: Rosa, Hartmut/Scheuerman, William E. (Hg.): High-Speed Society. Social Acceleration, Power, and Modernity, Pennsylvania: Pennsylvania State University Press, S. 179–198.

Vec, Milos (2011): Kurze Geschichte des Technikrechts, in: Schulte, Martin/Schröder, Rainer (Hg.): Handbuch des Technikrechts, Berlin/Heidelberg: Springer, S. 3–92.

Veit, Sylvia/Reichard, Christoph/Wewer, Göttrik (2019): Handbuch zur Verwaltungsreform, 5., voll. überarb. Aufl., Wiesbaden: Springer VS.

Vesting, Thomas (1992): Erosionen staatlicher Herrschaft, in: Archiv des öffentlichen Rechts, 117 (1), S. 4–45.

Voigt, Rüdiger (1993): Staatliche Steuerung aus interdisziplinärer Perspektive, in: König, Klaus/Dose, Nicolai (Hg.): Instrumente und Formen staatlichen Handelns, Köln/ Berlin/Bonn/München: Heymann, S. 289–322.

Voigt, Rüdiger (Hg.) (1995): Der kooperative Staat. Krisenbewältigung durch Verhandlung? Baden-Baden: Nomos.

Voigt, Rüdiger (1996): Des Staates neue Kleider. Entwicklungslinien moderner Staatlichkeit, Baden-Baden: Nomos.

Voigt, Rüdiger (2015): Der moderne Staat. Zur Genese des heutigen Staatsverständnisses, Wiesbaden: Springer VS.

Voigt, Rüdiger (Hg.) (2018): Handbuch Staat, Wiesbaden: Springer.

Voigt, Rüdiger (2020): Staatsverständnisse, in: Herbst, Tobias/Zucca-Soest, Sabrina (Hg.): Legitimität des Staates, Baden-Baden: Nomos, S. 15–21.

Voss, Oliver (2020): Warum die Corona-Warn-App so viel kostet, in: Der Tagesspiegel, 18.06.2020, https://www.tagesspiegel.de/wirtschaft/69-millionen-euro-warum-die-corona-warn-app-so-viel-kostet/25929302.html (abgerufen am 25.11.2020).

Voßkuhle, Andreas/Bumke, Christian/Meinel, Florian (Hg.) (2013): Verabschiedung und Wiederentdeckung des Staates im Spannungsfeld der Disziplinen, Berlin: Duncker & Humblot.

Wagner, Felix/Grunwald, Armin (2019): Reallabore zwischen Beliebtheit und Beliebigkeit: Eine Bestandsaufnahme des transformativen Formats, in: GAIA – Ecological Perspectives for Science and Society, 28 (3), S. 260–264.

Walkenhaus, Ralf (2006): Entwicklungslinien moderner Staatlichkeit. Konzeptualisierungsprobleme des Staatswandels, in: Walkenhaus, Ralf/Machura, Stefan/Nahamowitz, Peter/Treutner, Erhard (Hg.): Staat im Wandel. Festschrift für Rüdiger Voigt zum 65. Geburtstag, Stuttgart: Franz Steiner Verlag, S. 17–61.

Wang, Cancan/Medaglia, Rony/Zheng, Lei (2018): Towards a Typology of Adaptive Governance in the Digital Government Context: The Role of Decision-Making and Accountability, in: Government Information Quarterly, 35 (2), S. 306–322.

Warnke, Philine/Priebe, Max/Veit, Sylvia (2022): Studie zur Institutionalisierung von Strategischer Vorausschau als Prozess und Methode in der deutschen Bundesregierung, Karlsruhe: Fraunhofer ISI.

Weber, Franziska/Schäfer, Hans-Bernd (2017): »›Nudging‹«, ein Spross der Verhaltensökonomie. Überlegungen zum liberalen Paternalismus auf gesetzgeberischer Ebene, in: Der Staat, 56 (4), S. 561–592.

Weber, Max (1922): Wirtschaft und Gesellschaft, Tübingen: J. C. B. Mohr.

Wegrich, Kai (2009): Better Regulation? Grundmerkmale Moderner Regierungspolitik Im Internationalen Vergleich, Zukunft Regieren. Beiträge für eine gestaltungsfähige Politik 1/2009, Gütersloh: Bertelsmann Stiftung.

Weiden, Henrike (2022): Mehr Freiheit und Sicherheit im Netz. Gutachten zum Entwurf des Digital Service Act im Auftrag der Friedrich-Naumann-Stiftung Für die Freiheit, Potsdam-Babelsberg: Friedrich-Naumann-Stiftung für die Freiheit.

Weidenfeld, Nathalie (2019): Wo bleibt der Mensch? Plädoyer für einen digitalen Humanismus im Zeitalter der künstlichen Intelligenz, in: Neue Gesellschaft/Frankfurter Hefte, 66 (3), S. 16–19.

Weizenbaum, Joseph (2001): Computermacht und Gesellschaft. Freie Reden, Frankfurt a.M.: Suhrkamp.

Westerheide, Fabian (2017): Wir brauchen keine Regulierung für Künstliche Intelligenz sondern mehr Förderung, https://bootstrapping.me/politik-kuenstliche-intelligenz-2017/ (abgerufen am 08.02.2019).

Wewer, Göttrik (2014): Open Government, Staat und Demokratie. Aufsätze zu Transparenz, Partizipation und Kollaboration, Berlin: edition sigma.

Wewer, Göttrik (2022): Mythen und Realitäten des digitalen Zeitalters. Narrative auf dem Prüfstand, Baden-Baden: Tectum.

Weyer, Johannes (2019): Die Echtzeitgesellschaft. Wie smarte Technik unser Leben steuert, Frankfurt/New York: Campus Verlag.

Wiener, Norbert (1985): Cybernetics or control and communication in the animal and the machine, 2. Aufl., Cambridge: MIT Press.

Wiesenthal, Helmut (2006): Gesellschaftssteuerung und gesellschaftliche Selbststeuerung. Eine Einführung, Wiesbaden: VS Verlag.

Wilke, Felicitas (2018): Bewerbungsroboter. Künstliche Intelligenz diskriminiert (noch), in: Die Zeit, 18.10.2018, https://www.zeit.de/arbeit/2018-10/bewerbungsroboter-kuenstliche-intelligenz-amazon-frauen-diskriminierung/komplettansicht (abgerufen am 06.05.2019).

Wilkens, Andreas (2021): Corona-Warn-App: Schnelltest-Ergebnisse jetzt eintragbar, in: heise online, 03.05.2021, https://www.heise.de/hintergrund/Corona-Warn-App-Schnelltest-Ergebnisse-jetzt-eintragbar-6034627.html (abgerufen am 03.05.2021).

Willke, Helmut (1996): Ironie des Staates. Grundlinien einer Staatstheorie polyzentrischer Gesellschaft, Frankfurt a.M.: Suhrkamp.

Willke, Helmut (1997): Supervision des Staates, Frankfurt a.M.: Suhrkamp.

Willke, Helmut (2014a): Regieren. Politische Steuerung komplexer Gesellschaften, Wiesbaden: Springer VS.

Willke, Helmut (2014b): Systemtheorie III: Steuerungstheorie. Grundzüge einer Theorie der Steuerung komplexer Sozialsysteme, 4., überarb. Aufl, Konstanz: UVK.

Windhoff-Héritier, Adrienne (1987): Policy-Analyse. Eine Einführung, Frankfurt a.M./New York: Campus.

Winkel, Olaf (2022): Digitalisierungsinduzierte Interessenkonflikte als Herausforderung für Staat und Gesellschaft. Ein Problemaufriss am Beispiel der Anforderungen von Datenschützern, Sicherheitsbehörden und Datenwirtschaft an den Einsatz elektronischer Kryptographie, in: dms – der moderne staat – Zeitschrift für Public Policy, Recht und Management, 15 (1), S. 233–252.

Winter, Thomas von (2007): Asymmetrien der verbandlichen Interessenvermittlung, in: Kleinfeld, Ralf/Zimmer, Annette/Willems, Ulrich (Hg.): Lobbying. Strukturen. Akteure. Strategien, Wiesbaden: VS Verlag für Sozialwissenschaften, S. 217–239.

Winter, Thomas von (2014): Dimensionen des Korporatismus. Strukturmuster der Verbändebeteiligung in der Gesundheitspolitik, in: Winter, Thomas von/Blumenthal, Julia von (Hg.): Interessengruppen und Parlamente, Wiesbaden: Springer VS, S. 179–209.

Winterbauer, Stefan (2011): »›Digitalisierung ist Evolution auf Speed‹«, https://meedia.de/2011/09/21/digitalisierung-ist-evolution-auf-speed/ (abgerufen am 04.02.2019).

Winterfeld, Uta von (2020): Vorsicht, Wende! Schwächen und Perspektiven der Transformationskultur, in: politische ökologie, 38 (163), S. 119–122.

#WirVsVirus Konsortium (2020): #WirVsVirus, https://wirvsvirus.org/ (abgerufen am 11.01.2021).

#WirVsVirus Konsortium (2021): Abschlussbericht, https://wirvsvirus.org/abschlussbericht/ (abgerufen am 05.06.2021).

Wissenschaftliche Dienste (2018): Förderung von Reallaboren und Citizen Science in Deutschland, Dokumentation WD 8–3000-017/18, Berlin: Deutscher Bundestag, https://www.bundestag.de/resource/blob/550742/8f269b6399b3098eabf9d5b09f31f88f/WD-8-017-18-pdf-data.pdf (abgerufen am 24.08.2022).

Wissenschaftliche Dienste (2020): Marktortprinzip und Herkunftslandprinzip im Entwurf eines Gesetzes zur Änderung des Netzwerkdurchsetzungsgesetzes, Sachstand WD 10–3000-023/20, Berlin: Deutscher Bundestag, https://www.bundestag.de/resource/blob/691846/cb11c99d9a39b6e73151549e22d76b73/WD-10-023-20-pdf-data.pdf (abgerufen am 09.08.2022).

Wissenschaftliche Dienste (2021): Aspekte der Unabhängigkeit der Bundesnetzagentur in einzelnen Rechtsgebieten, Ausarbeitung WD 5–3000-070/21, Berlin: Deutscher Bundestag, https://www.bundestag.de/resource/blob/869506/092b832334130876e29fe9e567f59475/WD-5-070-21-pdf-data.pdf (abgerufen am 16.08.2022).

Wittenhorst, Tilmann (2019): Bundespolizei speichert Bodycam-Aufnahmen in Amazons AWS-Cloud, in: heise online, 03.03.2019, https://www.heise.de/newsticker/meldung/Bundespolizei-speichert-Bodycam-Aufnahmen-in-Amazons-AWS-Cloud-4324689.html (abgerufen am 25.03.2019).

Wohlfahrt, Norbert/Zühlke, Werner (1999): Von der Gemeinde zum Konzern Stadt. Auswirkungen von Ausgliederung und Privatisierung für die politische Steuerung auf kommunaler Ebene, Dortmund: Institut für Landes- und Stadtentwicklungsforschung und Bauwesen des Landes Nordrhein-Westfalen.

Wu, Chien-Huei (2021): Sovereignty Fever: The Territorial Turn of Global Cyber Order, in: Zeitschrift für ausländisches öffentliches Recht und Völkerrecht/Heidelberg Journal of International Law, 81 (3), S. 651–676.

ZdJ (2017): Referententenentwurf des Bundesministeriums der Justiz und für Verbraucherschutz – Entwurf eines Gesetzes zur Verbesserung der Reechtsdurchsetzung in sozialen Netzwerken (NetzDG), Berlini: Zentralrat der Juden in Deutschland.

Ziekow, Jan (2011): Wandel der Staatlichkeit und wieder zurück? PPP im Kontext der deutschen Diskussion um die Rolle des Staates, in: Ziekow, Jan (Hg.): Wandel der Staatlichkeit und wieder zurück? Die Einbeziehung Privater in die Erfüllung öffentlicher Aufgaben (Public Private Partnership) in/nach der Weltwirtschaftskrise, Baden-Baden: Nomos, S. 43–65.

Zimmer, Annette (1999): Staatsfunktionen und öffentliche Aufgaben, in: Ellwein, Thomas/Holtmann, Everhard (Hg.): 50 Jahre Bundesrepublik Deutschland. Rahmenbedingungen – Entwicklungen – Perspektiven, Opladen: Westdeutscher Verlag, S. 211–228.

Zuboff, Shoshana (2018): Das Zeitalter des Überwachungskapitalismus, Frankfurt New York: Campus.

Zürn, Michael (2007): Was heißt ›Governance‹? In: Gegenworte, 18, S. 28–31.

Zürn, Michael (2009): Governance in einer sich wandelnden Welt – eine Zwischenbilanz, in: Grande, Edgar/May, Stefan (Hg.): Perspektiven der Governance-Forschung, Baden-Baden: Nomos, S. 61–75.

Zürn, Michael (2011): Vier Modelle einer globalen Ordnung in kosmopolitischer Absicht, in: Politische Vierteljahresschrift, 52 (1), S. 78–118.

Zürn, Michael/Leibfried, Stephan/Zangl, Bernhard/Peters, Bernhard (2004): Transformations of the State? TranState Working Papers 1, Bremen: Universität Bremen.

Zurth, Patrick (2021): The German NetzDG as Role Model or Cautionary Tale? Implications for the Debate on Social Media Liability, in: SSRN Electronic Journal, 31 (4), S. 1084–1153.

Zylka-Menhorn, Vera (2001): Ringen um die Arzneimittelsicherheit, in: Deutsches Ärzteblatt, 98 (33), S. 2076–2078.

Abbildungsverzeichnis

Tabellenverzeichnis

Abkürzungsverzeichnis

AA	Auswärtiges Amt
AAS	Amadeu Antonio Stiftung
ABDA	Bundesvereinigung Deutscher Apothekenverbände
acatech	Deutsche Akademie der Technikwissenschaften
ACTA	Anti-Counterfeiting Trade Agreement
ADIC	Agentur für Disruptive Innovation in der Cybersicherheit und Schlüsseltechnologien
AGB	Allgemeinen Geschäftsbedingungen
AI	Artificial Intelligence
AIA	Artificial Intelligence Act
AK Vorrat	Arbeitskreis Vorratsdatenspeicherung
AK Zensur	Arbeitskreis gegen Internet-Sperren und Zensur
AMS	Arbeitsmarktservices Österreich
Arpanet	Advanced Research Projects Agency Network
BaFin	Bundesanstalt für Finanzdienstleistungsaufsicht
BÄK	Bundesärztekammer
BAN	Body Area Networks
BAPT	Bundesamt für Post und Telekommunikation
BBS	Bulletin Board System
BDSG	Bundesdatenschutzgesetz
BfDI	Bundesbeauftragter für den Datenschutz und die Informationsfreiheit
BIT-Mi	Bundesverband IT-Mittelstand
bitkom	Bundesverband Informationswirtschaft, Telekommunikation und Neue Medien
BIU	Bundesverband Interaktive Unterhaltungssoftware
BKAmt	Bundeskanzleramt
BKM	Beauftragte der Bundesregierung für Kultur und Medien
BMAS	Bundesministerium für Arbeit und Soziales
BMBF	Bundesministerium für Bildung und Forschung
BMDV	Bundesministerium für Digitales und Verkehr
BMF	Bundesministerium der Finanzen

BMFSFJ	Bundesministerium für Familie, Senioren, Frauen und Jugend
BMG	Bundesministerium für Gesundheit
BMI	Bundesministerium des Innern und für Heimat
BMJ	Bundesministerium der Justiz
BMU	Bundesministerium für Umwelt, Naturschutz und nukleare Sicherheit
BMUV	Bundesministerium für Umwelt, Naturschutz, nukleare Sicherheit und Verbraucherschutz
BMVBS	Bundesministerium für Verkehr, Bau und Stadtentwicklung
BMVg	Bundesministerium der Verteidigung
BMVI	Bundesministerium für Verkehr und digitale Infrastruktur
BMWi	Bundesministerium für Wirtschaft
BMWK	Bundesministerium für Wirtschaft und Klimaschutz
BMWSB	Bundesministerium für Wohnen, Stadtentwicklung und Bauwesen
BND	Bundesnachrichtendienst
BNetzA	Bundesnetzagentur
BPjM	Bundesprüfstelle für jugendgefährdende Medien
BPjS	Bundesprüfstelle für jugendgefährdende Schriften
BRAK	Bundesrechtsanwaltskammer
BSI	Bundesamt für Sicherheit in der Informationstechnik
BVDW	Bundesverband Digitale Wirtschaft
BVITG	Bundesverbandes Gesundheits-IT
byod	bring your own device
BZÄK	Bundeszahnärztekammer
BzKJ	Bundeszentrale für Kinder- und Jugendmedienschutz
CAN	City Area Networks
CCC	Chaos Computer Club
CIHBw	Cyber Innovation Hub der Bundeswehr
CISPA	Helmholtz Center for Information Security
CoC	Code of Conduct
CPP	Commons Public Partnership
CSR	Corporate Social Responsibility
CSS	Client-Side-Scanning
CWA	Corona-Warn-App
Cyber-AZ	Nationales Cyber-Abwehrzentrum
DARPA	Defense Advanced Research Projects Agency
DATI	Deutsche Agentur für Transfer und Innovation
DAV	Deutscher Anwaltsverein
DAV	Deutscher Apothekerverband
DCT	Digital Contact Tracing
DGA	Data Governance Act
DGB	Deutscher Gewerkschaftsbund
DGRI	Deutsche Gesellschaft für Recht und Informatik
DiGAV	Digitale Gesundheitsanwendung
DiGAV	Digitale Gesundheitsanwendungen-Verordnung
digiges	Digitale Gesellschaft

DJV	Deutscher Journalisten-Verband
DKG	Deutschen Krankenhausgesellschaft
DMA	Digital Markets Act
DNS	Domain Name System
DP-3T	Decentralized Privacy-Preserving Proximity Tracing
DRB	Deutscher Richterbund
DRG	Diagnosis Related Group
DSA	Digital Services Act
DSC	Digital Service Coordinator
DSGVO	Datenschutzgrundverordnung
DSM-RL	Directive on Copyright in the Digital Single Market
DVG	Digitale-Versorgungs-Gesetz
ECRL	E-Commerce-Richtlinie
eGK	elektronische Gesundheitskarte
eID	elektronischer Identitätsnachweis
ePA	elektronische Patientenakte
EuGH	Europäischer Gerichtshof
FDZ	Forschungsdatenzentrum
FLOSS	Free/Libre Open Source Software
FoeBuD	Verein zur Förderung des öffentlichen bewegten und unbewegten Datenverkehrs
FSK	Freiwillige Selbstkontrolle der Filmwirtschaft
FSM	Freiwillige Selbstkontrolle Multimedia-Dienstanbieter
G-BA	Gemeinsamer Bundesausschuss
GAN	Global Area Networks
gematik	Gesellschaft für Telematikanwendungen der Gesundheitskarte mbH
GFF	Gesellschaft für Freiheitsrechte
GfI	Gesellschaft für Informatik
GKV	Gesetzliche Krankenkasse
GKV-FinG	GKV-Finanzierungsgesetz
GMG	GKV-Modernisierungsgesetz
GNU	GNU's Not Unix
GNU GPL	GNU General Public License
GSG	Gesundheitsstrukturgesetz
GWB	Gesetz gegen Wettbewerbsbeschränkungen
ICANN	Internet Corporation for Assigned Names and Numbers
ICD	International Statistical Classification of Diseases and Related Health Problems
IEF	Internet Economy Foundation
IETF	Internet Engineering Task Force
IfSG	Infektionsschutzgesetz
IGF	Internet Governance Forum
IKT	Informations- und Kommunikationstechnik
IoT	Internet of Things
IQTiG	Institut für Qualität und Transparenz im Gesundheitswesen

IQWiG	Institut für Qualität und Wirtschaftlichkeit im Gesundheitswesen
ISP	Internet Service Provider
JuSchG	Jugendschutzgesetz
KBV	Kassenärztliche Bundesvereinigung
KI	Künstliche Intelligenz
KK	Krankenkasse
KV	Kassenärztliche Vereinigung
KZBV	Kassenzahnärztliche Bundesvereinigung
LAN	Local Area Networks
LSVD	Lesben- und Schwulenverband in Deutschland
MAN	Metropolitan Area Networks
MDStV	Medienstaatsvertrag
MVZ	Medizinisches Versorgungszentrum
NetzDG	Netzwerkdurchsetzungsgesetz
NPM	New Public Management
nrv	Neue Richtervereinigung
ODB	Offene Digitale Basistechnologien
OKF	Open Knowledge Foundation
OKF DE	Open Knowledge Foundation Deutschland
OSA	Open Strategic Autonomy
OZG	Onlinezugangsgesetz
PAN	Personal Area Networks
PC	Personal Computer
PCP	Public Civic Partnership
PDSG	Patientendaten-Schutz-Gesetz
PEPP-PT	Pan-European Privacy-Preserving Proximity Tracking
PKV	Private Krankenversicherung
PPP	Public Private Partnership
PpSG	Pflegepersonal-Stärkungsgesetz
ReHaKrBG	Gesetz zur Bekämpfung des Rechtsextremismus und der Hasskriminalität
RSA	Risikostrukturausgleich
RSF	Reporter ohne Grenzen
SITiG	Spitzenverband IT-Standards im Gesundheitswesen
SoCS	Social Credit System
SPRIND	Bundesagentur für Sprunginnovation
SRIW	Selbstregulierung Informationswirtschaft
STF	Sovereign Tech Fund
TDG	Teledienstgesetz
TI	Telematikinfrastruktur
TLD	Top Level Domain
TMG	Telemediengesetz
TSVG	Terminservice- und Versorgungsgesetz
UI	User Interface
USK	Unterhaltungssoftware Selbstkontrolle
UX	User Experience

vfa	Verband forschender Arzneimittelhersteller
VPRT	Verband Private Rundfunk und Telemedien
vzbv	Verbraucherzentrale Bundesverband
W3C	World Wide Web Consortium
WAN	Wide Area Networks
WWW	World Wide Web
ZITiS	Zentrale Stelle für Informationstechnik im Sicherheitsbereich
ZJD	Zentralrat der Juden in Deutschland
ZVEI	Zentralverband Elektrotechnik- und Elektronikindustrie

Die Reihe wird herausgegeben von Jeanette Hofmann, Norbert Kersting, Claudia Ritzi und Wolf J. Schünemann.

Samuel Greef (Dr. rer. pol. habil.), geb. 1982, ist Privatdozent am Fachbereich Gesellschaftswissenschaften der Universität Kassel und wissenschaftlicher Mitarbeiter am Fachgebiet »Politisches System der BRD«. Seine Forschungsschwerpunkte sind staatliche Steuerung, Digitalpolitik, industrielle Beziehungen sowie organisierte Interessen.